Nils Ole Oermann/Hans-Jürgen Wolff

Wirtschaftskriege

Nils Ole Oermann/Hans-Jürgen Wolff

Wirtschaftskriege

Geschichte und Gegenwart

HERDER

FREIBURG · BASEL · WIEN

MIX
Papier | Fördert gute Waldnutzung
FSC® C014496

Erweiterte und aktualisierte Neuausgabe

www.herder.de

Umschlaggestaltung: wunderlichundweigand, Stefan Weigand
Umschlagmotiv: © Ilya Rumyantsev / GettyImages

Satz: ZeroSoft SRL, Timişoara
Herstellung: GGP Media GmbH, Pößneck
Printed in Germany

ISBN Print: 978-3-451-38548-3
ISBN E-Book (PDF): 978-3-451-82982-6
ISBN E-Book (EPUB): 978-3-451-82981-9

Inhalt

Einleitung
„Krieg, Handel und Piraterie“ 9

Kapitel 1
Wirtschaftlicher Wettbewerb, Handelskriege und ihre Ursachen in der Moderne 17
Enge Verbindung: Wirtschaft, Wettbewerb und Wettstreit 17
Die Anfänge im 16. Jahrhundert – Entdeckungen, Plünderung und Krieg 19
Vom Merkantilismus zur modernen Handelstheorie – mit der Konstante Sklaverei 21
Der Kapitalismus als Kriegstreiber, oder die Kapitalisten? 24

Kapitel 2
Die Begriffe Sanktion, Handelskrieg und Wirtschaftskrieg. . 33
Wirtschaftssanktionen 33
Handelskriege 38
Wirtschaftskriege. 40
Bewaffneter Konflikt mit wirtschaftlicher Zielsetzung 42
Kampf gegen die feindliche Kriegswirtschaftskraft im bewaffneten Konflikt 46
Kampf gegen die gegnerische Wirtschaftskraft ohne bewaffneten Konflikt 49
Der Wirtschaftskrieg des Westens mit Russland 56

Kapitel 3
Handels- und Wirtschaftskriege in der Geschichte 61
Überblick 1500–1945 61
Das Beispiel Großbritannien 66

Kapitel 4
Ein Land erdrosseln, um seinen König umzustimmen? Wirtschaftskriege aus ethischer Sicht 85
Kriegsgründe, Kriegsziele und Kriegführung 87
Zur Ethik von Sanktionen 90
Weiß man wirklich, was man anzettelt? Eine Folgenabschätzung 92
Die Komplexität steigt – auch in der wirtschaftsethischen Abwägung 95

Kapitel 5
Sanktionen, Handelskonflikte, Wirtschaftskriege und Recht 97
Das Völkerrecht für bewaffnete Konflikte 97
Das Recht zu Eingriffen in Handels- und Finanzbeziehungen außerhalb bewaffneter Konflikte 102
Überblick 102
WTO und GATT 105
Kritik an der WTO-Praxis und Reformdebatte 111

Kapitel 6
Die Ökonomie von Handel und Wettbewerb und die Handelspolitik bis 1945 115
Die Ökonomie von Handel und Wettbewerb 115
Handelstheorie und das Plädoyer für Schutz- und Erziehungszölle 116
Die Aktualität der Debatte über den Freihandel 120
Gibt es den optimalen Zoll? Zölle gegen Arbeitslosigkeit? 122
Sozialer Ausgleich für Freihandelsverlierer? 125
„Die Dosis macht das Gift" – auch beim Freihandel? 129
Die handelspolitische Praxis bis 1945 130

Kapitel 7
Die Wirksamkeit von Wirtschaftssanktionen, Gewinnbarkeit von Handelskriegen, Erfolgsaussichten des Wirtschaftskrieges mit Russland, Zusammenhänge zwischen Wirtschaftsbeziehungen und Kriegsursachen 135
Die Wirksamkeit von Wirtschaftssanktionen 135
Die Gewinnbarkeit von Handelskriegen – der Fall des Präsidenten Trump 139
Ist Handelskrieg immer eine Mission impossible? 139

Die Stationen des Handelskrieges von Präsident Trump 142
Der IKT-Konflikt 145
Die wirtschaftlichen Folgen 147
Gesamtbewertung 149
Die Erfolgsaussichten des Wirtschaftskrieges mit Russland 154
Die Zusammenhänge zwischen Wirtschaftsbeziehungen und Kriegsursachen 165

Kapitel 8
Was prägt Wirtschaftskriege heute? Die Entwicklung seit 1989 169
Demografische und technologische Sprünge 169
Umwälzungen in Wirtschaft und Finanzen 172
Auf dem Weg in eine neue Weltordnung? 179
Veränderungen in der Wirtschaftskriegführung 188
Spionage, Kriminalität und Kriegführung ohne bewaffneten Konflikt im Cyberspace 190
Wirtschaftliche Signalgebung, Aggressionen und Sanktionen 205
Sanktionen im internationalen Finanzsystem 207
Währungskrieg 214

Kapitel 9
Die chinesische Herausforderung und der uneinige Westen 225
Washington geht auf Gegenkurs, Europa ringt um eine Haltung 225
Wonach strebt die Volksrepublik China? 234
Chinas militärischer Fußabdruck wird größer 240
China durchdringt die Wirtschaftsräume der Welt 241
Chinas finanzieller Einfluss wächst 247
Chinas Drang nach Wissen – und nach Kontrolle 249

Kapitel 10
Was tun? 255
Sieben Empfehlungen 255
Umfassender Systemwettbewerb 255
Das westliche Modell wieder zum Leuchten bringen 260
Wirtschaft und Finanzen in Einklang mit der Außen- und Sicherheitspolitik 263
Westeuropa, die EU und die transatlantische Partnerschaft 267

Reform der internationalen Wirtschaftsordnung und Durchsetzung ihrer Regeln 272
China, Russland, Iran 274
Kein Ende in Sicht 282

Anhang 285
Anmerkungen 285
Über die Autoren 400

Einleitung „Krieg, Handel und Piraterie"

In den Staatenbeziehungen sind Handelskonflikte Alltag. Sie wurzeln im wirtschaftlichen Wettbewerb und in politischen Interessengegensätzen. Handelskonflikte durchziehen die Geschichte seit der Antike, sie prägen auch gegenwärtig wieder das Geschehen, sie beeinflussen unser aller Leben, und sie können es elend machen.

Handelskonflikte werden schnell bösartig. Es gibt ein Abwärtskontinuum, das fugenlos von hartem Wettbewerb bis zu umfassendem Wirtschaftskrieg und bewaffneter Auseinandersetzung reicht. Der Weg nach unten erweist sich oft als Talfahrt wider Willen. Handelskonflikte und die Entscheidungen, die in ihnen getroffen werden, weisen stets ihre je eigene Mischung von Motiven, Erwartungen, Überzeugungen und Weltsichten auf. Sie werden von vielschichtig verschlungenen politischen, wirtschaftlichen und geistigen Faktoren angetrieben und unterscheiden sich darum alle voneinander. Außerdem bestätigen sie William Faulkners Feststellung: „Das Vergangene ist nicht tot; es ist nicht einmal vergangen." Der Protektionismus, den Alexander Hamilton erwog und den Friedrich List empfahl, taucht in modernen asiatischen Entwicklungsstrategien wieder auf;[1] die Opiumkriege des 19. Jahrhunderts gegen China sind in der Volksrepublik China von schmerzhafter Gegenwärtigkeit; der Zusammenbruch der Sowjetunion beeinflusst noch immer zutiefst die Entwicklungen in Mittel- und Osteuropa sowie in Zentralasien. Und dieweil die Vergangenheit keineswegs vergangen ist, grenzt sie obendrein ans Unvorhersagbare: Wer hätte sich vorstellen können, dass Harry Dexter White, einer der wichtigsten amerikanischen Architekten der internationalen Wirtschafts- und Finanzordnung nach dem Zweiten Weltkrieg, starke Sympathien für die Sowjetunion hegte und auf dem Weg von den Wirtschaftssanktionen der USA gegen Japan bis zum japanischen Angriff auf Pearl Harbor eine bedeutsame Rolle spielte?[2] Wer hätte gedacht, dass die chinesische Botschaft in Belgrad 1999 von der U.S. Air Force möglicherweise gezielt bombardiert wurde, um amerikanische Tarnkappenbombertechnologie zu zerstören, die China sich verschafft hatte?[3] Und wer wusste damals, als US-Präsident Donald J. Trump auf Strafzölle gegen Stahlimporte aus mit Amerika verbündeten Nationen drängte und das mit dem Schutz der nationalen Sicherheit begründete, dass ihm sein Verteidigungsminister James Mattis schriftlich erwiderte, solche Strafzölle seien unnötig und drohten wichtige Allianzen und damit die Sicherheit der USA zu gefährden?[4]

Aus all diesen Gründen der Komplexität und der bekannten und unbekannten Unbekannten ist es schwierig, das dichte Geflecht von Handelskriegen darzustellen und zu entwirren. Es ist nötig, sie durch viele Linsen zu betrachten und die unterschiedlichen Befunde zu einem Gesamtbild zusammenzuführen, das ihre Geschichte und Ideengeschichte zeigt, ihre wirtschaftlichen und politischen Antriebskräfte und Folgen, ihre ethischen und rechtlichen Grenzen und den Einfluss des technischen Fortschritts (vom mechanischen Webstuhl über chininhaltige Medikamente bis zum Zündnadelgewehr). Die Erkenntnisse fallen getrennt an und müssen doch zusammen erfasst werden; sie haben keine gemeinsame logische Wurzel und beziehen sich doch auf dasselbe Thema; sie ergänzen sich und relativieren sich zugleich gegenseitig. Darum liegt eine Schwierigkeit unserer Darstellung darin, dass wir nicht alles auf einmal sagen können, weshalb wir unsere Leser fast bitten möchten, das Buch zweimal zu lesen (so wie man den Roman *Emma* von Jane Austen am besten zweimal liest, um ihn gänzlich zu genießen).

Wir wollen zeigen, *wie* über den Zusammenhang von Wirtschaft und Macht gedacht werden sollte, nicht *was*. Das heißt allerdings nicht, dass wir weder Überzeugungen hegen noch Vorverständnisse besitzen. Zunächst einmal denken wir, dass der Mensch eine ziemlich gefährliche Spezies ist. Die Menschen sind nicht von Natur aus gut und allenfalls durch die herrschenden Umstände oder das „falsche" politische System verdorben. Viele Zeitgenossen würden in jedem sozialen Umfeld eigensüchtig und rücksichtslos ihren Vorteil suchen, allein oder in Gruppen (darum setzte Augustinus ungerechte Königreiche mit Räuberbanden gleich und Räuberbanden mit ungerechten Kleinstaaten). Das gilt auch im Bereich der Wirtschaft. Darum teilen wir nicht die einst populäre Ansicht, Märkte bräuchten kaum Regulierung, weil sie Fehlverhalten von selbst bestraften und Fehlentwicklungen schnell und zu minimalen Kosten korrigierten. Im Gegenteil: Volkswirtschaften und die Weltwirtschaft brauchen starke und kluge Regeln, ständige Aufsicht und wirksame Eingriffe, um ihr faires Funktionieren und akzeptable soziale Resultate zu sichern. In der Wirtschaft wie in der Politik gibt es keinen Ersatz für regelbasierte Ordnungen,[5] sonst drohen Willkür, Anarchie, Faustrecht und Ungerechtigkeit. Im Grunde lässt sich die Weltgeschichte als das Streben nach regelbasierten Ordnungen erzählen. Dieses Streben hat freilich ebenso wenig ein Ende wie die Geschichte. Die internationalen Beziehungen werden voraussichtlich nicht einen Zustand erreichen, in dem ein unpersönlicher Mechanismus widerstreitende Interessen ausbalanciert und Konflikte auflöst (künstliche Intelligenz mag eines fernen Tages dazu verhelfen). Darum ist die Fähigkeit zur Selbsthilfe und Selbstverteidigung wichtig, und darum ist für die bestehenden Regeln oft ein starker Manager oder sogar ein Hegemon nötig. Allerdings können auch Regeln und ihre Durchsetzung unfair sein. Jede Ordnung hat ihre politische Ökonomie, die sich für gewöhnlich aufdecken lässt, indem man prüft, wer von den herrschenden Verhältnissen in welchem Umfang profitiert und wen sie womöglich Chancen kosten.[6] Gerade um Handelskriege zu erklären, ist oft ein genauer Blick auf die politische Ökonomie der jeweiligen internationalen Beziehungen und der inneren Verhältnisse in den beteiligten Staaten nötig.[7] Als ebenso nötig kann sich ein genauer Blick auf entstehende Ordnungen erweisen, um Ungerechtigkeiten zu verhindern.

Die Frage, wer unter welchen Umständen was will und was bekommt, lässt sich zuspitzen: Sind vor allem profitsüchtige und einflussreiche Interessengruppen verantwortlich für den Ausbruch von Handelskriegen, besonders der bewaffneten und gewaltsamen? Es gibt eine Denkschule und die immer wieder plausibel wirkende Intuition, als treibende Kraft hinter Handelskriegen den Kapitalismus als solchen oder „die Kapitalisten“, „Händler des Todes“ und „gierige Banker“ zu vermuten. Wir betrachten diese Verdächtigungen als widerlegt. Moderne Industrienationen werden nicht von mächtigen Interessengruppen in Handelskriege oder gar bewaffnete Konflikte gelotst. Wenn Politiker über Konflikte, Krieg und Frieden entscheiden, werden sie von Erwägungen über die Sicherheit, die Selbstbehauptung und die Wohlfahrt ihrer Nation bestimmt, nicht von beschränkten Gruppeninteressen (auch wenn es nicht schadet, die Politiker ständig daran zu erinnern, dass sie vor allem dem Gemeinwohl verpflichtet sind). Und es sind Staaten, nicht Gruppeninteressen, die in den internationalen Beziehungen bei Weitem die wichtigsten Akteure sind und bleiben werden.

Leider führt diese Ausrichtung der politischen Entscheidungsträger am jeweiligen Wohl ihrer Nation nicht zu einer selbststabilisierenden internationalen Harmonie. Zwar lassen sich immer mehr nationale Interessen nur noch angemessen definieren und verwirklichen, wenn man dabei auch das globale Gemeinwohl berücksichtigt und die internationale Zusammenarbeit sucht. Aber viele zwischenstaatliche Interessenkonflikte bleiben, und Rivalitäten, gegenseitige Abneigungen, Großmachtpolitik und die wohlbegründete Furcht vor bösen Absichten haben weiter starken Einfluss auf die internationalen Beziehungen. Darum bleibt vernünftigerweise Wachsamkeit der Preis der Freiheit.

Falls das ein wenig nach Thomas Jefferson und NATO klingt,[8] soll es uns recht sein. Wir betrachten schließlich die Welt aus der Perspektive einer westlichen freiheitlichen Demokratie, deren Grundsätze und Werte wir teilen. Das schränkt einerseits unseren Blickwinkel ein. Andererseits sind wir davon überzeugt, dass das westliche Modell für alle Völker attraktiv sein kann – vorausgesetzt, die westlichen Demokratien bringen ihr Modell wieder zum Leuchten. Das ist dringend geboten, denn es wird von innen wie von außen herausgefordert. Im Innern hat es Kraft, Vertrauen, Zustimmung und Legitimität verloren, und das aus eigener Schuld. Nach außen muss es sich mit völlig andersartigen politischen Systemen auseinandersetzen, vor allem mit der Russischen Föderation und der Volksrepublik China. Gegen Russland führt der Westen mittlerweile (Dezember 2022) einen Wirtschaftskrieg ohne gegenseitigen Schießkrieg. Im Verhältnis zu China sucht der Westen noch immer nach einer gemeinsamen Haltung für eine Herausforderung von beispielloser Größe, für eine wahrlich systemische Konkurrenz. Alle diese Aufgaben folgen aus den tiefgreifenden Veränderungen seit 1989. Innerhalb von 30 Jahren hat die Welt mehrere Revolutionen erlebt: die Auflösung des Sowjetblocks, den Wiedereintritt Chinas in die Weltwirtschaft und in die Weltpolitik, den Aufbruch Afrikas und eine permanente Revolution der Informations- und Kommunikationstechnologien, die den Welthandel verändert haben, den Kapitalismus, den öffentlichen Diskurs, die staatliche Überwachung – und den Handels- und Wirtschaftskrieg.

Das bis hierher Gesagte hat den Aufbau des Buches bestimmt. Kapitel 1 behandelt das Kontinuum von fließenden Übergängen zwischen wünschenswertem wirtschaftlichem Wettbewerb und tödlichem Handelskrieg und untersucht, ob für viele oder für die meisten Handels- und Wirtschaftskriege der Kapitalismus als solcher oder kommerzielle Interessengruppen verantwortlich sind. Kapitel 2 bringt Definitionen der Begriffe Wirtschaftssanktion, Handelskrieg und Wirtschaftskrieg. Es ist notwendig, sich mit allen drei Begriffen zu befassen, weil viele Ideen und Instrumente des Wirtschaftskampfes in allen drei Bereichen entwickelt und verfeinert wurden. Außerdem sind klare Begriffe nötig, um übermäßiger Kriegsrhetorik vorzubeugen, die nur die internationale Atmosphäre vergiftet und politische Debatten überhitzt. Kapitel 3 gibt einen Überblick über die Geschichte der Handels- und Wirtschaftskriege von etwa 1500 bis 1956. Um 1500 begann das sogenannte Zeitalter der Entdeckungen und der europäischen Expansion, und der europäische Staat der Frühen Neuzeit entwickelte sich rasch. Das Enddatum ergibt sich aus der Tatsache, dass die Geschichte von England und Großbritannien ausführlicher erzählt wird: Für Großbritannien war, was die wirtschaftliche Kriegführung anbelangt, 1956 ein einschneidendes Jahr, weil es damals in der sogenannten Suezkrise eine empfindliche Niederlage erlitt. Das Vereinigte Königreich wurde nicht zufällig für eine nähere Betrachtung ausgewählt. Erstens hat Großbritannien das meiste gelernt und gelehrt, was man braucht, um Handelskriege zu gewinnen. Zweitens haben die britische Wirtschaft, Marine und Regierung von etwa 1815 bis 1914 die Weltwirtschaft geprägt, ja geschaffen – durch die Eroberung der Welt und die Aufrechterhaltung einer internationalen Ordnung, durch die Versorgung der Welt mit Industriegütern und indem sich England als offener Markt für die Exporte anderer Länder anbot, die ja doch Geld verdienen mussten, um britische Waren kaufen zu können.[9] Kapitel 4 befasst sich mit der Ethik von Wirtschaftssanktionen, und in Kapitel 5 wird das derzeit geltende Recht für Handelskonflikte und Wirtschaftskriege dargestellt. Kapitel 6 behandelt die wirtschaftlichen und sozialen Aspekte des internationalen Handels und die Handelspolitik bis 1945. Kapitel 7 untersucht die Wirksamkeit von Wirtschafts- und Finanzsanktionen, die Gewinnbarkeit von Handelskriegen, die Erfolgsaussichten des Wirtschaftskrieges westlicher Demokratien mit Russland und ob und wie die Wirtschaftsbeziehungen zwischen Großmächten mit der Entstehung von Krisen und Kriegen zwischen ihnen zusammenhängen. Kapitel 8 widmet sich den tiefgreifenden Veränderungen in der Technologie, in der Weltwirtschaft und in den internationalen Beziehungen seit 1989. Kapitel 9 skizziert den Aufstieg Chinas und die bisherige Reaktion des Westens, und in Kapitel 10 versuchen wir, das Bild mit einer Reihe von Empfehlungen für Nationen abzurunden, die in freiheitlichen Demokratien leben.

Die erste Auflage dieses Buches erschien im April 2019. Damals wirkten sein Thema und seine Empfehlungen hierzulande noch auf viele Betrachter wenig akut. Eine völlig überarbeitete und erheblich erweiterte Ausgabe erschien im August 2022 auf Englisch.[10] Inzwischen gab es auch in Deutschland kein wichtigeres politisches Thema mehr. Der russische Angriffskrieg gegen die Ukraine hat die internationalen Beziehungen radikal verändert. Er fügt vor allem der Ukraine, aber auch Drittstaaten Schäden zu, für die Russland völkerrechtlich haftet. Die meisten westlichen Demokratien führen gegen Russland Wirtschaftskrieg. Er ist in seinem Umfang und seiner Schärfe beispiellos zwischen Großmächten, die sich nicht im bewaffneten Konflikt miteinander befinden. Ein Ende ist nicht abzusehen. Die russische Aggression hat zugleich das Verhältnis des Westens zur Volksrepublik China weiter belastet, denn China hat zwar diese Aggression weder verursacht noch bisher gefördert, steht aber grundsätzlich ausdrücklich an der Seite Moskaus. Ohnehin haben sich die Beziehungen des Westens zu China verschlechtert, weil die Volksrepublik sich seit Langem unfaire Wettbewerbsvorteile verschafft, seit geraumer Zeit immer fordernder und kompromissloser auftritt, eigene Minderheiten unterdrückt und fremde Bürger und Nationen unberechtigt und unakzeptabel drangsaliert. Im Westen verändert sich angesichts all dessen das Denken über die Globalisierung und ihre Gestaltung. Der unüberbrückbare Gegensatz zwischen Demokratien und Autokratien wird besser verstanden, die Zerbrechlichkeit vieler Produktions- und Lieferketten kommt zu Bewusstsein, und die Sensibilität für eigene Abhängigkeiten von nichtbefreundeten Mächten wächst. Alle Staaten tasten sich und andere auf wirtschaftliche Verwundbarkeiten ab, denn sie wollen gegnerische Angriffe besser abwehren können und die eigenen Sanktionsinstrumente schärfen. Die westlichen Demokratien sehen ihre systemischen Rivalen und die Globalisierung mit anderen Augen. Ob sie aus dem so Erkannten auch die richtigen Schlüsse ziehen, bleibt abzuwarten.

In diesem Buch wird der Wirtschaftskrieg gegen Russland an mehreren Stellen ausführlich behandelt, vor allem in Kapitel 2 im Anschluss an die Definition von Wirtschaftskrieg, in Kapitel 7 im Anschluss an die Untersuchung über die Effektivität von Wirtschaftssanktionen und Gewinnbarkeit von Handelskriegen und in Kapitel 10 bei der Frage, wie die westlichen Demokratien künftig strategisch mit China, Russland und Iran umgehen sollten.

Was wäre ein deutsches Buch ohne Goethe-Zitat? In *Faust. Der Tragödie zweiter Teil* wird der weltläufige Teufel Mephistopheles als Kauffahrer ausgesandt. Er kehrt zurück als Chef einer Piratenflotte und verkündet bei seiner Ankunft gut gelaunt, der Rollenwechsel habe sich im gleitenden Übergang einfach so ergeben, denn: „Krieg, Handel und Piraterie, / Dreieinig sind sie, nicht zu trennen.“[11] Kann das jemals wahr gewesen sein, ist es vielleicht selbst heute noch wahr, oder hat dieser Teufel nur versucht, sich herauszureden und noch dazu die Heilige Dreifaltigkeit zu verspotten? Wir werden versuchen, es herauszufinden ...

Kapitel 1
Wirtschaftlicher Wettbewerb, Handelskriege und ihre Ursachen in der Moderne

Enge Verbindung: Wirtschaft, Wettbewerb und Wettstreit

Es gibt zu viele, die vom Wohlstand durch Globalisierung schwärmen und achselzuckend über deren Verlierer hinwegsehen; die den Freihandel loben und ihn zum eigenen Vorteil verhindern; die eine regelbasierte internationale Ordnung preisen, darin aber bloß Trittbrettfahrer sein wollen und die Instandhaltungskosten anderen überlassen. Oliver Cromwell verlangte von seinem Porträtmaler ein ungeschöntes Gemälde: Es solle ihn zeigen mit allen Unzulänglichkeiten, „warts and all" (mit allen Warzen). Solchem Realismus fühlen auch wir uns verpflichtet bei der Beschreibung der Zusammenhänge zwischen Wirtschaft, Wettstreit und Krieg.

Die meisten Menschen wollen mehr als nur leben – sie wollen gut leben. Dafür arbeiten sie, dafür arbeiten sie mit anderen zusammen, und dafür arbeiten sie gegen andere an. Schon im friedlichen Handel und Wandel steckt harter Wettkampf, ja strukturelle Gewalt: Wer bietet die beste Ware, produziert am günstigsten, macht den höchsten Gewinn? Wer schlägt die Konkurrenten aus dem Feld? Was Ordnungshüter „die Fähigkeit zur Aggression" („the gift of aggression")[1] nennen, das kennzeichnet auch so manchen ehrbaren Unternehmer und sein Handeln; es hat zu Begriffen wie „schöpferische Zerstörung" (Joseph Schumpeter) geführt. Die Zerstörung alter Strukturen durch fähige Unternehmer erhöht meist die allgemeine Wohlfahrt. Die Spinning Jenny zum Beispiel, die weltweit erste Spinnmaschine für Baumwollfasern, vervielfachte die

Produktivität bei der Herstellung von Webgarn. Sie machte dadurch Tuch und Kleidung viel erschwinglicher für alle, und sie half den Weg zu bahnen für die Exportmacht der englischen Textilindustrie. Aber Jenny und die ihr folgenden Textilmaschinen raubten in England, auf dem europäischen Festland und in Übersee auch ungezählten handwerklich arbeitenden Menschen Lohn und Brot, und die Betroffenen haben die Gewalt dieser Veränderung oft erlitten und empfunden wie ein Kapitalverbrechen. Gewiss, in der längeren Frist wurden die vorindustriellen Webersleute Europas frei, in neuen Berufen ein weniger karges Dasein zu fristen. Zuerst aber brachte ihnen der technische Fortschritt noch größeres Elend, und Hilfen auf dem Weg zu neuem Auskommen suchten sie meist vergebens. Die englische Textilindustrie jedoch wurde so produktiv und politisch einflussreich, dass England seinen Indienhandel entsprechend manipulierte: Das blühende indische Textilgewerbe wurde mit hohen Abwehrzöllen auf Distanz gehalten und ausgezehrt, die indischen Einfuhrzölle für Textillieferungen der britischen Kolonialherren minimiert, die indische Baumwolle nach England gebracht, die daraus gefertigte Ware zum großen Teil teuer den Indern verkauft, und Hunderttausende indische Weber hungerten, weil ihre Handspinnräder zum Stillstand gezwungen waren. Mahatma Gandhi hat darum das Spinnrad zum Symbol des Widerstands gegen Ungerechtigkeit gemacht. So gleitend kann er sein, der Übergang von unternehmerischem Fortschritt und allgemeinem Wohlfahrtsgewinn zu räuberischen internationalen Handelsbedingungen mit kriegsähnlicher Not im Gefolge.[2]

Selbst ein vollkommen friedlich und fair erreichter, großer volkswirtschaftlicher Erfolg entwickelt nicht selten ein Eigenleben und erzeugt immer weiter ausgreifende und angreifende Sachzwänge, die zu Konfliktursachen werden können: Je erfolgreicher ein Land sich industrialisiert, desto mehr Rohstoffe müssen her und desto größere Absatzgebiete, und immer längere Liefer- und Vertriebswege verlangen nach immer mehr Infrastruktur. Je weiter das entsprechende Netz von Handelsniederlassungen und Auslandsinvestitionen, von Schürf- und Transportrechten, Lieferverträgen und Wirtschaftsabkommen, Häfen und Kanälen, Eisenbahntrassen und Flugplätzen ausgebaut wird, desto stärker wird dieses Netz wie von selbst zu einem internationalen Einflussfaktor und gewinnt Freunde, Verbündete und Abhängige, und desto mehr erscheint das Erreichte seinen Erbauern schützenswert und schutzbedürftig – was nahelegt, spätestens jetzt auch militärische Macht zu projizieren. All das weckt nur zu leicht den Argwohn anderer. Die erblicken womöglich selbst in fairen Handels- und Finanzbeziehungen ein Austauschverhältnis, von dem sie relativ weniger als die Gegenseite profitieren, eine Leiter, auf der der Gegner von morgen ihnen über den Kopf steigt und die er umstößt, sobald er sich auf den „kommandierenden Höhen der Weltwirtschaft" festgesetzt hat, von denen schon Lenin sprach. Darum lautet beim Thema Wirtschaftskriege ein Schlüsselbegriff: Latenz. Latenz bedeutet das allmähliche, zunächst kaum wahrnehmbare Reifen von Entwicklungen, das sachte Heranrücken der Ereignisse, das langsame Erkennen der im Gegebenen schlummernden Möglichkeiten.[3] Wenn sich täglich die Fläche der Seerosenblätter auf dem Teich verdoppelt, dann mag das lange Zeit recht idyllisch und biodivers aussehen, und das noch am vorletzten Tag – aber dann kippt das Biotop plötzlich um. Für die Latenz vor dem Umschlag haben Groß- und Hegemonialmächte meist empfindlichere Fühler und ein wacheres Bewusstsein als Klein- und Mittelmächte. Die neigen mangels Gestaltungsmacht mehr dazu, sich in den Gegebenheiten einzurichten und zu hoffen: Meine Nische wird schon nicht verschwinden.

Die Anfänge im 16. Jahrhundert – Entdeckungen, Plünderung und Krieg

Bereits im friedlichen Handel und Wandel also stecken viel Druck und Stress, persönliches Leid und riskante internationale Dynamik. Oft bleibt es aber nicht friedlich, wo es um Handel, Rohstoffe und Märkte geht. Durch die Jahrhunderte wurden Zwischenhändler physisch ausgeschaltet, fremde Handelsstationen zerstört, Monopole aller Art errichtet, exklusive Wirtschafts- und Fischereizonen behauptet und mit Gewalt durchgesetzt, Länder okkupiert und Völker unterdrückt – alles für den Machterhalt und die weitere Expansion. Dabei wirken Staatsgewalt und Privatwirtschaft eng zusammen. Mal übernimmt die eine, mal die andere das operative Geschäft, und obendrein sind sie Gestaltwechsler: Hier verkappt sich der Staat als Unternehmen,[4] dort übernehmen Firmen Hoheitsgewalt und stellen dafür ganze Armeen auf, wie es zum Beispiel die Britische Ostindien-Kompanie (East India Company, EIC) und ihr niederländisches Pendant getan haben.

Welche Akteure sind mit wirtschaftlichen Zielen oder Mitteln aggressiv, und was versprechen sie sich davon? Das hängt von der jeweiligen politischen Ordnung ab, vom Stand der Produktivkräfte und von den volkswirtschaftlichen Erkenntnissen und Denkgewohnheiten, von den logistischen und militärischen Möglichkeiten, von der öffentlichen Meinung (falls zugelassen), von der relativen Stärke der beteiligten Staaten und vom Weltbild und von den Erwartungen der Entscheider. Da liegt natürlich jeder historische Fall etwas anders, und die Faktoren der jeweiligen Willensbildung lassen sich im Nachhinein oft nur schwer rekonstruieren, gewichten und eindeutig bewerten. Doch es lassen sich mit Blick auf Wirtschaftskriege und ihre Ursachen immerhin unterschiedliche Epochen und eine wichtige geistesgeschichtliche Zäsur erkennen, und eine beliebte Theorie über den Kapitalismus und die Kapitalisten als angebliche Haupttreiber der meisten Konflikte lässt sich ausschließen.

Die Geschichte der Handels- und Wirtschaftskriege ab etwa 1500 wird ausführlicher in Kapitel 3 erzählt werden. Hier liegt der Schwerpunkt auf den Motiven, Ideen und Interessengruppen, welche diese Kriege antrieben, und auf den Zusammenhängen zwischen wirtschaftlichen Faktoren, Handelskrieg, Eroberung und bewaffnetem Konflikt. Anfänglich wurden die Handelskriege befeuert von Draufgängertum und Profitgier in ihrer räuberischsten und brutalsten Form. Handel, Krieg und Piraterie gingen wirklich so ineinander über, wie es Mephistopheles behauptet. Im 16. Jahrhundert waren die meisten Handelsschiffe bewaffnet, und ihre Besatzungen waren bereit, je nach Gelegenheit Handel zu treiben, zu kämpfen, zu kapern und zu plündern[5] (umso mehr, sobald sie europäische Gewässer verlassen hatten). Falls nötig, schlugen sie auch die Seeschlachten ihrer Länder – die meisten Schiffe in der Begegnung zwischen der spanischen Armada und der englischen Flotte (1588) waren Handelsschiffe.[6] Wann immer fremde Reiche in Übersee oder ganze Kontinente erobert wurden, bildete den ersten Zyklus der Ausbeutung wüste Plünderei,[7] gefolgt von allmählicher territorialer Vorherrschaft, die dann zu Zwangsabgaben, Zwangsarbeit (bis weit ins 20. Jahrhundert hinein)[8] und Sklaverei führte. Konkurrierende Handelsnationen und Handelsniederlassungen wurden angegriffen, ob sie nun zu den „Ungläubigen" gehörten oder zur europäischen Christenheit. Diese noch halb private gewalttätige Gier wurde von den europäischen Monarchien geduldet und ermutigt, weil diese noch nicht mit eigenen Schiffen und Armeen vorrücken konnten. Stattdessen gewährten sie „Kapitulationen" (Verträge zwischen Ungleichen), verliehen Handelsprivilegien und verteilten Kaperbriefe, um an der Beute beteiligt zu werden und Anspruch auf alle

Gebiete zu erheben, die „entdeckt“ und „erobert“ werden mochten.[9] Jede Seereise bedeutete neues unternehmerisches Risiko und unbeständiges Kriegsglück, und weil Schiffsraum noch sehr knapp war, konzentrierten sich Handel, Überfälle und Beutezüge auf Luxusgüter mit geringem Stauraum wie Gold und Silber, Seide und Gewürze, Zucker, Pelze und Parfum. Doch die Netzwerke des schwer bewaffneten Handels und der staatlichen Herrschaft entwickelten sich, die Transportkapazitäten wuchsen, und bald füllten auch Tee und Porzellan, Baumwolle und Kleider die Schiffe – und immer mehr Sklaven. Hybride private Handelsgesellschaften, von ihren Heimatländern versehen mit quasisouveränen politischen Privilegien, bildeten das Rückgrat der europäischen Expansion, und sie bekämpften einander bis aufs Messer. Im Lauf des 17. und 18. Jahrhunderts festigten die modernen Staaten ihre Macht und ihr Monopol auf den Einsatz von Waffengewalt. Die Kämpfe um Beute und Handel wurden mehr und mehr zu innereuropäischen Staatenkonflikten, die freilich weltweit ausgefochten wurden, denn die Europäer strebten überall nach Handelsstationen und, wo immer möglich, auch nach Herrschaft. Der staatliche Zugriff auf den Überseehandel wurde zusehends fester. Das musste sogar die mächtige englische Ostindien-Kompanie erfahren, deren Privilegien für den Indienhandel im Lauf der Zeit immer mehr beschnitten wurden (sie mussten seit 1784 sogar alle 20 Jahre von der Regierung erneuert werden). Aber die alte Gewohnheit, in die Landesfarben gehüllt privaten Gewinn herauszuschlagen, hielt sich zäh. Selbst im späten 18. Jahrhundert wurden Kommandeure wie Colonel William Draper (der zeitlebens hoffte, doch noch das Lösegeld zu kassieren, das er dafür verlangt hatte, dass er 1762 Manila *nicht* plündern ließ) von der Aussicht auf Beute fast ebenso sehr angetrieben wie von der Gelegenheit, ehrenvoll und ruhmreich zu dienen.[10]

Vom Merkantilismus zur modernen Handelstheorie – mit der Konstante Sklaverei

Dennoch wandelte sich das Bild erheblich, je mehr die modernen Staaten und die absoluten Monarchien ihre Macht festigten. Im wirtschaftlichen und politischen Denken setzte sich die Überzeugung durch, alle Wirtschaftstätigkeit habe vor allem der Staatsmacht zu dienen, verkörpert in der Person des Monarchen. Die Doktrin des sogenannten Merkantilismus erklärte Gold und Silber zur wichtigsten Form des nationalen Reichtums. Darum erschien es einleuchtend, so viel wie möglich an das Ausland zu verkaufen und so wenig wie möglich von dort zu kaufen. Der Umfang des internationalen Handels wurde als begrenzt angesehen – und wenn der Kuchen nicht größer werden konnte, erschien es nur vernünftig, sich ein möglichst großes Stück davon für sich selbst abzuschneiden. Die Außenpolitik und der Außenhandel wurden als Nullsummenspiel um Macht und Reichtum betrachtet. Der Handel galt als Fortsetzung des Krieges mit anderen Mitteln – und umgekehrt.[11] Der Merkantilismus wurde bis zum Ende des 18. Jahrhunderts in unterschiedlichen nationalen Spielarten praktiziert, aber seine Grundannahmen und Ziele waren überall die gleichen: Er war wirtschaftlicher Nationalismus, um einen wohlhabenden und mächtigen Staat zu bauen. Die Regierungen strebten danach, Wohlstand anzuhäufen, und nahmen an, dass sie das nur auf Kosten der anderen Staaten tun könnten. Der Erfolg wurde am eigenen Handelsüberschuss und am Bestand an Gold und Silber in der Staatskasse gemessen. Um beides zu erreichen, arbeiteten die Eliten von Politik und Wirtschaft eng zusammen, und viele tummelten sich in beiden Sphären. Der Staat verlieh seinen Kaufleuten Monopolrechte und bevorzugte die heimische Wirtschaft, indem er sie vor auswärtiger Konkurrenz schützte und bei der Eroberung neuer Märkte subventionierte. Sie dankten es ihm durch Treue und Abgaben und dadurch, dass sie seine Flagge um die Welt trugen (und einrammten, wo immer möglich).

Für merkantilistisch denkende Akteure hatten Wirtschaftskriege aller Hitzegrade eine viel größere Plausibilität und ökonomische Unbedenklichkeit als für Regierungen und Gesellschaften, die mit der Kritik vertraut wurden, welche David Hume, Adam Smith und David Ricardo an den merkantilistischen Grundannahmen übten. Hier liegt die erwähnte geistesgeschichtliche Zäsur. Hume hatte bereits 1752 gezeigt, dass das Streben nach einem möglichst großen Handelsüberschuss, um einen möglichst hohen Zufluss von Gold und Silber zu erreichen, sinnlos war: Dieser Zufluss würde nur die Inlandspreise erhöhen und damit die eigenen Exporte für andere Länder teurer machen (also sinken lassen) und die Importe aus diesen Ländern relativ verbilligen (also wachsen lassen), bis sich die Handelsbilanz wieder ausgleichen würde. Smith und Ricardo hatten gezeigt, dass Freihandel alle beteiligten Nationen bereichert und selbst die am wenigsten entwickelten Länder profitieren können, wenn sie Handel treiben.[12] Diese Argumente ließen immer mehr Geschäftsleute und Regierungen erkennen, dass ihre Volkswirtschaften auf tausenderlei Weise mit anderen verwoben waren und dass das Volumen des gewinnbringenden Handels praktisch unbegrenzt wachsen konnte.[13] Auch diese Postmerkantilisten strebten weiterhin nach Wohlstand und Einfluss für ihre Nation, nach Gold und Größe für das Vaterland. Aber sie erkannten zunehmend, dass Kriege und Wirtschaftskriege zwischen den europäischen Nationen die internationale Arbeitsteilung störten und insgesamt zu Wohlstandsverlusten führten. So entwickelte sich allmählich eine neue Phase, die ungefähr gegen Ende der Napoleonischen Kriege begann. Es gab immer noch viel mehr Protektionismus als Freihandel, nicht zuletzt weil viele Staaten versuchten, sich hinter Schutzzöllen zu industrialisieren,[14] und es wurden immer noch Handelskriege geführt. Viele europäische Mächte setzten weiterhin in Übersee ihre militärische Macht in Einklang mit der Palmerston-Devise ein, es sei die Aufgabe der Regierung, dem Handel die Wege zu bahnen und zu sichern.[15] Aber es wurde zunehmend anerkannt, dass das eigentliche Ziel der wirtschaftlichen Entwicklung nicht in merkantilistischer Verschlossenheit lag, sondern im Eintauchen der Nation in den möglichst freien Welthandel. Auch diese viel positivere Sichtweise hatte jedoch ihre aggressiven Seiten. Beginnend in den 1830er-Jahren, wurde Waffengewalt angewandt, um in asiatische Märkte wie Japan, China und Vietnam einzudringen, wobei man den Angegriffenen mitunter wortreich die Segnungen des Freihandels pries.[16]

Gleichzeitig nahm wegen der Industrialisierung die Sklaverei massiv zu.[17] Seit Jahrhunderten waren Sklaven gezwungen worden, in europäischen Gold- und Silberminen in Südamerika und auf Zucker- und Gewürzplantagen auf Madeira, im Golf von Guinea, in Indonesien und in der Karibik zu arbeiten.[18] Nun wuchsen die Kapazität der westlichen Industrien, Baumwolle zu spinnen und zu weben, und die Nachfrage nach ihren Produkten so schnell, dass Baumwolle knapp wurde. Da Europa größtenteils zu kalt und zu nass war, um dort Baumwolle anzubauen, wurde mit der auf Sklaverei gegründeten Produktion auf den Westindischen Inseln und in Südamerika begonnen (allein die französischen Karibikinseln „importierten“ zwischen 1784 und 1791 eine Viertelmillion afrikanischer Sklaven).[19] Weil jedoch die industrielle Produktivität um Hunderte von Prozent zunahm[20] und das Kolonialland Indien aufgrund der hohen Transportkosten und seines eigenen Handels mit China nicht genügend Rohbaumwolle liefern konnte, wurden die Vereinigten Staaten von Amerika (USA) zum Hauptlieferanten. Dort wurde die Baumwolle vor allem in den neu erworbenen und annektierten Gebieten der Südstaaten durch Sklavenarbeit gewonnen. Wie abhängig die europäischen Produzenten von dieser Baumwolle wurden, zeigte sich im amerikanischen Bürgerkrieg: Als Präsident Lincoln 1862 mit seinen Ministern seine Absicht diskutierte, die Sklaverei in den sezessionistischen Südstaaten für abgeschafft zu erklären, warnten manche, eine solche Erklärung werde zur völkerrechtlichen Anerkennung der Südstaaten durch Europa führen.[21] Die Ära der modernen europäischen Sklaverei, die im 15. Jahrhundert begonnen hatte, als Portugiesen die Bewohner der Kanarischen Inseln für den Zuckeranbau versklavten, dauerte praktisch bis 1908, als der sogenannte Kongo-Freistaat beendet wurde. Das war ein Gebiet, das der belgische König Leopold II. im Zuge des europäischen „Wettlaufs um Afrika" als sein „Eigentum" erworben hatte[22] und so brutal ausbeuten ließ, dass ganz Europa entsetzt war.[23]

Der Kapitalismus als Kriegstreiber, oder die Kapitalisten?

Jenes Gerangel um Afrika (als „Scramble for Africa" bezeichnete die Londoner *Times* 1884 das Konkurrenzverhalten der europäischen Mächte) spielte sich zwischen ungefähr 1870 und 1910 ab. Die europäischen Mächte teilten den afrikanischen Kontinent unter sich auf: 1870 stand erst ein Zehntel Afrikas unter europäischer Herrschaft, 40 Jahre später war kaum noch ein Zehntel – Liberia, Äthiopien – unabhängig.[24] Im gleichen Zeitraum waren die Japaner damit beschäftigt, in Kriegen mit China und Russland Kolonien zu erobern, und die USA vergrößerten ihre Territorien durch Krieg gegen Spanien. Der erneute Aufschwung des europäischen Imperialismus veranlasste John A. Hobson, einen englischen Journalisten und Wirtschaftswissenschaftler, zur Veröffentlichung der Studie *Imperialism*,[25] die auf ihrem Gebiet als Klassiker gilt. Hobson war von der Theorie beeinflusst, in den reifen Volkswirtschaften seiner Zeit sinke die Profitrate immer weiter. Er führte diesen Rückgang auf Unterkonsumtion zurück und argumentierte: Die britischen Kapitalisten verdienten zu viel und ihre Arbeiter nicht genug, sodass das, was in England produziert werde, dort nicht auch konsumiert werden könne. Infolgedessen stagniere die Wirtschaft, die bereits erzielten Gewinne blieben ungenutzt, und die Profitrate schrumpfe. Folglich suchten die Kapitalisten in Übersee nach neuen Märkten, um ihre Produkte zu verkaufen und ihre Gewinne zu investieren, und setzten ihre Regierungen unter Druck, den Weg dahin mit imperialistischer Waffengewalt zu ebnen. Hobson war davon überzeugt, dass diese Art von Wirtschaftsimperialismus keineswegs unvermeidlich sei: „Es besteht keine Notwendigkeit, neue ausländische Märkte zu erschließen; die heimischen Märkte sind in der Lage, unbegrenzt zu expandieren. Was auch immer in England produziert wird, kann in England konsumiert werden, vorausgesetzt, das ‚Einkommen' oder die Macht, Waren nachzufragen, wird richtig verteilt."[26] Hobson glaubte an die Reformierbarkeit des kapitalistischen Systems seiner Zeit: Der Anteil der Arbeitnehmerschaft an den Gewinnen der Kapitalisten könne erhöht werden.

Sozialistische und kommunistische Theoretiker wie Rudolf Hilferding, Rosa Luxemburg und Wladimir Iljitsch Lenin[27] stimmten Hobsons Analyse des Wirtschaftsimperialismus ausdrücklich zu und bauten auf ihr auf, aber sie hielten den Kapitalismus für nicht reformierbar – da Parlamente und Regierungen bloß Marionetten der herrschenden Klasse der Kapitalisten seien, wie könnten sie gegen deren Interessen handeln?[28] Der Kapitalismus könne nicht reformiert, sondern er müsse durch proletarische Revolution überwunden werden. Nach der Entkolonialisierung blieben all diese Thesen in Theorien über die angebliche neokoloniale Ausbeutung des globalen Südens präsent.

Hobsons Optimismus in Bezug auf Reformen war berechtigt. Die westlichen kapitalistischen Länder erwiesen sich als reformfähig: Sie weiteten das Wahlrecht aus und ließen Gewerkschaften und Arbeiterparteien zu; sie stärkten die soziale Sicherheit und sorgten für eine Umverteilung von Einkommen; sie bewahrten den Pluralismus und sicherten ein hohes Niveau von Binnenkonsum und Lebensstandard.[29] Hobsons Theorie des modernen Wirtschaftsimperialismus hingegen weist schwerwiegende Mängel auf.[30] Abgesehen von wirtschaftstheoretischen Einwänden, stützen schon die reinen Fakten Hobsons These nicht. Die meisten Kolonien waren arm und boten darum keine wertvollen Märkte für den Export von Industriegütern; sie waren infrastrukturell unterentwickelt und lieferten darum keinen großen Teil der damals gehandelten Rohstoffe. Sie hatten zudem kleine Volkswirtschaften und verdrängten darum keinen bedeutenden Teil des regen Handels zwischen den großen Industrieländern. Und sie wurden kostenbewusst verwaltet und waren darum keine exklusiven Wirtschaftszonen, die allein den jeweiligen Kolonialherren vorbehalten waren, sondern sie verkauften ihre Produkte an den jeweils Meistbietenden, während die imperialistischen Staaten nichts dabei fanden, auch mit den Kolonien ihrer Rivalen Handel zu treiben.[31] Die Kolonien erhielten aus Europa nicht einmal allzu große Investitionen. Hobson wies auf das zeitliche Zusammentreffen von Imperialismus und beträchtlichen Kapitalexporten hin, aber die meisten dieser Exporte gingen überhaupt nicht in die Kolonien. Weder Großbritannien noch die Vereinigten Staaten, Frankreich oder Deutschland investierten viel in ihre Kolonialreiche. Und weder waren alle entwickelten kapitalistischen Länder Imperialisten, noch waren alle Imperialisten kapitalistisch verfasst. Insgesamt lässt sich sagen, dass es keine immanente, unveränderliche, unvermeidliche Verbindung zwischen dem Kapitalismus an sich und der kriegerischen Eroberung von Märkten und Rohstoffquellen gibt.

Aber selbst dann, so lässt sich einwenden, könnten ja kommerzielle Interessen eine besonders wichtige Triebfeder für Kriege und den Imperialismus gewesen sein. Doch auch das ist alles andere als offensichtlich. Es reicht nicht aus, darauf hinzuweisen, dass manche Kapitalisten und vor allem Waffenproduzenten von Rüstungsmaßnahmen und der Führung von Kriegen profitieren wollen – gewiss tun sie das.[32] Aber führen sie die Kriege auch herbei? Es hat Fälle gegeben, in denen Kapitalisten ihre Regierungen erfolgreich dazu gebracht haben, private Profite durch militärische Gewalt und Eroberung zu schützen oder zu fördern. Aber solche Fälle sind wenig mehr als ein anekdotischer Beleg. Die deutsche Intervention in Kamerun (1884–1885)[33] mag ein Beispiel dafür sein, ebenso wie die Protektorate, die Frankreich über Tunesien (1881) und Marokko (1912) errichtete,[34] die britischen Interventionen in Ägypten (1882, Aktionärsinteressen, Beherrschung des Suezkanals, Empire), Burma (1885, Öl)[35] und im südlichen Afrika (ab 1877, Diamanten und Gold) und die japanische Besetzung von Teilen Chinas ab 1931.[36] Zu diesen Fällen zählt vielleicht auch der „Salpeterkrieg" Chiles gegen Bolivien und Peru 1879–1884, der vor allem um Salpetervorkommen, ihren Abbau, ihre Besteuerung und um ein Abbauunternehmen geführt wurde, von dessen Anteilseignern einige Regierungsmitglieder waren. Selbst da schwangen jedoch in der Entscheidung für den Krieg hegemoniale Absichten und nationalistische Verfeindungen mit, und es wurmte die Erkenntnis, dass der Krieg eigene Investitionen in Feindesland gefährdete, dass also die eigene wirtschaftliche Interessenlage vielschichtig war. In den meisten derartigen Fällen hatten die beteiligten Politiker vielfältige machtpolitische

Ziele und nationale Sicherheitsinteressen im Sinn.[37] Diese These stützen auch und gerade zwei Interventionen, die häufig als Beispiele für angeblichen „Neoimperialismus" angeführt werden: Als die Central Intelligence Agency (CIA), ein Auslandsgeheimdienst der USA, die Stürze der Regierungen in Iran (1953) und in Guatemala (1954) einzufädeln half, ging es den USA zwar auch um Interessen der United Fruit Company bzw. der von Großbritannien geführten Anglo-Iranian Oil Company, aber zuallererst um die Eindämmung des Kommunismus und der Sowjetunion.[38]

Andererseits gibt es viele Fälle, in denen Regierungen den Schutz oder die Durchsetzung privater Interessen bloß als Vorwand für kriegerische Entscheidungen genutzt haben, und Fälle, in denen sich die Regierenden aggressiven Wirtschaftslobbys gegenüber als gleichgültig erwiesen oder sie sogar entschlossen bekämpften.[39] Ein Beispiel dafür ist die US-Regierung im Ersten Weltkrieg.[40] Nach dem Ende des Krieges waren die amerikanische Politik und Öffentlichkeit enttäuscht und angewidert von den engstirnigen und undurchführbaren Reparationsbestimmungen des Versailler Vertrags (dazu in Kapitel 2 mehr) und wütend auf Frankreich und Großbritannien, weil sie die Kriegskredite, die sie in den Vereinigten Staaten aufgenommen hatten, nicht umgehend zurückzahlten. Das half den Boden zu bereiten für die Behauptung, vor allem gierige US-Banker und „Händler des Todes" hätten die Nation in ein sinnloses Blutbad zwischen europäischen Imperien verwickelt, und für das Gelöbnis, in jedem künftigen Konflikt neutral zu bleiben.[41] Aber Präsident Woodrow Wilson war weit davon entfernt gewesen, die Außenpolitik der heimischen Finanz- und Rüstungsindustrie zu überlassen: Zunächst prangerte seine Regierung Kredite an die europäischen Kriegsparteien als schlimmste Konterbande an (da Britannia die Wellen und Seewege immer effizienter beherrschte, kamen ohnehin nur Kredite und Lieferungen an die Westalliierten – die Entente – infrage). Dann milderte die Regierung ihre Position ab durch eine Unterscheidung zwischen verbotenen Krediten mittels Zeichnung ausländischer Kriegsanleihen und zulässigen Krediten von US-Banken für den Kauf von US-Produkten. Dies geschah jedoch nicht aus Sorge um die amerikanischen Bankiers, die den kriegführenden Mächten Kredite gewähren wollten, sondern um den amerikanischen Farmern zu helfen, ihre Produkte weiterhin zu verkaufen (der erste kreditfinanzierte Kauf betraf Pferde im Wert von zwölf Millionen Dollar). Als die Höhe dieser Kredite dann alle Erwartungen übertraf und die kreditfinanzierten Exporte die Lebenshaltungskosten in den USA in die

Höhe trieben und die Kaufkraft der Arbeiter schmälerten, wies Wilson Sondierungen der Banken hinsichtlich eines weiteren Milliardenkredits an die Entente zurück und billigte Pläne zur Besteuerung von Exporten nach Europa, worauf das amerikanische Big Business gegen ihn mobilmachte. Dennoch wurde Wilson Anfang November 1916 wegen seines Versprechens und mit dem klaren Auftrag wiedergewählt, das Land aus dem Krieg herauszuhalten. Er veranlasste nun die amerikanische Zentralbank, ihren Mitgliedern mitzuteilen, sie halte es nicht länger für wünschenswert, dass amerikanische Investoren ihre Bestände an britischen und französischen Wertpapieren erhöhten – worauf die Kurse an der Wall Street abrutschten und das Pfund Sterling und der französische Franc erzitterten. Der Präsident ließ dem im Dezember 1916 eine Note folgen, in der er zu einem Frieden ohne Sieg aufrief, was die Rüstungsaktien weiter in den Keller trieb und Verzweiflung in Paris und London auslöste, wo der König, wie berichtet wird, weinte.[42] Im Januar 1917 sprach der Präsident vor dem US-Senat und wies hellsichtig darauf hin, ein Siegfriede gleich welcher Kriegspartei werde nur zu Demütigung, Zwang, Ressentiments und Verbitterung führen, sodass der Frieden wie auf Treibsand gebaut wäre. Erst als Deutschland, in törichter Unkenntnis der finanziellen Notlage der Entente,[43] den uneingeschränkten U-Boot-Krieg gegen die neutrale Schifffahrt erklärte, der mexikanischen Regierung ein Militärbündnis für den Fall eines Krieges zwischen Deutschland und den USA anbot und Zustimmung signalisierte, sollte Mexiko dann Texas, New Mexico und Arizona zurückerobern,[44] erst da hatte Wilson keine andere politische Wahl mehr, als dem US-Kongress die Kriegserklärung vorzuschlagen. Es stimmt, dass das amerikanische Bankhaus J. P. Morgan & Co. einen entscheidenden Beitrag zu den alliierten Kriegsanstrengungen leistete, als der Krieg erst ausgebrochen war: Morgan organisierte die US-Kredite und die damit getätigten Käufe, verhandelte hart mit US-Lieferanten „über Corned Beef und Stacheldraht, Lokomotiven und Prothesen",[45] half neue Fabriken zu errichten und trieb die US-Gewehrproduktion in die Höhe. Aber John Piermont Junior, genannt „Jack", Morgan, der Chef des Bankhauses, hatte noch am 31. Juli 1914 einen Appell zum Frieden veröffentlicht,[46] und erst als Großbritannien und Frankreich im August in den Krieg eintraten, ergriffen die Partner von Morgan aus Tradition, Instinkt und Überzeugung für die Alliierten Partei.[47] Andere amerikanische Bankhäuser waren prodeutsch oder antirussisch eingestellt,[48] was fast auf dasselbe hinauslief, aber die erfolgreiche britische Seeblockade gegen Deutschland (und das britische Kappen der deutschen Unterseetelegrafenkabel) machten ihre Präferenzen weitgehend irrelevant.

Apropos Bankiers: Der US-amerikanische Professor für Politikwissenschaft Jonathan Kirshner hat überzeugend dargelegt, dass zumindest seit der Wende zum 20. Jahrhundert (und wahrscheinlich auch schon viel früher) „Finanzkreise innerhalb von Staaten vorsichtige nationale Sicherheitsstrategien bevorzugen und Kriegen und Politiken, die ein Kriegsrisiko bergen, entschieden abgeneigt sind. Diese allgemeine Feststellung trifft zu jeder Zeit und an jedem Ort zu, in einer Vielzahl von politischen und wirtschaftlichen Gegebenheiten."[49] Der Grund dafür liege darin, dass Banken, der Finanzdienstleistungssektor, Versicherungsgesellschaften (insbesondere für Währungen, Anleihen und Aktien) und ihre Partner in den Regierungen (fast immer die Zentralbanken und in der Regel die Finanzministerien) allesamt gesamtwirtschaftliche Stabilität wünschen, und mit der ist Krieg weitgehend unvereinbar.[50] Das muss nicht unbedingt immer gut sein – die Finanzwelt hat auch Englands und Frankreichs Beschwichtigungspolitik gegenüber Hitler-Deutschland befürwortet und schwächte Frankreichs Willen zur Aufrüstung.[51] Außerdem bevorzugt die Finanzwelt „Frieden nicht aus Herzensgüte, sondern"[52] aus Eigeninteresse. Aber dennoch: „Wenn man die Präferenzen der Finanzwelt aus dem Mix herausnimmt, sind die verbleibenden Einflussnahmen von Kapitalismus und Kommerz" auf Handelskriege und Imperialismus noch „weniger offensichtlich und stattdessen eher flüchtig, unbestimmt und zufällig".[53] Es darf hinzugefügt werden: Selbst im so verbleibenden „Mix" werden die Kapitalisten eines Landes unterschiedliche Meinungen vertreten, weil Konflikte, Kriege und Eroberungen nie allen Wirtschaftszweigen einer Volkswirtschaft nützen, sondern immer einigen schaden.

Um unsere bisherigen Erkenntnisse zusammenzufassen: Man kann eine unterkapitalisierte erste Phase der frühen, halbprivaten, räuberischen europäischen Expansion unterscheiden. Ihr folgte ein staatszentrierter Merkantilismus, der nach territorialer Vorherrschaft in Übersee und nach Handelsbilanzüberschüssen strebte, und ab dem 19. Jahrhundert setzte sich eine immer größere Offenheit für freien, beiderseitig vorteilhaften Handel durch. Während die treibenden Kräfte anfangs vor allem ungezügelte Gier und Abenteuerlust waren, wurden die Eroberung, Beherrschung und Ausbeutung im Laufe der Zeit immer staatlicher und rationaler betrieben, wenn auch keineswegs humaner, wie schon allein die Sklaverei beweist. Der „moderne" Imperialismus seit 1870 war weder eine zwangsläufige Folge des Kapitalismus an sich, noch wurde er von profitsuchenden Kapitalisten herbeigeführt. Einige Wirtschaftskreise befürworteten sicherlich Handelskriege und Eroberungen – aber nicht alle, nicht immer und selten ausschlaggebend. Hobson und marxistische Autoren wie Lenin haben sich geirrt (und übrigens sind die aus ihrem Denken abgeleiteten Theorien des Neokolonialismus durch den stupenden Aufstieg Asiens nach dem Zweiten Weltkrieg und nach dem Fall des Eisernen Vorhangs widerlegt worden). Zumindest historisch gesehen, scheint das Gegenteil der marxistischen These zuzutreffen: Nationen, die sich nicht protektionistisch verhalten und marktwirtschaftlich und demokratisch verfasst sind, werden anscheinend seltener in militärische Konflikte verwickelt als Nationen mit anderen Strukturen und Haltungen.[54]

Der „moderne" Imperialismus vor allem in Afrika hatte andere Wurzeln:[55] Er war das Ergebnis politischer Rivalitäten zwischen den damaligen Großmächten und nicht vorrangig von wirtschaftlichen Überlegungen. Den Staatsmännern der damaligen Zeit erschien es rational, die Sicherheit, die Macht, die internationale Bedeutung und den Einfluss ihrer Nationen durch den Erwerb von Kolonien zu stärken. Die würden, nahm man an, die außenpolitischen Optionen und die diplomatische Verhandlungsmasse vermehren und die wirtschaftliche und strategische Schlagkraft des Staates stärken. Darüber hinaus ließen technische Innovationen die Eroberung Afrikas weit weniger kostspielig erscheinen als je zuvor:[56] Die Chininprophylaxe gegen Malaria beendete die erschreckende Todesrate unter den Europäern und ermöglichte es ihnen, ins Landesinnere vorzustoßen. Dampfgetriebene Kanonenboote mit geringem Tiefgang revolutionierten den Krieg auf den Flüssen (wie sie das auch in Asien taten) und schalteten die Mittelsmänner im Flusshandel aus. Schnell schießende Hinterladergewehre, Maschinengewehre und leichte Artillerie verwandelten Schlachten in Massaker. So senkte neue Technik die Einstiegskosten des Kampfes um Afrika drastisch. Sie machte Aggression billig – für die Aggressoren.

Jene besondere historische Kombination aus diplomatischer Rivalität, technischer Überlegenheit und rücksichtslosem Imperialismus einmal beiseite: Wirtschaftlicher Wohlstand ist immer ein wichtiges politisches Ziel und Machtmittel. Alle modernen Staaten streben danach, ihn zu erlangen und zu sichern. Zu diesem Zweck mag selbst eine vernünftige und verantwortungsbewusste Regierung Handelskriege und Schlimmeres riskieren – nicht um das schnöde Erwerbsinteresse kleiner interessierter Kreise zu befriedigen, sondern im Dienste dessen, was sie als das nationale Interesse ansieht. Entschieden wird aus Sorge um die nationale Sicherheit, die meist auch auf gute Handelsperspektiven und Versorgungssicherheit angewiesen ist, aus Nationalismus und Sendungsbewusstsein, aus Furcht vor den bösen Absichten anderer Mächte und aus Angst, im weltweiten Machtgefüge abzusteigen. Es lässt sich gut begründen, dass spätestens seit etwa 1500 die Anarchie zwischen konkurrierenden souveränen Staaten und der Wettbewerb auf den internationalen Wirtschaftsmärkten immer die zwei Seiten derselben Medaille waren.[57] Die politischen Motive dahinter sind zeitlos[58] und bleiben in den Staatenbeziehungen virulent. Sie sorgen für eine Grundspannung auch in Friedenszeiten, die einem rauen Wettbewerbsklima in der Privatwirtschaft entspricht. Mit Recht stellt John Conybeare, Professor für Volkswirtschaftslehre, fest: „Warum haben wir nicht die ganze Zeit Wirtschaftskriege? Vielleicht lautet die vernünftigste unmittelbare Antwort: Haben wir doch! [...] Es herrscht im System immer ein gewisses Maß an Wirtschaftskrieg, aber es befindet sich nicht immer auf sehr hohen Konfliktstufen."[59] Selbst in Organisationen, die der internationalen Zusammenarbeit dienen, wird unerbittlich um nationale Vorteile gerungen. Der Zusammenhang zwischen internationaler wirtschaftlicher Verflechtung, nationalen Handelserwartungen und zwischenstaatlichen Konflikten bis hin zum Krieg wird in Kapitel 7 ausführlicher behandelt.

Eine abschließende Bemerkung: Hobsons Hypothese, nationale Unterkonsumtion führe zu internationalen Konflikten, sollte nicht pauschal verworfen werden. In jüngster Zeit wurde argumentiert, dass in den vergangenen Jahrzehnten in Ländern wie China und Deutschland übermäßige Wohlstandstransfers von den Arbeitnehmern zu den „Eliten" heimische Unterkonsumtion herbeigeführt, den Export von Industrieerzeugnissen und Kapital angekurbelt und Millionen von Industriearbeitsplätzen im Ausland vernichtet haben, was dort wiederum populistische Forderungen nach Protektionismus und Handelskrieg hervorgerufen habe. Folgerichtig gaben die Verfechter dieser Auffassung ihrer Studie den Titel *Trade wars are class wars* (Handelskriege sind Klassenkämpfe) und stellten ihr ein Zitat aus Hobsons *Imperialism* voran.[60] In dieser Renaissance seines Denkens liegt eine wichtige Mahnung, mächtige Interessengruppen in Schach zu halten und auf Verteilungsgerechtigkeit zu achten, um das westliche Modell wieder zum Leuchten zu bringen (wie eine der Empfehlungen in Kapitel 10 lautet).

Kapitel 2
Die Begriffe Sanktion, Handelskrieg und Wirtschaftskrieg

Es gibt für keinen der drei Begriffe eine allgemein als verbindlich anerkannte Definition. Regierungen, Politiker, Juristen, Ökonomen, Politikwissenschaftler und Medien verwenden unterschiedliche Terminologien (auch innerhalb der jeweiligen Fachgebiete), wobei es inhaltlich viele Überschneidungen gibt.[1] Wir unterscheiden wie folgt: (Wirtschafts)Sanktionen, Handelskriege und Wirtschaftskriege sind allesamt politische Phänomene, denn sie betreffen die Kommunikation und die wechselseitigen Beziehungen zwischen Staaten, Staatenkoalitionen und zwischenstaatlichen Organisationen. Die Beschränkung auf zwischenstaatliche Beziehungen trägt dem Umstand Rechnung, dass Staaten die entscheidenden Akteure der Weltpolitik und der Weltwirtschaft sind und bleiben.[2] Solche politischen Beziehungen können im Einzelfall auch dann vorliegen, wenn allein Privatpersonen oder Unternehmen betroffen sind oder handeln, denn genau das kann von einem Staat gewollt, veranlasst oder geduldet sein und ist ihm dann zurechenbar. Falls eine solche Zurechenbarkeit von einem anderen Staat vermutet wird, macht auch das die Angelegenheit zu einer politischen.

Wirtschaftssanktionen

Wirtschaftssanktionen[3] zielen darauf ab, ein politisches Ziel zu erreichen. Dafür werden Maßnahmen ergriffen wie Handelsverbote, Lieferstopps, die Beschlagnahme von Vermögenswerten und das Einfrieren des Zahlungsverkehrs oder ausgewählter Konten. Das politische Ziel ist in der Regel kein wirtschaftliches, sondern ein außenpolitisches. Die Sanktionen können eingesetzt werden, um Unfreundlichkeit zu signalisieren, Missbilligung auszudrücken, Änderungen im Verhalten des Adressaten zu erzwingen oder seine Optionen und Fähigkeiten zu verringern. Darum haben Sanktionen oft Strafcharakter und zeugen von angespannten Gesamtbeziehungen. Oft, aber nicht immer, denn Sanktionen kommen auch zwischen demokratischen Freunden und Verbündeten recht häufig vor, und sie scheinen in solchen Fällen sogar etwas erfolgreicher zu sein.[4] Vermutlich liegt das just daran, dass die Beziehungen insgesamt gut sind. Dann erscheint es unvernünftig, den Streit zu verhärten oder sogar auszuweiten und so die Beziehung zu gefährden, zudem herrscht nicht die Gefahr, das Gesicht zu verlieren. Darum gibt der Adressat der Sanktion leichter nach, oder es wird ein Kompromiss geschlossen.

Wirtschaftssanktionen können für einen kurzen Zeitraum oder auch über Jahrzehnte hin verhängt werden; sie können sich gegen nur wenige Akteure oder Sektoren richten oder allumfassend sein; und sie können so einschneidende Ziele verfolgen wie einen Regimewechsel beim Adressaten. Strenge, umfassende und lang anhaltende Sanktionen mit ehrgeizigen Zielen gehen in Wirtschaftskrieg über. Manchmal sind Sanktionen mit „Fahrplänen" (Roadmaps) verbunden, die festlegen, welche Bedingungen der Adressat erfüllen muss, damit die Sanktionen nach und nach wieder aufgehoben werden. Gelegentlich sind sie mit zusätzlichen Anreizen verbunden, das heißt mit dem Versprechen von Vorteilen, die über die bloße Aufhebung der Sanktionen hinausgehen.[5] In solchen Fällen tritt der Verhandlungsaspekt von Sanktionen besonders hervor. Sanktionen können den Einsatz von Waffengewalt vorbereiten, sowohl wirtschaftlich als auch diplomatisch. Die Sanktionen, die der Sicherheitsrat der Vereinten Nationen (UN) 1990/91 gegen das Regime von Saddam Hussein verhängte, taten beides: Sie blockierten seine Einnahmen aus dem Verkauf von Erdöl und schwächten damit seine Macht, und obwohl sie ihn nicht dazu brachten, seine Truppen aus Kuwait abzuziehen, trugen sie dazu bei, innerhalb der UN den Boden zu bereiten für die Genehmigung des Einsatzes bewaffneter Gewalt („Operation Desert Storm") durch den Sicherheitsrat.[6] Auch in solchen Fällen gehen Wirtschaftssanktionen in Wirtschaftskriegführung über. Sanktionen, die meisten davon wirtschaftlicher Art, gehören zum Alltag der internationalen Beziehungen. Viele Staaten, allen voran die Vereinigten Staaten von Amerika, aber auch internationale Organisationen wie die UN und die Europäische Union (EU) setzen Sanktionen immer häufiger ein.[7] Das für Sanktionen, Handelskrieg und Wirtschaftskrieg geltende Völkerrecht und die danach zulässigen UN-Maßnahmen werden in Kapitel 5 behandelt.

Die USA stützten ihre Sanktionen ursprünglich vor allem auf den Trading with the Enemy Act von 1917 und den International Emergency Economic Powers Act (1977). Auch das sogenannte Jackson-Vanik Amendement (1974) gehört in den Sanktionszusammenhang: Es sah vor, dass vor allem der Sowjetunion und der Volksrepublik China gegenüber abhängig von ihrer Menschenrechtsbilanz alljährlich neu entschieden werden musste, ob ihnen handelspolitisch „Meistbegünstigung" gewährt wurde (das heißt die Handelsbedingungen, die die von den USA „meistbegünstigten" Drittstaaten genossen).[8] Der Helms-Burton Act (1996), Iran and Libya Sanctions Act (1996), Patriot Act (2001), Global Magnitsky Human Rights Accountability Act (2016, nach dem Magnitsky Act von 2012) und der Countering America's Adversaries Through Sanctions Act (2017) haben weitere wichtige Rechtsgrundlagen hinzugefügt. Sanktionen können sowohl vom Präsidenten als auch vom Kongress verhängt werden, was manchmal zu Dissonanzen und manchmal zu einer außenpolitischen Arbeitsteilung à la *good cop, bad cop* führt. Häufig enthalten die Sanktionsgesetze und -programme Bestimmungen, die es dem Präsidenten erlauben, Personen, Firmen oder Länder von den Sanktionen auszunehmen, wenn er dies als im nationalen Interesse liegend erachtet.[9] Auch das sorgt allerdings oft für innenpolitischen Streit. Aktive Sanktionsprogramme[10] werden vom Office of Foreign Assets Control (OFAC) des US-Finanzministeriums verwaltet. Andere Ministerien haben ergänzende Zuständigkeiten, zum Beispiel das Außenministerium solche für Reiseverbote. Die USA haben den territorialen und persönlichen Geltungsbereich ihrer Sanktionsvorschriften ständig erweitert. Wenn sie beispielsweise Geschäfte mit einem bestimmten Staat verbieten, dann bemühen sie sich, dieses Verbot nicht allein gegen US-Staatsangehörige auf dem eigenen Territorium durchzusetzen, sondern gegen alle Personen oder Unternehmen, die dem US-Recht unterliegen, die Transaktionen im US-Finanzsystem tätigen, die Geschäfte in den USA tätigen oder zu tätigen beabsichtigen oder die US-Staatsangehörige dazu veranlassen, gegen die Verbote zu verstoßen. Die USA können außerdem US-Banken und -Unternehmen verbieten, Geschäfte mit sanktionierten ausländischen Firmen zu tätigen. Die Drohung, strafrechtlich verfolgt zu werden, hohe Geldstrafen zahlen zu müssen oder vom äußerst attraktiven US-Markt und aus dem Dollarsystem ausgeschlossen zu werden, veranlasst viele ausländische Marktakteure dazu, sich den US-Sanktionsregelungen zu fügen, selbst gegen den Willen und die Politik ihrer eigenen

Regierungen. Solche (im amerikanischen Sprachgebrauch) „sekundären Sanktionen“ waren schon die Quelle erheblicher Spannungen zwischen den USA und der EU[11] (dazu sogleich).

Die EU betreibt derzeit über 40 Sanktionsregimes.[12] Sie werden vom Rat der EU auf der Grundlage von Vorschlägen des Hohen Vertreters der EU für Außen- und Sicherheitspolitik (Außenbeauftragter) mit Einstimmigkeit beschlossen. Auf der Grundlage des jeweiligen Beschlusses legen der Außenbeauftragte und die Europäische Kommission (EU-Kommission) einen Vorschlag für die Umsetzung durch eine EU-Verordnung vor, die vom Rat beschlossen wird. Die Verordnung muss von allen Mitgliedstaaten umgesetzt werden, was von der EU-Kommission überwacht wird. Die Sanktionen dienen dem Schutz des Völkerrechts, insbesondere der Menschenrechte,[13] der Förderung von Frieden und Sicherheit und der Konfliktverhütung. Sie können sich gegen Staaten, Unternehmen, Organisationen und Einzelpersonen richten. Die EU-Kommission behauptet, dass die „restriktiven Maßnahmen“ der EU „nicht strafend“ (not punitive) seien, sondern „auf bösartiges Verhalten“ (malign behaviour) abzielen – eine ziemlich feine Unterscheidung, die vielleicht nicht alle Adressaten überzeugen wird. Die EU betont, dass ihre Sanktionen ausschließlich innerhalb ihrer Jurisdiktion gelten: Sie binden nur „EU-Staatsangehörige oder Personen, die sich in der EU aufhalten oder hier geschäftlich tätig sind“. Diese Beschränkung ist die Kehrseite der Tatsache, dass die EU es für völkerrechtswidrig hält, wenn andere Staaten ihre Gesetze „extraterritorial“, also außerhalb des eigenen Jurisdiktionsbereichs, anwenden und durchzusetzen versuchen (wobei der EU vor allem die USA mit ihren „sekundären Sanktionen“ ein Dorn im Auge sind). Um „EU-Wirtschaftsteilnehmer“ vor solchen extraterritorialen Sanktionen Dritter zu schützen, hat die EU 1996 die sogenannte Blocking-Verordnung beschlossen.[14] Sie verbietet es den EU-Wirtschaftsteilnehmern unter Strafandrohung grundsätzlich, die extraterritorialen Rechtsakte einzuhalten. Der Schutz gegen diese Rechtsakte besteht darin, dass sie in der EU nicht „anerkannt“ werden und nicht vollstreckt werden dürfen und dass diejenigen, die durch die Anwendung solcher Rechtsakte Schäden erleiden, gerichtlich Schadenersatz verlangen können.[15] Im Jahr 2018 wurde die Blocking-Verordnung aktualisiert, um extraterritoriale US-Sanktionen abzuwehren, die sich gegen aus Sicht der EU legitime Geschäfte in und mit dem Iran richteten.[16] Allerdings hatte bereits die ursprüngliche Verordnung den EU-Wirtschaftsteilnehmern die Möglichkeit eingeräumt, „eine Genehmigung zu beantragen, damit sie die gelisteten extraterritorialen Rechtsakte ganz oder teilweise einhalten dürfen, sofern anderenfalls ihre Interessen oder die der Union schwer geschädigt würden (Artikel 5 Absatz 2)".[17] Und mittlerweile ließ der Europäische Gerichtshof Verständnis selbst für EU-Wirtschaftsteilnehmer erkennen, die sogar ohne eine solche Genehmigung versuchen, nicht in Konflikt mit US-Sanktionen zu geraten.[18] Der Druck der US-Sanktionen und der Sog des attraktiven US-Markts sind für die meisten EU-Wirtschaftsteilnehmer einfach zu stark. Auch deshalb wird gefordert, das von der EU derzeit erwogene Anti-Coercion-Instrument nicht allein gegen Zwangsmaßnahmen auszurichten, die „in unzulässiger Weise in die politischen Entscheidungen der EU oder der EU-Mitgliedstaaten eingreifen",[19] sondern auch private Akteure gegen extraterritoriale Sanktionen zu schützen.[20] Der transatlantische Streit über „sekundäre" US-Sanktionen geht also weiter. Sie bewegen sich in einer völkerrechtlichen Grauzone und können als Ausübung souveräner Rechte verstanden werden, um alle Aktivitäten innerhalb des eigenen Territoriums zu ordnen, Übergriffe von jenseits der eigenen Landesgrenzen und gegenüber eigenen Staatsangehörigen im Ausland abzuwehren und die Verletzung universeller Werte, Prinzipien und Normen zu ahnden.[21] Die Wissenschaftlichen Dienste des Deutschen Bundestages kamen denn auch zu dem Schluss, dass nichtexzessive extraterritoriale US-Sanktionen völkerrechtlich nicht überzeugend als unzulässig angreifbar sind.[22]

Außerdem lassen sich extraterritoriale Sanktionen oft politisch rechtfertigen: Internationale Banken haben immer wieder, wie im Präzedenzfall BNP Paribas 2014, „wissentlich, ‚absichtlich und mutwillig' Milliarden Dollar durch das US-Finanzsystem geschleust und damit gegen Sanktionen verstoßen".[23] Rohstoffhändler halfen Saddam Hussein dabei, das UN-Programm „Öl für Lebensmittel" zur Stabilisierung seiner Tyrannei zu missbrauchen, und knüpften zu dem Zweck Netze aus Briefkastenfirmen in Steuerparadiesen.[24] Warum sollten die USA solche Praktiken tolerieren? Wenn sich die EU und die USA über die Anwendung exterritorialer Sanktionen in bestimmten Fällen (wie im Fall Iran) nicht einig sind, sollten sie statt juristischer Streitereien einen politischen Konsens erstreben oder von Ausnahmegenehmigungen Gebrauch machen. Wenn kein Konsens oder Modus Vivendi gefunden werden kann, sollte das immer ein Anlass zu großer politischer Besorgnis sein und zu Anstrengungen führen, das Bündnis wieder zu stärken. Die westlichen

Demokratien sollten sich möglichst einig darüber sein, welche Ziele sie mit Sanktionen verfolgen, und sie sollten dabei zusammenarbeiten, nicht gegeneinander. Die Wirksamkeit und der Nutzen von Wirtschaftssanktionen werden in Kapitel 7 erörtert.

Handelskriege

Handelskriege spielen sich im zwischenstaatlichen Waren-, Dienstleistungs- und Kapitalverkehr ab. Ihre wichtigsten Waffen sind darum Instrumente, die sich direkt auf die wirtschaftlichen Aktivitäten auswirken, nämlich Zölle, Steuern sowie Einfuhr- und Ausfuhrbestimmungen. Bei Handelskriegen geht es allerdings um die gesamten Austauschbedingungen, und die werden von vielen Faktoren beeinflusst: von Subventionen und Wechselkursen, von bewusster Lohnzurückhaltung und technologischem Wandel. Ein Staat kann sich beispielsweise Handelsvorteile verschaffen, indem er einheimische Unternehmen subventioniert, die exportieren oder mit Importen konkurrieren; er kann den Wechselkurs seiner Währung manipulieren, um Exporte zu relativ niedrigeren Preisen zu ermöglichen; er kann ausländische Firmen ausspionieren und ihre Geschäftsgeheimnisse an inländische Unternehmen weitergeben. Für andere Handelsnationen wird dadurch das, was idealerweise ein ebenes Spielfeld sein sollte, zu einem Wettkampf, den sie bergauf führen müssen, und folglich kommt es zum Streit. Eine weitere wichtige Ursache für Handelskonflikte sind Streitigkeiten über den Zugang zu Bodenschätzen unter dem Meer, denn die sind oft weniger klar zugeordnet als Lagerstätten auf dem Festland. So gibt es etwa derzeit starke Spannungen zwischen der Türkei, Griechenland, Zypern und Frankreich wegen der Erkundung und Ausbeutung von Erdgasvorkommen im östlichen Mittelmeer,[25] und ähnliche Konflikte könnten sich eines Tages in der Arktis entwickeln, zwischen ihren Anrainerstaaten und mit China.[26] Kontroversen über Fischereirechte und -quoten sind eine weitere häufige Ursache für Streitereien wie etwa die zwischen der EU, Großbritannien und Frankreich im November 2021.[27] Es wurde schon hervorgehoben, dass in der Weltwirtschaft immer ein gewisses Maß an Konflikt herrscht. Um es zu begrenzen, wurden ungezählte Handelsverträge geschlossen, Regeln und Verfahren vereinbart und internationale Organisationen wie die Welthandelsorganisation (WTO) gegründet. Sie verhindern oft, dass

Konflikte eskalieren. Ein Beispiel dafür ist der 16 Jahre andauernde „Bananenkrieg" zwischen der EU, mehreren lateinamerikanischen Ländern und den USA.[28] 1993 begann die EU, Bananeneinfuhren aus ehemaligen europäischen Kolonien zu begünstigen, indem sie Zölle auf alle anderen Bananeneinfuhren erhob. Das kostete die lateinamerikanischen Bananenerzeuger und US-Firmen wie Chiquita, Dole und Del Monte Umsätze in Höhe von angeblich Hunderten von Millionen Dollar pro Jahr. 1996 beantragten Ecuador, Guatemala, Honduras, Mexiko und die USA gemeinsam ein WTO-Streitbeilegungsverfahren. Ein WTO-Panel (Panel wird die erste Instanz des WTO-Streitbeilegungsverfahrens genannt) befand die EU-Vorschriften für unvereinbar mit dem internationalen Handelsrecht. Die EU änderte ihre Bananenregelung mindestens zweimal, doch der Streit ging weiter, und die USA beantragten bei der WTO die Genehmigung, Vergeltungszölle auf europäische Erzeugnisse zu erheben. Schließlich unterzeichneten die EU und alle beteiligten amerikanischen Staaten 2009 ein Handelsabkommen, das ihren Bananenkrieg beendete. Der britische Botschafter in Washington in jenen Kriegszeiten, Christopher Meyer, hat später enthüllt, wie er darum kämpfen musste, Vergeltungsmaßnahmen der USA gegen schottische Kaschmirwolle abzuwenden. Er machte dazu mit dem US-Senator Trent Lott (von stolzer schottischer Abstammung, Vertreter des Staates Mississippi, welcher eng mit der Verschiffung von Bananen und mit Chiquita-Interessen verbunden war, und daher im Bananenkrieg besonders einflussreich) ein Geschäft zum wechselseitigen Vorteil: Lott sorgte für Schottlands Verschonung, und Meyer half ihm, 2001 auf den Stufen des Kapitols den ersten *Tartan Day* (Schottenkaro-Tag, begangen im Schottenrock) auszurichten, und bot zu dem Anlass sogar den in Schottland geborenen Sean Connery auf (wenn auch nicht James Bond).[29]

Leider kommen nicht alle Handelsstreitigkeiten zu einem heiteren Abschluss. Manche werden bitter, und es ist schwer zu unterscheiden, wann sie sich zu einem Handelskrieg oder gar zu einem Wirtschaftskrieg auswachsen. Auch hier sind die Übergänge wieder fließend, ähnlich wie zwischen Sanktionen und Wirtschaftskrieg und zwischen Wettbewerb und Konflikt.[30] Als Faustregel lässt sich angeben: Ein Handelskrieg liegt vor, wenn ein erheblicher Teil der gesamten Wirtschaft eines Beteiligten beeinträchtigt wird, wenn politische Kerninteressen auf dem Spiel stehen oder wenn die beteiligten Volkswirtschaften zum Kampfplatz von ohnehin bereits angespannten und polemischen Gesamtbeziehungen werden.

Wann tatsächliche oder drohende Verluste von Arbeitsplätzen oder ein Rückgang des Bruttoinlandsprodukts die Gesamtwirtschaft „erheblich" beeinträchtigen, bestimmt als politischen Schwellenwert jedes Land für sich selbst (der Wert dürfte bei um die zwei Prozent Verlust liegen). In diesem Sinne „erheblich" dürften auch erlittene oder drohende sektorübergreifende strukturelle Nachteile sein, zum Beispiel infolge andauernder ausländischer Regelverstöße, Produktpiraterie oder Wirtschaftsspionage. Politische Kerninteressen betreffen in erster Linie territoriale Fragen, die nationale Sicherheit und das internationale Prestige. Die erwähnte Krise im östlichen Mittelmeerraum aufgrund der Gas- und Ölvorkommen ist ein Beispiel dafür, wie ein Wirtschaftskonflikt zu einem Handelskrieg und Schlimmerem eskalieren kann: Es geht potenziell um großen Reichtum, die nationale Sicherheit und territoriale Grenzen sind betroffen, und es sind geopolitische Strategien und alte Feindschaften im Spiel. Die Türkei schickte Kriegsschiffe, um Bohrarbeiten zu eskortieren; Frankreich unterstützte Zypern und Griechenland und demonstrierte Stärke zur See; Griechenland forderte Spanien und Deutschland auf, Militärverkäufe zu stoppen, die die türkische Marine ertüchtigen würden;[31] die EU diskutierte wirtschaftliche Sanktionen gegen die Türkei;[32] Ägypten[33] und das NATO-Verteidigungsbündnis wurden in den Konflikt hineingezogen;[34] und für viele Beobachter drohte die Türkei sogar mit einem militärischen Konflikt.[35] Die EU-Mitgliedschaft Griechenlands und Zyperns senkt das Risiko einer Eskalation, da weder die Türkei noch die EU einen Handelskrieg gegeneinander führen wollen. Ohne die ausschließliche Zuständigkeit der EU in Außenhandelsfragen wäre es aber gewiss schon jetzt zu einem Handelskrieg zwischen den drei hauptsächlich beteiligten Staaten gekommen.

Wirtschaftskriege

Bei Handelskriegen geht es in erster Linie darum, wie die beteiligten Parteien wirtschaftlich abschneiden. Der Schwerpunkt liegt nicht auf der politischen Schädigung des Gegners, es wird keine bewaffnete Gewalt angewendet, und die Endziele sind überwiegend wirtschaftlicher, nicht außenpolitischer Natur. Das unterscheidet Handelskriege von Wirtschaftskriegen. Die meisten Wirtschaftskriege werden geführt, während sich die Beteiligten im bewaffneten Konflikt miteinander befinden. Es gibt allerdings auch Wirtschaftskriege ohne gegenseitigen bewaffneten Konflikt. Die dabei eingesetzten Instrumente sind großteils in bewaffneten Konflikten entwickelt worden, lassen sich aber auch ohne Schießkrieg anwenden. Der Übergang vom Handelskrieg zum Wirtschaftskrieg ohne bewaffneten Konflikt ist fließend, aber die Unterscheidung lohnt sich, denn die gewaltlose Wirtschaftskriegführung wird von andersartigen Motiven und von umfassenderen Zielen angetrieben als reine Handelskriege, und sie ist enger mit systemischem politischem Wettbewerb und mit struktureller Macht verbunden.

Alan Milward schreibt in seinem Buch *Der Zweite Weltkrieg. Krieg, Wirtschaft und Gesellschaft 1939–1945*, der Ausdruck Wirtschaftskrieg (economic warfare) impliziere „kurioserweise [...], daß es auch eine Art von Krieg gebe, die mit Wirtschaft nichts zu tun habe".[36] Tatsächlich hat natürlich jeder bewaffnete Konflikt eine wirtschaftliche Dimension: Es braucht Vorinvestitionen, um ihn zu beginnen, es braucht Nachschub und Bezahlung, um ihn zu unterhalten, und er hat vielfältige wirtschaftliche Nebenfolgen und Opportunitätskosten. Kriege sind immer neben dem militärischen Kräftemessen auch ein Abgleich der wirtschaftlichen und finanziellen Macht und der Fähigkeit zur Organisation und Innovation.[37] Um ein Extrembeispiel zu nennen: Die USA haben in den Jahren 1940 bis 1945 rund 297 000 Militärflugzeuge, 86 000 Panzer, 17,4 Millionen Handfeuerwaffen, 64 500 Landungsboote und 5200 größere Schiffe mit insgesamt fast 53 Millionen Bruttoregistertonnen (Volumen aller Ladungs-, Passagier-, Personal-, Maschinen- und sonstigen Räume eines Schiffes) gebaut.[38] Wer gegen ein solches Produktionspotenzial in den Krieg ziehen wollte, ging ein sehr hohes Risiko ein, und entsprechend gedrückt war vor Pearl Harbor die Stimmung im japanischen Kriegsrat.[39]

Auch die „neuen Kriege" vor allem in Afrika haben ihre „Ökonomie der Gewalt". Das Neue an ihnen ist erstens die Entstaatlichung und Privatisierung dank relativ geringer Kosten, zweitens die Ungleichartigkeit der Gegner (Milizen/Partisanen/Terroristen gegen staatliches Militär und/oder die Zivilbevölkerung) und drittens die Autonomisierung der Akteure und ein Verschwimmen von Politik, Religion und organisierter Kriminalität. Ihre Ökonomie der Gewalt: Ein Überangebot ungelernter Jugendlicher ohne zivile Berufsaussichten wird mit heutzutage spottbilligen und kinderleicht zu bedienenden Handfeuerwaffen ausgerüstet und damit beschäftigt, von der Zivilbevölkerung handelbare Güter (einschließlich Rauschgift) und Geld zu erpressen. Das führt zu humanitären Katastrophen, ruiniert die betroffenen Gesellschaften und Staaten langsam, aber sicher und macht sie auf humanitäre Hilfe angewiesen, die wiederum von den Kriegführenden teils abgeschöpft, teils gegen Schutz- und Transportgebühren durchgelassen und verteilt werden kann.[40] Für private Kriegsunternehmer (Warlords) ist das ein lukratives Geschäft, für die Weltwirtschaft peripher lästig, für Schutzgelder und Wachmannschaften bezahlende transnationale Rohstoffunternehmen ein Ausgabenposten unter „Nützliche Aufwendungen", und für die menschheitliche Innovationsbilanz, die dem Krieg viel verdankt, ist es irrelevant.

Krieg ohne Wirtschaft gibt es also nicht. Dennoch lässt sich das Wort Wirtschaftskrieg mit mindestens drei unterschiedlichen Bedeutungen sinnvoll verwenden:[41] Schießkriege, die hauptsächlich aus wirtschaftlichen Gründen begonnen wurden; Kriege gegen das wirtschaftliche Potenzial des Gegners im bewaffneten Konflikt miteinander; und Kriege gegen das wirtschaftliche Potenzial des Gegners ohne bewaffneten Konflikt mit ihm.

Bewaffneter Konflikt mit wirtschaftlicher Zielsetzung

Zunächst dient der Begriff Wirtschaftskrieg zur Kennzeichnung bewaffneter Konflikte, die mit einem wirtschaftlichen Ziel begonnen werden, wie der in Kapitel 1 erwähnte Salpeterkrieg. Ein weiteres Beispiel für einen solchen Wirtschaftskrieg ist der Einmarsch Saddam Husseins in Kuwait im Jahr 1990: Er zielte auf die dortigen Ölquellen, um selbst höhere Exporteinnahmen zu erzielen. Außerdem nahm Saddam an, Kuwait überschreite seine OPEC-Förderquoten (Organization of the Petroleum Exporting Countries) und zapfe womöglich sogar Öl aus dem irakischen Rumaila-Ölfeld nahe der Grenze zwischen den beiden Ländern ab.[42]

Der Vorwurf, ein Krieg sei vor allem um wirtschaftlicher Ziele und Gewinne willen begonnen worden, wird jedoch allzu oft und meist unbegründet erhoben, sei es gegen kapitalistische Kreise gerichtet (wie bereits erörtert), sei es gegen Regierungen. Beispielsweise waren im Ersten Weltkrieg viele deutsche Beobachter zu Unrecht überzeugt davon, seine Ursache sei vor allem der britische Handelsneid gewesen, der das Deutsche Reich als unliebsamen Konkurrenten kriegerisch von den Märkten verdrängen wolle.[43] Der im Weltkrieg gegen Deutschland gerichtete Wirtschaftskrieg, die Beschlüsse der Pariser Wirtschaftskonferenz von 1916 und die Bestimmungen des Versailler Vertrages bestärkten viele Deutsche in diesem Verdacht – es sei von Anfang an darum gegangen, ihr Land wirtschaftlich auszuschlachten und auf unabsehbare Zeit niederzuhalten.[44] Deutsche Autoren der Zwischenkriegszeit folgerten denn auch, künftig werde wohl jeder Militärkrieg nur noch Mittel sein, „um die Ansprüche der Volkswirtschaft durchzusetzen".[45]

Die Westalliierten wiederum verdächtigten ihrerseits Deutschland, den Ersten Weltkrieg wirtschaftlich durch eine „avant-guerre" (einen „Vor-Krieg") vorbereitet zu haben und nun mit Waffengewalt nach der wirtschaftlichen Weltherrschaft zu greifen. Die beiderseitigen Verdächtigungen nährten sich gegenseitig: So erschien 1915 in Deutschland ein Buch zur Zukunft des deutschen Exporthandels, das auf der Überzeugung beruhte, Großbritannien und Frankreich hätten schon vor dem Krieg mit feindseligem Neid auf die Erfindungsgabe und den Fleiß der Deutschen geblickt. Der Autor machte nun Vorschläge – nicht für eine deutsche wirtschaftliche Hegemonie nach dem Krieg, sondern für die Sicherung gleicher Wettbewerbsbedingungen für die deutsche Industrie nach Ende des Krieges. Dennoch lasen die westlichen Alliierten das Buch als Beweis für Deutschlands „Pläne, kommerzielle Siege auf Kosten des Handels anderer Länder einzufahren. Wie alle deutschen Pläne, die andere Nationen betreffen, beruht die gesamte Konzeption auf Anmaßung und extremer Eigensucht." Sie übersetzten das Buch ins Englische und dann ins Französische, versahen es mit einem polemischen Inhaltsverzeichnis und einer verachtungsvollen Einleitung und machten es so zu einem Teil des Propagandakrieges, der den Weltenbrand begleitete.[46]

Die Einschätzung, Deutschland habe zunächst eine Art wirtschaftlichen „Vor-Krieg" geführt und 1914 mit Waffengewalt auch wirtschaftlich nach der Weltmacht gegriffen, wird immer noch vertreten.[47] Es ist aufschlussreich, die Fakten[48] einer Debatte zu betrachten, die aktuellen Diskussionen über die Sicherheitsaspekte wirtschaftlicher Zusammenarbeit und Interdependenz sehr ähnelt. Vor dem Krieg basierten die Handelsbeziehungen zwischen Frankreich und Deutschland auf ausgesprochen liberalen Bestimmungen (einer begrenzten „Meistbegünstigungsregel", die im Friedensvertrag von 1871 vereinbart worden war). Sie führten zu einem starken Anstieg des bilateralen Handels. Um ihn zu finanzieren, arbeiteten französische und deutsche Banken und Versicherungsgesellschaften intensiv zusammen. Das taten sie auch anderswo, vor allem in den Balkanstaaten, in China und in der Türkei. Frankreich und Deutschland hatten – mit britischer Hilfe – einen Ausgleich ihrer Interessen in Marokko gefunden und planten grenzüberschreitende Unternehmungen zwischen Deutsch-Kamerun und Französisch-Kongo. Osram, Odol, Continental, Benz, Maggi, Berlitz und Bayer waren in Frankreich bekannte Produktnamen und wurden häufig in französischen Tageszeitungen beworben. Die deutsche Chemieindustrie investierte massiv in Frankreich, auch um Zöllen zu entgehen. Die französische und die deutsche Schwerindustrie waren stark voneinander abhängig, weil die Franzosen deutschen Koks und die Deutschen französisches Eisenerz benötigten. In einem Memorandum der deutschen Regierung wird festgehalten, die Unternehmer auf beiden Seiten seien von ihrer erfolgreichen Zusammenarbeit begeistert.[49] Deutsche Erzinteressen investierten in Frankreich (ähnlich wie belgische Industrielle),[50] aber diese Investitionen folgten einer wirtschaftlichen Logik und können nicht als Vorläufer des deutschen Annexionismus nach Ausbruch des Krieges angesehen werden. Es gab keine einheitliche, gegen den Nachbarstaat gerichtete Wirtschaftspolitik, geschweige denn einen Handels- oder gar Wirtschaftskrieg. Wenn die Regierungen aus außenpolitischen Gründen versuchten, eigene Wirtschaftsakteure einzuschüchtern, scheiterten sie oft: Die französische Regierung rügte eine französische Bestellung von 60 Lokomotiven eines deutschen Herstellers und übte Druck auf die Compagnie du chemin de fer du Nord aus, erhielt aber nur einen ausführlichen Brief zur Antwort, in dem die Eisenbahngesellschaft ihr Recht auf Unabhängigkeit verteidigte, auf ihren kurzfristigen Bedarf und die langen Lieferzeiten französischer Unternehmen hinwies und erklärte, die Bestellung in Deutschland liege im öffentlichen Interesse.[51] Als sich in einem anderen Fall das deutsche Außenministerium gegen die Vergabe von Hafenkonzessionen an französische Firmen wandte, scheiterte seine Obstruktionshaltung daran, dass man sich auf regionaler und industrieller Ebene bereits geeinigt hatte und die Kreisverwaltung von Moers den Hafen gegen Kostenübernahme bauen und wie einen Privathafen zur Verfügung stellen wollte.[52] Fazit: Es gab gelegentlich politische Spannungen, aber die Kaufleute waren auch dann aktiv, wenn die Regierungen stritten und die Zeitungen den Nationalismus schürten. Zwar verwandelten sich viele deutsche Unternehmer und Manager nach Kriegsausbruch in gemäßigte oder gar rabiate Befürworter der Forderung, wichtige Rohstoffvorkommen und Industriegebiete des Feindes zu annektieren.[53] Aber ihr vorheriger geschäftlicher Optimismus und ihre langfristigen Verträge und Investitionen zeugten eher von der Zuversicht, es werde keinen Krieg geben. Vor allem aber: Es gab keinen geheimen Plan der „avant-guerre",[54] und wenn es ihn gegeben hätte, dann hätte ihn die deutsche Regierung unmöglich verwirklichen können – sie hatte die Instrumente gar nicht, um den Handel und die Investitionen des privaten Sektors entsprechend zu steuern. Das mag wie eine Binsenwahrheit klingen. Es ist aber zugleich eine Erinnerung daran, dass heutzutage manche Regierungen solche Befehlsgewalt und Steuerungsmittel haben.

Die Wechselbeziehung zwischen wirtschaftlicher Interdependenz, Wohlstand als Quelle nationaler Stärke und dem Ausbruch bewaffneter Konflikte ist komplex. Aber moderne, hochentwickelte Staaten beginnen nur selten einen Wirtschaftskrieg der ersten hier unterschiedenen Art, das heißt einen bewaffneten Konflikt für vorrangig wirtschaftliche Ziele. Es lohnt sich einfach nicht.[55] Das war schon vor dem Ersten Weltkrieg gezeigt worden: Der britische Schriftsteller Norman Angell legte in seinem vielgelesenen Buch *The Great Illusion*[56] dar, dass die materiellen Kosten eines Krieges zwischen Industrienationen (ganz zu schweigen von den menschlichen Verlusten) verheerend sein würden und der wirtschaftliche Wohlstand einer Nation weder durch militärische Eroberung gesichert oder zerstört noch durch Unterwerfung allmählich weggenommen werden könne. Nach dem Krieg argumentierte der britische Wirtschaftswissenschaftler John Maynard Keynes, der Wohlstand Europas vor 1914 sei auf ein System der wirtschaftlichen Zusammenarbeit zurückzuführen gewesen, in dem Deutschland das Zentrum gebildet habe. Der Vertrag von Versailles reparierte seiner Ansicht nach dieses „empfindliche Netz" (delicate organisation) nicht, sondern vollendete seine Zerstörung. Die überzogenen Anforderungen, die der Vertrag an die deutsche Wirtschaft stelle, so Keynes, beseitigten jeden Anreiz, die Vertragsbedingungen zu erfüllen; sie zu erfüllen sei vielleicht sogar unmöglich; und sie könnten jedenfalls nicht gegen den Willen des Besiegten durchgesetzt werden, außer durch eine militärische Besetzung des gesamten Landes. Die geforderten Reparationen hätten wohl tatsächlich von Großbritannien und Frankreich gar nicht verdaut werden können.[57] Keynes jedenfalls empfahl, die Höhe der von Deutschland geforderten Reparationen drastisch zu senken; sich im Kreis der Sieger alle Kriegsschulden zu erlassen; eine europäische Freihandelszone einzurichten, die unter Aufsicht des Völkerbundes protektionistische Zölle abbauen solle; den kriegsgeschwächten Ländern international organisierte Finanzhilfen zu geben und Deutschland zu gestatten, seine traditionelle, konstruktive wirtschaftliche Rolle in Mittel- und Osteuropa zu spielen.[58] Erst nach dem Zweiten Weltkrieg wurden viele dieser Empfehlungen verwirklicht. Sie liefen auf das Gegenteil eines Wirtschaftskrieges in der ersten der hier unterschiedenen drei Bedeutungen hinaus.

Kampf gegen die feindliche Kriegswirtschaftskraft im bewaffneten Konflikt

Der Erste Weltkrieg führte zu einer enormen Eskalation der Wirtschaftskriegführung in der zweiten hier unterschiedenen Bedeutung des Begriffs: Angriff auf das wirtschaftliche Potenzial des Gegners im bewaffneten Konflikt mit ihm.[59] Das primäre Ziel ist hier nicht (wie in den Fällen der ersten Bedeutung des Begriffs) die Erlangung eines wirtschaftlichen Vorteils durch den Krieg und für die Zeit danach, sondern die Erlangung eines militärischen Vorteils während des Krieges, um ihn zu gewinnen. Diesem Zweck dient der Angriff auf alles, was die Stärke der wirtschaftlichen Kriegführungsfähigkeit des Feindes ausmacht: Handelsverbindungen, Auslandsvermögen, Rohstoffvorräte, Industrieanlagen, Verkehrsnetz, ja sogar seine Arbeiterschaft. Die Angriffsmittel sind sowohl militärisch-gewaltsamer als auch ziviler Art. Militärisch spielte lange Zeit die Seemacht die wichtigste Rolle. Mit ihr ließen sich Häfen blockieren und Küsten absperren, und auf See wurde Jagd auf Handelsschiffe unter feindlicher Flagge und auf Neutrale gemacht, die verbotenerweise Konterbande transportierten – für den Feind bestimmte kriegswichtige Güter. Wer als Kriegführender solche Schiffe und Waren aufbrachte, durfte sie nach gerichtlicher Überprüfung als „gute Prise“ behalten. Technische Fortschritte wie U-Boote, Torpedos und Küstenartillerie gefährdeten zunehmend Kriegsschiffe, die an der traditionellen „nahen“ Blockade von Häfen beteiligt waren. Das führte zur Einführung der „Fernblockade“, um ein Land abzuriegeln.[60] Und die Totalität der modernen Kriegführung machte immer mehr Produkte und Rohstoffe zu Dual-Use-Gütern, zu Material also, das sowohl friedlichen als auch kriegerischen Zwecken dienen konnte. Infolgedessen wurden die von den Kriegsparteien veröffentlichten Kontrabandelisten immer länger, und der Handel und die Schifffahrt der Neutralen gerieten immer mehr unter Druck.

Deutschland betrachtete viele der alliierten Maßnahmen als Verstoß gegen das traditionelle Seekriegsrecht und die Haager Landkriegsordnung. Deren Artikel 23 h untersagt „die Aufhebung oder zeitweilige Außerkraftsetzung der Rechte und Forderungen von Angehörigen der Gegenpartei oder die Ausschließung ihrer Klagbarkeit", wohingegen die Alliierten deutsches Vermögen in ihrem Einflussbereich beschlagnahmten, Kontoguthaben „einfroren" und vor ihren Gerichten Feindpersonen (enemy aliens) den Rechtsschutz verweigerten. Deutsche Patente, Warenzeichen und Geschmacksmuster wurden eingezogen und verwertet. So verkaufte beispielsweise der US-amerikanische Alien Property Custodian 4500 deutsche Patente zum Stückpreis von 50 Dollar an die US Chemical Foundation, und Firmenlogos und Markennamen wie Aspirin, Glycerin, Thermit, Novocain, Menthol, Lysol und Pyramidon wurden der heimischen Industrie überlassen (und mitunter Jahrzehnte später von deutschen Unternehmen wie der Bayer AG zurückgekauft).[61] Der Versailler Vertrag zog privates deutsches Auslandsvermögen zu Reparationszwecken ein (und erlegte es dem Deutschen Reich auf, die betroffenen Eigentümer zu entschädigen).[62]

Die deutsche Kritik an solchen Maßnahmen wurzelte auch im Gegensatz zwischen dem sogenannten kontinentaleuropäischen Kriegsbegriff – Krieg als Staatenkonflikt – und dem angelsächsischen – Krieg als Völkerkampf. Deutschland verfocht das kontinentale Verständnis, England und seine Alliierten folgten dem angelsächsischen, das George F. S. Bowles in seinem Klassiker *The strength of England* so zusammengefasst hat: Es sei „schlicht und einfach die Doktrin, dass, wenn im Krieg die Untertanen eines kriegführenden Staates ihrem Feind rechtmäßig das Leben nehmen dürfen, sie auch und gleichermaßen rechtmäßig seine Güter nehmen dürfen".[63] Erst im Zweiten Weltkrieg hat sich in der Staatenpraxis der angelsächsische Kriegsbegriff endgültig durchgesetzt,[64] denn Deutschland führte gegen die von ihm angegriffenen Völker Raub- und Vernichtungskriege und gab spätestens damit sein früheres Kriegsverständnis auf schreckliche Weise auf.[65]

Im Zweiten Weltkrieg kam zur Seemacht die wachsende Wucht der Luftmacht hinzu, um die feindliche Kriegswirtschaft zu schädigen. Das britische Ministry of Economic Warfare (das im Ersten Weltkrieg noch Ministry of Blockade geheißen hatte) gab 1943 und 1944 zwei Auflagen von *The Bomber's Baedeker* heraus. Er beschrieb, alphabetisch geordnet, (Aachen–Küstrin/Lahr–Zwickau) für über 520 Orte die geografische Lage von Zielen aus 14 Industriezweigen.[66] Die USA bemühten sich, vermutete Schlüsselbranchen der feindlichen Rüstungsindustrie wie zum Beispiel die deutsche Kugellagerproduktion und die Werke zur synthetischen Herstellung von Treibstoff auszuschalten und das Verkehrsnetz des Feindes zu zerstören. Ab 1944 haben sie unter Leitung eines Versicherungsfachmanns die Wirkung ihrer Bombenangriffe akribisch ausgewertet.[67] Daneben wurde jahrelang versucht, durch Flächenbombardements die Arbeitsmoral der Bevölkerung zu brechen und den Feind zu zwingen, wirtschaftliche Kapazitäten für die Versorgung der Ausgebombten abzuzweigen.

Auch die physisch gewaltlosen Schädigungsmaßnahmen waren vielfältig. Um bei den Weltkriegen als den intensivsten jüngeren Konflikten zu bleiben: Feindliches Staatsvermögen (außer den Botschaftsgebäuden) im eigenen Hoheitsbereich wurde entschädigungslos verbraucht oder genutzt. Das Privatvermögen von Feindpersonen und Feindfirmen wurde wie oben dargestellt beschlagnahmt, zwangsverwaltet und – grundsätzlich gegen (eine oft eher symbolische) Entschädigung – enteignet. Das wichtigste zivile Mittel des Kampfes gegen die feindliche Kriegswirtschaftskraft nach angelsächsischer Manier war das Verbot des Handels mit dem Feind, des Trading with the Enemy. Es wurde im Lauf der Zeit immer weniger als völkerrechtliche Angelegenheit und immer mehr als autonomer Akt souveräner nationalstaatlicher Gesetzgebung aufgefasst.[68] Die Vorschriften und Maßnahmen zur Durchsetzung des Verbots breiteten sich ölfleckartig aus. Auch Drittstaatsangehörige, die Handelsbeziehungen mit dem Feind unterhielten, landeten auf schwarzen Listen und wurden ihrerseits boykottiert; und wer mit ihnen Geschäftsbeziehungen unterhielt, wurde ebenfalls mit Sanktionen überzogen. Wie sehr die Unterbindung möglichst allen Handels mit dem Feind den USA zur Gewohnheit geworden ist, zeigt sich bis heute. So erklärte zum Beispiel der damalige amerikanische Finanzminister Steven Mnuchin Anfang November 2018, im Zuge der gegen den Iran gerichteten Sanktionen habe man 700 Personen, Schiffe und Einrichtungen auf eine schwarze Liste gesetzt, und Firmen aus aller Welt, die noch mit den Gelisteten Geschäfte machten, drohe der Ausschluss vom amerikanischen Markt und von der Weltleitwährung US-Dollar.[69] In den Weltkriegen wurden sogar ganze Staaten, falls sie nicht parierten, zu Feindterritorium im Sinne der eigenen Feindhandelsgesetzgebung erklärt, obwohl man sich mit ihnen durchaus nicht im bewaffneten Konflikt befand. In allen diesen Maßnahmen waren deutlich die Handschrift und das Druckpotenzial zweier großer See- und Handelsmächte erkennbar, die über ein weltweites Netz von Militärbasen und Kohlestationen verfügten und zum Beispiel neutrale Händler auch dadurch empfindlich strafen konnten, dass sie ihnen einfach keinen Treibstoff mehr gaben. Eine andere zivile Maßnahme war das preemptive purchasing, das strategische Aufkaufen beispielsweise von Winterbekleidung oder von Fleischkonserven, die der Feind oder die Neutralen dringend brauchten. Es wurden auch enorme Anstrengungen unternommen, um Deutschland den Zugriff auf Rohstoffe zu erschweren wie etwa auf das Metall Wolfram,[70] das man zur Metallhärtung und für panzerbrechende Geschosse braucht. So waren der Fantasie auch bei der gewaltlosen Schädigung der Feindwirtschaft im Kriege kaum Grenzen gesetzt.

Kampf gegen die gegnerische Wirtschaftskraft ohne bewaffneten Konflikt

Die dritte Bedeutung von Wirtschaftskrieg klingt ein wenig wie hölzernes Eisen, wie ein Widerspruch in sich. Doch das Wort Wirtschaftskrieg bezeichnet auch den staatlichen Kampf ohne physische Gewaltanwendung gegen die Wirtschafts- und Finanzkraft eines Gegners, mit dem man sich *nicht* im bewaffneten Konflikt befindet. Ein solcher Wirtschaftskrieg bedient sich ausschließlich wirtschaftlicher, finanzieller und sonstiger gewaltloser Mittel. Sie können den Gegner jedoch ähnlich wirksam schwächen wie der Einsatz physischer Gewalt. Die Suezkrise bietet dafür ein anschauliches Beispiel. Im Jahr 1956 entsandten Großbritannien, Frankreich und Israel Truppen in die Suezkanalzone, angeblich um den kurz zuvor von Ägypten verstaatlichten und in Eigenregie übernommenen Kanal zu schützen. Die Vereinigten Staaten übten daraufhin massiven wirtschaftlichen Druck auf die Interventionsmächte aus, vor allem auf Großbritannien, und überzeugten sie dadurch schnell, ihre Truppen wieder zurückzuziehen. Die amerikanische Regierung setzte die Entwicklungshilfe für Israel aus und wies die Federal Reserve Bank of New York an, große Mengen Pfund Sterling zu verkaufen, was den Wert der krisengeschüttelten Währung weiter sinken ließ; sie blockierte den Zugang Großbritanniens zu Einlagen beim Internationalen Währungsfonds und versprach London einen massiven Kredit der US Export-Import Bank, falls Großbritannien nachgeben würde; und sie weigerte sich, Öl aus ihren eigenen Reserven an die Briten und Franzosen zu verkaufen, die nach der Schließung des Kanals dringend Öl brauchten. Auch Saudi-Arabien und mehrere NATO-Länder weigerten sich, Öl an London und Paris zu verkaufen.[71] Unter diesem massiven Druck beschlossen die drei Invasoren schnell, ihre Truppen aus Ägypten zurückzuziehen. Anschließend sprengten übrigens ägyptische Demonstranten die mehr als 20 Meter hohe Statue von Ferdinand de Lesseps, jenem Franzosen, der 1869 den Bau des Kanals verwirklicht hatte.[72]

So wurde die militärische Suezinvasion durch einen unmilitärischen wirtschaftlichen Blitzkrieg beendet. Es gibt auch gewaltlose Wirtschaftskriege, die Jahrzehnte dauern. Ein Beispiel dafür sind die westlichen Embargomaßnahmen gegen kommunistisch beherrschte Länder in der Zeit des Kalten Krieges. Von 1950 bis 1994 arbeiteten 17 Nationen in einem Koordinationsausschuss für Exportkontrollen (englisch Coordinating Committee, kurz CoCom) zusammen, dessen Empfehlungen auch einige weitere Staaten umsetzten. Ziel des CoCom-Systems war es, den Ostblockstaaten und der Volksrepublik China die jeweils modernsten westlichen Technologien vorzuenthalten, vor allem in den Bereichen Kriegswaffen, Kernenergie, Luftfahrt, Industrieanlagen und Mikroelektronik. Die einschlägigen Produkte und Materialien kamen auf Listen, die entsprechend dem Stand der Technik fortgeschrieben wurden. 1985 waren ca. 2000 Güter gelistet. Ungefähr die Hälfte davon durfte überhaupt nicht in den Ostblock geliefert werden, die andere Hälfte nur mit ausdrücklicher Exportlizenz. Das CoCom arbeitete informell, und seine Empfehlungen waren nicht rechtsverbindlich, aber vor allem die USA übten auf ihre Verbündeten und sogar auf Neutrale erheblichen politischen Druck aus, sich dennoch an die Listen zu halten.[73] Zuwiderhandelnde Firmen wurden in den USA mitunter dadurch bestraft, dass sie keine Regierungsaufträge mehr erhielten.[74] Drittstaaten, die das Embargo verletzten, wurden ihrerseits von den USA nicht mehr beliefert.[75]

Der Effekt von CoCom war, im Nachhinein betrachtet, durchaus beträchtlich.[76] Die sozialistischen Staaten fielen auch deswegen technologisch immer weiter zurück. Am Ende war es ein zentrales Motiv für Michail Sergejewitsch Gorbatschows innere Reformen und außenpolitische Zugeständnisse an den Westen, endlich an mehr von dessen

Technologien (und an Kredite und Handelsverträge) zu gelangen. Zum Beispiel stimmte die Sowjetunion zu, ihr Übergewicht an nuklearen Mittelstreckenraketen abzubauen, worauf ein CoCom-Sondertreffen im Januar 1988 eine Lockerung des Embargos empfahl, unter anderem im Bereich der heiß begehrten Sparte Computer und Telekommunikation.[77] Später stellten die USA für weitere machtpolitische Zugeständnisse Russlands die Anwendung der Meistbegünstigungsklausel in den bilateralen Handelsbeziehungen in Aussicht (das heißt die Handelsbedingungen, die die von den USA „meistbegünstigten" Drittstaaten genossen). Und bei den Verhandlungen über die NATO-Zugehörigkeit des vereinten Deutschland wurde in Washington praktisch bis zur letzten Sekunde mit dem von Gorbatschow ersehnten Abschluss eines Handelsabkommens gepokert.[78] Wirtschaftliche Macht kann eben als Zuckerbrot ebenso eingesetzt werden wie als Peitsche, und vor allem langfristige Vorteile aus Handels- und Währungssystemen verändern die gesamtpolitischen Präferenzen fast unmerklich.

Die Arbeit des CoCom wurde Ende 1994 beendet. Weil es unverändert sinnvoll ist, sensible Technologien nicht in die falschen Hände geraten zu lassen, wurde 1996 in den Niederlanden die unverbindliche sogenannte Wassenaar-Vereinbarung geschlossen, an der mittlerweile mehr als 40 Staaten teilnehmen, auch die Russische Föderation. Wassenaar zielt auf die Nichtverbreitung von Waffen und Dual-Use-Gütern und erarbeitet für die Mitgliedstaaten entsprechende Listen sowie Sach- und Verfahrensempfehlungen.[79] Die Europäische Union setzt Wassenaar und die Empfehlungen von drei weiteren, ähnlichen Institutionen mit der neuen EU-Dual-Use-Verordnung 2021/821 vom 20. Mai 2021[80] um, die Bundesrepublik Deutschland in der Außenwirtschaftsverordnung.[81] Im Vergleich zu CoCom fehlt Wassenaar die gegen einen bestimmten Gegner gerichtete, wirtschaftskriegerische Färbung. Es handelt sich eher um eine Institution der Global Governance im Sinne einer kooperativen Gestaltung der Weltpolitik. Dieselben Maßnahmen der Exportkontrolle können also unterschiedlichen Zwecken dienen. Das leitet zurück zu der Frage, wann sinnvollerweise von Wirtschaftskrieg die Rede sein sollte und wann nicht.

In der dritten Bedeutung – Wirtschaftskampf ohne bewaffneten Konflikt zwischen den Beteiligten – ist der Begriff Wirtschaftskrieg besonders stark in Gefahr, inflationär verwendet zu werden und dadurch für das Erfassen und Beschreiben der Wirklichkeit unbrauchbar zu sein. Auf die kämpferischen und zerstörerischen Züge aller wirtschaftlichen Konkurrenz ist hier schon mehrmals hingewiesen worden. In den internationalen Wirtschaftsbeziehungen herrscht immer ein gewisses Maß an Kampf und Konflikt.[82] Das verführt offenbar leicht zu einer entsprechenden Metaphorik.[83] Vermutlich deshalb werden oft rein privatwirtschaftliche internationale Wettbewerbsvorgänge und erst recht einzelne öffentlichkeitswirksame Konfrontationen zwischen Privatkonkurrenten als Wirtschaftskrieg wahrgenommen und bezeichnet. Konkurriert ein Industriezweig in dem einen Land den entsprechenden Zweig in einem anderen Land nieder, oder tobt eine Übernahmeschlacht um ein für eine Branche landesweit bestimmendes Unternehmen, und der Angreifer hat seinen Firmensitz im Ausland, dann ist schnell von „Wirtschaftskrieg" die Rede.

Doch bei einer solchen Verwendung des Wortes geht das dem gewaltlosen Wirtschaftskrieg Eigentümliche verloren: seine zwischenstaatliche, polemische und strategische Qualität. Von gewaltlosem Wirtschaftskrieg sollte daher nur dort die Rede sein, wo er erstens von einem Staat oder in seinem Auftrag oder mit seiner Billigung oder Duldung geführt wird, sich zweitens feindselig gegen mindestens einen anderen Staat richtet und drittens strategische politische Ziele verfolgt werden.

Erstens: Die Begrenzung auf zwischenstaatliche Beziehungen (Staatenbündnisse inbegriffen) trägt der Tatsache Rechnung, dass, wie zu Beginn des Kapitels dargelegt, die maßgeblichen Akteure der Weltpolitik und der Weltwirtschaft Staaten sind und bleiben. Natürliche und juristische Personen des Privatrechts können Auslöser und Akteure von Wirtschaftskriegen sein, aber nur dann, wenn ein Staat sich ihr Handeln zurechnen lassen muss oder zu eigen macht.[84] Bei Staatsunternehmen (zu ihnen mehr in den Kapiteln 8 und 9) ist die Vermutung staatlicher Verantwortlichkeit so offensichtlich, dass die Beweislast umgekehrt wird.

Zweitens: Das Tatbestandsmerkmal Feindseligkeit zielt auf die polemischen Unterströmungen von Wirtschaftskriegen. Staaten versuchen tagtäglich, das Verhalten anderer durch wirtschaftlichen Druck oder wirtschaftliche Vergünstigungen zu beeinflussen – das ist meist einfach angewandte Staatskunst, genau wie das begleitende Unschuldigtun und Vonsichweisen etwaiger Vorwürfe. Gewaltlose Wirtschaftskriege haben abgründigere Motive: Oft schwingen Unwerturteile über die politische Verfassung des anderen oder über sein Verhalten mit. Oft herrscht bei mindestens einem der Beteiligten das Gefühl, selber friedfertig und gutwillig zu sein und doch auf aggressive, unfaire und perfide Weise angegangen zu werden. Nicht selten fürchtet man um das eigene Prestige oder gar um die eigene Unabhängigkeit und Selbstbestimmung. Wieder andere sind so sehr von den eigenen Qualitäten und Leistungen überzeugt, dass sie meinen, es stehe ihnen zu, über die Entwicklung anderer zu bestimmen (chinesisch: sie „anzuleiten", US-amerikanisch: ihnen „Freiheit und Demokratie" zu bringen). Mitunter klingt die Bereitschaft zur diplomatischen oder gar militärischen Eskalation des Konflikts mit; und manchmal wird implizit die Humpty-Dumpty-Frage gestellt, „which is to be master"[85] – wer das Sagen hat. Im Kriegsrecht wurde früher vom *animus belligerendi* gesprochen, vom Willen eines Staates, Krieg zu führen. Eine ähnliche Gestimmtheit sollte man auch für den Tatbestand des gewaltlosen Wirtschaftskrieges zur Voraussetzung machen. Von solch wirtschaftskriegerischem Geist zeugte zum Beispiel die Rede des amerikanischen Präsidenten Donald Trump vor der Generalversammlung der Vereinten Nationen am 25. September 2018,[86] in der er schwere Vorwürfe gegen den Charakter und das Handeln der iranischen Staatsführung erhob. Für die Rechtmäßigkeit oder Rechtswidrigkeit der amerikanischen Sanktionen gegen den Iran besagt das allein freilich noch nichts, denn es könnte für sie durchaus Rechtfertigungsgründe geben.[87]

Drittens: Das Erfordernis strategischer Ziele soll zum einen Fälle ausschließen, in denen es vor dem Hintergrund breiten Einvernehmens und eines stabilen guten Miteinanders zu punktuellen Konfrontationen kommt: Die Europäische Union und die USA zum Beispiel haben sich langjährige Hühner- und Bananenkriege geliefert,[88] aber verglichen mit dem Unwetter eines Wirtschaftskrieges, waren das Schäfchenwolken an einem blauen Himmel. Das Erfordernis strategischer Ziele soll darüber hinaus punktuelle wirtschaftskriegerische Akte ausschließen, denn ein einzelner Kriegsakt macht noch keinen Krieg: Als die Niederlande die Verantwortlichen für den Abschuss des Malaysia-Airlines-Flugs MH17 (Amsterdam–Kuala Lumpur) über der östlichen Ukraine ermittelten, ließ Moskau große Mengen niederländischer Importblumen verbrennen und bemühte sich kaum, das politische Signal mit der fadenscheinigen Erklärung zu bemänteln, die Blumen seien von Schädlingen befallen gewesen.[89] Das war eine politische Botschaft in Sanktionsgestalt, kein Wirtschaftskrieg. Strategische Ziele verfolgt ein Staat, der mit gewaltlosen Mitteln seine Oberhand sichern oder erringen will oder der den Willen einer anderen Nation in einer Angelegenheit zu brechen versucht, die diese als zentral für ihr Selbstbild und ihre Selbstbestimmung versteht. Die Oberhand zu gewinnen bedeutet in diesem Zusammenhang, sich strukturelle Vorteile zu verschaffen, die kommandierenden Höhen zu besetzen, um den Gegner zu zwingen, von nun an einen Kampf bergauf zu führen. Den Willen des anderen in einer für seine Identität und Autonomie zentralen Angelegenheit zu brechen war das Ziel der Sanktionen, die die Vereinigten Staaten 2018 gegen den Iran verhängten, um ihn zu zwingen, den sogenannten Atomdeal (Joint Comprehensive Plan of Action) neu zu verhandeln. In solchen Fällen ist wirtschaftliche Kriegführung teilweise deckungsgleich mit Wirtschaftssanktionen, die auf strategische Ziele ausgerichtet sind (das klassische Beispiel sind Sanktionen mit dem Ziel des Regimewechsels).

Lang anhaltende Wirtschaftskriege können den Hintergrund bilden für taktische Verschärfungen oder Entspannungen. Beispielsweise erschwerte 1978 US-Präsident Jimmy Carter als Reaktion auf sowjetische Strafverfahren gegen politische Dissidenten den Verkauf von nicht CoCom-gelisteter Spitzentechnik zur Öl- und Gasförderung an Moskau und erhöhte so den ohnehin bestehenden wirtschaftskriegerischen Druck.[90] Eine solche Maßnahme für sich allein wäre hingegen noch kein Wirtschaftskrieg gewesen. Andererseits haben Präsident Richard Nixon und sein Sicherheitsberater Henry Kissinger Handelszugeständnisse eingesetzt (soweit es der US-Kongress zuließ), um im Kalten Krieg sowjetische Zugeständnisse zu bekommen und Tauwetter zu machen.[91] Das hat an dem grundsätzlichen strategischen Konflikt und der Großwetterlage Wirtschaftskrieg nichts geändert.

Wenn der Begriff Wirtschaftskrieg in dem hier definierten Sinn gebraucht wird, dann passt er auf viele Konflikte nicht, die politisch oder wirtschaftlich durchaus gravierend sind. Politisch gravierend: 1985 versenkten französische Geheimagenten im Hafen von Auckland das Greenpeace-Schiff *Rainbow Warrior*. Zwei von ihnen wurden verhaftet. Frankreich forderte ihre Überstellung und drohte 1986 Neuseeland andernfalls mit einem für die gesamte Europäische Wirtschaftsgemeinschaft (!) geltenden Importverbot für landwirtschaftliche Produkte, das Neuseeland hart getroffen hätte. Neuseeland protestierte vehement, überstellte aber die Inhaftierten.[92] Wirtschaftlich gravierend: 1930 beschlossen die USA eine protektionistische massive Anhebung ihrer Außenzölle (Smoot-Hawley Tariff Act, benannt nach seinen beiden Hauptbefürwortern). Viele Handelspartner der Vereinigten Staaten, allen voran das befreundete Kanada und Großbritannien, reagierten zur Vergeltung mit Zollerhöhungen gegen amerikanische Importe. Das Volumen des internationalen Handels schrumpfte auch wegen dieser zusätzlichen gegenseitigen Zollschranken, und die Arbeitslosigkeit wuchs. Das verschärfte die beginnende Weltwirtschaftskrise und trug dazu bei, alle Beteiligten ins Unglück zu stürzen. Die Motive für den Smoot-Hawley Act waren vielfältig (dazu mehr im letzten Abschnitt von Kapitel 6), aber der Auseinandersetzung fehlte jedenfalls die polemische und strategische Komponente eines Wirtschaftskrieges ohne gleichzeitigen bewaffneten Konflikt.

Der durch den Smoot-Hawley Act ausgelöste Handelskonflikt war eine internationale Auseinandersetzung mit offener Ansage: Die Handelspartner der USA hatten (vernünftigerweise) schon zu Dutzenden mit Vergeltung gedroht, als der Act noch gar nicht beschlossen war, sondern noch in den Gesetzesberatungen steckte. Werden auch Wirtschaftskriege ohne Waffenanwendung meist im Voraus verkündet? Das kommt vor allem darauf an, welche strategischen Ziele verfolgt werden (strukturelle Vorteile oder die Durchsetzung des eigenen Willens gegen den anderen?) und zu welchen Mitteln gegriffen wird (Zwangsanwendung verläuft im Währungs- und Finanzbereich generell diskreter[93] als in den Handelsbeziehungen). Eine so unverblümte Kampfansage wie die bereits erwähnte des US-Präsidenten Trump gegen Iran ist eher selten. Aber auf ein gewisses Maß an Publizität sind viele wirtschaftskriegerische Maßnahmen angewiesen. Das liegt in der Natur der Sache, denn Embargos und Zollerhöhungen, die Zurücknahme von Meistbegünstigungsversprechen im Handel, die Aufstellung schwarzer Listen und die Einführung von Einfuhrquoten müssen zumindest den betroffenen Wirtschaftskreisen bekannt gemacht werden. Und wenn es das Ziel des Wirtschaftskrieges ist, den Willen eines anderen Staates zu beugen und zu brechen, dann sollte auch er von den ergriffenen Maßnahmen erfahren. Darum werden Sanktionen, die gegen das angebliche Fehlverhalten eines Adressaten verhängt werden, oft geradezu mit Fanfarenschall verkündet. Das ist erst recht der Fall, wenn nicht mit einer baldigen Verhaltensänderung des Adressaten gerechnet wird, denn dann gilt es, seinen Verstoß und die eigene Entschlossenheit, derlei nicht hinzunehmen und sich das nötigenfalls sogar etwas kosten zu lassen, umso deutlicher zu markieren. Diskreter geht es zu, wenn der Wille des Adressaten nicht auf offener Bühne gebrochen, sondern hinter den Kulissen still geformt werden soll, wenn also statt zur Peitsche zum Zuckerbrot gegriffen wird. Dann werden für den Fall des Wohlverhaltens Belohnungen in Aussicht gestellt wie Zollsenkungen, Kredite, Auslandsinvestitionen und Entwicklungshilfe, und es wird später gern der Anschein gewahrt, der Adressat habe seine Haltung aus freien Stücken verändert und nicht etwa um materieller Vorteile willen.

Allerdings können Wirtschaftskriege auch verdeckt begonnen und geführt werden. Es kann sogar ein wichtiges Ziel sein, den Adressaten nicht darauf aufmerksam zu machen, dass er angegriffen wird. So verschafft man sich heimlich Stellungsvorteile und kann lange unschuldig tun. Eine verdeckte Wirtschaftskriegführung eignet sich besonders dafür, strukturelle Vorteile zu bewahren oder zu erlangen, um so den Gegner zu zwingen, bergauf zu konkurrieren – am besten, ohne dass er sich dessen überhaupt bewusst ist. Doch selbst hier gilt der Satz: „An ihren Früchten sollt ihr sie erkennen." Die wirtschaftskriegerische Absicht, der *animus belligerendi*, lässt sich aus dem Gesamtbild erschließen: aus den ergriffenen Maßnahmen und ihren Wirkungen und aus den Spuren, die eine systematische Vorbereitung und Durchführung hinterlassen – in politischen Reden, in beschlossenen Programmen und im Gesetz- und Verordnungsblatt. Dabei sind Wahrnehmungen Tatsachen: Wenn ein Staat zu dem Schluss kommt, er werde von einem anderen mit Wirtschaftskrieg überzogen, dann haben beide ein Problem. Daraus folgen drei Gebote der politischen Klugheit. Erstens: Wer keinen Wirtschaftskrieg beabsichtigt, sollte peinlichst vermeiden, dass der gegenteilige Eindruck entsteht. Zweitens: Wer Anzeichen für einen verdeckten Wirtschaftskrieg zu erkennen glaubt, sollte das dem anderen frühestmöglich mitteilen und ihn auffordern, seine Haltung zu klären und zu korrigieren. Drittens: Es empfehlen sich feste Regeln, Institutionen und Verfahren, um Verdachtsfälle unverzüglich anzuzeigen und zu überprüfen, Streitanlässe zu isolieren und einzukapseln, damit sie nicht zum Flächenbrand werden, und bei Fehlverhalten die angemessene Gegenwehr und Entschädigung festzulegen. Ebendas sind Grundgedanken des Allgemeinen Zoll- und Handelsabkommens (GATT) und der Welthandelsorganisation (WTO), die beide in Kapitel 5 ausführlicher behandelt werden.

Der Wirtschaftskrieg des Westens mit Russland

Die hier vertretene Definition des Begriffs „Wirtschaftskrieg ohne bewaffneten Konflikt miteinander" soll dem inflationären Gebrauch des Wortes Wirtschaftskrieg entgegenwirken und dabei helfen, verdeckte wirtschaftliche Angriffe und Strategien zu erkennen und zu durchschauen, zum Beispiel mit Blick auf die Volksrepublik China (dazu Näheres in Kapitel 9). Hingegen braucht es wenig analytischen Aufwand, um festzustellen: Eine Reihe von westlichen Staaten, die die Ukraine unterstützen, und die Russische Föderation (Russland) befinden sich seit Februar 2022 im Wirtschaftskrieg, ohne bisher (Dezember 2022) einen bewaffneten Konflikt gegeneinander zu führen. Eröffnet haben diesen Wirtschaftskrieg die westlichen Staaten. Sie bekämpfen Russland mit massiven, zusehends umfassenden wirtschaftlichen und finanziellen Sanktionen, verdammen Russlands Politik und Regierung und verfolgen das strategische Ziel, Russlands Willen und materielle Fähigkeit zur Fortsetzung des Angriffskrieges gegen die Ukraine zu brechen. Damit sind die drei Merkmale eines gewaltlosen Wirtschaftskriegs gegeben. Berichten zufolge verglich Präsident Putin die Sanktionen schon früh mit einer „Kriegserklärung".[94] Russland seinerseits führt den Wirtschaftskrieg vor allem, indem es die Belieferung seiner Gegner mit Erdöl und Erdgas reduziert oder eingestellt hat oder damit droht (wie etwa im Falle Japans).[95] Einen Wirtschaftskrieg von solchen Dimensionen ohne gleichzeitigen bewaffneten Konflikt zwischen den Beteiligten hat es noch nie gegeben (der Kalte Krieg nach 1945 entwickelte sich bei geringen gegenseitigen Wirtschaftsbeziehungen der Gegner und hatte darum nicht die heutige Fallhöhe, und selbst im Kalten Krieg kamen über die Jahre umfangreiche und trotz aller Krisen verlässliche Energielieferungen der Sowjetunion an den Westen zustande). Die Konfrontation verändert strategische Grundannahmen des Westens (auch hinsichtlich der Volksrepublik China) und die globalen Wirtschafts- und Finanzbeziehungen. Viele bisherige Entwicklungen, die in den folgenden Kapiteln behandelt werden, müssen nun auch durch die Folie des Wirtschaftskriegs mit Russland betrachtet werden, weshalb dieser nachfolgend genauer betrachtet werden soll.

Russland verletzt der Ukraine gegenüber bereits seit 2014 die Charta der Vereinten Nationen, die ihren Mitgliedern in Art. 2 Abs. 4. „jede gegen die territoriale Unversehrtheit oder die politische Unabhängigkeit eines Staates gerichtete oder sonst mit den Zielen der Vereinten Nationen unvereinbare Androhung oder Anwendung von Gewalt"[96] in internationalen Beziehungen verbietet. Es führt dort verdeckt einen bewaffneten Konflikt, der Tausende Tote kostete. Anfang 2022 weitete Moskau ihn zu einem offenen, umfassenden Angriffskrieg aus. Seit März 2022 missachtet Moskau die rechtsverbindliche Anordnung des Internationalen Gerichtshofs, „die am 24. Februar 2022 begonnenen militärischen Operationen im Hoheitsgebiet der Ukraine unverzüglich einzustellen" und „sicherzustellen, dass alle militärischen oder irregulären bewaffneten Einheiten, die von ihm [Russland] geleitet oder unterstützt werden [...] keine Schritte zur Fortsetzung der militärischen Operationen unternehmen".[97] Russische Truppen haben außerdem offenbar zahlreiche Kriegsverbrechen begangen wie etwa den vorsätzlichen Beschuss von reinen Wohngebieten, Morde, Vergewaltigungen und Folterungen. Für all das schuldet Russland Schadenersatz und Reparationen. Die Ukraine verteidigt sich gemäß dem Recht zur Selbstverteidigung nach Artikel 51 der Charta. Die Lieferung von Waffen und Nachschub an die Ukraine durch Drittstaaten und deren Wirtschaftskrieg gegen Russland sind als Ausübung souveräner Rechte und als kollektive Selbstverteidigung (Art. 51 der Charta) gerechtfertigt.

Die USA, die Europäische Union, Australien, Kanada, Japan, die Schweiz, Taiwan, das Vereinigte Königreich und viele andere Länder verhängten 2022 in mehreren Wellen immer schärfere wirtschaftliche und finanzielle Sanktionen gegen Russland (und gegen dessen Verbündeten, die Republik Belarus).[98] Dazu gehörten: die Entscheidung, sich so schnell wie möglich von russischen Öl- und Gaslieferungen unabhängig zu machen, um nicht erpressbar zu bleiben und den russischen Staatseinnahmen einen schweren Schlag zu versetzen; die gegen den Staat und regimenahe Personen gerichtete Beschlagnahme russischer Vermögenswerte und das Einfrieren russischer Guthaben; der Ausschluss wichtiger russischer Finanzinstitute vom internationalen Zahlungsverkehr und von den Diensten der Society for Worldwide Interbank Financial Telecommunication (SWIFT, ein besonders sicheres Kommunikationsnetzwerk für weltweit derzeit etwa 11 000 Banken); das Verbot für russische Unternehmen, innerhalb des Hoheitsgebiets der sanktionierenden Staaten tätig zu werden; der teilweise oder völlige Ausschluss Russlands vom Zugang zu westlicher Technologie; Einreiseverbote für dem Moskauer Regime nahestehende Personen und die Erschwerung oder völlige Verweigerung von Visa für russische Staatsbürger; die Sperrung von Häfen und des eigenen Luftraums für russische Schiffe und Flugzeuge; die Verhängung von Strafzöllen auf Einfuhren aus Russland und die Aufhebung des Meistbegünstigungsstatus, um den Weg für Zollerhöhungen freizumachen; die Beschränkung oder das Verbot der Einfuhr russischer Erzeugnisse wie Holz, Alkohol, Eisen, Stahl, Kohle und Erdöl; das Verbot der Ausfuhr von Luxusgütern nach Russland; die Streichung von Exportfinanzierungshilfen und Versicherungen für Geschäfte mit Russland; das Verbot neuer Auslandsinvestitionen in Russland und die Desinvestition des norwegischen Staatsfonds in russische Vermögenswerte. Die wirtschaftliche und politische Wirkung der staatlichen Sanktionen gegen Russland wurde massiv verstärkt durch umfangreiche private Boykotte und durch die Entscheidung Hunderter von Unternehmen, darunter viele Global Player, ihr Russlandgeschäft auszusetzen oder endgültig zu beenden. Ausschlaggebend dafür waren Kritik an der russischen Aggression, der Druck der westlichen Öffentlichkeit, die Erwartung, Geschäfte mit Russland könnten ohnehin bald illegal sein, und mangelndes Vertrauen, dass Verträge und Investitionen in Russland überhaupt noch rechtlich sicher und geschützt sind. Darüber hinaus erlitt Russland eine massive Abwanderung von Fachkräften, weil vor allem jüngere, gut ausgebildete Bürger das Land verließen.[99] Die westlichen Sanktionen wurden durch Warnungen an Drittstaaten ergänzt, die Aggression Russlands nicht zu unterstützen und die Sanktionsregimes nicht zu verletzen oder zu untergraben, andernfalls würden die Dritten selbst mit Sanktionen belegt.[100]

Russland reagierte mit einer Fülle von Gegenmaßnahmen,[101] darunter Ausfuhrverbote, Exportquoten und die Zulassung sogenannter Parallelimporte (Waren dürfen auch ohne Erlaubnis ihrer westlichen Hersteller oder Rechteinhaber „grau“ in Russland eingeführt und verkauft werden). Um die westlichen Sanktionen gegen die russische Zentralbank und russische Finanzinstitutionen aufzuweichen und den Wechselkurs des Rubels zu stärken, verlangte Russland ab April 2022 von den westlichen „unfreundlichen Staaten“ vertragswidrig die Bezahlung russischer Erdgaslieferungen in Rubel und richtete entsprechende Kontensysteme ein. Der Wirtschaftskrieg trieb an den Rohstoffbörsen den Ölpreis hinauf, und der Gaspreis erreichte schwindelnde Höhen. Das verstärkte im Westen dramatisch die Inflation, brachte dort Verbraucher und energieintensive Branchen in Not und führte zu Meldungen, Russland verkaufe weniger und mache dennoch mehr Gewinn. Die G7, ein Zusammenschluss bedeutender westlicher Wirtschaftsmächte (Deutschland, Frankreich, Großbritannien, Italien, Japan, Kanada und die USA), kamen überein, zu versuchen, im internationalen Ölhandel ab Dezember 2022 eine Preisbegrenzung für russisches Erdöl durchzusetzen.[102] Der Plan zielt auf Länder, die russisches Öl nicht boykottieren (oder – wie etwa

Indien – angesichts vergleichsweise günstiger russischer Angebote stärker zugreifen denn je). Als Hebel für die Deckelung des Ölpreises sollen dem Westen seine Tankerflotte und seine dominierende Position auf dem weltweiten Versicherungs- und Rückversicherungsmarkt[103] dienen. Es sollen nur noch Tanker versichert werden, deren Ladung Öl höchstens zu einem von einer „breiten Staatenkoalition" bestimmten Preis gekauft wurde.[104] Russland kündigte an, alle mit diesem System kooperierenden Staaten nicht mehr zu beliefern. Ob Moskau dann eigene Quellen schließen müsste und das die Förderanlagen beschädigen würde, ist ebenso umstritten wie die Frage, ob dann die Ölpreise erneut hochgetrieben würden.[105] Die EU bemüht sich darum, den Erdgaspreis zu drücken. Derzeit (Dezember 2022) ist noch unklar, ob es dabei allein um Gas aus Russland gehen soll, ob nur um Gas zur Stromerzeugung, ob die Mitgliedstaaten ihre Nachfragemacht bündeln und ob es (wie wegen der COVID-19-Pandemie) erneut eine EU-Schuldenaufnahme geben wird, um die Gaspreise für die Verbraucher zu reduzieren. Die voraussichtliche wirtschaftliche und politische Wirksamkeit des gegen Russland gerichteten Wirtschaftskrieges wird in Kapitel 7 erörtert.

Kapitel 3
Handels- und Wirtschaftskriege in der Geschichte

Handelskriege und Wirtschaftskriege ziehen sich durch die Geschichte, mal als einzelne rote Fäden, mal zur Kordel verzwirnt. So war es schon in der Antike.[1] Unsere Darstellung beginnt erst in der europäischen Frühen Neuzeit, das heißt um 1500. Ab da wird das weltumspannende Geflecht der Macht-, Wirtschafts- und Finanzbeziehungen derjenigen in unserer Zeit rasch immer ähnlicher. Die Darstellung ist in zwei Teile gegliedert: Auf einen chronologischen Überblick folgt eine nähere Betrachtung des britischen Beispiels, das besonders typisch und wichtig war.

Überblick 1500–1945

Vor 1500 wirkte das Geschehen in wirtschaftskriegerischer Hinsicht noch wenig komplex: Zwar war Krieg so gut wie immer erlaubt und galt als ehrenhaft, aber die Herrschaftsgebiete wirtschafteten noch recht unverbunden nebeneinanderher und kamen sich ökonomisch kaum ins Gehege, sondern pflegten eher komplementäre wirtschaftliche Beziehungen. Was man für den täglichen Bedarf brauchte, stellte man größtenteils selbst her, und zwar meist an Ort und Stelle. Dadurch war man auf überregionale oder gar ausländische Märkte wenig angewiesen – außerdem waren die wenigen Straßen meist furchtbar schlecht. Noch waren die Beziehungen der Hafenstädte untereinander viel dichter als die zu ihrem jeweiligen Hinterland. Allerdings waren auch die Transportkapazitäten des Seeverkehrs vergleichsweise gering: Der Historiker Pieter Emmer hat ausgerechnet, dass die gesamte europäische Schiffstonnage um 1500 in nur zwei heutigen Supertankern Platz finden würde und nur fünf solcher Tanker nötig wären, um die gesamte Tonnage des Jahres 1800 unterzubringen.[2] Lukrativ war hingegen der Fernhandel: Mit Syrien und Ägypten, mit Indien und China und bis hin zum Schwarzen Meer florierte der Import von kleinvolumigen Luxuswaren wie Pelzen und Perlen, exotischen Gewürzen und Zucker, Seide, Parfum und Porzellan. Er versprach riesige Gewinnspannen und war entsprechend umkämpft (wie später das Gold und Silber von Amerika), bezeichnenderweise gerade zwischen Hafenmächten wie Genua und Venedig; später mischte sich Portugal ein und warf Venedig und die Mamelucken aus dem Handel, wurde dann aber für eine Weile von Spanien geschluckt. Ansonsten aber gab es noch wenige genuin wirtschaftliche Kriegsmotive und Kriegsmittel. Alles wirkt noch recht anarchisch. Handelskonflikte wurden als Hin und Her von wechselseitigen Nadelstichen und Vergeltungsmaßnahmen ausgetragen und changierten zwischen Politik und privatem Faustrecht. Aber alles nahm zu – die Bevölkerungszahlen, die Seegängigkeit der Schiffe, die Reichweite der Kanonen, die Qualität der Straßen, die Schnelligkeit der Kommunikation, der Bedarf an Rohstoffen und die Durchdringung der Welt mit wohlorganisierter Staatsgewalt. Dadurch stießen die Ansprüche immer häufiger und härter aufeinander, die Claims wurden weiter und weiter gesteckt, und für praktisch jede eigene Expansion und für jeden gegen raumfremde Mächte gerichteten Platzverweis fand sich auch eine Doktrin, die alles begründete und rechtfertigte. Immer ging es dabei um mehr als um Wirtschaft allein: Es ging um die Vorherrschaft in Europa und in Übersee, um den rechten Glauben, um dynastische Verwicklungen, um Ruhm. Aber immer ging es auch um Wirtschaft, und es wurden von allen Seiten Wirtschaftskriege geführt.

Süd- und Westeuropa haben einen so offenen Zugang zur See wie nur wenige andere Teile der Welt. Die Ersten, die das ausnutzten, waren die Portugiesen,[3] die damals im Prozess der europäischen Staatenbildung mit einer schon relativ gefestigten Monarchie führend waren und sich zu versierten Seefahrern entwickelt hatten.[4] Ab 1415, als sie die Stadt Ceuta an der nordafrikanischen Küste eroberten, drangen sie entlang der westafrikanischen Küste vor, umrundeten 1488 das Kap der Guten Hoffnung und segelten zu den Azoren. Auf den Kanarischen Inseln töteten oder versklavten sie die Bevölkerung und begannen, Zucker anzubauen. Die Krone besaß das Monopol auf den afrikanischen Handel mit Sklaven, Gold, Pfeffer und Elfenbein. Im Jahr 1498 erreichte der portugiesische Entdecker und Soldat Vasco da Gama Mosambik, Mombasa in Kenia und schließlich Calicut in Indien und verband damit erstmals Europa und Asien über den Seeweg. In Calicut war zu dieser Zeit der Handel mit Gewürzen und Edelsteinen in arabischer Hand (so wie in Mombasa der Elfenbein- und Sklavenhandel). Die Portugiesen schickten fast sofort eine Flotte und griffen arabische Handelsstationen an, töteten im Jahr 1500 in Calicut Hunderte von Muslimen und beschossen die Stadt. Vasco da Gama und andere portugiesische Befehlshaber griffen weisungsgemäß auch Schiffe mit Mekkapilgern an, was einer Mischung aus Seekrieg, Piraterie, Geiselnahme und Terrorismus gleichkam.[5] Im Lauf des 16. Jahrhunderts gründeten die Portugiesen Handelsniederlassungen an den Küsten Ostafrikas und Indiens; sie errichteten Zuckerplantagen in Brasilien, die auf Sklavenarbeit basierten (es entstand ein Dreieckshandel, der portugiesische Produkte nach Afrika, afrikanische Sklaven nach Brasilien und brasilianischen Zucker nach Portugal schickte); die Portugiesen erreichten Malaysia, Indonesien und Macau; sie wurden Zwischenhändler zwischen China und Japan;[6] und sie versuchten, das Rote Meer zu blockieren, um den arabischen Handel mit Ägypten zu kappen. Ab Mitte des 16. Jahrhunderts nahm jedoch die Konkurrenz seitens der Spanier, Engländer und Niederländer deutlich zu, und von 1580 bis 1640 fiel Portugal aus dynastischen Gründen (Personalunion) unter spanische Herrschaft und hatte keine eigenständige Außenpolitik.

Die Spanier hatten Mexiko (seit 1519) und Peru (seit 1532) erobert, das Azteken- und das Inkareich zerstört und demografische Katastrophen in Mexiko, Peru, Ecuador und vermutlich auch in Brasilien ausgelöst.[7] Bald hatten Terror und europäische Krankheiten die einheimische Bevölkerung so sehr dezimiert, dass afrikanische Sklaven nach „Spanisch-Amerika" gebracht wurden, wo in den 1540er- und 1550er-Jahren große Gold- und Silbervorkommen entdeckt worden waren – die Weltwirtschaft begann auf der Grundlage des dort geförderten Silbers zu laufen.[8] Spanien hatte keinen soliden Zugang zu Afrika und war deshalb für die Versorgung mit Sklaven auf andere Nationen angewiesen. Seit 1595 wurde dieser Sklavenhandel monopolisiert in einem mehrjährigen Vertrag, dem Asiento, der jeweils mit einem einzigen Lieferanten abgeschlossen wurde (im Lauf der Zeit wurden nacheinander die Portugiesen, Niederländer, Franzosen und Briten Vertragspartei). Die Spanier drangen nach Borneo, Timor, Neuguinea, zu den Molukken und Sumatra vor und eroberten gegen Ende des 16. Jahrhunderts die Philippinen. Alle Europäer, die im Seehandel und in der Handelskriegführung tätig waren, wurden zu Experten in der Nutzung der Passatwinde und der Meeresströmungen für Reisen zwischen Europa und Asien.[9]

Ab dem 17. Jahrhundert wurden die Niederländer zur treibenden Kraft der europäischen Expansion.[10] Die Niederlande hatten sich wirtschaftlich rasch entwickelt, und die Niederländer spezialisierten sich auf den Seehandel und entwickelten einen neuen Typ von Frachtschiff, die Fleute, die aufgrund ihrer außergewöhnlich hohen Ladekapazität die Frachtkosten dermaßen senkte, dass die meisten Konkurrenten aus dem Markt gedrängt wurden. Im Jahr 1602 gründeten niederländische Kaufleute die Niederländische Ostindien-Kompanie (Vereenigde Oost-Indische Compagnie, kurz VOC), der die niederländischen Generalstaaten das Monopol für den niederländischen Handel östlich des Kaps der Guten Hoffnung und westlich der Magellanstraße verliehen mit dem Recht, Kriege zu führen, Verträge zu schließen, Land in Besitz zu nehmen und Festungen zu bauen. Das Patent wurde von 1623 bis 1776 immer wieder erneuert, meist im Austausch gegen Zahlungen der VOC an die Generalstaaten. (Später wurde eine entsprechende Gesellschaft für Westindien gegründet, die die Portugiesen in Brasilien angriff, um ihnen den Handel mit Zucker und Brasilholz abzunehmen. Sie eroberte Brasilien für eine Weile, aber Portugal hielt schließlich seine Position und profitierte massiv, als gegen Ende des 17. Jahrhunderts in Brasilien Gold und Diamanten gefunden wurden, die fortan unter massivem Einsatz von Sklavenarbeit abgebaut wurden). Die VOC begann, den portugiesischen Handel und seine Handelsstationen anzugreifen, insbesondere in Mosambik, Ceylon (Sri Lanka) und Malakka (Malaysia). In Indonesien gerieten die Niederländer mit den Briten aneinander und eroberten die Banda-Inseln, wo sie die Einwohner massakrierten und sich ein Monopol auf den Handel mit Muskatnüssen[11] sicherten, die von Sklavenarbeitern angebaut wurden (alle niederländischen Kolonialsiedlungen basierten auf Sklaverei). Sie griffen die Portugiesen in Macau an, etablierten sich auf den Pescadores-Inseln (Penghu-Inseln) und plünderten von dort aus die chinesische Küste, bis sie von der chinesischen kaiserlichen Flotte vertrieben wurden. Sie griffen den portugiesischen Handel mit Zimt aus Sri Lanka und Pfeffer aus Malabar in Indien an und eroberten dort 1662/63 São Tomé bei Madras (Chennai) und Cochin (Kochi). Etwa zur gleichen Zeit trug die Niederländische Westindien-Kompanie dazu bei, auf den Westindischen Inseln auf Sklavenarbeit gegründete Zuckerplantagen zu errichten.[12] Der westindische Zuckerhandel erwies sich für die Niederländer und für andere Kolonialmächte in der Karibik wie Großbritannien und Frankreich als äußerst profitabel.

Die Franzosen hatten sich seit dem frühen 17. Jahrhundert in Nordamerika und der Karibik niedergelassen und betrieben Handel in Indien, verloren aber die meisten ihrer kolonialen Außenposten an die Briten, in mehreren Kriegen, auf die im nachfolgenden Abschnitt über die Entwicklung Großbritanniens noch genauer eingegangen wird. Frankreich unternahm einen zweiten Versuch, ein Kolonialreich aufzubauen. Er begann um 1850 und konzentrierte sich auf Afrika, Indochina und den Südpazifik. Die Vereinigten Staaten von Amerika, emsig damit beschäftigt, den indigenen Völkern Nordamerikas Land und Leben zu nehmen, hatten sich dem europäischen Kolonialismus zunächst durch den amerikanischen Unabhängigkeitskrieg gegen Großbritannien widersetzt und dann erklärt, dass sie jegliche Intervention ausländischer Mächte in Nord- und Südamerika als unfreundlichen Akt betrachten würden (1823, später nach dem US-Präsidenten James Monroe „Monroe-Doktrin“ genannt). Von da an und auf immerdar mischten sich die USA in ihrem nahen Ausland häufig in die Angelegenheiten anderer Staaten ein. Außerdem nahmen sie die Midway-Inseln, Puerto Rico, Hawaii, Guam und die Philippinen in Besitz (Letztere erst nach einem grausamen Krieg 1899–1902) und besetzten zwischen 1912 und 1934 Nicaragua, Haiti, die Dominikanische Republik und Kuba jeweils für mehrere Jahre.[13] Australien und Neuseeland drangen nach Ost-Neuguinea und Melanesien vor, kollidierten dort mit deutschen Wirtschaftsinteressen (die Region wurde schließlich 1885/86 in zwei Abkommen zwischen Berlin und London aufgeteilt) und mit französischen Interessen in Polynesien, und sie stritten sich auch untereinander.[14] Zu Beginn des 20. Jahrhunderts befanden sich praktisch alle 25 000 Inseln Ozeaniens in der Hand imperialistischer Mächte.[15] Das europäische Gerangel um Afrika („Scramble for Africa“, ca. 1870–1910) wurde in Kapitel 1 geschildert.

Das chinesische Kaiserreich soll zwischen 1600 und 1800 von vier auf elf Millionen Quadratkilometer angewachsen sein.[16] Die Qing-Dynastie rang mit Moskau und den mongolischen Dsungaren und dehnte die Grenzen des Reiches aus, wobei sie die Konkurrenz der Dsungaren komplett ausschaltete. Doch ab den späten 1830er-Jahren litt China zunehmend unter den Aggressionen der Europäer und später Japans, musste erzwungene Handelszugeständnisse machen und verlor große Gebiete. Auch das moskowitische Russland „sammelte Land“, unterwarf seine Nachbarn und wuchs zu einem Imperium heran.[17] Schätzungen zufolge wuchs das Russische Reich um 50 Quadratmeilen pro Tag – und das

400 Jahre lang.[18] Katharina die Große erklärte: „Ich kann meine Grenzen nur verteidigen, indem ich sie ausdehne."[19] Russland drang nach Zentralasien[20] vor und expandierte in die Ukraine und auf die Krim, wo es in Konflikt mit dem Osmanischen Reich geriet. Im russisch-türkischen Krimkrieg (1853–1856), der sich an religiösen Streitigkeiten in Jerusalem (damals unter der Herrschaft der Hohen Pforte) entzündete und durchaus als Religionskrieg bezeichnet werden kann,[21] kämpften Großbritannien und Frankreich aufseiten der Osmanen, wobei auch Handels- und Machtinteressen im Nahen Osten und in Indien mitspielten. Der Krieg schwächte Russland, aber auch das Osmanische Reich. Es verschuldete sich im Krieg und in der Nachkriegszeit dermaßen bei westeuropäischen Gläubigern, dass es einen Großteil seiner politischen Unabhängigkeit verlor und schließlich bankrottging. Ab 1881 verwaltete eine unter britisch-französischer Leitung stehende internationale „Osmanische Staatsschuldenverwaltung" (Administration de la Dette Publique Ottomane) die Steuereinnahmen des Landes und seinen Schuldendienst. Etwa zur gleichen Zeit nutzte Russland die militärische Schwäche Chinas während und nach dessen „Opiumkriegen" (Näheres dazu im anschließenden Abschnitt) gegen die Briten und Franzosen aus: Die Russen besetzten Gebiete am Amur und östlich des Ussuri, und in der Pekinger Konvention wurde China 1860 gezwungen, alle Gebiete nördlich des Amur und östlich des Ussuri an Russland abzutreten.[22] Japan annektierte 1910 Korea, griff China in den 1930er-Jahren erneut an und führte später einen massiven Zollkrieg mit Großbritannien und den Niederlanden wegen japanischer Billigexporte nach Südostasien.[23] Ab den 1930er-Jahren propagierten die Japaner das Konzept einer „Großostasiatischen Wohlstandssphäre". Im Zweiten Weltkrieg erwies sich dieses kaum definierte Konzept jedoch vor allem als harte kriegswirtschaftliche Ausbeutung der Länder, die Japan besetzt hatte,[24] bis es 1945 besiegt wurde.

Das Beispiel Großbritannien

Der Mahlstrom der im obigen Überblick skizzierten Ereignisse lässt sich hier nicht im Einzelnen darstellen. Stattdessen folgen wir der Entwicklung des Vereinigten Königreichs von Großbritannien und Nordirland, die für den Handels- und Wirtschaftskrieg in allen seinen Spielarten exemplarisch und prägend gewesen ist.[25] Dabei gehört an den Anfang die geopolitische Lage, denn geografische Faktoren haben erheblichen Einfluss auf das Expansionspotenzial einer Nation. Mit Bernd Schlarmann gesprochen: Eine geografische Laune des Zufalls gesellte der europäischen Landmasse den britischen Archipel bei, „gerade groß genug, um eine Basis für eigenständige Staatsbildungen abzugeben, aber klein genug, um von einem einzigen Zentrum aus regierbar zu sein. Zwischen Festland und Inseln liegt gerade genug Wasser, um im Schutze einer Flotte nahezu unangreifbar zu sein und um auf lange Sicht der imperialen Versuchung entgegenzuwirken, sich auf dem Kontinent dauerhaft territorial zu engagieren – aber wiederum nicht so viel Wasser, um nicht selbst jederzeit in ‚Europa' mit Diplomaten und Soldaten eingreifen zu können." England hatte den Rücken – zum Atlantik – frei, während zum Beispiel die Deutschen nur auf zwei Schlickteiche hinausgondeln konnten. Im Lauf der Zeit hatte die Insel nicht allein eine vorzügliche Flotte parat, sondern auch ein weltumspannendes Finanz- und Handelssystem, woran es etwa Japan stets gemangelt hat, obwohl man es von dort bis Tsushima und Pearl Harbor brachte. Auf dem Höhepunkt des Empire regierte Britannien nicht nur die Wellen, sondern auch die weltweiten Kapital- und Warenströme, was äußerst einträglich ist, „zumal die Geschröpften häufig gar nicht erfahren, dass und was sie zahlen".[26]

Die Anfänge waren bescheidener. Portugal und Spanien hatten 1494 mit Billigung des Papstes versucht, im Vertrag von Tordesillas die Welt unter sich aufzuteilen und andere europäische Mächte vom Indien- und Asienhandel und von Süd- und Nordamerika auszuschließen. Sie betrachteten Seerouten und ganze Ozeane, wie den Pazifischen und den Indischen, als *Mare clausum*, als für andere Flotten verbotenen Raum. England war zur See noch schwach, beauftragte aber schon 1496 den Venezianer Giovanni Caboto (John Cabot), die Nordwestpassage nach Amerika zu suchen – dass es da laut einem gewissen Kolumbus seit 1492/93 etwas Neues zu geben schien, hatte unvorsichtigerweise der spanische Botschafter am Hofe Heinrichs VII. ausgeplaudert. Wie weit Cabot kam, ist unklar, doch wurden seine Reisen fortan als wichtiges Argument für den britischen Erstanspruch auf Nordamerika benutzt, und sie zeigten Spanien und Portugal fast augenblicklich an, dass Drittstaaten den Vertrag von Tordesillas nicht akzeptierten. Heinrich VIII., Nachfolger von Heinrich VII., überwarf sich später aus anderen Gründen mit dem Papst und ließ sich 1531 zum Oberhaupt der dadurch reformierten Kirche von England ernennen, was sein Land in staatsreligiöse Wirren stürzte und zum Feind der spanischen Krone machte. Die erstrebte eine katholische Universalmonarchie und konnte vis-à-vis dem von Glaubensspaltung bedrohten Heiligen Römischen Reich Deutscher Nation keine Protestanten gebrauchen.

Heinrichs Sohn Edward VI. starb jung, seine ihm 1553 nachfolgende Schwester Mary I. lebte auch nicht lange, und so wurde 1559 ihre Halbschwester Elisabeth I. Königin von England, die Protestantin war und mit ihrem Reich auf keinen Fall zum Katholizismus zurückwollte. Unter ihrem Zepter nahm der englische Kaperkrieg gegen die spanischen Silbertransporte aus der Neuen Welt Fahrt auf. Männer wie Sir Francis Drake und sein Vetter John Hawkins trugen ihn bis in die Karibik; und einige Jahre lang durften von englischen Häfen aus auch Kaperfahrer aus den von Spanien abfallenden Niederlanden im Ärmelkanal und in der Biskaya auf Jagd gehen (dann sperrte Elisabeth ihnen die Häfen und öffnete sie für den spanischen Statthalter der Niederlande Don Luis de Zúñiga y Requesens, worauf Wilhelm I. von Oranien englische Schiffe beschlagnahmen ließ; und zwei Jahre später drehte sich der Wind erneut, und Elisabeth wurde allergnädigste Patin einer der vielen Töchter Wilhelms). Spanien reagierte auf die ketzerische Königin und die Bedrohung seiner Silberströme mit der Armada, einer Invasionsflotte, die jedoch 1588 von den Engländern geschlagen wurde. Auch eine zweite und eine dritte Armada scheiterten, 1596 und 1597. 1604 schloss man Frieden – aber nur für Europa.

Vier Jahre zuvor hatte Elisabeth I. die Britische Ostindien-Kompanie (EIC)[27] auf den Weg gebracht, indem sie Londoner Kaufleuten auf zunächst 15 Jahre den Freibrief verlieh, den Indienhandel östlich des Kaps der Guten Hoffnung und westlich der Magellanstraße abzuwickeln. Spätere Könige von England verliehen der Kompanie das Recht, in Indien Krieg zu führen und Frieden zu schließen, die dafür nötigen Armeen aufzustellen, Festungen zu bauen und Münzen zu prägen. Die Ostindien-Kompanie begann, sich mit Gewalt breitzumachen, sie setzte sich gegen Portugal in Südindien und Bengalen fest und stieg in den Chinahandel ein. Portugal musste nachgeben, es begann ab 1635, EIC-Schiffe für seinen Handel zu nutzen, und bald machte man gemeinsam Front gegen die Niederländer.[28]

Für die Expansion in Übersee (aber nur für dort) bekannte sich so auch England zu der Doktrin vom *Mare liberum*, das heißt von der Freiheit der Meere, die der junge Völkerrechtsgelehrte Hugo Grotius 1609 als Berater der Niederländischen Ostindien-Kompanie (VOC) gegen die portugiesische *Mare-clausum*-Politik entwickelt hatte. Auch die VOC griff Portugal in Asien an, und auch sie hatte, wie erwähnt, von ihrem Heimatstaat Privilegien für den Asien- und Indienhandel und Kriegführungsrechte übertragen bekommen. Es gehörte darum nicht viel Fantasie zu der Vorhersage, irgendwann werde es auch zwischen England und den Niederlanden Krieg geben.

Zunächst stiegen Letztere zur Welthandelsmacht auf, unter anderem indem sie im Einvernehmen mit den Dänen der Hanse Transportanteile im Ostseeraum abjagten, die Portugiesen aus Indonesien, Ceylon und von der Malaien-Halbinsel verdrängten und die Engländer gewaltsam von den Molukken vertrieben. Dabei finanzierten sie übrigens die dafür nötige Kriegsmarine dadurch, dass sie alle Zölle und Abgaben aus dem Außenhandel der Admiralität zuführten.[29] Der Handelsneid der Engländer war entsprechend groß,[30] ihre Entschlossenheit auch: „Die Holländer haben zu viel Handel, und die Engländer sind entschlossen, ihnen den wegzunehmen“, fasste der Duke of Albemarle das merkantilistische Programm zusammen.[31] England begann mit einem fischerei- und seehandelspolitischen Crowding-out der noch überlegenen niederländischen Konkurrenz:[32] Das englische Parlament beschloss ab 1651 eine Reihe von sogenannten Navigations- und Stapelakten.[33] Darin reservierte es die gesamte Einfuhr von außereuropäischen Gütern nach England und den gesamten Küstenhandel sowie den Handel mit Fischen in für englisch erklärten Gewässern (Nordsee, Ärmelkanal und Irische See) für Schiffe unter englischer Flagge. Europäische Waren durften nur auf Schiffen der Herkunftsländer oder wiederum auf englischen eingeführt werden. Zur Begründung wurden auch Schriften von William Welwood und John Selden angeführt, der einer seiner Arbeiten sogar den Titel *Mare clausum* gegeben hatte.

Es folgte der erste von im 17. Jahrhundert drei englisch-niederländischen Seekriegen. Im (ersten) Vertrag von Westminster (1654) mussten die Holländer die erste Navigationsakte anerkennen. In den Jahren darauf erhöhte London den durch seine glückliche geografische Lage und maritime Stärke ermöglichten Monopolisierungsdruck nochmals. Es schrieb vor, alle für englische Kolonien bestimmten Güter seien auf englischen Schiffen mit mehrheitlich englischer Besatzung zu transportieren, und alle für Kontinentaleuropa bestimmten Waren aus diesen Kolonien seien zunächst nach London zu bringen, das auf diese Weise Amsterdam den Rang als Handelszentrum abzulaufen begann. Wieder kam es zum Krieg. Er endete mit dem Vertrag von Breda (1667) mehr oder minder unentschieden, aber diesmal verloren die Niederländer ihre nordamerikanische Kolonie, und aus Nieuw Amsterdam in Nieuw Nederland wurde New York (ähnlich wie später in einem anglofranzösischen Wirtschaftskrieg Fort Duquesne in Fort Pitt und anschließend in Pittsburgh umbenannt wurde).

Im dritten Seekrieg schwand die merkantile und militärische Macht der Niederlande, verglichen mit der Englands und Frankreichs (mit dem sich die Niederländer wegen französischer Prohibitivzölle ebenfalls im Schießkrieg befanden),[34] an allen Fronten – bis eine Allianz mit England zustande kam, die im siebten Himmel geschlossen wurde: 1677 heiratete die protestantisch erzogene spätere Königin Mary II., Tochter des damals noch künftigen Königs James II. (der protestantisch erzogen worden und dessen erste Frau ebenfalls Protestantin gewesen war, der aber später zum katholischen Glauben übertrat), den Protestanten Prinz Wilhelm III. von Oranien-Nassau, Statthalter der Vereinigten Niederlande. Als mehr als ein Jahrzehnt später protestantische Adlige und Abgeordnete König James II. wegen seiner katholisierenden Politik absetzen wollten, luden sie den Prinzen von Oranien zur Nachfolge ein. Der setzte 1688 nach England über und bestieg 1689 als Wilhelm III. gemeinsam mit Mary II. den Thron von England. James II. floh nach Frankreich an den Hof von König Ludwig XIV. (der James dazu bewegt hatte, als seine zweite Frau die Katholikin Maria von Modena zu wählen) und versuchte noch im selben Jahr, mit französischen Truppen und Kriegsschiffen seine Krone zurückzuerobern. Er landete in Irland und scheiterte dort schnell. Ludwig jedoch, der „Sonnenkönig“, betrachtete Wilhelms Invasion von England als Kriegserklärung, sodass nun London und Amsterdam traulich vereint gegen Frankreich Krieg führten (1688–1697).

Es lief nicht gut. 1690 erlitten die Engländer und Holländer in der Seeschlacht von Beachy Head eine schwere Niederlage und verloren für eine Weile sogar die Seeherrschaft im Kanal. Drei Jahre später kam es noch schlimmer. Die Alliierten wendeten schon damals die Konvoitaktik an: Handelsschiffe wurden von Kriegsschiffen eskortiert. 1693 fingen die Franzosen in der Seeschlacht beim Kap Sankt Vinzent, an der Südwestspitze Portugals, einen englisch-niederländischen Konvoi von etwa 200 Schiffen ab, zersprengten ihn und versenkten viele Schiffe oder nahmen sie als gute Prise. Der Verlust führte in London zu einer Pleitewelle bei Londoner Händlern und Versicherern und zu Kursverlusten bei Aktien wie denen der EIC und der Hudson's Bay Company (mit königlichem Privileg gegründet für die britische Expansion in Kanada). Wilhelm III. war pleite und brauchte dringend Kriegsschiffe, um England gegen eine Invasion und die Seehandelswege gegen Kaperei zu schützen. Private Bankiers machten ihm einen Vorschlag, den er nicht ablehnen konnte und mit dem Großbritannien dann jahrhundertelang ausgezeichnet gefahren ist: Der König verlieh 1694 einer Runde wohlhabender Teilhaber das Privileg, als Aktiengesellschaft die Firma Bank of England zu gründen, Bankgeschäfte zu betreiben und Geldnoten auszugeben. Dafür erhielt die Krone ein stattliches Darlehen zu einem vergleichsweise günstigen Zinssatz. Künftig war für Großbritanniens Finanzierung seiner Kriege und (ebenso wichtig) seiner jeweiligen Verbündeten die Bank von England ein zentraler Akteur, denn sie genoss weltweit Vertrauen und damit Kredit. Der Herzog von Wellington zum Beispiel konnte bequem mit Noten der Bank von England bezahlen, was er im jeweiligen Kriegstheater für seine Feldzüge brauchte, mit bloßem Papier also. Die Armee Napoleons dagegen musste Gold geben – oder plündern.[35] Die viel einfachere und weniger konfliktträchtige britische Vorgehensweise konnte den Unterschied zwischen ausreichender Ernährung und dem Verhungern bedeuten, was die britischen und französischen Truppen 1810/11 in Portugal zu spüren bekamen.[36] Verstaatlicht wurde die Bank von England erst 1946, von der Labour Party. Die Gründung der Bank war Teil einer Entwicklung, die zu Recht als „finanzielle Revolution"[37] bezeichnet worden ist. Die Krone führte ein verlässliches System der nicht allzu belastenden Besteuerung und der geordneten Staatsverschuldung ein. Sie genoss Kredit bei ihren Untertanen, weil Parlament und Regierung für die Rückzahlung von Zins und Tilgung garantierten. Rechtsstaatlichkeit schuf Vertrauen und ließ langfristige Staatsanleihen zu einem sicheren Börsentipp werden, und das verschaffte England den finanziellen Muskel, um auch die längste Konfrontation durchzuhalten. (Das wusste übrigens auch Alexander Hamilton, darum schlug er vor, die „Rotröcke" eher auf dem Anleihemarkt als auf dem Schlachtfeld zu besiegen, indem man einen bloßen Zermürbungskrieg führte und so bei den britischen Gläubigern Zweifel über den Ausgang des amerikanischen Unabhängigkeitskrieges säte.)[38] Der Krieg gegen Frankreich jedenfalls ging weiter, bis Frankreich erschöpft war und 1697 im Frieden von Rijswijk Wilhelm III.

als König anerkannte und mit den Niederlanden einen Handelsvertrag ohne die früheren, wie Einfuhrverbote wirkenden Abwehrzölle schloss.

1701 begann der Spanische Erbfolgekrieg, in dem England und die Niederlande erneut gegen Frankreich fochten. Der Krieg dauerte bis 1713/14. England war der Hauptgewinner: Es durfte das 1704 eroberte Gibraltar behalten, als Marinebasis und maritimer Kontrollpunkt von unschätzbarem Wert. Es erhielt Menorca und konnte dadurch eine ständige Mittelmeerflotte unterhalten und die französische Flotte in Toulon blockieren. Frankreich musste Neufundland und Neuschottland abgeben, und England bekam auch die Hudson Bay und stärkte generell seine Stellung in Nordamerika (allerdings bedurfte es noch einiger weiterer Kriege gegen Frankreich, um die heutigen USA britisch zu machen). London drang auch geschäftlich vor: Mit dem damals von Spanien, Frankreich und den Niederlanden bedrängten Portugal hatte England schon 1703 den Methuen-Vertrag geschlossen. Er band Portugal und dessen Besitzungen in Angola, Brasilien (Gold) und rund um den Indischen Ozean außen- und verteidigungspolitisch noch enger an Großbritannien (was bis ins 19. Jahrhundert fortwirkte), verlieh Hafenrechte in Lissabon (wichtig für Gibraltar) und verkoppelte die Volkswirtschaften der beiden Länder freihändlerisch: England durfte dem Partner fortan zu Vorzugsbedingungen Textilien liefern, Portugal im Gegenzug Wein. Von Spanien ließ sich London bei Kriegsende für 30 Jahre den Auftrag übertragen, Spanisch-Amerika mit afrikanischen Sklaven zu versorgen. Es war für England ein wichtiges Kriegsziel gewesen, Frankreich aus diesem Liefervertrag zu verdrängen. In der Karibik war man schon seit Mitte des 17. Jahrhunderts im Sklaven- und Zuckerhandel erfolgreich. Dort hatte England damals mit Portugal kontrahiert und Spaniens Handel durch Krieg geschwächt.

Das neue Importmonopol für Sklaven nutzten die Briten schon bald, um in Spanisch-Amerika zusätzlich einen schwungvollen Schmuggelhandel aufzuziehen. Die Spanier hielten dagegen, durchsuchten Schiffe unter englischer Flagge und beschlagnahmten Schmuggelware. Dabei ging man nicht zimperlich miteinander um.[39] Bühnenreifer Höhepunkt: 1738 erschien vor einem Londoner Unterhausausschuss der Schiffskapitän Robert Jenkins, um sein in Brandy eingelegtes Ohr vorzuweisen, das ihm nach seinen Angaben sieben Jahre zuvor die Spanier vor Kuba abgeschnitten hatten. Es kam zum sogenannten War of Jenkins' Ear, der auch gegen Frankreich und nicht nur in der Karibik, sondern auch in

Georgia, Louisiana und Florida geführt wurde.[40] Der Krieg endete ohne klaren Gewinner. Der Sklaventransportvertrag mit Spanien wurde erst 1750 beendet gegen eine Ablösesumme von 100 000 Pfund Sterling.

Im Jahr 1755 begann Frankreich in Nordamerika den „Franzosen- und Indianerkrieg" (French and Indian War), um englische Händler aus der Ohio-Region zu vertreiben und so die lästige britische Konkurrenz loszuwerden. Der Krieg ging in den Siebenjährigen Krieg über (1756–1763), der sich zu einem weltweiten anglofranzösischen Konflikt entwickelte.[41] Die britische Armee und Marine besiegten Frankreich und beseitigten den französischen Einfluss in Kanada und in Indien (wo sie sich häufig mit der EIC und deren Befehlshabern stritten). Die Briten übernahmen gezielt den Gummi-arabicum-Handel der Franzosen, indem sie deren Siedlungen an der Mündung des Senegal-Flusses einnahmen,[42] und sie eroberten die französischen Zucker- und Kaffeeinseln in der Karibik.[43] Dass der Pariser Friedensvertrag (1763) Frankreich die Zuckerinseln zurückgab und ihm Fischereirechte vor Neufundland einräumte, war in London höchst umstritten.[44] Der damalige englische Premierminister Pitt der Ältere (1708–1778) sprach sich vehement dagegen aus und erklärte mit Genugtuung, er habe Kanada in Deutschland erobert.[45] Dort hatten, knotenreich alliiert, Großbritannien und sein König Georg II. als Kurfürst von Chur-Braunschweig-Lüneburg („Chur-Hannover") aufseiten Friedrichs des Großen gekämpft, wenn auch auf anderen Kriegsschauplätzen als er.[46] London konnte dank weiter florierendem Handel 120 Linienschiffe aussenden, Friedrich finanziell über Wasser halten[47] und weltweit über 200 000 Soldaten besolden. Am Ende war Preußen wider Erwarten noch vorhanden, wenn auch ausgepowert, England aber hatte kaum einen Kratzer abbekommen.

Im Grunde befand sich England beziehungsweise (seit 1707) Großbritannien von der Mitte des 17. Jahrhunderts bis zum Sieg über Napoleon 1815 ständig mit irgendwem im (Wirtschafts-)Kriegszustand, von seinen Handelskompanien und besonders der EIC ganz zu schweigen, die etwa das Mogulreich in Indien militärisch niederkämpfte. Im Lauf der Zeit kam es freilich auch zu Zielkonflikten zwischen dem Staat und der wichtigsten privaten Handelsorganisation im Lande: Die EIC importierte, vor allem aus Indien, hochwertige Baumwollstoffe nach England. Das führte zu einem starken Abfluss von Silbergeld, was nach dem noch immer herrschenden merkantilistischen Paradigma unerwünscht war und zudem den erwünschten Aufbau heimischer Textilmanufakturen erschwerte. Das Parlament beschloss deshalb 1700 und 1721 die sogenannten Kaliko-Gesetze, „die den Import und sogar das Tragen von bedruckten Baumwollstoffen“[48] aus Indien, Persien und China verboten. Die EIC verlegte sich in Indien seitdem allmählich auf Finanzverwaltungsgeschäfte für das Mutterland und auf die Eintreibung von Abgaben von den Einheimischen. Auch auf diesem Wege wurde Indien ausgesogen.[49] Außerdem widmete sie sich dem stark wachsenden Handel mit China, was das „Problem“ des Silberabflusses erneuerte, denn China verlangte für alle seine Waren stets Silber (und nahm aus Europa im Lauf der Zeit Zehntausende Tonnen davon ein) und wollte wiederum von England nichts kaufen, weil es seinen Bedarf selbst herstellte. Das Parlament verlieh deshalb 1773 der EIC ein Monopol für den Anbau von Opium in Bengalen, das man den Chinesen im großen Stil verkaufen wollte, um von dort Silber hereinzubekommen und so die Zahlungsbilanz zu verbessern. Um kurz vorzugreifen: China sperrte sich weiter. Also schmuggelte man das Opium ins Land. China wehrte sich dagegen, vergiftet, entreichert und wirtschaftlich geschwächt zu werden. Also brach England den Markt mit militärischer Gewalt auf in den sogenannten Opiumkriegen von 1839 und 1856.[50] China musste eine Reihe seiner Hafenstädte für den europäischen Handel öffnen und Hongkong an das Empire abtreten, und es wurde ein gut gehender Dreieckshandel etabliert mit Textilien und Fertigwaren aus England für Indien und China, Opium aus Indien für China und Tee, Seide und Porzellan aus China für Europa. Das war wichtig für die britische Staatskasse, die sehr von den Zolleinnahmen für chinesischen Tee abhing, und für Indien, dessen Textilmanufakturen durch billige britische Fabrikware niederkonkurriert wurden und das darum Opium als Ersatzexportprodukt brauchte, um für die englischen Waren bezahlen zu können.[51]

Ebenfalls im Jahr 1773 versuchte das Parlament der EIC auch zu helfen, eine für ihren Geschäftserfolg sehr bedrohliche Flaute im Teehandel mit den nordamerikanischen Kolonien zu überwinden. Der EIC-Tee wurde seit Längerem von den Amerikanern boykottiert (man trank stattdessen Schmuggeltee von den Niederländischen Antillen), weil sie nicht länger von London besteuert werden wollten, ohne politische Mitspracherechte zu haben. Dieser Konflikt köchelte schon seit den frühen 1760er-Jahren vor sich hin. London privilegierte deshalb nun die EIC durch Zollerleichterungen und das Recht, auf nordamerikanische Zwischenhändler zu verzichten und so den Tee zu absoluten Kampfpreisen anbieten zu können. Die künftigen US-Amerikaner wehrten sich Ende 1773 mit der sogenannten Boston Tea Party: Als *Native Americans* verkleidete Bürger enterten britische Handelsschiffe und warfen von dort 342 Kisten EIC-Tee ins Hafenbecken. Das war nicht entscheidend für den weiteren politischen Verlauf, dessen Antriebskräfte tiefer lagen als der Teestreit; aber es war ein Gewaltakt von hoher Symbolkraft. Im Frühjahr 1775 kam es zu ersten Gefechten der Amerikaner mit britischen Truppen. 1776 erklärten sich die 13 britischen Kolonien in Nordamerika für unabhängig und führten eine eigene Währung ein. 1778 und 1779 griffen Frankreich und Spanien aufseiten der USA in den Krieg ein, Frankreich nicht zuletzt wegen seiner Interessen in Kanada, Spanien, um Florida zurückzubekommen. Großbritannien rief daraufhin eine Seeblockade gegen die beiden Staaten aus, um Nachschubtransporte nach Amerika zu verhindern und den Handel der drei Kriegsgegner zu schädigen. Die Briten gingen dabei auch gegen die Handelsschiffe von Drittstaaten dermaßen aggressiv vor, dass Russland 1780 erklärte, es werde sein Recht auf freie Schifffahrt und freien Handel und seine Neutralität mit Waffengewalt verteidigen. Dieser ersten „bewaffneten Neutralität" in der Geschichte schlossen sich Preußen, Dänemark, Schweden und Portugal an. Die Niederländer wiederum lieferten den Amerikanern von Westindien aus schon längst nicht mehr bloß Tee, sondern auch große Mengen an Waffen und Munition. England verlangte vergebens Unterlassung. Es kam zu einem weiteren Seekrieg zwischen Amsterdam und London, in dem die Briten um die 200 holländische Handelsschiffe als gute Prise nahmen und die holländischen Niederlassungen in Übersee angriffen (am Ende ließen sich die Briten vertraglich freie Fahrt in allen VOC-Gewässern und -Gebieten zusichern). Bis 1783 wurde in Amerika, Afrika und Europa gekämpft, dann erkannte Großbritannien im Frieden von Paris die USA an, konzedierte Fischereirechte und gab das 70 Jahre zuvor ergatterte Menorca und große Teile Floridas an Spanien ab; außerdem wurde zwischen den europäischen Kriegsparteien ein wenig territoriales Konfetti hin und her geschoben. Wirtschaftlich war der Verlust der nordamerikanischen Kolonien für Großbritannien aber kein Verlust von Dauer. Die USA wurden in das britische Handelssystem als Rohstofflieferant und Abnehmer englischer Fertigwaren eingegliedert, und das Königreich konnte dank der Kombination von immer mehr industrialisierter Produktion und einer dominierenden Stellung im Seetransport und Versicherungsgeschäft jeden Konkurrenten unterbieten: Von 1780 bis 1800 verdreifachte sich der britische Handel, und zwischen 1773 und 1803 verdoppelte sich seine Handelsmarine.[52]

Die 1760er- und 1770er-Jahre brachten Großbritannien und der Welt neben der amerikanischen noch zwei weitere Revolutionen von größter Bedeutung: die industrielle und eine wirtschaftswissenschaftliche. Um 1765 wurde die schon erwähnte Spinning Jenny erfunden, und 1776 veröffentlichte Adam Smith sein Werk *Der Wohlstand der Nationen*. Von da an ging es Schlag auf Schlag. Schon 1800 war in England der Industrialisierungsgrad pro Kopf der Bevölkerung doppelt so hoch wie in Frankreich, und die Insel hatte Frankreichs Anteil an der europäischen Fertigung überholt.[53] Die britische Textil- und die Eisenindustrie hoben ab, das Transportwesen revolutionierte sich dank Dampfmaschine, Eisenbahn und Dampfschiff, und wirtschaftswissenschaftlich begann sich der Gedanke durchzusetzen, dass der internationale Handel kein Nullsummenspiel ist, sondern allen Beteiligten zugutekommen kann. Darum ging Großbritannien im 19. Jahrhundert, als seine technologische Überlegenheit und Exportstärke erdrückend waren, allmählich dazu über, mit anderen Nationen Freihandelsverträge abzuschließen, die auch die sogenannte Meistbegünstigungsklausel enthielten: Man vereinbarte, dem anderen alle handelspolitischen Vorteile zu gewähren, die man dritten Staaten zugestand. Auf diese zeitweilige Veränderung des Welthandelsklimas kommen wir in Kapitel 6 noch einmal zurück.

Auch der Krieg gegen Napoleon war beiderseits zum großen Teil Wirtschaftskrieg im Sinne eines Kampfes gegen die feindliche Kriegswirtschaftskraft. Die französische Flotte war 1805 bei Trafalgar entscheidend geschlagen worden. Napoleon hatte sie übrigens großteils finanziert mit dem Erlös des Verkaufs der französischen Kolonie Louisiana an die USA zwei Jahre zuvor. Den Kauf hatten die USA sich ermöglicht durch Kreditaufnahme je zur Hälfte in London und Amsterdam. Die Briten hatten also über amerikanische „Mississippi-Bonds" den Bau der Flotte mitfinanziert, die sie bei Trafalgar versenkten. Die britischen Anleger hatten einen Zinsgewinn. Die Amerikaner hatten Louisiana. Die Franzosen hatten verloren.[54] Spätestens nach Trafalgar musste der Kaiser alle Pläne für eine Invasion Englands fallen lassen. Auch sein Gedanke, französische Besitzungen in Indien zurückzuerobern, die im Siebenjährigen Krieg an England verloren gegangen waren, hatte sich erledigt. 1806 besiegte er Preußen und besetzte die für Englands Kontinentalhandel wichtigen norddeutschen Hansestädte. Von Berlin aus verkündete er gegen das Empire die sogenannte Kontinentalsperre: Großbritannien verletze mit einer uneffektiven und verbotenerweise auch gegen zivile Ziele gerichteten Blockade und Prisennahme das Seekriegsrecht und die Rechte der neutralen Schifffahrt. Darum werde über das Inselreich eine „Kontinentalsperre" verhängt: Aller Handel mit ihm und seinen Kolonien sei verboten, kein Schiff von dort dürfe mehr in kontinentaleuropäischen Häfen anlegen, alle britischen Kaufleute seien als Kriegsgefangene zu behandeln, alle Waren aus dem Empire verfielen zur guten Prise. Später wurde die Sperre verschärft, um auch den neutralen Handel völlig zu unterbinden: Jedes Schiff, das noch England anlaufe oder englische Waren führe, werde beschlagnahmt.[55] London reagierte mit Gegenblockaden und hohen Zöllen für die Ladung von Schiffen, die in Frankreich festmachten und danach britische Häfen anliefen. Es stellte seine Versorgung mit Schiffsholz vom Ostseeraum auf Kanada um und begünstigte den Schmuggelhandel mit dem Kontinent.[56] Frankreich geriet in Konflikte mit den Neutralen und mit den europäischen Konsumenten, die nun einmal an englischen Manufakturwaren und an Kolonialwaren wie Tee, Zucker, Kaffee und Gewürzen hingen. Es musste immer mehr Truppen und Zöllner ausschicken und immer mehr Territorien annektieren, um die Kontinentalsperre halbwegs wasserdicht zu machen. Portugal widersetzte sich und wurde mit Krieg überzogen. Die kontinentalen Produzenten und Exporteure litten empfindlich, auch die in Frankreich (ähnliche Erfahrungen machten die USA, als Präsident Thomas Jefferson 1807 wegen des britisch-französischen Kolonialkrieges untersagte, europäische Häfen anzulaufen, und damit den amerikanischen Außenhandel praktisch zum Erliegen brachte).[57] Das Kontinentalsystem wurde deshalb ab 1810 auf eine halbherzige, erratische und offensichtlich französische Unternehmer begünstigende Weise modifiziert, was bei den anderen Nationen auf dem Kontinent zusätzlich für böses Blut sorgte. Russland litt wirtschaftlich empfindlich unter der Sperre und drückte darum beim Schmuggel britischer Güter bereits hier und da ein Auge zu. „Es gibt Beweise", schrieb Napoleon am 4. November 1810 an Zar Alexander I., „dass die Kolonialwaren auf der jüngsten Leipziger Messe mit 700 Wagen aus Russland geliefert wurden [...] und dass 1200 Handelsschiffe, unter schwedischer, portugiesischer, spanischer und amerikanischer Flagge, von den Briten eskortiert mit 20 Kriegsschiffen, ihre Fracht teilweise in Russland angelandet haben." Der Kaiser forderte den Zaren auf, alle derart importierten Waren beschlagnahmen zu lassen, und ließ ihn über diplomatische Kanäle warnen, Krieg sei unvermeidlich, wenn Russland seine Häfen für englische Fracht öffne.[58] Die Modifikationen von 1810 der Kontinentalsperre hatten jedoch gerade bei den Russen Empörung ausgelöst. Ende des Jahres gestattete Zar Alexander I. offiziell den neutralen Handel über russische Häfen (ab da setzten britische Kauffahrer das *Star-Spangled Banner* und segelten als Neutrale durch, und Russland duldete die Maskerade) und diskriminierte französische Luxuswaren. Der neutrale Handel florierte mehr denn je, und der Zar weigerte sich, seinen Ukas zurückzunehmen. Alles zusammen war ein wichtiger, wenn nicht gar der wichtigste Grund für Napoleons Entschluss, Russland 1812 anzugreifen, um Englands Festlanddegen zu zerbrechen.

Nach dem Sieg über den Kaiser war das Vereinigte Königreich als Weltmacht unangefochten. Mehr als 200 Jahre lang hatten die Briten das Beste aus ihrer geografischen Lage gemacht, die es ihnen ermöglichte, vom rasanten Wachstum des Handels über den Atlantik zu profitieren und den Überseehandel der anderen Europäer zu unterbrechen. Sie hatten im Zusammenspiel von Regierung und Geschäftswelt eine kriegslustige Handelspolitik und geschäftstüchtige Aggressivität entwickelt, ein einzigartiges Amalgam von Patriotismus und Sendungsbewusstsein, die perfekte Verbindung von Kaufmann und Krieger. Pitt der Ältere schrieb denn auch in einem Brief an Friedrich den Großen: „Ich bin überzeugt, Sie werden mit mir in einem Prinzip übereinstimmen: dass wir Kaufleute sein müssen, während wir Soldaten sind; dass unser Handel von einer ordentlichen Anspannung unserer Stärke zur See abhängt; dass Handel und Seestärke voneinander abhängen; und dass die Reichtümer, die die wahren Ressourcen meines Landes sind, vor allem von seinem Handel abhängen."[59] Das Zusammenspiel von Schifffahrt, Handel, Kolonien und Kriegsflotte hatte selbstverstärkend gewirkt. Dabei hatte England durch seine Kriege, rein wirtschaftlich betrachtet, durchaus nicht immer profitiert – in jedem größeren Konflikt waren Aberhunderte Handelsschiffe verloren gegangen, und mehr als einmal hatten die Kaufleute in Petitionen darum gebeten, doch endlich Frieden zu schließen. Aber anders als der Kontinent blieb England unverwüstet und blieben die Handelsmargen hoch, sodass im Frieden die wirtschaftliche Erholung stets leichtfiel. Vor allem veränderte sich mit jedem Kampf, so kostspielig und verlustreich er auch gewesen sein mochte, das relative Kräfteverhältnis der Konkurrenten um Macht und Reichtum. Hier, im Politischen, war viel stärker eine Logik des Nullsummenspiels am Werk, während der wirtschaftliche Kuchen für alle größer wurde. Die Machtbalance verschob sich immer weiter zugunsten Englands, und im Frieden stärkte der Handel die Wirtschaft, ermutigte und verbesserte die Seemannschaft und den Schiffbau, füllte die staatlichen Kassen, brachte Rohstoffe, verband das Mutterland mit den Kolonien und half die Royal Navy finanzieren, die im Frieden Respekt verschaffte und im Krieg den Handel schützte und neue Märkte eroberte. England verfügte nun über die Flottenstützpunkte, um weltweit nach Belieben die Seewege offen zu halten oder zu schließen, und genoss den Löwenanteil am Welthandel, was daheim die industrielle Revolution erleichterte. Um die Mitte des 19. Jahrhunderts war das Inselreich zum *Workshop of the World* geworden: Es stand für zwei Drittel der weltweiten Kohleförderung, produzierte ungefähr die Hälfte des Eisens und fünf Siebtel des Stahls weltweit, zwei Fünftel der Eisenwaren und die Hälfte der Baumwollstoffe.[60] Die Royal Navy, unangefochten, konnte sich mit Aufgaben wie der Kartografierung der Welt und dem Kampf gegen den Sklavenhandel und gegen die Piraterie einiger „Barbareskenstaaten" beschäftigen. Derweil waren die anderen Staaten noch mit ihrer nachholenden Industrialisierung beschäftigt, mit Revolutionen wie denen von 1830 und 1848, mit nationalen Einigungskriegen wie Italien und Deutschland, mit Bürgerkrieg wie die USA. England war wirtschaftlich so stark, dass es Mitte des Jahrhunderts dazu übergehen konnte, den Freihandelsgedanken zu propagieren und in ungezählten bilateralen Handels- und Freundschaftsverträgen zu praktizieren. Es betrieb mehr und mehr, was treffend als „imperialism of free trade" bezeichnet worden ist:[61] Ganz pragmatisch wurde das Empire teils in aller Form erweitert (also noch mehr rote Flächen auf den in England gebräuchlichen Weltkarten), teils informell gestärkt, wo immer Garantien für freien Handel genügten und den Einfluss durch britische Waren und Auslandsinvestitionen still vermehrten. Als die kontinentaleuropäischen Mächte im letzten Viertel des 19. Jahrhunderts ihren Landraubwettlauf in Afrika unternahmen, hat London sich daran mit Blick auf die unnötigen Kosten direkter Herrschaft eher ungern beteiligt (aber natürlich seine Interessen durch Inbesitznahme einiger weiterer Millionen Quadratkilometer gewahrt und sich von den Parvenüs für die Zustimmung zu deren Neuerwerbungen wiederum Freihandelszusagen geben lassen). Im letzten Viertel des 19. Jahrhunderts begann sich allerdings auch ein relativer Niedergang deutlich abzuzeichnen: Der britische Anteil am Welthandel und an der Weltproduktion sank, vor allem Amerika und Deutschland holten auf, und England versäumte es, neue Branchen wie etwa die Chemie-, die Elektro- und die Automobilindustrie zu entwickeln, ja es vernachlässigte sogar angestammte Stärken wie die Stahlindustrie. Dennoch hielten die Briten fast als Einzige geradezu eigensinnig am Freihandelsgedanken fest. Zugleich beobachteten sie beklommen den Aufstieg Deutschlands, dessen Kriegsflotte bedrohlich wuchs und nur eine Tagesfahrt von Englands Ostküste entfernt vor Anker lag.

Von den beiden Weltkriegen ist schon gesprochen worden. Das Empire warf nochmals alle seine Stärken in die Waagschale. Durch die Kombination der beherrschenden Kriegsmarine mit dem weltweiten Netz maritimer Stützpunkte wurde ein solcher Druck auf die Neutralen ausgeübt, dass bald fast jedes ihrer Schiffe nur noch mit Navicert auf die Reise ging, das heißt mit einer von britischen Stellen ausgestellten Unbedenklichkeitsbescheinigung hinsichtlich Schiff, Kurs und Ladung. Andernfalls drohten langwierige Durchsuchungen auf hoher See oder die Umleitung in einen Kontrollhafen und schlimmstenfalls die Beschlagnahme als gute Prise. Nur wenn ein Reeder sich bereiterklärte, die britischen Blockadevorschriften einzuhalten, bekam er für seine Schiffe auch *ship warrants* (Schiffsausweise). Ohne sie erhielten seine Schiffe in britischen Hafenanlagen weder Treibstoff noch Wasser, weder Liegerecht im Trockendock noch Reparaturen, weder Versicherung noch Proviant. Wenn ein Eigner auch nur eines seiner Schiffe ohne Navicert aussandte, drohte ein solcher Boykott allen seinen Schiffen. Es ist kein Wunder, dass die Reeder der neutralen Klein- und Mittelmächte das Blockadesystem forderten und förderten, um sichere Geschäftsbedingungen zu haben.[62] Sie konnten dann bei hohen Frachtraten, relativ geringem Versenkungsrisiko und ordentlichen Versicherungsbedingungen glänzende Geschäfte auch dann machen, wenn sie die den Westalliierten unliebsamen Transporte zu deren Feinden unterließen.[63] Viele neutrale Regierungen fanden diese freiwillige Mitarbeit an der Blockade neutralitätspolitisch bedenklich, aber die Vergabe von Treibstoff, Werftplätzen und Versicherungsschutz stand nun einmal im freien Belieben Englands, sie zählte zu dessen souveränen Rechten. Die Historiker sind sich einig, dass diese *sovereign rights* entscheidenden Anteil am Gelingen der Blockade hatten.[64] Die mit England sympathisierenden USA widersprachen, wenn auch eher pro forma, der Blockade bis zum amerikanischen Kriegseintritt 1917 beziehungsweise bis zum Fall Frankreichs im Jahr 1940, dann verstärkten sie mit ihrer Kraft die britischen Maßnahmen; und sie übernahmen in beiden Kriegen auch eine entscheidende Rolle bei deren Finanzierung. Das Deutsche Reich hielt mit Minensperren, mit der Verkündung maritimer Kriegszonen und mit U-Booten dagegen, einer neuen Waffengattung, die gefährlich, aber auch klein und verwundbar war und sich darum schlecht dafür eignete, die klassischen Regeln des Prisenrechts einzuhalten. Ab 1915 versenkten die Deutschen Handels- und Passagierschiffe ohne vorherige Warnung (die Briten hatten deren Seeleuten befohlen, aufgetauchte U-Boote über Funk zu melden und sie zu rammen, und sie bewaffneten ihre Handelsschiffe). Deutschland milderte den uneingeschränkten U-Boot-Krieg zunächst wieder, um nicht die USA zum Eintritt in den Krieg zu provozieren. Es nahm die Praxis jedoch 1917 wieder auf, und das führte mit zur amerikanischen Kriegserklärung.[65] Die USA wiederum torpedierten im Zweiten Weltkrieg vom ersten Tage an warnungslos die japanische Handelsflotte. Der Internationale Militärgerichtshof von Nürnberg verurteilte darum die Angeklagten Erich Raeder (Oberbefehlshaber der deutschen Kriegsmarine von 1935 bis 1943) und Karl Dönitz (Raeders Amtsnachfolger bis Kriegsende) zwar wegen anderer Straftaten, aber nicht wegen des uneingeschränkten U-Boot-Krieges. Die Blockade im Ersten Weltkrieg war anfangs alles andere als wasserdicht, denn neutrale Staaten wie die Niederlande, Schweden und Norwegen unterhielten jahrelang einen äußerst lukrativen Handel mit Deutschland.[66] Aber die westlichen Alliierten zogen die Schrauben immer fester an, und die Kriegswirtschaft und die Zivilbevölkerung von Deutschland und seinen Verbündeten wurden hart getroffen. Neuere Studien zeigen jedoch, dass die Hauptursachen für die deutschen Handelsverluste, Versorgungsengpässe und Hungersnöte die folgenden waren: überhaupt Krieg gegen die eigenen Hauptlieferanten und wichtigsten Abnehmer zu führen, unzureichende Logistik, eine kurzsichtige Höchstpreispolitik in Bezug auf landwirtschaftliche Produkte und der Verlust an männlichen Arbeitskräften und Zugtieren in der Landwirtschaft.[67] Die Seeblockade traf die Kriegswirtschaft und die Zivilbevölkerung Deutschlands und seiner Verbündeten im Ersten Weltkrieg härter als im Krieg darauf. Im Zweiten Weltkrieg waren kriegswirtschaftlich und für die Leiden der Zivilbevölkerungen die Luftangriffe bedeutsamer. In beiden Konflikten starben Hunderttausende Zivilisten.[68] Insgesamt erscheint es jedoch mit Blick auf die gesamte Wirtschaftskriegführung der Weltkriege mehr als fraglich, ob sie wirklich Entscheidendes für den Sieg geleistet hat. In der Hinsicht erscheint große Skepsis angebracht. Im Ersten Weltkrieg stand die Seeblockade im Vordergrund, aber am wichtigsten war die alliierte Kriegsmarine dafür, die eigenen Handels- und Nachschubwege offen zu halten. Der Gegner war trotz Blockade in der Lage, jahrelang Millionen Soldaten mit immensen Ausrüstungs- und Nachschubmengen auszustatten, und besiegt wurde er nicht in seinem Hinterland, sondern an der Front: Das deutsche Heer begann im März 1918 die erste von mehreren Offensiven an der Westfront mit einer Artillerievorbereitung von 3,2 Millionen Granaten – am ersten Tag.[69] Im Zweiten Weltkrieg war wirtschaftskriegerisch die alliierte Luftflotte am wichtigsten, aber die deutsche Kriegsproduktion stieg dramatisch an, während die Bombenangriffe immer schwerer und zerstörerischer wurden, und der Kampf um die Lufthoheit hat möglicherweise mehr zur deutschen Niederlage beigetragen als die Luftangriffe selbst.[70]

Im Zweiten Weltkrieg hat Großbritannien seine Kraft als Weltmacht endgültig verausgabt. Das Erbe traten die USA an, die sich noch dazu ihre Hilfe kühl bezahlen ließen.[71] Von Elisabeth I. bis zu Elisabeth II. hat das Vereinigte Königreich über den Wirtschaftskrieg gelernt und gelehrt, was sich nur lernen und lehren lässt. Nach fast genau 400 Jahren klang diese Geschichte aus mit der bitteren Lektion von 1956: Die USA beendeten durch unblutigen Wirtschaftskrieg das britische Suezabenteuer.

Die britische Geschichte zeigt exemplarisch, wie durch die Jahrhunderte von allen Seiten für wirtschaftliche Ziele Krieg geführt, die feindliche Kriegswirtschaftskraft bekämpft und selbst im Frieden die Wirtschaft anderer gezielt geschädigt wurde. Sie führt vor Augen, wie gleitend die Übergänge zwischen Krieg und Frieden oft waren und wie viel Leid mit wirtschaftlichen Mitteln sogar dann angerichtet wurde, wenn die Waffen schwiegen. Sie verdeutlicht, wie wichtig geopolitische Vorteile und leistungsfähige Institutionen sind, um sich im Wirtschaftskrieg durchzusetzen – die Insellage und das weltweite Netz von Stützpunkten, die erfahrene Handels- und Kriegsflotte, die Kreditwürdigkeit und Finanzkraft der Krone dank Rechtsstaatlichkeit, politischer Stabilität, Bank von England und Weltwährung Pfund Sterling und dank London als Finanz- und Versicherungsplatz von weltweiter Bedeutung. Sie lässt den Steigerungszusammenhang von Wehrhaftigkeit, Prosperität, Innovationskraft und der Projektion militärischer Macht erkennen. Darf man das alles eine Erfolgsgeschichte nennen?[72] Fest steht: So haben sich die Briten jahrhundertelang keinem fremden Willen beugen müssen, ihr Land vor Zerstörung bewahrt, zur Demokratie gefunden und die Kraft aufgespeichert, um im Zweiten Weltkrieg die Freiheit Westeuropas zu verteidigen.

Schließlich noch etwas Wichtiges, das bisher nicht erwähnt wurde: Die geschilderten Ereignisse und Entwicklungen waren für die Zeitgenossen jener Jahrhunderte natürlich genauso in eine Gesamtwirklichkeit eingebettet, wie es für uns Heutige der Fall ist: Sie erlebten technische Revolutionen (Dampfkraft!, Elektrizität!), neue Medien (Zeitungen!, Telegrafie!), exotische Nahrungsmittel (Kartoffeln!, Orangen!) und neue politökonomische Herausforderer (die USA!, Deutschland!), die den gewohnten Alltag teils bereicherten, teils bedrohten, und sie stellten sich immer wieder auf neue Gegebenheiten ein. Das Tempo der Veränderungen mag heutzutage zugenommen haben, aber auch damals wurden den Menschen viel Wachheit, Unternehmungsgeist, Veränderungsbereitschaft und Zuversicht abverlangt.

Kapitel 4
Ein Land erdrosseln, um seinen König umzustimmen? Wirtschaftskriege aus ethischer Sicht

Wie sind Wirtschaftskriege diesseits und jenseits der bereits in der Antike formulierten „Lehre vom gerechten Krieg" ethisch zu reflektieren? Sind sie etwa legitimer oder verwerflicher als konventionelle Kriegführung? Können Wirtschaftskriege nicht nur erlaubt sein, sondern sogar ethisch geboten?[1]

Wer derlei Fragen diskutiert, wird auf folgende, historisch oft wiederholte Argumentationsstränge treffen: Die einen werden auf Prinzipien wie „Freiheit", „globalen Freihandel" und „nationale Souveränität" verweisen, die notfalls bis ins Südchinesische Meer hinein verteidigt werden und für die man Kriege führen und Opfer bringen sollte. Die anderen werden ihr Vorgehen vom Ende her rechtfertigen, d. h., sie werden auf den künftigen Wert oder utilitaristisch auf den künftigen „Nutzen" solcher Auseinandersetzungen verweisen. Der potenzielle Kriegsschaden wird dabei in Proportion gesetzt zum Gewinn an Wohlstand, Freiheit, Macht. Gemeinsam wird all diesen Argumenten sein, dass ein Krieg diejenigen, die ihn führen, ebenso wie die von ihm aktiv oder passiv Betroffenen immer wieder vor ethische Dilemmata statt vor positiv lösbare Probleme stellt. Denn eine weniger schadenintensive Maßnahme als ein Krieg, der gerade auf Schadensverursachung angelegt ist, wäre vorzuziehen – was aber aus Sicht der nun kriegführenden Akteure offenbar keine Option mehr war, Stichwort *ultima ratio*.

Im politisch-ethischen Diskurs folgt ebenfalls häufig das sogenannte Sachzwangargument, man habe nicht anders handeln können. Auf solche Denkfiguren stößt man oftmals auch bei Wirtschaftskriegen („China hat sich die Strafzölle selbst zuzuschreiben aufgrund seines unfairen Verhaltens seit Jahrzehnten“). Und doch ist bei Wirtschaftskriegen aus ethischer Sicht einiges anders als bei militärischen Auseinandersetzungen: Zum einen werden die Auswirkungen von Wirtschaftskriegen vielfach unterschätzt, wie Hunderttausende Tote durch das von den Amerikanern durchgesetzte Irakembargo während der 1990er-Jahre zeigen. Zum anderen ist der Übergang von aggressiver Handelspraxis über die ökonomische Ausübung nationaler Interessen hin zu Maßnahmen, die Millionen Menschen ihren Arbeitsplatz oder ihre Existenz kosten und deren Versorgung gefährden, fließend. Ist etwa die von China forcierte Überschuldung von Afrika zur Sicherung eigener Rohstoffzugänge oder Flottenstützpunkte bis hin zum Kauf von strategischer Verkehrsinfrastruktur legitime bilaterale Wirtschaftshilfe oder bereits eine Vorbereitungshandlung einer „kriegerischen Maßnahme“ zur ökonomischen Sicherung globaler Dominanz?

Die klassische juristische Antwort auf diese Frage lautet: Es kommt darauf an, nämlich auf Intensität, Ziel und Art der Umsetzung der jeweiligen Maßnahmen und Aktionen. So werden die einen geltend machen, dass der Kauf eines deutschen Weltmarktführers für Betonpumpen durch eine staatlich kontrollierte chinesische Firma ein gänzliches Aliud sei zu einem chinesischen Flottenstützpunkt in Djibouti oder auch zur jüngsten Übernahme einer der größten Uranminen der Welt (Rössinguranmine in Namibia in 2018) durch ein chinesisches Konsortium. Die anderen werden geltend machen, dass solche Akquisen Teile derselben nationalen Strategie zum Erreichen einer globalen ökonomischen Vormachtstellung seien: Letztlich brauche man auch in der Atomindustrie jenen Beton, den ein in Deutschland von einem staatlich kontrollierten chinesischen Konsortium eingekaufter ziviler Weltmarktführer von Betonpumpen zu liefern vermag. Und wer afrikanische Potentaten durch die Bereitstellung von Infrastruktur und Krediten gefügig zu machen versuche, um so den Zugang zu militärisch wie zivil wichtigen Rohstoffen zu ermöglichen, der spart am Ende Militärausgaben und erwirbt gleichzeitig einen plausiblen Grund, später seine Investitionen und Rechte im Ausland auch militärisch zu schützen.

Angesichts dieses ethisch unübersichtlichen Befundes ist schon einiges erreicht, wenn es gelingt, die von beiden Seiten geltend gemachten Argumentationsmuster unter der Frage zu strukturieren, was einen modernen „Wirtschaftskrieg“ in seiner ethischen Beurteilung von einem konventionellen Krieg unterscheidet und an welchen Punkten sich die Beurteilung beider gleicht oder wenigstens ähnelt und warum das so ist. Ansetzend beim Kriegsbegriff, wird Ethik dabei schnell auf antike wie scholastisch-naturrechtliche Denkfiguren der Lehre vom gerechten Krieg stoßen.

Kriegsgründe, Kriegsziele und Kriegführung

Während das Recht nach Legalität fragt, fragt Ethik nach Legitimität.[2] Das lateinische Wort *legitimus* beschreibt dabei gegenüber *legalis* ein Mehr: Ethik hat nicht nur zu beurteilen, ob eine kriegerische Handlung legal, also rechtmäßig, ist. Auf der Legitimitätsebene zu beurteilen ist ferner, ob eine kriegerische Handlung im Sinne des Wortes *legitimus* auch „gemäß/angemessen/in Ordnung/verhältnismäßig" ist oder zumindest sein kann.

Für all jene, für die die Anwendung von Gewalt niemals angemessen sein kann, ist die Sache übersichtlicher: Aus radikalpazifistischer Sicht wäre selbst bei guten Gründen für die Anwendung von Gewalt keine Art von Krieg jemals legitimierbar, da Krieg den absoluten Wert eines jeden Lebens gefährde. Sie ist vielmehr Ausdruck aggressiver Gesinnung und ein Offenbarungseid, weil zivilisiertere Maßnahmen wie Verhandlungen und Diplomatie offenbar keinen Erfolg zu zeitigen vermochten. Nun ist aber der Radikalpazifismus eine Minderheitsposition, und Ethik hat die Chance wie die Herausforderung anzunehmen, nicht etwa Utopien, sondern Realitäten zu reflektieren, zumindest dann, wenn sie Kants Grundfrage der Ethik „Was soll ich tun?" hinreichend ernst nimmt. Und zu dieser Realität menschlichen Lebens gehören zu fast allen Epochen eben auch Kriege.

Diese Tatsache hat in der antiken Philosophie schon früh dazu geführt, dass man Kriegsgründe, Kriegsziele und Kriegführung immer auch ethisch reflektiert hat – prominent in Platons *Politeia* oder Ciceros *De re publica* und *De officiis*, dann bei Augustinus, rezipiert im kanonischen Recht und bei Hugo Grotius bis hinein in die Debatten um Massenvernichtungswaffen im 20. Jahrhundert jeweils unter der Denkfigur/der Lehre des „gerechten Krieges".[3] Ausgehend von Ciceros Überlegungen, wann ein Krieg zur Wiederherstellung eines Zustandes der Rechtmäßigkeit und zur Abwehr von Unrecht durch eine legitime, staatliche Gewalt „gerecht" genannt werden könne, wurde vor allem durch christliche Denker im Rekurs auf Augustinus in der Scholastik u. a. durch Thomas von Aquin in engen, klar gesteckten Grenzen die Legitimität der Kriegsgründe *(ius ad bellum)* getrennt von der Frage einer legitimen Art der Kriegführung *(ius in bello)*. Denn auch die aus wenig legitimen Gründen begonnenen Kriege sollten in der Art der Kriegführung nicht humanitär eskalieren. Diese Differenzierung wurde durch die Reformation über die Aufklärung bis ins moderne Völkerrecht immer wieder neu aufgegriffen, weiterentwickelt und auf die militärischen Auseinandersetzungen der jeweiligen Zeit angewandt. Die klassischen Kriterien beim *ius ad bellum* sind dabei, dass der Krieg

- von einer legitimen Gewalt *(auctoritas)*, also keiner Privatarmee, sondern in aller Regel von einem Staat, geführt wird;
- mit der rechten Gesinnung bzw. Intention *(recta intentio)* geführt wird und
- mit einem klaren Kriegsziel *(iustus finis)*, nämlich Recht und Frieden wiederherzustellen und zwar
- als letzte Möglichkeit *(ultima ratio)*, nachdem alle anderen Möglichkeiten wie Diplomatie und Verhandlung ausgeschöpft worden sind.

Einer der zentralen Aspekte beim *ius ad bellum* ist also, dass ein als „gerecht" qualifizierter Krieg *(bellum iustum)* lediglich auf Unrecht/Aggression reagiert, um einen verletzten Rechtszustand wiederherzustellen und Gewalt dabei nur als *ultima ratio* und nur in Form von staatlicher Gewalt legitim sein kann mit dem Ziel der Wiederherstellung des Friedens.[4] Entscheidend bei der Bewertung eines möglichen Rechtes zum Kriegführen ist dabei nicht nur für Cicero, dass ein solcher Konflikt kein Angriffskrieg ist, sondern der Abwehr von Unrecht dient, staatlich geführt wird mit klarem Ziel und durchaus erreichbarem Erfolg.

Bei der Frage nach der angemessenen Art der Kriegführung, dem *ius in bello*, kommen folgende Kriterien zur Geltung:

- die Verhältnismäßigkeit der Mittel *(proportionalitas)*, d. h., die angewandten Mittel sollten, bezogen auf die Gefahrenabwehr, verhältnismäßig sein, und

- die Unterscheidung von Soldaten und Zivilisten ist entscheidend mit dem Ziel, die Immunität der Zivilisten so gut wie möglich zu schützen.

Vor allem bei Augustinus wichtig ist der Aspekt *in bello*, der auch später bei Martin Luther in dessen Unterscheidung von Person und Amt und dem von ihm etablierten weltlichen Berufsbegriffs eine Rolle spielen sollte, etwa in dessen Schrift *Ob Kriegsleute auch in seligem Stande sein können* (1526).[5] Denn gerade in einer christlich-scholastischen Ethik gilt die möglichst eindeutige Unterscheidung von Soldaten und Zivilisten als bester Garant für die Minimierung ziviler Opfer.

Gerade dieser letzte Punkt wurde sowohl von pazifistischer als auch realpolitischer Seite als Schwäche der Lehre vom gerechten Krieg vielfach kritisiert, weil Immunität der Zivilbevölkerung bei sich auf freiem Feld gegenüberstehenden Heeren realistisch erschien, nicht aber in den meisten anderen Arten symmetrischer wie asymmetrischer Kriegführung der Moderne – schon gar nicht im Zeitalter der Massenvernichtungswaffen und in einer digital vernetzten Weltwirtschaft, in der Strafzölle etwa gegen deutsche Unternehmen amerikanische Arbeitnehmer den Arbeitsplatz kosten können und umgekehrt. Dennoch ist die Minimierung ziviler Opfer ein militärisch zentrales Kriterium geblieben zur Beantwortung der Frage, unter welchen ethischen Bedingungen Konflikte legitimierbar seien.

Das *ius in bello* ist darum rechtlich wie humanitär so zentral geblieben, weil auch ungerechtfertigt begonnene Kriege in der Art der Kriegführung der rechtlichen Einhegung bedürfen. Im Wirtschaftskrieg besonders problematisch scheint das Immunitätsprinzip des *ius in bello*: Vor allem beim Kriterium der Immunität von Zivilisten unterscheiden sich Wirtschaftskriege am deutlichsten von der klassischen Theorie des gerechten Krieges. Denn wer ist im Wirtschaftskrieg wie lange Zivilist, wer Soldat? Ist etwa der Arbeiter in einem Rüstungskonzern Zivilist? *Economic warfare* zielt in vielen Fällen gerade darauf, die Auseinandersetzung nicht militärisch führen zu müssen, gleichzeitig aber möglichst viele Zivilisten im Machtbereich des Gegners zu treffen und über die Verschlechterung von deren Lage Druck auf deren Staatsführung auszuüben.

Zur Ethik von Sanktionen

Dabei können die Folgen der dafür notwendigen Maßnahmen wie etwa Sanktionen mindestens so gravierend sein wie die humanitären Kosten militärischer Aktionen. So wurde die UN-Botschafterin der USA (und spätere Außenministerin) Madeleine Albright in einem CBS-Interview 1996 gefragt, ob die geschätzten 500 000 toten Kinder durch die Sanktionen gegen das Regime von Saddam Hussein, welche den *body count* von Hiroshima überstiegen, diesen hohen Preis wert gewesen seien. Ohne überhaupt die genannten Zahlen infrage zu stellen, war Albrights unzweideutige Antwort: „I think this is a very hard choice. But the price, we think the price is worth it.“[6]

In der Lehre vom gerechten Krieg wäre eine derartige Maßnahme mit einem solchen Ergebnis der Tötung von Hunderttausenden Zivilisten als zumindest billigend in Kauf genommenes Ergebnis der Sanktion in keinem Fall eine legitime bzw. legitimierbare kriegerische Maßnahme gewesen, da eines der zentralen Ziele des umfänglichen Embargos gegen den Irak zumindest im Wege der billigenden Inkaufnahme und damit vorsätzlich genau dieses war: irakische Zivilisten vom Zugang zu Waren und überlebenswichtigen Gütern abzuschneiden, und zwar selbst um den Preis des Todes von unterversorgten Zivilisten.

Wirtschaftliche Sanktionen, wenn sie nicht auf möglichst eng und klar definierte Bereiche wie den Import von waffenfähigem Material o. Ä. beschränkt werden, zeichnen sich wie gezeigt dadurch aus, dass sie schnell und nur schwer kontrollierbar die Versorgung der Zivilbevölkerung gefährden. Ebendies scheint in Wirtschaftskriegen fast notwendig stets problematisch: Durch eine aggressive Maßnahme vor allem gegen Zivilisten setzt der Kriegführende im von Clausewitz'schen Sinne „Politik mit anderen Mitteln“ nahtlos fort, nämlich mit ökonomischen Mitteln. Sanktionen und Strafzölle als Mittel der Wahl in vielen Handelskriegen verteuern oder verknappen Waren wie Lebensmittel oder Medikamente. Sie zerstören damit je nach Umfang massiv die Wertschöpfung, vernichten potenziell Millionen von Arbeitsplätzen und gefährden im schlimmsten Fall die Existenz von Menschen. Und das ist kein Nebenprodukt, sondern eines ihrer Ziele: die Volkswirtschaft des Gegners zu destabilisieren in der Hoffnung, damit entsprechenden Druck auf die Handelspartner bzw. Konkurrenten auszuüben – und zwar ohne Rücksicht auf humanitäre Konsequenzen.

Gleicht man dieses Vorgehen mit den genannten christlich-antiken Kriterien eines „gerechten“ Krieges ab, wäre eine Sanktion oder ein Strafzoll dann eine illegitime „gewaltsame Handlung“, wenn sie sich billigend und damit wenigstens mit bedingtem Vorsatz *(dolus eventualis)* gegen Zivilisten richtet und die Gefährdung von deren Immunität billigend in Kauf nimmt. In der Rhetorik im Handelsstreit mit China machte Präsident Trump jedoch zur Rechtfertigung seiner Maßnahmen deutlich, warum er die verhängten Strafzölle als angemessen und damit legitim erachtet: China gefährde durch seine Handelspraxis die ökonomischen wie politischen Interessen der Vereinigten Staaten.[7] Nicht China, sondern die Vereinigten Staaten handelten darum mit *recta intentio* durch Strafzölle u. a. auf Stahl und Autoimporte als gewählter, proportionaler Gegenmaßnahme. Im Sinne der Kriterien des *ius ad bellum* liefert er damit eine *causa iusta* für sein Vorgehen oder versucht dies zumindest: Er verteidige die Vereinigten Staaten gegen eine ökonomische Aggression Chinas, das durch gefälschte Wirtschaftsdaten, eine künstlich abgewertete Währung, exzessive Exporte und den Diebstahl geistigen Eigentums als eigentlicher Aggressor auftrete. Aber selbst wenn man diese Begründung teilte, so ist zumindest in einer restriktiven Auslegung der Lehre vom gerechten Krieg entscheidend und zentral, dass das Vorhandensein von einem Rechtfertigungsgrund nicht gegen die Abwesenheit bzw. Verletzung der anderen Kriterien quasi aufgerechnet werden kann. So wäre in der restriktiven Auslegung für die Qualifikation eines Krieges als „gerecht“ das Vorliegen jedes einzelnen Kriteriums notwendig, aber für sich selbst genommen eben nicht hinreichend. Von den Anhängern einer permissiven Auslegung kommt dann regelmäßig die Kritik, dass es praktisch keinen Krieg gebe, bei dem es nicht zu unnötigen zivilen Opfern komme. Dazu ist im Falle des Wirtschaftskrieges erneut zu betonen, dass dessen Ziel gerade ist, Zivilisten zu treffen, sodass er im Sinne der klassischen Lehre nie als „gerecht“ gelten könne. Weiterhin wäre aus ethischer Sicht zu hinterfragen, ob die Handelskriegsoption, die vergleichsweise früh in Trumps Legislatur gewählt wurde, tatsächlich im Vergleich zu weiteren Verhandlungen die *Ultima-ratio*-Bedingung erfüllt hat und ob es beim *ius in bello* keine Maßnahme gegeben hätte, die Zivilisten, also vor allem Arbeitnehmer, eher geschont hätte. Erneut: Wer Handelssanktionen in mehrstelliger Milliardenhöhe verhängt, der will keine Zivilisten schonen – im Gegenteil.

Die ethische Rechtfertigung Donald Trumps lief dabei über ein teleologisches Argument, wenn er auf den künftigen Nutzen und ökonomisch-politischen Erfolg solcher Maßnahmen verweist. Ja, beide Handelspartner werden verlieren, aber die einen eben stärker als die anderen, sodass es am Ende sehr wohl einen Gewinner geben werde.

Weiß man wirklich, was man anzettelt? Eine Folgenabschätzung

Ein zentrales Problem all dieser Argumente für einen Wirtschaftskrieg im Bereich des *ius ad bellum* scheint jedoch eine kaum mögliche Risikoabschätzung in Zeiten einer immer stärker digital verwobenen, interdependenten Weltwirtschaft, in der niemand mehr die Folgen der eigenen Handlungen sicher abschätzen kann. In der Denkfigur des gerechten Krieges bedeutet dies aber, dass beim *ius ad bellum* Kriegsziele deutlich schwerer eingrenzbar sind als bei konventionellen Kriegen. Während bei Letzteren eine militärische Lage zwar durchaus eskalieren kann, aber doch militärisch beurteilbar bleibt, sind bei einem global geführten Handelskrieg die Zahl der Akteure und der Grad ihrer Schädigung umso komplexer aufgrund des Grads ihrer Interdependenz. Diese zeigt sich etwa am Beispiel ausländischer Firmen in Amerika, wo beispielsweise der deutsche Autohersteller BMW in der Stadt Spartanburg im US-Bundesstaat South Carolina – und nicht in Deutschland – seinen größten Fertigungsstandort hat. Und wenn etwa Sanktionsmaßnahmen gegen europäische, im Irangeschäft engagierte Banken getroffen werden, so betrifft das am Ende auch den Wohlstand in China oder Katar, die an diesen europäischen Banken beteiligt sind. Und wenn ein norwegischer Pensionsfonds an über 8000 Firmen in 82 Ländern beteiligt ist, dann wird jede ökonomische Sanktion gegen diese Länder und Firmen immer auch zu einer mittelbar wirkenden Sanktion gegen das dort investierte Norwegen.

In einer philosophischen Denkkategorie wie dem „least privileged"-Prinzip bei John Rawls, das den von einer Maßnahme am härtesten Betroffenen schützen will, wäre bereits fraglich, wer überhaupt wie betroffen und wer der „least privileged" in einem Handelskrieg wäre, wenn sowohl amerikanische als auch chinesische Automobilarbeiter nicht mehr in Lohn und Brot stünden. Geht dabei das Wohl eines amerikanischen Arbeitnehmers dem Wohl anderer Arbeitnehmer vor? Und warum sollte es das, ethisch gesehen, nur weil unter Präsident Donald Trump und der von ihm propagierten „America First"-Politik die Interessen der USA in den Mittelpunkt gerückt wurden? Ist die Verlagerung einer Produktion im Rawls'schen Sinne damit „unfair"? Und gerade bei Cyberwarfare: Ist überhaupt beweisbar, dass der „Akteur" staatlich gelenkt ist?

Zumindest im Sinne von Hans Jonas' *Das Prinzip Verantwortung* gilt jedoch stets, dass derjenige, der eine besondere Gefahr setzt – etwa durch das Betreiben einer Atomanlage oder das Anzetteln eines Wirtschaftskrieges –, in besonderem Maße für die Risiken verantwortlich ist.[8] Bei den Wirtschaftskriegen des 21. Jahrhunderts wird darum die Verantwortungsübernahme für die Risiken eskalierender ökonomischer Maßnahmen weitestgehend verunmöglicht, weil die 1648er-Regeln des Westfälischen Friedens global nicht mehr durchgreifen.[9] Dessen Regelungen implizierten nämlich, dass sich staatliche Souveränität u. a. durch klare zu verteidigende Territorialgrenzen konstituiert. Gewinne wie Schäden werden heutzutage globalisiert und rein nationale ethische Verantwortlichkeiten für ökonomische Entwicklungen damit immer verschwommener wie komplexer. Bei Schießkriegen sind der Gegner und das zu erreichende Ziel meist klar, bei Wirtschaftskriegen ist hingegen *friendly fire* eher die Regel als die Ausnahme und das Kriegsziel immer schwerer kalkulierbar. Statt eines Nullsummenspiels stellt sich dann ökonomisch nur noch die Frage, wer in einem Wirtschaftskrieg mehr verliert und ethisch, was dies für die Gewinnbarkeit, Asymmetrie und Ansteckungsfähigkeit solcher Konflikte bedeutet.

„Gerecht" stellt darum zumindest für sich allein genommen kein hinreichendes Kriterium zur Beurteilung eines Wirtschaftskrieges dar, solange man bei der Bewertung der Einzelmaßnahmen aus einer kindlichen „Wer hat angefangen"-Logik sowie einer zweifelhaften, da stets in der Zukunft liegenden Nutzenanalyse sowie bei den Gegenmaßnahmen aus einer „Auge um Auge"-Logik nicht herauskommt – zumal anfangs gar nicht absehbar scheint, wie viele Blinde man auf allen Seiten bis wann produziert.

Weiterhin scheitert man noch an einem weiteren Kriterium des *ius ad bellum*, das Thomas von Aquin besonders betonte.[10] Es müsse eine berechtigte Aussicht bestehen, durch die gewählte, begrenzbare kriegerische Maßnahme ein positives Ergebnis, d. h. eine stabile Rückkehr zu Recht und zum Frieden zu erreichen, was für den Scholastiker implizierte, dass man die gerechte Ordnung wiederherstellen wollte und auch konnte. Dieses Ziel zu erreichen scheint aber in dem seit 2018 andauernden USA-China-Handelskonflikt bestenfalls unsicher. Am Ende führen dies sowie die notwendige Verletzung der Immunität von Zivilisten als systematische Methode des Wirtschaftskrieges *in bello* sowie die unabsehbaren Risiken, die leicht in einen Schießkrieg eskalieren, sowie die Interdependenzen globaler Märkte dazu, dass die ethische Beurteilung von Wirtschaftskriegen deutlich komplexer ist als bei klassischen konventionellen Konflikten im Westfälischen System. Im Wirtschaftskrieg gilt meistens die Bürgerkriegserfahrung: „Someone's terrorist is almost always someone else's freedom fighter."

Zur Effektivität von Sanktionen folgendes Beispiel: Wenn etwa Südafrika staatlicherseits wie zivilgesellschaftlich vor allem in den 1970er- und 1980er-Jahren mit Embargos und Boykotten belegt wurde – von Waffenembargos über den organisierten Boykott südafrikanischer Früchte bis hin zum Ausschluss des Apartheidstaats von den Olympischen Spielen in Japan im Jahr 1964 durch das Olympische Komitee, dann waren selbst bei Befürwortern dieser Embargopolitik jene Maßnahmen kontrovers, die auch die Opfer des Apartheidregimes trafen. So nahm etwa der gerade von Kirchen (genauer der Evangelischen Frauenarbeit in Deutschland) unterstützte Boykott südafrikanischer Früchte („Kauft keine Früchte aus Südafrika")[11] zur allgemeinen ökonomischen Schwächung der Wirtschaft des Apartheidregimes billigend in Kauf, dass es vor allem schwarze Farmhelfer waren, denen der Boykott die Grundlage ihrer Existenz nahm – sie wurden entlassen. Ethisch wurde dann auf den finalen Nutzen solcher Aktionen – nämlich den des Endes der Apartheid in Südafrika – verwiesen, was neben der Frage nach der politischen Erreichbarkeit dieses Ziels durch einen Konsumboykott von Obst die Lage der schwarzen Arbeiter unbestreitbar verschärfte. Man trifft hier auf das klassisch utilitaristische Argumentationsmuster mit seinem bekannten Schwachpunkt:

„Der Zweck heiligt die Mittel" – das hehre Ziel und ein zukünftiger Nutzen sollen eine in der Gegenwart nicht unumstrittene Maßnahme rechtfertigen. Und wie geht man zudem mit nicht intendierten Nebeneffekten um, die man sich als Akteur zurechnen lassen muss? Effektiver, kreativer und im Mittel sicherlich milder schien da der zielschärfere Waffenboykott gegen Südafrika auf der einen Seite oder auf der anderen die Boykottmaßnahmen, aufgrund derer die südafrikanische Rugby-Union-Nationalmannschaft, die sogenannten Springboks, auf die Teilnahme an den beiden ersten Weltmeisterschaften 1987 (in Australien und Neuseeland) und 1991 (in England und Schottland) verzichten mussten, da ein Teilziel – die sichtbare Verurteilung des Apartheidregimes – erreicht wurde, ohne damit parallel breite Teile der schwarzen Arbeiterschaft in ihrer ökonomischen Existenz zu gefährden.[12] Maßnahmen wie diese sind also ethisch angemessener, weil sie schlicht klüger und zielgenauer scheinen als ein pauschaler Wirtschaftsboykott. Wer also staatlicherseits auf Embargos setzt, sollte sich sehr genau und vor allem vor ihrer Implementation mit deren intendierten Zielen und Folgen beschäftigen.

Auch in der Ethik ist der Weg zur Hölle zuweilen mit guten Absichten, gerechtem Zorn und *causa iusta* gepflastert. Wer aber selbst mit besten Absichten die Geister, die er ruft, wieder loswerden will, sollte gerade bei ökonomischen Sanktionen darauf achten, dass er nicht nur in politischer, sondern auch in ökonomischer Hinsicht die Konsequenzen seiner Handlung zu analysieren vermag – und die Mittel zur Erreichung seiner Ziele klug und zielgenau wählen. Denn an dieser Auswahl bemisst sich die ethische Legitimität der getroffenen Entscheidungen. Keine Früchte von einem Apartheidregime zu kaufen kann zu gravierenden Konsequenzen auch für die Opfer dieses Regimes führen. Den eigenen ökonomischen Nutzen hintanzustellen und Waffenexporte in Krisenregionen zu unterlassen scheint nicht nur die ethisch weniger problematischere Variante. Und wer Handelssanktionen, Embargos, Strafzölle oder CoCom-Systeme meint installieren zu müssen, sollte nach den Maximen aller Denkschulen des gerechten Krieges genau überlegen, wie er damit den Schaden für Unbeteiligte wie für die eigene Zivilbevölkerung minimiert.

Die Komplexität steigt – auch in der wirtschaftsethischen Abwägung

So schwer Wirtschaftskriege und vor allem ihre Vorbereitungshandlungen zu definieren sind und sosehr sich die Art der Kriegführung geändert hat und weiter ändern wird, so hilfreich scheint immer noch die alte Lehre vom gerechten Krieg, um besonders die ihnen innewohnenden ethischen Dilemmata zielgenau zu identifizieren. Gleichzeitig bleiben sie Dilemmata und damit nicht auflösbar. Denn oft sind ihre Akteure wie die Opfer Zivilisten. Oft sind die Kriegsziele und die Kriegsfolgen zu Beginn der Auseinandersetzungen kaum prognostizierbar. Und wie in der konventionellen Kriegführung sind die Art der Kriegführung und die gewählten Waffen zunehmend digitaler Art, was solche Konflikte beschleunigt und damit meistens intensiviert und den Begriff „Akteur“ immer komplexer werden lässt.

Stichwort Cyberwarfare: Kriege wurden traditionell zwischen Staaten geführt. Aber wie genau ist bei einem Cyberangriff der staatliche Angreifer, der „Akteur" bzw. Agent einzugrenzen, wenn ein Angriff etwa auf die Energieversorgung eines Landes mit digitalen Mitteln faktisch stattgefunden hat, die Akteure jedoch nicht rechtssicher benannt werden können? Dies ist kein theoretisches Problem, sondern bei jüngeren Cyberangriffen aus Nordkorea, Russland oder Iran, die man nicht eindeutig den jeweiligen Akteuren zuordnen konnte, eher die Regel. Aus ethischer Sicht scheinen zunehmend digital geführte Wirtschaftskriege in globalen Zusammenhängen darum ethisch mindestens so komplex wie konventionelle Kriege – schon wegen der Unmöglichkeit einer genauen ökonomischen wie in der Folge politischen Risikofolgenabschätzung. Und bei den Risiken finden sich dann auch Wirtschaftskriege in einer unheiligen Allianz mit Schießkriegen wieder, da die eine Konfliktart häufig in die andere übergeht.

Durch die intendierte Verletzung von Proportionalitäts- und Immunitätsprinzip, durch unklare Kriegsgründe, durch unabsehbare Risiken und eine bestenfalls nebulöse Aussicht auf einen gerechten Frieden sind solche Konflikte humanitär oftmals lang und fatal. Und doch gibt es sie, und zwar im Falle der Wirtschaftskriege zunehmend. Radikalpazifistisch darum das Ob solcher Konflikte zu brandmarken beendet sie nicht, sodass es ethisch vor allem geboten scheint, sich auf das Wie zu konzentrieren. Will heißen: Wenn man sich für Sanktionen, Embargos oder andere ökonomische Maßnahmen entscheidet, dann sollte man genau abwägen, ob und wie man damit womöglich echte *causa iusta* tatsächlich erreicht, statt wahllos fremde oder womöglich eigene Zivilisten zu treffen. Und wer identifiziert in Zeiten von Digitalisierung und Welthandel zielsicher die „Akteure" bzw. „Aggressoren"?

Wer sich in einer solch digital dominierten Welt immer stärker mit dem Wie als mit dem Ob problematischen Handelns auseinanderzusetzen hat, sollte sich als ethischer Begleiter mit und in seinen Bezugswissenschaften so gut wie möglich auskennen. So offensichtlich manchem all diese Fragen vor Beginn solcher Konflikte erscheinen mögen, so wenig werden sie doch in der Praxis gestellt. Sich dann als Christopher Clarks *Die Schlafwandler*[13] wie 1914 plötzlich mitten in diesen Konflikten wiederzufinden, ohne zuvor solche Abwägungen strukturiert vollzogen zu haben oder dies fachlich auch nur zu vermögen, ist dann wahrlich die schlechteste aller möglichen Welten – gerade in Zeiten, in denen sich Geschichte zwar nicht wiederholt, aber doch ab und zu reimt.

Kapitel 5
Sanktionen, Handelskonflikte, Wirtschaftskriege und Recht

Inde datae leges, ne firmior omnia posset[1] – frei übersetzt: Gesetze gibt es, damit der Stärkere nicht tun und lassen kann, was er will. Zwischen Staaten richtet eine Willkürherrschaft des Stärkeren besonders viel Schaden an. Darum sind dort Gesetze besonders wichtig. Leider sind im Völkerrecht die Gesetze oft alles andere als klar, und leider gilt das auch mit Blick auf die Regeln für Wirtschaftssanktionen, Handelskonflikte und Wirtschaftskriege. Im Detail wimmelt es von umstrittenen Rechtsfragen, die oft schon je für sich allein Generationen von Juristen beschäftigen und ernähren. Mehr als ein grober Überblick ist im Folgenden nicht möglich; aber wenigstens der ist nötig, denn ohne einen solchen Überblick lässt sich die heutige Lage nicht beurteilen. Dabei empfiehlt es sich, zu unterscheiden zwischen dem Recht, das für den Handels- und Wirtschaftskrieg im bewaffneten Konflikt gilt, und jenem Recht, das für Sanktionen und wirtschaftskriegerische Maßnahmen ohne die zwischenstaatliche Anwendung von Waffengewalt zwischen den Beteiligten gilt.

Das Völkerrecht für bewaffnete Konflikte

Wie bereits gezeigt wurde, waren wirtschaftskriegerisch der See- und der Luftkrieg besonders wichtig. Leider gab und gibt es kein völkerrechtlich verbindliches Abkommen, das die Regeln für den Seekrieg und den Luftkrieg so weitgehend zusammenfasst, wie es 1907 die Haager Landkriegsordnung für den Landkrieg tat.[2] Viele Wirtschaftskriegsmaßnahmen des See- und Luftkriegs in beiden Weltkriegen wurden als Repressalien ergriffen, das heißt bewusst als Völkerrechtsverletzungen deklariert und begangen, die den Gegner von dessen (angeblicher) vorheriger Völkerrechtsverletzung (angeblich) wieder abbringen sollten. Daraus lässt sich schließen, dass diese Praktiken meist dem kodifizierten Recht (vor allem der Pariser Seerechtsdeklaration von 1856 und dem Londoner Protokoll von 1936 über die Regeln für den U-Boot-Krieg) widersprachen oder das (nur in privaten Sammlungen zusammengetragene) ungeschriebene sogenannte Völkergewohnheitsrecht verletzten. 1994 wurde mit dem von einer Gruppe von Rechts- und Marineexperten ausgearbeiteten *San Remo Manual on International Law Applicable to Armed Conflicts at Sea*[3] ein weiterer Versuch unternommen, das für den Seekrieg geltende Gewohnheitsrecht zusammenzufassen. Das *Manual* hat die Dienstvorschriften einiger Staaten beeinflusst und wird in der Staatenpraxis zur Rechtfertigung eigenen Verhaltens herangezogen, ist aber für Staaten nicht rechtsverbindlich. Für den Luftkrieg gibt es nichts dem *Manual* Vergleichbares.

Wichtige völkervertragliche Schranken für die Wirtschaftskriegführung zu Wasser, zu Lande und aus der Luft enthalten die Zusatzprotokolle von 1977 zu den Genfer Konventionen von 1949.[4] So verbietet das Zusatzprotokoll I in Artikel 51 Angriffe auf die Zivilbevölkerung auf dem Land (vgl. Artikel 49 Abs. 3), Terrorangriffe und Flächenbombardements, auch als Repressalien. Artikel 52 Abs. 2 Satz 1 schreibt vor: „Angriffe sind streng auf militärische Ziele zu beschränken." Die ersten beiden Absätze von Artikel 54 lauten: „1. Das Aushungern von Zivilpersonen als Mittel der Kriegführung ist verboten. 2. Es ist verboten, für die Zivilbevölkerung lebensnotwendige Objekte wie Nahrungsmittel, zur Erzeugung von Nahrungsmitteln genutzte landwirtschaftliche Gebiete, Ernte- und Viehbestände, Trinkwasserversorgungsanlagen und -vorräte sowie Bewässerungsanlagen anzugreifen, zu zerstören, zu entfernen oder unbrauchbar zu machen, um sie wegen ihrer Bedeutung für den Lebensunterhalt der Zivilbevölkerung oder der gegnerischen Partei vorzuenthalten." Artikel 56 stellt darüber hinaus Anlagen wie „Staudämme, Deiche und Kernkraftwerke" unter Schutz. Allerdings werden auch eine Reihe von Ausnahmen zugelassen, sodass selbst Kernkraftwerke angegriffen werden dürfen, „wenn sie elektrischen Strom zur regelmäßigen, bedeutenden und unmittelbaren Unterstützung von Kriegshandlungen liefern und wenn ein solcher Angriff das einzige praktisch mögliche Mittel ist, um diese Unterstützung zu beenden" (Art. 56 Abs. 2, Buchstabe b). Die Norm zeigt anschaulich den ewigen Konflikt zwischen humanitärem Schutzbedürfnis und militärischer Notwendigkeit. Dennoch bleibt festzuhalten: Weite Teile des bewaffneten Wirtschaftskrieges, wie er in den Weltkriegen geführt worden ist, sind heute völkerrechtswidrig (namentlich Hungerblockaden und Flächenbombardements). Daraus lässt sich außerdem überzeugend der Schluss ableiten, dass Staaten Maßnahmen wie Hungerblockaden erst recht *(a fortiori)* nicht in Konflikten ergreifen dürfen, die ohne gegenseitige Waffenanwendung ausgetragen werden.[5]

Im Recht des bewaffneten Konflikts hat sich mit der Charta der Vereinten Nationen[6] eine kopernikanische Wende vollzogen: Art. 2 Abs. 4 der Charta verbietet „jede gegen die territoriale Unversehrtheit oder die politische Unabhängigkeit eines Staates gerichtete oder sonst mit den Zielen der Vereinten Nationen unvereinbare Androhung oder Anwendung von Gewalt". Gewalt im Sinne der Norm ist nach allgemein herrschender Auffassung allein die bewaffnete Gewalt, nicht etwa auch wirtschaftlicher Druck allein.[7] Die Charta respektiert in ihrem Artikel 51 „im Falle eines bewaffneten Angriffs [...] das naturgegebene Recht zur individuellen oder kollektiven Selbstverteidigung, bis der Sicherheitsrat die zur Wahrung des Weltfriedens und der internationalen Sicherheit erforderlichen Maßnahmen getroffen hat". Dazu hat der Sicherheitsrat laut Artikel 51 die „Befugnis und Pflicht", aber leider kann er oft weder den Angreifer und/oder den Verteidiger bestimmen noch die zur Wiederherstellung des Friedens erforderlichen Maßnahmen treffen, weil dagegen eines oder mehrere der fünf Ständigen Mitglieder des Sicherheitsrats ein Veto einlegen (Art. 27 Abs. 3 der Charta). Dann kommt kein für die UN-Mitgliedstaaten rechtsverbindlicher Beschluss zustande. In anderen Fällen lässt der Sicherheitsrat die Schuldfrage offen und fordert alle Konfliktparteien auf, die Feindseligkeiten einzustellen.

Das Gewaltverbot und die Rechte des Sicherheitsrates warfen einige Grundsatzfragen auf: Konnte es unter dem Gewaltverbot überhaupt noch einen „Kriegszustand" geben, wie ihn das Völkerrecht früher kannte (die UN-Charta vermeidet die Begriffe Krieg und Kriegszustand)? Falls nein: Entfielen dann die Kriegführungsrechte, die früher dem Kriegszustand vorbehalten waren, wie etwa die Seekriegführungsrechte gegen neutrale Drittstaaten und ihre Schifffahrt (Durchsuchung auf Konterbande, Prisenrecht)? Oder entfielen diese Rechte nur für den Angreifer, sodass das Recht nun zwischen Aggressor und Verteidiger unterscheidet und den Verteidiger mit Sonderrechten ausstattet? Und was gilt, wenn der Sicherheitsrat von einem Veto gelähmt ist oder einfach nur alle Konfliktparteien auffordert, sich wieder friedlich zu verhalten?

Dazu lässt sich sagen: Auch nach Inkrafttreten der UN-Charta wurde einige wenige Male der Kriegszustand ausdrücklich oder implizit behauptet (etwa im israelisch-arabischen Konflikt ab 1948 und in den indisch-pakistanischen Konflikten von 1965 und 1971), aber meist wurde sein Bestehen nicht geltend gemacht oder sogar ausdrücklich bestritten. Seekriegführungsrechte wurden wiederholt in Anspruch genommen, vor allem durch die Erklärung von Blockaden und Sperrzonen. Das Recht zur Durchsuchung und Beschlagnahme von Konterbande wurde selten geltend gemacht. Das geschah aber anscheinend nicht wegen rechtlicher Bedenken, sondern weil man politisch deeskalieren wollte, wie etwa die NATO im Kosovokonflikt.[8] Seekriegsrechte und Neutralitätspflichten werden im *San Remo Manual* als weiterhin bestehend vorausgesetzt (Section V, Nr. 67). Das legt den Schluss nahe: Auch wenn das Wort Kriegszustand vermieden wird, können in internationalen bewaffneten Konflikten Seekriegführungsrechte und Neutralitätspflichten ausgelöst werden, indem eine Konfliktpartei sich darauf beruft oder ein Staat sich für neutral erklärt. Diese Feststellung gilt zumindest für die Konflikte, in denen nicht vom Sicherheitsrat rechtsverbindlich festgestellt ist, wer die völkerrechtliche Verantwortung für ihren Ausbruch trägt.

Davon unterscheidet allerdings das *Manual* (in Section III) zu Recht den Fall, dass der Sicherheitsrat in Einklang mit seinen Befugnissen nach Kapitel VII der UN-Charta einen oder mehrere Beteiligte eines bewaffneten Konflikts als verantwortlich für eine völkerrechtswidrige Gewaltanwendung identifiziert hat. In diesem Fall erklärt das *Manual* neutrale Staaten für verpflichtet, den Tätern außer humanitärem Beistand keine Hilfe zu leisten, und für berechtigt, dem vom Sicherheitsrat benannten Opfer der Gewalt jedwede Hilfe zu gewähren. Und wenn der Sicherheitsrat sogar kollektive Zwangsmaßnahmen gegen den oder die Täter verordne, dann solle diesem Gebot kein Staat unter Berufung auf seine Neutralität entgegenhandeln dürfen.

Welche kollektiven Zwangsmaßnahmen der Sicherheitsrat für alle UN-Mitgliedstaaten verbindlich beschließen kann, ist hauptsächlich in den Artikeln 41 und 42 der Charta geregelt. Nach Artikel 41 kann er „die vollständige oder teilweise Unterbrechung der Wirtschaftsbeziehungen, des Eisenbahn-, See- und Luftverkehrs, der Post-, Telegraphen- und Funkverbindungen sowie sonstiger Verkehrsmöglichkeiten und den Abbruch der diplomatischen Beziehungen" vorschreiben, um einen Rechtsbrecher zu schwächen. Der Sicherheitsrat hat solche Sanktionen oft verhängt, sei es in Gestalt von kompletten Handelsverboten,[9] sei es, indem er auf bestimmte Handelsgüter abzielte wie auf Waffen, Öl oder Diamanten.[10] Falls ihm Maßnahmen ohne Anwendung bewaffneter Gewalt unzulänglich erscheinen, kann der Rat nach Artikel 42 „mit Luft-, See- oder Landstreitkräften die zur Wahrung oder Wiederherstellung des Weltfriedens und der internationalen Sicherheit erforderlichen Maßnahmen durchführen". Er verfügt bisher nicht über eigene Truppen und ist daher auf die Kampfbereitschaft der Mitgliedstaaten angewiesen. Der militärische Koreakonflikt von 1950 bis 1953, der als UN-Militäraktion[11] von 16 Mitgliedstaaten geführt wurde, hat gezeigt, welches praktisch unbegrenzte Ausmaß kriegerischer Gewalt der Sicherheitsrat autorisieren darf.

Verfügt ein Staat selbst dann noch über hergebrachte Kriegführungsrechte wie das Blockade- und das Prisenrecht, wenn der Sicherheitsrat ihn als Rechtsbrecher bestimmt oder sogar Zwangsmaßnahmen gegen ihn richtet? Und was gilt, wenn der Rat ohne Konfliktursachenforschung alle Parteien zur Waffenruhe verpflichtet? Welche Rechtswirkung haben in diesen Fällen Kriegsmaßnahmen, die sich an die für sie geltenden Regeln halten, die nur eben gar nicht (mehr) hätten ergriffen werden dürfen? Die Gesamtbetrachtung der Entwicklung des Kriegsrechts bis heute und der Kriegsgeschichte zeigt: Es ist immer zwischen dem Recht zum Krieg und dem Recht im Krieg unterschieden worden, weil auch ein unrechtmäßig begonnener Krieg der Einhegung durch das Recht bedarf. Alle Konfliktparteien sollten, solange der Kampf andauert, grundsätzlich dieselben Rechte und Pflichten haben. Das dient der Rechtsklarheit und beugt einer Abwärtsspirale von immer größeren wechselseitigen Rücksichtslosigkeiten vor. Ausnahmen von der Gleichbehandlung könnte der Sicherheitsrat ausdrücklich anordnen. Das kann aber konfliktverschärfend wirken und sollte daher gut überlegt sein. Vorzugswürdig erscheint es, die formal legalen Handlungen des Aggressors zugleich als rechtswirksam und als Auslöser von Schadenersatzpflichten zu betrachten.

Zusammengefasst: Auch heute noch können in bewaffneten Konflikten gewaltlose und gewaltsame Maßnahmen des Wirtschaftskrieges rechtmäßig sein – zur individuellen und kollektiven Selbstverteidigung oder auf Beschluss des Sicherheitsrates. Dabei setzen vor allem die Genfer Konventionen nebst Zusatzprotokollen den Wirtschaftskriegsmaßnahmen Grenzen. Im laufenden Konflikt sollten alle Beteiligten an dieselben Regeln gebunden sein und die damit konformen Maßnahmen ergreifen dürfen. Wird in dem oder nach dem Konflikt völkerrechtsverbindlich festgestellt, welcher Staat den bewaffneten Konflikt rechtswidrig ausgelöst hat, dann bleiben dessen Maßnahmen rechtswirksam, soweit sie sich an die einschlägigen Regeln hielten; sie ziehen dann aber deliktsrechtliche Schadenersatzansprüche nach sich.

Das Recht zu Eingriffen in Handels- und Finanzbeziehungen außerhalb bewaffneter Konflikte

Überblick

Wie schon geschildert, waren viele (waffen)gewaltlose Maßnahmen des Wirtschaftskrieges auf den eigenen Jurisdiktionsbereich und auf die Ausübung souveräner Rechte begrenzt, zum Beispiel das gesetzliche Feindhandelsverbot und viele darauf gestützte Sanktionen gegen Drittstaaten oder deren Personen und Unternehmen, die mit dem Feind Geschäft machten. Als sich Anfang 1916 die USA bei Großbritannien über dessen schwarze Liste (Statutory List) von Personen und Unternehmen beschwerten, mit denen britische Untertanen keinen Handel mehr treiben durften, antwortete Außenminister Sir Edward Grey kühl, die Regierung Seiner Majestät habe sich darauf beschränkt, eine rein inländische gesetzgeberische Maßnahme zu ergreifen.[12] Diese gewaltlosen Eingriffe in Handels- und Finanzbeziehungen aller Art waren wirtschaftskriegerisch sehr wirksam. Sie können auch außerhalb von bewaffneten Konflikten als Wirtschaftssanktionen, Handelskriegsakte und Maßnahmen des Wirtschaftskriegs in der dritten oben dargelegten Bedeutung (Wirtschaftskampf ohne bewaffneten Konflikt zwischen den Beteiligten) durchgeführt werden. Wie hat sich für solche Maßnahmen die Rechtslage entwickelt?

Um zunächst das Gesamtbild zu skizzieren: Das Völkerrecht fördert friedliche und faire Wirtschaftsbeziehungen und zielt auf die Mäßigung und Deeskalation von Konflikten, die in diesen Beziehungen entstehen. Wirtschaftssanktionen und Wirtschaftskriege ohne gleichzeitigen bewaffneten Konflikt zwischen den Beteiligten sind jedoch nicht generell verboten. Sie können zulässig sein als UN-Zwangsmaßnahmen, zur individuellen und kollektiven Selbstverteidigung, als Selbsthilfe und für Zwecke der nationalen Sicherheit, als Maßnahmen des Beugezwangs und als simple Ausübung souveräner Rechte. Besonders wichtig für die Rechtfertigung an sich unzulässiger Maßnahmen ist das völkergewohnheitsrechtliche Recht, Repressalien zu ergreifen (auch als „Gegenmaßnahmen", *countermeasures*, bezeichnet).[13] Zwar gibt es einige Repressalienverbote (zum Beispiel im oben erwähnten Zusatzprotokoll I zu den Genfer Konventionen), und Verträge wie der über die Welthandelsorganisation WTO können bestimmen, dass ihre Mechanismen zur Streitschlichtung für die Mitglieder Vorrang vor dem Griff zu Repressalien haben. Aber grundsätzlich darf ein Staat zu an sich rechtswidrigen Gegenmaßnahmen greifen, wenn ihn ein anderer in seinen Rechten verletzt. Das gilt auch, wenn der andere gegen sogenannte *Erga-omnes*-Pflichten (Pflichten allen Staaten gegenüber, auf deren weltweiter Einhaltung jeder von ihnen bestehen kann) verstößt wie etwa gegen das allgemeine Gewaltverbot der UN-Charta. Den Angriffskrieg Russlands gegen die Ukraine zum Beispiel dürfen darum alle anderen Staaten mit Repressalien beantworten. Gegenmaßnahmen müssen dem Grundsatz der Verhältnismäßigkeit genügen, also nicht völlig unangemessen über die Schwere und Bedeutung des Rechtsverstoßes hinausschießen, und sie müssen beendet werden, wenn ihr Ziel erreicht ist. Viele Staaten und internationale Staatenorganisationen greifen heutzutage häufig auf wirtschaftliche und finanzielle Gegenmaßnahmen zurück. Diese können sogar als ein wichtiges Instrument zur Aufrechterhaltung und Durchsetzung einer regelbasierten Ordnung angesehen werden.

Allerdings können gewaltlose Wirtschaftskampfmaßnahmen auch unzulässig eingesetzt werden. Zwar ist insoweit das Gewaltverbot des Art. 2 Abs. 4 der UN-Charta nicht einschlägig, weil es lediglich die Anwendung bewaffneter Gewalt verbietet. Gewaltlose Wirtschaftskriegsmaßnahmen könnten aber verbotene Interventionen in die Souveränität und das Selbstbestimmungsrecht der Zielstaaten sein. Die Charta bekräftigt den völkerrechtlichen Grundsatz der Souveränität und der Gleichheit aller Staaten (Art. 2 Abs. 1). Die Mitgliedstaaten haben sich auf die friedliche Beilegung ihrer Streitigkeiten verpflichtet (Art. 2 Abs. 3, Art. 55, 56). Die Charta enthält zwar kein ausdrückliches zwischenstaatliches Verbot, in die inneren Angelegenheiten anderer einzugreifen, aber das dürfen ausdrücklich selbst die Vereinten Nationen grundsätzlich nicht (Art. 2 Abs. 7), umso weniger also einzelne Staaten. Das ungeschriebene Völkergewohnheitsrecht enthält ein Interventionsverbot. Die

Generalversammlung der Vereinten Nationen hat in mehreren – rechtlich nicht verbindlichen – Resolutionen zum Ausdruck gebracht, dass wirtschaftliche Zwangsmaßnahmen gegen das Interventionsverbot verstoßen können.[14] Der Internationale Gerichtshof hat mit Blick auf US-Maßnahmen gegen Nicaragua 1986 in einem Urteil[15] ausgeführt: Das Interventionsverbot (principle of non-intervention) verbiete es allen Staaten und Staatengruppen, direkt oder indirekt in die inneren oder äußeren Angelegenheiten anderer Staaten zu intervenieren. Verboten seien Interventionen in Angelegenheiten, in denen jeder Staat gemäß dem Prinzip der Staatensouveränität frei entscheiden dürfe. Eine solche Angelegenheit seien die Wahl des eigenen politischen, wirtschaftlichen, sozialen und kulturellen Systems und die Formulierung der eigenen Außenpolitik (Textnr. 205, 258, 265 des Urteils). Auch der politische Vorwurf eines Staates, ein anderer Staat entwickele sich zu „einer totalitären kommunistischen Diktatur", gebe Ersterem kein Recht zur Intervention, selbst wenn er zutreffe, denn jedes Land dürfe seine politische Entwicklung selbst bestimmen. Es gebe auch kein völkergewohnheitsrechtliches Recht dazu, gewaltlos die Opposition in einem anderen Land zu unterstützen (Textnr. 209). Der Internationale Gerichtshof sah allerdings in einem US-Handelsembargo gegen Nicaragua keinen Bruch des gewohnheitsrechtlichen Interventionsverbots. Er ließ nur die Frage offen, ob ein solches Embargo Regeln des Allgemeinen Zoll- und Handelsabkommens (GATT) verletzen kann (Textnr. 245), und er prüfte die Verletzung eines bilateralen Freundschaftsvertrags. Das Urteil wirkt an dieser Stelle inkonsequent und überzeugt nicht. Natürlich hat jeder Staat das Recht, seine Außenwirtschaftspolitik nach Gutdünken zu führen. Er kann entscheiden, mit bestimmten Staaten keinen Handel zu treiben, und er darf das auch seinen Bürgern verbieten. Aber er darf nicht versuchen, durch ökonomischen Druck das souveräne Selbstbestimmungsrecht anderer auszuhebeln (auch wenn solche Fälle schwer nachzuweisen sein mögen).[16] Gewaltlose Wirtschaftskriegsmaßnahmen, die im Zielstaat einen Regime- oder Systemwechsel oder eine Einschränkung des Rechts zur innen- oder außenpolitischen Selbstbestimmung bezwecken, dürften darum gegen das völkerrechtliche Interventionsverbot verstoßen, besonders wenn sie auch zeitlich rückwirkend gelten sollen und auch Drittstaatsangehörige belasten und unter Druck setzen.[17]

Allerdings gilt es, den Schutzumfang des Interventionsverbots noch genauer zu bestimmen. Vor allem schwere Menschenrechtsverletzungen sind keine ausschließlich innere Angelegenheit. Sie können nicht als Ausdruck einer völkerrechtlich geschützten souveränen Selbstbestimmung gelten und geschützt sein, sondern gehen die gesamte Völkerrechtsgemeinschaft und damit auch jeden einzelnen Staat an. Wenn ein Staat gewaltlose Wirtschaftskriegsmaßnahmen ergreift, um den Zielstaat zu zwingen, grundlegende Menschenrechte zu beachten, dann verstößt das nicht gegen das allgemeine Interventionsverbot.[18]

WTO und GATT

Neben dem Interventionsverbot sind zur Beurteilung von gewaltlosen Wirtschaftskampfmaßnahmen vor allem die Regeln der Welthandelsorganisation (World Trade Organization, WTO) und speziell des GATT[19] (General Agreement on Tariffs and Trade) heranzuziehen. Das GATT wurde 1947 geschlossen, um Zölle und andere Handelshemmnisse abzubauen und den Welthandel zu erleichtern. Es wurde seitdem in mehreren Verhandlungsrunden erweitert und verfeinert. 1994 gründeten die Mitglieder des GATT die WTO. Sie ist die Dachorganisation des GATT und zweier Verträge, die den Handel mit Dienstleistungen und den Schutz geistigen Eigentums regeln: General Agreement on Trade in Services (GATS) und Trade-Related Aspects of Intellectual Property Rights (TRIPS). Die WTO stellt ein dreistufiges Streitbeilegungsverfahren bereit.[20] Erstens: Falls ein Mitglied annimmt, dass ihm gegenüber ein anderes gegen GATT/WTO-Pflichten verstoßen hat, kann es eine Beschwerde einreichen. Dann ruft die Organisation zu Konsultationen zwischen den beteiligten Mitgliedern auf. Zweitens: Falls der Streit von den Beteiligten nicht binnen 60 Tagen beigelegt werden kann, beruft die WTO-Generaldirektorin ein Schlichtungsgremium (Panel), das einen Bericht erarbeitet. Darin kann die Auflage enthalten sein, rechtswidriges Handeln zu beenden und dafür Entschädigung zu leisten, und der geschädigten Partei kann es gestattet werden, Vergeltungszölle oder andere Gegenmaßnahmen zu verhängen. Drittens: Falls gegen den Bericht Berufung eingelegt wird, kommt der Fall zur Überprüfung der Rechtsfragen vor eine siebenköpfige Berufungsinstanz (Appellate Body), gegen deren Entscheidung es keine weiteren Anfechtungsmöglichkeiten gibt. Meist werden die Streitfälle auf dem Verhandlungsweg beigelegt. Das Streitbeilegungsverfahren ist einer der wichtigsten mit der WTO erreichten Fortschritte.[21] Es dient der Durchsetzung des Rechts, der Einhegung des Handelswettbewerbs und der Legitimation durch Verfahren, und es beugt dem raschen Ankurbeln von Vergeltungsspiralen vor. Im Folgenden beschränken wir uns auf das GATT als das wichtigste der drei WTO-Regelwerke (neben GATS und TRIPS).[22]

Im gegebenen Zusammenhang sind vor allem die Grundsätze der Meistbegünstigung und der Inländerbehandlung sowie die Bestimmungen gegen Dumpingmaßnahmen und wettbewerbsverzerrende Subventionen von Bedeutung. Sie beziehen sich tendenziell auf unterschiedliche Formen des wirtschaftlichen Angriffs: Die Gebote der Meistbegünstigung und Inländerbehandlung wirken vornehmlich der diskriminierenden Erschwerung von Importen aus dem Zielstaat entgegen. Die Verbote von Subventionen und Dumping betreffen vor allem (es gibt auch Subventionen zur Verdrängung ausländischer Einfuhren) die unfaire Erleichterung eigener Exporte in den Zielstaat: Ein Staat kann einem anderen gegenüber auch dadurch wirtschaftlich und politisch strukturell die Oberhand zu gewinnen versuchen, indem er dessen Volkswirtschaft mit Waren zu heruntersubventionierten Preisen überschwemmt oder durch eigene oder von ihm dazu angestiftete Unternehmen entsprechend niederkonkurrieren lässt.

Meistbegünstigung und Inländerbehandlung sind Ausdruck eines allgemeinen Diskriminierungsverbotes, zu dem sich bereits die Präambel des GATT bekennt. Artikel I GATT verpflichtet die Vertragsstaaten, alle Vorteile, Vergünstigungen, Vorrechte und Befreiungen, die für Waren eines Landes gewährt werden, unverzüglich und bedingungslos für alle gleichartigen Waren zu gewähren, die aus dem Gebiet anderer Vertragsstaaten stammen. Artikel III GATT verpflichtet die Parteien, Produkte aus einem anderen WTO-Staat bei der Besteuerung und hinsichtlich der für sie geltenden Vorschriften nicht schlechterzustellen als Produkte aus inländischer Herstellung. Artikel XI verbietet außerdem grundsätzlich nichttarifäre Handelshemmnisse wie etwa Importquoten, Verpackungsvorschriften, Qualitätsanforderungen und Auflagen hinsichtlich eines Mindestanteils von Teilen aus inländischer Produktion am importierten Produkt.

Von diesen Grundsätzen darf in einigen Ausnahmefällen abgewichen werden: Nach Art. XII GATT dürfen Importe bei Zahlungsbilanzschwierigkeiten beschränkt werden. Nach Art. XIX GATT nebst Ausführungsabkommen[23] darf der Import von Waren beschränkt werden, die in derart erhöhten Mengen oder unter solchen Bedingungen eingeführt werden, dass dadurch inländischen Erzeugern von Konkurrenzprodukten ernsthafter Schaden droht. Dann erlaubt das GATT, einen an sich fairen Wettbewerb protektionistisch zu beschränken; die Inanspruchnahme der Ausnahme muss aber schriftlich angekündigt werden und auf wenige Jahre befristet sein.[24] 2018 hat die EU Vergeltungszölle gegen die USA als Schutzmaßnahmen nach Art. XIX angemeldet. Sie hat dabei zugleich moniert, die USA hätten zwar ihre Zollerhöhungen auf Stahl und Aluminium als Maßnahmen der nationalen Sicherheit deklariert, es handele sich aber in Wahrheit auch um Maßnahmen nach Art. XIX. Die WTO-Notifizierung der europäischen Maßnahme[25] ist ein gutes Beispiel dafür, wie GATT und WTO einen Handelsstreit in ein geordnetes Verfahren bringen, sofortige „Verteidigung" erlauben und Gegenmaßnahmen in sich begrenzen.

Nach Art. XX GATT dürfen nichtdiskriminierende Handelsbeschränkungen eingeführt werden zum Schutz der öffentlichen Moral, des Lebens und der Gesundheit von Menschen, Tieren und Pflanzen, zum Schutz des Kulturguts und knapper Ressourcen und Produkte.

Nach Art. XXI GATT sind zugunsten essenzieller Interessen der nationalen Sicherheit Handelsbeschränkungen zulässig, die in Kriegszeiten oder in ähnlichen internationalen Notlagen ergriffen werden oder die folgenden Bereiche betreffen: Spaltstoffe für nukleare Zwecke und den Handel mit Waffen und militärischen Gütern und Nachschub. Bisher wurde der Artikel selten angerufen und eher eng ausgelegt – Schweden zum Beispiel scheiterte 1975–1977 mit dem Versuch, die Einfuhr von Schuhen zu beschränken und das mit Art. XXI GATT und dem Argument zu begründen, die wirtschaftliche Verteidigungsfähigkeit des Landes sei auf den Erhalt einer heimischen Schuhindustrie angewiesen.[26] 1982 bannten die Europäische Union und einige Commonwealth-Staaten wegen der argentinischen Besetzung der Falkland-Inseln alle Importe aus Argentinien. Argentinien hielt das für GATT-widrig. Nach ausführlichen Debatten kam es zu einer Erklärung auf Ministerebene, wonach die Vertragsparteien sich vornahmen, „to abstain from taking restrictive trade measures, for reasons of a non-economic character, not consistent with the General Agreement" (von handelsbeschränkenden Maßnahmen aus nichtwirtschaftlichen Gründen abzusehen, die nicht mit dem GATT vereinbar sind).[27] Die Erklärung spricht dafür, dass der Importstopp gegen Argentinien als Verletzung des GATT eingeordnet wurde. Eine

Verletzung des GATT kann jedoch gerechtfertigt sein. Der besagte Importstopp zum Beispiel ließe sich als Maßnahme der kollektiven Selbstverteidigung gemäß Art. 51 der UN-Charta gegen den argentinischen bewaffneten Angriff auf die zu Großbritannien gehörenden Falkland-Inseln einordnen. Er könnte auch als Repressalie gerechtfertigt gewesen sein, das heißt als an sich rechtswidrige Antwort auf den schweren Völkerrechtsverstoß Argentiniens gegen Art. 2 Abs. 4 der UN-Charta (Gewaltverbot) und auf die argentinische Verletzung der territorialen Unversehrtheit Großbritanniens.

Es könnte in der heutigen Zeit von Handelskriegen und wirtschaftlichen Sanktionen allerdings immer beliebter werden, sich auf Art. XXI zu berufen. Im Jahr 2018 nahm die Regierung von US-Präsident Trump für mehrere Zollerhöhungen diese Sicherheitsklausel (und Abschnitt 232 des Trade Expansion Act von 1962, 19 U.S.C. §1862) in Anspruch.[28] Das führte zu sofortigen Beschwerden bei der WTO, z. B. durch die EU, und zu Vergeltungszöllen, gegen die die USA ihrerseits WTO-Beschwerden einreichten.[29] Die zentralen Fragen lauten, ob die Berufung auf die Sicherheitsklausel vor der WTO justiziabel ist und, falls ja, ob die Klausel das Vorgehen der USA rechtfertigt. Beide Fragen sind noch nicht abschließend entschieden, aber es gibt klare Hinweise: Im April 2019 stellte ein WTO-Streitbeilegungspanel in einem Streitfall zwischen Russland und der Ukraine fest, dass es für die Überprüfung von Maßnahmen gemäß Artikel XXI zuständig ist. Damit wies das Panel das russische Argument zurück (das von der US-Regierung unterstützt wurde, die sich in diesem Fall auf die Seite Russlands gestellt hatte), es könne einzig und allein jeder Staat selbst entscheiden, welche Maßnahmen er im Rahmen von Artikel XXI für notwendig hält. Das Panel stellte außerdem fest, dass „Maßnahmen, um in den Anwendungsbereich von Artikel XXI(b) zu fallen, objektiv betrachtet die Anforderungen in einem der aufgezählten Unterabsätze dieser Bestimmung erfüllen müssen".[30] Im Dezember 2022 stellten vier Panel-Entscheidungen fest, die Stahl- und Aluminiumzölle der USA seien nicht nach Art. XXI(b) gerechtfertigt, weil sie nicht „in Kriegszeiten oder einer anderen internationalen Notlage" verhängt worden seien.[31] Zum jetzigen Zeitpunkt (Dezember 2022) sind die fünf Entscheidungen noch nicht vom Berufungsgremium der WTO überprüft worden (das bei etwa 60 Prozent aller Panelberichte angerufen wird).[32] Das Berufungsgremium ist derzeit außerstande, Verfahren durchzuführen. Es ist seit Dezember 2019 nicht mehr beschlussfähig, weil die US-Regierung die Nominierung neuer Mitglieder aus Gründen blockiert, die mit den Forderungen der USA nach einer Reform der WTO zusammenhängen (auf die am Ende des Kapitels eingegangen wird). Daher können die Fälle wahrscheinlich vorerst von der WTO nicht endgültig entschieden werden.

Die Auslegung von Art. XXI GATT kann durchaus zu einem Dilemma führen: Wird die Berufung auf diese Klausel zu sehr eingeschränkt, könnten die Feststellungen der WTO von den Mitgliedstaaten als Übergriff auf ihre Souveränität abgelehnt werden. Wird die Klausel zu großzügig ausgelegt, könnte ihre Inanspruchnahme zunehmen, und die Abgrenzung zwischen der legitimen Wahrung der nationalen Sicherheit und Protektionismus könnte verschwimmen.

Insgesamt bleibt festzuhalten: Im Kreis der aktuell 164 Mitgliedstaaten der WTO sind diskriminierende Handelsbeschränkungen außerhalb bewaffneter Konflikte und der eng umschriebenen Sicherheitsbereiche nach Art. XXI GATT grundsätzlich unzulässig, erst recht als Mittel eines Wirtschaftskrieges ohne Waffengewalt. Allerdings können sie als Repressalien gegen völkerrechtswidriges Verhalten gerechtfertigt sein. Das macht die Rechtslage wesentlich unübersichtlicher und hilft zu erklären, warum auch in der Staatenpraxis seit 1945 wirtschaftliche Sanktionen so überaus zahlreich sind.[33] Sie werden offenbar als zulässiges, ja unverzichtbares Instrument der Außenpolitik und der Global Governance betrachtet. Vor allem Großmächte kommunizieren auf diese Weise Entschlossenheit und unterstreichen, wie wichtig ihnen die das jeweilige Signal auslösenden Angelegenheiten und Interessen sind. Für wirtschaftliche Sanktionen lässt sich anführen, dass sie eine konstruktive, die Rechtsordnung stärkende und erhaltende Funktion haben können, weil sie zwischen militärischer Gewaltanwendung und Nichtstun eine Option eröffnen, um politische Krisen und Konflikte friedlich auszutragen und um rechtswidriges Verhalten anderer anzuprangern, zu geißeln und im besten Falle sogar zu beenden. Ihre Verdammung in Bausch und Bogen brächte uns der Utopie einer friedlichen und gerechten Welt höchstwahrscheinlich nicht näher, eher könnte das Gegenteil der Fall sein.[34] Darum lässt sich sagen: Einerseits hat mit dem Diskriminierungsverbot und den Subventions- und Antidumpingvorschriften (zu ihnen sogleich) das Welthandelsrecht eine ähnliche kopernikanische Wende erlebt wie das Völkerrecht mit dem Gewaltverbot der UN-Charta. Andererseits haben es kopernikanische Wenden an sich, dass theoretisch plötzlich alles anders ist – und sich doch im Alltag wenig ändert.

Das Thema Subventionen ist vor allem in dem Übereinkommen über Subventionen und Ausgleichsmaßnahmen geregelt (Agreement on Subsidies and Countervailing Measures SCM),[35] das die Artikel XVI, XVIII GATT weiterentwickelt hat. Es definiert und unterscheidet generell verbotene Subventionen und solche, die im Einzelfall anfechtbar sind und zu Gegenmaßnahmen berechtigen. Generell verboten (mit Ausnahme des Agrarbereichs) sind nach Artikel 3 SCM Exportsubventionen und Subventionen zur Importsubstitution, also just die oben genannte Angriffsweise im Wirtschaftskrieg. Anfechtbar sind alle anderen, nämlich dann, wenn sie durch Wettbewerbsverzerrung der Industrie eines Staates schwerwiegenden Schaden zuzufügen drohen. Für beide Arten von Subventionen sieht das Abkommen ein Konsultations- und Streitbeilegungsverfahren ähnlich dem oben beschriebenen vor. Darin kann die Aufhebung der Subventionen angeordnet werden. Falls der Subventionsgeber einer solchen Anordnung nicht entspricht, darf der davon beschwerte Staat dem Schaden entsprechende Gegenmaßnahmen ergreifen (das heißt: typischerweise einen Ausgleichszoll erheben, der die Importware so teuer macht, wie sie es ohne die heimische Subventionierung wäre).

Dem Thema Dumping widmet sich das Übereinkommen zur Durchführung des Art. VI GATT (Agreement on Implementation of Article VI of the GATT).[36] Dumping (Export von Gütern oder Dienstleistungen zu einem Preis, der unter den Herstellungs- oder Selbstkosten liegt) ist wettbewerbswidrig, wenn es Konkurrenzunternehmen nachhaltig schädigen oder sogar eliminieren kann. Dann darf der Zielstaat angemessen hohe Antidumpingzölle erheben, die den unfairen Wettbewerbsvorteil ausgleichen. Voraussetzung ist aber, dass zunächst ein Antidumpingverfahren durchgeführt wird, in dem festgestellt wird, ob tatsächlich ein Dumping vorliegt und ob dadurch Unternehmen im Zielstaat ein nachhaltiger Schaden droht.

Das GATT-System und die WTO bewerten Subventionen und Dumpingmaßnahmen nicht als stets und immer rechtswidrig. Volkswirtschaftlich betrachtet, könnten sich die Verbraucher der Zielstaaten ja eigentlich sogar über Waren freuen, die der angreifende Staat oder dessen Unternehmen auf eigene Kosten künstlich verbilligt haben. Das internationale Handelsrecht hält aber die Möglichkeit bereit, solche Maßnahmen abzuwehren. Es verpflichtet allerdings den Zielstaat, bestimmte Verfahrenswege zu beschreiten, ehe es ihm Gegenmaßnahmen gestattet. Das GATT-

System wirkt dadurch auch in diesem Bereich zulässigkeitsbegrenzend und damit restriktiv auf gewaltlose Wirtschaftskriegsmaßnahmen und auf die Eskalation von Maßnahmen und Gegenmaßnahmen.[37]

Kritik an der WTO-Praxis und Reformdebatte

Allerdings gibt es massive Kritik an der Effektivität und an der Ergebnisgerechtigkeit der WTO-Vorschriften und Streitbeilegungsverfahren.[38] Die Vorschriften ließen erheblichen Raum für unfaire Kampfpreise, staatliche Subventionen und protektionistische Manipulation; die Vorschriften für die „differenzierte und günstigere Behandlung", die Entwicklungsländern (ein kaum definierter Begriff) gewährt wird, seien selbstbedienerisch unfair geworden,[39] und die WTO erfülle ihre Funktion als Plattform für umfassende Handelsverhandlungen nicht mehr und packe keine neuen Themen mehr an wie etwa den digitalen Handel (E-Commerce) oder das Prinzip Nachhaltigkeit. Die Verfahren seien zu schwerfällig, zu langwierig und nicht ausreichend, um Fehlverhalten empfindlich zu sanktionieren und der verletzten Partei einen angemessenen Ausgleich für erlittene Schäden zu verschaffen. Sie versagten besonders beim Schutz geistigen Eigentums. Obendrein überschreite die WTO ihr Mandat und finde an praktisch jeder nationalen Maßnahme nach Art. XIX GATT nebst Ausführungsvorschriften etwas auszusetzen. Außerdem leite die Volksrepublik China zu Unrecht aus einer Klausel ihres WTO-Beitrittsabkommens den Anspruch her, spätestens seit Ende 2016 in Dumpingverfahren als Marktwirtschaft behandelt zu werden, statt grundsätzlich als Land ohne Marktwirtschaft. Der Unterschied hat Bedeutung dafür, wie berechnet wird, ob und in welchem Umfang unzulässiges Dumping vorliegt. Grob gesagt: Bei Marktwirtschaften wird Dumping angenommen, wenn die Ware auf dem Exportmarkt zu einem geringeren Preis angeboten wird als auf dem Heimatmarkt, oder zu einem Preis, der unter den Herstellungs- und Vertriebskosten plus üblichem Gewinn liegt. Bei Ländern ohne Marktwirtschaft kann man sich auf die dortigen Preise und Preisangaben nicht verlassen, weil sie vielfältig verzerrt sind, vor allem durch staatliche Eingriffe. Darum dürfen zur Ermittlung der Dumpingspanne diverse Vergleichsberechnungen angestellt werden, die meist zu höheren Dumpingspannen und Antidumpingzöllen führen. Das sei bei China unverändert geboten.

Diese und weitere Kritikpunkte trug besonders vehement die Regierung von US-Präsident Trump vor.[40] Sie lähmte die Arbeitsfähigkeit der WTO-Streitbelegungsgremien, indem sie die turnusgemäße Ernennung von Experten für diese Gremien blockierte.[41] Daneben legte sie den Schwerpunkt auf bilaterale Handelsverträge und auf die Ausgestaltung von Freihandelszonen, die das GATT erlaubt (Art. XXIV), obwohl sie eigentlich dem Meistbegünstigungsprinzip widersprechen, weil in ihnen Vorzugsbedingungen nur für ihre Mitgliedstaaten vereinbart werden.[42] Präsident Trump drohte sogar, die USA würden die WTO verlassen, wenn sie sich nicht reformiere.[43] Die Biden-Regierung hat bisher keinen Kurswechsel vollzogen, denn viele der Kritikpunkte werden im US-Kongress parteiübergreifend vertreten.[44] Die WTO-Streitbeilegungsverfahren sind derzeit (Dezember 2022) noch immer gelähmt. Die Europäische Union – sie ist Mitglied der WTO und im Bereich der Zollpolitik und der Gemeinsamen Handelspolitik anstelle ihrer Mitgliedstaaten ausschließlich zuständig[45] – und eine Reihe weiterer WTO-Mitglieder haben im März 2020 ein alternatives Streitschlichtungsverfahren vereinbart,[46] das gelten soll, solange die WTO-Lähmung andauert. Die EU bekennt sich weiterhin mit Nachdruck zur WTO und zu deren regelbasiertem Ansatz. Die EU hat allerdings vor Kurzem ihre Antidumpingvorschriften für WTO-Mitglieder so verändert, dass es für die Berechnungsmethoden nicht mehr auf den Status als Marktwirtschaft ankommen soll, was sich, wenn auch unausgesprochen, klar gegen China richtet (weshalb die Volksrepublik in der WTO dagegen auch Beschwerde führt). Im November 2018 setzte die EU ein weiteres Signal. Sie verhängte erstmals einen Antidumpingzoll, der sich indirekt gegen das chinesische Projekt Belt and Road Initiative (BRI, die sogenannte Neue Seidenstraße) richtete: Der hoch verschuldete chinesische Reifenproduzent China National Tire & Rubber Co., Ltd (CNRC) habe den italienischen Hersteller Pirelli nur übernehmen können, weil er eine unerlaubte staatliche Beihilfe aus dem Fonds erhalten habe, der zur Finanzierung der BRI aufgelegt worden war.[47] Außerdem hat die Europäische Kommission eine Reihe von „Konzeptpapieren" zur WTO-Reform veröffentlicht,[48] die zwischen den Zeilen einem großen Teil der US-amerikanischen Vorwürfe gegen China recht geben. Die EU-Europäer wollen offenbar Probleme wie die Begünstigung chinesischer Konkurrenten durch den dortigen Staatskapitalismus, erzwungenen Technologietransfer, handelsverzerrende Beihilfen, willkürlich erscheinende bürokratische Handelshemmnisse und die Intransparenz handelsrelevanter nationaler Vorschriften durch mehr und bessere WTO-Regeln bekämpfen. Sie auszuhandeln dürfte sich als schwierig erweisen, denn schon die jetzigen Verhandlungen in der WTO (im Rahmen der sogenannten Doha-Runde) kommen seit 2001 nicht mehr voran. Das WTO-System steckt in der Krise,[49] und die protektionistischen Politiken haben sich vervielfacht.[50]

Die Debatten über die WTO wie auch die Zunahme des Protektionismus zeigen: Die Liberalisierung des Welthandels, grundsätzlich eine Erfolgsgeschichte, hat ihre Schattenseiten. Die internationale Arbeitsteilung hat zu innerstaatlichen und zwischenstaatlichen Verteilungswirkungen geführt, die teilweise als unfair kritisiert werden, die den sozialen Frieden in manchen Staaten beeinträchtigen und die die Bereitschaft zur internationalen wirtschaftlichen Zusammenarbeit vermindern. Über die Ursachen der Verschlechterungen wird auf allen möglichen politischen Ebenen heftig gestritten. Das Paradigma, ein möglichst freier Welthandel sei für alle Beteiligten das Beste, ist in seiner kulturellen Hegemonie nicht mehr unangefochten. Es wird wieder gefragt, ob es womöglich attraktivere nationale Strategien gibt.[51] Die COVID-19-Krise hat die Forderung nach mehr Selbstversorgung zum Beispiel mit Medikamenten und Medizinprodukten und nach stabileren Lieferketten weiter verstärkt.[52] Das zusehends ruppigere Verhalten der Volksrepublik China anderen Nationen gegenüber, der russische Angriffskrieg gegen die Ukraine und das demonstrative Einvernehmen diverser Autokratien lassen es vielen Betrachtern als geboten erscheinen, die westlichen Volkswirtschaften von diesen Mächten zu entkoppeln (Decoupling) und die Standorte und Lieferketten westlicher Unternehmen heimzuholen oder in befreundete Länder zu verlegen (Reshoring und Friendshoring).[53] Die Weltbilder prallen aufeinander, und es braut sich ein Klima der Konfrontation zusammen, in dem Handels- und gewaltlose Wirtschaftskriege als notwendiges Übel und gerechter Kampf erscheinen. Darum widmet sich das nächste Kapitel zunächst den ökonomischen Aspekten von Handel, Arbeitsteilung, Wettbewerb und Wirtschaftskampf und der internationalen Handelspolitik bis 1945. Anschließend geht es um die Fragen, wie wirksam Wirtschaftssanktionen sind, ob sich Handelskriege wirklich so leicht gewinnen lassen wie von Präsident Trump behauptet, welche Erfolgsaussichten der Wirtschaftskrieg westlicher Demokratien mit Russland hat und ob und wie die Wirtschaftsbeziehungen zwischen Großmächten mit der Entstehung von Krisen und Kriegen zwischen ihnen zusammenhängen.

Kapitel 6
Die Ökonomie von Handel und Wettbewerb und die Handelspolitik bis 1945

Die Ökonomie von Handel und Wettbewerb

Seit gut 200 Jahren ringen in den Handelspolitiken der Völker und im Welthandelsregime zwei große Strömungen um Vorherrschaft: Freihandel und Protektionismus. Die Dynamik ihres Ringens speist sich aus Ideen und Interessen, aus theoretischen Einsichten und praktischen Zwängen, aus dem Streben nach Gemeinwohl und aus Gruppenegoismus, aus dem Geist der Zusammenarbeit und dem der Konkurrenz. Es geht um hohe Einsätze; deshalb sind viele Kontroversen und Lösungen wieder und wieder durchdiskutiert, verfeinert und in der Praxis erprobt worden. Wer das als belanglose Vergangenheit abtut, versteht auch die eigene Zeit schlecht und läuft Gefahr, in politischen Debatten zu unterliegen. Das große Ringen dauert an. Darum ist es wichtig, seine Antriebskräfte und Kalküle zu kennen. Auch in Friedenszeiten herrscht ein gewisses Maß an Wirtschaftskrieg, und Überlegungen und Maßnahmen, die für den Frieden angestellt und im Frieden ergriffen werden, können die zwischenstaatlichen Beziehungen in einem gleitenden Kontinuum bis hin zum Ausbruch bewaffneter Konflikte verschlechtern.

Außerdem ist es aus drei Gründen wichtig, die spezifische Rationalität friedlicher wirtschaftlicher Zusammenarbeit zu unterscheiden und zu verstehen: Erstens sollte diese spezifische Rationalität immer berücksichtigt werden, wo es (auch) um die Wahrung der eigenen politischen Interessen geht; aber zweitens darf sie dabei niemals alleine ausschlaggebend sein, denn sie liefert nur eine von mehreren Linsen für die Betrachtung und Erkenntnis der Wirklichkeit. Es kann zum Beispiel außen- und sicherheitspolitisch geboten sein, Maßnahmen zu ergreifen, die, rein wirtschaftlich betrachtet, weniger vorteilhaft sind. Es kann für die dauerhafte eigene Unabhängigkeit und Prosperität geboten sein, kurz- und mittelfristig lukrative wirtschaftliche Chancen auszuschlagen. Wenn das der Fall ist, dann gehen rein wirtschaftlich argumentierende Einwände gegen die gewählte Politik am Thema vorbei – es gibt politisch Wichtigeres als den finanziell besten Deal. Es empfiehlt sich außerdem, auch das wirtschaftliche Verhalten anderer Akteure immer auf seine außen- und sicherheitspolitischen Motive und Wirkungen abzuklopfen. Darum ist es wichtig und richtig, die Staatenbeziehungen durch die Linse der ökonomischen Rationalität friedlichen Handels zu betrachten, nur eben nicht durch sie allein, denn das endet in unkritischer Freier-Markt-Romantik, und die ist politisch riskant. Drittens ist das Verständnis der wirtschaftlichen Wirkungen friedlichen Handels und Nichthandels nötig, um vernünftig auswählen zu können, falls man selbst zu wirtschaftlichen Kampfmaßnahmen greifen will.

Handelstheorie und das Plädoyer für Schutz- und Erziehungszölle

Am Anfang der modernen Handelstheorie steht Adam Smith. 1776 veröffentlichte er das epochale Werk *Der Wohlstand der Nationen*. Darin kritisierte er die merkantilistische Politik, Importe durch hohe Zollmauern fernzuhalten, als Verminderung des potenziell erreichbaren realen Nationaleinkommens: Der Schutz gebe den einheimischen Produzenten im Inland ein Monopol und die Möglichkeit, höhere Preise zu verlangen, als wenn sie gegen Importe konkurrieren müssten. Außerdem würden sie dadurch bequem und strengten sich weniger an, ihre Produkte zu verbessern. Ohne Konkurrenz könnten sie zwar mehr verkaufen, und in ihren Branchen steige also vermutlich die Zahl der Beschäftigten. Aber ob dadurch der Gewerbefleiß des Landes insgesamt erhöht werde, das sei ganz und gar nicht ausgemacht. Im Grunde schreibe man durch Schutzzölle den Leuten vor, wie sie ihr Geld einzusetzen und woran sie zu arbeiten haben. Besser sei es, das jedem selbst zu überlassen, dann werde er seinen Fleiß von selbst dorthin lenken, wo er dafür den größten Gegenwert erhalte, und aus der Summe dieser individuellen Eigennutzentscheidungen folge derjenige Einsatz von Kapital und Arbeit, der für den Wohlstand der Nation am vorteilhaftesten sei. Außerdem: „Bei jedem klugen Hausvater ist es Grundsatz, niemals etwas im Hause machen zu lassen, was er billiger kaufen kann." Darum: „Wenn uns ein fremdes Land mit einer Ware wohlfeiler versehen kann, als wir selbst sie zu machen imstande sind, so ist es besser, daß wir sie ihm mit einem Teile vom Erzeugnis unserer Industrien, in denen wir vor dem Auslande etwas voraushaben, abkaufen."[1] Durch freien Handel miteinander könnten die Nationen eigene Überschüsse gegen fremde Annehmlichkeiten eintauschen, und das sei ein großer Anreiz, um die eigene Produktivität immer weiter zu steigern. Allein für Belange der nationalen Sicherheit und bei Steuerdumping konnte sich Smith Schutzmaßnahmen vorstellen (wie sie heute auch das GATT zulässt). Smith machte sich außerdem Gedanken darüber, dass die zu schnelle Aufhebung von Zollschranken zu viele Menschen arbeitslos machen könne. „Dann kann die Humanität fordern, daß die Handelsfreiheit nur langsam, stufenweise und mit vieler Zurückhaltung und Behutsamkeit hergestellt werde. Würden die hohen Zölle und Verbote auf einmal fortgenommen, so könnten sich die wohlfeileren fremden Waren so plötzlich auf den heimischen Markt stürzen, daß auf einmal viele Tausende unsres Volkes ihres gewohnten Geschäfts und Unterhalts beraubt würden. Ohne Zweifel könnten daraus sehr bedeutende Wirren entstehen."[2] Smith war zuversichtlich, dass die Arbeitnehmer flexibel genug sein würden, neue Beschäftigung zu finden, aber er redete über die Probleme nicht gesundbeterisch hinweg, wie das heutige Freihandelsfreunde gerne tun.

Smith hatte für den freien Handel noch auf der Basis von gegenseitigen absoluten Kostenvorteilen geworben – Austausch lohnt sich dort, wo jeder der Beteiligten etwas ökonomischer produzieren kann als der andere („Wenn uns ein fremdes Land mit einer Ware wohlfeiler versehen kann [und] wir vor dem Auslande etwas voraushaben"). Robert Torrens (*Essay on the External Corn Trade*, 1815), David Ricardo (*On the Principles of Political Economy and Taxation,* 1817) und James Mill (*Elements of Political Economy*, 1821)[3] entwickelten, über Smith hinausgehend, die Theorie des komparativen Kostenvorteils. Sie ist seither grundlegend für die Begründung der Vorteilhaftigkeit von Handel und Arbeitsteilung selbst für Staaten, die nichts „wohlfeiler" herstellen können als andere (wir reden nur von Handel, nicht von freiem Kapitalverkehr).[4] Die berühmte, nur leider etwas verbaute[5] Passage in Kapitel VII. seines Werks[6] hat Ricardo mit Blick auf den schon erwähnten Methuen-Vertrag zwischen England und Portugal (englische Textilien gegen portugiesischen Wein) geschrieben. Sie läuft auf Folgendes hinaus: Wenn England die zum Eigenverzehr benötigte Menge Wein mit 120 Mannjahren Arbeitseinsatz selbst produzieren oder aber bei Portugal gegen Tuch eintauschen kann, für das England 100 Mannjahre Produktionskosten braucht, dann lohnt sich aus englischer Sicht der Handel Tuch gegen Wein, denn er spart 20 Mannjahre, die anderweitig eingesetzt werden können. Wenn Portugal für den Wein 80 Mannjahre braucht und für das Tuch 90 Mannjahre, dann produziert es zwar beide Produkte günstiger als England; aber trotzdem lohnt es sich auch für Portugal, mit England zu handeln: Wenn es auf die eigene Tuchfabrikation verzichtet und stattdessen seinen im Vergleich der heimischen Branchen komparativen Vorteil bei der Weinproduktion nutzt, dann bekommt es das benötigte Tuch für 80 Weinbauernjahre, statt es mit 90 Textilarbeiterjahren herstellen zu müssen. Beide Länder profitieren von dem Handel und der Spezialisierung auf das, was sie relativ am besten können. Ihr Gesamtwohlstand erhöht sich dank Handel.

Allerdings stellen sich sofort Fragen, die spiegelbildlich beide Länder betreffen. Am Beispiel Portugals: Was wird aus den 90 Textilarbeitern? Können die so einfach auf Weinbauer umschulen? Verdienen sie dann mehr oder weniger als zuvor? Und im Weinbau kommen ja wohl nur 80 unter. Was tun die restlichen zehn? Ist es außerdem klug, auf eine eigene Textilindustrie zu verzichten? Sollte eine Volkswirtschaft nicht möglichst breit aufgestellt sein? Begibt sich Portugal obendrein in zu große Abhängigkeit von der englischen Nachfrage und Belieferung? Und wie hoch fielen die Anpassungskosten aus, wenn England keinen Wein mehr abnähme und kein Tuch lieferte und sich keine neue Nachfrage und Lieferquelle fänden? Alle diese Fragen haben schon damals die Geister bewegt. Ricardo zum Beispiel zielte förmlich darauf ab, durch internationalen Handel die Löhne zu drücken und die Profitraten zu heben. James Mills Sohn John Stuart dagegen erwog, denjenigen, die durch mehr und freieren Handel Nachteile haben würden, eine finanzielle Entschädigung zu zahlen. Verstaubte Probleme? Im amerikanischen Rostgürtel (Rust Belt) der niedergegangenen Industrien sind sie hochaktuell.

Smith und Ricardo stießen naturgemäß auf den Widerspruch von Merkantilisten und von Interessengruppen, die von den bestehenden Schutzzöllen profitierten. Grundsätzlicher setzte 1841 Friedrich List seine Kritik an: Das angemessene Maß an freiem Handel lasse sich nicht abstrakt (quasi nach dem Einheitsgrößemotto *one size fits all*) bestimmen, wie das Smith und Ricardo behaupteten. Es hänge vielmehr vom individuellen Entwicklungsstand einer Nation und ihren dementsprechenden Bedürfnissen ab: „Eine Nation, wie die englische, deren Manufakturkraft einen weiten Vorsprung vor der aller andern Nationen gewonnen hat, erhält und erweitert ihre Manufaktur- und Handelssuprematie am besten durch möglichst freien Handel. Bei ihr ist das kosmopolitische Prinzip und das politische ein und dasselbe. Hieraus erklärt sich die Vorliebe aufgeklärter englischer Staatsökonomen für die absolute Handelsfreiheit, und die Abgeneigtheit einsichtsvoller Staatsökonomen anderer Länder, dieses Prinzip unter den bestehenden Weltverhältnissen in Anwendung zu bringen."[7] Länder hingegen, die eigene Industrien aufbauen wollten, seien gut beraten, sie durch Schutz- und Erziehungszölle vor der übermächtigen auswärtigen Konkurrenz abzuschirmen, solange sie noch in den Kinderschuhen steckten (infant industries). „Wenn der Schutzzoll für einige Zeit die […] Manufakturwaren verteuert, so gewährt er in Zukunft wohlfeilere Preise, infolge der inländischen Konkurrenz […]. Der durch die Schutzzölle verursachte [anfängliche] Verlust der Nation besteht jedenfalls nur in Werten, dagegen gewinnt sie Kräfte, vermittelst welcher sie für ewige Zeiten in den Stand gesetzt wird, unberechenbare Summen von Werten zu produzieren. Dieser Aufwand an Werten ist demnach nur als der Preis der industriellen Erziehung der Nation zu betrachten."[8] Das war auch für den Kriegsfall vorausgedacht: „Wird daher durch die Schutzzölle ein Opfer an Werten gebracht, so wird dasselbe durch die Erwerbung einer Produktivkraft vergütet, die der Nation nicht allein für die Zukunft eine unendlich größere Summe von materiellen Gütern, sondern auch industrielle Independenz für den Fall des Krieges sichert. Durch die industrielle Independenz und die daraus erwachsende innere Prosperität erwirbt die Nation die Mittel zum auswärtigen Handel, zur Erweiterung ihrer Schiffahrt, vermehrt sie ihre Zivilisation, vervollkommnet sie ihre Institutionen im Innern, stärkt sich ihre Macht nach außen."[9] Nur auf diesem Wege könne eine Nation ihre Freiheit befestigen und gegen mächtigere Rivalen bewahren. Dann, aber eben erst dann, sei Freihandel das Rechte.

List war von Erfahrungen beeinflusst, die er ab 1825 in den USA gesammelt hatte. Sein erstes Buch trug den Titel *Outlines of American Political Economy.*[10] Alexander Hamilton, der erste Finanzminister der USA, hatte die einschlägigen Fragen bereits 1791 in seinem *Report on the Subject of Manufactures* erörtert. Er hatte darin dem US-Kongress allerdings lediglich moderate Schutzzölle empfohlen und eher für direkte

Beihilfen an die heimische Industrie votiert.[11] Andere Autoren befürworteten Staatshilfen wenigstens dafür, aus weiter fortgeschrittenen Ländern Technologien und Technik zu besorgen. Und John Stuart Mill stimmte in seinen überaus einflussreichen *Principles of Political Economy* (1848) zu, in jungen Nachzüglernationen könne ein zeitweiliger Schutz für neue Industrien sinnvoll sein, weil von Privatunternehmern nicht erwartet werden könne, die großen Anfangskosten allein zu tragen. Die Nation besteuere sich gewissermaßen selbst, wenn sie vielversprechenden neuen Industrien anfangs Schutzzoll gewähre[12] (und damit die Verbraucherpreise hochtreibt).

Adam Smith dagegen hatte Schutzzöllen ausdrücklich widersprochen. Zwar gelinge es mit ihnen vielleicht, eine wettbewerbsfähige neue Industrie aufzubauen; aber der Schutz verzerre zunächst den produktivsten Einsatz von Kapital und Arbeit und koste Erträge. Es sei ungewiss, ob diese anfänglichen Verluste zukünftig durch die neue Industrie jemals eingespielt werden könnten. Es ließe sich hinzufügen: Wenn ein Land einen funktionierenden Kapitalmarkt hat, dann müssten sich eigentlich für den Aufbau einer vielversprechenden neuen Industrie auch ohne Schutzzoll genug private Finanziers finden, die dafür Wagniskapital einsetzen.

Die Aktualität der Debatte über den Freihandel

Auch dieser Streit ist bei Weitem nicht passé. Die Idee vom Schutz- und Erziehungszoll für Industrien in den Kinderschuhen und zum rascheren Erwerb technologischer Fähigkeiten blieb in Theorie und Praxis im 19. und 20. Jahrhundert populär.[13] Viele Entwicklungsländer machten sie sich zu eigen und pochten auf entsprechende Ausnahmen im Welthandelsrecht, wie sie bspw. Artikel XVIII GATT enthält. Der Internationale Währungsfonds (IWF) und die Weltbank empfahlen ihnen stattdessen als Teil eines Washington Consensus genannten Maßnahmenpakets (one size fits all) den Abbau von Handelsschranken. Die von Smith und List geführte Debatte hatte darum auch ihr Echo in der Globalisierungskritik. Der in Südkorea geborene, in England lehrende Ökonom Ha-Joon Chang zum Beispiel hat eine Reihe von Studien vorgelegt,[14] in denen er für Entwicklungsprotektionismus vor allem zugunsten von *infant industries* plädiert und die Politik der „unheiligen Trinität" IWF, Weltbank und WTO hinsichtlich der Entwicklungsländer kritisiert. Dabei ist er nicht immer überzeugend, etwa wenn er Afrikas Problem der oft schlechten Institutionen tendenziell verharmlost,[15] aber seine Kritik an den Industrienationen kann punkten. Er führt unter anderem aus: Die westlichen Industrienationen haben in ihrer Phase der Industrialisierung massiven Protektionismus betrieben. Die Staaten Asiens folgten diesen Spuren. Die Ricardo-Theorie der Handelsvorteile sei für Entwicklungsländer unangemessen. Sie laufe auf die Empfehlung hinaus, beim Status quo der komparativen Vorteile zu bleiben und auf die technologische Entwicklung neuer Stärken eher zu verzichten. Ricardo laufe auf Effizienz in der kurzen Frist hinaus, statt langfristige Planung zu fördern. Der von der „unheiligen Trinität" und den Industrienationen aufgebaute Druck zur Marktöffnung nehme den Entwicklungsländern die Möglichkeit, *infant industries* allmählich aufzubauen und die dafür nötigen Fähigkeiten auszubilden. Eine zu schnelle Marktöffnung belaste die Entwicklungsländer auch deshalb besonders schwer, weil es dort mangels Sozialstaat für die Verlierer von handelsbedingten Veränderungen der Branchenstruktur noch weniger als in den Industrienationen eine Kompensation gebe. Von gleichen Wettbewerbsbedingungen im Welthandel könne nicht die Rede sein, denn trotz aller Durchschnittsberechnungen seien die Handelsschranken der Industrienationen in Bereichen, die für die Industrialisierung der „Dritten Welt" wichtig wären, hoch; und es zahlten arme Länder bei den reichen oft höhere Zölle als umgekehrt und als diese untereinander. Wo Arm und Reich Zollsenkungen um einen gleichen Prozentsatz vereinbarten, beeinflusse das bei armen Ländern (die mangels guter Steuerverwaltung wenigstens mit hohen Zöllen Einnahmen erzielen müssten) die Einnahmeseite und das Käuferverhalten viel stärker und nachteiliger als in reichen Ländern mit niedrigen Schranken. Der Schutz geistigen Eigentums sei vielen heutigen Industriestaaten bei ihrem eigenen Aufstieg keinen Pfifferling wert gewesen, aber nun erlegten sie ihn den armen Nationen auf. Auch die besonderen Handelsrechte für ärmere Nationen seien in der WTO nur noch ein blasser Schatten der Rechtslage im GATT vor der WTO-Gründung.[16]

Zwischensumme: Die Theorie der komparativen Kostenvorteile weist überzeugend nach, dass sich die Teilnahme am internationalen Handel selbst für Länder lohnen kann, die in allen Branchen weniger leistungsstark sind als ihre Handelspartner. Die Verfechter des Schutz- und Erziehungszolls stellen nicht in Abrede, dass zwischen industrialisierten

Nationen ein möglichst freier Handel wünschenswert ist; aber für Nachzügler, die sich überhaupt erst industrialisieren müssen, empfehlen sie befristete Handelsschranken. Also: Nicht das Ob des möglichst (zoll-)freien Handels ist hier umstritten, sondern das Ab-wann.

Gibt es den optimalen Zoll? Zölle gegen Arbeitslosigkeit?

Bereits im 16. Jahrhundert war noch ein völlig anderer Gedanke aufgetaucht: Konnte womöglich eine Nation den eigenen Wohlstand gerade durch einseitige Zollerhöhungen vermehren? 1581 schrieb der englische Merkantilist John Hales, England könne seine Zölle ohne Furcht vor Vergeltungszöllen erhöhen, denn England liefere den anderen Lebensnotwendiges, importiere von dort aber bloße Spielereien[17] (wie exotische Tiere). Darin steckte die Beobachtung, dass die Nachfrage nach Gütern unterschiedlich elastisch ist: Englische Wolle brauchten alle, also war die Nachfrage unelastisch – England würde seine Wolle immer verkaufen können, auch zu einem durch Export- oder Vergeltungszoll höheren Preis, der nur die ausländischen Konsumenten belasten und die erhebenden Staaten bereichern würde; bloße Spielereien wie exotische Tiere jedoch brauchte im Grunde niemand, sodass die ausländischen Lieferanten wahrscheinlich die Preise senken müssten, um einen höheren englischen Zoll auszugleichen und nicht alle Käufer zu verlieren. Später rechnete John Stuart Mill genauer vor, wie ein Land durch einseitige Zollerhöhungen seinen Wohlstand vermehren könne. Er betonte, dabei füge es allerdings seinen Handelspartnern einen Wohlstandsverlust zu, der den eigenen Zugewinn noch übersteige.[18] Die Theorie vom Optimalzoll, durch den vor allem große Nationen mit entsprechender Nachfragemacht ihre Handelsbedingungen (terms of trade) verbessern können (während kleine eher Preisnehmer sind als Preissetzer),[19] wurde weiter verfeinert und nicht widerlegt.[20] Berechnungen haben gezeigt, wie große Handelsmächte auf diese Weise zum Nachteil der anderen erheblich profitieren können; aber auch, dass höchstwahrscheinlich alle Beteiligten Wohlstand einbüßen, sobald dagegen handelspolitische Vergeltungsmaßnahmen ergriffen werden oder mehrere Handelsgroßmächte zu einer räuberischen Zollpolitik übergehen.[21] Darum stellt Douglas A. Irwin zu Recht fest, die Theorie des Optimalzolls zeige mehr die Möglichkeit als die Wahrscheinlichkeit des Erfolgs einer prädatorischen Zollpolitik; und ein Gelehrter im 19. Jahrhundert warnte, so ein Verhalten sei so gefährlich wie der Versuch, einen Wolf zu scheren.

Und doch scheinen sich manche eine solche Schur zuzutrauen, zum Beispiel Präsident Trump: Im November 2018 legten Benedikt Zoller-Rydzek und Gabriel Felbermayr eine Studie mit dem Titel *Wer bezahlt Trumps Handelskrieg mit China?* vor.[22] Sie kam zu dem Ergebnis (natürlich als Momentaufnahme): Die seit September 2018 verhängte Belastung von etwa 250 Milliarden US-Dollar zusätzlicher US-Zölle auf chinesische Importe könne „zu etwa drei Viertel auf chinesische Produzenten überwälzt werden". Es stiegen die „Verbraucherpreise im Durchschnitt über alle betroffenen Produkte in den USA um ca. 4,5 % [...], während die chinesischen Anbieter ihre Exportpreise um durchschnittlich 20,5 % absenken. Dieses Resultat entsteht, da die US-Behörden gerade jene Produkte verzollen, bei denen die Importelastizität hoch ist. [...] Wird zum Beispiel ein Einfuhrzoll auf Salz erhoben, können Konsumenten es nicht einfach durch Pfeffer ersetzen. Daher würde ein Zoll vor allem von Konsument[en] getragen werden. Einen Einfuhrzoll auf Erdnussbutter können Konsumenten relativ einfach vermeiden, indem sie Marmelade statt Erdnussbutter verwenden. Dann muss der Produzent einen großen Teil des Zolles tragen, wenn er weiterhin auf dem Markt bleiben und für Kunden attraktiv sein will. [...] Die Zolleinnahmen könnten nun verwendet werden, die Wohlfahrtsverluste amerikanischer Konsumenten und Firmen auszugleichen. Insgesamt belaufen sich die zusätzlichen Zolleinnahmen auf 22,5 Mrd. US-Dollar. Von diesen werden 18,9 Mrd. US-Dollar von chinesischen Firmen gezahlt." Die Studie kommt insgesamt zu einem „Nettowohlfahrtsgewinn für die amerikanische Volkswirtschaft in Höhe von 18,4 Mrd. US-Dollar. Mit der strategischen Auswahl der vom Zoll betroffenen chinesischen Güter gelingt es, die Wohlfahrtsverluste geschickt auf chinesische Firmen ab[zu]wälzen. Dies ist Teil einer optimalen Zollstrategie [...]."[23] Der Befund sollte allen zu denken geben, die Präsident Trump für einen bloßen Simpel hielten. Allerdings ließ sich der Wolf denn doch nicht lammfromm scheren. Der amerikanische Optimierungsversuch schlug fehl, wie noch zu zeigen sein wird.

Die Theorie des Optimalzolls zeigt eine Möglichkeit auf, mit Zollerhöhungen rücksichtslos eigennützig zu sein. John Maynard Keynes erwog in den 1930er-Jahren eine zweite. Damals bestimmten in England hohe Arbeitslosigkeit, nach unten unbewegliche Löhne und ein fester

Wechselkurs durch Bindung des Pfund Sterling an die Vorkriegsgoldparität die Lage. Keynes legte dar, mit einem kräftigen Aufschlag von Zöllen auf alle Einfuhren könne man durch höhere Inlandspreise die Reallöhne senken, die mit den Importwaren konkurrierende heimische Produktion wettbewerbsfähiger machen und ankurbeln, dadurch die Beschäftigung erhöhen und so die Arbeitslosigkeit teilweise ins Ausland exportieren. Und weil Keynes gern und schnell grundsätzlich wurde, griff er die Freihandelstheorie an: Ihr Problem sei die Annahme, „wenn man Männer in die eine Richtung hinauswerfe, dann stelle man sie in der anderen wieder an. Sobald dieses Glied in der Kette bricht, bricht das ganze Freihandelsargument zusammen."[24] Im Grunde hatte Keynes dasselbe Problem vor Augen wie Smith bei seiner Warnung, man dürfe den Schutz vor Importen nur allmählich aufheben, wenn sonst Massenarbeitslosigkeit drohe.

Keynes' Lösungsvorschlag hat in einer Weltwirtschaft mit flexiblen Wechselkursen an Bedeutung verloren, weil in ihr die eigenen terms of trade durch Abwertung der eigenen Währung verbessert werden können (was natürlich auch seine Kosten hat); aber die Frage nach den Folgen freien Handels für den Beschäftigungsgrad bleibt gerade in entwickelten Volkswirtschaften höchst virulent. Dort sind die Löhne nicht beliebig abwärtsflexibel. Das macht es schwer, ausländischer Konkurrenz Paroli zu bieten, die im Wettbewerb mit deutlich niedrigeren Arbeitskosten und entsprechend attraktiven Preisen angreift. Zudem lassen sich Arbeitnehmer nicht beliebig und erst recht nicht im Handumdrehen umqualifizieren. Es ist einfach nicht möglich, sie „in die eine Richtung hinauszuwerfen und in der anderen wieder anzustellen". Es fragt sich auch, ob die immer effizientere und produktivere internationale Arbeitsteilung ein Selbstzweck ist. Japan habe sechsmal mehr Nahrungsmittelbetriebe pro Kopf der Bevölkerung als die USA, vermerkt ein Autor missbilligend, weil Handelsbarrieren in diesem Bereich den Wettbewerb behinderten und solche Ineffizienz zuließen.[25] Aber vielleicht mögen ja einfach die Japaner diese Kleinheit und Vielfalt und Sorgfalt und Slow Food? Trägt nicht der weltweite Handel auch gehörig zu Massenproduktion, Verschwendung, Leistungsdruck und einem falschen, entfremdeten Leben bei? Das ist natürlich ein Thema für sich.[26] Aber für all das gilt: Die Gesellschaften müssen politisch entscheiden, wie sie mit solchen Fragen umgehen. Die Wirtschaftswissenschaften können ihnen diese Entscheidungen nicht abnehmen. Sie können jedoch die politischen Optionen genauer ausleuchten, indem sie die Arbeitsmarkt- und Verteilungswirkungen des internationalen Handels offenlegen und der Frage nachgehen, wer aus welchen Gründen profitiert oder verliert und worin das Gemeinwohlziel einer Gesellschaft bestehen könnte.[27] Das sind Themen, die nicht allein für den inneren Frieden wichtig sind, sondern auch für den zwischenstaatlichen, denn sie lassen sich leicht in Freund-Feind-Kategorien umerzählen.[28]

Sozialer Ausgleich für Freihandelsverlierer?

Bis etwa 1815 versuchten die Regierungen, im internationalen Handel (vor allem dem mit seltenen und exotischen Gütern) Einnahmen vor allem dadurch zu erzielen, dass den ausländischen und oft kolonialistisch unterdrückten Produzenten möglichst wenig bezahlt und den inländischen Verbrauchern möglichst hohe Preise abverlangt wurden. Sowohl das Treiben des Keils zwischen die Produzenten und Verbraucher als auch die Sicherung der Einnahmequellen gegen die Konkurrenz anderer Staaten und deren halbsouveräne Handelsgesellschaften brachten eine Fülle von internationalen bewaffneten Konflikte mit sich, und die wirtschaftlichen Verteilungskonflikte waren überwiegend ebenfalls international. Je preiswerter aber Schiffsraum und -transport wurden, desto mehr Güter wurden gehandelt, die in allen am Handel beteiligten Regionen produziert werden konnten und oft auch wurden. Dadurch kam es zunehmend auch zu intranationalen handelsbedingten Verteilungskonflikten zwischen denen, die vom Handel profitierten, und denen, die dadurch verloren.[29]

Schon John Stuart Mill hatte befürwortet, nötigenfalls die Verlierer des Abbaus von Schutzzöllen finanziell zu entschädigen.[30] Das sei immer noch besser, als auf den größeren Vorteil für die Allgemeinheit zu verzichten. Wie aber lässt sich überhaupt bestimmen, was für die Allgemeinheit vorteilhaft(er) ist? Vilfredo Pareto schlug als Kriterium vor: Eine Veränderung ist nur dann auch eine Verbesserung, wenn sie niemanden schlechterstellt, aber mindestens eine Person besser. Alles andere ist wohlfahrtsökonomisch suboptimal. Das ist ein Kriterium, das den Status quo begünstigt, der aber selber nicht besonders gerecht sein muss. Internationaler Handel führt außerdem praktisch immer dazu, dass manche anschließend schlechter dastehen. Nicholas Kaldor und John R. Hicks empfahlen daher folgenden Test: Es kann bei Wohlstandsveränderungen dann von einem gesamtgesellschaftlichen Wohlstandsgewinn gesprochen werden, wenn die Gewinner der Veränderung die Verlierer der Veränderung für ihren Verlust voll kompensieren könnten (ob es tatsächlich geschieht, ist für die Theorie irrelevant) und dann immer noch etwas von ihrem Wohlstandsgewinn übrig hätten. In der politischen Praxis lautet der Befund aber leider meist: Die potenziell mögliche Kompensation erfolgt tatsächlich nicht. Der Welthandel hat deshalb in den vergangenen Jahrzehnten einerseits den weltweiten Wohlstand ungeheuer vermehrt, andererseits aber die soziale Ungleichheit vertieft. Laut dem Bertelsmann Globalisierungsreport 2016 betrug „der jahresdurchschnittliche globalisierungsinduzierte Einkommensgewinn je Einwohner in Relation zum Bruttoinlandsprodukt je Einwohner im Jahr 1990 für China rund 17 %, für Deutschland gut 5 % und für die USA lediglich 1,5 %".[31] Der absolute Einkommensgewinn 1990–2014 habe für Deutsche im Durchschnitt 27 000 Euro, für Chinesen 1700 Euro und für US-Amerikaner 11 700 Euro betragen (kaufkraftbereinigt: 30 400, 5300, 11 700).[32] Nur ist dieses Geld offenbar bei vielen nicht angekommen. Das hat der Ökonom Branko Milanović gezeigt (vor allem mit Blick auf Asien und „den Westen", Afrika wird weniger behandelt, vermutlich mangels Daten).[33] Er konstatiert für die globale Einkommensverteilung seit Ende der 1980er-Jahre drei Trends. Erstens:. In Asien hat sich dank relativ großer Einkommensgewinne eine neue Mittelschicht entwickelt, wenn auch auf noch deutlich niedrigerem Einkommens- und Vermögensniveau als im Westen. Zweitens: Die Mittelschichten der alten Industrienationen haben relativ wenig profitiert. Die einkommensmäßig untere Hälfte der Bevölkerung von Westeuropa und Nordamerika hatte keine oder nur geringe Einkommensgewinne und hat damit, relativ gesehen, verloren. Drittens: Es ist eine globale Plutokratie entstanden, das heißt eine Gruppe auch politisch besonders einflussreicher Superreicher.[34] Die soziale Ungleichheit in vielen westlichen Industrieländern ist dadurch gestiegen, von Kompensation keine Spur. Der Anteil des einen Prozents der reichsten US-Amerikaner am Volksvermögen stieg laut einem Vortrag von 2016 des damaligen Gouverneurs der Bank von England von 25 Prozent im Jahr 1990 auf 40 Prozent im Jahr 2012; und der Anteil des einen Prozents der weltweit Superreichen am globalen Wohlstand stieg von einem Drittel im Jahr 2000 auf die Hälfte in 2010.[35] Auch in China hat die ökonomische Ungleichheit zugenommen.[36] Die COVID-19-Krise hat die Ungleichheiten verstärkt.[37] Thomas Piketty hat die ungleiche

Einkommensverteilung mit grundsätzlichen Fragen der politischen Ökonomie des Kapitalismus und der Demokratie verknüpft,[38] und Peter Bofinger, Gustav Horn, Kai Schmid und Till van Treeck haben seine Analyse mit Bezug auf Deutschland dargestellt und vertieft.[39]

Einige der mit dem Handel zusammenhängenden Faktoren dieser Entwicklung sind seit Längerem bekannt.[40] Schon in den 1940er-Jahren wurde das sogenannte Stolper-Samuelson-Theorem entwickelt. Es besagt, sehr vereinfacht: Freihandel mit kapitalintensiv hergestellten Exporten im Austausch gegen personalintensiv hergestellte Importe (das übliche Handelsmodell westlicher Industriestaaten) senkt tendenziell die Reallöhne, während Protektionismus, der Importe verteuert, sie in diesem Fall (der personalintensiven Konkurrenz mit Importen) tendenziell erhöht. Mit anderen Worten: Wer an Billiglohnländer beispielsweise Flugzeuge verkauft (gebaut mit viel Kapitaleinsatz und relativ wenigen Arbeitskräften) und von dort etwa Fahrräder und Textilien importiert (deren Produktion wenig Kapital und viele Arbeiter benötigt), der setzt die heimische Fahrrad- und Textilindustrie unter Druck – die Löhne dort stagnieren oder sinken, und bei Geschäftsaufgaben steigt die Zahl der Arbeitslosen und also das Angebot an Arbeitskräften, sodass der Preis für Arbeit (die Lohnhöhe) tendenziell sinkt. Das Problem dieser Verteilungswirkungen des internationalen Handels[41] verschärft sich angesichts der Tatsache, dass der Produktionsfaktor Arbeit viel weniger mobil ist als der Faktor Kapital. Arbeitnehmer, deren Jobs wegen preiswerterer Importe verloren gehen, können mangels ausreichender Qualifikation nicht leicht auf andere Stellen wechseln, erst recht nicht auf Stellen in Branchen, die kapitalintensiver produzieren und deshalb weniger Arbeitsplätze bieten, welche noch dazu meist eine höhere Qualifikation voraussetzen als personalintensive Branchen. Und dank der hohen Mobilität des Kapitals lassen sich auch kapitalintensive Betriebsstätten im kostengünstigeren Ausland ansiedeln, um von dort aus sowohl mit geringeren Transport- und Personalkosten neue Märkte zu bedienen als auch in die alte Heimat zurückzuliefern. Allerdings gleichen sich dadurch die Mischungsverhältnisse von arbeits- und kapitalintensiver Produktion in allen Ländern allmählich an.

Das bringt eine wirtschaftswissenschaftliche Erkenntnis zum Ausdruck, die Ende der 1940er-, Anfang der 1950er-Jahre formuliert wurde, das Faktorpreisausgleichstheorem (Lerner-Samuelson-Theorem). Faktorpreise sind die Preise der Produktionsfaktoren Arbeit, Kapital und Boden. Das Theorem besagt, etwas vereinfacht gesagt, dass ein freier internationaler Güterhandel bei vollständiger Konkurrenz auf den Faktor- und Gütermärkten und Fehlen von Handels- und Transporthemmnissen zur internationalen Angleichung der Faktorpreise führt, vor allem der Preise von Kapital und Arbeit. Das Gesetz des Faktorpreisausgleichs spielt zum Beispiel argumentativ eine zentrale Rolle in dem (vor der Agenda 2010 geschriebenen) Buch *Die Basar-Ökonomie*[42] von Hans-Werner Sinn. Ihm zufolge zählen die deutschen und die westlichen Arbeitnehmer zwangsläufig „zu den Verlierern der Globalisierung, weil die Lohnkonkurrenz ihre Einkommen nach unten drückt, statt sie nach oben zu ziehen". Die deutschen Unternehmen entgingen dem noch durch Outsourcing und Offshoring in (relative) Billiglohnländer und durch den Aufbau von Wertschöpfungsketten, bei denen oft nur die Endmontage noch in Deutschland stattfinde, und freuten sich ihrer Exportweltmeisterschaft, aber „Handelsgewinne und Faktorpreisausgleich gehen Hand in Hand. [...] Deshalb gibt es Handelsgewinne in der Regel nur in dem Sinne, dass die Gewinner mehr gewinnen, als die Verlierer verlieren. [...] Wenn wir die Lohnsenkung verhindern, gibt es keine Handelsgewinne. Und wenn wir die nötige Lohnflexibilität zulassen, dann gibt es zwar Handelsgewinne, doch zugleich erhebliche Verluste für viele. Der Kuchen, der für alle zu verteilen ist, wird zwar größer, doch bekommen sehr viele Menschen ein absolut kleineres Stück davon. Die Gewinner der Globalisierung bekommen den ganzen Handelsgewinn und zusätzlich noch einen Teil des Kuchenstücks der Verlierer. Die Gewinner der Globalisierung sind die Unternehmenseigner und Vermögensbesitzer, denn sie besitzen den knapper gewordenen Produktionsfaktor Kapital. [...] Nur hoch qualifizierte Arbeitnehmer, die eher Komplemente der vielen Menschen sind, die ihre Arbeit weltweit zu Spottpreisen anbieten, könnten wie die Unternehmens- und Kapitaleigner zu den Gewinnern gehören. [...] Im Endeffekt wird sich die Konkurrenz zunehmend auch auf den Bereich der höheren Bildung ausdehnen."[43] Die US-Ökonomen Daron Acemoglu und David Autor haben berechnet, dass die USA zwischen 1999 und 2011, konservativ geschätzt, zwischen 2,0 und 2,4 Millionen Arbeitsplätze an China verloren haben.[44] Die Folgen können örtlich dramatisch sein, wenn es an sozialstaatlicher Stabilisierung mangelt,[45] weil dann die Haushaltseinkommen in der betroffenen Region steil abfallen.[46] Laut Globalisierungsreport 2016 hat China 1995–2013 fast 16 Prozentpunkte an Wettbewerbsfähigkeit und Weltmarktanteilen gewonnen, die USA um die vier Prozentpunkte verloren.[47]

„Die Dosis macht das Gift“ – auch beim Freihandel?

Vor solchem Hintergrund gewinnen „America First“-Forderungen, wie sie Präsident Trump formulierte, eine etwas andere Färbung. Weniger Welthandel und mehr Autarkie, geringeres nationales Wachstum, aber Teilhabe aller an seinen Früchten (inclusive growth), ein materialistisch etwas niedriger und dafür womöglich ökologisch verträglicher verlaufender US-Entwicklungspfad – protektionistische Strategien lassen sich publikumswirksam verpacken.[48] Jedenfalls handelt es sich bei den zwischen- und innerstaatlichen Verteilungswirkungen der freihändlerischen Globalisierung um Fragen, die demokratischer Gestaltung zugänglich sind und obliegen. Dabei ist ein Mindestmaß an materieller Gleichheit der Staatsbürger sogar eine notwendige Voraussetzung für vitale demokratische Institutionen.[49] Die Debatte um soziale Gerechtigkeit zählt zum Kernbereich demokratischer Selbstbestimmung. Und die Umverteilung infolge Handels zählt zum Kern des Themas soziale Gerechtigkeit. Das ist der Mehrheit der Bürger auch durchaus bewusst.[50]

Darum war die Handelspolitik in der gesamten Geschichte der USA eine Quelle bitterer sozialer Konflikte,[51] und darum gibt es zahlreiche Studien zur politischen Ökonomie der Handelspolitik. Sie versuchen im Grunde die Frage zu beantworten: Warum ist der Welthandel nicht völlig frei von allen Hindernissen?[52] Vor der Erfindung der Einkommensteuer hatte das vermutlich vor allem damit zu tun, dass sich Handel so bequem kontrollieren und mit staatlichen Abgaben belegen lässt. Heute wird das an sich mögliche Ausmaß des Handels vermutlich vor allem deshalb beschränkt, weil die dramatischen Umverteilungsfolgen eines völlig freien Handels in vielen Gesellschaften den sozialen Zusammenhalt sprengen würden. Darum besteht Handelspolitik geradezu im Verhindern von zu viel Handel. Art. XIX GATT (Einfuhrbeschränkungen zum Schutz inländischer Produzenten) ist Ausdruck davon, wie nötig entsprechende Stoßdämpfer und Sicherheitsventile (Douglas A. Irwin) sind; und der frühere WTO-Generaldirektor Mike Moore hat die WTO mit einem Auto verglichen, das nur ein Gaspedal hat, aber mehr als 140 Handbremsen.[53]

Gerade in entwickelten Volkswirtschaften haben viele Bürger durch handelsbedingte rapide und radikale Veränderungen viel zu verlieren, auch wenn durch sie manche Gruppen und die Gesamtheit der Verbraucher noch mehr gewönnen. Viele Einzelgruppen organisieren ihr

Interesse, das Bestehende nur behutsam fortzuschreiben, und bringen es in den politischen Prozess ein. Mitunter sind Gruppeninteressen Staatsräson, wie etwa die Agrarinteressen für Frankreich, was zu der freihandelsfeindlichen europäischen Agrarmarktordnung geführt hat. Das alles ist ökonomisch suboptimal und aus der Gesamtschau auf das Gesamtwohl der Menschheit vermutlich zu bedauern, aber die meisten Regierungen machen Politik für ihre Wähler, nicht für die Menschheit, und es ist meist leichter, Stimmen für den Schutz eines Marktes zu bekommen als für seine Öffnung (Walter Lippman). Auch deshalb sah die Praxis der Handelspolitik vor dem GATT so aus, wie wir es nun kurz beschreiben.

Die handelspolitische Praxis bis 1945

Ein führender Handelshistoriker zog als die Summe seiner Erkenntnisse: „Wenn man sie genau untersucht, bietet Handelspolitik keinen schönen Anblick.“[54] Im 17. und 18. Jahrhundert waren die Staaten zur Finanzierung ihrer Aufgaben auf hohe Zölle angewiesen. Der Finanzbedarf stieg besonders in Kriegszeiten. So vervierfachten sich beispielsweise in England die Importzölle zwischen 1690 und 1704.[55] Dabei ging es noch nicht um den Schutz eigener Industrien. Besteuert wurden Wein und Brandy, die man in England nicht herstellen konnte, und Tabak, dessen Anbau in England verboten war, um die Importzolleinnahmen nicht zu gefährden. Die Nachfrage war so ausreichend unelastisch, dass die Krone trotz halbierten Weinimports mit dem erhöhten Tarif mehr einnahm als zuvor. Außerdem gab es hohe Zölle gegen den ausländischen (nicht den eigenen kolonialen) Import von Zucker und Tabak. Mit Frankreich lieferte man sich Zollkriege, was zum Aufbau einer britischen Seidenindustrie beitrug. Allmählich senkte man die Ausfuhrzölle, weil der Export gefördert werden sollte. Die Zollreformen von 1722 standen bereits im Zeichen des Protektionismus für die heimischen Manufakturen.[56] Dieser Schutz wurde immer bewusster immer weiter ausgebaut. Während der gesamten Aufstiegsphase Großbritanniens und noch während der industriellen Revolution wurde eine merkantilistische Politik betrieben. Dank Adam Smith und seinem *Der Wohlstand der Nationen* begann sich allmählich ein handelsfreundlicheres Paradigma durchzusetzen. Pitt der Jüngere (1759–1806) zum Beispiel hatte sich Smiths Werk gedanklich zu eigen gemacht und bezog sich in seiner Handelspolitik darauf.[57] Die anderen europäischen Mächte folgten einer Schutzzollpolitik.[58] In den 1830er-Jahren machte Richard Cobden den Freihandelsgedanken in England populär. Bis 1841 galt noch ein Exportverbot für Maschinen, bis 1842 ein Auswanderungsverbot für Facharbeiter, um den eigenen technologischen Vorsprung zu schützen. Dann führten Wahlrechtsreformen, die wachsende Exportstärke der britischen Industrie und die endgültige Einführung der Einkommensteuer (1842) zur zunehmenden Liberalisierung der Handelspolitik.[59] In den 1860er-Jahren entstand dank britischem Beispiel allmählich ein europäisches Geflecht von Freihandelsverträgen. Zuvor hatten die meisten Staaten protektionistisch eigene *infant industries* vor der übermächtigen englischen Konkurrenz (dem britischen „Freihandelsimperialismus") zu schützen versucht und durch Handelsbarrieren Sonderinteressen wie etwa die ihrer jeweiligen Großgrundbesitzer bevorzugt. Ab 1873 erlebte Europa eine wirtschaftliche Depressionsphase, die viele Staaten (wie Deutschland und Frankreich) dazu bewegte, sich vom freieren Handel wieder abzuwenden. Andere, wie Russland, industrialisierten sich mithilfe von Schutzzöllen immer noch.[60] Nur Großbritannien blieb freihändlerisch gesinnt, obwohl das nicht mehr unbedingt dem nationalen Interesse diente, weil die ausländische Konkurrenz qualitativ und dem Preis nach die britischen Hersteller (und die heimischen Arbeitsplätze) schwer unter Druck setzte und den industriellen Niedergang beschleunigte.[61] Es drängen sich Parallelen auf zu der heutigen Debatte, ob womöglich die USA durch eine zu einseitig am Freihandelsgedanken orientierte Politik ihr nationales Gesamtinteresse schwächen.

In den USA war der Kongress gerade einmal vier Tage alt, als erstmals ein Abgeordneter beantragte, „to protect our infant manufacturers".[62] Ab 1816 wurde eine protektionistische Handelspolitik betrieben. Von da an gab es bis 1934 nur zwei kurze Perioden ohne protektionistisch hohe Zölle (1846–1860 und 1913–1922).[63] Parallel zu diesem Protektionismus begann die US-Regierung um 1900, die antiimperiale Idee einer Politik der offenen Tür zu propagieren, worunter der gleiche Zugang für die Waren und Finanzen aller Nationen zu allen Märkten (auch den europäischen Imperien) verstanden wurde, in der zuversichtlichen Erwartung, dann würden die US-Exporteure und Bankiers bald genug alle anderen beiseitefegen.[64] Nach ihrem Eintritt in den Ersten Weltkrieg kreditierten die USA Großbritannien und Frankreich und finanzierten die eigenen Kriegsanstrengungen mit Liberty Bonds (über 17 Milliarden

Dollar plus 8,8 Milliarden Dollar an Steuern wurden so aufgebracht), in die Millionen Amerikaner ihre Ersparnisse investierten. Zwischen 1916 und 1921 stieg die Inflation scharf an, worauf die Federal Reserve Bank den Zinssatz dermaßen anhob, dass es zu einem deflationären Schock kam. All das löste den protektionistischen Fordney-McCumber Tariff (1922) aus, und die USA drohten wichtigen Partnern mit noch höheren Zöllen, um Handelszugeständnisse zu erlangen.[65]

Seit 1919 war die wirtschaftliche Zusammenarbeit in Europa und mit den Vereinigten Staaten obendrein durch endlose Streitigkeiten über die Kriegsschulden der Alliierten und die deutschen Reparationen beeinträchtigt. Die USA bestanden auf der Rückzahlung der amerikanischen Kredite durch London und Paris, und diese wiederum verlangten, dass Deutschland für seine angebliche Kriegsschuld und für die dadurch verursachten Kosten und Schäden aufkommen müsse. Eine Reihe von Plänen für die Zahlung der deutschen Reparationsschuld erwies sich als ökonomische Science-Fiction. Die deutsche Wirtschaft blieb brüchig und abhängig von ausländischen (vor allem amerikanischen und britischen) Krediten, und die deutsche Politik radikalisierte sich. Es herrschten gegenseitiges Misstrauen und Ressentiments zwischen allen beteiligten Regierungen, und keine wollte den eigenen Bürgern die ungeschminkte Rechnung für die Kosten des Krieges (der überall größtenteils auf Kredit geführt worden war) präsentieren. Innenpolitische Kontroversen und Verteilungskämpfe bestimmten auch die Außenpolitik und schwappten ständig in die internationalen Wirtschaftsbeziehungen hinüber. Die Wirtschafts- und Finanzpolitik in den wichtigsten Ländern zielte darauf ab, das illusionäre Ziel einer Vorkriegsstabilität zu erreichen, und zwar durch striktes Sparen, deflationäre Maßnahmen und feste Wechselkurse, die an einen wiederhergestellten Goldstandard gebunden sein sollten. Die Währungsbeziehungen zwischen den führenden westlichen Mächten waren von Rivalität und Konflikten geprägt, und oft war man sich nicht einmal über wichtige Begrifflichkeiten einig. Die Achterbahn der Ereignisse kann hier nicht im Einzelnen dargestellt werden. Schon allein die gordische Verbindung von Reparationen und Kriegsschulden schien eine Kombination aus Weltuntergangsmaschine und Rube-Goldberg-Konstruktion zu sein. Überholtes wirtschaftliches und fiskalisches Denken, internationale Rivalität und die goldenen Fesseln des Goldstandards der Zwischenkriegszeit machten das System noch anfälliger, schwieriger zu handhaben und hochgradig entflammbar. Ständig wechselnde nationale politische Mehrheiten und Regierungen ließen die internationale Politik wie einen Spielautomaten erscheinen, der nur selten Gewinnkombinationen von Regierungen zeigte, die zur internationalen Zusammenarbeit bereit und fähig waren. Anstatt zu kooperieren, versuchten die meisten Länder, sich durch Protektionismus und Einfuhrbeschränkungen, durch Währungsabwertung und Devisenkontrollen Vorteile zu verschaffen. Selbst bei akuten Bankenkrisen, Verknappungen der Geldmengen, Schrumpfung des Welthandels und Börseneinbrüchen zankten sich die Regierungen weiter und handelten prozyklisch, was die ineinandergreifenden Probleme verstärkte und zu einem Zusammenbruch des Handels und der Kreditvergabe führte.[66]

Zwischen 1929 und 1932 fiel das Volumen des Welthandels um 26 Prozent, die weltweite Industrieproduktion um 32 Prozent, und die Arbeitslosigkeit lag in vielen Ländern bei über 20 Prozent.[67] Die meisten Länder versuchten sich von der Krise durch höhere Zölle, Einfuhrquoten und Devisenmarktbeschränkungen abzuschirmen, doch das verschlimmerte die Lage nur. Mit dem Smoot-Hawley Act von 1930 erreichte der amerikanische Protektionismus seine Gipfelhöhe. Mehr als tausend Ökonomen hatten Präsident Hoover in einem Brief beschworen, gegen den Gesetzesakt sein Veto einzulegen.[68] Aber Hoover wollte den amerikanischen Mittelstand vor europäischen Importen schützen, die wegen der vergleichsweise schwachen Währungen und niedrigen Lohnkosten der Europäer besonders konkurrenzfähig waren, und er meinte, die amerikanischen Exporte würden darunter schon nicht leiden, denn er nahm die massiven Drohungen anderer Staaten mit Vergeltung nicht ernst.[69] Der Smoot-Hawley Act wird darum auch als Versuch gelesen, eine „optimaler Zoll"-Strategie zu verwirklichen.[70] Sollte es sich dabei tatsächlich um einen solchen Versuch gehandelt haben, ging er auf traurig-spektakuläre Weise schief. Selbst kleinere Volkswirtschaften wie Spanien entzogen den USA die Meistbegünstigung und erhoben Strafzölle von zusätzlichen 100 bis 700 Prozent. Andere, wie die Schweiz, befürworteten den privaten Boykott amerikanischer Waren (wie Autos und Schreibmaschinen). Große Volkswirtschaften wie Frankreich und Italien erhöhten die Zölle.[71] Der Völkerbund sprach von einem Zollkrieg.[72] Die US-Importe fielen von 1929 bis 1933 von 4,4 auf 1,5 Milliarden Dollar, die Exporte sogar von 5,2 auf 1,7 Milliarden Dollar.[73] Auch die USA rutschten durch Smoot-Hawley noch tiefer in die Große Depression. Die Vereinigten Staaten änderten unter dem Eindruck der Katastrophe ihre Außenhandelspolitik fundamental. Der Kongress übertrug 1934 mit dem Reciprocal Trade Agreements Act (RTAA) dem Präsidenten die Außenhandelspolitik und ermächtigte ihn, Zölle im Vergleich zum Smoot-Hawley-Niveau um bis zu 50 Prozent zu senken (oder anzuheben) und Verträge mit der Meistbegünstigungsklausel abzuschließen. Die Kompetenzübertragung war ein Wendepunkt. Sie schloss die im Kongress üblichen Stimmentausch- und Paketgeschäfte für Sonderinteressen aus, sie ermöglichte dem Präsidenten ein handelspolitisches Agendasetting mit besserer Einbeziehung sonstiger außenpolitischer Belange, und sie erleichterte dem Kongress die Zustimmung zu Handelsverträgen, weil das bisherige Erfordernis einer Zweidrittelmehrheit im Senat entfiel. Von da an strebten die USA nach weltweit immer niedrigeren Zollsätzen, und ihre Handelspolitik stand im Zeichen der Reziprozität und der internationalen Verhandlungen statt einseitiger Gesetzgebung.[74] Als dann, noch während der Zweite Weltkrieg tobte, die Briten und Amerikaner über die Nachkriegsordnung nachzudenken begannen, waren für sie die Lehren aus dem Zollkrieg und der Weltwirtschaftskrise der 1930er-Jahre klar: Sie entwarfen das Konzept für die kopernikanische Wende einer handelsfreundlichen, neuen Ordnung: das GATT.[75]

Kapitel 7 Die Wirksamkeit von Wirtschaftssanktionen, Gewinnbarkeit von Handelskriegen, Erfolgsaussichten des Wirtschaftskrieges mit Russland, Zusammenhänge zwischen Wirtschaftsbeziehungen und Kriegsursachen

Die Wirksamkeit von Wirtschaftssanktionen

Unter der Wirksamkeit von wirtschaftlichen und finanziellen Sanktionen wird hier ihre Fähigkeit verstanden, die für sie gesetzten Ziele zu erreichen.[1] Sie zählt zu den umstrittensten Themen des Faches Internationale Beziehungen.[2] Manche Autoren bewerten solche Sanktionen als praktisch nutzlos, während andere sie als hilfreiche und wichtige Instrumente betrachten. Nicht selten wird dieselbe Sanktionsepisode von den einen als Erfolg (oder als gewolltes Scheitern)[3] und von den anderen als Fehlschlag beurteilt, und es gibt für die Analyse keine allseits anerkannten Maßstäbe. Einige verwenden ausgefeilte ökonometrische Modelle zur Bewertung von Schäden, Kosten und Wirksamkeit,[4] aber selbst dann bleiben viele kontroverse Fragen und Unklarheiten bestehen.[5] In jedem Fall ist es ratsam, einige allgemeine Aspekte im Auge zu behalten, wenn man Sanktionsstrategien entwirft oder die Wirksamkeit ergriffener Sanktionen beurteilt. Erstens: Jede Sanktionsepisode ist historisch einzigartig, und selbst eine einzige Episode kann im Laufe der Zeit unterschiedliche Phasen durchlaufen, zum Beispiel wenn Störer, die die Wirksamkeit der

Sanktionen schwächen, die Szene betreten oder verlassen. Sanktionen haben zweitens oft (zu) viele Ziele, wie zum Beispiel (im Fall Saddam Hussein) aggressives Verhalten einzudämmen, die Aufrüstung und den Erwerb von Massenvernichtungswaffen zu verhindern und politische Reformen oder sogar einen Regimewechsel herbeizuführen. Drittens werden die Ziele selten vollständig erreicht oder verfehlt. Was normalerweise herauskommt, ist weder ein strahlender totaler Sieg noch eine schwarze totale Niederlage, sondern ein Fall von fünfzig Grautönen. Es ist schwer, diese Schattierungen abzuschichten und zu bestimmen, welcher Bereich auf der Skala zwischen Schwarz und Weiß als Erfolg gelten soll. Viertens: Viele Ursachen und Wirkungen lassen sich nur verschwommen und ungewiss wahrnehmen. Darum bringt einerseits Prävention oft wenig Ruhm ein – falls Sanktionen oder gar ihre bloße Androhung den Adressaten dazu bringen, unerwünschtes Verhalten von vornherein zu unterlassen, ist der Ursachenzusammenhang schwer nachzuweisen. Andererseits kann eine erwünschte Verhaltensänderung des Adressaten statt durch die gegen ihn verhängten Sanktionen auch durch andere Faktoren verursacht worden sein. Fünftens sollte auch bedacht werden, dass Sanktionen wirtschaftliche, politische und soziale Kosten nicht allein für den Zielstaat und den Absender, sondern auch für Dritte haben. So verlor etwa in einer Sanktionsepisode der 1990er-Jahre der Zielstaat Irak Öleinnahmen, einige Ölunternehmen aus den Absenderstaaten büßten Gewinne ein, und die Türkei als Drittpartei verlor etwa 20 Milliarden Dollar aus Pipelinetransitgebühren und anderem Handel mit dem Irak.[6] Sechstens müssen alle wirtschaftlichen, politischen und sozialen Kosten einberechnet werden, wenn eine Sanktionsstrategie erarbeitet oder wenn nachträglich bewertet wird, ob Sanktionen den Aufwand wert waren. Siebtens können unerwünschte Kosten oft vermieden oder reduziert werden. Die Sanktionen gegen den Irak sind dafür ein düsteres Beispiel. Die irakische Wirtschaft und Infrastruktur (Gesundheitsversorgung, Wasseraufbereitung, Abfallentsorgung) waren bereits durch den Krieg gegen Iran (1980–1988) und die Niederlage des Irak nach seiner Invasion in Kuwait (Golfkrieg 1991) beeinträchtigt. Dann verschlimmerten die UN-Sanktionen die zunehmende humanitäre Krise, und Saddam Hussein verweigerte jahrelang die nötige Zusammenarbeit dafür, das Leid der Bevölkerung zu lindern. Seriösen Schätzungen zufolge sind 1991 bis 1998 zwischen 227 000 und 300 000 irakische Kinder unter fünf Jahren mehr gestorben, als ohne den Golfkrieg und die damit verbundenen Sanktionen zu erwarten gewesen wären.[7] Diese Todesopfer lassen sich nicht ausschließlich auf die Sanktionen zurückführen,[8] aber zweifellos haben diese die Not noch vergrößert. Das UN-Programm *Oil for food* (ab 1996), das dem Irak den Verkauf von Erdöl erlaubte, um mit dem Erlös Medikamente und Lebensmittel zu kaufen, führte im Lauf der Zeit zu erheblichen Verbesserungen, auch wenn es vom irakischen Regime nicht ausreichend genutzt[9] und missbraucht[10] wurde. Man hätte aber ein solches Programm schon zu Beginn der Sanktionen auflegen sollen. Andere unerwünschte Kosten von Sanktionen können Streitigkeiten und Entfremdung zwischen Verbündeten sein – selbst überzeugte Unterstützer der USA wie Margaret Thatcher und Helmut Kohl beteiligten sich manchmal nicht an von Washington vorgeschlagenen Sanktionen, entweder weil sie sie für aussichtslos hielten oder weil sie den Verdacht hegten, die Amerikaner predigten Sanktionenwasser, tränken selbst aber Handelswein.[11] Achtens: Sanktionen können sich im Lauf der Zeit abnutzen oder nicht wiederholbar sein (sodass überlegt werden muss, aus welchem Anlass man den einzigen Pfeil abschießt, den man womöglich nur im Köcher hat), weil der Adressat seine Verwundbarkeit erkennt und etwas dagegen unternimmt. Das scheint zum Beispiel Japan gelungen zu sein, nachdem es 2010 von China mit der Nichtlieferung seltener Erden unter Druck gesetzt worden war.[12] Neuntens sollte die abschließende Frage immer lauten, ob bessere politische Optionen verfügbar sind oder waren. Selbst Sanktionen, die für den Absender kostspielig und beim Adressaten nur teilweise wirksam sind, können eine bessere Wahl sein, als nichts zu tun, kleinlaut zu protestieren oder zu den Waffen zu greifen.

Unter Berücksichtigung dieser allgemeinen Aspekte und Kriterien kommen wir beim Blick auf die Staatenpraxis und die ihr gewidmeten Studien[13] zu folgendem Ergebnis: Wirtschaftssanktionen können ein wirksames und wertvolles Instrument sein,[14] aber es gibt kein Patentrezept, das sie in jedem denkbaren Fall erfolgreich sein lässt. Wirtschaftssanktionen waren wirksam und wertvoll für die Beendigung der Apartheid in Südafrika;[15] zur Verminderung der Fähigkeit von Iran, sein nahes Ausland zu destabilisieren, und zum Erreichen des Atomdeals mit Teheran;[16] und um das Gaddafi-Regime dermaßen unter Druck zu setzen, dass es sich mäßigte, auf Massenvernichtungswaffen verzichtete und Schadenersatz für die Terrorakte leistete, die es begangen hatte.[17] Aber es gibt keine Patentrezepte: Umfassende Sanktionen sind nicht zwangsläufig wirksamer als sektorale (und umgekehrt); Schock- und Einschüchterungstaktiken (Einsatz des Hammers) erzielen nicht unbedingt bessere Ergebnisse als Sanktionen, die den Druck langsam erhöhen (Verwendung des Schraubenziehers); und die Bildung von Allianzen für Sanktionen kann erfordern, dass sie zu sehr verwässert werden müssen, um noch von wirklichem Nutzen zu sein, obwohl nachhaltige multilaterale Sanktionen, die ihren Namen verdienen, Alleingängen vorzuziehen sind. Finanzielle Sanktionen scheinen etwas wirksamer zu sein als Handelssanktionen – wahrscheinlich weil sie in Geschäftskreisen besonders viel wirtschaftlich schädliche Unsicherheit schaffen; weil Zahlungskanäle schwerer gewechselt werden können als Handelswege; und weil im Warenverkehr Schmuggel und Blockadebrecherei – mit jedweder Fracht von Kofferräumen voller Orientteppiche[18] bis zu Schiffsbäuchen voller Rohöl[19] – seit jeher ein besonders lukratives Geschäft sind. Es erscheint plausibel, dass unterschiedliche Ziele auch unterschiedliche Sanktionsregimes erfordern:[20] Um Verhaltensänderungen zu erreichen, sind Dialog und so etwas wie abgebrühte Verhörtechniken nötig – falls der Adressat kooperiert, wird das mit der Aufhebung von Sanktionen und/oder Gewährung von Anreizen belohnt; Widersetzlichkeit wird durch zusätzlichen Druck bestraft. Sanktionen zur Eindämmung von Störern sollten multilateral sein, weil es sonst schwierig ist, dem Zielstaat Ressourcen vorzuenthalten und ihn international auszuschließen und zu isolieren. Auf Regimewechsel zielende Sanktionen sollten möglichst allein die anvisierten Machthaber unter Druck setzen[21] und durch Maßnahmen ergänzt werden, die die Opposition ertüchtigen. Es ist wichtig, realistische Ziele zu definieren und zu bedenken, welche Kosten vernünftigerweise in Kauf zu nehmen sind, um sie zu erreichen. Ein Missverhältnis zwischen den Zielen und den ergriffenen Sanktionen lässt die Bemühungen entweder armselig oder übertrieben erscheinen; und Ungewissheit über die zumutbaren Kosten macht es Interessengruppen leicht zu behaupten, die Kosten seien unangemessen und unerträglich. Die Rhetorik, mit der die Sanktionen begleitet werden, sollte den Zielen entsprechen – es ist kontraproduktiv, begrenzte Verhaltensänderungen zu erstreben, indem man ein Regime zum Reich des Bösen und Feind des Menschengeschlechts erklärt. Man sollte außerdem nicht zulassen, dass Interessengruppen Sanktionsregimes unterwandern oder kidnappen, etwa indem sie sie aus Profitinteresse mit Ausnahmen durchlöchern oder indem sie komplexe internationale Beziehungen zur Geisel von Kampagnen zu einem einzigen Thema machen. Beides ist in den USA häufig der Fall gewesen, zum Beispiel bei der zahnlosen „Sanktionierung" des Sudan[22] und als die gesamten Beziehungen zur Sowjetunion und zu Russland an Fragen der Auswanderung von dort gefesselt wurden.[23] Demokratien können stolz sein auf aktive Interessengruppen und einen lebendigen Pluralismus, aber die Außenpolitik und Sanktionsentscheidungen sollten nicht durch geschickten Lobbyismus oder von monothematischen Kampagnen bestimmt werden, selbst wenn die sich auf so wichtige Werte wie die Menschenrechte berufen.[24] Es gibt Menschenrechtsverletzungen, die nicht tatenlos hingenommen werden dürfen; aber die Außen- und Verteidigungspolitik sollten immer genug Spielraum dafür behalten, den Umständen Handlungsalternativen zu entringen („rescuing choice from circumstance", John Lewis Gaddis).[25]

Die Gewinnbarkeit von Handelskriegen – der Fall des Präsidenten Trump

Die Gewinnbarkeit von Handelskriegen war das Thema eines der bekannteren Tweets von Präsident Trump: „Wenn ein Land (USA) viele Milliarden Dollar im Handel mit praktisch jedem Land verliert, mit dem es Geschäfte macht, sind Handelskriege gut und leicht zu gewinnen. […] Wenn wir mit einem bestimmten Land 100 Milliarden Dollar im Minus sind, und das Land wird frech, einfach nicht mehr mit ihm handeln – und wir gewinnen haushoch. Es ist ganz einfach!"[26]

Ist Handelskrieg immer eine Mission impossible?

Die überwältigend vorherrschende Meinung unter westlichen Wirtschaftswissenschaftlern und den Vertretern namentlich von exportorientierten Unternehmen besagt aber das Gegenteil: Handelskriege seien überhaupt nicht zu gewinnen! Sie argumentieren: Handelskrieg führe automatisch zu weniger Handel, weniger Handel zu suboptimaler Verwendung der Produktionsfaktoren der am möglichen Handel beteiligten Länder, und suboptimale Verwendung der Produktionsfaktoren zu insgesamt weniger Bruttosozialprodukt, Wachstum und Wohlstand. Handelskriege kennen daher nur Verlierer – dieses freihändlerische Mantra wird so laut und erfolgreich verkündet, dass Robert Pastor vom „cry-and-sigh-cycle" in der US-Außenwirtschaftspolitik gesprochen hat – vom

Aufschrei „Protektionismus!" bis zum Seufzer der Erleichterung, wenn am Ende doch keine substanziellen Handelsbeschränkungen beschlossen werden.[27] Präsident Trumps Drohungen lösten denn auch sogleich eine Reihe von Studien aus, die Handelskriege zwischen den USA und China oder zwischen vielen Beteiligten simulierten.[28] Sie ergaben, der Verlust an nationalem Einkommen sei zwar vorerst gering, das Eskalationspotenzial aber enorm: Zölle könnten sich ausbreiten und viel höher steigen, die Risikoprämien würden dann ebenfalls in die Höhe schießen, und die Verunsicherung und zunehmende Zukunftsängste würden grenzüberschreitende Geschäfte, künftige Investitionen und die internationalen Lieferketten beeinträchtigen. Am Ende werde all dies zu erheblichen Einbußen beim Bruttoinlandsprodukt führen.[29] Waren diese Befunde nur Teil eines weiteren Aufschrei-und-Seufzer-Zyklus, war Handelskrieg anzufangen nichts als gefährlicher Unfug, oder lassen sich auch Argumente dafür finden?

Man könnte argumentieren: Wenn das wirklich alles so einfach wäre, dann müssten eigentlich weltweit alle Zollsätze längst bei null liegen. Aber auch völlig freier Handel hat, wie oben gezeigt, meist durchaus nicht allseits nur Gewinner, sondern auch eindeutige Verlierer. Der abstrakte Gesamtwohlstand der Welt mag sich durch Freihandel erhöhen, der Wohlstand mancher Bevölkerungsgruppen kann dadurch dennoch dramatisch sinken, und sie verdienen womöglich Schutzzölle. Andererseits vermag, wie die Theorie des optimalen Zolls zeigt, ein Staat einem anderen durchaus höhere Preise aufzuerlegen, wenn die Struktur des bilateralen Handels das begünstigt: Wenn ein Land A nichts als Luxusuhren herstellt und auf den Import von Trinkwasser angewiesen ist, das es allein aus Land B beziehen kann, dann wird Land B in dem Zweierverhältnis sehr wahrscheinlich den Luxusuhrenpreis *unter* und den Wasserpreis *über* das Weltmarktniveau drücken können. Das kann man dann durchaus einen gewonnenen Handelskrieg nennen. Es hat immer wieder solche Konflikte gegeben, meist zwischen großen und kleinen Handelsnationen mit deutlich unterschiedlicher Nachfragemacht und Nachfrageelastizität.[30] Vielleicht meinte Präsident Trump also eigentlich: Handelskriege sind jedenfalls für uns, die USA, als Weltnachfragemacht erster Ordnung (consumer of last resort) leicht zu gewinnen.

Als Handelskrieg lässt sich auch die Abwehr unfairer Handelspraktiken verstehen. Die USA erlebten 1973 bis 1975 eine Schwemme von Autoimporten, vor allem weil ausländische Hersteller ihre Preise nicht an den gesunkenen Außenwert des Dollar anpassten, sondern lieber unter dem Preis auf ihren Heimatmärkten verkauften – klassisches Dumping. Der Kongressabgeordnete John Dent führte den handelspolitischen Kampf gegen diese Konkurrenz an, die ausländischen Hersteller drehten bei, und Importautos wurden teurer – eine schlechte Nachricht für den Weltwohlstand und US-Verbraucher vielleicht; aber die US-Autobauer bekamen wieder Luft, und Volkswagen eröffnete sein erstes Werk in den USA, was dort zu Gehaltszahlungen von 160 Millionen Dollar und Steuereinnahmen von 14 Millionen Dollar pro Jahr führte. Das kann man schon einen siegreichen Handelskrieg nennen. Das VW-Werk stand übrigens im Wahlkreis von – John Dent.[31]

Präsident Trump warf den Handelspartnern seines Landes ständig vor, sie verhielten sich unfair. Doch selbst wenn die Vereinigten Staaten gute Gründe hatten, sich zu beklagen, blieb zu klären, ob es aus amerikanischer Perspektive die vorteilhafteste Reaktion war, einen Handelskrieg zu eröffnen. Die richtige (soll heißen: die politisch kluge) Antwort hängt vor allem von der richtigen Maßeinheit und Messmethode ab. Wo findet man die? Tatsächlich wurden sie hier bereits beschrieben, als es um die Wirksamkeit von Wirtschaftssanktionen ging. Die Frage, ob, unter welchen Umständen und wie leicht Handelskriege zu gewinnen sind, ist strukturell teilweise deckungsgleich mit der Frage, ob gewaltlose Kampfmaßnahmen der wirtschaftlichen Staatskunst wie Embargos, Boykotts, Sanktionen und Entwicklungshilfe erfolgreich sein können. Dazu gibt es, wie erwähnt, sehr viele Untersuchungen, von denen lange Zeit die meisten zu dem Ergebnis kamen: Wirtschaftliche Kampfmaßnahmen bringen wenig bis nichts.

Gegen diese fast schon als Binsenwahrheit betrachtete herrschende Meinung hat David Baldwin 1985 die inzwischen als Klassiker des Genres geltende Studie *Economic Statecraft* veröffentlicht. Darin stellte er den wirtschaftlichen Kampfmaßnahmen mit überzeugender Begründung ein deutlich besseres Zeugnis aus. Die Analyse ihrer Wirksamkeit und Nützlichkeit dürfe sich nämlich nicht auf ihre rein wirtschaftliche Bilanz beschränken. Es sei ein Denkfehler, einfach die ökonomischen Kosten beim Sende- und beim Empfängerstaat der Kampfmaßnahmen zu vergleichen, um deren Erfolg zu messen. Er nannte dafür vier Gründe: Erstens seien die diplomatischen, psychologischen, symbolischen, politischen und militärischen Ziele und Folgen mindestens ebenso wichtig wie die wirtschaftlichen. Man müsse sich also genau überlegen, wer was bei wem erreichen wolle und welche Haupt- und Nebenfolgen das erwogene Kampfmittel auf allen möglichen Feldern haben werde oder haben könne – bei dem oder den Adressaten, bei unbeteiligten Beobachtern und bei einem selbst. Zweitens gehe es bei der Entscheidung über wirtschaftliche Kampfmaßnahmen nicht vorrangig um die in Geld auszudrückenden Kosten für einen selbst und den Gegner, sondern um die Beeinflussung des Verhaltens anderer (Dritte eingeschlossen) im nationalen Interesse. Diesem nationalen Interesse seien nötigenfalls rein wirtschaftliche Erwägungen unterzuordnen (da seien sich die Klassiker des Merkantilismus und der Freihandelsidee völlig einig gewesen, während die meisten zeitgenössischen Ökonomen nicht einmal mehr verstünden, dass das wirtschaftliche Interesse nur ein Teilaspekt des nationalen Gesamtinteresses sei). Es gebe sogar Fälle, in denen eigene Kosten nötig und wünschenswert seien, um die Ernsthaftigkeit des Signals zu unterstreichen. Drittens komme es bei der Entscheidung über wirtschaftliche Kampfmaßnahmen vor allem darauf an, wie ihre Gesamtbilanz für den Sendestaat im Vergleich zu den entsprechenden Bilanzen seiner eigenen alternativen Handlungsoptionen (etwa: Nichtstun, verbaler Protest, bewaffnete Gewalt) aussehe. Bei dem Vergleich könne sich ein Wirtschaftskampf sogar dann als beste Option herausstellen, wenn er den Sender wirtschaftlich mehr schädige als den Empfänger. Auch gelte es immer zu fragen, was ohne die geprüfte/ergriffene Kampfmaßnahme geschehen würde/wäre – etwas Besseres oder Schlechteres als der beabsichtigte Erfolg? Viertens seien in fast jedem Falle Erfolg oder Misserfolg nicht hundertprozentig, sondern graduell; nicht Schwarz oder Weiß herrschten vor, sondern – wie oben erwähnt – viele Grautöne. Außerdem gebe es einfach und schwer zu erreichende Maßnahmenziele und oft gleichzeitig ganze Bündel davon. Ein Quantum Erfolg oder Misserfolg sei dann je nach der Komplexität und Vielfalt des Erstrebten mehr oder weniger wert.[32]

Die Stationen des Handelskrieges von Präsident Trump

Bevor dieser Test auf Präsident Trumps Handelspolitik angewendet wird, seien kurz deren wichtigste Entscheidungen und Ereignisse skizziert:[33] Im Januar 2017 zog der Präsident die USA aus dem Trans-Pacific Partnership Agreement (TPP) zurück,[34] einem Handelspakt, der dann von den verbleibenden elf Unterzeichnerstaaten überarbeitet wurde und als

Comprehensive and Progressive Agreement for Trans-Pacific Partnership (CPTTP) in Kraft trat. Die Verhandlungen mit der Europäischen Union über ein transatlantisches Freihandelsabkommen (Transatlantische Handels- und Investitionspartnerschaft, englisch Transatlantic Trade and Investment Partnership, TTIP) kamen nach Trumps Amtsantritt zum Erliegen. Die Trump-Regierung kündigte im November 2019 das Pariser Klimaschutzabkommen auf, doch wurde die Kündigung nicht wirksam und von Präsident Biden noch an seinem ersten Tag im Amt wieder zurückgenommen. Präsident Trump verlangte von Kanada und Mexiko eine Neuverhandlung des Nordamerikanischen Freihandelsabkommens (NAFTA), das im September 2018 durch das United States-Mexico-Canada-Agreement (USMCA) ersetzt wurde, welches 2020 in Kraft trat. Im Januar 2018 verhängte die Trump-Regierung Schutzzölle, um die amerikanischen Solarpanel- und Waschmaschinenindustrien zu schützen. Die Republik Korea (Südkorea) leitete gegen beide Zölle ein Beschwerdeverfahren bei der Welthandelsorganisation ein, und die Volksrepublik China tat das Gleiche hinsichtlich des Solarpanelzolls. Im März 2018 kündigte der Präsident Zölle auf Stahl- und Aluminiumimporte an (größtenteils solche aus Kanada, der EU, Mexiko, Japan und Südkorea) und begründete das mit angeblichen Erfordernissen der nationalen Sicherheit. Die EU kündigte an, sie werde dagegen eine WTO-Beschwerde einreichen und Zölle auf US-Exporte wie Motorräder, Bluejeans und Whiskey erheben. Die USA begannen verschiedene Länder und die EU aus verschiedenen handelspolitischen Gründen von den angekündigten Zöllen zu befreien, widerriefen aber später einige dieser Ausnahmen wieder. Im März 2018 veröffentlichte die Trump-Regierung einen Bericht über unfaire Praktiken Chinas in den Bereichen Handel, Technologietransfer, geistiges Eigentum und Innovation.[35] China verhängte daraufhin im April 2018 Vergeltungszölle auf verschiedene US-Produkte. Die EU tat dasselbe im Juni 2018, woraufhin der US-Motorradhersteller Harley Davidson ankündigte, er werde Produktion ins Ausland verlagern, um Vergeltungszölle zu vermeiden. Kanada verhängte im Juli 2018 zusätzliche Zölle über US-Produkte, und die USA leiteten WTO-Streitschlichtungsverfahren gegen Kanada, China, die EU, Mexiko und die Türkei ein und behaupteten, die US-Zölle auf Stahl und Aluminium seien aus Gründen der nationalen Sicherheit nach Art. XXI GATT rechtmäßig. (Im Jahr 2019 wurde auch noch Indien in den Kampf hineingezogen, und 2020 kam es zu einem weiteren Schlagabtausch mit Kanada.) Die

USA und China drohten sich gegenseitig wiederholt mit immer größeren Zollerhöhungen. Die USA verschärften mit überparteilicher Unterstützung ihre Gesetzgebung zur Überprüfung ausländischer Investitionen[36] und des Technologietransfers ins Ausland[37] aus Gründen der nationalen Sicherheit, und von Juni bis September 2018 traten US-Zölle auf chinesische Einfuhren im Gesamtwert von rund 250 Milliarden Dollar und chinesische Zölle auf US-Einfuhren im Wert von 110 Milliarden Dollar in Kraft. Danach unterzeichneten beide Seiten im Januar 2020 ein Handelsabkommen. Darin sagte China zu, zusätzliche US-Exporte im Wert von 200 Milliarden Dollar zu kaufen, versprach aber keine Änderungen in Bezug auf seine Subventionen und staatseigenen Unternehmen, die zwei wichtige Ursachen für den Handelskonflikt gewesen waren. Das Versprechen, mehr zu kaufen, ist allem Anschein nach bisher nicht eingelöst worden.[38] 2018 und 2019 prüfte die Trump-Administration, ob importierte Autos und Autoteile die nationale Sicherheit der USA gefährden, drohte mit Strafzöllen und forderte freiwillige Begrenzungen ausländischer Autoexporte, aber das führte zu nichts. 2019 trug die Drohung der USA, Zölle auf mexikanische Produkte zu erheben, wahrscheinlich dazu bei, dass Mexiko ein Abkommen unterzeichnete, in dem es sich verpflichtete, die illegale Einwanderung in die USA zu verringern oder ganz zu unterbinden.

Im Dezember 2020 trat der Holding Foreign Companies Accountable Act[39] in Kraft, der verlangt, dass ausländische börsennotierte Firmen sich der Bilanzprüfung durch das Public Company Accounting Oversight Board unterwerfen (andernfalls droht der Ausschluss von der Börse). Davon waren ca. 260–280 chinesische Firmen betroffen. China lehnte aus Gründen der nationalen Sicherheit eine US-Bilanzprüfung zunächst ab. Im August 2022 wurde ein Kompromiss gefunden, der den chinesischen Firmen bis auf Weiteres den Verbleib an den Börsen erlaubt.[40] 2020 und erneut im Mai 2021 wurde in den Kongress parteiübergreifend ein Gesetzesvorschlag eingebracht, der es der Leitung des milliardenschweren Bundespensionsfonds (Federal Retirement Thrift Investment Board) untersagen würde, seine Mittel in chinesische Aktien zu investieren.

Der IKT-Konflikt

Parallel zum amerikanischen Handelskonflikt mit China entwickelte sich eine Auseinandersetzung im Bereich der Informations- und Kommunikationstechnologie (IKT). Im März 2016 war ZTE, Chinas zweitgrößter Hersteller von IKT-Ausrüstungen, vom US-Handelsministerium auf die Entity List gesetzt worden.[41] Hierbei handelt es sich um eine schwarze Liste für den Handel, die vom Bureau of Industry and Security des Ministeriums verwaltet wird. Personen, Unternehmen und Regierungen, die auf dieser Liste stehen, unterliegen zusätzlichen Genehmigungsanforderungen für den Kauf, den Verkauf und den Export amerikanischer Technologie. Es war festgestellt worden, dass ZTE gegen US-Sanktionen gegen Iran (und andere) verstoßen hatte, indem es in den USA hergestellte Waren dorthin verkauft hatte.[42] Da ZTE von US-Komponenten abhängig ist, hatte die Listung das Potenzial, die Lieferkette von ZTE zu zerstören. Im März 2017 stimmte ZTE in einem Vergleich zu, sich schuldig zu bekennen und insgesamt 1,19 Milliarden Dollar an Geldstrafen zu zahlen. US-Beamte berichteten, ZTE habe ein ausgeklügeltes System betrieben, um US-Elektronik nach Iran zu schleusen, und 283 Lieferungen von Mikroprozessoren, Servern und Routern nach Nordkorea vorgenommen.[43] Im April 2018 stellte das Handelsministerium fest, ZTE habe gegen die Vereinbarung von 2017 verstoßen, und untersagte ZTE für sieben Jahre den Erwerb sensibler US-Technologien und -Software.[44] Das brachte ZTE an den Rand des finanziellen Zusammenbruchs. Präsident Trump schaltete sich ein und twitterte, er arbeite mit Präsident Xi Jinping daran, „ZTE wieder ins Geschäft zu bringen, und zwar schnell. Zu viele Arbeitsplätze in China gingen verloren."[45] Im Juli 2018 wurde das Verbot aufgehoben. „ZTE wurde verpflichtet, eine Strafe in Höhe von 1 Milliarde US-Dollar zu zahlen, 400 Millionen US-Dollar bei einer amerikanischen Bank zu hinterlegen, seine Führung zu erneuern und zuzulassen, dass ein Team von Compliance-Beobachtern für zehn Jahre im Unternehmen installiert wird."[46] Im Januar 2019 erhob das US-Justizministerium Anklage gegen Huawei, Chinas größten Telekommunikationsausrüster, wegen Finanzbetrugs, Geldwäsche, Verschwörung zum Betrug an den USA, Behinderung der Justiz und Verstößen gegen Sanktionen.[47] Im Mai und August 2019 wurden Huawei und mit dem Unternehmen verbundene Unternehmen auf die Entity List gesetzt.[48] Im Mai 2020 änderten die USA ihre Foreign-produced Direct Product Rule so ab, dass es zu einem Verstoß gegen die Export Administration Regulations (EAR) wurde, Huawei und andere Unternehmen auf der Entity List wissentlich mit Halbleitern (Computerchips etc.) und anderen Gütern zu beliefern, die außerhalb der Vereinigten Staaten unter Verwendung bestimmter Technologie oder Software hergestellt wurden, die den EAR unterliegen oder die in einer Anlage oder durch Ausrüstung produziert wurden, die ihrerseits das direkte Produkt bestimmter Technologie oder Software amerikanischen Ursprungs ist.[49] Die beabsichtigte Wirkung war, Huawei vom größten Teil des Weltmarktes für Komponenten auszuschließen. Ausländische Lieferanten wurden vor die Wahl gestellt, entweder Huawei nicht weiter zu beliefern oder in den USA hergestellte Anlagen und Software zur Halbleiterfertigung zu verlieren. Im September und Dezember 2020 schränkte das Handelsministerium die US-Verkäufe an den großen chinesischen Halbleiterhersteller Semiconductor Manufacturing International Corporation (SMIC) ein, da es der Ansicht war, dass diese Verkäufe ein „inakzeptables Risiko der Abzweigung für die militärische Endverwendung" darstellten, und setzte SMIC auf die Entity List.[50] Berichten zufolge setzte sich die Regierung außerdem erfolgreich bei der niederländischen Regierung dafür ein, dem niederländischen Unternehmen ASML Exportlizenzen zu verweigern, die es benötigte, um hoch entwickelte Maschinen zur High-End-Chipproduktion nach China zu verkaufen.[51] (Ähnlich intervenierte 2016 die Obama-Regierung in Berlin mit eigenen Sicherheitsbedenken gegen den chinesischen Erwerb von Aixtron, einem deutsch-amerikanischen Hersteller von Maschinen zur Chipproduktion, für den auch die USA Aufsichtsbefugnisse hatten).[52]

Im Juli 2020 setzte Präsident Trump den Hong Kong Autonomy Act in Kraft, wonach ausländische Personen und ausländische Finanzinstitute sanktioniert werden, wenn sie die Autonomie Hongkongs gemäß der Gemeinsamen Chinesisch-Britischen Erklärung vom Dezember 1984 untergraben.[53] Im August 2020 unterzeichnete Präsident Trump Executive Orders, die darauf abzielten, die chinesischen sozialen Netzwerke TikTok und WeChat zu verbieten, und begründete dies mit nationalen Sicherheitsbedenken, dass die Apps ihre Nutzer ausspionieren und die Daten nach China senden könnten; aber Bundesrichter blockierten das Verbot von TikTok[54] und WeChat.[55] Präsident Biden zog die Anordnungen im Juni 2021 zurück, unterzeichnete aber eine neue Verfügung, die eine Sicherheitsüberprüfung von Apps mit Verbindungen zu ausländischen Gegnern, einschließlich China, anordnete.[56]

All diese Maßnahmen der Trump-Regierung wurden ständig begleitet von öffentlichen Erklärungen und angeblich auch von internen Wutausbrüchen, wonach die amerikanischen Handelsdefizite mit China und den Verbündeten der Beweis dafür seien, dass sie alle die USA ausnutzten, dass China systematisch Fouls begehe, spioniere und US-Technologien stehle und dass die Verbündeten viel zu wenig zu ihrer eigenen Verteidigung und Sicherheit beitrügen.

Die wirtschaftlichen Folgen

Was waren die wirtschaftlichen Folgen dieser Politik? Die wirtschaftlichen Auswirkungen der Absagen an TPP und TTIP sind schwer zu beziffern, aber eine Analyse der US-Handelskammer im Januar 2021 kam zu dem Schluss, den USA sei mangels TPP wertvoller Marktzugang in Asien entgangen.[57] Es wurde nicht erwartet, dass das USMCA der US-Wirtschaft im Vergleich mit NAFTA große Verbesserungen bringen würde.[58] Hingegen warnten 15 ehemalige Vorsitzende des Council of Economic Advisers (eines Gremiums zur Wirtschaftsberatung des Präsidenten) den Präsidenten in einem gemeinsamen Brief davor, Stahlzölle zu verhängen, weil das die Beziehungen zu wichtigen Verbündeten und die US-Wirtschaft schädigen würde. Der damals amtierende Ratsvorsitzende untermauerte das mit Zahlen, und er trat zurück, als die Zölle trotzdem eingeführt wurden.[59] Die Stahl- und Aluminiumzölle erhöhten die Gewinne und die Zahl der Arbeitsplätze in der US-Stahlindustrie, kosteten aber die amerikanischen Verbraucher Schätzungen zufolge zwischen 650 000 und über 900 000 Dollar pro neu geschaffenem Arbeitsplatz in der Stahlindustrie.[60] Außerdem scheinen die Stahlzölle arme Länder, die Stahl in die USA exportierten, am härtesten getroffen zu haben.[61] Die Zölle auf Waschmaschinen kamen den US-Herstellern zugute und ließen die Einzelhandelspreise für Waschmaschinen (und im Verbund auch für Trockner) einer Studie zufolge um fast zwölf Prozent steigen.[62] Ausländische Hersteller eröffneten Fabriken in Amerika, um die Zölle zu umgehen. In Berichten von Februar 2021 hieß es, dass inzwischen rund 80 Prozent der in Amerika gekauften Waschmaschinen von einheimischen Herstellern stammten, dass sich der interne Wettbewerb verschärft habe und dass die Zölle bis 2023 in Kraft bleiben würden.[63] Amerikanische Waschmaschinenexporte nach Kanada wurden durch Vergeltungszölle in Reaktion auf die US-Stahlzölle getroffen. Die Stahl verarbeitende Industrie, die zehnmal so viele Beschäftigte hatte wie die Stahlindustrie, protestierte gegen die US-Zölle, die die Preise für ihr Ausgangsmaterial hochtrieben und dadurch ihre Wettbewerbsposition in Amerika verschlechterten.[64] Die US Solar Energy Industries Association (SEIA) warnte im Dezember 2019, dass die Zölle auf Solarpanels zwischen 2017 und 2021 62 000 Arbeitsplätze und 19 Milliarden Dollar an verlorenen Investitionen kosten würden.[65]

Der Abbau des US-Handelsdefizits war eines der zentralen Ziele der Trump-Präsidentschaft. Die Zielsetzung könnte darauf hinausgelaufen sein, den falschen Baum zu schütteln, denn die Betrachtung der bilateralen Handelsungleichgewichte und der Handelsungleichgewichte unabhängig von Finanzströmen könnte irreführend sein.[66] Jedenfalls hat die Trump'sche Handelspolitik das US-Handelsdefizit nicht verringert. Es stieg von 735 Milliarden Dollar im Jahr 2016 auf 870 Milliarden Dollar in 2018 und belief sich 2019 auf 846 Milliarden Dollar (das Defizit von 902 Milliarden Dollar im Jahr 2020 könnte darauf zurückzuführen sein, dass die US-Wirtschaft die globale Pandemie damals besser überstanden hat als andere Weltregionen).[67] Das US-Handelsdefizit mit China belief betrug 2016 347 Milliarden Dollar, 2017 375 Milliarden, 2018 418 Milliarden, 2019 343 Milliarden und 2020 308 Milliarden Dollar.[68] Einige Studien kommen zu dem Schluss, dass insgesamt China den Handelskonflikt gewonnen hat.[69] Mit Blick auf die allgemeinen Auswirkungen der Handelspolitik auf die US-Wirtschaft kam das Congressional Budget Office (eine Behörde zur Prüfung der Haushaltskosten) im Januar 2020 zu dem Schluss, die Auswirkungen der Zölle würden in der ersten Hälfte der 2020er-Jahre ihren Höhepunkt erreichen und dann wieder abklingen; und sie würden im Jahr 2020 das reale Bruttoinlandsprodukt um 0,5 Prozent senken und die Verbraucherpreise um 0,5 Prozent erhöhen. Dadurch werde sich das durchschnittliche reale Haushaltseinkommen im Jahr 2020 voraussichtlich um 1277 Dollar (in Dollar von 2019) verringern.[70] Der Congressional Research Service (ein wissenschaftlicher Dienst des US-Kongresses) legte dar, die Folgen des Handelskriegs auf Branchen mit Schutzzöllen, nachgelagerte Industrien, Verbraucher und auf Exporteure, die von Vergeltungsmaßnahmen betroffen seien, fielen unterschiedlich aus. Aber die Wirtschaftsforschung komme in mehreren Studien zu dem Ergebnis, die negativen Auswirkungen höherer Preise auf Verbraucher und Industrien, die die importierten Waren verwenden, wögen schwerer als die Vorteile in den geschützten Industrien und die zusätzlichen Staatseinnahmen durch die Zölle, vor allem dann, wenn man auch die Wirkung der Vergeltungszölle berücksichtige.[71] Im rein wirtschaftlichen Bereich kann also die Handelspolitik der Trump-Administration kaum als uneingeschränkter Erfolg bezeichnet werden. Ein gewonnener Handelskrieg müsste anders aussehen.

Gesamtbewertung

Allerdings können ja, wie von Baldwin hervorgehoben, selbst eine wirtschaftlich kostspielige Sanktionspolitik oder ein teurer Handelskrieg als politischer Gesamterfolg bezeichnet werden, wenn sie umfassenderen Zielen und dem nationalen Interesse dienen. Doch was waren die Ziele überhaupt? Punktuelle Verbesserungen (zum Beispiel für US-Waschmaschinenhersteller), bessere allgemeine terms of trade, faire Behandlung im Handelsverkehr, räuberisch-einseitige Vorteile als Handels- und Nachfragegroßmacht, der Schutz der nationalen Sicherheit, eine wirtschaftliche Schwächung der Volksrepublik China in der Konkurrenz um die Weltvorherrschaft, mehrerlei davon, alles auf einmal? Präsident Trump schien einen Rundumhandelskrieg zu führen, gegen Konkurrenten ebenso wie gegen Verbündete. Er verband das mit Ankündigungen wie etwa der, das NATO-Verteidigungsbündnis sei obsolet (aber dann war es wieder nicht mehr obsolet),[72] und war angeblich bereit, wichtige Sicherheitsinteressen der USA (Raketenabwehr) in Südkorea für magere wirtschaftliche Gewinne zu gefährden.[73] Er sandte gemischte und widersprüchliche Signale an die chinesische Führung und ordnete die Kritik an Chinas Vorgehen in Hongkong und an Chinas problematischem Umgang mit nationalen Minderheiten Handelsfragen unter.[74] Der Präsident verhandelte das NAFTA neu und drohte dann unter Gefährdung des USMCA mit pauschalen Zöllen auf alle aus Mexiko importierten Produkte, falls Mexiko nicht die Migration in die USA stoppe. Dieser plumpe Einsatz von handelspolitischen Instrumenten für nicht handelsbezogene Ziele wurde weithin wahrgenommen und warf die Frage auf, ob wichtige Akteure wie die EU, Japan und China noch in gutem Glauben mit seiner Regierung verhandeln könnten (oder es überhaupt noch sollten).[75] Während seiner Amtszeit sank das Ansehen Amerikas in der Welt, berichtete das private Meinungsforschungsinstitut Pew Research Center im November 2020 und fügte hinzu: „In mehreren Ländern, die wichtige Verbündete und Partner der USA sind, ist der Anteil der Öffentlichkeit mit einer positiven Sicht auf die USA auf dem niedrigsten Stand seit fast zwei Jahrzehnten."[76]

Das sind enorme politische Kosten, und sie waren deutlich vorhersehbar: Wenn die Regierung einer mächtigen und reichen Nation lamentiert, sie werde von allen übervorteilt, wirkt das grotesk, weinerlich und schwach. Wenn Verbündete genauso behandelt werden wie Rivalen, wirkt das geschichtsvergessen und empfindungslos, und es ist obendrein ineffizient, denn es verspricht bessere Ergebnisse, wenn sich Verbündete gemeinsam gegen unfaire Handelspraktiken Chinas wehren (was die Regierung Biden und die EU nun offenbar beabsichtigen)[77] und gemeinsam strenge Ausfuhrkontrollen sicherstellen[78] (Beweis: das Coordinating Committee für Exportkontrolle, 1950–1994). Wenn geschlossene Vereinbarungen achselzuckend durchgestrichen werden, schwächt das einen der wichtigsten Anreize für alle Staaten, sich an das Völkerrecht zu halten: Sie tun das, weil sie wissen, dass ihre Vertragsfähigkeit von ihrem Ruf abhängt, sich an getroffene Vereinbarungen auch zu halten. In der Geschichte der Kriege und Bürgerkriege ist die Überzeugung, der Gegner stehe nicht zu seinem Wort, eine der wichtigsten Quellen der Friedlosigkeit.[79] Wenn Großmächte einander mit Wirtschaftskampfmaßnahmen überziehen, steigt nicht selten das Risiko bewaffneter Auseinandersetzungen (dazu mehr im letzten Abschnitt dieses Kapitels). Wenn eine Großmacht den Eindruck erweckt, sie beurteile alle ihre Beziehungen ausschließlich nach dem wirtschaftlichen Nutzen, verkennt das die besondere Verantwortung von Großmächten für die Ordnung, die nach dem Zweiten Weltkrieg vor allem von den USA geschaffen wurde. Diese besondere Verantwortung ist der Charta der Vereinten Nationen eingeschrieben:[80] Alle Staaten sind vor dem Recht gleich, aber nicht alle Staaten sind gleich in ihrer Fähigkeit, die Rechtsordnung aufrechtzuerhalten oder zu erschüttern. Hier kommen den Großmächten besondere Pflichten zu, gestützt auf besondere Rechte wie das Vetorecht im Sicherheitsrat. Wenn sie dieser Rolle nicht gerecht werden oder auch nur den Eindruck erwecken, es nicht zu tun, dann erleiden sie einen massiven Ansehensverlust, und „ein schlechtes Ansehen kann Kosten bergen, die fast keine Menge der üblichen Arten von Macht kompensieren kann, und kann ein Handikap sein, das sich fast unmöglich überwinden lässt".[81]

Angesichts solcher immateriellen Nebenkosten erscheint die Suche nach alternativen, kostengünstigeren Optionen für die Wahrung des nationalen Interesses der USA dringend geboten. Solche Optionen gibt es, und sie ergeben sich nicht zuletzt aus den Überschneidungen des amerikanischen nationalen Interesses mit den Interessen der amerikanischen Verbündeten, Partner und Konkurrenten – in dem Sinne ist das, was sich für die USA empfiehlt, großteils auch für Deutschland, Europa und die Welt empfehlenswert. Diese Optionen werden im Schlusskapitel ein wenig genauer dargelegt. Vorsorglich sei noch gesagt, dass das hier Geäußerte keineswegs auf ein billiges USA-Bashing hinauslaufen soll. Die Vereinigten Staaten hatten seit 1945 mehr als genug legitime Gründe und Anlässe, um ihre Verbündeten unter Druck zu setzen oder gar über sie hinweg zu handeln – die Geschichte der transatlantischen Allianz besteht großteils aus solchen Episoden.[82] Wir Europäer haben auch heute durchaus *tough love* verdient, damit wir uns stärker an der Lösung unserer eigenen Probleme beteiligen. Nur sollte diese Form der fordernden Zuneigung eben erkennbar in unwandelbarem Wohlwollen verankert sein.

Lässt sich denn gar nichts Gutes über die von Präsident Trump betriebene Politik sagen? Doch. Anders als der Rundumhandelskrieg mit Schutz- und Strafzöllen gibt es für die Maßnahmen gegen chinesische IKT-Unternehmen wie ZTE und Huawei überzeugende Gründe. Sie wurzeln in einem Cyber- und Technologiekonflikt, in dem es um den Schutz der eigenen kritischen Infrastruktur gegen Spionage und Sabotage, um den Schutz von geistigem Eigentum und Geschäftsgeheimnissen und um Hochleistungswaffen und die nationale Sicherheit geht.[83] Außerdem soll es Autokratien erschwert werden, IKT für die Überwachung und Unterdrückung der eigenen Bevölkerung einzusetzen und diesen Missbrauch in andere Staaten zu exportieren.[84] Es geht darum, anderen, nichtbefreundeten Mächten weiterhin technologisch voraus zu sein.[85] Das ist den USA der Sowjetunion gegenüber in den 1950er-Jahren durch miniaturisierte taktische Atomwaffen gelungen und in den 1970er- und 1980er-Jahren durch Mikroprozessoren, IKT, neue Sensoren und Tarnkappentechnologie. Ein neuerlicher solcher Vorsprung wird voraussichtlich auf künstlicher Intelligenz, Deep Learning (maschinelles Lernen mittels künstlicher Netze, die wie das menschliche Gehirn gebaut sind), hochpräzisen Waffen und Cybersicherheit aufbauen. Er wird sich dadurch von früheren Vorsprüngen unterscheiden, dass er nicht überwiegend aus US-Regierungsprogrammen stammen wird, sondern aus dem kommerziellen Sektor, der Güter mit doppeltem Verwendungszweck herstellt (Produkte, die sowohl zivil als auch militärisch genutzt werden können, und zivile Infrastrukturen, die durch Cyberangriffe zu Waffen werden können). Darum besteht ein starker Nexus zwischen IKT, Globalisierung und nationaler Sicherheit, und darum müssen der öffentliche und der Privatsektor künftig viel enger zusammenarbeiten. Die nationale Sicherheit war natürlich schon immer ein Kernstück des nationalen Interesses, aber im Zeitalter der Digitalisierung geht Sicherheit weit über den Schutz vor bewaffneten Angriffen hinaus. Moderne zivile Infrastrukturen haben die Angriffsfläche für tödliche Cyberattacken enorm vergrößert, und hybride Formen der Informationskriegführung gefährden sogar den Prozess der demokratischen Selbstbestimmung (siehe Kapitel 8). Im Hinblick auf solche Bedrohungen und Probleme können Sanktionen durchaus ein notwendiges und zweckmäßiges Instrument sein;[86] und umsichtige Exportkontrollen und -verbote zum Schutz der eigenen neuen und grundlegenden Technologien, die für die nationale Sicherheit wesentlich sind, erscheinen überaus ratsam.[87] Die Regierung Biden führt darum die diesbezügliche Politik der Trump-Regierung offensichtlich fort. Im April 2021 setzte das Handelsministerium sieben chinesische Supercomputerunternehmen auf die Entity List, weil sie Chinas militärische Modernisierung unterstützen.[88] Im Juni unterzeichnete der Präsident eine Verfügung, die Amerikanern Investitionen in 59 Unternehmen mit Verbindungen zu Militär- oder Überwachungstechnologie verbietet, darunter Huawei und SMIC.[89] China reagierte sofort, indem es ein Datensicherheitsgesetz und ein Gesetz zur Bekämpfung ausländischer Sanktionen verabschiedete, die beide Vergeltungsmaßnahmen gegen ausländische Sanktionen zulassen und in Teilen der EU-Blocking-Verordnung (siehe dazu Kapitel 2, Abschnitt Wirtschaftssanktionen) ähneln.[90] Präsident Biden unterzeichnete am 9. August 2022 den CHIPS and Science Act of 2022,[91] der 52,7 Milliarden Dollar Fördermittel für die Entwicklung und Herstellung amerikanischer Halbleiter und Computerchips vorsieht. Das Gesetz kam mit großer parteiübergreifender Mehrheit zustande. Es wurde als bedeutsame Wende in der amerikanischen Industriepolitik bewertet[92] und löste massive Investitionsversprechen des Privatsektors aus.[93] Der Präsident unterstrich die Bedeutung der Weichenstellung, indem er am 9. September 2022 in New Albany, Ohio, an der Grundsteinlegung für eine Chipfabrik teilnahm.[94] Im Oktober 2022 verschärfte die US-Regierung die Exportrestriktionen für Hochleistungscomputerchips und Technologien zu deren Herstellung erneut massiv,[95] und im November entschied sich die Federal Communications Commission zu weitreichenden Importverboten von IKT-Produkten von Huawei, ZTE, Hikvision und anderen chinesischen Herstellern. Die USA werden voraussichtlich auch ihre Exportkontrollen bei Software, die zu Hochleistungswaffen führt, verschärfen (müssen).[96] Mittlerweile mehren sich in den USA die Stimmen, die statt Exportkontrollen mit der Möglichkeit von Genehmigungen (die bisher sehr oft erteilt wurden) Exportverbote fordern. Die USA werden wahrscheinlich ihre Bemühungen fortsetzen, den Transfer wichtiger Technologien nach China zu verhindern oder zu verlangsamen, und an ihre Verbündeten appellieren, dasselbe zu tun.[97] Die Ergebnisse des ersten Treffens des EU-US-Handels- und Technologierates im September 2021 weisen in diese Richtung.[98] Die Europäische Kommission schlug im Februar 2022 ein Chipgesetz der EU vor,[99] das die Entwicklung und Produktion von Mikrochips in Europa fördern und damit der europäischen Versorgungssicherheit und Technologieführerschaft dienen soll.

Alles in allem kann man mit Fug und Recht zu dem Schluss kommen: Präsident Trump hat mit seinem Handelskrieg den USA wirtschaftlich nicht genutzt, Amerikas Bündnisse und Prestige unnötig belastet und erheblich dazu beigetragen, dass zwischen den USA und China immer weniger skeptische Kooperationsbereitschaft und immer mehr Misstrauen, wenn nicht gar Feindseligkeit herrschen.[100] Die Biden-Regierung hat damit begonnen, die Partnerschaften und Allianzen der USA zu reparieren. Wichtige erste Schritte waren die Einigung zwischen den USA und der EU im Juni 2021 auf einen fünfjährigen Waffenstillstand im 17 Jahre andauernden Handelsstreit über Subventionen für die Flugzeughersteller Airbus und Boeing[101] und der Wegfall (oder die Umwandlung in Zollkontingente) von US-Zöllen auf Stahl, Aluminium und andere europäische Produkte im Austausch gegen die Aufhebung der EU-Vergeltungszölle auf amerikanische Waren wie Orangensaft, Bourbon und Motorräder im Oktober 2021.[102] Allerdings weckt der Inflation Reduction Act vom August 2022 nun in Europa massive Befürchtungen, die USA könnten durch unfaire Subventionen und „Made in America"-Auflagen für ihre Produktionsketten erneut einen Handelskrieg mit Europa vom Zaun brechen. Jedenfalls aber hält die amerikanische Tendenz zur Konfrontation mit China in Bezug auf wirtschaftliche Fairness, die nationale Sicherheit, die demokratische Selbstbestimmung von Taiwan und die Menschenrechte an und wird auch von der Biden-Regierung besonders intensiv im IKT-Bereich vorangetrieben.

Die Erfolgsaussichten des Wirtschaftskrieges mit Russland

Selbst bei Wirtschaftskriegen und Sanktionen, die abgeschlossen in der Vergangenheit liegen, ist der Erfolg der ergriffenen Maßnahmen schwer zu bestimmen und oft umstritten.[103] Noch schwerer lässt sich ermessen, wie viel Erfolg unabgeschlossene Maßnahmen in der Gegenwart und Zukunft haben. Die Bewertung hängt von fünf Faktoren ab, von denen hier der zweite am genauesten untersucht wird: erstens von der Zielsetzung der Kampfmaßnahmen, zweitens von dem Ausmaß des von ihnen angerichteten Schadens, drittens von der Wirksamkeit dieses Schadens für die Zielerreichung, viertens von den Kosten der Maßnahmen für ihren Absender und für Dritte und fünftens vom Vergleich der ergriffenen Maßnahmen mit etwaigen anderen Optionen des Absenders.

Erstens: Die westliche Koalition hat die Ziele ihres Wirtschaftskrieges gegen Russland nicht abschließend definiert. Sie verändern sich mit der Dauer und Entwicklung des Krieges. Die russische Kriegsmaschine soll geschwächt werden,[104] in der russischen Bevölkerung sollen die Befürwortung der Aggression und der Durchhaltewille schwinden, und Moskau soll die Kämpfe einstellen und seine Truppen aus den ab Februar 2022 okkupierten Gebieten oder sogar aus dem gesamten Territorium der Ukraine zurückziehen. Der amerikanische Verteidigungsminister erklärte Ende April 2022, die USA wollten Russland in dem Maße geschwächt sehen, dass es nicht mehr zu solchen Invasionen wie in der Ukraine imstande sei.[105] Der US-Präsident erklärte, er strebe nicht einen Regimewechsel in Moskau an.[106] Je mehr russische Gräueltaten bekannt wurden, desto leiser wurden französische Appelle, man dürfe Moskau nicht „demütigen“. Als Russland im Oktober 2022 völkerrechtswidrig vier ukrainische Gebiete „annektierte“ (was die UN-Generalversammlung am 12. Oktober 2022 als rechtswidrig verurteilte), nahm es damit der Krim ihr bisheriges Alleinstellungsmerkmal und verringerte dadurch nochmals die Wahrscheinlichkeit, dass die Ukraine auf irgendeinen Teil ihres Territoriums verzichten wird. Das ist bedeutsam, weil die Ukraine informell die Wirtschaftskriegsziele der westlichen Koalition mitbestimmt. Die Staaten der westlichen Koalition haben sich kategorisch zur Souveränität und territorialen Integrität der Ukraine bekannt; und wiederholt hieß es, allein Kyiv entscheide über die Bedingungen für ein Kriegsende, und bis dahin werde die westliche Militärhilfe fortgesetzt. Die ukrainischen Bedingungen könnten zum Beispiel den Rückzug der russischen Truppen weit hinter die eigene Staatsgrenze, Sicherheitsgarantien, Schadenersatz, Reparationen und die Bestrafung russischer Kriegsverbrecher einschließen.[107] Bis zum Erreichen dieser Ziele könnten also westliche Wirtschaftskriegsmaßnahmen ganz oder teilweise fortgesetzt werden. Außerdem erscheint auf unabsehbare Zeit, die sich vermutlich eher nach Jahrzehnten bemisst, die strukturelle wirtschaftliche und technologische Schwächung Russlands geboten, solange sich dort politisch kein durchgreifender Wandel vollzieht.

Zweitens: Die staatlichen Wirtschaftskriegsmaßnahmen des Westens und der mit ihnen einhergehende privatwirtschaftliche Rückzug aus Russland[108] haben dort bereits beträchtliche Schäden angerichtet.[109]

Auf militärischem Gebiet ergab eine im August 2022 veröffentlichte Untersuchung[110] von 27 der modernsten russischen Waffensysteme: Sie enthielten mindestens 450 funktionswichtige Bauteile (Chips, Sensoren, Funkmodule, Kameras etc.), die in westlichen Demokratien hergestellt worden waren (zu rund 80 Prozent in den USA). Die Autoren sahen darum im Herzen der russischen Kriegsmaschine westliche Elektronik. 81 der Komponenten unterlagen bereits vor Kriegsausbruch US-Exportkontrollen, was den Schluss nahelegt, dass Russland ähnlich erfolgreich bei der Spionage und Umgehung von Exportverboten war wie die Sowjetunion während des Kalten Krieges.[111] Die Untersuchung berichtet, dass russische Hersteller westliche Komponenten nur verwenden durften, wenn es zu ihnen keine einheimische Alternative gab. Darum werde Russland Bauteile, die aufgrund der inzwischen massiv erweiterten westlichen Exportverbote nicht mehr geliefert werden,[112] nur schwer ersetzen können. Das habe auch eine interne russische Prüfung ergeben. Zwar habe Russland Vorräte westlicher Chips etc. angelegt, aber nicht für alle untersuchten Komponenten. Damit werde es für Russland immer schwieriger, auf dem Schlachtfeld präzise und effektive Waffen einzusetzen. Einen großen Teil seines Arsenals hatte Russland Mitte Oktober 2022 bereits verbraucht.[113] Allerdings liefert inzwischen Iran Drohnen und bald wohl auch Raketen.[114] Die westlichen Demokratien halten mit der Lieferung von Luftabwehrsystemen und von Störsendern gegen Drohnen dagegen und könnten zusätzliche Sanktionen gegen Iran verhängen. Das Ausbleiben westlicher Elektronik wird es der russischen Industrie auch erschweren, Waffen für den Export herzustellen. Das könnte Länder wie Indien und Algerien, für die bisher Russland der wichtigste Waffenlieferant war, dazu bewegen, entweder beim Unterlaufen der Sanktionen zu helfen oder sich mittelfristig nach neuen Lieferanten umzusehen (voraussichtlich im Westen). Russland wird versuchen, die Sanktionen zu umgehen. Das ist jedoch mühsam, und die westlichen Demokratien arbeiten daran, die Wirksamkeit ihrer Exportverbote und -kontrollen weiter zu erhöhen (auch durch den Dialog mit der westlichen Privatwirtschaft),[115] die Lizenzproduktion sensibler Bauteile in Ländern zu beenden, die nicht gegen Russland Front machen, und Drittländer zu bewegen, den Durchtransport oder Reexport von elektronischer Konterbande und Dual-Use-Komponenten nach Russland zu unterlassen und zu unterbinden. Das wird nicht allein die russische Rüstungsindustrie treffen, sondern zum Beispiel auch Autohersteller, die bereits teilweise keine Airbags und Antiblockiersysteme (ABS) mehr einbauen konnten.[116]

Der zunehmende westliche Boykott von russischen Erdöl- und Erdgaslieferungen soll das Moskauer Regime von seinen wichtigsten Einnahmequellen abschneiden. In welchem Umfang das bisher gelungen ist, ist unklar. Einerseits gingen die westlichen Importe stark zurück. Andererseits stiegen die Erdgaspreise für Westeuropa enorm und anfangs auch die Preise für Russlands Haupteinnahmequelle, das Erdöl; und Russland fand für sein Öl vermehrt Kunden in Ländern wie Indien und China. Die G7-Gruppe westlicher Industriestaaten und die EU bemühen sich, mithilfe ihrer Tankerflotten und ihrer weltweiten Dominanz auf dem Gebiet der Schiffsversicherungen einen Höchstpreis für russisches Erdöl durchzusetzen. Anfang Dezember 2022 wurde eine EU-Einigung auf maximal 60 US-Dollar pro Barrel russisches Öl gemeldet, den die „Preisdeckelkoalition" von EU und G7 nun übernehmen werde und der ab dem 5. Dezember 2022 gelten solle; er liege etwa zehn Prozent unter dem Preis, den Russland aktuell erziele.[117] Zuvor gab es unterschiedliche Meldungen über die russischen Fördermengen und die russischen Einnahmen aus dem Verkauf fossiler Energien. Gegen Berechnungen und Meldungen, Moskaus Geschäfte in diesem Bereich liefen unverändert blendend,[118] wandte sich im Juli 2022 *con brio* eine Studie von Wissenschaftlern der Yale-Universität.[119] Sie führte aus: Moskau unterschlage und schöne volkswirtschaftliche Daten, darum dürfe man russische Angaben nicht zum Nennwert nehmen (S. 3, 6 f.). Die Gesamteinnahmen aus russischen Öl- und Gasverkäufen seien im Mai 2022 gegenüber dem Vormonat um mehr als die Hälfte zurückgegangen und seither womöglich noch weiter gesunken (S. 7, 9). Russlands Staatshaushalt hänge zu mehr als der Hälfte von den Exporterlösen und Steuern seiner Rohstoffproduzenten ab (S. 11), aber es habe bei wenigen Rohstoffen einen höheren Weltmarktanteil als zehn Prozent (S. 11 f.). Darum könnten Käufer russische Bezugsquellen relativ leicht durch andere ersetzen, und darum brauche Russland den Weltmarkt viel mehr, als der Weltmarkt Russland brauche (S. 11 f.). Zwar sei die Abhängigkeit Europas und vor allem Deutschlands von russischem Gas hoch, aber sie lasse sich schnell reduzieren.[120] Die Anpassung werde schmerzen, aber der Verlust der westlichen Kunden treffe Russland noch viel härter, denn es habe bisher 83 Prozent seines Erdgases nach Europa exportiert und verfüge nicht über die Pipelines oder anderweitige Infrastruktur, um das Gas nun nach Osten (Asien) zu liefern, und sie neu zu bauen sei schwer, dauere lange und sei teuer. Außerdem habe sich Russland auch für die Gasförderung und Erschließung neuer Quellen massiv auf Technik und Know-how aus dem Westen gestützt, die nicht mehr zur Verfügung stehen;[121] und Moskaus bisheriger Ruf als zuverlässiger Lieferant sei auch zerstört (S. 12–26). Nicht viel besser sehe es beim Erdölgeschäft aus: Dessen Erlöse erbrächten bisher 45 Prozent der Staatseinnahmen (Gas: 15 Prozent), und die Hälfte der Exporte sei bisher in den Westen gegangen. Nun kauften zwar China und Indien mehr, aber nur zu satten Preisabschlägen von um die 35 Dollar pro Fass. Es drohe die Preisbremse durch westliche Sanktionen gegen die Tankerschifffahrt, westliche Unternehmen transportierten und verarbeiteten aus Angst vor Reputationsschäden sowieso nicht mehr gern russisches Öl, wichtige russische Ölfelder seien in einigen Jahren erschöpft, und für die Erschließung neuer sei man wiederum auf den Westen angewiesen (S. 27–34).[122]

Die Argumente der Yale-Studie leuchten ein. Sie zeigen zugleich: Die relevanten Daten lassen sich schwer ermitteln, und es bestimmen viele Faktoren die Höhe des Schadens, den die Sanktionen gegen die russische Energiewirtschaft als Quelle von Staatseinnahmen anrichten. Manche Effekte treten rasch ein, andere erst nach geraumer Zeit, und der schnell angerichtete Schaden könnte im Lauf der Zeit zurückgehen, etwa weil Moskau neue Kunden findet. Auch die relative Schmerzhaftigkeit des Schadens ist ungewiss: Es kursieren unterschiedliche Zahlen zu Moskaus

Exportstärken und seiner Abhängigkeit von Gas- und Öleinnahmen,[123] diese mag sich durch die Kriegswirtschaft erhöhen oder vermindern (weil die Ausgaben schrumpfen[124] oder der Haushalt mehr auf Kredit finanziert wird), und die Weltmarktpreise werden auch durch die Weltkonjunktur und durch Entscheidungen wie die der OPEC (Organisation erdölfördernder Länder) mitbestimmt, die im Oktober 2022 entschieden hat, die Ölproduktion zu drosseln, um den Preis zu stabilisieren.[125]

Die Finanzsanktionen gegen Russland führten im Juni 2022 dazu, dass Russland fällige Zinszahlungen in Dollar nicht begleichen konnte und damit als zahlungsunfähig galt.[126] Russland wurde von einem Großteil seiner Devisenguthaben abgeschnitten (meist wird die Größenordnung von 300 Milliarden Dollar genannt) und hat keinen Zugang zu westlichen Kreditmärkten und Zahlungskanälen mehr. Viele russische Unternehmen haben aufgrund der Sanktionen an den Börsen massive Wertverluste erlitten.[127] Aber der Ausschluss wichtiger russischer Banken vom SWIFT-System hatte keine katastrophalen Folgen, und Moskaus Zahlungsunfähigkeit hat eher technischen Charakter, denn die russische Staatsverschuldung bei Kriegsausbruch war gering (etwa 20 Prozent des Bruttosozialprodukts), und Russland erzielt mit seinem Rohstoffhandel laufend hohe Deviseneinnahmen. Der Außenwert des Rubels blieb nach kurzem Absturz bislang stark, auch wenn die erwähnte Yale-Studie (S. 57 ff.) das auf fiskalische und monetäre Maßnahmen zurückführt, die sich laut Studie auf Dauer nicht durchhalten lassen (Kapitalverkehrskontrollen, Umtauschpflichten von Devisen in Rubel, Schuldenerlasse und Subventionen). Das Vertrauen der russischen Bevölkerung in die russische Währung und das Bankensystem wurde jedenfalls bisher nicht erschüttert, auch wenn die Inflation deutlich angezogen hat,[128] der russische Aktienmarkt angesichts der Teilmobilmachung im September 2022 einbrach und die russische Wirtschaftsleistung Schätzungen zufolge 2022 um drei bis sechs Prozent schrumpfen wird.[129]

Gravierende Folgen hat der Rückzug westlicher Unternehmen aus Russland. Mehr als 1000,[130] viele von ihnen Global Player, haben ihre Geschäftstätigkeit in Russland eingefroren oder völlig beendet, und die getätigten Investitionen wurden mitunter bereits als Verlust abgeschrieben. Laut der bereits erwähnten Yale-Studie haben die Investitionen und Umsätze der Unternehmen, die sich von Russland abkehrten, insgesamt eine Größenordnung von 40 Prozent des russischen Bruttosozialprodukts, und sie beschäftigten mehr als eine Million russische Arbeitnehmer (S. 53 ff.). Zwar werden wahrscheinlich viele der Westinvestitionen unter russischer Flagge fortgeführt, aber künftig ohne Kapital, Knowhow und Instandhaltungsservice aus dem Westen, und das dürfte die Produktivität erheblich senken. Außerdem seien Russlands Importe stark zurückgegangen. Sie seien wichtig für die Wirtschaftsleistung des Landes, denn viele davon, zum Beispiel Ersatzteile, ließen sich nicht aus russischer Produktion ersetzen. Darum gehe man bereits zur Kannibalisierung beispielsweise von Flugzeugen über,[131] um wenigstens einen Teil der Flotte (95 Prozent der Passagierflugzeuge sind aus ausländischer Produktion) flugtauglich zu halten (S. 37–52). Interne russische Papiere rechnen mit ähnlichen Abhängigkeiten in vielen anderen Bereichen, von der Versorgung mit landwirtschaftlichen Produkten (Geflügel, Vieh, Saatgut) bis zur Pharmazie (Rohstoffe, Medikamente).[132]

Erhebliche wirtschaftliche Schäden dürften auch Russlands Verluste an jungen, gut ausgebildeten Menschen verursachen. Bereits unmittelbar nach Kriegsbeginn verließen Hunderttausende das Land, weil sie die Aggression ablehnen und sich anderswo ein neues Leben aufbauen wollen.[133] Laut Yale-Studie betrug die Zahl der Emigranten Mitte 2022 500 000 (andere Quellen gehen von 450 000 aus), und die Hälfte davon soll eine Facharbeiter- oder Hochschulausbildung besitzen (S. 56). Der Exodus schwoll nochmals um Hunderttausende an, nachdem Moskau im September 2022 eine Teilmobilmachung befohlen hatte. Diese massiven Abwanderungen sind keine Folge westlicher Wirtschaftssanktionen, aber sie wurden erleichtert durch die Anziehungskraft westlicher Ideale von Freiheit, Demokratie und Rechtlichkeit und durch die dank westlicher Waffen und militärischer Ausbildung erzielten ukrainischen Siege, und sie stehen als Schadensquelle für die russische Kriegsgesellschaft mit den westlichen Sanktionen in einem Steigerungszusammenhang.

Dennoch muss bedacht werden, dass Russland seit 1945 Erfahrung in der Umgehung westlicher Sanktionen gesammelt hat und seine Wirtschaft sich gerade auch durch ihr ohnehin niedriges Niveau quasi selbst stabilisiert. Außerdem wird die aktuelle Schadenswirkung der Sanktionen durch Dritte gemindert werden. Die Ölkäufe Indiens sind dafür ein Beispiel, Iran wird noch stärker mit Russland zusammenarbeiten, und anscheinend hat auch die Republik Türkei nichts dagegen, von mehr Russlandgeschäft zu profitieren.[134] Aber das alles kann die Schadenswirkung der Sanktionen nicht kompensieren. Dazu wäre allein die Volksrepublik China imstande. Die aber schließt anscheinend bisher nicht die

Bresche, die der Westen gerissen hat, im Gegenteil: Auch Russlands Importe aus China seien gefallen, wurde Ende Juni 2022 berichtet,[135] und in vielen Drittstaaten sei die Furcht groß, bei eigenem Unterlaufen der Sanktionen selber sanktioniert zu werden. Wohl nicht zuletzt deshalb seien nicht allein die Russlandexporte der westlichen Koalition gegenüber dem Vorjahr um 60 Prozent zurückgegangen, sondern auch die der Russland nicht sanktionierenden Drittstaaten um 40 Prozent.

Insgesamt betrachtet: Die von den Sanktionen verursachten wirtschaftlichen Schäden in Russland sind bereits deutlich spürbar. Sie treten aber überwiegend nicht kurzfristig ein, sondern kumulieren sich allmählich und führen zu Kaskadeneffekten. In drei bis fünf Jahren dürften sie in der russischen Wirtschaft erhebliche Verwüstungen anrichten.[136] Das Land wird zurückgeworfen und auf einen deutlich niedrigeren Entwicklungspfad hinabgedrückt. In einem abgehörten Telefonat sagte eine Soldatenfrau in Russland zu ihrem Mann in der Ukraine: „Du wirst hierher in die 90er-Jahre zurückkehren“[137] – und die Lebensqualität der 1990er-Jahre haben die meisten Russen in keiner guten Erinnerung.

Drittens: Wie wirksam der angerichtete Schaden für das Erreichen der westlichen Wirtschaftskriegsziele ist, lässt sich noch schwerer einschätzen als die Schadenshöhe selbst. Im Ersten und Zweiten Weltkrieg waren die Wirtschaftskriegsmaßnahmen der westlichen Alliierten nicht entscheidend für das Erreichen ihrer Kriegsziele. Deutschland und Japan wurden militärisch besiegt, nicht wirtschaftlich.[138] Immerhin leistete der Wirtschaftskampf einen wirksamen Beitrag zur Schwächung der Gegner. Im aktuellen Wirtschaftskrieg gegen Russland lautet das Ziel weder bedingungslose Kapitulation noch Regimewechsel, sondern Einstellung des Kampfes, Rückzug und vielleicht auch Wiedergutmachung. Zu diesen begrenzteren Zielen tragen die Sanktionen wirksam bei, denn sie erschweren Russland die Produktion moderner Waffen und verschlechtern immer spürbarer die Lebensbedingungen der Bevölkerung.

Zwar kann Moskau auf niedrigerem technischen Niveau den Krieg fast beliebig lange Zeit fortsetzen. Aber solange der Westen die Ukraine weiter mit Waffen und Nachschub versorgt, bleiben dabei die russischen Erfolgsaussichten gering, selbst wenn Erfolg eng definiert wird als Halten der fünf „annektierten“ Regionen. Konventionell wird das russische Militär auf dem Schlachtfeld der westlichen Technik immer spürbarer unterlegen sein, die Verluste werden immer weiter steigen, der Waffenexport leidet, und Russland wird insgesamt militärisch immer schwächer – hochmodernen Armeen gegenüber sowieso, aber auch im Verhältnis zu allen anderen. Russlands gesamte Machtposition erodiert.

Eine Verschlechterung der Lebensbedingungen wird in einem als gerecht empfundenen Krieg von der Zivilbevölkerung viel leichter erduldet als in einem für sinnlos gehaltenen. Schon jetzt lehnen erkennbar viele Menschen in Russland die Aggression vehement ab, das zeigen Kundgebungen (die für die Demonstranten gefährlich sind) und die Emigration oder Flucht vor drohender Einberufung von Hunderttausenden Bürgern. Der sanktionsbedingte wirtschaftliche und soziale Niedergang Russlands wird dort die Opposition gegen einen Krieg verstärken, der offensichtlich nicht der Landesverteidigung dient.

Damit müsste sich selbst für hartgesottene russische Imperialisten die Sinnfrage stellen, denn die Kosten sind im Vergleich zu den anfänglichen Moskauer Blitzkriegannahmen längst völlig aus dem Ruder gelaufen, und es überzeugt nicht, dem verlorenen Blut und Geld immer mehr davon hinterherzuwerfen, die politische Akzeptanz in der Bevölkerung zu verspielen und Russland in eine Abwärtsspirale zu schicken, die es zum Spielball anderer Mächte macht. Die Machthabenden geraten allesamt unter wachsenden Stress und können sich ihres Zusammenhalts und sogar ihrer persönlichen Sicherheit immer weniger sicher sein. Das verstärkt die Anreize dafür, die Aggression zu beenden.

Darum sind die Sanktionen im Verbund mit den Waffenlieferungen an die Ukraine im Sinne der westlichen Ziele wirksam und erfolgversprechend. Manche Betrachter fürchten sogar, sie könnten allzu wirksam sein und Moskau dazu bringen, den Krieg durch den Einsatz von Atomwaffen zu eskalieren. Aber zumindest die westlichen Wirtschaftssanktionen erhöhen dieses Risiko nicht und haben also insoweit keine Nebenkosten. Nebenbei bemerkt: Hätte Moskau im Ukrainekrieg mit atomaren Drohungen irgendeinen Erfolg, würde das für viele Staaten weltweit einen starken Anreiz setzen, sich zur Abschreckung gegen revisionistische Atommächte selbst Atomwaffen anzuschaffen.

Viertens: Die Kosten der Sanktionen für den Westen (vor allem für einige europäische Staaten) sind hoch. Schon die Ankündigung des Verzichts auf russisches Gas und Öl trieb die Preise und Inflationsraten nach oben und löste Rezessionsängste und die Furcht aus, energieintensive Wirtschaftsbranchen könnten untergehen. Russland reduzierte mit fadenscheinigen Begründungen seine Lieferungen und schloss schließlich die Gaspipeline Nord Stream 1 erstmals im Juli 2022. Moskau verknappte auch den Export von Edelgasen und anderen Rohstoffen, verstieß gegen westliche Patentrechte und nahm mehr als 400 im Westen geleaste Passagierflugzeuge in Beschlag.[139] Dritte Staaten litten vor allem unter der von der russischen Aggression verursachten Krise in der Versorgung mit ukrainischem Getreide und unter den dadurch erhöhten Weltmarktpreisen für Nahrungsmittel.[140] Die EU-Mitgliedstaaten versuchen, die Explosion der Energiepreise zu bremsen oder gar zu deckeln. Es kam dabei allerdings auch zu Streit wegen angeblicher nationaler Alleingänge und fehlender Solidarität – eine Facette der stets anspruchsvollen Aufgabe, Sanktionskoalitionen zusammenzuhalten.[141] Die wirtschaftlichen Gesamtkosten des Westens für seine Sanktionen sind noch ebenso wenig genau bestimmbar wie die des Sanktionsadressaten Russland. Folgende Feststellungen lassen sich aber bereits treffen: Zum einen braucht der Westen Russland wirtschaftlich sehr viel weniger als umgekehrt. Dank dieser asymmetrischen Interdependenz sitzt der Westen am längeren Hebel und kann Russland viel größere Schmerzen zufügen als umgekehrt. Allerdings ist vermutlich auch die russische Leidensfähigkeit größer als die westliche. Daher ist es zum anderen wichtig, dass die Anpassungskosten des Westens sinken werden, während die russischen Kosten steigen: Der Westen diversifiziert seine Energieversorgung, wofür mittel- und langfristig weltweit mehr als genug Öl und Gas vorhanden sind, und treibt die Umstellung auf erneuerbare Energien voran. Russland hingegen kann auf absehbare Zeit weder die westlichen Gasabnehmer noch die westlichen Investoren, Ersatzteile und Technologien ersetzen. Außerdem gilt es zu beachten, dass ein großer Teil der vom Westen zu tragenden Kosten nur indirekt auf seine eigenen Sanktionen zurückgeht: Russland hätte seine Energielieferungen vermutlich ohnehin mehr und mehr eingestellt, solange der Westen die Ukraine mit Waffen und Nachschub beliefert. Die westlichen Anpassungskosten hätten insoweit nur bei Preisgabe der Ukraine vermieden werden können. Zudem ist ein erheblicher Teil der aktuellen westlichen Kosten auch selbst verschuldet. Das traurigste Beispiel dafür bietet Deutschland. Obwohl seit 2001 Russlands Kritik am Westen immer schärfer wurde, begab sich Berlin bei der Energieversorgung immer tiefer in russische Abhängigkeit. Im Kalten Krieg hatte man die kritische Grenze bei einem Bezug von 30 bis 35 Prozent des eigenen Rohstoffbedarfs aus dem Ostblock gesehen.[142] Als Präsident Putin im Februar 2022 den Angriffskrieg gegen die Ukraine begann, importierte Deutschland 55 Prozent seines Erdgasbedarfs aus

Russland, 50 Prozent seiner Kohle und 35 Prozent seines Rohöls.[143] Erst Stunden vor Kriegsbeginn hatte der Bundeskanzler die Inbetriebnahme der Gaspipeline Nord Stream 2 (Baubeginn nach der russischen Invasion der Krim!) zwischen Russland und Deutschland abgesagt. Die Pipeline hatte wichtige deutsche Verbündete verstimmt und die Position der Ukraine Russland gegenüber geschwächt. Dass der Bau oder Nichtbau von Pipelines ein Instrument wirtschaftlicher Staatskunst ist, haben die USA in ihren eigenen Beziehungen zu Russland hinlänglich bewiesen, zum Beispiel als Washington auf Öl- und Gaspipelines drängte, die die kaspischen Felder unter Umgehung Russlands und von Iran direkt mit dem Mittelmeerraum verbinden.[144] Die deutsche Bundesregierung dagegen bezeichnete Nord Stream 2 vom Baubeginn an bis Ende 2021 als rein privatwirtschaftliches Projekt, was von Anfang an kindlich störrisch wirkte.[145] Eine zusätzliche Farbe bekam übrigens das Bild, als Experten warnten, es sei aufgrund der Erfahrungen mit russischen Pipelineprojekten im Schwarzen Meer davon auszugehen, dass Russland Nord Stream 2 nutzen werde, um Unterwasserabhörgeräte für militärische Zwecke zu installieren.[146] Immerhin hat die Bundesregierung bekundet, es sei möglich, die Abhängigkeit überraschend schnell zu reduzieren und dann zu beenden: Beim Erdöl lautete das offizielle Ziel, die Importe bis Mitte 2022 zu halbieren und bis Ende des Jahres unabhängig von Russland zu werden; bei der Kohle wollte man die Importe bis zum Frühsommer halbieren und bis zum Herbst 2022 unabhängig sein; und auf russisches Erdgas wollte Deutschland (vor dem russischen Lieferstopp und den Lecks in drei der vier Nord-Stream-Stränge) bis Mitte 2024 weitgehend verzichten können.[147] Gerade beim Erdgas werden freilich die deutschen (und dadurch auch EU-europäischen) Anpassungsschmerzen noch aus einem zweiten Grund stärker als nötig sein. Im Herbst trieb die hektische deutsche Suche nach Ersatzgas die Preise zusätzlich in die Höhe, denn: Nicht nur hatte sich Deutschland immer mehr von einem Land abhängig gemacht, das seit 2014 seinen europäischen Nachbarn angreift, sondern Berlin hatte noch nicht einmal für Lieferunterbrechungen ausreichend Vorsorge getroffen und erwies sich nun auch in dieser Hinsicht als blank. Deutschland habe sich „in der Vergangenheit aus Kostengründen gegen eine strategische Gasreserve entschieden", hieß es Ende September 2022 auf einer Veranstaltung des ifo Instituts für Wirtschaftsforschung in München. Auch das stellt der wirtschaftlichen Staatskunst der Regierenden und der Klugheit der deutschen Wirtschaftskapitäne kein gutes Zeugnis aus.[148] Die Strafe dafür zahlen nun alle Bürgerinnen und Bürger (die bei der Entscheidung zum Verzicht auf die Gasreserve nicht gefragt wurden, und denen man weder ihre ahnungslose Freude an niedrigen Gaspreisen entgegenhalten sollte noch den Umstand, dass der stille Verzicht auf die Gasreserve demokratisch legitimiert war wie so manche andere Fehlentscheidung auch). In der Wirtschaftswissenschaft nennt man ein für unwahrscheinlich geltendes, dann aber doch eintretendes Ereignis mit erheblichen Folgen einen „schwarzen Schwan". Russlands Aggressivität und sein Einsatz der Rohstoffwaffe waren spätestens seit März 2014 (Angriff auf die Krim) in aller Schwärze erkennbar;[149] aber die Verantwortlichen in Deutschland schlossen davor lieber die Augen. Das wäre einem Winston Churchill nicht passiert – auf einem seiner Gemälde hat er sogar gleich sieben schwarze Schwäne auf einmal verewigt.[150]

Fünftens stellt sich die Frage, ob es für die westlichen Demokratien bessere Optionen als die ergriffenen Sanktionen gab oder gibt. Der Westen war in Europa militärisch nicht ausreichend vorbereitet, um aufseiten der Ukraine selbst zu den Waffen zu greifen. Dafür gab es auch keine politischen Mehrheiten. Selbst wenn es beides gegeben hätte, die ausreichende Schlagkraft und den Willen zum Kampf, erscheint sehr ungewiss, ob ein westlicher Kriegseintritt den Konflikt verkürzt hätte (Deeskalation durch Eskalation) oder ob er dann völlig außer Kontrolle geraten wäre. Darum war und ist eigener Waffeneinsatz keine vorzugswürdige Option. Ebenso wenig konnten die westlichen Demokratien sich mit verbalem Protest oder eher symbolischen Sanktionen begnügen. Der russische Angriffskrieg zielte, anders als alle westlichen Militärinterventionen seit 1945, auf die Vernichtung[151] eines souveränen Staates. Er erschüttert das moderne Völkerrecht in seinen Grundfesten, und hätte er Erfolg, wären dauerhaft Staaten wie zum Beispiel Georgien und NATO-Mitglieder wie die baltischen Staaten bedroht, die allesamt in das von Präsident Putin verkündete imperialistische Eroberungsprogramm passen. Darum waren und sind die ergriffenen Sanktionen die notwendige und angemessene Antwort, und es sollte an ihrer weiteren Verschärfung gearbeitet werden.

Fazit: Die ergriffenen Wirtschaftssanktionen richten in Russland massiven Schaden an, sie sind für die Erreichung der westlichen Wirtschaftskriegsziele wirksam und steigern die Aussicht darauf, dass Moskau von seiner Aggression ablässt, und sie waren und sind trotz erheblicher Kosten die beste verfügbare Option.

Die Zusammenhänge zwischen Wirtschaftsbeziehungen und Kriegsursachen

„Etwas Öl und Reis jetzt – mehr später." Diese Worte waren Teil einer handschriftlichen Notiz von US-Präsident Roosevelt an seinen Außenminister Cordell Hull,[152] geschrieben um den 20. November 1941 herum, also wenige Tage vor dem japanischen Angriff auf Pearl Harbor. Sie zeugen von dem Versuch, Japan durch eine Mischung aus wirtschaftlichem Druck und wirtschaftlicher Belohnung von Aggressionen gegen Russland, China, die USA und gegen den damaligen europäischen Kolonialbesitz in Asien abzuhalten. Darum bedeutete das „mehr später" im Klartext: mehr nur bei Wohlverhalten. Japan sollte die Hoffnung behalten, sich ohne noch mehr Krieg (als den schon schwelenden mit China) entwickeln zu können. Japan verlor diese Hoffnung und griff an.

Es ist schwierig zu bestimmen, ob intensive Handelsbeziehungen Krisen und Kriegen vorbeugen. In Kapitel 1 wurde auf Forschungen hingewiesen, die dafür sprechen, dass es so etwas wie eine größere Friedlichkeit kapitalistisch-demokratisch strukturierter Staaten zu geben scheint.[153] Die optimistische Annahme, gute Handelsverbindungen beugten stets dem Krieg vor, und nur in Abwesenheit von Handel setzten sich nationale Pathologien durch, ist zu grobkörnig, das zeigt der Blick auf die oben skizzierten 450 Jahre Wirtschaftskriegsgeschichte. Wirtschaftliche Beziehungen können ein starker Anreiz sein, Krieg zu vermeiden; aber sie schaffen auch Abhängigkeiten und Verwundbarkeiten, die zum Keim von Krisen und bewaffneten Konflikten werden können. Dale Copeland hat 2015 eine Studie über Großmachtkonflikte vorgelegt, die dem Zusammenhang von wirtschaftlicher Interdependenz und militärischen Auseinandersetzungen nachgeht (auch der Vorgeschichte von Pearl Harbor) und zu überzeugenden Annahmen kommt.[154] Er hat 40 Kriege und Krisen zwischen 1790 und 1991 analysiert und kam zu dem interessanten und beunruhigenden Befund, dass in 30 davon wirtschaftliche Interdependenz ein mäßiger bis starker ursächlicher Faktor für den Gang der Ereignisse war. In diesen Fällen sei es fast immer eine Kombination von wirtschaftlicher Abhängigkeit und sinkenden Erwartungen hinsichtlich künftig günstiger Handels- und Investitionsbedingungen gewesen, die zum Konflikt führte.

Darum seien Großbritannien und Russland in den Krimkrieg (1853–1856) geschlittert, darum sei der Krieg zwischen Japan und Russland ausgebrochen (1904–1905), darum seien die Briten und Amerikaner wegen Venezuela aneinandergeraten (1894–1895), und darum sei der zweite Burenkrieg (1899–1902) entbrannt. Ausschlaggebend für den Entschluss zum Konflikt sei dabei nicht der Einfluss wirtschaftlicher Interessengruppen gewesen, sondern die Sorge der politischen Führer um die nationale Sicherheit. Für das Verständnis dieser Sorge komme es entscheidend darauf an zu verstehen, dass wirtschaftliche Interdependenz eben immer auch Dependenz bedeute, das heißt die Abhängigkeit von weiterhin günstigen Handels- und Investitionsbedingungen und dem Zugang zu Rohstoffen.[155] Diese Abhängigkeit verursache, wenn sich das Wirtschaftsklima verschlechtere, Furcht vor den Kosten der Umstellung der heimischen Wirtschaft. „Im Wesentlichen ist es die schwindende Zuversicht in die künftigen wirtschaftlichen Rahmenbedingungen [...], die am besten erklärt, warum Staaten so oft in Krieg oder militarisierte Krisen geraten."[156] Der Friede bleibe so lange erhalten, wie die jeweils schwächere Macht die Hoffnung darauf behalte, dass sich das Handels- und Investitionsklima verbessern werde. Bei diesbezüglichem Optimismus stünden die Opportunitätskosten eines Krieges im Vordergrund, die durch Friedfertigkeit vermieden werden können; bei Pessimismus hingegen setzten sich die Sorgen über die Anpassungskosten der verschlechterten Wirtschaftsbeziehungen durch und trieben zum Krieg. Auf das aktuelle Niveau des Handelsaustauschs komme es nicht entscheidend an. Zusätzlich gebe es ein Handel-Sicherheits-Dilemma. Es beruhe im Kern auf unvollständiger Information und der daraus folgenden Ungewissheit über den Charakter, die Verlässlichkeit und die Absichten anderer Staaten, vor allem anderer Großmächte. Demokratien seien imstande, sich genauso aggressiv zu verhalten wie autoritäre Staaten, wenn sie zu der Überzeugung gelangten, andere Akteure könnten sich künftig nicht mehr freiem Handel und fairem Wettbewerb verpflichtet fühlen. Und wenn ein Konkurrent allzu aggressiv seinen friedlichen Handelserfolg auch militärisch schütze und sichere, dann drohe sich rasch eine Abwärtsspirale zu entwickeln: Es werde ihm friedliche Eindämmung entgegengesetzt, die ihrerseits oft militärisch flankiert werde, was wiederum den Adressaten der Eindämmung in seiner Aggressivität bestätige und bestärke („Sie wollen uns niederhalten"), und die Prognosen wie auch die Lage würden immer düsterer. Darum seien militärische und wirtschaftliche Großmächte gut beraten, als eigene Charaktereigenschaften Vernünftigkeit und Mäßigung zu kommunizieren, und darum seien Institutionen nützlich, die positive Erwartungen zu stabilisieren helfen. Zu alledem komme schließlich die Gefahr hinzu, dass exogene Faktoren wie etwa die Kapriolen kleinerer Mächte oder ein allzu rasches Wachstum des Schwächeren ein durch das Handel-Sicherheits-Dilemma angespanntes Großmachtverhältnis destabilisieren können.[157]

Angesichts dieser Befunde drängt sich die Frage auf: Was haben wir zu erwarten? Wirtschaftskrieg auch mit anderen Staaten als Russland, oder noch Schlimmeres?

Kapitel 8
Was prägt Wirtschaftskriege heute? Die Entwicklung seit 1989

In den Jahren zwischen 1989 und 2019 hat sich die Welt demografisch, technologisch, wirtschaftlich und politisch verändert wie nie zuvor in der Geschichte der Menschheit binnen so kurzer Zeit. Es ist zu Recht festgestellt worden, dass „die drei großen weltgeschichtlichen Ereignisse des zweiten Jahrtausends […] der Schwarze Tod [...] die ‚Entdeckung' und Eingliederung der Neuen Welt in die Alte Welt […] und die industrielle Revolution" gewesen sind.[1] Der Zeitraum 1989–2019 brachte den Fall des Eisernen Vorhangs und den vollständigen Wiedereintritt Chinas in die Weltpolitik und Weltwirtschaft, die Einführung des Internets als einer neuen Welt, revolutionäre Informations- und Kommunikationstechnologie und die COVID-19-Pandemie. Wir befinden uns in einer tiefgreifenden Transformation vieler wichtiger Lebensbereiche. Das hatte und hat auch Folgen für die Wirtschaftskriegführung. In den kommenden Jahren dürfte das Tempo des Wandels weiterhin hoch sein. Wer die aktuellen und die drohenden Wirtschaftskriege erfassen und begreifen will, sollte sich die Veränderungen seit 1989 in Erinnerung rufen.

Demografische und technologische Sprünge

Die Weltbevölkerung wuchs seit 1989 von ca. 5,3 Milliarden auf acht Milliarden Menschen im November 2022. Nach Schätzung der Vereinten Nationen dürfte sie bis 2050 auf etwa 9,7 Milliarden wachsen. Daran wird voraussichtlich Subsahara-Afrika den größten Anteil haben. Dessen Einwohnerzahl wird von derzeit 1,2 Milliarden auf rund 2,1 Milliarden Menschen zunehmen.[2] In Afrika herrscht derzeit (Oktober 2022) laut Weltbank eine offizielle Arbeitslosenquote von durchschnittlich 7,7 (Subsahara) bis 10,5 Prozent (Mittel-, Ost- und Nordafrika).[3] Die verdeckte Arbeitslosigkeit dürfte deutlich darüberliegen, und beide drohen durch das Bevölkerungswachstum zu steigen. 2018 berechnete ein leitender Mitarbeiter des Internationalen Währungsfonds: Um auch nur die hinzukommende Erwerbsbevölkerung in Lohn und Brot zu bringen, müssen allein in Subsahara-Afrika bis 2035 jährlich 20 Millionen zusätzliche Arbeitsplätze geschaffen werden, das heißt doppelt so viele wie im Jahresdurchschnitt 2011–2017.[4] Der Bedarf mag angesichts der 2022 etwas nach unten revidierten UN-Bevölkerungsprognose etwas geringer sein, aber an der Größenordnung der Aufgabe ändert das nichts. Falls sie nicht erfüllt wird, könnten starke Wanderungsbewegungen und in Afrika vermehrt kriegerische Konflikte drohen.[5]

Der wissenschaftliche und technologische Fortschritt der jüngsten 30 Jahre, zum Beispiel der in den Biowissenschaften, sprengt jeden darstellerischen Rahmen. Im Alltag am greifbarsten sind für die meisten Menschen die Veränderungen im Bereich der IKT. Sie hat zugleich für die Volkswirtschaften und den Wirtschaftskrieg ohne gegenseitige Anwendung von Waffengewalt (vom Schießkrieg mit Drohnen und autonomen Waffensystemen ganz zu schweigen) besonders große Bedeutung und soll daher im Folgenden eingehend betrachtet werden.

1989 wirkte in vielen deutschen Büros der Wunsch eines Mitarbeiters nach einem eigenen Computer noch so extravagant wie ein Antrag auf Brokatvorhänge. 2021 hatten in Deutschland rund 63 Millionen Menschen mit dem Smartphone einen Computer in der Tasche,[6] der so leistungsfähig ist wie ein Spitzenklasserechner von vor 30 Jahren. 1989 wurde das World Wide Web überhaupt erst erfunden.[7] 1990 hatten etwa 2,6 Millionen Menschen Zugang zum Internet. Heute sind es mehr als fünf Milliarden.[8] In den Bereichen maschinelles Lernen und mobile Robotik werden immer raschere Fortschritte erzielt. Immer leistungsfähigere Speicher- und Rechenkapazitäten ermöglichen die immer schnellere Sammlung und Analyse riesiger und hochkomplexer Datenmengen (Big Data) und treiben die Entwicklung lernfähiger künstlicher Intelligenz (KI) und Kreativität nach dem Vorbild biologischer Nervensysteme voran. Die IKT eroberte Bereiche wie Gesichtserkennung, medizinische Diagnostik, Finanzdienstleistungen und Rechtsberatung. Miniaturisierte Sensorik erlaubt die ständige Überwachung von Batterieständen, Turbinen, Wasserqualität, Feldbewässerung und Medizintechnik. Sie erleichtert das Management von Lieferketten, weil jederzeit klar ist, welche Teile demnächst gebraucht werden und wo in der Zulieferung sie sich gerade befinden. Sie ermöglicht es, schon während der Herstellung und dann im laufenden Betrieb eines Produkts dessen Funktionsdaten zu sammeln und für Verbesserungen zu nutzen. Die Preise für Roboter sind in den vergangenen Jahrzehnten um zehn Prozent pro Jahr gefallen, und es wird erwartet, dass sich der Preisverfall beschleunigt. Moderne Industrieroboter lernen neue Bewegungsabläufe inzwischen dadurch, dass ein Mitarbeiter ihnen den Arm führt. In der Fabrik von morgen sind Arbeitnehmer, Roboter als Cobots, Maschinen und Werkzeuge miteinander vernetzt, führen Roboter gesprochene Anweisungen aus, erweitern Datenbrillen die Realität um Warn- und Montagehinweise, und manche Bauelemente und Hilfsmittel wandeln elektrische Signale in mechanische Bewegung um und beteiligen sich so aktiv am Produktionsprozess.[9]

Das selbstlandende Flugzeug kann man schon kaufen,[10] und das selbstfahrende Auto ist *just around the corner*. Es ist vor allem auf Daten angewiesen. Darum bekommen die traditionellen Autobauer neue Kompagnons oder Konkurrenten. Beispiele wie Amazon und Google zeigen, wie rasch Anbieter von Softwarelösungen auch in die Hardwarewelt vorstoßen: Amazon entwickelte sich innerhalb weniger Jahre vom Onlinebuchhändler zum Internetkaufhaus zum Anbieter komplexer Logistikdienstleistungen zum Cloud Services Provider zum Anbieter von Tablets, Smartphones und Smart-Home-Geräten zur Video- und Musikplattform und zum Lebensmittelhändler. Google begann als Internetsuchmaschine, beteiligte sich an Uber (Onlinevermittlung von Personenbeförderung/Sharing-Ökonomie und mittlerweile auch Essensauslieferung über UberEats), bietet Echtzeitnavigation über Google Maps, betreibt Drohnenprojekte (Project Wing, Titan Logistics) und entwickelt Ballons für die Internet- und Mobilfunkversorgung, hat Robotikfirmen gekauft, testet automatisierte Produktionsstraßen und autonome Fahrzeuge, hat sich am Satellitenhersteller Skybox beteiligt und den Hersteller lernfähiger Thermostate für Smart-Home-Anwendungen Nest gekauft und strebt nach einer Standardisierung von Betriebssystemen und Software für Robotikprodukte, die Google in Kombination mit seinen übrigen Services eine starke Stellung in allen Industrien gäbe, die Roboter einsetzen.

3-D-Drucker, eine weitere IKT-Anwendung, kann man inzwischen beim Discounter an der Ecke kaufen,[11] und auch an 4-D-Technologie wird längst gearbeitet – an Werkstoffen, die sich selbst zusammenbauen und die selbständig ihre Form wechseln können.[12] Schon jetzt kommen wichtige Teile von Passagierflugzeugen aus 3-D-Druckern, und deren Bedeutung wird überall rasant wachsen. All das wird die heutigen Produktionsweisen und Wertschöpfungsketten schöpferisch zerstören und neu konfigurieren. Die Produktion wird noch weniger arbeitsintensiv,[13] und die Bedeutung der Lohnkosten für die Standortwahl sinkt. Am Horizont erscheint die Vision vom Hersteller, der per Knopfdruck die verschlüsselten Konstruktionsdaten seines Produkts an Drucker in aller Welt schickt und die Teile von Roboterhand zusammenbauen lässt – falls sie sich nicht gar selbst zusammenfügen. Die Digitalisierung war bisher einer der stärksten Treiber der weltweiten Arbeitsteilung, der Globalisierung, des (Welt-)Finanzsystems und der Verflechtung der Volkswirtschaften. Sie könnte künftig ein wichtiger Treiber der Entflechtung und des Reshoring (der Rückverlagerung) von Fabriken und Arbeitsplätzen in die Industrienationen sein. Das könnte Afrika um seine „demografische Dividende" bringen und dort den Migrationsdruck erhöhen, China wider Erwarten[14] mit einem Überangebot an Arbeitskräften konfrontieren und dazu beitragen, die USA und das alternde Europa tendenziell zu reindustrialisieren. Unabhängig von solchen Spekulationen: Es ist künftig im Wortsinn existenziell wichtig, die digitalen Lebensbahnen in allen Bereichen der Daseinsvorsorge, von Wirtschaft, Gesellschaft und Politik gegen Cyberspionage und -sabotage zu schützen. Schon jetzt herrscht in der Hinsicht hohe zwischenstaatliche Aggressivität – in einem voll entbrannten Wirtschaftskrieg würden die Angriffe und Schäden massiv ansteigen.

Umwälzungen in Wirtschaft und Finanzen

Die Weltwirtschaft und das Weltfinanzsystem haben seit 1989 erstaunliche Leistungen und erschütternde Fehlleistungen erlebt. Der Welthandel wuchs seit 1990 pro Jahr um durchschnittlich 4,8 Prozent (Stand 2017) und damit ungefähr anderthalbmal so schnell wie das reale Weltsozialprodukt.[15] Es sind, vor allem dank völkervertraglicher Handelsliberalisierung und massiv gesunkener Transport- und Kommunikationskosten, ungezählte weltweite Wertschöpfungsketten entstanden.[16] Viele Produkte enthalten Rohstoffe und Unternehmensleistungen aus aller Welt. In einem Smartphone des Typs iPhone 6 s zum Beispiel steckten einer Studie zufolge 28 verschiedene Rohstoffe aus 19 Ländern in Asien, Afrika, Latein- und Nordamerika und aus Australien. Die Bauteile werden von elf Unternehmen in Japan, Südkorea, China und Taiwan gefertigt und in China zusammengefügt. Fast nur noch das Design (allerdings auch das der ultrakomplexen Prozessoren) stamme von Apple, Kalifornien.[17]

Der (bereits 1978 begonnene) Eintritt der Volksrepublik China in die internationale Arbeitsteilung[18] machte das Land zur derzeit zweitgrößten Volkswirtschaft der Welt nach den USA (kaufkraftbereinigt möglicherweise bereits zur größten) und zum nach Japan zweitgrößten Gläubiger der USA. Im Juli 2022 hielt China US-Staatsanleihen in Höhe von 970 Billionen US-Dollar (von 7501 Billionen in ausländischem Besitz).[19] Die Volksrepublik hat ein unverwechselbar eigenes Wirtschaftsmodell entwickelt, in dem staatliche Betriebe, Unternehmen in Privatbesitz und finanzstarke Staatsfonds zusammenwirken, um mittel- und langfristige Ziele zu verwirklichen. Sie werden in einem anspruchsvollen und durchaus nicht kommandowirtschaftlichen Planungsprozess entwickelt und großteils marktwirtschaftlich umgesetzt. Dadurch ist es der Volksrepublik gelungen, die Leistungsfreude und die unternehmerischen und erfinderischen Talente ihrer Bürger freizusetzen, ohne dass die Kommunistische Partei Chinas (KPCh) die politische Steuerung aus der Hand geben musste – sie hat im Gegenteil unter Staatspräsident Xi Jinping ihren Griff gefestigt,[20] durchdringt mit ihren Parteizellen die Betriebe[21] und nutzt zunehmend die IKT für eine umfassende Kontrolle und Steuerung des Verhaltens der Bevölkerung, was die Parteiherrschaft zusätzlich stabilisiert. Ausländische Investoren sind willkommen, sie mussten aber bislang meist betriebliche Partnerschaften mit chinesischen Unternehmen eingehen und das eigene Know-how mit ihnen teilen, was auf einen fortwährenden Technologietransfer zugunsten Chinas hinausläuft. Ausländische Unternehmen werden außerdem nach politischem Belieben durch protektionistisch wirkende, oft opake Vorschriften, Genehmigungsvorbehalte und Verwaltungswillkür behindert und können sich dagegen in China nur schwer oder gar nicht zur Wehr setzen. Weltweit erfolgreiche Unternehmen wie Google, Facebook/Meta, Twitter und jüngst LinkedIn[22] haben die Erfahrung gemacht, dass der chinesische Markt für sie reich an politischen Zumutungen und schwer zu erobern ist, weil ihre chinesischen Konkurrenten strukturell und regierungsseitig bevorzugt werden und weil die chinesischen Kunden sich auch aus Patriotismus lieber an die heimischen Anbieter halten.

Die Schaffung großer Staatsunternehmen, von *national champions*[23] in Privatrechtsform und von Staatsfonds macht längst international Schule. Seit der Jahrtausendwende hat auf der Forbes-Global-2000-Liste der nach Umsatz, Nettogewinn, Aktiva und Marktwert weltgrößten 2000 Unternehmen (mit Handelsbeziehungen zu den USA, was viele ausschließt) die Zahl der Staatsunternehmen aus China, Russland, Brasilien, Indien und Mexiko stark zugenommen. Auch die Zahl der Staatsfonds hat sich seit 2000 mindestens verdoppelt, und es gibt sie außer in China vor allem in Ländern, die Rohstoffexporteure sind und dabei von hohen Weltmarktpreisen profitiert haben (dem Vernehmen nach sind weltweit drei Viertel der Rohölreserven in den Händen von Staatsbetrieben). Die Unternehmen und Fonds investieren, staatspolitisch dirigiert, in strategisch wichtige Branchen und Rohstoffvorkommen, und sie vergeben Kredite für regierungsseitig erwünschte Aktivitäten. Ihr übergeordnetes Ziel ist weniger die Anhäufung privaten Wohlstands als vielmehr die Befestigung und Vermehrung von Macht und Einfluss des Staates durch wirtschaftlichen Fortschritt – eine vor allem an den französischen Merkantilismus zur Zeit der absoluten Monarchie erinnernde Ausrichtung.

Insgesamt ist eine markant neue Form von Staatskapitalismus entstanden.[24] Zwar gibt es auch im Westen staatliche Unternehmen, aber sie sind hier die Ausnahme von der Regel und vom gesellschaftlichen Ideal freier, privatwirtschaftlich bespielter Märkte.[25] Chinesische Staatsunternehmen mögen aus rein wirtschaftlicher Sicht weniger effizient sein als ihre privaten Pendants, aber sie sichern die dominante Rolle der KPCh in der Wirtschaft und dienen den makroprudenziellen Zielen der Partei, weshalb sie sicher Bestand haben werden.[26] Der neue Staatskapitalismus verschafft seinen Akteuren im Wettbewerb mit westlichen Unternehmen und Regierungen diverse zusätzliche Möglichkeiten: Die staatlichen oder staatsnahen Betriebe und Fonds handeln in strategischer Abstimmung mit ihren Heimatregierungen (oder gar auf Weisung) und genießen dabei deren massive finanzielle und politische Schützenhilfe. Sie machen auch mit und in autoritär oder diktatorisch regierten Ländern unbekümmert Geschäfte (was diese politisch fragwürdigen Regimes stärkt und das Interesse der Investierenden an deren Fortbestand erhöht), denn viele staatskapitalistisch agierende Regierungen sind hinsichtlich solcher Herrschaftsformen verständnisvoll bis gleichgültig oder betrachten es sogar als Gebot der Nichteinmischung in innere Angelegenheiten, Geschäftliches und Politisches zu trennen. Im Vergleich dazu sind die Unternehmen aus westlichen Marktwirtschaften finanziell und politisch viel mehr auf sich gestellt, und sie unterliegen viel stärkerer öffentlicher Beobachtung und Kritik, auch hinsichtlich der Vereinbarkeit ihrer Auslandsgeschäfte mit dem weltweiten Schutz der Menschenrechte.[27] Im Westen lassen sich, zumindest in Friedenszeiten, gemeinsame Strategien von Staat und Wirtschaft schwerer organisieren, weil dort in den beiden Bereichen unterschiedliche Eliten, unterschiedlich rekrutiert, nach unterschiedlichen Regel- und Anreizsystemen agieren und dabei meist weniger langfristig denken: Die einen üben pflichtgemäß politische Ämter für das Gemeinwohl aus und haben einen Planungshorizont, der sich nach Legislaturperioden bemisst; die anderen machen frei von ihren Grundrechten Gebrauch und streben dabei nach privatem Gewinn und möglichst guten Quartalszahlen (zumal wenn davon Börsenwert und Boni abhängen). In beiden Sphären ist personell nichts so beständig wie der Wechsel, und beide unterliegen der engen Kontrolle durch unabhängige Gerichte und eine freie Presse, während in staatskapitalistisch geprägten Ländern unabhängige Richter und Journalisten eher selten vorkommen. Dort werden häufig Führungspositionen in Politik und Wirtschaft in Personalunion gehalten,[28] die Werte und Ziele in beiden Bereichen ähneln sich sehr, die Karrieren bemessen sich bei politischem Wohlverhalten und fachlicher Leistung oft nach Jahrzehnten, und der Verschwägerungsindex zwischen beiden Bereichen ist hoch – in arabischen Monarchien quasi naturgemäß, aber auch anderswo in staatskapitalistischen Ländern sind die politischen und wirtschaftlichen Oligarchien erstaunlich intensiv verschwippt und verschwägert.[29] Der neue Staatskapitalismus birgt seine eigenen inneren Gefährdungen, weil er machtpolitische Ziele über persönliche Freiheit, rechtliche Begrenzungen und ökonomische Signale stellt. Er maßt sich damit zu viel an Herrschaft, Willkür und Wissen an und ist strukturkonservativ; das kostet zwangsläufig Vertrauen, auch international,[30] und es kostet Erwartungssicherheit, Innovationskraft[31] und Prosperität. Aber bis auf Weiteres ist zumindest die chinesische Variante zu einem formidablen Spieler auf den Weltmärkten geworden, und das wird höchstwahrscheinlich auf unabsehbar lange Zeit so bleiben und entspricht im Ergebnis der normalen Bedeutung Chinas in der Weltgeschichte.

Die Weltfinanzkrise ab August 2007[32] hat die Kraft der westlichen Demokratien und das Ansehen ihres Wirtschaftsmodells massiv geschwächt, und sie tut das noch immer. Die Krise hatte ihre wesentlichen Ursachen im Westen. Die freiheitliche marktwirtschaftliche Ordnung, nachdem sie ihre Überlegenheit über die osteuropäischen Planwirtschaften bewiesen hatte, wurde deformiert, weil Freiheit mit Regellosigkeit verwechselt wurde. Es wurde die ideologische Annahme herrschend, der Markt bleibe am besten von staatlichen Eingriffen so frei wie nur möglich, denn er reguliere und kontrolliere sich selbst, bestrafe individuelles Fehlverhalten prompt und beuge so quasi automatisch systemgefährdenden Krisen vor. Grundlegende Vorschriften für die Tätigkeit der Finanzinstitute wurden aufgehoben, die staatliche Aufsicht war geschwächt oder schlief, die Ratingagenturen versagten, und viele Finanzinstitute gingen völlig überzogene Risiken ein und brachten Finanzprodukte auf den Markt, die sie entweder selbst nicht verstanden oder die dermaßen windig waren, dass manche Banken gegen ihre eigenen Produkte Wetten abschlossen. Die Konsumenten spielten bei alledem bereitwillig mit und verschuldeten sich übermäßig, vor allem auf dem US-Immobilienmarkt, wo die Illusion unendlich steigender Grundstückswerte zur Grundlage für immer größere Hypothekenkredite wurde. Als die Blase platzte, drohte die Finanzkrise massiv auf die Realwirtschaft durchzuschlagen und eine weltweite Depression auszulösen. Der ehemalige Gouverneur der Bank von England, Mervyn King, vergleicht das Aufstapeln unhaltbarer Kredite und Schulden mit einem Turm loser Bauklötze: Es sei immer überraschend, wie lange man die wackelige Konstruktion noch weiter erhöhen könne, aber dann falle alles blitzschnell um.[33] Die Regierungen nicht allein des Westens, sondern auch der aufstrebenden Volkswirtschaften („Schwellenländer") legten massive Rettungs- und Konjunkturprogramme auf. Durch die Bankenrettungen wurde der für freie Marktwirtschaften zentrale Grundsatz durchbrochen, dass unternehmerisches Handeln und das Haften für dessen Folgen zusammengehören, erst recht bei Handeln aus Gier und Rücksichtslosigkeit. Stattdessen blieben die Spekulationsgewinne privatisiert, während die Verluste zulasten der Steuerzahler sozialisiert wurden. Es wurde mit Recht darauf hingewiesen, dass, solange die Krise andauerte, alttestamentarische Rache an den Verantwortlichen nur Öl ins Feuer gegossen hätte,[34] aber am Ende saßen zu wenige Täter im Gefängnis, und die Reregulierung des Finanzsektors blieb unzureichend.[35]

Die Schuldenkrise in der Eurozone ab 2010 vertiefte in Europa die Schäden der Weltfinanzkrise. Die Währungsunion hatte zunächst bewirkt, dass sich für alle ihre Mitgliedstaaten die Finanzierungsbedingungen anglichen. Das bedeutete für manche Staaten eine erheblich verringerte Zinslast. Einige Staaten und Gesellschaften nutzten diese Verbesserung aber nicht etwa zum Schuldenabbau und zur Erhöhung ihrer Wettbewerbsfähigkeit, sondern für noch höhere Verschuldung und unproduktiven Konsum auf Pump. Als sich ihre Überschuldung abzeichnete, reagierten die Finanzmärkte darauf mit Risikoaufschlägen, und die Zinssätze für die Länder in der Eurozone strebten auseinander wie vor der Währungsunion. Nun drohte einigen Ländern und ungezählten Privatschuldnern erst recht der Bankrott, und vielen Banken, die sich mit Staatsanleihen vollgesogen und unvorsichtig Kredite vergeben hatten, drohte die Insolvenz. Diverse Rettungspakete in astronomischer Höhe, tiefe Rezessionen, hohe Arbeitslosigkeit und eine Fülle neuer europäischer Vorschriften waren die Folge, und die Verschuldung vieler Mitgliedstaaten bleibt bis heute besorgniserregend hoch. Und sowohl die Bekämpfung des wirtschaftlichen Schadens, den die COVID-19-Pandemie verursacht hat, als auch der Wirtschaftskrieg mit Russland und die Umstellung der europäischen Energieversorgung auf nichtrussische Quellen werden die Schuldenlast weiter erhöhen.

Die Weltfinanzkrise und die Schuldenkrise in der Eurozone hatten tiefgreifende und fortwirkende Folgen: In den westlichen Demokratien wurde das Vertrauen der Bürger in ihre wirtschaftlichen und politischen Eliten erschüttert. Der Ton in der EU wurde gereizt und vorwurfsvoll, weil die einen sich geschulmeistert und die anderen sich ausgenutzt fühlten. In der Weltpolitik verlor die westliche Gruppe der Sieben (G7) Industrienationen rasant an Bedeutung. Ihre Rolle in Wirtschafts- und Finanzfragen ging auf die G20 über, in der (um nur einige zu nennen) China, Russland, Indien, Brasilien, Südafrika und die Türkei ein kräftiges Wort mitreden. Das Modell der freien Marktwirtschaft hat weltweit an Ansehen verloren, weil es Verantwortungslosigkeit zuzulassen und sogar zu prämieren scheint, weil es die Weltwirtschaft in so große Gefahr brachte wie seit der Großen Depression ab 1929 nicht mehr, und weil es zu steigender Einkommens- und Vermögensungleichheit führt. Auch dadurch, nicht allein durch seine phänomenalen Wachstumsraten, hat das Wirtschaftsmodell der Volksrepublik China und haben die Spielarten des Staatskapitalismus in den Augen vieler an Attraktivität gewonnen, während freie Märkte auf gewachsene Skepsis treffen.

Angesichts der dynamischen Entwicklung der Weltwirtschaft stehen die EU und vor allem die USA auch vor den unbeabsichtigten Folgen des eigenen Tuns. Sie haben in der sogenannten Uruguay-Runde (1986–1994) der GATT-Verhandlungen, die zur Gründung der Welthandelsorganisation führte, ihre Zollschranken viel stärker gesenkt als die damaligen Entwicklungs- und Schwellenländer. Sie haben ihre Märkte weit geöffnet für Produkte aus Staaten, die damals auf der Schwelle dazu standen, sich zu industrialisieren und moderne Dienstleistungsbranchen aufzubauen. Sie wollten einerseits die Märkte des früheren Sowjetblocks und der Volksrepublik China für westliche Waren und Dienstleistungen erschließen und andererseits deren niedriges Lohnniveau ausnutzen, um Fabriken und Produktion dorthin auszulagern. Sie vertrauten darauf, die neu vereinbarten Regeln (TRIPS) würden das westliche Know-how und geistige Eigentum schützen; und sie nahmen an, die wirtschaftliche Liberalisierung werde bei ihren neuen Geschäftspartnern segensreiche Folgen weit über das Wirtschaftliche hinaus haben. Diese hoffnungsvolle Annahme ist tief in der angelsächsischen politischen Philosophie des Besitzindividualismus verankert. Der Ökonom Martin Wolf bringt sie in *Why Globalization Works* treffend zum Ausdruck: Die Freiheit sei auf individuelles Eigentum gegründet, darum seien alle freiheitlichen auch kaufmännische Gesellschaften. Die Freiheit der Lebensgestaltung und das Streben nach Glück können nicht auf wirtschaftliche Aktivitäten begrenzt bleiben. Freiheitliche Gesellschaften seien allen festgefügten Hierarchien von Macht und Meinung abhold. Der Kaufmann sei ein praktisch veranlagter Mensch, der rationale Urteile über die Welt fällen müsse. Er lerne aus Erfahrung, nicht von Autorität, und verlasse sich auf sein eigenes Urteil, nicht auf das anderer.[36] Für diese Selbstwahrnehmung liegt die Vermutung nahe: Wer mit dem freiheitlichen Westen in marktwirtschaftliche Beziehungen tritt, der wird ihm politisch immer ähnlicher. Offene Märkte (er)ziehen ihre Teilnehmer zur liberalen Demokratie.

Die westlichen Erwartungen an die Liberalisierung der Weltwirtschaft haben sich zu einem großen Teil erfüllt, aber eben doch nur zu einem Teil. Die vergangenen 25 Jahre haben Hunderte Millionen Menschen aus absoluter Armut befreit und insgesamt den weltweiten Wohlstand wie auch den des Westens ungemein vermehrt – und das sogar trotz der vom Westen verursachten Weltfinanzkrise. Die Wohlfahrtsgewinne sind jedoch in den westlichen Gesellschaften sehr ungleich verteilt worden. Die internationale Verflechtung hat außerdem Abhängigkeiten geschaffen, die auf viele Betrachter heikel wirken, zum Beispiel durch Verschuldung, durch die Exponiertheit gegenüber autokratisch regierten Volkswirtschaften und durch das Angewiesensein der westlichen Demokratien auf die ausländische Produktion lebenswichtiger Stoffe wie beispielsweise Antibiotika.[37] Die Volksrepublik China hat sich nicht dem westlichen Demokratiemodell angenähert, sondern unter Präsident Xi weiterhin einen autoritären Pfad eingeschlagen. Der technologische Vorsprung des Westens geht mehr und mehr verloren. Und obendrein gab es aus Sicht der westlichen Vormacht USA erstens in ihrem Gefolge zu viele Trittbrettfahrer, die sich nicht angemessen am Aufwand zur Absicherung des westlichen Way of Life beteiligten (das beginnt sich seit dem russischen Angriffskrieg gegen die Ukraine zu ändern), und zweitens ist ein relativer Positionsverlust der USA eingetreten, vor allem gegenüber der Volksrepublik China. Diese Lage ist mit Blick auf frühere britische und amerikanische Erfahrungen als das „Dilemma des Hegemonen“ beschrieben worden. Er steht manchmal vor einer Alternative, die sich wie folgt beschreiben lässt: Entweder hält er an einem relativ freien und offenen Handelsregime fest, in dem andere aufsteigen. Dann maximiert er seine Wohlstandsgewinne, muss aber Trittbrett- und Schwarzfahrer dulden und zulassen, dass seine Konkurrenten relativ stärker profitieren als er selbst und immer mächtiger werden. Oder er wendet sich von dem offenen System ab, versucht seine Größe als Druckmittel für Vorzugsrechte einzusetzen, konserviert und maximiert seine Machtposition und begrenzt dadurch die Aufstiegsmöglichkeiten der anderen, verzichtet so aber mindestens zum Teil auf mögliche Wohlstandsgewinne.[38] Die Alternative mag gewöhnungsbedürftig erscheinen, vor allem aus dem Blickwinkel von Klein- und Mittelmächten. Sie stellt sich ja auch nur Großmächten. Als 1998 der Film *Godzilla* in die Kinos kam, hing an einem New Yorker Hochhaus vom Dach bis hinab zum 1. Stock ein Werbebanner mit dem Bild der Riesenechse und der Botschaft: „Size does matter“.

Auf dem Weg in eine neue Weltordnung?

Die internationalen Beziehungen erreichten 1989 ein hohes Maß an politischer Entspannung und sind 2022 so angespannt wie selten zuvor. Die beiden Zustände stehen in einem engen inneren Zusammenhang. Der Westen, geführt von den USA, fühlte sich durch die friedlichen Revolutionen in Mittel- und Osteuropa und den Untergang der Sowjetunion in seinen Werten bestätigt und in seinem Könnensbewusstsein gestärkt. Er stimmte, ohne auf russische Einwände Rücksicht zu nehmen, dem Wunsch zahlreicher mittel- und osteuropäischer Nationen zu, der NATO und der EU beizutreten.[39] Das entsprach zwar dem Sinn der vorangegangenen Revolutionen und der verantwortungsvollen Politik von Perestroika und Glasnost, aber zumindest hinsichtlich der Ausdehnung der NATO glaubte Russland anderslautende mündliche Zusagen zu haben.[40] Die USA versuchten Russland unter Präsident Boris Jelzin bei marktwirtschaftlichen Reformversuchen zu helfen[41] und förderten die Integration der Volksrepublik China in den Welthandel und später (2001) in die WTO. Aus amerikanischer Sicht waren Russland, China und andere aufsteigende Mächte wie Brasilien und Indien in der nach 1945 geschaffenen internationalen Ordnung willkommen, sofern sie deren Legitimität anerkannten. Darüber herrschte Zuversicht: China werde über die wirtschaftliche zur sozialen und politischen Freiheit nach westlichem Verständnis finden, sagte Präsident George W. Bush im Vorwort zur Nationalen Sicherheitsstrategie 2002 voraus,[42] und Präsident Clinton zeigte sich hocherfreut über den bilateralen Handel als „declaration of interdependence“[43] mit China. Die USA beendeten mit einer großen internationalen Koalition und dem Segen des UN-Weltsicherheitsrates 1990/91 die irakische Aggression gegen Kuwait durch einen Blitzfeldzug. Sie zwangen, flankiert von westeuropäischen Staaten, ohne Mandat des Sicherheitsrates und gegen kraftlosen russischen Protest 1995 und 1999 Serbien mit Waffengewalt, von Bosnien und dem Kosovo abzulassen, wobei Peking und Moskau sich besonders im zweiten Fall mit den Ergebnissen anfreundeten.[44] Sie griffen nach dem Terroranschlag vom 11. September 2001 mit der Zustimmung des Sicherheitsrates und der internationalen Staatengemeinschaft und mit russischer diplomatischer Hilfe die Terroristen in Afghanistan an, und 2003 ohne Autorisierung durch den Sicherheitsrat den Irak. Zugleich setzte sich in der US-amerikanischen Außenpolitik wieder einmal das für sie charakteristische Missionsbewusstsein[45] durch: Die US-Regierung hielt es für möglich, im Nahen und Mittleren Osten und überall auf der Welt freiheitlichen Demokratien westlicher Prägung den Weg zu ebnen.[46] Der Westen begrüßte demokratische Revolutionen wie die ukrainische von 2004. Weil der Angriff auf den Irak vom Verteidigungsministerium extrem kostenbewusst geplant und ausgeführt wurde, enthauptete er das Regime von Staatspräsident und Premierminister Saddam Hussein militärisch, ohne das Land schnell in den Griff zu bekommen.[47] Es konnte sich ein Aufstand formieren und bewaffnen, der den Irak in jahrelange Kämpfe (gewisse Stabilisierung erst Mitte 2008) stürzte, was zusammen mit dem Afghanistankrieg den USA und ihren Verbündeten hohe Verluste an Blut und Geld abverlangte, den Nahen Osten noch weiter radikalisierte und destabilisierte und machtpolitisch die Islamische Republik Iran stärkte. Als – fast wie in Antwort auf die zu inneren Reformen ermutigende Kairoer Rede[48] von Präsident Obama im Juni 2009 – Ende 2010 der sogenannte Arabische Frühling um sich griff, reagierten die USA schon mit Zurückhaltung, weil ihnen, wie sich ein Regierungsberater ausdrückte, unklar war, ob sich hier das Jahr 1989 (Václav Havel) wiederholte oder das Jahr 1979 (Ajatollah Ruhollah Khomeini). Es sollte sich bald herausstellen, dass demokratische Wahlen in der arabischen Welt leicht zum Sieg radikalislamischer Parteien führen konnten, was der Theorie vom Siegeszug westlicher Werte eindeutig widersprach.

Anfang 2011 griff der Arabische Frühling auf Syrien über. Es begann ein bis heute andauernder Bürgerkrieg mit intensiver ausländischer Beteiligung. Der Bürgerkrieg zog Terroristen und Islamisten an und löste starke Flüchtlingsströme aus, bis hin in die EU, wo seither erbittert über deren Aufnahme gestritten wird. Im Frühjahr 2011 griffen Großbritannien und Frankreich, flankiert von den USA, mit dem Ziel eines Regimewechsels in den libyschen Bürgerkrieg ein. Rechtsgrundlage für die Luftschläge mit Bombern und Marschflugkörpern war eine Resolution des UN-Sicherheitsrates, bei deren Beschluss sich Brasilien, China, Deutschland, Indien und Russland enthielten und gegen die das chinesische Außenministerium und Premierminister Putin öffentlich Bedenken äußerten.[49] In Deutschland kam es zu einer Debatte darüber, ob es in einem solchen Fall völkerrechtlich zulässig und legitim sei, zum Schutz der Menschenrechte mit unabsehbaren Folgen in innerstaatliche Konflikte zu intervenieren, wie es dem damals immer noch vorherrschenden westlichen Zeitgeist entsprach.[50] Der Staat Libyen ist zerfallen, diverse Mächte intervenieren, diverse Gruppen bekämpfen sich.[51] Von bereits angekündigten Luftschlägen gegen Syrien sah Präsident Obama 2013 ab, obwohl dort mit dem Einsatz chemischer Waffen eine von ihm gezogene „rote Linie“ überschritten worden war. Es hatte sich abgezeichnet, dass der US-Kongress wie zuvor schon das britische Parlament einen Militärschlag ablehnen würde. Präsident Putin half bei der Gesichtswahrung.[52] In Syrien hat inzwischen die militärische Intervention Russlands (und Irans Militärhilfe) zugunsten der Regierung von Staatspräsident Baschar

Hafiz al-Assad offenbar den Ausschlag gegeben; aber die Grenzen des Landes sind ähnlich unklar geworden wie die des Irak, und es ist faktisch viergeteilt. Der Jemen ist zerstört. Saudi-Arabien und Iran kämpfen um die Vorherrschaft in der Region. Die USA halten es inzwischen für aussichtslos, den Nahen Osten mit seinen kaleidoskopisch wechselnden Fronten von außen zu befrieden, und er hat für sie (anders als für China) als Energielieferant volkswirtschaftlich und geostrategisch eine abnehmende Bedeutung, weil die USA dank Frackingtechnologie Selbstversorger und weltweiter Energielieferant werden.[53] Amerika sieht darum derzeit allein im Schutz Israels und im Schutz vor Terrorgefahren und Massenvernichtungswaffen aus der Region noch vitale eigene nationale Interessen; alles andere ist allenfalls Aufgabe der Europäer und der Türkei. Schon Präsident Obama hatte die Westeuropäer aufgefordert, mehr zu tun, als den Amerikanern, wenn sie wieder einmal für die gemeinsamen Anliegen kämpften, die Mäntel zu halten. Präsident Biden dürfte derselben Ansicht sein.

Russland und die Volksrepublik China sahen im aktiven westlichen Werben für Freiheit und Demokratie und erst recht in den westlichen militärischen Interventionen auf teilweise mehr als zweifelhafter Rechtsgrundlage eine bedrohliche Zersetzungsstrategie am Werk.[54] Beide haben ein Narrativ entwickelt, dem zufolge der Westen die Welt destabilisiert und das Völkerrecht mit Füßen tritt, vor allem die Staatensouveränität und das Prinzip der Nichteinmischung in die inneren Angelegenheiten anderer Staaten.[55] Präsident Putin machte 2001, kurz nach den Terroranschlägen auf die USA, vor dem Deutschen Bundestag deutlich, dass Russland sich von westlichen Entscheidungen oft übergangen fühle.[56] 2007 hatte sich das Verhältnis dermaßen verschlechtert, dass er Mitte Februar auf der Münchner Sicherheitskonferenz eine Brandrede hielt: Der Westen und vor allem die USA versuchten der Welt illegitim und oft auch illegal und gewaltsam eine monopolare Ordnung aufzuzwingen. Das sei unannehmbar und unmöglich. Es entspreche nicht den internationalen Kräfteverhältnissen, verletze den Grundsatz der Gleichheit der Nationen, gefährde die Völkerrechtsordnung, verbreite überall die Furcht vor Interventionen, habe zu neuen Spannungen, bewaffneten Konflikten und Kriegsopfern geführt, entfessele den internationalen Terrorismus und erhöhe die Gefahr der Verbreitung von Massenvernichtungswaffen. Militärische Gewalt dürfe ausschließlich in Übereinstimmung mit der Charta der Vereinten Nationen angewandt werden.[57] Im Februar 2008 erklärte der Kosovo seine Unabhängigkeit von Serbien und wurde von den USA und von 22 der 27 EU-Mitgliedstaaten anerkannt, die argumentierten, dass der Fall einzigartig *(sui generis)* sei. Präsident Putin nannte es einen schrecklichen Präzedenzfall – man könne nicht einen Satz von Regeln für den Kosovo haben und einen anderen für Abchasien und Südossetien.[58] Im April 2008 wurde auf dem NATO-Gipfel in Bukarest heftig darüber diskutiert, ob die NATO Georgien und der Ukraine, die beide darum gebeten hatten, einen sogenannten Aktionsplan zur Mitgliedschaft anbieten sollte. Als Kompromiss erklärte der Gipfel, „dass Georgien und die Ukraine Mitglieder der NATO sein werden", ohne einen Zeitplan zu nennen. Präsident Putin hatte signalisiert, dass die Aufnahme Georgiens in die NATO eine rote Linie überschreiten würde. Einige NATO-Partner hatten in Bukarest erklärt, ungelöste territoriale Fragen seien ein Hindernis für die NATO-Mitgliedschaft. Georgien hatte ungelöste territoriale Probleme in Abchasien und Südossetien, Regionen mit russischen Minderheiten und russischen Friedenstruppen (und die Ukraine würde bald auch Probleme haben).[59] Im August 2008 führte Georgien einen Angriff auf die südossetische Hauptstadt durch, bei dem Osseten und russische Friedenssoldaten getötet wurden. Am nächsten Tag rückten rund 40 000 russische Soldaten in Georgien ein. Russland erkannte die Unabhängigkeit Südossetiens und Abchasiens an.[60] Eine von der EU beauftragte Untersuchung kam zu dem Ergebnis, Russland habe in Georgien eine Art Notwehrexzess begangen.[61] Der Einsatz wurde jedoch weithin vor allem als Signal dafür betrachtet, dass Russland eine weitere Ausdehnung von EU und NATO nicht hinnehmen werde.[62] Im November 2013 kündigte nach massivem russischen Druck die damalige Regierung der Ukraine an, sie werde ein unterschriftsreifes Assoziierungsabkommen mit der EU vorerst nicht unterzeichnen. Daraufhin kam es in Kyiv zu Massenprotesten.[63] Der ukrainische Präsident Viktor Janukowitsch floh nach Russland. Ab Februar 2014 besetzte und annektierte Russland gewaltsam die zur Ukraine gehörende Halbinsel Krim und führte Krieg in der östlichen Ukraine.[64] Russland hatte, finanziert durch auskömmliche Öl- und Erdgaspreise, seine militärischen Fähigkeiten modernisiert und bediente sich innovativer Kampfmethoden, die zeitweise den Unterschied zwischen Krieg und Frieden verwischten.[65] Die UN-Generalversammlung verurteilte die Annexion der Krim.[66] Russland bewog Brasilien, China, Indien und Südafrika, sich dabei der Stimme zu enthalten.[67] Russland wirkt mit verdeckten Operationen auf das politische Geschehen im Westen ein, unter anderem durch Desinformationskampagnen im Internet,[68] durch die Förderung EU-kritischer Parteien und durch Versuche, den Konsens der EU-Staaten über die Fortführung der Sanktionen aufzubrechen. Im Februar 2022 begann Moskau schließlich einen offenen Angriffskrieg gegen die Ukraine, woraufhin viele westliche Demokratien gegen Russland einen Wirtschaftskrieg ohne gegenseitigen bewaffneten Konflikt eröffneten.

Manche westliche Chinaexperten meinen seit der Weltfinanzkrise eine Veränderung im Tonfall chinesischer Außen- und Sicherheitsexperten, in Chinas offiziellen Verlautbarungen und in seinem Handeln festzustellen – selbstbewusster, kämpferischer, getragen von einem Gefühl berechtigten Anspruchs.[69] Jedenfalls hat sich nach herrschender Ansicht ein tiefgreifender Wandel vollzogen, seit Xi Jinping Generalsekretär der Kommunistischen Partei Chinas, Vorsitzender der Zentralen Militärkommission (beides 2012) und Staatspräsident wurde (2013, seit 2018 ohne Amtszeitbegrenzung).[70] China hat territoriale Streitigkeiten mit vielen seiner Nachbarn und Ländern in seinem nahen Ausland.[71] Ein wichtiger Gradmesser und Indikator künftiger Entwicklungen ist das Verhalten Chinas im Süd- und Ostchinesischen Meer, einem Seegebiet, das reich an Fischgründen und Bodenschätzen ist, zu den meistbefahrenen Schifffahrtsrouten und Energieschlagadern zählt,[72] von bevölkerungsreichen und hochproduktiven Nationen umgeben ist und geostrategisch entsprechend große Bedeutung hat. Dort begann China 1998, vermehrt Riffe militärisch zu besetzen, als während einer Finanzkrise in Asien viele Anrainerstaaten abgelenkt und geschwächt waren. Ab 2013 baute es sie im großen Stil zu künstlichen Inselstützpunkten aus, um seerechtliche Ansprüche zu untermauern und die Reichweite der eigenen Luftwaffe und Radaraufklärung zu erweitern.[73] Mittlerweile hat China auch Raketenbatterien stationiert. Die Volksrepublik erhebt Exklusivansprüche auf mehr als drei Viertel der gesamten Seefläche. Auch andere Staaten in der Region, etwa die Philippinen, Taiwan, Malaysia und Vietnam, erheben Hoheitsansprüche und bauen, wenn auch in geringerem Umfang, künstliche Inseln. Die Philippinen erwirkten 2016 die Entscheidung eines gemäß der UN-Seerechtskonvention gebildeten Schiedsgerichts gegen China. Darin wurden Chinas historisch hergeleitete Ansprüche im Bereich der Spratly-Inseln in Bausch und Bogen verworfen.[74] China erkannte den Schiedsspruch nicht an. Im Ostchinesischen Meer beanspruchen sowohl China als auch Taiwan die von Japan verwalteten Senkaku-Inseln (oder Diaoyu-Inseln, wie China sie nennt). Es kam immer wieder zu Zwischenfällen wie dem Rammen von Fischerei- und Küstenschutzbooten und dem Überfliegen der Inseln (Japans Luftwaffe fliegt insgesamt jährlich Hunderte von Abfangeinsätzen gegen chinesische Maschinen).[75] 2012 kaufte Japan die Senkaku-Inseln ihren privaten Eigentümern ab. China protestierte scharf, Demonstrationen riefen zum Boykott japanischer Waren auf und forderten, gegen Japan Gewalt anzuwenden. Japanische Konzerne hielten ihre Fabriken in China vorsichtshalber zwei Tage lang geschlossen, und japanische Einzelhandelsfirmen schlossen ihre dortigen Filialen. Ende 2013 verkündete China, angeblich zum Schutz vor Luftangriffen, eine Luftverteidigungszone über dem Gebiet und verlangte, jede Passage müsse China vorher angemeldet werden. Die USA ließen unangemeldet B-52-Bomber den beanspruchten Luftraum durchfliegen, auch Japan und Südkorea schickten Kampfflugzeuge hindurch.[76] Die USA führen seit Jahren unangekündigt sogenannte Freedom of Navigation Operations durch, das heißt Durchflüge und Kriegsschiffspassagen durch die von China beanspruchten Seegebiete, damit sich die chinesische Rechtsauffassung nicht zum Gewohnheitsrecht verfestigen kann.[77] Dabei kann es zu gefährlichen Zwischenfällen kommen, wie sich im Oktober 2018 bei der Fastkollision zweier Kriegsschiffe gezeigt hat.[78] Kurz: Die beiden Länder liefern sich wie die Seemächte des 17. Jahrhunderts einen Konflikt *Mare liberum* gegen *Mare clausum*. China rüstet (auch) zur See massiv auf,[79] verbessert ständig seine militärischen Fähigkeiten, den USA den Zugang zum Süd- und Ostchinesischen Meer zu versagen, schüchtert Staaten in der Region dermaßen ein, dass die G7 ihre Besorgnis darüber zum Ausdruck gebracht haben,[80] und führt auch in dem Gebiet gemeinsame Flottenmanöver mit Russland durch. Die USA haben 2011/12 einen Schwerpunktwechsel in den „Asia Pacific“ verkündet,[81] mit Anrainerstaaten zusätzliche militärische Zusammenarbeit vereinbart und verstärken ihre militärische Präsenz.[82] Michael Paul vermerkt zu Recht: „Die Akzeptanz eines exklusiven Zugangs zu ehemals frei zugänglichen Seegebieten würde nicht nur das geltende Seerecht infrage stellen, das auf dem Prinzip der ‚Freiheit der Meere‘ beruht, sondern auch einen feinen Riss in der globalen Ordnung zur Folge haben.“[83]

Schon deshalb hat das, was in Ostasien geschieht, auch für Deutschland und Europa eine große weltordnungspolitische Bedeutung, von den europäischen Geschäftsinteressen und Allianzen in dem Raum ganz zu schweigen. Aber selbst unmittelbar vor der eigenen Haustür und im europäischen Haus ist China für Europa längst ein wichtiges sicherheitspolitisches Thema.[84] Dabei ist es von entscheidender Bedeutung zu verstehen, wie sehr für die chinesische Führung Wirtschafts- und Sicherheitspolitik zwei Seiten derselben Medaille sind.[85] Das wird von China sogar offiziell hervorgehoben. Die Belt and Road Initiative[86] zum Beispiel, die China auf dem See- und Landweg mit über 60 Ländern verbinden soll und der inzwischen rund 150 Staaten beigetreten sind, führt schon heute bis zum Duisburger Binnenhafen. Sie dient mehreren Zielen zugleich: dem Absatz chinesischer Produkte und dem Heranschaffen der dafür benötigten Rohstoffe, der mit den Exporterlösen finanzierten weiteren Transformation der chinesischen Wirtschaft (Ziel: grün, digital, roboterisiert, hochinnovativ), dem Aufbau moderner Infrastruktur in den Staaten entlang der Route, der Kundenbindung an chinesische Hersteller, der Verbreitung chinesischer technischer Normen und Handelsrechtspraktiken und schließlich der Präsenz chinesischer Sicherheits- und Militärkräfte zum Schutz der Routen und dem Dialog mit den verknüpften Staaten über ihre Sicherheit und Zusammenarbeit mit China. Die Kosten des Projekts werden auf rund eine Billion Euro geschätzt, wobei auch viel höhere Schätzungen kursieren. Die Finanzierung stellt zum größten Teil China bereit: über neu gegründete Banken wie die in freundlicher Konkurrenz zur Weltbank gegründete Asiatische Infrastruktur-Investment Bank (an der sich auch viele europäische Staaten beteiligen) und die Neue Entwicklungsbank (gemeinsam mit Brasilien, Indien, Russland und Südafrika), den Seidenstraßenfonds, die China Development Bank und viele andere Staatsbanken und -fonds. Bei der Kreditvergabe wird häufig die Bedingung gestellt, dass chinesische Firmen die Arbeiten ausführen. So hat etwa Montenegro fast eine Milliarde Euro Kredit aufgenommen für Straßen- und Brückenbauten, die von chinesischen Firmen mit chinesischen Arbeitern und chinesischen Materialien ausgeführt wurden.[87] Das Bruttoinlandsprodukt von Montenegro betrug 2017 gerade einmal 4,19 Milliarden Euro. Vermag ein Land seine Schulden nicht zu bedienen, kann es zu weitergehenden Zugeständnissen gezwungen sein: Sri Lanka ließ für die BRI mit chinesischem Kredit von China den Hafen von Hambantota ausbauen, geriet in Zahlungsschwierigkeiten und musste den Hafen für 99 Jahre an China verpachten.[88] Inzwischen machten dort mehrfach Marineeinheiten der Volksbefreiungsarmee fest, und der Hafen könnte eines Tages um eine militärische Komponente ergänzt werden, wie es im pakistanischen Gwadar, auf den Seychellen und im afrikanischen Djibouti schon der Fall ist. Aber auch wenn Montenegro nicht demnächst einen seiner Häfen hergeben muss, so gerät es doch unverkennbar zunehmend in den Anziehungsbereich Chinas. So nimmt auch Montenegro an den sogenannten 16+1-Gipfeln teil, einer Institution mit Sekretariat in Peking, in deren Rahmen sich seit 2012 der chinesische Ministerpräsident und die Regierungschefs von derzeit noch 14 mittel- und osteuropäischen Staaten alljährlich über ihre wirtschaftliche Zusammenarbeit austauschen.[89] Im März 2019 beteiligte sich Italien, das wirtschaftlich und finanziell schwächste Land der G7, als erstes Mitglied dieser Gruppe an der BRI und erhielt dafür chinesische Investitionen in Triest und Genua.[90] China tritt mit Belt-and-Road-Staaten auch in hochrangige Dialoge über sicherheits- und verteidigungspolitische Fragen ein (etwa mit Malaysia) und verstärkt die militärpolitische Zusammenarbeit (etwa mit Belarus, Tansania, Äthiopien, Malawi, Mosambik, Iran und Pakistan), wozu auch die immer leistungsfähigere und preisgünstig anbietende chinesische Militärindustrie kräftig beiträgt.[91] Das alles ist wirtschaftliche Staatskunst auf hohem Niveau und in noch nie gesehenen materiellen Dimensionen. Sie birgt für die friedliche Entwicklung der Welt und für Europa viele Win-win-Konstellationen, bedarf aber auch genauer Beobachtung, weil, wie bereits erwähnt, Handel ebenso wie ausländische Investitionen und Niederlassungen stets die Macht- und Einflussverhältnisse verändern und Abhängigkeiten schaffen können. Ob sich dadurch die Anreizstrukturen in der EU stärker wandeln als in China, ist eine wichtige politische Frage. Schon heute ist anscheinend hier und da bei Unternehmen und Regierungen China gegenüber eine gewisse Leisetreterei zu verzeichnen: Als ein chinesischer Investor den im Bereich der Robotik weltweit führenden deutschen Hersteller Kuka kaufen wollte, bemühte sich die Bundesregierung, einen deutschen Käufer zu finden. Aus gut unterrichteten Kreisen ist zu hören, dass einer der angesprochenen Konzernführer erwiderte, sein Unternehmen wolle nicht bei Kuka einsteigen, um seine Interessen in China nicht zu gefährden. Und Beobachter verzeichnen, Ungarn und Griechenland hätten eine energische EU-Stellungnahme zugunsten des erwähnten Schiedsspruchs gegen Chinas Position zu den Spratly-Inseln verhindert,[92] weil die beiden Länder besonders stark von der BRI zu profitieren hofften (Schnellzugverbindung Budapest–Belgrad – die übrigens mit der Duisburg-Verbindung konkurriert und darum Deutschland nicht gefällt[93] – beziehungsweise chinesisches Engagement im Hafen von Piräus). Das Mercator Institute for China Studies hat Anfang 2018 eine Studie mit zahlreichen Beispielen für chinesische Einflussversuche in Europa und europäisches politisches Entgegenkommen vorgelegt und die freiheitlichen Demokratien dazu gemahnt, Gegenstrategien zu entwickeln.[94]

Kurz: 30 Jahre nach dem europäischen Völkerfrühling von 1989 sah sich Westeuropa einem bedrohlich wirkenden Russland gegenüber, hatte einen politisch implodierenden Nahen Osten zum Nachbarn, fühlte sich den USA entfremdet und erkannte allmählich das Offensichtliche: Die Volksrepublik China ist im 21. Jahrhundert von strategischer Bedeutung als Partner, als Konkurrent – und vielleicht als Gegner. Und als wäre dieser Stand der Dinge von 2019 noch nicht schlimm genug gewesen, kamen dann Anfang 2020 die COVID-19-Pandemie und 2022 der offene russische Angriffskrieg gegen die Ukraine hinzu.

Veränderungen in der Wirtschaftskriegführung

Die Wirtschaftskriegführung hat sich in ihren Mitteln und Methoden in den vergangenen 30 Jahren erheblich verändert, vor allem infolge der Globalisierung und der Digitalisierung des Weltwirtschafts- und des Weltfinanzsystems. Außerdem sind der internationale Terrorismus, der Staatsterrorismus und die internationale Kriminalität (die Übergänge zwischen ihnen sind fließend) zum Ziel systematischer wirtschaftskriegerischer Maßnahmen geworden.[95] Und schließlich beginnen die Regierungen, die Globalisierung mit anderen Augen zu sehen: Drei Jahrzehnte lang hat alle Welt daran gearbeitet, wirtschaftlich, finanziell und technologisch immer enger verknüpft zu sein. So ist eine weitreichende und tiefgreifende internationale Interdependenz entstanden. Aber die neuen Netzstrukturen bieten einigen Staaten auch neue Möglichkeiten, um heimlich Informationen zu sammeln und um anderen die Luft abzudrücken oder sie auszuschließen.[96] Die Kräfte der wirtschaftlichen Physik wurden freigesetzt, und ihre fundamentalen Wechselwirkungen haben politische Folgen. Allmählich entdecken die Staaten: Die wechselseitige Abhängigkeit hat auch ihre Schattenseiten. Das Angewiesensein auf andere (als Großkunden oder -lieferanten, als Zulieferer in Wertschöpfungsketten oder als Nutzer von Plattformen und Diensten), die Exponiertheit eigener Interessen im Ausland, das Einrücken ausländischer Technologie und Investitionen in Schaltstellen der eigenen Infrastruktur und fremder (Anteils-)Eigentümer in heimische Unternehmen – all das eröffnet Möglichkeiten für fremden Einfluss und Druck. Das weckt zunehmend zwiespältige Gefühle, vor allem im Verhältnis zu Staaten, die Wirtschafts- und Machtpolitik als integrale Einheit betrachten und sie als Staatskunst betreiben. Die Volksrepublik China tut das, wie erwähnt, seit jeher, aber auch in den USA hat diese Sichtweise inzwischen eine Renaissance erlebt.[97] Dadurch verändern sich das Verständnis und die Praxis der Globalisierung. Immer mehr Staaten sichern sich einerseits gegen die politischen Risiken der Interdependenz ab und testen andererseits deren machtpolitische Chancen aus. Es vollzieht sich kein Paradigmenwechsel weg von der Globalisierung, aber doch ein bedeutender Wandel, was ihren Inhalt und ihre Grenzen anbelangt. Gegen die grenzüberschreitende Logik der Wirtschaft meldet sich mit guten Gründen wieder stärker die vorrangig dem eigenen Volk und Gebiet verpflichtete Ratio des Staates zurück.[98] Das hat erhebliche Bedeutung für Deutschland und die EU, die sich seit Jahrzehnten auf dem Weg der Entstaatlichung befinden und ihr Verhältnis zu anderen bisher möglichst durch die wirtschaftspolitische Linse betrachteten. Vor allem angesichts des Ukrainekrieges haben sie anscheinend begonnen, diesen Fehler zu korrigieren.

Wie eh und je wurden in den vergangenen 30 Jahren wirtschaftskämpferische Maßnahmen zum Selbstschutz und zur Selbstverteidigung, zur außenpolitischen Signalgebung und zur Wirtschaftskriegführung ergriffen. Als Selbstschutzmaßnahme kann man die bereits erwähnte Exportkontrolle nach dem Wassenaar-Abkommen betrachten.[99] Auch die Überprüfung ausländischer Investitionen im eigenen Hoheitsgebiet auf etwaige Risiken für die nationale Sicherheit zählt hierzu.[100] In diesem Bereich verstärkten die USA[101] und Großbritannien[102] 2018 ihre Aufsicht. Die EU schuf 2019 einen neuen Rahmen für die Durchleuchtung sicherheitsrelevanter Fremdinvestitionen,[103] um kritische Infrastrukturen wie etwa Energie und Wasserversorgung und sensible Branchen wie etwa künstliche Intelligenz, Cybersicherheit, Nuklear- und Biotechnologie besser zu schützen. Auch Deutschland hat seine einschlägigen Bestimmungen wiederholt verschärft.[104] Hinter alledem steckt offenbar nicht zuletzt die von einem Präsidenten des Bundesamtes für Verfassungsschutz formulierte Erkenntnis: „Man braucht keine Spionage, wenn man ganze Unternehmen kaufen kann."[105] Schließlich sind chinesische

Unternehmen verpflichtet, mit ihren inländischen Nachrichtendiensten zusammenzuarbeiten,[106] und der Erwerb von Firmen im Ausland dürfte oft der günstigste Weg sein, um Fähigkeiten zu entwickeln, die der staatliche Wirtschaftsplan fordert.[107] Aber man kann eben beim besten Willen nicht alles kaufen. Darum ist und bleibt die von ausländischen Staaten gelenkte oder geduldete Spionage in Deutschland und weltweit allgegenwärtig. Ihr wichtigster Schauplatz ist heute der Cyberspace, ein Reich des wahrhaft systemischen Wettbewerbs, in dem Krieg, Handel und Piraterie oft wieder dreieinig wirken. Darum wird nachfolgend insgesamt behandelt, was sich in dieser Arena ereignet.

Spionage, Kriminalität und Kriegführung ohne bewaffneten Konflikt im Cyberspace

Staaten haben sich schon immer gegenseitig ausspioniert und versucht, fremde Geheimcodes zu knacken.[108] Die Digitalisierung von Information, Kommunikation und Maschinen hat zu einer neuen anarchischen Sphäre der unaufhörlichen Aggression geführt. Der Cyberspace wimmelt von Spionage, Diebstahl, Erpressung, Zerstörung, Manipulation und Feindseligkeiten ohne bewaffneten Konflikt. In bewaffneten Konflikten gehen die konventionelle ballistische Kriegführung und der Cyberkrieg nahtlos ineinander über und werden zu Recht mit einem Möbiusband verglichen, mit einer nicht orientierbaren Fläche.[109] Die meisten Länder und wichtigen internationalen Organisationen haben Strategien für den Schutz und die Widerstandsfähigkeit ihrer kritischen Infrastrukturen gegen Cyberangriffe entwickelt.[110] Es ist aber in den westlichen Demokratien, vor allem in Europa, eine noch viel engere Zusammenarbeit zwischen dem staatlichen und dem privaten Sektor nötig, um die digitale Widerstandskraft zu erhöhen.[111] Am aktuellen Rand gibt es ständig neue Angriffe (das Center for Strategic and International Studies führt dazu eine beeindruckende Liste).[112] Ein jüngeres Beispiel war im Mai 2021 der Ransomware-Angriff auf eine der wichtigsten Benzinpipelines der USA mit Schadprogrammen, die die Computerdateien des Angegriffenen verschlüsseln und nur gegen Lösegeld (ransom) wieder freigeben.[113]

Die folgende Darstellung konzentriert sich auf Aktivitäten mit (inter)staatlichem und damit politischem Charakter. Man kann sich einen Überblick über das Themenfeld verschaffen, indem man es nach Hauptakteuren, Operationsgebieten und Chronologie gliedert. Hauptakteure sind die USA (mit wichtigen Beiträgen von Großbritannien, Frankreich und Israel), China, Russland, Iran und Nordkorea.[114] Die wichtigsten privaten Akteure sind die Anbieter von Software und Hardware, Cyberkriminelle sowie Experten, die sich der Härtung der Cybersphäre gegen bösartige Praktiken verschrieben haben. Es gibt einen riesigen Markt für Sicherheitslücken (Schadsoftware, sogenannte Exploits, Zero-Day-Angriffe, bei denen Hacker Schwachstellen ausnutzen, bevor Entwickler sie bemerken oder Zeit haben, sie zu beheben, Software für Spionage und Sabotage), auch viele Regierungen bieten dort mit, und viele Anbieter wissen nicht oder kümmern sich nicht darum, an wen sie ihre Hintertüren und Werkzeuge verkaufen.[115] Die hauptsächlichen Operationsgebiete sind politische Spionage, staatsnahe Wirtschaftsspionage, (potenzielle) Sabotage von Infrastrukturen, politische Signalgebung und Einmischungen in die Innenpolitik anderer Staaten (vor allem durch Versuche, Misstrauen zu säen und Wahlergebnisse zu beeinflussen). Politische Spionage zielt auf die Beschaffung von Informationen, die zentrale staatliche Funktionen betreffen oder sich direkt auf zwischenstaatliche Beziehungen auswirken. Staatsnahe Wirtschaftsspionage zielt auf Informationen, vor allem Geschäftsgeheimnisse und geistiges Eigentum, die unmittelbar in einen wirtschaftlichen Vorteil umgewandelt werden können. Wirtschaftsspionage ist staatsnah, wenn ein Staat sie durchführt, nichtstaatliche Aktivitäten anleitet oder ständige und schwerwiegende nichtstaatliche Spionage aus seinem Hoheitsgebiet heraus duldet. Wenn die staatlich organisierte Wirtschaftsspionage weitreichend ist und großen Schaden anrichtet, belastet sie die zwischenstaatlichen Beziehungen. Hier zwei Beispiele für das, was wir als politische Spionage einordnen würden (und nicht als staatsnahe Wirtschaftsspionage), weil die zentralen staatlichen Funktionen der Verteidigung bzw. der Verhandlungen mit anderen Staaten betroffen waren: In den späten 1980er-Jahren entdeckte ein Astronom des Lawrence Berkeley National Laboratory einen 75-Cent-Fehler in der Telefonrechnung der Forschungseinrichtung, suchte aus reiner Neugier dessen Ursprung und deckte am Ende einen DDR-Spionagering auf, der versuchte, US-Militärgeheimnisse zu stehlen, und der dabei die Website des Berkeley Labs als Pforte benutzte.[116] 1995 spionierten US-Stellen während angespannter zwischenstaatlicher Verhandlungen über japanische Autoexporte in die USA japanische Automobilhersteller elektronisch aus und lieferten die so gewonnenen Erkenntnisse dem US-

Handelsbeauftragten, um ihm die Einschätzung zu erleichtern, wie weit die japanische Seite zurückgedrängt werden konnte.[117]

Politische Spionage ist allgegenwärtig. Der Cyberspace bietet ihr zahllose Einfallstore. Die National Security Agency (NSA) der USA hat schon früh damit begonnen, Hardware und Software zu manipulieren und zu hacken. Sie infiltrierte Fabriken von Chipherstellern, um Hintertüren in Chips einzubauen, und erlangte so Zugang zu „fast jeder kommerziellen Hard- und Software auf dem Markt". [118] Solche Exploits (Ausnutzung von Schwachstellen) ermöglichen es beispielsweise, alle Dateien abzugreifen, die einen Drucker passieren, oder die Kontrolle über einen Computer zu übernehmen, wenn dessen ahnungsloser Besitzer einen digitalen MP3-Song abspielt, der ihm per E-Mail zugesandt wurde.[119] 1998 machte ein vom Europäischen Parlament (EP) veröffentlichter Bericht bekannt, dass die USA, Großbritannien, Australien, Kanada und Neuseeland (die Five Eyes) ein globales elektronisches Spionagesystem installiert hatten. Eines der Elemente dieses Systems heiße ECHELON und sei „in erster Linie für nichtmilitärische Ziele entwickelt worden: Regierungen, Organisationen und Unternehmen in praktisch allen Ländern. Das ECHELON-System funktioniert, indem es wahllos sehr große Mengen an Kommunikation abfängt und dann mit Mitteln künstlicher Intelligenz wie Memex das herausfiltert, was wertvoll ist."[120] 1999 veröffentlichte das Europäische Parlament (EP) einen weiteren Bericht, diesmal über die „Entwicklung von Überwachungstechnologien und die Gefahr des Missbrauchs von Wirtschaftsdaten".[121] Im Jahr 2001 kam ein Bericht an das EP zu dem Schluss, dass das globale Überwachungssystem zweifellos existiere und auch zur Sammlung von Wirtschaftsdaten genutzt worden sei. Die US-Behörden, hieß es, rechtfertigten Letzteres teilweise als Beifang und hauptsächlich mit der Bekämpfung von Korruption und der Verfolgung des illegalen Handels mit Gütern mit doppeltem Verwendungszweck (Dual Use).[122] Das Vereinigte Königreich und die USA hätten erklärt, dass sie keine Wirtschaftsdaten zur Sicherung von Wettbewerbsvorteilen für ihre heimischen Unternehmen sammelten. Und in einem Bericht von 2001 hieß es, obwohl oft behauptet werde, dass ECHELON auch der Industriespionage diene, sei kein solcher Fall nachgewiesen.[123] Die EU-Debatte über dieses Ausspioniertwerden durch westliche Verbündete, über die von ihnen vielleicht sogar betriebene Industriespionage und über ihre Massenüberwachung von EU-Bürgern dauerte eine Weile an, blieb aber ergebnislos,[124] wahrscheinlich weil man die Beziehungen zu Großbritannien und den USA nicht belasten wollte, und vielleicht, weil manche EU-Mitgliedstaaten wohl etwas ganz Ähnliches taten: Bei einem Kriegsspiel 1997 hackte sich ein NSA-Team in die Computernetzwerke des Pentagon, nur um festzustellen, dass Unbekannte mit französischen Internetadressen die Netzwerke gerade in vollem Ernst hackten.[125] Im Lauf der Zeit vertiefte die NSA ihre Tailored Access Operations (maßgeschneiderte Zugangsoperationen), um „das Unerreichbare zu erlangen",[126] und baute sie im Gleichschritt mit dem technologischen Fortschritt aus, sodass sie im Laufe der Zeit mit Supercomputern Hunderttausende von Operationen durchführen konnte.[127] Natürlich spielten auch andere das Spiel. 2008 entdeckten die Amerikaner erstmals russische Cybereindringlinge in einigen als geheim eingestuften Computern des Pentagons, wehrten sie ab (Operation Buckshot Yankee) und versiegelten anschließend die USB-Anschlüsse sensibler US-Computer mit Sekundenkleber.[128] Ab 2007 nahm die NSA die chinesische IKT-Firma Huawei ins Visier (Operation Shotgiant), um die von ihr ausgehenden Sicherheitsbedrohungen zu bewerten und Hintertüren in die Soft- und Hardware des Unternehmens einzubauen, die es der NSA ermöglichen würden, die Chinesen und alle anderen, die Huawei-Produkte verwenden, auszuspähen.[129] Die Chinesen ihrerseits waren auch nicht untätig: 2015 brachen sie virtuell in das United States Office of Personnel Management ein, ein „Angriff, der zum Diebstahl der denkbar sensibelsten Daten von allen 21,5 Millionen Amerikanern führte, die jemals eine Sicherheitsfreigabe beantragt hatten".[130] Der damalige Direktor der nationalen Nachrichtendienste der USA James R. Clapper kommentierte, vor einer solchen Leistung könne man nur den Hut ziehen. „Wenn wir die Möglichkeit dazu hätten, würden wir wohl keine Minute zögern."[131] Im Juni 2013 berichteten *The Guardian* und *The Washington Post*[132] über ein streng geheimes Programm namens PRISM, mit dem die NSA und das britische Government Communications Headquarters (GCHQ) Internetdaten und Telefonaufzeichnungen von Millionen westlicher Bürger gesammelt hatten. Das sorgte für einen weiteren Aufschrei in der EU,[133] und viele Deutsche waren empört, als klar wurde, dass die NSA sogar das Handy von Bundeskanzlerin Angela Merkel über mehr als ein Jahrzehnt überwacht hatte.[134] Im Dezember 2013 veröffentlichte *Der Spiegel* einen Katalog von NSA-Werkzeugen für erstaunliche Spionage- und Überwachungskunststücke.[135] US-Beamte erklärten öffentlich, warum die USA sogar ihre Verbündeten ausspionierten: Der damalige Direktor der US-

Nachrichtendienste James R. Clapper begründete es mit der Maxime „traue niemandem". Er fügte hinzu, die Europäer versuchten selbst routinemäßig, die Gespräche amerikanischer Spitzenpolitiker abzuhören,[136] was bestätigt wurde (falls es einer Bestätigung bedurfte), als *Der Spiegel* berichtete, dass auch der deutsche Geheimdienst im Weißen Haus herumschnüffele.[137] Im Jahr 2021 sorgten Berichte, wonach Dänemark den USA geholfen hatte, Merkel und europäische Verbündete auszuspionieren,[138] für eine weitere Runde Verstimmung und Debatten.[139] Im Juli 2021 wurde berichtet, die Spionagesoftware Pegasus sei möglicherweise verwendet worden, um die Telefone vieler Politiker und Regierungsbeamter anzuzapfen, darunter mehr als ein Dutzend Staats- und Regierungschefs wie etwa der französische Präsident Emmanuel Macron.[140] Im November 2021 wurde der Entwickler und Lieferant der Software, das israelische Technologieunternehmen NSO Group Technologies Limited, auf die US Entity List gesetzt,[141] weil es ausländische Regierungen beliefert habe, die Pegasus dazu benutzt hätten, Regierungsbeamte, Journalisten, Geschäftsleute, Aktivisten, Wissenschaftler und Botschaftsmitarbeiter böswillig anzugreifen. Die von NSO gelieferten Instrumente, hieß es weiter in der Begründung für das Blacklisting, hätten es ausländischen Regierungen auch ermöglicht, außerhalb ihrer Staatsgrenzen Repressionen gegen Dissidenten, Journalisten und Aktivisten vorzunehmen, um abweichende Meinungen zum Schweigen zu bringen. Solche Praktiken bedrohten die regelbasierte internationale Ordnung. Apple verklagte NSO auf Schadenersatz und Strafzahlungen und beantragte gerichtliche Verfügungen zur Löschung aller von NSO erlangten Informationen, zur Untersagung der Nutzung von Apple-Hardware und -Software durch NSO und zur Herausgabe der Gewinne des Unternehmens.[142] In einem weiteren Verfahren gegen NSO, das 2019 von WhatsApp angestrengt worden war, entschied ein US-Gericht im November 2021, NSO sei (trotz seiner Nähe zur israelischen Regierung) nicht durch die rechtliche Immunität, die Regierungen genießen, geschützt; und im selben Monat stufte die Ratingagentur Moody's die NSO deutlich herab und warnte, dieses Unternehmen könne möglicherweise 500 Millionen Dollar an Krediten nicht zurückzahlen.[143] Solche Privatklagen sind also eine wichtige zweite Front gegen Spionage- und Malware.

Alles in allem möchte man den beteiligten westlichen Demokratien raten: Härtet eure Cybersphäre gegen böswillige Eindringlinge (was die enge Zusammenarbeit von Staat und Wirtschaft plus sicherheitsbewusste

Bürger voraussetzt),[144] behandelt eure Verbündeten als solche, und gewöhnt euch an die Welt, wie sie ist (und immer war). Spionageangriffe wie der auf die Regierungen der USA und des Vereinigten Königreichs, die NATO, das Europäische Parlament, Microsoft und zahllose andere hochrangige Ziele im Jahr 2020[145] sollten eine Mahnung sein, die Aufmerksamkeit auf das zu richten, was dem demokratischen Westen wirklich Sorgen bereiten muss.

Staatsnahe Wirtschaftsspionage ist wahrscheinlich mit der Staatlichkeit entstanden. Zu den jüngeren historischen Beispielen gehören Spionagemissionen, entsandt vom Venedig der Renaissance,[146] der britische Diebstahl der Geheimnisse chinesischen Teeanbaus,[147] Franzosen[148] und Amerikaner[149] beim Ausspionieren der industriellen Revolution in England und unterschiedliche europäische Nationen, die sich mit den indischen Techniken der Textilherstellung davonmachten.[150] Die Sowjetunion war bei der Spionage im Bereich von Wissenschaft und Technik dermaßen erfolgreich, dass das US-Pentagon Anfang der 1980er-Jahre schätzte, „es basierten wahrscheinlich 70 Prozent aller aktuellen Waffensysteme des Warschauer Paktes in unterschiedlichem Maße auf westlicher [...] Technologie".[151] In unserer Zeit haben die USA wiederholt betont, sie spionierten nicht zu kommerziellen Zwecken, sondern ausschließlich um der nationalen Sicherheit willen. Mit den Worten einer Sprecherin des Nationalen Sicherheitsrates: „Wir geben die von uns gesammelten Informationen nicht an US-Unternehmen weiter, um ihre internationale Wettbewerbsfähigkeit zu verbessern oder ihren Gewinn zu steigern. Das können viele Länder nicht von sich behaupten."[152] Die Volksrepublik China hingegen hat die Industriespionage offenbar zu einer Industrie gemacht. Aus vielen Berichten geht hervor, wie China auf unterschiedliche Weisen Informationen aberntet:[153] durch direkte Investitionen in innovative westliche Unternehmen und Start-ups,[154] durch die Entsendung von Militärwissenschaftlern und -ingenieuren zu Studienzwecken ins Ausland[155] und durch Cyberdiebstahl, der aufgrund seiner logistischen Vorteile und seiner plausiblen Bestreitbarkeit zu einer der bevorzugten Methoden des Landes geworden ist.[156] Eine Studie kam zu dem erstaunlichen Ergebnis, dass etwa 15 Prozent des weltweiten Internetverkehrs auf Cyberangriffe entfallen, wobei dieser Anteil an einem chinesischen Nationalfeiertag auf sechs Prozent sinke.[157] Die Kommission und der Rat der EU schlagen in Bezug auf China traditionell sanftere Töne an als die US-Regierung, aber selbst in EU-Berichten wird auf „in China ansässige Bedrohungsakteure“ und die enormen Schäden hingewiesen, die durch chinesische Verstöße gegen europäische Rechte an geistigem Eigentum entstehen.[158] Die chinesischen Aktivitäten haben eine lange Tradition: Schon 1994 kam die Clinton-Regierung zu dem Schluss, „Chinas Verletzungen amerikanischer Rechte an geistigem Eigentum seien so ungeheuerlich, dass es die Glaubwürdigkeit des amerikanischen Handelsrechts untergraben würde, sie zu übersehen“, wobei jedoch zugleich die US-Vertreter „zutiefst zögerlich“ waren, die Beziehungen zu einem „so großen Handelspartner“ zu stören.[159] Das blieb das Grundmuster der Beziehung. 2015 hatten sich die Dinge so sehr verschlimmert, dass die Obama-Regierung drohte, den ersten Staatsbesuch von Präsident Xi Jinping in den USA mit der Verhängung für China peinlicher Sanktionen zu verderben.[160] Die chinesische Seite bewegte sich, und beide Präsidenten verkündeten gemeinsam eine Übereinkunft, wonach „die Regierungen beider Länder keinen cybergestützten Diebstahl von geistigem Eigentum, einschließlich Geschäftsgeheimnissen oder anderen vertraulichen Geschäftsinformationen, mit der Absicht durchführen oder wissentlich unterstützen werden, Unternehmen oder Wirtschaftszweigen Wettbewerbsvorteile zu verschaffen“.[161] China schloss ähnliche Vereinbarungen mit Australien, Kanada und dem Vereinigten Königreich und unterzeichnete Erklärungen der G7 und G20 (Gruppen wirtschaftlich wichtiger Staaten), die die Wirtschaftsspionage im Internet ächteten.[162] Zu jener Zeit gingen die chinesischen Angriffe deutlich zurück; aber ob das daran lag, dass die Regeln eingehalten wurden, oder ob bloß geschicktere, schwerer zu entdeckende Akteure am Werk waren, bleibt unklar.[163] Jedenfalls nahm die chinesische Cyberwirtschaftsspionage wieder zu, sobald ab 2018 der Handelskonflikt zwischen den USA und China Fahrt aufnahm.[164] 2020 erhoben die USA zum ersten Mal Anklage gegen Akteure (die die Forschung für einen Impfstoff gegen das Coronavirus attackiert hatten), die „für ihren eigenen Profit, aber auch für das chinesische Ministerium für Staatssicherheit gehackt hatten“,[165] eine neuartige „Mischbedrohung“ aus China. Ein ehemaliger Direktor der NSA bezeichnete die chinesische Cyberspionage als den „größten Vermögenstransfer der Weltgeschichte“,[166] obwohl das genaue Ausmaß unmöglich zu beziffern ist. Im Juli 2021 haben die USA, Australien, Großbritannien, Japan, Neuseeland, die NATO und (etwas weniger präzise) die EU zum ersten Mal die Volksrepublik China und ihr Ministerium für Staatssicherheit wegen bösartigen Cyberverhaltens und der Förderung eines „Ökosystems von kriminellen Auftragshackern, die sowohl staatlich geförderte Aktivitäten als auch Cyberkriminalität zum eigenen finanziellen Vorteil durchführen", beim Namen genannt und dadurch bloßgestellt.[167] Die Schätzungen über die Verluste, die den westlichen Volkswirtschaften entstehen, gehen auseinander. Im Jahr 2013 schätzte eine unabhängige US-Kommission über den Diebstahl geistigen Eigentums den jährlichen Verlust für die USA auf „über 300 Milliarden Dollar", „Millionen von Arbeitsplätzen" und eine Beeinträchtigung von Investitionen, Innovation und Wirtschaftswachstum und schrieb zwischen 50 und 80 Prozent des Problems China zu.[168] 2017 aktualisierte die Kommission ihre Zahlen auf 225 Milliarden Dollar am unteren Ende „und möglicherweise bis zu 600 Milliarden Dollar jährlich", wobei „Wirtschaftsspionage durch Hacking" etwa „400 Milliarden Dollar pro Jahr" ausmache.[169] 2011 schätzte das britische Cabinet Office die dem Land durch Cyberkriminalität verursachten Kosten auf mindestens 27 Milliarden Pfund Sterling pro Jahr, doch könnten die Kosten auch erheblich höher sein, weil viele Angriffe nicht entdeckt oder nicht gemeldet werden.[170] 2018 schätzte eine europäische Studie, dass „wegen kommerzieller Cyberspionage bis zu 60 Milliarden Euro Wirtschaftswachstum und bis zu 289 000 Arbeitsplätze in der EU auf dem Spiel stehen".[171] 2020 wurde der jährliche Schaden in Deutschland auf rund 100 Milliarden Euro geschätzt (wobei etwa 27 Prozent der Angriffe von China ausgingen);[172] in den Jahren 2021 und 2022 erlitt nach Schätzungen des Branchenverbands der deutschen Informations- und Telekommunikationsbranche Bitkom die deutsche Wirtschaft durch den Diebstahl von IT-Ausrüstung und Daten, durch Spionage und Sabotage Schäden von 223 bzw. 203 Milliarden Euro.[173] Im Jahr 2020 verhängte die EU erstmals Wirtschaftssanktionen gegen chinesische Cyberakteure.[174] Sie waren an der Operation Cloudhopper beteiligt gewesen, einer komplexen Cyberkampagne mit mehreren Zielen, darunter der Diebstahl von Unternehmensvermögen und Geschäftsgeheimnissen verschiedener westlicher Industrien. Zusammenfassend lässt sich sagen, dass die Abwehr von staatsnaher Wirtschaftsspionage im Cyberspace eine zentrale Aufgabe des Privatsektors und der wirtschaftlichen Staatskunst bleiben wird.

Die Sabotage von Infrastrukturen mittels Programmcode könnte bereits in den frühen 1980er-Jahren begonnen haben, wenn auch noch nicht per Cyberangriff: Die USA schleusten Berichten zufolge manipulierte Software in die Sowjetunion ein, die Anfang 1982 die gigantische Explosion einer sibirischen Pipeline verursachte.[175] Um 2006[176] starteten US-amerikanische und israelische Cyberexperten eine Operation, um die iranischen Atomanreicherungsanlagen in Natanz zu beschädigen und iranische Wissenschaftler über die Ursachen des Schadens zu verwirren. Maschinen können durch bösartigen Programmcode zerstört werden, wie man sich auf YouTube ansehen kann.[177] Sie implantierten einen sogenannten Wurm (später Stuxnet genannt), der bis Anfang 2010 2000 der 8700 Zentrifugen in Natanz zerstörte.[178] Vorläufer des Computerwurms (Duqu, Flame) zerstörten im Frühjahr 2012 die meisten Festplatten im iranischen Ölministerium und der National Iranian Oil Company.[179] In den Jahren 2010–2012 wurden Stuxnet, Duqu und Flame von Sicherheitsexperten entdeckt.[180] Der Iran revanchierte sich 2012 für Flame und Stuxnet, indem er mit seinem eigenen Shamoon-Virus etwa 30 000 Festplatten bei Saudi Aramco, der US-amerikanisch-saudiarabischen Ölgesellschaft, zerstörte und auf einigen der dortigen Computermonitore das Bild einer brennenden amerikanischen Flagge einblendete.[181] Der Plan, auch den Gas- und Ölfluss zu sabotieren, schlug jedoch fehl.[182] Wenige Wochen später griffen iranische Hacker Dutzende US-amerikanischer Banken und Finanzinstitute an, zerstörten Websites oder zwangen sie, offline zu gehen, und verursachten Schäden und Kosten in Millionenhöhe.[183] Die USA hatten in den 1990er-Jahren damit begonnen, die Verwundbarkeit ihrer kritischen Infrastrukturen zu bewerten.[184] In frühen Studien wurden acht lebenswichtige Infrastrukturen identifiziert: Telekommunikation, elektrische Energie, Gas und Öl, Bank- und Finanzwesen, Transportwesen, Wasserversorgung, Notdienste und Fortführung der Regierung im Falle eines Krieges oder einer Katastrophe. Im Jahr 1997 wurde der erste Bericht einer vom US-Präsidenten eingesetzten Kommission zum Schutz der Infrastruktur veröffentlicht.[185] Im Jahr 2009 leitete Präsident Obama eine Untersuchung der amerikanischen Informations- und Kommunikationssysteme ein. Sie stellte „strategische Verwundbarkeiten im Cyberspace“ fest.[186] 2012 unterzeichnete Präsident Obama eine politische Direktive,[187] die darauf abzielte, „Cyberangriffe als integrales Instrument der amerikanischen Diplomatie und Kriegführung zu etablieren“.[188] US-Behörden bohrten sich in die kritischen Infrastrukturen gegnerischer Staaten, um sie mit Schadsoftware zu infiltrieren, und schmiedeten Pläne, Iran im Falle eines bewaffneten Konflikts per Cyberangriff mehr oder weniger lahmzulegen

(Operation Nitro Zeus).[189] Im Jahr 2014 zerstörte ein massiver iranischer Cyberangriff rund 20 000 Computer in einem Kasino in Las Vegas, dessen Besitzer öffentlich vorgeschlagen hatte, Iran mit einer nuklearen Explosion auf seinem Staatsgebiet zumindest einzuschüchtern.[190] Ab August 2016 wurden NSA-Cyberwaffen von einem Twitter-Konto namens @shadowbrokerss veröffentlicht.[191] Diese NSA-Software war Berichten zufolge maßgeblich an den zerstörerischen Cyberangriffen WannaCry und NotPetya im Jahr 2017 beteiligt, ausgeführt von Nordkorea (um Lösegeldzahlungen von Krankenhäusern, Unternehmen, Banken usw. zu fordern) und Russland (als politisches Signal).[192] Im Februar 2018 machte der US-Verteidigungsminister deutlich, dass die USA einen „nichtnuklearen strategischen Angriff" mit Atomwaffen beantworten könnten.[193] Etwa zur gleichen Zeit warnte die US-Bundesregierung Versorgungsunternehmen, russische Hacker seien in US-Kernkraftwerke und das amerikanische Stromnetz eingedrungen.[194] Das United States Cyber Command revanchierte sich, indem es aggressiv und geradezu demonstrativ lähmende Schadsoftware in das russische System einschleuste.[195] Im September 2018 hatte das Cyber Command weitaus mehr Spielraum erhalten, um eine Vorwärtsverteidigung zu orchestrieren und den Kampf direkt auf die Server von Eindringlingen zu tragen (hackback).[196] Im Mai 2019 wehrten die israelischen Streitkräfte einen Cyberangriff ab, der angeblich von der Terrorgruppe Hamas ausging, und zerstörten anschließend das Gebäude, in dem die Cybereinheit der Hamas untergebracht war, durch einen Luftangriff.[197] Das soll der erste bekannt gewordene Fall eines Cyberangriffs gewesen sein, der mit physischer militärischer Gewalt beantwortet wurde. Im Juni 2019 genehmigte Präsident Trump Cyberangriffe auf iranische Computersysteme, die zur Steuerung von Raketen und für Raketenstarts verwendet wurden.[198] Iran und Israel führen gegeneinander seit Jahren einen Cyberkrieg mit Angriffen auf die Infrastruktur.[199] Im Jahr 2020 rechneten US-Beamte damit, dass der Iran, der tief in die kritische Infrastruktur der USA eingedrungen war, „die Fähigkeit hat, das System niederzubrennen".[200] Präsident Biden unterzeichnete im Mai 2021[201] eine detaillierte Executive Order zur Verbesserung der Cybersicherheit der Nation, als Reaktion auf mehrere Angriffe auf die Infrastruktur. Im Juli 2021 erklärte er: „Ich denke, es ist mehr als wahrscheinlich, dass wir, wenn wir in einem Krieg enden – einem echten Schießkrieg mit einer Großmacht –, dies als Folge eines Cyberangriffs von großer Tragweite sein wird, und die Fähigkeiten nehmen exponentiell zu."[202] Im September 2022 brach zum ersten Mal ein Staat wegen eines Cyberangriffs seine diplomatischen Beziehungen zu einem anderen ab: Albanien war im Juli 2022 Opfer eines Angriffs geworden, der Regierungswebsites lahmlegte und auf noch größeren Schaden abzielte. Die albanische Regierung und die USA führten den Angriff auf Iran zurück, mit dem Albanien seit Längerem politische Konflikte hat. Die iranischen Diplomaten bekamen 24 Stunden Zeit, Albanien zu verlassen.[203] Insgesamt kann man heute davon ausgehen, dass zumindest die wichtigsten Cyberakteure unter den Staaten in große Teile der kritischen Infrastrukturen der jeweils anderen eingedrungen sind und dort Chaos und Katastrophen verursachen können. Die Eskalationsdynamik von Cyberangriffen und Gegenmaßnahmen ist unklar.[204] Internationale Regeln für Cyberkonflikte sind höchst wünschenswert. Mehrfach wurde eine Art Genfer Konvention für Cyberkonflikte gefordert.[205] Wichtige westliche Unternehmen wie Microsoft und Intel gelobten 2018, keine staatsnahen Cyberangriffe auf unschuldige Zivilisten und Unternehmen wo auch immer zu ermöglichen.[206] Die Vereinten Nationen arbeiten an Empfehlungen zur Eindämmung von Cyberangriffen, insbesondere gegen kritische Infrastrukturen, und für verantwortungsbewusstes staatliches Verhalten, und haben dabei in jüngerer Zeit einige Fortschritte erzielt.[207]

Politische Signalgebung durch Cyberangriffe fand 2007 in Estland statt. Höchstwahrscheinlich war es Russland, das inmitten eines heftigen Streits zwischen den beiden Ländern über die Absicht Estlands, ein sowjetisches Kriegsdenkmal aus dem Zentrum der Hauptstadt Tallinn zu verbannen, das estnische Parlament, politische Parteien, Banken und Nachrichtensender angriff. Drei Wochen lang war die digitale Infrastruktur Estlands lahmgelegt.[208] Der nordkoreanische Angriff auf Sony im Jahr 2014 ist ein Grenzfall zwischen zerstörerischer Cyberkriminalität und politischer Signalgebung. Sony Pictures plante die Veröffentlichung einer Filmkomödie mit dem Titel *The Interview* über die Ermordung des nordkoreanischen Staatschefs. Der Angriff zerstörte 3000 Sony-Computer und 800 Server und erbeutete riesige Datenmengen, von denen einige, die von Nordkorea später veröffentlicht wurden, für die Sony-Führung peinlich waren.[209] Darüber hinaus wurde mit Gewalt gegen Kinos gedroht, die den Film zeigen würden, sodass Sony beschloss, die Veröffentlichung abzusagen. Präsident Obama machte öffentlich Nordkorea für den Angriff verantwortlich und betrachtete ihn offenbar als einen Fall von politischer Nötigung und als Anschlag auf die Meinungsfreiheit.[210]

Im Dezember 2015 (und ähnlich 2016) griffen russische Hacker das ukrainische Stromnetz an und schalteten für etwa sechs Stunden buchstäblich das Licht und die Notrufleitungen ab.[211] Es waren zwar „nur" 225 000 Kunden betroffen, aber die politische Botschaft war an das ganze Land gerichtet (und wurde auch andernorts verstanden: 2020 wurde gemeldet, dass die baltischen Staaten ihre Stromnetze mit massiver Hilfe der EU und der USA neu konfigurieren, um derartige Bedrohungen aus Russland auszuschließen).[212] Im Juni 2017 schossen russische Akteure eine Cyberwaffe namens NotPetya in die Ukraine. Sie legte das Stromnetz, die Computer an den Flughäfen, die Versand- und Logistiksysteme, die Banken, die Eisenbahn, die Post usw. lahm (die Erfahrung könnte der Ukraine aber geholfen haben, sich vor dem Angriffskrieg von 2022 besser gegen Cyberattacken zu wappnen).[213] Der Virus, der sich als Erpressungssoftware tarnte, aber irreparablen Schaden anrichtete, verbreitete sich weit über die Ukraine hinaus, betraf grundsätzlich alle Unternehmen, die mit der Ukraine Geschäfte machten, und kehrte sogar nach Russland zurück. Berichten zufolge belief sich allein der Schaden beim Schifffahrtskonglomerat Maersk und bei FedEx auf eine Milliarde US-Dollar.[214]

Die Cybereinmischung in die Innenpolitik anderer Staaten ist ein recht neues Phänomen. Im Jahr 2008 hackten sich Akteure aus China in die Präsidentschaftskampagnen von Barack Obama und John McCain,[215] aber wahrscheinlich nur, um sie auszuspionieren. Im Jahr 2014 hackten russische Akteure das ukrainische Wahlsystem und schafften es fast, den Anschein zu erwecken, es habe seltsamerweise der Führer einer nationalistischen und russlandfreundlichen Splitterpartei das Rennen gemacht.[216] Digitale Desinformation bereitete auch die Besetzung der Halbinsel Krim vor.[217] Um das Jahr 2013[218] wurde in Russland eine Organisation namens Internet Research Agency (IRA) gegründet. Ab 2014 verbreitete die IRA über soziale Medien massiv politische Desinformationen in den Vereinigten Staaten.[219] In den folgenden Jahren zielte sie darauf ab, die Nation zu spalten, Hillary Rodham Clinton anzugreifen, ihre potenziellen Wähler davon zu überzeugen, am Wahltag zu Hause zu bleiben, und den Verdacht zu nähren, dass die Wahlen manipuliert werden könnten. Gleichzeitig begannen in Russland ansässige Hacker, die US-Wahlsysteme, Wählerverzeichnisse und Wahlsoftware zu sondieren, angefangen in für den Wahlausgang besonders wichtigen sogenannten Swing States, in denen der Wahlausgang auf der Kippe steht.[220] Im

Jahr 2015 hackten in Russland ansässige Akteure das Demokratische Nationalkomitee (DNC) und stahlen Dokumente wie E-Mails. Einige davon, die unverblümt und beleidigend waren, wurden von den Dieben veröffentlicht. Sie zeigten, dass die Führung des DNC wollte, die Nominierung als Präsidentschaftskandidat möge an Hillary Clinton und nicht an Bernie Sanders gehen. Dadurch wurde das DNC delegitimiert und Zwietracht zwischen den Lagern von Sanders und Clinton gesät.[221] Im Jahr 2016 war die US-Regierung so besorgt über die vielfältigen Einmischungen Russlands in die Präsidentschaftswahlen, dass Präsident Obama am 5. September nach einem G20-Treffen in Hangzhou, China, Präsident Putin persönlich warnte: „Wenn ihr so weitermacht, werden wir Russland auf eine Weise bestrafen, wie ihr es noch nicht erlebt habt."[222] Berichten zufolge erwog die US-Regierung drastische Wirtschaftssanktionen sowie robuste Cybergegenmaßnahmen.[223] Die böswilligen russischen Aktivitäten sollen sich nach der Begegnung in China stark verringert haben, und der ziemlich vielfältige und vielfach offline arbeitende US-Wahlapparat schien beruhigend widerstandsfähig gegen ausgedehnte Manipulationen zu sein.[224] Aber selbst wenn der Ausgang der Wahl 2016 nicht durch die russischen Eingriffe bestimmt worden ist, so haben sie doch zumindest Zweifel an der Integrität des Wahlprozesses gesät. Bei den Zwischenwahlen 2018 mischten sich russische Hacker erneut ein, woraufhin das US Cyber Command einen Gegenangriff auf die IRA startete.[225] Bei den Präsidentschaftswahlen 2020 wiederholte sich das Muster, und die Amerikaner schalteten einen Großteil eines Computernetzwerks namens TrickBot aus, von dem viele russische Angriffe ausgegangen waren.[226] Das Fazit: Alle westlichen Demokratien müssen sich viel stärker gegen politische Desinformation[227] und gegen Versuche schützen, Wahlen zu verfälschen (Wahlen sollten offline durchgeführt werden, denn in dieser Hinsicht geht nichts über Papier und Kugelschreiber). Nebenbei und ohne beides gleichzusetzen: 1996 intervenierten die USA massiv in Russland, um die Wiederwahl von Präsident Jelzin zu erreichen.[228]

Im Juni 2021 wurde Russland in einem Kommuniqué des NATO-Gipfels angeprangert für seine „versuchte Einmischung in die Wahlen und demokratischen Prozesse der Alliierten, seinen politischen und wirtschaftlichen Druck und seine Einschüchterung, seine weitverbreiteten Desinformationskampagnen, seine bösartigen Cyberaktivitäten und sein Wegschauen gegenüber Cyberkriminellen, die von seinem Hoheitsgebiet aus operieren, einschließlich derer, die kritische Infrastrukturen in NATO-Ländern angreifen und beschädigen". Die NATO wiederholte, „dass die Entscheidung, wann ein Cyberangriff zur Anwendung von Artikel 5 [kollektive Verteidigung] führen würde, vom Nordatlantikrat von Fall zu Fall getroffen werden würde. Unsere Reaktion muss sich nicht auf den Cyberbereich beschränken."[229] Als er zwei Tage später mit Präsident Putin zusammentraf, überreichte Präsident Biden ihm eine Liste mit 16 Beispielen für kritische Infrastrukturen und machte deutlich, dass die USA „im Falle eines Angriffs auf diese Infrastrukturen über beträchtliche Cyberkapazitäten verfügen" und „auf Cyberbasis" antworten würden.[230] Sie kamen überein, eine bilaterale Arbeitsgruppe zu bilden, die sich unter anderem mit der Cybersicherheit befassen sollte.[231]

In seinen Memoiren schreibt der ehemalige Premierminister David Cameron: „Ich werde nie vergessen, wie ich das GCHQ besuchte und eine Weltkarte an der Wand sah, die in Echtzeit rote Linien von Angriffen zeigte, die von Russland und China aus auf das Vereinigte Königreich zielten."[232] Das war natürlich nur das *incoming*-Bedrohungsbild eines einzelnen Staates. Eine vollständige Weltkarte der staatlichen und staatsnahen Cyberattacken würde wie ein Gemälde von Jackson Pollock aussehen. Im Cyberraum, so wie er ist, gibt es ein ständiges Hintergrundrauschen feindlicher zwischenstaatlicher Aktivitäten. Westliche Demokratien, Volkswirtschaften und Gesellschaften sind ständig äußerst schädlichen Angriffen ausgesetzt. Man kann westliche Dienste dafür kritisieren, dass sie viele Techniken der Cyberspionage und -sabotage entwickelt haben (ohne sie geheim halten zu können) und dass sie ihre Aktivitäten wahrscheinlich immer weiter verfeinern und ausweiten. Aber sie haben die bösartigen Akteure, die sie bekämpfen, nicht geschaffen, und sie arbeiten für Nationen mit einer kritischen und wortgewaltigen Öffentlichkeit, einer unabhängigen Justiz, privaten Unternehmen, die sich auch vor Gericht behaupten (wie Apple gegen das FBI),[233] und mit verantwortungsbewussten Parlamenten und Regierungen, die sich als fähig erwiesen haben, die Handlungen ihrer Geheimdienste kritisch zu überprüfen.[234] Daher ist die westliche Demokratie auch im Cyberspace die schlechteste Regierungsform – außer allen anderen.

Die Trump-Regierung propagierte 2020 die Vision eines „sauberen Netzwerks"[235] demokratischer und rechtsstaatlicher Länder, um bösartigen Akteuren, namentlich China, entgegenzutreten und chinesische Anbieter von Informations- und Kommunikationstechnologien aus den Netzen der USA und ihrer Verbündeten auszuschließen. Ein anderer Vorschlag propagiert die Schaffung einer digitalen Handelszone zur Förderung von Onlinefreiheit und Cybersicherheit:[236] Demokratische Nationen könnten ein Handelsabkommen aushandeln, das gemeinsame Standards für die Verwaltung des Internets festlegt (Datenschutz, Cybersicherheit, Ausschluss von Einmischung in demokratische Prozesse, Informationsfreiheit usw.) und Länder, die sich nicht an diese Standards halten, von ihren Märkten ausschließt. Die Handelszone würde sich auf die Hard- und Software der Mitgliedstaaten stützen und bei der Produktion der benötigten Technologien innerhalb ihres Blocks zusammenarbeiten – ein Maß an Entkopplung, das die Konsequenz aus der Tatsache ziehen würde, dass das, was vom früheren offenen und weltumspannenden Internet übrig geblieben ist, einigen Staaten zu wenige Anreize bietet, räuberische und destruktive Praktiken zu unterlassen. Ob solche Vorschläge sich durchsetzen, bleibt abzuwarten, aber die Notwendigkeit, die westlichen Demokratien und Volkswirtschaften vor böswilligen Internetpraktiken und gezinkter Technologie zu schützen, liegt auf der Hand. Sie könnte es nötig machen, auf weitere Verbindungen zu verzichten. So hat die US-Regierung 2020 Sicherheitsbedenken geäußert, die Facebook/Meta und Alphabet (die Dachgesellschaft von Google) dazu veranlasst haben, Pläne aufzugeben, die USA und Hongkong mit neuen Unterseekabeln zu verbinden.[237] China hat ein staatlich kontrolliertes und stark zensiertes Internet (eigentlich eher ein Intranet) entwickelt, das es intensiv für Überwachungszwecke nutzt; und es scheint einen alternativen Cyberspace aufzubauen, dem sich vielleicht viele Entwicklungsländer anschließen werden.[238] China, Russland und andere werben für eine neue Verfassung des Internets, das dann nicht mehr grundsätzlich grenzenlos wäre, sondern territorial parzelliert und staatlich beaufsichtigt mit der Möglichkeit, feinmaschig jeden individuellen Nutzer zu kontrollieren und von manchen oder allen Inhalten auszuschließen.[239] Westliche Demokratien könnten sich von der autoritär verwalteten Cybersphäre ausgeschlossen und in der derzeitigen virtuellen Anarchie ihrer eigenen Netze gefangen finden. Die Stärkung ethischer Praktiken im Netz reicht angesichts der aggressiven Absichten und Energien einiger Akteure vermutlich nicht aus.[240] Im Dezember 2021 leitete die Regierung Biden internationale Konsultationen zu einer Erklärung über die Zukunft des Internets ein. Die Erklärung wurde im April 2022 veröffentlicht[241] und wird in die Arbeit des Handels- und Technologierates von EU und USA einfließen. Sie ruft nach einem sicheren, alle Nationen verbindenden, von Pluralismus und Meinungsfreiheit geprägten, nicht zur Unterdrückung missbrauchten Internet und richtet sich damit deutlich gegen chinesische und russische Initiativen und Aktivitäten.

Wirtschaftliche Signalgebung, Aggressionen und Sanktionen

Die weltweite wirtschaftliche Verflechtung und die wirtschaftliche Macht vieler Akteure haben seit 1989 massiv zugenommen und damit auch die Möglichkeiten, wirtschaftlichen Druck auszuüben. Die Volksrepublik China zum Beispiel ist offenbar bestrebt, den Dalai-Lama, das religiöse Oberhaupt der Tibeter und ein Kritiker Pekings, mit wirtschaftlichen Mitteln zu isolieren. 2013 wurde in einer Studie errechnet, dass die Exporte eines Landes nach China um durchschnittlich fast 17 Prozent zurückgingen, wenn ein Staats- oder Regierungschef den Dalai-Lama empfing (trafen sich Regierungsmitglieder mit ihm, sanken die Exporte um durchschnittlich über zwölf Prozent). Die Rückkehr zum vorherigen Handelsniveau dauerte jeweils mehr als ein Jahr.[242] Ähnlich verhält sich Peking in Bezug auf Taiwan, das China als Teil seines Territoriums betrachtet: Wer diplomatische oder andere Beziehungen zu dem Inselstaat unterhält, wird von Peking wirtschaftlich bestraft, wie jüngst Litauen, das immerhin Mitglied der EU ist. Und wie die eigene Nachfrage aus politischen Gründen vorenthalten werden kann, so kann sie auch gewährt werden. So wurde etwa die brasilianische Präsidentin Dilma Rousseff beim Staatsbesuch in Peking im Jahr 2011 mit einem Großauftrag für brasilianische Flugzeugbauer begrüßt.[243] Auch Entwicklungshilfe geben die meisten Länder vor allem nach strategischen Gesichtspunkten und im nationalen Eigeninteresse. Am Fließen von Finanzhilfen lassen sich leicht politische Frontlinien erkennen: Als in Ägypten Präsident Husni Mubarak 2011 zum Rücktritt gezwungen wurde und die Muslimbruderschaft mit dem Führer ihrer Partei Mohammed Mursi im Aufstieg begriffen war, leitete das Emirat Katar hilfreiche Milliarden US-Dollar nach Ägypten. Als wiederum Präsident Mursi zum Rücktritt gezwungen wurde und sich die Präsidentschaft von General Abdel Fattah el-Sisi abzeichnete, flossen aus anderen Golfstaaten stabilisierende Milliarden Dollar nach Ägypten.[244] Alle oben skizzierten Konflikte seit 1989 wurden mit Maßnahmen der wirtschaftlichen Staatskunst oder mit Wirtschaftskampfmaßnahmen vorbereitet, begleitet oder beantwortet (und in fast allen schwangen natürlich auch wirtschaftliche Motive mit). Eine Gesamtdarstellung wäre so schwierig wie ermüdend.[245] So richtete beispielsweise Russland im Jahr 2006, vor dem militärischen Konflikt von 2008, Einfuhrverbote gegen Georgien und unterbrach die Verkehrswege und Postverbindungen nach Tiflis.[246] Moskau versuchte durch wirtschaftlichen Druck die Ukraine von der Annäherung an die EU abzuhalten und strangulierte im Asowschen Meer die Schifffahrt zu den ostukrainischen Hafen- und Industriestädten.[247] Die USA und die EU verhängten wegen der widerrechtlichen russischen Annexion der Krim beachtliche diplomatische und wirtschaftliche Sanktionen gegen Russland,[248] woraufhin Russland versuchte, die dafür in der EU nötige Einstimmigkeit mit finanziellen Anreizen wieder aufzubrechen.[249]

Die Sanktionen sind vielfältig, wirken aber angesichts der Wirtschaftskriegsgeschichte vertraut. Am Beispiel der EU-Maßnahmen: Die Union befürwortete die Aussetzung der Beitrittsverhandlungen mit Russland zur Organisation für wirtschaftliche Zusammenarbeit und Entwicklung (OECD) und zur Internationalen Energieagentur und die Ausladung Moskaus von G8-Gipfeltreffen (nun wieder G7). Über Hunderte Personen wurden Visaverbote und Vermögenseinfrierungen verhängt, weil sie an den Verstößen gegen die territoriale Unversehrtheit der Ukraine beteiligt seien. Das in der EU befindliche Vermögen von 44 russischen Unternehmen wurde eingefroren. Auch sechs am Bau der russischen Brücke über die Meerenge von Kertsch beteiligte Organisationen wurden in die Sanktionslisten aufgenommen, und mit jedem seitens der EU als unrechtmäßig erachteten russischen Verhalten wurden die Listen länger. Die EU verhängte ein Verbot für Einfuhren aus der Krim und aus Sewastopol. Investitionen dort wurden verboten, und EU-Bürger und in der EU ansässige Unternehmen durften auf der Krim keine Immobilien oder Unternehmen kaufen. Die europäische Reisebranche durfte dort keine Tourismusdienstleistungen anbieten, und europäischen Kreuzfahrtschiffen wurde untersagt, in Häfen rund um die Halbinsel Krim anzulegen, außer in Notfällen. Güter oder Technologien für die Bereiche Verkehr, Telekommunikation und Energie sowie für die Exploration von Öl, Gas und mineralischen Ressourcen durften nicht mehr an Unternehmen geliefert werden, die auf der Krim ansässig sind oder die diese Güter und Technologien dort nutzen wollten. Die Aufzählung ließe sich noch lange fortsetzen, von Waffenembargo bis Kreditverbot, vom Handelsverbot für penibel definierte Dual-Use-Güter[250] bis zur Aussetzung von Finanzierungen der Europäischen Investitionsbank in der Russischen Föderation. Russland verhängte im Gegenzug Importverbote vor allem für Agrarprodukte aus der EU. Die geldwerten wirtschaftlichen Kosten für die EU und für Russland sind wie stets in solchen Fällen schwer zu bestimmen, schon weil Faktoren wie der Konjunkturverlauf und Umgehungsgeschäfte herausgerechnet werden müssen, belaufen sich jedoch auf Hunderte Milliarden Euro.[251] Für die EU war es politisch angemessen, bei der Reaktion auf den schweren russischen Völkerrechtsbruch selbst schmerzhafte Kosten in Kauf zu nehmen, denn die Alternativen – Nichtstun, papierener Protest oder militärische Intervention – waren die schlechtere Wahl. Natürlich verblassen die damals ergriffenen Maßnahmen vor dem seit Februar 2022 mit Russland geführten Wirtschaftskrieg. Aber dass sie den umfassenden russischen Angriffskrieg nicht verhindert haben, bedeutet nicht ihren Fehlschlag, denn das war nicht ihr Ziel. Eher schwächte westeuropäisches Verhalten nach dem Überfall auf die Krim das Sanktionssignal gegen russische Aggressivität oder setzte sogar Fehlanreize, wie zum Beispiel die deutsche Zustimmung zum Bau der Pipeline Nord Stream 2 und das französische und deutsche Werben dafür, wieder Spitzengespräche mit Russland zu führen (Juni 2021, verhindert einzig durch den Widerstand mittel-, ost- und nordeuropäischer EU-Mitgliedstaaten).[252]

Sanktionen im internationalen Finanzsystem

Bisher war noch nicht von dem 600-Pfund-Gorilla in der Wirtschaftskriegführung unserer Zeit die Rede: von der Macht der Leitwährungen und Finanznetzwerke und besonders des US-Dollar. Die USA haben das globale Ansehen und Gewicht des Dollar und ihre beherrschende Stellung im weltweiten Zahlungsverkehr rigoros eingesetzt, um gegen den internationalen Terrorismus vorzugehen und gegen Nordkorea und Iran Wirtschaftskriege zu führen. Die Geschichte dieser Kriege reicht natürlich zurück bis zum Koreakrieg ab 1950 und zu der iranischen Geiselnahme von 52 Diplomaten in der US-Botschaft in Teheran 1979, die 444 Tage andauerte.[253] Man kann sie aber auch im Jahr 1989 beginnen lassen, als ein Geldwechsler in Manila eine 100-Dollar-Note befühlte und den Eindruck hatte, mit diesem Geldschein stimme etwas nicht. Er hatte die erste *Supernote* entdeckt, eine fast perfekte Fälschung aus nordkoreanischer Hightechproduktion.[254] (Falschgeld war immer ein Kriegsmittel. Es wurde von den Briten im amerikanischen Unabhängigkeitskrieg und von Nazi-Deutschland im Zweiten Weltkrieg eingesetzt.[255] Im Amerikanischen Bürgerkrieg war es so verbreitet, dass kurz nach Friedensschluss Präsident Lincoln den United States Secret Service gründete, angesiedelt in der *Treasury*, dem Finanzministerium, um den Fälschern endlich das Handwerk zu legen.) Nach langwierigen Ermittlungen war klar: Nordkorea druckte die amerikanischen Geldscheine auf Qualitätspressen und hielt dabei sogar mit den im Lauf der Jahre immer besseren Sicherheitsmerkmalen der US-Noten Schritt. Außerdem schmuggelte das Regime im großen Stil Zigaretten und Betäubungsmittel ins Land. Bei alledem arbeitete Pjöngjang mit chinesischen Triaden und der amerikanischen Mafia zusammen. Die USA begannen, auch mithilfe von Interpol, Nordkorea vom Nachschub an Qualitätspressen und Spezialpapier abzuschneiden. Die Amerikaner fanden auch heraus, über welche Banken Pjöngjang die Finanzierungsseite seiner kriminellen Aktivitäten und seiner Verstöße gegen die schon damals über Nordkorea verhängten Wirtschaftssanktionen abwickelte. Sie wählten unter diesen Banken die in Macau ansässige Banco Delta Asia (BDA) aus und warnten die Volksrepublik China vor. Dann veröffentlichte das Finanzministerium der Vereinigten Staaten eine Verordnung, in der es alle US-Banken anwies, sämtliche Geschäftsbeziehungen mit der BDA zu beenden, weil diese an Nordkoreas Nuklearschmuggel, Drogenhandel und Geldfälschung beteiligt sei und die finanziellen Erträge daraus wasche. Das sandte Schockwellen durch die Bankenwelt. Die Bankenaufsicht in Macau schloss BDA und fror nordkoreanische Konten in Millionenhöhe ein. Der BDA-Vorstand trat zurück und wurde durch staatliche Verwalter ersetzt. Überall auf der Welt überprüften die Compliance-Abteilungen der Banken, ob sie Kontakte mit BDA hatten, mit BDA-Partnern oder mit nordkoreanischen Kunden, und sie fuhren alle entsprechenden Aktivitäten herunter, um jedem Risiko von Strafen oder Schadenersatzforderungen zu entgehen. Im Ergebnis war Nordkorea damit vom Weltfinanzsystem ausgeschlossen – ohne entsprechende Resolution des UN-Sicherheitsrates, ohne eine US-Sanktion gegen Nordkorea. Die Nordkoreaner wussten nicht, wie ihnen geschah. (Die 2005 und 2007 gegen BDA ergriffenen Maßnahmen wurden erst 2020 wieder aufgehoben[256] – zu der Zeit fälschte Nordkorea keine Dollars mehr, sondern stahl sie durch Cyberangriffe).[257] Sie waren von einer Waffe getroffen worden, die Amerika nach den Anschlägen auf Washington und New York vom 11. September 2001 geschmiedet hatte. Am 12. September fragte das Weiße Haus beim Finanzministerium an, was es zum Gegenschlag beitragen könne. Das sanktionserfahrene Office of Foreign Assets Control (OFAC) entwickelte umgehend die Prinzipien und Maßnahmen, um al-Qaidas Finanzen anzugreifen. OFAC ist im Finanzwesen eine Weltmacht, weil es Personen, Unternehmen und Staaten vom US-Finanzsystem ausschließen kann, indem es amerikanischen Bürgern, Banken und Behörden verbietet, mit ihnen wirtschaftlich oder finanziell Geschäfte zu machen. Die weltweite Reichweite und Macht solcher Verbote erwächst daraus, dass der Dollar eine Weltleitwährung ist, New York ein Weltzentrum des Bank- und Finanzwesens, der US-Kapitalmarkt einer der tiefsten und liquidesten der Welt (auf ihm lassen sich darum Papiere im Wert von Milliarden Dollar kaufen und verkaufen, ohne dass die Preise auch nur zucken) und die US-Notenbank die zentrale Aufsicht über die Dollarströme. Alle Dollartransaktionen müssen sogenannte Clearing Accounts durchlaufen, die meisten tun das in New York. Wer mit Dollars arbeitet, und das müssen alle bedeutenden Banken, widersetzt sich besser nicht dem OFAC. Darum sind überall viele interne Bankvorschriften und Rechtspraktiken auf Compliance (Übereinstimmung) mit dem Dollarsystem und den OFAC-Vorgaben ausgerichtet. Woher rührt die weltweite Bedeutung des Dollar? Er ist spätestens seit Mitte des 19. Jahrhunderts überall bekannt und genießt überall Vertrauen, er wird überall gern angenommen und überall als eiserne Reserve gehortet, von vornehmen Zentralbankern nicht anders als von armen Bauern. Unzählige internationale Geschäfte werden auf Dollarbasis geschlossen, und ein riesiger Teil des weltweiten Rohstoffhandels wird traditionell in Dollar abgerechnet. Mit Dollars in der Tasche ist man überall flüssig. Ebendarum fälschte Nordkorea mit hohem technischem Aufwand gerade US-Dollars; und aus dem gleichen Grund bereitete Saddam Hussein seine Flucht vor der US-Armee vor, indem er handschriftlich den Befehl gab, Millionen solcher Dollars aus dem Safe der irakischen Nationalbank zu holen, 236 Kisten voll, die dann im Irak und in Syrien versteckt wurden.[258]

Das OFAC entwarf einen neuen Grundsatz für den Angriff auf das Finanzwesen des Terrors: Dessen finanzielle Unterstützer, ihre Firmen und die von ihnen kontrollierten Unternehmungen und alle mit ihnen irgendwie geschäftlich verbundenen Personen und Institutionen sollten fortan vom OFAC als Terrorunterstützer eingestuft werden können. Damit waren alle in der Bankenwelt gewarnt, die bisher mutwillig ihre Augen vor Hinweisen auf die Terrornähe ihrer Kundschaft verschlossen hatten. Das OFAC würde bei seinen Feindbestimmungen nicht gerichtsfest zu beweisen haben, dass die von ihm Benannten den Terrorismus tatsächlich zu unterstützen beabsichtigten oder auch nur wussten, dass ihr Geld oder ihre Geschäftstätigkeit dem Terror zugutekamen. Es ging nicht um Strafverfahren, Unschuldsvermutungen oder staatliche Beschlagnahme, nicht um vorherige Anhörung von Beschuldigten und rechtsstaatliches Verfahren; sondern es ging um Verwaltungshandeln im Ausnahmezustand gemäß der Logik des Verteidigungskrieges, die für das Vorgehen gegen vermutete Feinde keine letzten Gewissheiten braucht (allerdings gab es von Anfang an für Schwarzgelistete die Möglichkeit, ihre Harmlosigkeit zu beweisen, und die Finanzbehörden mussten ihr Handeln schon bald immer überzeugender begründen können). Am 23. September 2001 setzte Präsident George W. Bush die entsprechende Executive Order 13224[259] in Kraft. Im Oktober folgte der USA Patriot Act mit umfangreichen Bestimmungen zum weltweiten Kampf gegen Terrorfinanzierung und Geldwäsche in seinem Abschnitt III, vor allem in Section 311.[260]

Die amerikanischen Regierungsbehörden speisten die so gesteckten Ziele in internationale Institutionen wie die 1989 von den G7 gegründete Financial Action Task Force on Money Laundering (FATF) ein und entwickelten mit ihnen gemeinsam Aufsichts- und Eingriffsstandards, die wiederum von der Weltbank, dem IWF und den Vereinten Nationen übernommen wurden und zu einem globalen regulatorischen Netz heranwuchsen. Sie eröffneten das neue Feld Financial Intelligence (FININT), der Finanzaufklärung, und begannen, systematisch Informationen über Finanzbewegungen zu sammeln (Geld lügt nicht – wo es die Hände wechselt, gibt es gemeinsame Interessen). Sie traten an die SWIFT in Brüssel heran. Letztere standardisiert über ihr besonders abgesichertes Netzwerk den Nachrichten- und Transaktionsverkehr von weltweit mehr als 11 000 Banken und hat insoweit bisher ein Quasimonopol. Die Amerikaner überzeugten SWIFT, dass es um der Transparenz und Hygiene der Bankenwelt willen im gemeinsamen Interesse lag, wenn die USA im Kampf gegen den Terror in genau umgrenzter Weise ausgewählte SWIFT-Daten mitlesen durften. Amerikanische Finanzbeamte schwärmten zu Bankvorständen und Zentralbankpräsidien in aller Welt aus, um sie zu überzeugen, dass es in ihrem ureigenen Interesse lag, die

Selbstreinigungskräfte der Finanzwelt gegen Terroristen, ihre staatlichen und privaten Finanziers und gegen das organisierte Verbrechen einzusetzen. Sie fanden Wege, auch die Betreiber des Hawala-Netzes für informelle Geldüberweisungen problembewusst zu machen, das vor allem in Zentral- und Südasien, dem Mittleren Osten und Afrika verbreitet ist. Sie pressten aus westlichen Großbanken wegen Transaktionen mit Staaten wie Libyen und Iran Strafzahlungen in (mittlerweile) Milliardenhöhe heraus,[261] ganz egal, wo die Geschäfte getätigt worden waren, denn in den USA waren sie verboten, und vor allem dort wollten diese Banken ja weiter tätig sein dürfen. Und die Finanzbehörden hatten die Befugnis, sogar fremde Jurisdiktionsbereiche in ihrer Gesamtheit als Bedrohung für die Integrität des Finanzsystems auszuweisen und Geschäftsleuten in den USA zu verbieten, dort Geschäfte zu machen.

Der Gesamtansatz war nicht zuletzt deshalb so erfolgreich, weil die USA international einen inklusiven, regelbasierten, für ausländische Entscheider transparenten Ansatz verfolgten, weil sie neben vielen anderen FATF-Mitgliedstaaten[262] auch die Volksrepublik China und Russland beteiligten und weil sie die Privatwirtschaft dazu bewegten, aus eigenem Antrieb und Interesse Schurken im System zu finden, zu isolieren und auszuschließen. Ohne den starken Dollarmuskel wäre das alles vermutlich nicht gelungen. Viele Banken und nationale Aufsichtsbehörden brauchten leider mindestens sanften Druck. Aber die USA konnten eben auch plausibel machen, dass sie nicht nur im nationalen Eigeninteresse handelten, sondern ein Anliegen der Global Governance vertraten. Dieses wichtige Verkaufsargument sollte nicht vergessen werden, wenn es künftig gilt, neue Strategien für den Wirtschaftskampf zu entwickeln.

Nach dem Schlag gegen Nordkorea – viele der ergriffenen Maßnahmen dauern bis heute an – wandten sich die US-Finanzbehörden Iran zu. Dessen Banken wickelten nicht nur den Ölhandel des Landes finanziell ab, sondern finanzierten auch aus US-Sicht feindliche Organisationen wie die Hisbollah-Miliz im Libanon und ermöglichten den verbotenen Handel mit gefährlichen Dual-Use-Gütern. Anfang 2006 begannen die USA, unter der Flagge der Integrität des Weltfinanzsystems die iranischen Finanzbeziehungen zu strangulieren, auch um den Druck auf Iran zu erhöhen, auf sein Raketenprogramm zu verzichten und seine Nuklearanlagen international kontrollieren zu lassen, damit er nicht heimlich Atomwaffen entwickelte. Der UN-Sicherheitsrat beschloss deswegen seinerseits Sanktionen (vor allem in den Resolutionen

1696, 1737 und 1929). Die US-Behörden legten europäischen Bankvorständen Unterlagen über die Verwicklung iranischer Finanzinstitute in Nuklearschmuggel und andere Verfehlungen vor und baten um Mithilfe. Immer mehr Banken scheuten Geschäfte mit Iran und schlossen verdächtige iranische Konten. Ab September 2006 notifizierte OFAC entsprechend Regierungsverordnung 13224 immer mehr iranische Banken, Personen und Tarnfirmen wegen Terrorfinanzierung, Waffenhandel, gefälschter Schiffspapiere etc. als Bedrohung. Der iranische Schiffsverkehr wurde durchleuchtet, und Lloyd's, die Allianz und Munich Re zogen sich von Versicherungsleistungen für Iran zurück. Mit dem Comprehensive Iran Sanctions, Accountability, and Divestment Act (CISADA)[263] vom 1. Juli 2010 wurde der Druck nochmals verschärft. Die EU drängte darauf, für gelistete iranische Banken den SWIFT-Service komplett abzuschalten[264] (wie dramatisch ein solcher Schritt ist, zeigt die Aussage eines führenden russischen Bankiers aus dem Jahr 2015, der angab, der Ausschluss Russlands von SWIFT bedeute Kriegsgefahr).[265] Iran wurde mehr und mehr als systemisches Risiko für das Weltfinanzsystem dargestellt,[266] mit entsprechenden freiwilligen Reaktionen der Finanzwelt. Der Kurs des iranischen Rial sank und sank, die Lebenshaltungskosten in Iran stiegen.[267]

All das wurde nach dem sogenannten Iran-Atomabkommen zum größten Teil zurückgefahren, aber unter Präsident Trump sagten sich die USA von dem Abkommen los und ergriffen neue Wirtschaftskampfmaßnahmen gegen Teheran.[268] Im November 2018 verkündete das OFAC den größten Schlag gegen ein fremdes Finanzwesen, den die Behörde je an einem einzigen Tag geführt habe. Hunderte von Personen, Banken und Schiffen wurden als Gefährder gelistet.[269] Zugleich drohten die USA (auch) allen europäischen Firmen, die weiter Geschäfte mit Iran treiben, mit dem Ausschluss vom US-Markt. Die EU sucht dagegen Widerstand zu leisten, weil sie am Atomabkommen und also auch am Handel mit Iran festhält (Atomkontrolle und Handel stehen in einem Austauschzusammenhang). Die EU hat ihre sogenannte Blockingverordnung aktualisiert, die EU-Wirtschaftsteilnehmern Schadenersatzansprüche einräumt, falls sie durch US-Sanktionen Einbußen erleiden, und die festlegt, dass fremde Gerichtsurteile zur Durchsetzung der Sanktionen in der EU nicht anerkannt werden.[270] Die EU hat außerdem ein besonderes Finanzierungsvehikel für Geschäfte mit Iran gegründet, um die vielen von Washington im Zahlungsverkehr aufgebauten Hindernisse zu überbrücken.[271] Aber selbst die Europäische Investitionsbank schreckte vor einem weiteren Iranengagement zurück,[272] und die europäischen Unternehmen flohen aus dem Land, weil dort die Durchführung von Verträgen immer schwieriger wird und es ihnen wichtiger ist, nicht aus dem viel größeren US-Markt verbannt zu werden.[273]

All das führte zu einem der ernstesten transatlantischen Konflikte seit dem Zweiten Weltkrieg.[274] Noch dazu standen dabei die Westeuropäer zusammen mit China, Iran und Russland den USA gegenüber – eine eher ungewöhnliche Spielaufstellung. Der Streit über den Umgang mit Iran ist hochpolitisch, hier geht es um mehr als um Kühlschrankzölle und Sojaimporte. Schon Präsident Obama ließ wissen, er werde nötigenfalls mit Gewalt eine iranische Atombombe verhindern, weil sie Israel gefährden und die Irangegner in der Region veranlassen würde, auch nach Atomwaffen zu greifen, und beides sei inakzeptabel.[275] Präsident Trump war der Überzeugung, das Atomabkommen vertage die iranische Atombombe bloß, richte nichts gegen Irans Entwicklung ballistischer Langstreckenraketen aus und stärke die Kraft und Bewegungsfreiheit Irans, im Mittleren Osten Terror und Bürgerkrieg zu verbreiten und sogar in der EU Mordanschläge zu begehen.[276] Die Trump-Regierung verlangte eine 180-Grad-Wende der iranischen Außenpolitik, wenn nicht gar einen Regimewechsel in Teheran. Daran ließen die bereits erwähnte Rede von Präsident Trump vor den Vereinten Nationen und die Forderungen von Außenminister Pompeo in einer Grundsatzrede zur neuen Iranstrategie[277] keinen Zweifel. Westeuropäische Politiker kritisieren, mit der einseitigen Aufkündigung des Atomdeals schwächten die USA die „multilaterale regelbasierte Ordnung". Nur müssen sich die Europäer die Gegenfrage gefallen lassen, ob es denn dieser regelbasierten Ordnung entspricht, wenn Iran tatsächlich im Nahen und Mittleren Osten aktiver denn je Terror verbreitet, Staaten destabilisiert und Israel bedroht. Die Antwort kann nur lauten: ganz und gar nicht. Verlangte es dann nicht die Verteidigung der regelbasierten Ordnung, Iran unmissverständlich zu kritisieren, wenn nötig, so hart und öffentlich, wie die USA es taten, regelgerechtes Verhalten zu verlangen und andernfalls mindestens ähnlich massive Sanktionen gegen Iran zu verhängen wie 2014 gegen Russland wegen der Aggression gegen die Ukraine? Das wollten die Europäer offenbar nicht, weil es das Atomabkommen gefährdet hätte, von dem sie allerdings zugeben, es sei durchaus verbesserungsfähig.[278] An diesem Punkt zeigt sich: Der transatlantische Streit um die Politik gegenüber Iran berührte sehr grundsätzliche Fragen.

Hat der Westen überhaupt ein einvernehmliches Verständnis von regelbasierter Ordnung und ihrem Schutz? Ist sie teilbar, lässt sie sich hier und da ein wenig verdünnen und anderswo verdichten? Mit wie viel regelbasierter Ordnung sollte sich der Westen zufriedengeben? Soll es ausreichend sein, wenn manche Mächte wenigstens auf die gröbsten Gefährdungen der Ordnung verzichten? Kann es geduldet werden, wenn sich manche regional massive Verstöße gegen das Gewalt- und Interventionsverbot der UN-Charta herausnehmen? Oder könnte dann von regelbasierter Ordnung überhaupt nicht mehr die Rede sein, und müssten also solche Verstöße im Interesse der Gesamtordnung konsequent mit Gegendruck beantwortet werden, wobei dann Wirtschaftskampfmaßnahmen eine vergleichsweise attraktive Option sind? Vor solchen Fragen stehen die Außen- und Sicherheitspolitik natürlich permanent, und oft sind nur Lösungen erreichbar, die unbefriedigend bleiben. Die sollte man dann aber wenigstens nicht, sich selbst beglückwünschend, moralisierend verklären. Wer im Fall Iran in der EU die hehre Hüterin der „multilateralen regelbasierten Ordnung" erblickte und in der Trump-Regierung deren Störer, der machte es sich zu einfach. Die Regierung Biden strebte eine erneute amerikanische Beteiligung an einem verbesserten Atomdeal an. Die Erfolgschancen sind aber dem Vernehmen nach gering und sinken angesichts der iranischen Hilfe für Russlands Angriffskrieg, der wiederholten iranischen Angriffe auf Kurdengebiete im Irak und der brutalen Unterdrückung der iranischen Freiheitsbewegung immer weiter. Im Oktober 2022 erklärte ein Sprecher des National Security Council und im November der Iranbeauftragte Robert Malley, die USA unternähmen bis auf Weiteres keine diplomatischen Versuche, den Deal wiederzubeleben, sondern konzentrierten sich auf Druck und Sanktionen.

Währungskrieg

Doch noch einmal zurück zu unserem 600-Pfund-Gorilla, der Finanz- und Währungsmacht und insbesondere derjenigen der Vereinigten Staaten: Wie kam es zu ihr? Hat sie weise gehandelt? Nimmt ihre Stärke ab? Gibt es Rivalen und drohende Konflikte?

Alle Währungsordnungen und internationalen Finanzbeziehungen sind Ausdruck von Macht, Interessen und Konflikten.[279] Zwischen dem Ersten und dem Zweiten Weltkrieg waren die damaligen Großmächte über die Hinterlassenschaft des ersten Krieges an Schulden und Reparationsforderungen tief zerstritten. Großbritannien, Frankreich und die USA entfremdeten sich aufgrund ihrer Handelsbarrieren und Währungsabwertungen voneinander. 1936 schlossen sie in ihren Währungskriegen einen Waffenstillstand (das sogenannte Tripartite-Abkommen, das auch als Signal an Hitler-Deutschland und das faschistische Italien gedacht war, dass die westlichen Demokratien zusammenhielten);[280] aber schon 1938 dachten führende Beamte im US-Finanzministerium in den Kategorien einer globalen Rivalität zwischen Pfund und Dollar und planten, dafür zu sorgen, „dass der Dollar das Pfund als globale Handels-, Finanzierungs- und Reservewährung dauerhaft verdrängte".[281] Als 1939 der Zweite Weltkrieg begann und für die Europäer, die gegen Deutschland kämpften, anfangs eher schlecht lief, halfen die USA Großbritannien: zunächst durch die Lieferung von Rüstungsgütern gegen „Cash and Carry" (Bezahlung und Transport durch den Käufer), dann (als Großbritannien erklärte, es gehe ihm das Geld aus) durch „Lend and Lease"-Vereinbarungen (Leihe und Verpachtung). Die Amerikaner nutzten ihre stärkere Position, „um die Briten unnachgiebig zu finanziellen und handelspolitischen Zugeständnissen zu drängen, die Großbritannien als wirtschaftlichen und politischen Konkurrenten in der Nachkriegslandschaft ausschalten würden."[282] Sie zwangen Großbritannien beispielsweise, seine größte und profitabelste Holdinggesellschaft in den USA für etwa die Hälfte ihres tatsächlichen Wertes zu verkaufen, und sie waren entschlossen, Großbritanniens Gold- und Dollarreserven zu kontrollieren, Großbritanniens imperiales Präferenzhandelssystem zu zerschlagen und alle sich bietenden Märkte zu erobern. Als sich der Zweite Weltkrieg dem Ende zuneigte und der Sieg gesichert war, begannen die westlichen Alliierten, ein neues Währungs- und Kreditsystem, die Wiederherstellung des internationalen Handels und die Finanzierung des Wiederaufbaus und der wirtschaftlichen Erholung zu planen. Auf einer Konferenz in Bretton Woods, New Hampshire, im Jahr 1944 entwarfen sie ein System von Institutionen. Es wurde zwar nicht vollständig wie geplant umgesetzt, aber immerhin entwickelte es sich zu dem Arrangement von IWF, Weltbank und GATT. Die neue Ordnung trug klar die amerikanische Handschrift (um es milde auszudrücken), und in ihrem Zentrum standen der Dollar, seine Goldkonvertierbarkeit zu einem festen Preis, de facto feste Wechselkurse (der sogenannte *adjustable peg*)[283] und die Legitimität und weitverbreitete Praxis von Kapitalverkehrskontrollen.[284]

Das neue System brachte die Tendenz mit sich, dass international immer mehr Dollars in Umlauf kamen. Während der ersten rund 20 Jahre lief alles recht gut, doch ab Mitte der 1960er-Jahre druckten die USA enorme Mengen an Geld für Sozialleistungen und zur Deckung der steigenden Kosten ihres Krieges in Vietnam, Großbritannien wertete das Pfund Sterling ab, und Frankreich und Spanien begannen, ihre Dollarreserven in Gold umzutauschen, und signalisierten so ihr schwindendes Vertrauen in diese Währung. Das US-Haushaltsdefizit schnellte in die Höhe, der US-Überschuss in der Bilanz des Warenhandels schrumpfte massiv und schlug im Sommer 1971 (zum ersten Mal seit 1893) in ein Defizit um, riesige Mengen an Dollar flossen ab, und die ganze Welt wusste, dass die US-Goldreserven schwanden, und dieses Wissen konnte einen Ansturm auslösen, Dollars in Gold umzutauschen. Am 15. August 1971 beendete US-Präsident Richard Nixon die Goldkonvertibilität des Dollar und kündigte (neben anderen Maßnahmen zur Förderung von US-Arbeitsplätzen und des „Buy American"-Gedankens) eine zehnprozentige Zusatzsteuer auf alle importierten Waren an. Das Paket schockierte Amerikas europäische und japanische Verbündete und hatte den Beigeschmack eines beginnenden Handelskriegs.[285] Aus Sicht der Nixon-Regierung mussten die Verbündeten gezwungen werden, in eine neue Ära der Lastenteilung einzutreten, mehr zu ihrer militärischen Verteidigung beizutragen, ihre unterbewerteten Währungen anzupassen und ihre verschlossenen Märkte für amerikanische Waren zu öffnen.[286] Die Verbündeten organisierten eine Neubewertung ihrer Währungen, die auf eine starke Abwertung des Dollar gegenüber westlichen Währungen und Gold hinauslief,[287] was bedeutete, dass US-Exporte wettbewerbsfähiger und Exporte in die USA weniger wettbewerbsfähig werden würden.

Doch die amerikanische Prosperität, das Vertrauen in den Dollar und die de facto festen Wechselkurse konnten nicht wiederhergestellt werden, und 1973 begannen die wichtigsten Währungen gegeneinander zu floaten (freies Schwanken der nominellen Wechselkurse) – das Bretton-Woods-System war zusammengebrochen nach Vorgängen, die man durchaus als Währungskrieg innerhalb der westlichen Allianz bezeichnen kann.[288] In den 1980er-Jahren gewann der US-Dollar wieder an Stärke (auch wenn die großteils von den Verbündeten geliehen war, vor allem von Japan, das in die US-Währung investierte).[289] Das schadete der US-Industrie erneut, weil es ihr dadurch erschwert wurde, zu exportieren und mit den relativ billigen japanischen und westeuropäischen Importen zu konkurrieren. Das Handelsdefizit der USA wuchs dementsprechend, und die Reagan-Regierung sorgte obendrein durch Steuersenkungen und hohe Verteidigungsausgaben für enorme Haushaltsdefizite. Die westlichen Verbündeten trafen erneut Vereinbarungen, um den Wert des Dollar zu senken und dann zu stabilisieren (Plaza-Abkommen von 1985 und Louvre-Abkommen von 1987), um so die terms of trade des westlichen Hegemonen zu verbessern.

All das hatte eine deutliche Kalter-Krieg-Dimension: Westeuropa und Japan waren in Bezug auf ihre nationale Sicherheit von den USA abhängig, vor allem wegen der Bedrohung durch den Sowjetblock. Nicht zuletzt deshalb waren sie bereit, die US-Wirtschaft zu stützen und zur Finanzierung der amerikanischen Außen- und Innenpolitik beizutragen, indem sie US-Staatsanleihen hielten und Dollars kauften. Einige Beobachter fanden, die USA hätten sich im Lauf der Jahre von einem gütigen zu einem räuberischen Hegemon entwickelt,[290] der sein Währungsprivileg dazu missbrauche, die Welt mit Dollars und mit US-Schulden zu fluten, deren Gläubiger vor allem Japan, die Bundesrepublik Deutschland und die mit den USA befreundeten arabischen Ölproduzenten waren, die ihr Öl weiterhin in Dollar abrechneten. Würde sich dieses Bild ändern, sobald die sowjetische Bedrohung in den frühen 1990er-Jahren beseitigt war? Es änderte sich in der Tat.[291] Die USA, berauscht vom Gefühl des Sieges der marktwirtschaftlichen Demokratien, verfielen der Theorie, dass transparente Finanzmärkte, befreit von hinderlichen Vorschriften, und wohlinformierte, rationale Wirtschaftsakteure eine sich immer rasch wie von selbst korrigierende und selbstheilende Wirtschaft bilden würden, die die bestmögliche aller Ressourcenallokationen und also Welten garantiere. Die USA deregulierten ihren Finanzsektor und hoben damit gesetzliche Verbote aus den frühen 1930er-Jahren auf, die wichtige Lehren aus den Banken- und Börsenkrisen der 1920er-Jahre und der Weltwirtschaftskrise gezogen hatten. Die USA und der IWF propagierten die Abschaffung der nationalen Kapitalverkehrskontrollen und drängten auf deregulierte und integrierte Finanzmärkte. Finanzströme bewegten sich international in noch nie da gewesener Menge und Geschwindigkeit, und der US-Dollar war führend bei der Suche nach Profit, Spekulationsgewinnen und Arbitrage. Doch der freie Kapitalfluss ist im Gegensatz zum freien Handel sehr volatil, weil enorme Geldbeträge schnell und zu vernachlässigbaren Kosten bewegt werden können. Darüber hinaus sind Finanzwerte – viel stärker als reale Güter – das wert, was die Menschen glauben, das sie wert sind und wert sein werden. Ihr Preis ist eine Funktion von Erwartungen, weshalb sich die Finanzakteure vor allem ständig gegenseitig beobachten und zu Herdenverhalten und plötzlichen Paniken neigen, unabhängig davon, was eine rationale wirtschaftliche Analyse des Marktes ergeben würde. Was auf Deregulierung, Liberalisierung und massive Kreditschöpfung folgte, war eine Reihe von Finanzkrisen. Im Jahr 1997 begann eine Krise in Thailand, breitete sich über Ostasien aus und griff 1998 auf Lateinamerika und Osteuropa, namentlich Russland, über. Wie immer sind die Ursachen der Krise umstritten geblieben, aber zu viele auf Dollar lautende Kredite, zu viel Spekulation und eine zu große Volatilität der internationalen Finanzströme gehörten sicherlich zu den wichtigsten Faktoren. Viele asiatische Länder schrieben die Krise einem fundamentalistischen Finanzkapitalismus US-amerikanischer Prägung zu, bündelten ihre Reserven durch Währungs-Swap-Vereinbarungen für künftige Krisenzeiten (die sogenannten Chiang-Mai-Initiativen von 2000 und 2009) und plädierten für Kapitalverkehrskontrollen und gemanagte Wechselkurse.[292] Die Autorität des IWF, der selbst in der Krise nichts Besseres zu tun wusste, als die Länder zu noch mehr Offenheit für internationalen Handel und Investitionen zu drängen, wurde erschüttert.[293] Doch die Welt wandte sich nicht vom Dollar ab, ganz im Gegenteil: Die Krise lehrte die Schwellenländer, Devisenreserven anzuhäufen, um sich gegen unstete Kapitalströme abzusichern, und das stärkte die Reserverolle der US-Währung und des US-Finanzsystems. Darüber hinaus intervenierten Länder wie Japan und China auf den Devisenmärkten, um die Aufwertung ihrer Währungen zu begrenzen und ihre Exportsektoren wettbewerbsfähig zu halten. Sie häuften Reserven in Gestalt sicherer und liquider Anlagen an, in der Regel in Form von Staatsanleihen – deren wichtigster Anbieter weltweit das US-Finanzministerium ist. Auch das stärkte die Rolle des Dollar. Nach der Asienkrise schoben viele US-Beamte und Finanzakteure die Schuld auf strukturelle Defizite und schlechte Regierungsführung in den von der Krise betroffenen Ländern und beglückwünschten sich selbst dazu, dass „so etwas hier nicht passieren kann". Dann passierte es doch. Die finanzielle Verflechtung zwischen (schlecht regulierten und mangelhaft überwachten) rücksichtslosen Kreditgebern und rücksichtslosen Kreditnehmern in Westeuropa und den USA löste die weltweite Finanzkrise[294] von 2007/08 und die darauf folgende Euro- und Schuldenkrise in der EU aus. Aber wiederum wurde die globale Rolle des US-Dollars und seiner Institutionen gestärkt:[295] Auf dem Höhepunkt der Krise strömte auf der Suche nach einem sicheren Hafen aus aller Welt Geld in die USA. „Von September bis Dezember 2008 verzeichneten die US-Wertpapiermärkte Nettokapitalzuflüsse […] von einer halben Billion Dollar. […] Die Zuflüsse flossen hauptsächlich in vom US-Finanzministerium ausgegebene Staatsschuldtitel. […] Der Dollar, dessen Wert eigentlich hätte sinken müssen, stieg stattdessen gegenüber praktisch allen anderen Währungen stark an."[296] Der Grund dafür war recht einfach: Die Krise hatte die Nachfrage nach sicheren Vermögenswerten vervielfacht und ihr Angebot schrumpfen lassen, und US-Finanztitel und US-Dollars wurden (und werden) immer noch als sicher angesehen. (Die COVID-19-Krise vom März 2020 wich deutlich von diesem Muster ab: US-Staatsanleihen gerieten stark unter Druck, weil die Anleger nach Bargeld lechzten. Die US-Zentralbank – das Federal Reserve System, kurz Fed – beendete die Krise, indem sie Kreditgarantien gab, Bargeld verteilte, die Vorschriften lockerte und enorme Mengen an Wertpapieren aufkaufte).[297] Die US-Regierung und die amerikanische Zentralbank bekämpften die Weltfinanzkrise erfolgreich, indem sie Finanzinstitute retteten, die Realwirtschaft mit milliardenschweren Investitionsprogrammen ankurbelten und indem die Zentralbank mit ausgewählten ausländischen Zentralbanken Dollar-Swaplines vereinbarte (die Partner konnten sich für ihre eigene Währung ohne Wechselkursrisiko befristet Dollars leihen und mit diesen im eigenen Zuständigkeitsbereich Finanzinstituten helfen), wodurch die US-Zentralbank für die Welt zu so etwas wurde wie der Kreditgeber letzter Instanz.[298]

Auf die unmittelbare Krise folgten Wellen von sogenanntem Quantitative Easing (QE), insbesondere vonseiten der amerikanischen und der Europäischen Zentralbank: Sie pumpten Billionen von Dollar und Euro in ihre Volkswirtschaften, indem sie Staatsanleihen und andere Wertpapiere aufkauften, um die Wirtschaftstätigkeit anzukurbeln und die Inflation zu erhöhen. Ihre Quantitative Lockerung hatte negative Folgen für die Währungen anderer Staaten, insbesondere für die Währungen von Entwicklungs- und Schwellenländern: Sie gerieten im Vergleich zu den QE-Währungen unter Aufwertungsdruck, und wenn sie aufwerteten, bedeutete das einen Wettbewerbsnachteil für ihre Exportbranchen. Die Dollarschwemme trieb auch die Weltmarktpreise für Güter wie Lebensmittel und Energie in die Höhe, worunter arme Menschen und Länder besonders zu leiden hatten. Gleichzeitig befeuerten die billigen Dollars einen Spekulationsboom in einigen Schwellenländern wie etwa in Brasilien, dessen damaliger Finanzminister Guido Mantega die fortgeschrittenen Volkswirtschaften denn auch beschuldigte, einen „Währungskrieg" zu führen.[299] Immer mehr Länder griffen auf Kapitalverkehrskontrollen zurück, und selbst der IWF schwächte seinen früheren, fast ideologischen Widerstand ab, was diese Vorsichtsmaßnahme gegen die Gezeiten von spekulativem Geld anbelangt, die in die Volkswirtschaften hineinwogen und wieder heraus.[300] Und wie schon QE schädlich war, erwies sich auch der Versuch als schädlich, es wieder zu beenden. Im Mai 2013 kündigte der damalige Fed-Vorsitzende Ben Bernanke an, die US-Notenbank werde ihr QE zurückfahren (Tapering), ein Schritt, von dem erwartet wurde, dass er die Anleihekurse senken, die US-Zinsen erhöhen und die Kreditaufnahme in den USA erheblich verteuern würde. Was folgte, wurde als Taper Tantrum – Kombination aus Tapering und *tantrum* (engl. für Wutanfall) – der Märkte bezeichnet. Für die Schwellenländer schien der Dollarfinanzierungsboom vorbei zu sein, ihre Währungen schwächten sich schnell ab, und westliche Investoren und Spekulanten zogen ihr Geld ab. Die Auswirkungen selbst der bloßen Ankündigung des Taperings waren so erschreckend, dass das ganze Vorhaben abgeblasen wurde und der Druck auf die Schwellenländer wieder nachließ. So stieg zum Beispiel der Dollarwert der indischen Rupie wieder von 68 auf 61,9.[301]

Es ist nicht verwunderlich, dass das gesamte QE-Kapitel als einfach nur ein weiterer Währungskrieg beschrieben worden ist.[302] Überzeugender wirkt die Ansicht, dass das QE sich nicht feindselig gegen andere Staaten richtete und seine Übertragungs- und Preiseffekte auf Dritte größtenteils unbeabsichtigt waren (ähnlich wie die ruinösen Folgen von Paul Volckers Inflationsbekämpfung 1979–1982 für einige Entwicklungsländer). Aber immer dann, wenn sich einzelstaatliche Maßnahmen merklich auf die internationalen Wechselkurse auswirken, stellt sich die Frage der Wettbewerbsfähigkeit, und es beginnt ein Nullsummenspiel. Für Länder, die viel Handel treiben, ist der Wechselkurs ihrer Währung von entscheidender Bedeutung. Wertet er auf, dann wird es für ihre Exportindustrien schwieriger zu konkurrieren, und diejenigen, die für den heimischen Markt produzieren, haben mit billigeren Importen zu kämpfen. Natürlich haben auch billigere Importe ihre Vorteile, und welche Auswirkungen Wechselkursänderungen auf eine moderne Wirtschaft und ihre Wertschöpfungsketten insgesamt haben, lässt sich schwer vorhersehen und abschätzen. Aber es scheint eine fast durchgängige politische Neigung zu geben, eher die Exporte als die Importe zu begünstigen – vielleicht weil die Exporteure sich stärker Gehör verschaffen und die positiven Auswirkungen billigerer Importe weniger konzentriert und spürbar sind; und sicherlich ist der Export entscheidend in Entwicklungs- und Schwellenländern, die eine Strategie des exportorientierten Wachstums verfolgen. Deshalb besteht oftmals die Versuchung, den Außenwert der eigenen Währung zu schwächen, und immer der Verdacht, dass andere Länder genau das tun.[303] Die wirtschaftlichen Auswirkungen einer solchen Manipulation ähneln Exportsubventionen und Importzöllen, aber die GATT- und WTO-Regeln zur Handelspolitik greifen nicht.[304] Das Thema steht in engem Zusammenhang mit der Debatte über globale Ungleichgewichte in den Leistungsbilanzen wichtiger Volkswirtschaften, die miteinander Handel treiben. Der IWF untersuchte die Angelegenheit, aber als er Fragen der Währungsmanipulation zu nahe kam, stießen seine Sondierungen auf (chinesischen) Granit.[305] Das US-Finanzministerium ist gesetzlich verpflichtet, dem Kongress halbjährlich über die „[m]akroökonomische und Wechselkurspolitik der hauptsächlichen Handelspartner der Vereinigten Staaten" Bericht zu erstatten.[306] Es führt eine Überwachungsliste mit derzeit zwölf Ländern und hat mehrfach Länder benannt, die den Wechselkurs zwischen ihrer jeweiligen Währung und dem Dollar manipuliert haben sollen, um effektive Zahlungsbilanzausgleiche zu verhindern oder unfaire Wettbewerbsvorteile im internationalen Handel zu erlangen. Solche Feststellungen können Sanktionen nach sich ziehen und werden von den benannten Ländern in der Regel heftig angefochten,[307] vor allem wenn es sich um wichtige Handelsmächte wie China handelt (benannt 1992–1994 und, nicht überzeugend, erneut 2019).[308] Angesichts der Art und Weise, wie der Dollar in den zurückliegenden Jahrzehnten eingesetzt wurde, wirkt diese Suche nach ausländischen Manipulatoren etwas scheinheilig.[309]

Dieser Abschnitt begann mit einer Reihe von Fragen zur Währungs- und Finanzmacht, vor allem derjenigen der USA. Sie wurde, wie gezeigt, seit den 1930er-Jahren energisch vorangetrieben und bewusst in die Grundlagen des Bretton-Woods-Systems einzementiert. Sie verhielt sich unklug und unverantwortlich, was zu schweren Finanzkrisen und häufigen internationalen Instabilitäten führte. Und doch sind ihre Stärke und Bedeutung als Reservewährung und als globales Löschmittel gegen finanzielle Flächenbrände ausgerechnet durch ebendiese Krisen noch gesteigert worden. Damit bleibt allein die letzte eingangs gestellte Frage noch zu beantworten: Gibt es Konkurrenten und drohende Konflikte? Zumindest gibt es Kritiker und die Suche nach Alternativen. Nach der globalen Finanzkrise brachte der Präsident der Zentralbank Chinas den Vorschlag in Umlauf, den Dollar durch eine supranationale globale Ankerwährung zu ersetzen – eine Idee, die zugegebenermaßen wenig Aussicht auf Verwirklichung hat.[310] Keynes hat übrigens auf der Konferenz von Bretton Woods einen ähnlichen Vorschlag gemacht.[311] Der Renminbi und der Euro werden heute in größerem Umfang zur Abrechnung von internationalen Handels- und Finanztransaktionen verwendet, und solche Alternativen zum Dollar sind aus weltwirtschaftlicher Sicht sicherlich wünschenswert. Seit 2016 ist auch der Renminbi Teil des Währungskorbes, nach dem sich der Kurs der Sonderziehungsrechte des IWF richtet. Aber als Reservewährung und Wertaufbewahrungsmittel ist der US-Dollar nach wie vor konkurrenzlos, und zwar aus drei Gründen: Vertrauen, Kalkül und Mangel an überzeugenden Alternativen.[312] Investoren in Dollaranlagen vertrauen auf die öffentlichen Institutionen der USA, auf die Rechtsstaatlichkeit in Amerika und auf faire Behandlung dort sowie darauf, dass die US-Schulden weder willkürlich abgeschrieben noch weginflationiert werden. Das letztgenannte Vertrauen kann sich auf Kalkül stützen: Versuche der USA, die Inflation willkürlich als Waffe einzusetzen, sind unwahrscheinlich, weil das wichtigen amerikanischen Lobby- und Wählergruppen schaden würde, die große Anteile an der Staatsverschuldung besitzen; es würde die Zinssätze und damit die Kreditkosten der Regierung in die Höhe treiben; und es würde gewaltige Ausgabenposten wie die für die Sozialversicherung erhöhen, die an die Inflation gekoppelt sind. Und schließlich: Es mangelt an überzeugenden Alternativen. Das chinesische institutionelle, politische und rechtliche System lädt nicht in gleichem Maße zu ausländischem Vertrauen ein wie das amerikanische; China kontrolliert Kapitalzu- und -abflüsse und seinen Wechselkurs immer noch recht streng; und seine Finanzmärkte scheinen weiterhin unterentwickelt zu sein und können mit der Tiefe und Liquidität der Dollarmärkte nicht mithalten. Was den Euro betrifft, so geben die gravierenden wirtschaftlichen Ungleichgewichte innerhalb der Eurozone und die untragbar hohe Verschuldung einiger ihrer Mitglieder Anlass zu begründeten Zweifeln an der Solidität und Lebenserwartung des gesamten Konstrukts.[313] Dennoch gibt es für die USA wenig Anlass zur Selbstgefälligkeit. Viele sind unzufrieden mit der Art und Weise, wie der Dollar seine internationale Rolle ausfüllt. In den

USA und der EU wurde nach der Weltfinanzkrise zu wenig getan, um den westlichen Finanzkapitalismus zu zügeln, wie er in den 1930er-Jahren gezügelt wurde. Es besteht die anhaltende Angst, dass das System von Natur aus instabil ist und neue große Krisen auslösen wird. Schon diese Angst macht den Dollar verwundbar. Es wurde bereits erwähnt, dass der Kurs und die Stärke von Finanzwerten von Erwartungen abhängig sind. Was wäre, wenn die Erwartung eines sicheren Dollar erschüttert würde? Könnte er sogar aktiv und mit feindlicher Absicht zerstört werden? Im Juli 2022 hielt China US-Staatsanleihen in Höhe von 970 Billionen Dollar (von 7501 Billionen in ausländischem Besitz).[314] Es könnte sein, dass, selbst wenn China nur etwa zehn Prozent seiner Bestände verkaufte, dies eine Panik auf den Anleihe- und Devisenmärkten auslösen würde.[315] Einige Beobachter sind besorgt, China könnte den Dollar als Leit- und Reservewährung ins Trudeln bringen, indem es seine gehorteten US-Wertpapiere und Dollar plötzlich auf den Markt wirft und damit deren Wert drastisch reduziert.[316] Natürlich können die Fed (und die mit ihr verbündeten Zentralbanken) riesige Mengen an Schulden und Währung aufkaufen,[317] und auch China würde durch einen solchen Schritt Geldwerte verlieren und sich damit selbst schaden,[318] aber nichtsdestotrotz – was wäre, wenn? Das US-Verteidigungsministerium (das übrigens auch für Währungskriegsspiele bezahlt)[319] berichtete 2012 dem Kongress, „der Versuch, US-Staatsanleihen als Zwangsmittel einzusetzen, hätte nur begrenzte Wirkung und würde wahrscheinlich China mehr schaden als den Vereinigten Staaten. Da die Drohung nicht glaubwürdig ist und selbst im Falle ihrer Umsetzung nur eine begrenzte Wirkung hätte, bietet sie China keine Abschreckungsmöglichkeiten, weder im diplomatischen noch im militärischen oder wirtschaftlichen Bereich, und dies gilt sowohl in Friedenszeiten als auch in Krisen- oder Kriegsszenarien. Außerdem steigt in Zeiten einer militärischen Krise oder eines Krieges auch die Schwelle dafür, was die Vereinigten Staaten abschrecken könnte.“[320]

Aber völlig abwegig ist der Gedanke nicht, das US-Finanzwesen könnte von Währungsattacken systemisch gefährdet sein. Darum wird an den Finanzmärkten genau beobachtet, wer US-Staatsanleihen kauft oder abstößt. Wie brisant die Lage werden kann, zeigt ein Vorgang, den Hank Paulson aus seiner Zeit als US-Finanzminister berichtet hat:[321] Im Sommer 2008, inmitten der US-Immobilien- und Bankenkrise, seien hochrangige russische Beamte an die Chinesen herangetreten mit dem Vorschlag, beide Staaten könnten doch auf koordinierte Weise große

Brocken ihrer Anteile im Wert von angeblich Hunderten Milliarden Dollar an staatlich geförderten US-Unternehmen wie den Hypothekenbanken Fannie Mae und Freddie Mac verkaufen. Das hätte vermutlich das Vertrauen in das amerikanische Finanzwesen und den Dollar zusätzlich erheblich geschwächt und die Finanzkrise verschärft. Aber die Chinesen seien gegen den russischen Vorschlag gewesen. Sie ließen Paulson von dem Vorgang am Rande der Olympischen Spiele in Peking wissen. Er unterrichtete, so schnell er nur ein sicheres Telefon zu fassen bekam, seinen Präsidenten.

Fazit: Der Dollar ist nach wie vor stark[322] und unersetzlich, aber sein Missbrauch und seine schädlichen Nebenwirkungen gehören auf die Tagesordnung.

Kapitel 9
Die chinesische Herausforderung und der uneinige Westen

„Die ganze Frage ist die: Wer wird wen überflügeln? Gelingt es den Kapitalisten, sich früher zu organisieren, dann werden sie die Kommunisten zum Teufel jagen, darüber braucht man überhaupt kein Wort zu verlieren. Man muss diese Dinge nüchtern betrachten: Wer – wen? Oder wird die proletarische Staatsmacht imstande sein, gestützt auf die Bauernschaft, die Herren Kapitalisten gehörig im Zaum zu halten, um den Kapitalismus in das Fahrwasser des Staates zu leiten und einen Kapitalismus zu schaffen, der dem Staat untergeordnet ist und ihm dient? Man muss diese Frage nüchtern stellen." So hat Wladimir Iljitsch Lenin 1921 die Systemkonkurrenz beschrieben.[1] Er dürfte in Peking intensiver gelesen werden als in Washington. Dennoch wird dort das Verhältnis zwischen dem chinesischen Staatskapitalismus und dem westlichen Wirtschafts- und Gesellschaftsmodell zunehmend auf die Frage reduziert: Wer – wen?

Washington geht auf Gegenkurs, Europa ringt um eine Haltung

2006 überreichte Präsident Hu Jintao Präsident George W. Bush als Staatsgeschenk den auf Seide übertragenen Text des chinesischen Klassikers *Die Kunst des Krieges* von General Sun Tzu (ca. 544–496 v. Chr.),[2] vermutlich ein Ausdruck von trockenem Humor. 2009 charakterisierte Präsident Obama das Verhältnis zu China mit einem Basketballvergleich: Anfangs sei China die deutlich schwächere Mannschaft gewesen, da habe man über ihre Ellbogenstöße noch hinwegsehen können. Aber inzwischen sei der Qualitätsabstand viel geringer, und noch immer fahre China die Ellbogen aus, und kein Schiedsrichter ahnde die Fouls.[3] Amerika müsse seine Spielweise überdenken. Inzwischen ist von körperlosen

Sportarten wie Basketball längst keine Rede mehr. Die Trump-Regierung klagte China vielfältiger Verstöße gegen das Recht der Welthandelsorganisation an[4] und fasste das chinesische Wirtschaftsverhalten unter dem Oberbegriff „wirtschaftliche Aggression"[5] zusammen. Die USA haben ihre industrielle Basis, ihre Verteidigungsindustrie im Besonderen, und ihre Wertschöpfungsketten darauf hin überprüft, ob sie mit Blick auf die nationale Sicherheit Lücken und gefährliche Abhängigkeiten aufweisen – was bejaht wurde.[6] Vielen Berichten zufolge herrscht in Washington parteiübergreifend ein antichinesischer Konsens, und es steht wirtschaftlich womöglich sogar eine Ära der US-chinesischen Entkopplung bevor[7] – der Bundesverband der Deutschen Industrie hat jedenfalls schon davor gewarnt.[8] Die Nationale Sicherheitsstrategie[9] und die Nationale Verteidigungsstrategie[10] der USA wurden von der Trump-Regierung auf einen lang andauernden Wettstreit vor allem mit China, aber auch mit Russland ausgerichtet, und die Biden-Regierung sieht angesichts des Krieges in der Ukraine und der schwelenden Krise um Taiwan allen Grund, an dieser Orientierung festzuhalten. Sie teilt die Überzeugung, es handele sich um „revisionistische Mächte", die „die Welt in Einklang mit ihrem autoritären Modell gestalten wollen und Vetorechte anstreben über die wirtschaftlichen, außen- und sicherheitspolitischen Entscheidungen anderer Nationen".[11]

Die USA sind der Überzeugung, China werde schon seinen mit dem Beitritt zur WTO übernommenen Pflichten nicht gerecht; noch dazu aber seien die WTO-Regeln nicht mit Blick auf eine staatskapitalistische Wirtschaftsordnung formuliert worden und erfassten darum viele andere problematische Verhaltensweisen Chinas nicht einmal.[12] Der chinesische Protektionismus habe sich in den vergangenen Jahren noch verschlimmert, der quasimerkantilistische Staatseinfluss habe zugenommen. Es gebe keine Bewegung hin zu einer offenen Marktwirtschaft mit Gleichbehandlung von inländischen und ausländischen Unternehmen, Transparenz und Fairness. Versprechen, sich zu bessern, würden nicht eingehalten. China verletze fortlaufend die marktwirtschaftlichen Grundprinzipien des Allgemeinen Zoll- und Handelsabkommens und der WTO. Die USA gingen zwar weiterhin gegen unfaire Handelspraktiken innerhalb der WTO vor; aber es sei naiv zu glauben, dass man China mit noch mehr WTO-Einzelverfahren davon abbringen könnte, ein ganz anderes Spiel zu spielen, als es die WTO-Regeln vorsehen. China eigne sich aggressiv die Schlüsseltechnologien und das geistige Eigentum anderer Nationen an: durch physischen Diebstahl, Cyberspionage, erzwungenen Technologietransfer, die Aberntung veröffentlichter Informationen, die Entsendung zur Spionage verpflichteter chinesischer Staatsangehöriger in amerikanische Universitäten und Forschungseinrichtungen und durch strategische Investitionen vor allem in Start-ups, die für Zukunfts- und Verteidigungstechnologien entscheidende Bedeutung haben.[13] Darüber hinaus kritisieren die USA Chinas Bilanz bei der Einhaltung der Menschenrechte und seine aggressive Außenpolitik.

US-Vizepräsident Mike Pence fasste am 4. Oktober 2018 die künftige Chinapolitik der Trump-Regierung in einer Grundsatzrede zusammen.[14] Seine Ausführungen fanden weltweit große Aufmerksamkeit und wurden von manchen Beobachtern als Ansage eines neuen Kalten Krieges gedeutet.[15] Der Vizepräsident erinnerte zunächst an die guten Zeiten der chinesisch-amerikanischen Beziehungen und an die Bewunderung vieler Amerikaner für die Kultur, den Fleiß und die wissenschaftlichen Leistungen der Chinesen. Nicht einmal der Koreakrieg habe den gegenseitigen Wunsch nach guten Beziehungen vermindern können. Die Entfremdung sei 1972 beendet worden, und nach dem Zusammenbruch der Sowjetunion habe man in Amerika angenommen, China werde unweigerlich frei. Unbedacht vor Optimismus, habe man Peking an der Wende zum 21. Jahrhundert den offenen Zugang zur eigenen Wirtschaft eingeräumt und China in die WTO gebracht. Die Hoffnung, dass sich die Freiheit in all ihren Formen in China ausbreiten würde, nicht nur wirtschaftlich, habe sich nicht erfüllt. China habe sein Bruttoinlandsprodukt vervielfacht, während das US-Handelsdefizit der Volksrepublik gegenüber auf 375 Milliarden Dollar im Jahr 2017 angeschwollen sei – Amerika habe China aufgebaut. Nun habe sich die Kommunistische Partei Chinas das Ziel gesetzt, in einigen Jahren 90 Prozent der fortgeschrittensten Industrien weltweit zu kontrollieren, um die kommandierenden Höhen der Weltwirtschaft im 21. Jahrhundert zu besetzen. China eigne sich mit Zwang und Hinterlist die Geschäftsgeheimnisse und Ideen der Amerikaner an und mache aus Pflugscharen Schwerter. Er schilderte die Konflikte im Süd- und Ostchinesischen Meer und einen dortigen Beinahezusammenstoß zweier Kriegsschiffe und bekräftigte die Freedom-of-Navigation-Einsätze von Navy und Air Force: „We will not be intimidated; we will not stand down." China verwandle sich in einen Überwachungsstaat und unterdrücke religiöse Minderheiten, und wer das eigene Volk unterdrücke, der mache selten da halt. China wende eine

Schuldendiplomatie an, um Länder in Asien und Afrika unter seinen Einfluss zu bringen, und gewinne dadurch Häfen und Rohstofflieferungen, auch in Lateinamerika. Es übe Druck auf US-Medien aus und auf Hunderttausende von chinesischen Staatsbürgern in den USA. Angesichts all dessen verhängten die USA nun Strafzölle und verbesserten ihre Verteidigungsfähigkeit, verstärkten das Netz ihrer Handelsverträge und Allianzen und überarbeiteten ihre Entwicklungshilfeprogramme, um eine bessere Alternative zur Schuldenfalle anzubieten. Es bilde sich in Amerika ein neuer Konsens bei Wirtschaftsführern und Journalisten, bei Wissenschaftlern und im amerikanischen Volk. Die Wachsamkeit nehme zu. In der National Security Strategy heiße es: „Wettstreit bedeutet nicht immer Feindseligkeit." Amerika wolle eine konstruktive Beziehung zu China, aber China habe sich von dieser Vision entfernt. Es sei nicht zu spät für Chinas Herrscher, den Kurs zu ändern. Es war eine Grundsatzrede (die in EU-Europa keine politisch relevante Resonanz hatte), aber ist sie über das Ende der Amtszeit von Präsident Trump hinaus ein gültiger Ausdruck der amerikanischen Sichtweise geblieben?

Die Frage kann inzwischen (Dezember 2022) mit Gewissheit und mit einem eindeutigen „Ja" beantwortet werden, freilich mit einem wertvollen Zusatz: Die Biden-Regierung legt tatsächlich wieder den gebührenden Wert darauf, die Allianzen und Partnerschaften der USA zu pflegen.[16] Schon in seinem ersten Telefongespräch mit Präsident Xi Jinping am 10. Februar 2021 unterstrich Präsident Biden „seine grundsätzliche Besorgnis über Pekings einschüchternde und unfaire Wirtschaftspraktiken, das harte Durchgreifen in Hongkong, die Menschenrechtsverletzungen in Xinjiang und das zunehmend anmaßende Vorgehen in der Region, auch gegenüber Taiwan".[17] Zwei Wochen später ordnete der Präsident eine (weitere) Überprüfung der US-Lieferketten in kritischen Sektoren an.[18] Im März 2021 setzten die USA weitere chinesische Unternehmen und Beamte auf die schwarze Liste und begründeten dies mit nationalen Sicherheitsbedenken und Chinas Unterdrückung von Hongkong. Das erste Treffen des neuen US-Außenministers Anthony Blinken mit seinem chinesischen Amtskollegen im selben Monat begann mit einem öffentlichen Austausch von Vorwürfen und endete ohne die übliche gemeinsame Abschlusserklärung. Mit dem ersten ausländischen Staatsoberhaupt, das ihm einen Besuch abstattete, dem japanischen Premierminister Yoshihide Suga, veröffentlichte der Präsident im April eine gemeinsame Erklärung, welche die Bedeutung von Frieden und Stabilität auf beiden

Seiten der Taiwanstraße unterstrich, ernste Bedenken hinsichtlich der Menschenrechtslage in Hongkong und der autonomen Region Xinjiang der Uiguren äußerte und den Willen bekräftigte, mit Verbündeten und Partnern, einschließlich Australien und Indien im Rahmen des Quad,[19] zusammenzuarbeiten, um einen freien, offenen, zugänglichen, vielfältigen und prosperierenden Indopazifik zu verwirklichen. Sie bekannten sich zu sicheren 5G-Mobilfunknetzen und dazu, sich bei deren Aufbau und Betrieb nur auf vertrauenswürdige Anbieter zu stützen; versprachen einander, bei sensiblen Lieferketten zusammenzuarbeiten und die für Sicherheit und Wohlstand wichtigen Technologien zu schützen; und sie riefen eine „Partnerschaft für Wettbewerbsfähigkeit und Resilienz" ins Leben.[20] Im Juni 2021 verfocht Präsident Biden bei Gipfeltreffen der G7-Staaten und der NATO die Ansicht, das entscheidende Ringen unserer Zeit sei dasjenige zwischen Demokratien und Autokratien wie Russland und China – ein Paradigma, das zu diesem Zeitpunkt bereits als die „zentrale Doktrin seiner Außenpolitik" angesehen wurde.[21] Auf dem G7-Gipfel warb er für eine Build Back Better World-Partnerschaft zur Schaffung von Infrastrukturen für Länder mit niedrigem und mittlerem Einkommen als Teil des „strategischen Wettbewerbs mit China"[22] und als westliche Alternative zur chinesischen Belt and Road Initiative. Um kurz vorzugreifen: Im Mai 2022 fasste Außenminister Blinken in einer Grundsatzrede die Chinastrategie der Biden-Regierung mit den drei Worten zusammen: investieren, abstimmen, konkurrieren – die USA investierten in ihre Wettbewerbsfähigkeit, Innovationskraft und Demokratie; sie stimmten alle ihre Anstrengungen mit ihrem Netz von Alliierten und Partnern ab; und sie konkurrierten solcherart mit China, um die eigenen Interessen zu wahren und die eigene Vorstellung von der Zukunft zu verwirklichen.[23]

Doch zurück zu dem G7-Treffen im Juni 2021: Das Kommuniqué des Gipfels[24] war China gegenüber weniger konfrontativ, als es sich der Präsident gewünscht haben mag,[25] wenngleich es dennoch wütende chinesische Reaktionen zeitigte.[26] Die G7 äußerten sich besorgt über Zwangsarbeit (Nr. 29 des Kommuniqués), ohne Namen zu nennen. Ausdrücklich „im Hinblick auf China und den Wettbewerb in der Weltwirtschaft" versprachen sie lediglich, „weiterhin über gemeinsame Ansätze zu beraten, um gegen nicht marktwirtschaftliche Politiken und Praktiken vorzugehen, die das faire und transparente Funktionieren der Weltwirtschaft untergraben" (Nr. 49). Immerhin wurde China aufgefordert, die

Menschenrechte zu respektieren, insbesondere in Xinjiang und Hongkong (Nr. 49), und die G7 wiederholte ihre übliche Sprache, in der sie die Freiheit und Offenheit des Indopazifiks,[27] der Taiwanstraße und des Ost- und Südchinesischen Meeres befürwortete (Nr. 60). In Bezug auf die Telekommunikationsinfrastruktur einigte sich die Gruppe der G7 lediglich darauf, „sichere, widerstandsfähige, wettbewerbsfähige, transparente sowie nachhaltige und vielfältige [...] Lieferketten zu fördern" (Nr. 34), womit die Sicherheitsfrage in Adjektiven ertränkt worden war, wobei eines der letzten beiden vielleicht sogar in letzter Minute eingefügt wurde. Der französische Präsident Macron betonte, die G7 sei „kein China-feindlicher Club",[28] und die deutsche Bundeskanzlerin Merkel wiederholte immer wieder, eine Zusammenarbeit mit China sei in vielen Bereichen nötig und möglich. (Entschieden derselben Ansicht ist offenbar ihr Amtsnachfolger, der im Oktober 2022 gegen erheblichen regierungsinternen Widerstand eine Beteiligung der stramm linientreuen chinesischen Staatsreederei Cosco am Hamburger Hafen durchdrückte und dann als erster westlicher Regierungschef nach dem 20. Parteitag der KPCh Herrn Generalsekretär und Staatspräsidenten Xi seine Aufwartung machte.)

Die verhaltene Sprache des G7-Kommuniqués zeigte, dass die meisten europäischen Partner nach wie vor kooperative statt gegensätzliche Beziehungen zu China bevorzugen und anstreben. Die Gründe dafür sind fast ausschließlich wirtschaftlicher Natur. Wie das European Thinktank Network on China im Januar 2020 berichtete, betrachten alle 18 von ihm untersuchten Länder „die USA als ihren wichtigsten Verbündeten und sind auf ihren militärischen Schutz angewiesen, aber sie wollen auch so viele Geschäfte mit China machen wie nur möglich".[29] Viele europäische Regierungen, die Peking nicht vor den Kopf stoßen wollten, versuchten, die Trump-Administration und ihre Handels- und Technologiekonflikte mit China einfach auszusitzen. Zum Beispiel blieben ihre Ansätze in Bezug auf chinesische Anbieter von 5G-Kommunikationstechnologie bisher recht unterschiedlich[30] und vermieden pauschale Verbote, trotz einiger gemeinsamer Leitlinien zur Bewertung von Sicherheitsbedrohungen.[31] Die Europäische Kommission veröffentlichte im März 2019 eine Mitteilung an das EP und den Europäischen Rat mit dem Titel „EU-China – Strategische Perspektiven".[32] Darin stellte sie fest, „dass sich das Gleichgewicht der durch China geschaffenen Herausforderungen und Chancen verschoben hat" und China „nicht länger als Entwicklungsland betrachtet werden“ könne, ein hinsichtlich seines WTO-Status wichtiger Befund. Die Kommission legte dar, China sei „ein Kooperationspartner, mit dem die EU eng abgestimmte Ziele verfolgt, ein Verhandlungspartner, mit dem die EU einen Interessenausgleich finden muss, sowie zugleich ein wirtschaftlicher Konkurrent in Bezug auf technologische Führung und ein Systemrivale, der alternative Governance-Modelle propagiert“. Das Memorandum beschrieb die vielen Wege, auf denen der chinesische Staatskapitalismus einen fairen Wettbewerb behindert, und empfahl, die EU solle „sich nachdrücklich um ausgewogenere und auf Gegenseitigkeit beruhende Bedingungen für die wirtschaftlichen Beziehungen bemühen.“ Die Kommission unterstrich, „[w]eder die EU noch einer ihrer Mitgliedstaaten können ihre Ziele mit China ohne vollständige Einigkeit wirksam erreichen“, aber sie verlor kein Wort über eine Zusammenarbeit mit den USA und anderen westlichen Demokratien, um das chinesische Verhalten zu beeinflussen. Mit Blick auf die „Forderungen Chinas im Südchinesischen Meer und die Weigerung, die verbindlichen Schiedssprüche im Rahmen des Seerechtsübereinkommens der Vereinten Nationen zu akzeptieren“, führte das Memorandum ziemlich lahm lediglich aus, sie „beeinträchtigen die internationale Rechtsordnung und erschweren die Beilegung von Spannungen in Bezug auf Seekommunikationswege, die für die wirtschaftlichen Interessen der EU von entscheidender Bedeutung sind“. Und „Chinas zunehmende militärische Fähigkeiten“, hieß es, „werfen für die EU bereits kurz- bis mittelfristig sicherheitspolitische Fragen auf.“ Ungeachtet dieser skeptischeren Töne drängte die EU auf stärkere Wirtschaftsbeziehungen mit ihrem „systemischen Rivalen“ China: Entgegen den Bedenken der künftigen Regierung Biden[33] erklärte die EU im Dezember 2020 die grundsätzliche Einigung mit China über ein „umfassendes Investitionsabkommen“[34] (Comprehensive Agreement on Investment, CAI) und behauptete,[35] es werde „einen beispiellosen Zugang für EU-Investoren in China ermöglichen“, dafür sorgen, dass sich chinesische „staatseigene Unternehmen bei ihren Entscheidungen ausschließlich auf wirtschaftliche Erwägungen stützen“ und „europäische Unternehmen nicht diskriminieren“, und es bringe ein „Verbot von Investitionsanforderungen, die mit einem erzwungenen Technologietransfer einhergehen“, und den „Schutz von Betriebsgeheimnissen“. Kritiker bemängelten, der Inhalt des Abkommens bleibe meilenweit hinter den europäischen Erklärungen und Erwartungen zurück,[36] kritisierten seine wachsweichen Formulierungen und erinnerten an frühere chinesische Lippenbekenntnisse und daran, wie der Westen schon so oft der nicht gehaltenen Versprechen müde gewesen sei.[37] Sie hätten hinzufügen können, dass die Einigung aus der Sicht anderer westlicher Demokratien den Eindruck erwecken konnte, die EU versuche egoistisch, die Bedingungen für ihre eigenen Geschäftsinteressen zu verbessern, und verweigere die Abstimmung mit der neuen US-Regierung (und anderen demokratischen Regierungen). Etwa zur gleichen Zeit wurde die EU jedoch offener kritisch gegenüber der Menschenrechtslage in der Volksrepublik China: Im März 2021 verhängte der Europäische Rat Sanktionen gegen vier nichtprominente chinesische Beamte und eine staatliche wirtschaftliche und paramilitärische Organisation wegen schwerer Menschenrechtsverletzungen im Uigurischen Autonomen Gebiet Xinjiang.[38] Der Schritt war mit den USA, Großbritannien und Kanada abgestimmt worden und könnte durchaus als Zugeständnis der EU an die härtere Gangart dieser drei Länder gedacht gewesen sein. (Die Beziehungen Großbritanniens zu China haben sich seit 2020 wegen 5G, Hongkong, der chinesischen Geheimniskrämerei in Bezug auf die COVID-19-Pandemie und Menschenrechtsverletzungen in Xinjiang drastisch verschlechtert.[39] Kanada ist seit 2018 mit China zerstritten, und zwar wegen der kanadischen Verhaftung einer prominenten Huawei-Managerin,[40] der folgte, was kanadische Amtsträger als Verhaftung von Kanadiern in China aufgrund erfundener Anschuldigungen[41] und als mutwillige chinesische Wirtschaftssanktionen[42] bezeichnen, sowie angesichts von chinesischen Aktivitäten, die als „erhebliche Gefahr für Kanadas Wohlstand und Souveränität" angesehen werden.)[43] Jedenfalls ließ Peking Brüssel sofort die schallende Antwort spüren: Noch am selben Tag verhängte China Einreiseverbote und Beschränkungen für Geschäfte in China gegen acht europäische Politiker, darunter fünf Mitglieder des Europäischen Parlaments, gegen zwei Wissenschaftler, zwei Ausschüsse des EU-Rates bzw. des EP, ein Institut für Chinastudien in Deutschland und eine dänische Organisation zur Förderung der Demokratie. Das chinesische Außenministerium sprach von Personen, die „Chinas Souveränität und Interessen schwer schädigen und böswillig Lügen und Desinformationen verbreiten".[44] Das EP konterte diese Sanktionen im Mai 2021 mit überwältigender Mehrheit dadurch, dass es jegliche Prüfung des CAI auf Eis legte, das nach seiner Fertigstellung der Ratifizierung durch das EP bedürfen wird.[45] Im Juli untermauerte das EP dies mit einer nicht bindenden Entschließung,[46] in der es Sanktionen gegen führende Politiker aus Hongkong, Regeln gegen EU-Investitionen in Hongkong, Offenheit für Einwanderer aus Hongkong und die Aussetzung von Auslieferungsverträgen mit China forderte. Der NATO-Gipfel im Juni stellte fest, dass „Chinas wachsender Einfluss und seine internationale Politik Herausforderungen darstellen können, die wir als Bündnis gemeinsam angehen müssen [...] Chinas erklärte Ambitionen und sein anmaßendes Verhalten stellen systemische Herausforderungen für die auf Regeln basierende internationale Ordnung und für Bereiche dar, die für die Sicherheit des Bündnisses von Bedeutung sind." Auf dem Gipfeltreffen wurde Chinas rasch expandierende und „undurchsichtige" militärische Modernisierung und „Strategie der Verschmelzung von Militär und Zivilsphäre" festgestellt und Peking aufgefordert, „sich sinnvoll am Dialog und an vertrauensbildenden und transparenzfördernden Maßnahmen zu beteiligen".[47]

Das Bild, das sich aus alledem ergibt, ist eines von erheblicher Uneinigkeit des Westens, zumindest aber eines von unterschwelligen Konflikten in den Ansätzen und Absichten. Die US-Regierungen sehen die westlichen Demokratien einer systematischen chinesischen wirtschaftlichen Aggression und Ausplünderung ausgesetzt; die NATO sieht chinesische Herausforderungen für das Verteidigungsbündnis und die internationale Ordnung; beide betonen die enge Verflechtung von Wirtschaft, politischer Unabhängigkeit und Sicherheit, von neuen Technologien und Hightechwaffen; und die EU und ihre Mitgliedstaaten (von denen 21 Mitglieder der NATO sind) bestätigen das räuberische chinesische Wirtschaftsverhalten, unterschreiben die Analyse der NATO, hoffen auf mehr Handel mit China, glauben, dafür mit CAI einen Durchbruch erzielt zu haben, sanktionieren praktisch gleichzeitig China wegen Menschenrechtsverletzungen und frieren CAI ein, sobald China zurückschlägt (wodurch sie die Bereiche Wirtschaftsbeziehungen und Menschenrechte massiv miteinander verknüpfen). Natürlich gibt es immer gewisse Differenzen zwischen den Ansichten der Außen-, Verteidigungs- und Wirtschaftspolitiker; gewiss überrascht es nicht, wenn aufseiten der EU ihre komplexen institutionellen Strukturen und vielfältigen Interessen, Werte und Bestrebungen zu entsprechend komplizierten Ergebnissen führen;[48] und natürlich haben alle westlichen Nationen eine etwas andere Mischung aus Zielen und Anliegen. Aber haben die beteiligten westlichen Regierungen wirklich ein gemeinsames Grundverständnis der Lage und eine allseits akzeptierte Strategie?

Das wirft zwei Reihen von Fragen auf, denen wir in den folgenden Abschnitten und in Kapitel 10 weiter nachgehen. Erstens: Führt China wirklich einen unerklärten Wirtschaftskrieg gegen die USA und die westliche Welt? Oder haben wir es mehr mit einem der in unregelmäßigen Abständen wiederkehrenden Furchtanfälle des Washingtoner außenpolitischen Establishments vor ausländischen Bedrohungen zu tun, von Sputnik-Schock bis Raketenlücke, von japanischer Herausforderung bis zum Jahrhundert Europas? Zweitens: Falls es für die westlichen Demokratien überzeugende Gründe gibt, wachsamer zu sein, damit die wirtschaftliche Zusammenarbeit nicht am Ende auf Kosten ihres Wohlstands, ihrer Unabhängigkeit und ihrer Selbstbestimmung geht, welche Strategie ist dann für den Westen ratsam? Decoupling, vielleicht sogar verbunden mit Containment, oder eine Mischung aus Eigensicherung, Zusammenarbeit und Konkurrenz?

Wonach strebt die Volksrepublik China?

Die Frage beschäftigt weltweit ungezählte Stäbe, Thinktanks und Autoren. Vieles ist umstritten, zum Beispiel ob China überhaupt eine Gesamtstrategie besitzt und, falls ja, seit wann, was deren Ziele sind und wer sie entwickelt hat, vorantreibt und fortschreibt. Es gibt unter denen, die das untersuchen, Falken[49] und Tauben,[50] und ständig erscheinen neue beeindruckende Studien.[51] Dieses Buch betrachtet die Frage durch den Filter von Theorie und Praxis der Wirtschaftskriegführung. Das ist nur eine mögliche Herangehensweise und blendet wichtige Themen wie etwa die chinesische Menschenrechtsbilanz tendenziell aus. Es schärft aber den Blick für Verhaltensmuster, aus denen sich darauf schließen lässt, ob China eine Gesamtstrategie verfolgt, welchen Charakter sie hat und welche Gegenstrategie sich empfiehlt.

Der Begriff Wirtschaftskrieg sollte, wie dargelegt, außerhalb bewaffneter Konflikte nicht leichtfertig gebraucht werden, weil er sonst inflationiert, unscharf wird und mehr schadet als nutzt. Die hier vertretene Definition von Wirtschaftskrieg ohne gegenseitige Anwendung von Waffengewalt lautete darum: Von Wirtschaftskrieg sollte nur dort die Rede sein, wo er erstens von einem Staat oder in seinem Auftrag oder mit seiner Billigung oder Duldung geführt wird, sich zweitens feindselig-polemisch gegen mindestens einen anderen Staat richtet und drittens strategische politische Ziele verfolgt werden. Feindselig-polemisch wird gehandelt, wo Unwerturteile über die politische Verfassung des anderen oder über seine Taten mitschwingen oder wo die Überzeugung herrscht, es stehe einem zu, über die Entwicklung anderer zu bestimmen (chinesisch: sie „anzuleiten", westlich: ihnen „Freiheit und Demokratie" zu bringen). Strategische Ziele verfolgt, wer wirtschaftlich und politisch strukturell die Oberhand behalten oder gewinnen will.

Das erste Merkmal dieser Begriffsbestimmung ist mit Blick auf China in aller Regel erfüllt: Wo wichtige chinesische Akteure wirtschaftlich handeln, hat man es fast immer mit einem staatskapitalistischen Amalgam von wirtschaftlichen und politischen Plänen und Motiven zu tun. Ein etwaiges wirtschaftskriegerisches Verhalten solcher Akteure muss sich die politische Führung in Peking daher in aller Regel zurechnen lassen, und für unfaire chinesische Rechtsvorschriften und Verwaltungspraktiken ist sie unmittelbar verantwortlich – der chinesische Staat und die Kommunistische Partei Chinas sind schließlich zwei Seiten derselben Medaille.

Auch das zweite Begriffsmerkmal dürfte gegeben sein, das gegen andere gerichtete Ressentiment und politische Sendungsbewusstsein, der pädagogische Impetus, am besten zu wissen, was für alle gut ist, und es ihnen auch zu zeigen. Natürlich ist die Völkerpsychologie nicht gerade eine exakte Wissenschaft, und wer Nationen wie Individuen beschreibt, kann nur zu Befunden kommen, die *cum kilo salis* genommen werden müssen. Aber nationale Eigentümlichkeiten hinsichtlich Auftritt und Gestaltungswillen gibt es in den internationalen Beziehungen schon, und China sticht insofern längst hervor. Mit Recht weisen etwa die Autoren der Studie *China's Emergence as a Global Security Actor* des Mercator Institute for China Studies darauf hin: „Im Februar 2017, bei einem der selten öffentlich verlautbarten Treffen von Chinas neuer Nationaler Sicherheitskommission, wandte sich der chinesische Präsident Xi Jinping mit Nachdruck an die Spitzenränge von Chinas (Sicherheits-)Eliten: China solle nicht nur die internationale Ordnung, sondern auch die internationale Sicherheitspolitik aktiv gestalten. Es solle die internationale Kooperation erhöhen und die internationale Gemeinschaft in diesen Bemühungen anleiten (引导). Er rief nach einer weltweiten Vision nationaler Sicherheitspolitik und betonte die Notwendigkeit, die strategische Initiative zu ergreifen; er gelobte, die nötigen Fähigkeiten aufzubauen, um diese umfassende globale Vision zu verwirklichen, vor allem in Bereichen wie Technologie, Ausrüstung, Personal und Recht. Diese Ausführungen müssen ernst genommen werden."[52] An chinesischer Polemik gegen den Westen und speziell die USA fehlt es seit Langem nicht.[53] Es gibt viele Hinweise darauf, dass Chinas Führung spätestens seit der Weltfinanzkrise zutiefst davon überzeugt ist, der Welt ein besseres nationales und internationales Ordnungsmodell bieten zu können als der Westen. Sie betrachtet ihn als dekadent, im Niedergang begriffen,[54] und als bedrohlich zersetzend zugleich. Ein wichtiger Ausdruck der letztgenannten Überzeugung ist das sogenannte Dokument Nr. 9 (offiziell: Mitteilung zur gegenwärtigen Situation in der ideologischen Sphäre),[55] das 2013 in den Reihen der Führungskader der KPCh zirkulierte. Darin werden westliche Ideen und Konzepte wie konstitutionelle Demokratie, Gewaltenteilung, unabhängige Justiz, Pressefreiheit, Mehrparteiensystem, Zivilgesellschaft und viele andere mehr als ebenso viele Versuche abgelehnt, die theoretischen Grundlagen der KPCh-Führung zu schwächen und den Chinesen eine fremde Weltsicht und ein fremdes Wirtschaftssystem aufzuzwingen. Gegen die Unverantwortlichkeit, Ungerechtigkeit und den angeblichen Niedergang des Westens setzt Peking das Selbstbild einer Herrschaft für das Volk und einer rationalen Politik. Sie mag aus liberaler westlicher Sicht autoritär erscheinen, hat aber in Riesenschritten wirtschaftlichen und technischen Fortschritt erreicht und das Leben von Aberhunderten Millionen Menschen nachhaltig verbessert. Der berechtigte Stolz auf das materiell Geleistete, die Genugtuung über die Rückkehr zu historisch angestammter Größe und die immerwährende Erinnerung an die durch Fremde erlittenen Demütigungen[56] fließen zusammen in einem Selbstbewusstsein, das sich Belehrungen von außen verbittet und im Gegenteil glaubt, anderen ein Vorbild sein zu können. Präsident Xi hat ausgeprägte Vorschläge für eine „Schicksalsgemeinschaft" entwickelt, die die heutige Global Governance verändern würden.[57] Wer so von sich denkt, der führt auch gern, und der wird bei Widerstand schneller ungeduldig. Diese Ungeduld hat sich in den vergangenen Jahren immer deutlicher gezeigt: Mit der sogenannten Wolfskrieger-Diplomatie[58] (benannt nach den in China sehr populären *Wolf-Warrior*-Filmen, in denen die Volksrepublik, verkörpert durch einen ehemaligen Elitesoldaten, für das Gute steht, während die USA und der Westen das Böse verkörpern und folglich bekämpft werden müssen) hat die Volksrepublik zunehmend versucht, ausländische Regierungen und Unternehmen einzuschüchtern und unter Druck zu setzen. Eine Analyse des australischen Strategic Policy Institute für das Jahrzehnt 2010–2020 verzeichnete im August 2020 insgesamt „152 Fälle von Zwangsdiplomatie, die 27 Länder sowie die Europäische Union betrafen", wobei „diese Taktiken seit 2018 stark zugenommen haben" (übrigens genau jenem Jahr, in dem die Amtszeitbegrenzung von Präsident Xi aufgehoben wurde). China setzte Handels- und Investitionssanktionen, Tourismusverbote und Boykotte, willkürliche Verhaftungen und staatliche Drohungen ein, um unerwünschtes Verhalten zu bestrafen und um „territoriale Ansprüche zu sichern, die 5G-Technologie von Huawei am Markt durchzusetzen, Minderheiten in Xinjiang zu unterdrücken, den Empfang des Dalai-Lama zu blockieren und den Umgang mit der COVID-19-Pandemie zu verschleiern".[59] Wenige Wochen nach der Veröffentlichung der Studie fügte Peking der in ihr aufgemachten Bilanz ein besonders krasses Beispiel hinzu: Die chinesische Botschaft in Canberra übergab Reportern eine Liste mit 14 „Missständen", die Australien beheben solle, und fügte Bemerkungen hinzu wie: „China ist wütend. Wenn Sie China zum Feind machen, wird China der Feind sein."[60] Es wurde unter anderem verlangt, jegliche öffentliche Kritik an China einzustellen, Huawei keine Steine in den Weg zu legen, chinakritische Forschung nicht zu bezuschussen, andernfalls drohe Australien wirtschaftliche Bestrafung. Es ging um den Kernbereich demokratischer Selbstbestimmung und freier Meinungsäußerung. Ein prominenter japanischer Kommentator fühlte sich erinnert an die „21 Forderungen, die das kaiserliche Japan während des Ersten Weltkriegs 1915 an die Regierung der Republik China stellte […], um Tokios Kontrolle über die Mandschurei zu stärken";[61] und Rush Doshi sah den Fall zu Recht als ein Beispiel dafür, wie wohl eine künftige chinesische Weltordnung für Nationen aussähe, deren Verhalten Peking missfalle.[62] Diese Art chinesischer Außenpolitik bestätigt die Annahme, dass die chinesische Kultur die Werte von Autorität und Hierarchie hochschätzt und äußere Angelegenheiten als Erweiterung ihres Konzepts von innerer Ordnung betrachtet.[63] Einen noch bedenklicheren Ausdruck fand die chinesische Haltung drei Wochen vor Beginn des russischen Angriffskrieges gegen die Ukraine. Die Russische Föderation und die Volksrepublik veröffentlichten eine gemeinsame Erklärung über den angeblichen Eintritt der internationalen Beziehungen in eine neue Ära.[64] Darin erklärten sie, dass „die Freundschaft zwischen den beiden Staaten keine Grenzen kennt"; stellten eine angebliche „Tendenz […] zur Neuverteilung der Macht in der Welt" fest; erklärten ihre „Absicht, die Ergebnisse des Zweiten Weltkriegs mit Nachdruck aufrechtzuerhalten", „sich gegen Versuche externer Kräfte zu stellen, die Sicherheit und Stabilität in ihren jeweiligen Nachbarregionen zu untergraben" und „sich Farbenrevolutionen" und „einer weiteren Erweiterung der NATO" zu widersetzen; bekräftigten „ihre nachdrückliche gegenseitige Unterstützung für den Schutz ihrer Kerninteressen, staatlichen Souveränität und territorialen Integrität"; erklärten, dass „die Menschenrechte durch das Prisma der tatsächlichen Lage in jedem einzelnen Land gesehen und [...] in Einklang mit der spezifischen Situation in jedem Land und den Bedürfnissen seiner Bevölkerung geschützt werden sollten"; und (um es etwas pointierter auszudrücken) behaupteten, dass Demokratie das sei, was eine Regierung so nenne.[65] Die programmatische gemeinsame Erklärung ist unvereinbar mit der westlichen Überzeugung, dass alle Bürger unveräußerliche Rechte gegenüber dem Staat und alle Staaten untereinander souveräne, gleiche Rechte (zum Beispiel das der freien Bündniswahl) haben.

Die Erklärung bestätigt die Kernaussage von Präsident Biden, dass das wichtigste Ringen unserer Zeit zwischen Demokratien und Autokratien stattfindet.[66] Zum Zeitpunkt der Veröffentlichung des Textes war China möglicherweise nicht über den russischen Angriffsplan gegen die Ukraine informiert, aber die Volksrepublik hat den Krieg nicht verurteilt und sich geweigert, Sanktionen gegen Russland zu verhängen. Peking dürfte den Konflikt und seine Kosten für Russland und für die westlichen Demokratien genau und kaltäugig betrachten.

Als drittes Merkmal des Begriffs Wirtschaftskrieg ohne gegenseitigen bewaffneten Konflikt bleibt zu klären, ob die Volksrepublik China wirtschaftlich und politisch strukturell die Oberhand zu gewinnen versucht. Das ist schwierig zu beurteilen, auch wenn die „Wolfskrieger-Diplomatie" in diese Richtung weist. Zwar ist das Thema Wirtschaftskrieg ohne Waffengewalt in China durchaus populär,[67] aber derartige Absichten hat die chinesische Regierung nicht bekundet (anders als Präsident Trump Iran gegenüber oder auch mit seiner gelegentlichen Drohung gegen die Republik Türkei, sie „wirtschaftlich zu zerstören",[68] falls sie kurdische Gebiete angreife). Im Gegenteil, China lehnt offiziell ausdrücklich jedwede machtpolitische Geopolitik ab und betont, wie sehr es um „Win-win-Lösungen" in der interdependenten Welt gehe.[69] Gewiss handelt es sich dabei großteils um kodierte Sprache, deren Freundlichkeit nicht einfach zum Nennwert genommen werden sollte.[70] Aber man kann auch nicht einfach ihr glattes Gegenteil als wahr unterstellen. Das Streben nach struktureller Oberhand kann also allenfalls aus dem tatsächlichen chinesischen Verhalten erschlossen werden. Hierfür muss zunächst einmal geklärt werden, was mit „struktureller Oberhand" gemeint ist. Eine unipolare Weltherrschaft, bei der alle anderen an die kurze Leine gelegt werden und nach einer Pfeife tanzen müssen? Wenn das der Maßstab wäre, stünde das Ergebnis fest: Danach strebt Peking gewiss nicht, denn das ist kein realistisches Ziel. Versteht man aber unter der „strukturellen Oberhand" einen bestimmenden wirtschaftlichen und politischen Einfluss auf das Verhalten möglichst vieler, wenn nicht gar der meisten anderen Akteure, dann sieht die Sache schon anders aus. Doch wie lässt sich ein derartiges Streben nach solchem Einfluss genauer beschreiben, beobachten und messen? Dabei hilft eine von der britischen Sozialwissenschaftlerin Susan Strange entwickelte Definition von struktureller Macht in den internationalen Beziehungen.[71] Strange definiert strukturelle Macht als die Fähigkeit, die Strukturen der globalen politökonomischen Ordnung auszuwählen und zu gestalten, innerhalb derer andere Staaten, deren politische Institutionen, deren Unternehmen und deren Bürger agieren müssen. Diese Ordnung setze sich zusammen aus vier gesonderten, aber miteinander verbundenen Elementen. Sie seien wie die vier Seiten einer Pyramide, bei der jede von den anderen dreien aufrechterhalten und gestützt wird. Strukturelle Macht habe, wer die vier Bauelemente der Ordnung vorgeben kann. Sie seien in allen menschlichen Beziehungen dieselben, von der Familie bis zur Staatengesellschaft: erstens die Kontrolle über die Sicherheit anderer vor Gewalt, verstanden als Fähigkeit, diese Sicherheit zu erhöhen oder zu vermindern, zu drohen oder zu schützen; zweitens die Kontrolle über das System zur Produktion, zur Verteilung und zum Verbrauch von Waren und Dienstleistungen; drittens die Kontrolle über Finanzen und Kreditvergabe, die es sogar ermögliche, Kaufkraft zu haben, ohne zu arbeiten oder Handel zu treiben; und viertens der bestimmende Einfluss auf die Schaffung, Erlangung, Kommunikation und Bewahrung von Wissen, Informationen, Ideen und Leitbildern. Strebt China danach, in diesen vier Bereichen strukturell bestimmend zu werden?

Chinas militärischer Fußabdruck wird größer

Zunächst zum ersten Bauelement struktureller Macht, der Fähigkeit, zu drohen und zu schützen: Inzwischen verfügt China über die größte Kriegsmarine der Welt, treibt eine umfassende militärische Modernisierung voran und will seine Streitkräfte umwandeln in ein „Weltklassemilitär, das bereit ist, Kriege zu führen und zu gewinnen, da das Land niemals Kompromisse bei der Verteidigung seiner Souveränität eingehen wird", wie Präsident Xi 2017 anlässlich des 90. Jahrestages der Gründung der Volksbefreiungsarmee sagte.[72] Im Süd- und Ostchinesischen Meer verhält sich China wie beschrieben expansiv und aus Sicht anderer Staaten provokant und bedrohlich. Im Rest der Welt greift China militärisch und sicherheitspolitisch immer weiter und stärker aus, es tut das aber bisher ausschließlich, um sich und andere zu schützen. Durch seine globale wirtschaftliche Expansion und infolge der Destabilisierung des Nahen und Mittleren Ostens hat sich Chinas Risikolandkarte seit der Jahrtausendwende stark verändert.[73] Das gigantische Infrastrukturprojekt BRI wird diese Landkarte um zusätzliche Risiken erweitern, denn die Neue Seidenstraße berührt viele Staaten mit labiler Sicherheit und Ordnung.[74] Immer mehr chinesische Bürger und Vermögenswerte im Ausland sind potenziell gefährdet. Schon jetzt halten sich allein in Afrika Hunderttausende chinesische Bürger auf, möglicherweise sogar zwei Millionen oder mehr.[75] Insgesamt wird die Zahl der Chinesen im Ausland auf mehr als fünf Millionen geschätzt.[76] Der chinesisch-afrikanische Handel wuchs 2021 auf Rekordhöhe.[77] Darum betonen chinesische Strategiepapiere und öffentliche Narrative seit einigen Jahren, wie wichtig es sei, sich auch fern der Heimat gegen Terrorismus, religiösen Extremismus und politische Instabilität schützen zu können.[78] China stellt derzeit über 2200 Soldaten und Polizisten für Peacekeeping-Operationen der Vereinten Nationen[79] und beteiligt sich an internationalen Einsätzen wie dem im Golf von Aden zum Schutz der Seerouten gegen Piraten. Es arbeitet in regionalen Sicherheitsorganisationen mit und baut selbst welche auf wie die Schanghaier Organisation für Zusammenarbeit.[80] In Afrika setzt sich China intensiv für die Beilegung von Konflikten ein, in Afghanistan arbeitete es zum Schutz wirtschaftlicher Interessen und zur Terrorabwehr mit Pakistan und den USA zusammen. Die Volksbefreiungsarmee baut eine Art Marine Corps auf und entwickelt das logistische Netzwerk und militärische Rüstzeug, um weltweit durchhaltefähig operieren zu können.[81] Von chinesischen Militäroperationen haben auch andere Nationen schon profitiert.[82] Im März 2015 evakuierten zwei chinesische Fregatten Hunderte Chinesen und Hunderte Ausländer aus dem Jemenkrieg.[83] Ehe die Chinesen 2011 fast 36 000 ihrer Landsleute aus dem Bürgerkriegsland Libyen evakuierten, erkundigten sie sich bei den Briten, Amerikanern, Franzosen und Israelis, wie man solche Operationen am besten angehe.[84] Die chinesische Öffentlichkeit beobachtet aufmerksam, wie mit Auslandschinesen umgegangen wird, und fordert schnell energisches Auftreten und den Einsatz militärischer Mittel. In Krisen kann es dann schon vorkommen, dass Bürger dem chinesischen Außenministerium Calciumtabletten zuschicken, um sein Rückgrat zu stärken, und im Internet heißt es dann ungeduldig: Die Amerikaner oder Russen hätten schon längst Special Forces geschickt.[85] Insgesamt ergibt sich der Trend: Chinas weltweiter militärischer Fußabdruck wird größer. China ist entschlossen, seine Auslandsinteressen zu schützen. Diese Interessen befinden sich vielfach und zunehmend in politisch instabilen Regionen und im Verantwortungsbereich von fragwürdigen Regimes. Es ist offen, ob China seine wachsende Schutz- und Drohmacht einsetzt, um mehr Sicherheit und Ordnung im Geist der UN-Charta zu stiften oder ob sich China auf Eigensicherung beschränkt und einen oft schlechten Status quo stützt, um ungestört Bodenschätze abzubauen und sich schwache oder korrupte Regierungen gewogen zu halten, wie es das heute schon tut. Außerdem ist es angesichts der Erfahrungen mit dem Verhalten in Chinas nahem Ausland nicht auszuschließen, dass mit der Fähigkeit, militärische Macht zu projizieren, die Bereitschaft wächst, die neuen Instrumente resolut vorzuzeigen und einzusetzen.

China durchdringt die Wirtschaftsräume der Welt

Die chinesische Volkswirtschaft und chinesische Unternehmen haben sich eine für die gesamte Weltwirtschaft bedeutende Stellung erarbeitet. China exportiert nicht nur enorm viel, es hat inzwischen auch als Importeur sehr viel Nachfragemacht, die sich in politischen Einfluss umsetzt.[86] Strebt China eine wie unter zweitens benannte möglichst weltweite Kontrolle über das System zur Produktion, zur Verteilung und zum Verbrauch von Waren und Dienstleistungen an? Jedenfalls befolgt es die Maxime „Think Big“: Es sichert sich in Asien, Lateinamerika und Afrika langfristig alle erdenklichen Rohstoff- und Energiequellen und arbeitet daran, per BRI mehr als die Hälfte der Weltbevölkerung als Produzenten und Verbraucher mittels Straßen und Eisenbahnlinien, Häfen und Flugplätzen zu verbinden. Dabei bietet es Staaten mit oft notorisch schwachen Infrastrukturen eine Art Rundum-sorglos-Paket an: Sie erhalten auf Kredit neue Verkehrswege, erbaut von chinesischen Firmen, bestückt mit chinesischer Technik wie Eisenbahnen und Informations- und Kommunikationstechnologie, zumindest anfangs betrieben von chinesischen Spezialisten und womöglich bewacht von chinesischen Sicherheitsfirmen (es gibt schon jetzt in China um die 4000 davon)[87] oder gar von chinesischem Militär. Wie intensiv China die Wirtschaftsräume durchdringt und verknüpft, lässt sich am Beispiel Afrikas zeigen.[88] China besitzt dort Minen und hat Schürfrechte und Lieferverträge für Uran und Gold, Eisenerz und Kupfer, Platin und Mangan. Jede zweite Tonne afrikanisches Öl geht nach China. Die Volksrepublik ist bei Weitem der größte Handelspartner des Kontinents und baut in immer mehr Ländern Straßen, Schienennetze und Häfen, Präsidentenpaläste und Sportstadien – Chinas weltweite „Stadiondiplomatie" hat es zu einem eigenen Wikipedia-Eintrag gebracht.[89] Wenn Peking wie etwa 2018 zum Gipfeltreffen einlädt, reisen die afrikanischen Staats- und Regierungschefs fast vollzählig an. Bis 2021 wollte die Volksrepublik weitere 60 Milliarden Dollar in Afrika investieren (was durch COVID-19 erschwert worden sein dürfte), ein Viertel davon als Zuschüsse und zinslose Darlehen. Die Unternehmensberatung McKinsey schätzte 2017,[90] dass zu der Zeit im verarbeitenden Gewerbe zwölf Prozent der afrikanischen Industrieproduktion von chinesischen Firmen geleistet werden, dass chinesische Baufirmen die Hälfte aller international vergebenen Bauvorhaben verwirklichen und dass schon mehrere Millionen Afrikaner chinesische Arbeitgeber haben. Die IKT-Unternehmen Huawei und ZTE haben McKinsey zufolge den größten Teil des afrikanischen Telekommunikationsnetzes gebaut, 2016 und 2017 seien Eisenbahnlinien von je 750 km Länge in Äthiopien und in Kenia fertig geworden (an einer 870 km langen Küsteneisenbahn von Lagos nach Calabar wurde gearbeitet),[91] und allein 2015 habe China 21 Milliarden Dollar in Afrikas Infrastruktur investiert (der zweitgrößte Investor, Frankreich, drei Milliarden).[92] Ähnliche Fortschritte hat China in Zentralasien erzielt, besonders seit der Weltfinanzkrise von 2007–2008.[93] Dabei herrscht aus chinesischer Sicht stets ein enger Zusammenhang zwischen der Verknüpfung durch Verkehrsnetze, technische und regulatorische Standards (die meist der Erbauer setzt) und Kreditvergaben einerseits und der Projizierung von Macht und Einfluss andererseits. China betreibt in dieser Hinsicht eine sorgfältig durchdachte Konnektivitätspolitik. Darauf hat eine Studie der Stiftung Wissenschaft und Politik hingewiesen.[94] Es werde von chinesischer Seite mit Vokabeln wie „Offenheit" und „Erweiterung des Freundeskreises" operiert, denen aber bewusst ein anderer Sinn als der im Westen übliche beigelegt werde. Von Transparenz und Gegenseitigkeit zum Beispiel sei bei der chinesischen Variante von „Offenheit" nicht viel zu spüren: „Die Mahnung, dass neue Verbindungen in beide Richtungen durchlässig, also reziprok sein sollten, geht weitgehend ins Leere, denn die proaktive Seite, in unserem Fall China, hat die Grundzüge der Verbindung von Anfang an in ihrem Sinne definiert."[95] Es gehe beim Knüpfen des Netzes auch nicht allein um je gesonderte wirtschaftliche, technische und verkehrsmäßige Verbindungen, sondern um deren multidimensionale Verschmelzung zu etwas Neuem: „Viel wichtiger sind [...] die Wechselwirkungen zwischen den Dimensionen verschiedener technischer Schichten und geografischer Räume, zum Beispiel zwischen Wirtschaftskorridoren, Lieferketten, Transitregionen und -städten, Unterwasserkabeln, mobilen Netzwerken und Satelliten. Einzelne chinesische Projekte, von ausländischen Kommentatoren häufig als unrentabel kritisiert, folgen von Chinas Warte aus ganz anderen Logiken, je nachdem, welche geografischen und technischen Dimensionen in der Konnektivitätspolitik verbunden werden. Es geht um den Aufbau neuer Ökosysteme, die, einmal miteinander vernetzt, neue geografische und politische Räume schaffen."[96] Eine amerikanische Studie sieht in den maritimen Aspekten der Konnektivitätspolitik neben und unter friedlichen Handelsmotiven auch handfeste militärpolitische Planungen am Werk: China erweitere mit der BRI die Reichweite der Marine der Volksbefreiungsarmee. Das erkläre auch, warum es mehreren der Hafenausbauten an Transparenz und kommerzieller Profitabilität fehle und sie sich für die gastgebenden Staaten eigentlich nicht lohnten.[97]

Vor diesem Hintergrund empfiehlt sich bei allen Infrastrukturprojekten mit chinesischer Beteiligung eine gewisse Achtsamkeit, nicht nur bei den proaktiv von China angeschobenen wie der BRI. Darum hat beispielsweise Australien chinesische Investoren daran gehindert, sich bei einem der größten australischen Stromnetzbetreiber, Ausgrid, einzukaufen.[98] Ähnlich lief es zweimal beim deutschen Netzbetreiber 50Hertz.[99] Achtsamkeit empfiehlt sich erst recht bei so zentralen Vorhaben wie dem

Aufbau von Mobilfunknetzen der fünften Generation (5G). Per 5G-Technologie werden künftig immer mehr Datenströme fließen, sie liefert die digitalen Voraussetzungen für selbstfahrende Autos und smart vernetzte Fabriken. Wer im 5G-Netz eines Landes mitlesen kann, vermag in Echtzeit zu verfolgen, was dort gedacht, getan, hergestellt und erfunden wird; und wer dieses Netz stören kann, erzeugt im Bereich der Störung quasi per Knopfdruck eine Kombination aus Generalstreik und Fahrverbot (vom Enthauptungsschlag im Kriegsfall ganz zu schweigen).[100] In Deutschlands Mobilfunknetz hatte die chinesische Firma Huawei laut Presseberichten bis 2018 fast jeden zweiten Sendemast errichtet,[101] und sie ist führend und preiswert in Sachen 5G-Technologie. Die USA halten die chinesischen IKT-Anbieter Huawei und ZTE für Bedrohungen der amerikanischen nationalen Sicherheit und gehen, wie bereits dargelegt, massiv gegen sie vor. Die USA, Australien, Großbritannien, Kanada und Neuseeland (die Five Eyes) haben Huawei-Technik in ihren 5G-Netzen untersagt,[102] und auch Taiwan, Indien und die Bundesregierung haben die beiden größten chinesischen IKT-Ausrüster bei manchen sensiblen Projekten ausgeschlossen; aber wie dargelegt sind viele EU-Mitgliedstaaten noch unentschieden.[103] Jedenfalls zeigt sich am Beispiel der 5G-Frage anschaulich, wie in technologischen Schlüsselbereichen eine Entflechtung beginnt und sich das Paradigma der Globalisierung verändert.

Chinesische Investoren suchen nicht nur den Zugang zu Infrastrukturen wie bei 50Hertz, beim 5G-Netz oder beim Nachtflughafen Hahn, den 2017 eine Zeit lang der (wie viele chinesische Firmen) etwas undurchschaubare Konzern HNA Group für vergleichsweise kleines Geld erworben hatte.[104] Sie kaufen sich nicht nur in Häfen ein wie in Piräus, Valencia, Bilbao und dem italienischen Vado und sichern sich Anteile an Energieversorgern wie der portugiesischen Redes Energéticas Nacionais und dem italienischen Stromübertragungs- und Gasnetz.[105] Sie erwerben auch immer mehr Fertigungsbetriebe. In Deutschland waren es zwischen 2005 und 2018 laut *Die Zeit* rund 200, und „immer häufiger interessieren sich Käufer aus der Volksrepublik für technologisch besonders sensible Industriebereiche".[106] Dadurch fließt, selbst wenn die Arbeitsplätze in Deutschland bleiben, naturgemäß viel Wissen nach China ab. Der damalige Siemens-Chef Josef Kaeser erklärte in einem Interview sogar: „Die Chinesen gehen in ein Unternehmen, geben Beschäftigungsgarantien, dann ist erst mal Ruhe. Irgendwann wird eine andere Firma gegründet, in der die alte aufgeht, Forschung und Entwicklung werden abgezogen. Es hat den Anschein, als würde das bei Kuka auch geschehen."[107] Der Robotikweltmarktführer Kuka wurde 2016 von einem chinesischen Konzern übernommen,[108] zum Kummer der Bundesregierung. Viele solche Erwerbungen dürften in Zusammenhang mit den ehrgeizigen Zielen stehen,[109] die sich die Volksrepublik China 2015 mit dem Programm Made in China 2025[110] gesetzt hat. Anders, als der Titel vermuten lässt, zielt der Plan letztlich auf das Jahr 2049, wenn die Volksrepublik ihr 100-jähriges Bestehen feiern wird. Bis dahin soll die chinesische Industrie flächendeckend bestmöglich digitalisiert und roboterisiert sein, noch viel innovativer als heute und Weltmarktführer, mindestens aber unter den Top Drei, in zehn Zukunftsbranchen von Telekommunikation bis Stromversorgung, von neuen Werkstoffen bis Biopharma, von Luftfahrt bis Schiffbau und maritime Logistik. Diese Ziele werden mit großer Energie angegangen, und was man dafür im Ausland dazukaufen kann, das braucht man eben nicht erst lange daheim zu entwickeln.[111] Made in China 2025 wurde ergänzt durch einen Plan, künftig stärker selbst internationale technische Standards zu setzen (China Standards 2035),[112] und im 14. Fünfjahresplan (verabschiedet im März 2021) weiterentwickelt. Das dabei beschlossene Konzept der zwei Kreisläufe (Dual Circulation) zielt darauf ab, zweierlei zu verbinden: einerseits die Förderung der wirtschaftlichen Eigenständigkeit (durch stabile Inlandsnachfrage, technologische Eigenständigkeit, Heimholung sensibler Produktionsfaktoren, Internalisierung von Wertschöpfungsketten und Anziehung ausländischer Investitionen zu chinesischen Bedingungen) und andererseits eine vorsichtige Einbindung in die Weltwirtschaft, vor allem durch die BRI und durch die Ankurbelung der Nachfrage aus Schwellenländern nach chinesischen Produkten. Wie die Neukalibrierung umgesetzt wird, soll innerhalb der chinesischen Führung umstritten sein und bleibt abzuwarten.[113] Man kann Dual Circulation als den Versuch verstehen, vom exportgetriebenen Wachstum immer mehr auf Inlandsnachfrage umzustellen, nicht zuletzt nach den Erfahrungen des Trump'schen Handelskrieges.[114] Das würde voraussetzen, dass die chinesischen Arbeitnehmer einen höheren Anteil an den von ihnen erarbeiteten Gewinnen erhalten, und es herrschen derzeit starke Gegenströmungen: Die Konsumlaune ist gering, weil COVID-19-Lockdowns Einkommen und Renditen kosteten, weil es viele Fehlinvestitionen bei Wohnimmobilien gab und weil die Alterung der Bevölkerung das Wachstum hemmt und viele zum Vorsorgesparen zwingt. Man kann das Konzept der zwei Kreisläufe aber auch als Versuch lesen, zugleich die eigene Unangreifbarkeit und die wirtschaftliche Abhängigkeit der anderen von China zu erhöhen – in dem Sinne sprach Außenminister Blinken in seiner bereits erwähnten Grundsatzrede von Chinas „asymmetric decoupling".[115]

Die chinesischen Auslandsinvestitionen wären weniger irritierend, wenn in China und der westlichen Welt für ausländische Investitionen halbwegs dieselben Bedingungen herrschen würden. Von einer solchen Gleichheit und Gegenseitigkeit (Reziprozität) kann aber bisher keine Rede sein. Die Volksrepublik behindert ausländische Investitionen massiv, in manchen Sektoren verbietet sie sie ganz, und sie benachteiligt selbst die ausländischen Unternehmen, die sich in China niederlassen durften, gegenüber ihren chinesischen Wettbewerbern.[116] Westliche Investoren in China haben grundsätzlich mit chinesischen Firmen zusammenzuarbeiten, durften lange Zeit nicht als Mehrheitseigner die Unternehmensführung innehaben, und sie müssen technologisches Wissen preisgeben. Chinesische Investoren dagegen dürfen Betriebe in den westlichen Demokratien mit Stumpf und Stiel übernehmen, eigene Betriebe gründen und mit diesem Eigentum genauso frei schalten und walten wie die Einheimischen. China hat immer wieder Schritte zu mehr Gleichheit und Gegenseitigkeit gelobt, aber noch immer ist das Bild ziemlich unverändert. Das GATT und die WTO enthalten mit Blick auf ausländische Direktinvestitionen keine Reziprozität erzwingenden Vorschriften. Immerhin hat der chinesische Volkskongress Mitte März 2019 ein Investitionsgesetz gebilligt, das Besserung verspricht, [117] und auch das erwähnte Investitionsabkommen CAI, wenn es denn in Kraft treten sollte, könnte Fortschritte bewirken. Ob aber tatsächlich Reziprozität und Gleichheit erreicht werden, bleibt abzuwarten.

Tritt man einen Schritt zurück und lässt das Gesamtbild auf sich wirken, dann ähnelt diese Verbindung aus Rohstoffsicherung und Netzbau, Konnektivitätsphilosophie und Drang in fremde Infrastrukturen, strategischen Zukäufen und Wille zur Weltmarktführerschaft dem Streben nach einer möglichst weitreichenden internationalen Kontrolle über das System zur Produktion, zur Verteilung und zum Verbrauch von Waren und Dienstleistungen durchaus, vor allem in der riesigen geografischen Sphäre des BRI-Netzes.[118] Der französische Staatspräsident Macron mahnte denn auch bei einem Chinabesuch 2018 in einer Rede: Die Neue Seidenstraße dürfe keine Einbahnstraße sein, nicht die Bahn einer neuen Hegemonie, die alle anderen zu Vasallen mache.[119] Das ist starker Tobak, aber völlig abwegig wirkt es nicht.

Chinas finanzieller Einfluss wächst

Das dritte von Susan Strange entwickelte Kriterium für strukturelle Macht in den internationalen Beziehungen ist die Kontrolle über Finanzen und die Kreditvergabe. Es wurde schon erwähnt, dass das Projekt BRI zum Teil durch neue Finanzinstitute finanziert wird und China den Renminbi durch Handels- und Verrechnungsabkommen zu einer weltweit immer stärker verwendeten und als Reserve gehaltenen Währung entwickelt. Im Bereich von Geld und Finanzen lässt sich die Frage, ob China nach bestimmender struktureller Macht in den internationalen Beziehungen strebt, unschwer bejahen, denn es bietet sich hier ein vergleichsweise klares Bild: China hat zu den meisten bedeutsamen Institutionen des Weltfinanzwesens teils ergänzende, teils konkurrierende Parallelstrukturen geschaffen. Dabei wirkt es zum Teil mit Schwellenländern wie Brasilien, Indien, Südafrika und Russland zusammen (zu fünft: BRICS). China arbeitet, soweit es Mitglied ist, in den alten, westlich geprägten Institutionen weiter konstruktiv mit, aber es wird durch die neuen unabhängiger und erweitert seinen Einfluss im globalen Finanz- und Kreditwesen beständig. Das ist vermutlich zu einem gewissen Teil die Folge der Unzufriedenheit mit dem US-Finanzkapitalismus, der in die Weltfinanzkrise führte, und mit früherem Verhalten von Institutionen wie dem IWF, gegen den auch Japan schon Gegengewicht aufzubauen versucht hat.[120] Die BRICS New Development Bank, die Asian Infrastructure Investment Bank, das BRICS Contingency Reserve Arrangement und die Chiang-Mai-Initiative zur Vorsorge gegen Liquiditätskrisen, das Asian Macroeconomic Research Office und das China International Payment System (CIPS) für die Abwicklung von Renminbi-Transaktionen (eine Art chinesisches SWIFT, wobei China auch mit Russland an einer SWIFT-Alternative arbeiten soll),[121] die Universal Credit Rating Group und das China-Union-Pay-Kreditkartenangebot stehen nun neben Weltbank und IWF, SWIFT und US-Ratingagenturen, Kreditkartenanbietern wie VISA und Mastercard und der Bank für Internationalen Zahlungsgleich. In der Digitalisierung von alltäglichen Finanzdienstleistungen (die natürlich auch ein starkes Überwachungsinstrument birgt) ist China dem Rest der Welt ohnehin weit voraus.[122] Schon eine Studie von Ende 2014 konstatierte: „Die neuen Kredit- und Währungsmechanismen haben binnen kurzer Zeit in Asien, Afrika und Lateinamerika eine erhebliche

Anziehungskraft entwickelt. [...] Schon heute tragen Chinas internationale Geld- und Finanzinitiativen zu markanten Veränderungen in der globalen Finanz- und Währungsordnung bei. In diesem Bereich ist die Konkurrenz der chinazentrierten parallelen Mechanismen schon handfest spürbar und schwächt die einst bestimmende Position westlicher Währungen und vom Westen geführter Institutionen."[123] Die Studie zeigte zugleich, dass sich der Aufbau solcher Parallelstrukturen beileibe nicht auf den Bereich von Geld und Krediten beschränkt. Doshi sieht in dem Aufbau paralleler und konkurrierender Institutionen eine Strategie, die eine chinesisch geprägte Ordnung an die Stelle der ab 1945 vom Westen geprägten Ordnung setzen soll, die Peking ablehne.[124]

Manche der chinesischen Kreditvergaben werden dafür kritisiert, dass sie die Empfängerstaaten angeblich in eine „Schuldenfalle" locken – die Frage wurde bei den Beispielen Montenegro und Sri Lanka berührt, die sich finanziell anscheinend übernommen haben. Aber zu solchen untragbaren Krediten gehören immer zwei, und wer glaubt, die Volksrepublik lege es förmlich darauf an, andere ihrer Zinsknechtschaft zu unterwerfen, der steht vor einer erheblichen Darlegungs- und Beweislast.[125] Andere meinen, in der Schuldenfalle sitze eher das Reich der Mitte: Das chinesische Bank- und Kreditwesen habe daheim zu große Immobilienblasen aufgepumpt und stehe vor einer hausgemachten Finanzkrise, die dann auch der auswärtigen Finanzpolitik die Flügel stutzen werde.[126] Im hier untersuchten Zusammenhang kommt es aber auf irgendwelche Schuldenfallen gar nicht entscheidend an. Stattdessen ist ausreichend: China arbeitet gezielt und intensiv daran, finanzpolitisch einen durchdringenden internationalen Einfluss zu erlangen und dem „exorbitanten Privileg"[127] der USA näher zu kommen, nämlich eine Währung einfach drucken zu können, die alle Welt haben will. Wer das erreicht, kann mehr konsumieren und kaufen, als er an eigener Wertschöpfung leisten muss. Ein kriegerisches Beispiel: 2001 verteilte die CIA Rucksackladungen druckfrischer 100-Dollar-Scheine an afghanische Warlords, damit deren Kämpfer die Taliban verjagten.[128] Andere Länder hätten erst Güter und Dienstleistungen produzieren und verkaufen müssen, um an diese Dollars zu kommen. Die Amerikaner drückten einfach die Printtaste.

Chinas Drang nach Wissen – und nach Kontrolle

Das vierte Merkmal für den Versuch, international strukturgebend die Oberhand zu gewinnen, ist das Streben nach einem bestimmenden Einfluss auf die Schaffung, Erlangung, Kommunikation und Bewahrung von Wissen, Informationen, Ideen und Leitbildern. Im Grunde bedeutet Chinesischsein, Anteil an einer Zivilisation und Kultur zu haben, die nichts höher schätzt als Wissen und Bildung.[129] Chinas Schulen sind berühmt und berüchtigt für strammes Lernen, ständige Prüfungen und die konsequente Auslese der Besten für weiterführende Schulen, Universitäten und Karrieren; allerdings kommen leider noch längst nicht alle Kinder in den Genuss guter Ernährung, Anregung, Ausbildung.[130] Wie groß in China die Bewunderung auch für exzellente ausländische Hochschulen ist, das belegt der Erfolg des Buches *Harvard Girl*. Es erzählt die wahre Geschichte von Liu Yiting, deren Eltern sie bis zur Aufnahme in Harvard gebracht, um nicht zu sagen: gedrillt haben. Das Buch hielt sich 16 Monate auf Chinas Bestsellerliste. Bildung wird geschätzt im Reich der Mitte, sowohl um ihrer selbst willen als auch als eines der wirksamsten Mittel, um sozial aufzusteigen. Im Programme for International Student Assessment (PISA) der Organisation für wirtschaftliche Zusammenarbeit und Entwicklung (OECD) schneiden chinesische Mädchen und Jungen sehr gut ab, wobei es allerdings bei ihrem Wohlbefinden und ihrer Kooperationsfähigkeit noch Raum zur Verbesserung gibt – man vergleiche auf der einschlägigen OECD-Website einmal die gesamten chinesischen mit den deutschen und westlichen Ergebnissen.[131]

Laut OECD gab China 2019 für Forschung und Entwicklung kaufkraftbereinigt rund 515 Milliarden US-Dollar aus (USA: 613, Deutschland: 133, Japan: 172).[132] Die Zeitschrift *The Economist* schrieb Anfang 2019,[133] seit 2000 habe China seine entsprechenden Ausgaben verzehnfacht, und zählte einige der mit dem Geld erreichten Fortschritte auf: bemannte Weltraummissionen, die Forschung am menschlichen Genom, das weltgrößte Radioteleskop, eine intensive Klimaforschung inklusive Tiefenbohrungen im Eis der Antarktis, Supercomputer, Forschungsschiffe und Anlagen zur Erforschung von Neutrinos und Dunkler Materie. Natürlich hat China auch in Sachen Innovationskraft noch großen Aufholbedarf, und es fragt sich, ob autoritäre Governance-Strukturen disruptive technologische Fortschritte begünstigen.[134] Aber die Zahl und Qualität der chinesischen Patentanmeldungen nimmt stetig zu,[135] und wenn ausgewertet wird, welche naturwissenschaftlichen Aufsätze weltweit am häufigsten zitiert werden und also anscheinend grundlegende und bahnbrechende Bedeutung haben, dann liegen immer öfter Autoren und Institutionen aus China vorne. 2017 zum Beispiel rangierten laut einer westlichen Studie bei den weltweiten Quellen der meistzitierten Aufsätze zum Thema künstliche Intelligenz zwei chinesische Universitäten und die dortige Akademie der Wissenschaften unter den Top Ten. Unter den ersten 100 befanden sich 15 chinesische Institutionen (und zwei deutsche).[136] Bei einer weiteren Auszählung, die nach den 2013 bis 2018 meistzitierten Aufsätzen in den „30 heißesten Technologiefeldern" fragte (wie auch immer die bestimmt worden waren), lag China bei sieben der zehn wichtigsten Themen an erster Stelle (zum Beispiel bei neuen Werkstoffen für bessere Solarzellen und effizientere Halbleiter und beim Thema Natrium-Ionen-Batterien). [137] Und im August 2022 machten japanische Erkenntnisse die Runde, China habe möglicherweise die USA hinsichtlich der weltweit am häufigsten zitierten Forschungsarbeiten abgelöst.[138] China unternimmt auch viel, um, in den Worten von Präsident Xi, „Chinas Soft Power zu vermehren, ein gutes chinesisches Narrativ zu vermitteln und Chinas Botschaft an die Welt zu kommunizieren".[139] Rund 500 Konfuzius-Institute weltweit fördern das Erlernen der chinesischen Sprache und die Kenntnis von Chinas Kultur. Allerdings gibt es die Kritik, das sei zugleich Teil einer Offensive zur Unterwanderung und Destabilisierung der westlichen Demokratien.[140]

Es gibt aber auch ein Streben der Volksrepublik danach, Informationen und Wissen zu erlangen oder vorzuenthalten, zu unterdrücken oder als Waffe einzusetzen, das aus westlicher Sicht hochproblematisch wirkt. Die chinesische Regierung setzt moderne Technologie zur Unterdrückung ethnischer Minderheiten ein, denen sie misstraut.[141] So gab Google 2010 bekannt, dass es von China aus angegriffen und dass Quellcode gestohlen worden sei. Der Angriff, der anscheinend von höchster Ebene der KPCh angeordnet wurde und Teil einer größeren Kampagne war, die später vom US-Softwareunternehmen McAfee als „Operation Aurora" bezeichnet wurde, hatte Berichten zufolge zwei Gründe: Erstens war ein hochrangiger chinesischer Parteiführer verärgert darüber, dass der Suchalgorithmus von Google kritische Berichte über ihn generierte (2013 wurden auch die *New York Times* und der Nachrichtendienst *Bloomberg* angegriffen, nachdem sie eine offenbar als unangemessen empfundene Berichterstattung über die chinesische Führungselite veröffentlicht hatten); zweitens könnten chinesische Hacker durch den Diebstahl des Quellcodes in der Lage sein, Hintertüren in die Gmail-Software einzubauen, um dauerhaften Zugang zu Konten ihrer Wahl zu erhalten, etwa zu Konten chinesischer Dissidenten und Minderheiten.[142] Die Volksrepublik schottet sich im Internet gegen die Außenwelt ab, hat bei sich ausländische Anbieter wie Google und Facebook (Meta) vertrieben, versperrt mit der Großen Firewall von China seinen Bürgern den Zugang zu politisch unerwünschten Informationen[143] (selbst bei Reisen im westlichen Ausland), und es hat sogar eine „Große Kanone" entwickelt, die in der Lage ist, Inhalte anzupassen und zu ersetzen, sobald sie auftauchen. Die KPCh lässt die chinesischen Internetriesen mit einem Heer von Zensoren die täglichen Nachrichten filtern und unliebsame Meinungsäußerungen unterdrücken, und sie baut mit modernster Technik im Inland ein Überwachungssystem auf, das westliche Betrachter an eine politische Dystopie erinnert.[144] In immer mehr chinesischen Städten und Provinzen erfassen hochauflösende Kameras Gesichter und Nummernschilder und leiten die Daten an die Sicherheitsbehörden weiter. Die eingesetzten Computer sind so schnell, dass sie in weniger als einer halben Sekunde mit 99,8-prozentiger Sicherheit jeden chinesischen Bürger identifizieren könnten. Verkehrssünder bekommen ihren Bußgeldbescheid Sekunden nach dem Verstoß per Kurznachricht zugeschickt. Die Regierung hat auch damit begonnen, durch ein Sozialkreditsystem mit roten und schwarzen Listen das soziale und politische Verhalten der Bürger, Unternehmen und Institutionen zu steuern und Ordnungsverstöße zu bestrafen. Große Internetverkaufsfirmen schlagen aus Patriotismus und kommerziellem Eigeninteresse in dieselbe Kerbe. Wer also zum Beispiel als Verbraucher seine Rechnungen nicht pünktlich bezahlt, als Verkehrsteilnehmer die Straßenverkehrsordnung missachtet oder als Unternehmen Lebensmittelvorschriften verletzt, der findet sich als „Vertrauensbrecher" auf einer schwarzen Liste und kommt fortan schlechter an Kredite, Flugtickets, eine Stelle im öffentlichen Dienst, der darf nicht an amtlichen Ausschreibungen teilnehmen und bekommt schwerer Versicherungsschutz. Auch seine Familie gerät unter Druck, und wer ihn telefonisch anruft, bekommt womöglich statt des Klingeltons den überfälligen Schuldenstand des Angerufenen oder die Mitteilung zu hören, dieser sei ein „Vertrauensbrecher". Wer sich hingegen vorbildlich verhält, zum Beispiel als Ehrenamtler, der sammelt Pluspunkte, kommt auf die rote Liste und genießt dann mancherlei Vergünstigungen.

Dieses Zusammentreffen von Big Brother und Big Data (Stephan Scheuer) trägt nicht ausschließlich sinistre Züge. Die Smart Cities lassen sich verkehrs- und versorgungstechnisch viel besser managen, und die Bürger können vielerlei bequemer erledigen. Manche Beobachter[145] weisen außerdem zu Recht darauf hin, dass China im Zuge der rapiden Modernisierung auch eine Erschütterung des gesellschaftlichen Zusammenhalts und eine Krise des gegenseitigen Vertrauens der Bürger erlebt habe. Außerdem seien gerade wegen der stürmischen wirtschaftlichen Entwicklung die Gewerbeaufsicht und der Verbraucherschutz noch unterentwickelt. Das Sozialkreditsystem wirke da wie eine Mischung aus Schufa, Stiftung Warentest und Kundenrezensionen bei Amazon, und darum werde es anscheinend von der Mehrheit der chinesischen Bürger eher begrüßt.[146] Aber um solche Verbesserungen zu erreichen, wären gewiss auch andere Lösungen möglich gewesen. Die digitale Version von „Überwachen und Strafen" ist vor allem ein authentisches Zeugnis der Ordnungsidee, die die Volksrepublik China vertritt und für die sie selbstbewusst zunehmend wirbt.[147] Sie schätzt die Wohlfahrt des Kollektivs höher ein als das Recht des Individuums auf Privatsphäre und Informationsfreiheit. Daraus folgt: Wenn der technische Fortschritt es erlaubt, deviantes Verhalten zu unterbinden oder zu ahnden, dann wäre es um des Gemeinwohls willen unverantwortlich, auf die neuen Möglichkeiten zu verzichten. Eine solche Sichtweise ist verständlich, wo es gilt, so große Gegensätze zusammenzuhalten, wie es sie in China immer noch gibt. Jedenfalls zeigt sich insgesamt auch beim Streben nach einem bestimmenden Einfluss auf die Schaffung, Erlangung, Kommunikation und Bewahrung von Wissen, Informationen, Ideen und Leitbildern: China ist auf dem Vormarsch. Wissenschaftlich verbreitet es immer mehr Licht, sozialtechnologisch aus westlicher Sicht einen immer tieferen, längeren Schatten.

Wie lautet das Fazit? Strebt China in den internationalen Beziehungen nach der Oberhand, die anderen die wirtschaftlichen Strukturen und politischen Verhaltensmaßregeln vorgibt? Was die Volksrepublik China militärisch, wirtschaftlich, finanziell und intellektuell unternimmt, um einen für sehr viele Staaten bestimmenden Einfluss zu gewinnen, spricht dafür, und es spricht ganz gewiss für eine Gesamtstrategie.[148] Nimmt man die hochintegrierten politisch-wirtschaftlichen Steuerungsmöglichkeiten der KPCh hinzu,[149] ihre antiwestlichen Affekte, das Sendungsbewusstsein, mit dem das Reich der Mitte andere „anleiten" will, und seine Ordnungsidee, die bei abweichendem Verhalten prompte Bestrafung und wirtschaftliche Zurücksetzung nur natürlich findet, dann kann man den westlichen Demokratien mit Blick auf China nur empfehlen: Obacht!

Allerdings überzeugt plumpes China-Bashing ebenso wenig wie das oben abgelehnte Bashing der USA. Denn erstens wirkt sich alles, was China tut, schon seiner schieren Größe wegen auf alle anderen Akteure des Weltgeschehens aus – soll sich das Land irgendwie künstlich kleiner machen? Zweitens bedeuten selbst große Erfolge, wie schon betont, bei Weitem nicht, dass die Volksrepublik demnächst in die Rolle eines weltweiten Hegemons schlüpft. Der US-Dollar zum Beispiel wird, wenn die USA ihre Karten nur halbwegs verantwortungsbewusst ausspielen, noch lange das Weltwährungs- und -finanzsystem dominieren. Drittens herrscht in China selbst ein durchaus raues Wettbewerbsklima. Die chinesischen Unternehmer schenken einander nichts. Warum sollten sie ihren ausländischen Wettbewerbern etwas schenken? Viertens haben die westlichen Unternehmensführer und Politiker sich jahrelang geradezu ein Wettrennen auf den chinesischen Markt geliefert. Warum hat es erst einen Präsidenten Trump gebraucht, um auszusprechen, dass sie dort nicht nur fair behandelt worden sind? Warum haben sie sich so lange den Schneid abkaufen lassen? Fünftens haben (nicht nur) die Chinesen ein langes Gedächtnis, was ihre eigene Behandlung durch die westlichen Mächte betrifft. Sie haben erlebt, wie die Regeln gezinkt und verbogen wurden, solange der Westen stärker war. Sie sind es leid, kritisiert zu werden, egal, was sie tun. Es gibt ein chinesisches Gedicht von einem unbekannten Verfasser, das in China populär ist. Darin heißt es in Auszügen: „Wenn wir als nächste Supermacht angekündigt werden, / Heißen wir ‚Die Bedrohung'. / Als wir unsere Türen schlossen, / Schmuggeltet ihr Drogen hinein zur Marktöffnung. / Als wir uns dem Freihandel öffneten, / Warft ihr uns vor, euch die Jobs wegzunehmen. / Als wir es mit dem Kommunismus versuchten, / Hasstet ihr uns fürs Kommunistischsein. / Als wir uns dem Kapitalismus öffneten, / Hasstet ihr uns fürs Kapitalistischsein." [150] Aus der im Westen gerade anrollenden Chinakritik spricht viel unangemessenes Selbstmitleid. Sechstens setzt China den Vorwürfen selbstbewusst entgegen, seine Kultur bestehe gerade darum seit Jahrtausenden, weil sie philosophisch dank Laotse, Konfuzius und Buddha auf Harmonie und Konsens aufbaue und dadurch in sich ruhe. China sei nie so prädatorisch durch die Welt gezogen wie die westlichen

Nationen, deren Reiche meist an ihrer eigenen Aggressivität gescheitert seien. Siebtens sollte die Feststellung, dass eine Nation sich Ziele setzt und sich für diese Ziele anstrengt, eigentlich kein Vorwurf sein, sondern ein Kompliment. Der damalige Bundesaußenminister Sigmar Gabriel hat das Anfang 2018 auf der Münchner Sicherheitskonferenz treffend zum Ausdruck gebracht: „China erscheint derzeit als das einzige Land der Welt mit einer wirklich globalen, geostrategischen Idee, und es verfolgt diese Idee konsequent. Ich bin dagegen, China diese Idee und diesen Willen vorzuwerfen. Es ist das gute Recht Chinas, eine solche Idee zu entwickeln. Aber vorzuwerfen ist es uns, dass wir als ‚Westen' über keine eigene Strategie verfügen, um eine neue Balance der weltweiten Interessen zu finden, die auf Ausgleich und gemeinsamen Mehrwert setzt und nicht auf das Nullsummenspiel einseitiger Interessenausübung."[151] Seine Forderung nach einer Strategie ist nur zu berechtigt, auch wenn es nicht ausreichen wird zu balancieren, auszugleichen und auf die „einseitige" Wahrnehmung der eigenen Interessen zu verzichten.

Kapitel 10
Was tun?

Sieben Empfehlungen

Die alte Lenin'sche Frage beantworten wir für die freiheitlichen Demokratien mit sieben Empfehlungen. Erstens: verstehen, dass der Westen sich in einem umfassenden Wettbewerb der Wirtschafts- und Gesellschaftssysteme befindet. Zweitens: das westliche Modell wieder zum Leuchten bringen. Drittens: sicherstellen, dass die Wirtschafts- und Finanzbeziehungen sich in die Belange der Außen- und Sicherheitspolitik einordnen und über allem das nationale Interesse steht (das sich größtenteils mit den Interessen der westlichen Demokratien und aller friedliebenden Nationen deckt). Viertens: Westeuropa politisch handlungsfähiger und militärisch respektabel machen und das transatlantische Verhältnis reparieren. Fünftens: die Weltwirtschaftsordnung und die internationalen Institutionen reformieren und ihre Regeln unnachgiebig durchsetzen. Sechstens: mit China und, irgendwann einmal wieder, auch mit Russland fair zusammenarbeiten, wo immer das möglich ist. Und siebtens: sich auf viele Jahrzehnte harten Wettstreits einstellen – denn das ist unter den gegebenen Umständen die bestmögliche aller Welten.

Umfassender Systemwettbewerb

Die Regierung der Vereinigten Staaten betrachtet die Beziehungen zu China als strategischen Wettbewerb.[1] Die Europäische Kommission sieht in China einen Systemrivalen, der alternative Governance-Modelle propagiert. Hier eine halboffizielle chinesische Sicht auf die aktuelle Performance der westlichen Wettbewerber: „Für die meisten Chinesen bedeuten Menschenrechte ein Dach über dem Kopf, Lesen und Schreiben für alle, Essen im Bauch, die Erwartung einer angemessenen Gesundheitsversorgung im Krankheitsfall, eine rosige Zukunft für die Kinder und Optimismus für die Alten. Von außen betrachtet, scheinen in der westlichen Welt Rassismus, Black Ops, Gewalt, Schusswaffenkriminalität, illegale und unmoralische Kriege und Kämpfe zwischen Polizei und Zivilisten nie weit entfernt zu sein. Es ist mehr traurig als paradox, dass die Flüchtlingskrise in Europa, gekennzeichnet durch Dutzende von Leichen ertrunkener Kinder, die an den Küsten des Mittelmeers angespült werden, zum Teil das Ergebnis von Militäraktionen westlicher Mächte im Namen der Humanität ist. Menschenrechtsverletzungen durch die Industriestaaten werden von scheinheiligen Beobachtern, die sich nur mit den Verstößen in den Entwicklungsländern zu befassen scheinen, kaum wahrgenommen."[2] Wenn man zu dieser Ansicht eine weltweite Umfrage durchführen würde, wie hoch wäre wohl der Grad der Zustimmung? In jedem Fall würde die Umfrage drei Tatsachen zeigen: „Der Westen" wird von allen anderen gesehen als „der Westen". Sein politisches, wirtschaftliches und soziales Modell steht im Wettbewerb mit anderen und wird darum weltweit dahingehend bewertet, wie viel Fairness und Wohlergehen es den eigenen Leuten zu bieten hat und welche Verheißungen und Chancen der Welt. Schließlich: Die Bilanz des Westens im In- und Ausland seit 1989 fällt eher bescheiden aus.

Unter „der Westen" wird hier verstanden: alle freiheitlichen Demokratien in sämtlichen Richtungen der Windrose. Was den Westen im Einzelnen ausmacht, passt nicht als Slogan auf einen Autoaufkleber. Es hat sich in einigen tausend Jahren herausgebildet.[3] Die dabei entwickelten Ideen über Freiheit und Verantwortung, Individuum und Gesellschaft, Leistungsgerechtigkeit und Solidarität sind von den Denkern vieler Völker vertieft und von Nation zu Nation etwas unterschiedlich verwirklicht worden. Der Kern des westlichen Modells jedoch ist überall gleich: das Bekenntnis zu demokratischer Selbstbestimmung und zur Orientierung am Gemeinwohl, zum Recht aller Menschen auf grundsätzlich freie Entfaltung im Denken, Glauben, Reden und Tun und zur Herrschaft des Rechts, zur grundsätzlichen Gleichheit von großen und kleinen Staaten und zu ihrer aller Recht auf Souveränität und territoriale Integrität. Das westliche Modell hat sich erst seit dem 18. Jahrhundert nach und nach gegen autoritäre Herrschaftsformen durchgesetzt, es war der Newcomer unter den Regierungssystemen. Es hat sich in zwei Weltkriegen behaupten müssen und auch einen Kalten Krieg erfolgreich bestanden. Es hat seine Bürger im Innern und nach außen vor

Willkür geschützt und es ihnen ermöglicht, sich gemeinsam ein großes Maß an „Wohlstand für alle“ (Ludwig Erhard) zu erarbeiten. Der Westen, angeführt von den USA, hat nach 1945 die internationalen Institutionen aufgebaut, die bis heute die wichtigsten Pfeiler der Weltordnung sind. Diese Ordnung hat keine Nation ausgeschlossen und trotz des Ost-West-Konflikts viel Zusammenarbeit, den Wiederaufbau der kriegszerstörten Länder und die Entkolonialisierung ermöglicht. Das granitene Fundament dieser Ordnung waren nicht internationaler Konferenztourismus und herrschaftsfreier Diskurs, sondern die Macht der USA, der Zusammenhalt des westlichen Bündnisses und die westliche Überlegenheit in allen vier der von Susan Strange definierten Elementen struktureller Macht. Die Bereitschaft, diese Macht ständig anzuspannen, und der westliche Zusammenhalt beruhten auf der Erkenntnis, wie schützenswert und zugleich wie bedroht die eigene Lebensweise war. Der sowjetische Herrschaftsbereich führte eine radikal andere Alternative vor Augen, politisch wie ökonomisch. Dort hieß es selbstbewusst, man habe die wahre Volksherrschaft verwirklicht statt einer heimlichen Herrschaft der Kapitalisten, und selbst wenn es im Sozialismus bisher weniger materiellen Wohlstand gebe, so sei dieser doch viel gleicher und gerechter verteilt. Das haben im Westen nur wenige geglaubt, aber die westlichen Demokratien, vor allem diejenigen nahe am Eisernen Vorhang, haben umso mehr darauf geachtet, die soziale Sicherheit und die soziale Gerechtigkeit nicht aus den Augen zu verlieren. Sie haben auch dadurch das westliche Modell zum Leuchten gebracht und indirekt zu den friedlichen Revolutionen von 1989 beigetragen.

Dem westlichen Narrativ von Freiheit und Individualismus steht erneut ein konkurrierendes Narrativ von Ordnung und Kollektivismus gegenüber, diesmal ein chinesisches, das vermutlich auf absehbare Zeit wirtschaftlich sehr erfolgreich sein wird. Die wirtschaftliche Zusammenarbeit zwischen grundverschiedenen politischen Systemen mag den materiellen Kuchen für alle vergrößern, aber gleichzeitig geht es immer auch um Macht, um Einfluss, um die Behauptung des eigenen Lebensstils, um die Verbreitung der eigenen Weltanschauung und Werte, um die Sicherung der eigenen Entwicklungsmöglichkeiten. In den internationalen Beziehungen herrscht, wie erwähnt, immer eine Grundspannung von Wettbewerb und Konflikt. Der neue Wettbewerb der politischen, gesellschaftlichen und wirtschaftlichen Systeme erhöht diese Spannung und ihre Bedeutung für die weitere Entwicklung des Westens.

Einige im Westen mögen den Begriff „der Westen“ nicht. Sie bevorzugen Worte wie „Multilateralismus“.[4] Aber dieses Wort ist alles andere als eindeutig. Seine dürftigste Bedeutung lautet „Zusammenarbeit von mehr als zwei Staaten“. Definiert man eine „qualitative Dimension des Multilateralismus“, nämlich die institutionalisierte, regelkonforme zwischenstaatliche Zusammenarbeit auf der Grundlage von Prinzipien und Werten, die vor allem in der westlichen Tradition der Philosophie und des Rechts entwickelt und ab 1945 unter der Hegemonie der USA verwirklicht worden sind, dann wird „Multilateralismus“ zu einem anderen Wort für den „westlichen Weg“ (dem nolens volens auch Staaten gefolgt sind, die sich nicht als liberale Demokratien verstehen und entsprechend verhalten). Diese „gehaltvollere“, „prinzipienbasierte“ oder „effektive“ Variante des Multilateralismus wurde vor allem in der ersten Blütezeit nach dem „Sieg“ des Westens im Kalten Krieg propagiert, als Kurzformel für so unterschiedliche Motive wie die Absicht zur Verwestlichung der ganzen Welt oder zur „Demokratisierung“ der Global Governance im Sinne einer kollektiven Steuerung und Solidarität. Später wurde die Forderung nach solchem Multilateralismus vor allem in Frankreich und Deutschland zum Schlachtruf gegen den Slogan „America First“, obwohl es sich dabei eher um dessen Zerrbild handelte, denn er bedeutete nicht Unilateralismus. Inzwischen ist das Konzept des „kompetitiven Multilateralismus“ hinzugekommen, denn es ist vielen anscheinend wieder deutlicher geworden, dass die internationalen Beziehungen ein Bereich der Konkurrenz und des Wettstreits sind. Er ist geprägt von Interessenkonflikten, einseitigem Handeln (auch wenn es im Namen von „humanitärer Intervention“ oder „Schutzverantwortung“ geschieht), faktischen Machthierarchien und nationaler Rivalität innerhalb und zwischen internationalen Organisationen, wobei revisionistische Mächte versuchen, die bestehenden Institutionen zu lähmen oder zu übernehmen oder den Wortlaut und Geist ihrer Statuten umzuinterpretieren oder sie durch Gegengründungen zu schwächen.[5] Vor diesem Hintergrund bleibt zu viel westliches (vor allem: europäisches) Gerede über Multilateralismus blutleer und technisch. Es weicht Fragen des Vertrauens und der Vertrauenswürdigkeit aus, beschönigt tiefsitzende Konflikte und vernebelt die Tatsache, dass ein Großteil der Zusammenarbeit zwischen rivalisierenden Systemen ohnehin im Interesse aller liegt. Solche Zusammenarbeit ist darum von allen Seiten gefordert, und sie erfordert von den Beteiligten keine Zugeständnisse auf anderen Feldern oder auch nur Dankbarkeit. Im Gegenteil sollte jeder Abbruch nötiger Zusammenarbeit wegen anderweitiger Kontroversen scharf kritisiert werden (wie beispielsweise jüngst der chinesische Abbruch von Klimaschutzgesprächen wegen des Streits über Taiwan).[6] Multilaterale Zusammenarbeit wird es immer in großem Umfang geben, aber die Tatsache, dass sie multilateral ist, hat wenig Wert an sich, und Multilateralismus um seiner selbst willen kann die Qualität des Erreichten sogar mindern. Im Kern geht es nämlich darum, nach welchen Idealen, Ordnungsvorstellungen und Regeln sich die Zusammenarbeit vollzieht. Bisher sind es deutlich westliche, eingeschrieben in das Recht der Vereinten Nationen und die Statuten der Bretton-Woods-Institutionen. Der umfassende systemische Wettbewerb dreht sich auch und gerade darum, ob das so bleibt. Der Gedanke des „Multilateralismus" steht im Grunde genommen nicht einmal auf der gleichen politischen und methodischen Stufe wie der Begriff des Westens: Die Koordinierung und Festlegung der Positionen der westlichen Demokratien sollte jeder internationalen Zusammenarbeit mit anderen Mächten vorausgehen. Das zu fordern bedeutet nicht, die nachfolgende Diplomatie zu verwerfen, im Gegenteil: Die vorherige Festlegung ist auch wichtig, um den eigenen Spielraum für Flexibilität und Kompromisse zu bestimmen. Der Begriff „der Westen" hat darum normativen und prozeduralen Vorrang vor jeder Art von „Multilateralismus".

Das mag konfrontativ anmuten, ist es aber nicht; es ist lediglich die Folge des bereits erwähnten umfassenden Wettbewerbs der politischen und sozialen Systeme, in dem es kein Zusammenfallen der Gegensätze und keine Wunderheilungen von Interessen- und Wertekonflikten gibt. Man kann sogar argumentieren, dass es der Westen selbst war, der den Wettbewerb begonnen hat. Nach dem Ende des Kalten Krieges waren viele führende Politiker im Westen überzeugt, die ganze Welt werde nun westliche Züge annehmen. Man glaubte, die Kombination aus freiheitlicher Demokratie und privatunternehmerisch geprägter Marktwirtschaft habe sich endgültig durchgesetzt, es gebe zu ihr keine ernsthafte Alternative. Der Volksrepublik China wurde eine Wette darauf angeboten, dass ihre wirtschaftliche Öffnung und ihr Beitritt zur Welthandelsorganisation sie politisch verwestlichen würden. Unter dem Banner von Freiheit, Demokratie und Menschenrechten entwickelten einige westliche Regierungen nach 1989 einen ausgeprägten Interventionismus. Viele Nationen folgten dem westlichen Modell bereitwillig, während anderen ungefragt ein Regimewechsel aufgezwungen und diverse ethnische und territoriale Separatismen gefördert wurden. Aus Sicht Moskaus und Pekings hatten die USA und ihre Verbündeten sich in revisionistische, ja revolutionäre Mächte verwandelt, die so grundlegende Regeln des Völkerrechts wie das Prinzip der Nichteinmischung in die inneren Angelegenheiten anderer souveräner Staaten beiseiteschoben.[7] Russland und China verstanden sich demgegenüber lange Zeit als Verteidiger eines legitimen Status quo – Präsident Putin zunächst mit scharfer Kritik, später mit oft blutigen Parodien westlicher militärischer und politischer Interventionen; Präsident Xi, indem er westliche Ideen und Werte als giftig verwarf und Chinas souveräne Kerninteressen und Forderungen immer robuster vertrat.[8] Inzwischen hat Präsident Putin mit seinem Angriffskrieg und der Art der Kriegführung dem Westen die Rechtsgemeinschaft praktisch aufgekündigt, während China weiterhin die internationale Ordnung ohne Waffengewalt hegemonial umzubauen versucht. Im Wettbewerb der Systeme geht es nicht darum, wer „last man standing" sein wird, sondern um möglichst friedliche Koexistenz im 21. Jahrhundert. Es geht auch nicht darum, ob die russische oder die chinesische Regierung der Welt ein attraktiveres Modell anbieten kann als der Westen – vielleicht versuchen sie es gar nicht.[9] Der Westen sollte darum die Konkurrenz der Systeme weder als Verdrängungswettbewerb noch als Berufung verstehen, die Welt zu verwestlichen (was aussichtslos ist und was ein Großteil der Welt ohnehin ablehnen würde), sondern als unbefristet andauernde Herausforderung, sein eigenes Modell gedeihen zu lassen, es auch für andere attraktiv zu machen und ihm die Zukunft offenzuhalten. Daher muss der größte Teil der Anstrengungen der Selbstverbesserung gewidmet werden, so wie im sportlichen Wettbewerb der größte Teil des Erfolgs im Training erzielt wird.

Das westliche Modell wieder zum Leuchten bringen

Erfolgversprechende Strategiebildung beginnt mit dem Erkennen der Ausgangslage.[10] Die westlichen Demokratien haben bei ihren Bürgern stark an Rückhalt verloren.[11] Das westliche Demokratiemodell ist weltweit auf dem Rückzug.[12] Beobachter beschreiben eine „giftige Kombination aus politischem Lobbyismus, wettbewerbsfeindlicher Regulierung, ungeheuerlichen Managergehältern, eskalierender Ungleichheit und Verlust öffentlichen Vertrauens".[13] Sie erkennen deutliche Merkmale des

Vetternwirtschaftkapitalismus, nämlich die Abschöpfung unverdienten Einkommens; sehr hohe Gehälter an der Spitze, die nicht durch Leistung zu erklären sind; wachsende Ungleichheit zwischen dem, was die obersten 1, die 0,1 und die 0,01 Prozent der Bevölkerung in die Tasche stecken und besitzen und was für den Rest übrig bleibt; und viel Geschäftstätigkeit, die jeden Bezug zum öffentlichen Interesse verloren hat oder sogar mit ihm kollidiert.[14] Die Gier westlicher Wirtschafts- und Finanzkreise hat es zudem dem Putin-Regime ermöglicht, zersetzend in die westlichen Demokratien einzudringen und sie zu schwächen.[15] Alle diese Fehlentwicklungen sind im Bereich der Banken und Finanzinstitute am stärksten ausgeprägt.[16] Es wurde nur wenig erreicht, um die systemischen Fehler und Missbräuche zu korrigieren, die zur transatlantischen Finanz- und Schuldenkrise ab 2007 geführt haben.[17] Der Finanzsektor wird nach wie vor in hohem Maße durch Garantien der Steuerzahler subventioniert,[18] und nur ein Bruchteil seiner Kreditvergaben und Aktivitäten kommt Investitionen und Innovationen in der Realwirtschaft zugute, sodass es fraglich ist, ob das derzeitige Finanzsystem überhaupt einen nennenswerten realwirtschaftlichen Wert schafft. Die massive Anhäufung von Kredit und Finanzkapital in Verbindung mit der freien internationalen Mobilität des Kapitals, mit Steuerflucht, Quantitative Easing, der Repression der Kaufkraft der einfachen Leute und dem Versäumnis, diejenigen zu entschädigen, die durch die Verteilungseffekte der Globalisierung verlieren, haben sowohl im Inland als auch international destabilisierende Folgen. Einfach gesagt: Sie entfachen und erleichtern Populismus;[19] sie erhöhen die Ungleichheit innerhalb eines Landes (was wiederum die gesamtwirtschaftliche Stabilität und das nachhaltige Wachstum belastet);[20] sie zombifizieren die Realwirtschaft, indem sie nicht wettbewerbsfähige Unternehmen mit billigen Krediten über Wasser halten; sie führen zur Herrschaft nicht gewählter Bürokraten und Experten[21] und zur schleichenden Ausweitung der Tätigkeit von Institutionen wie der Europäischen Zentralbank (mission creep); sie fördern eine untragbare Staatsverschuldung anstelle von Strukturreformen; sie bereiten den Boden für Inflation; und sie erhöhen das Risiko von spekulativen Auf- und Abschwüngen, wiederkehrenden Finanzkrisen, globalen Ungleichgewichten und Handelskonflikten.[22]

Darum besteht die allererste Aufgabe darin, dem westlichen Ideal von Freiheit und Verantwortung in den tatsächlichen Lebensverhältnissen wieder nahezukommen. Es schließt demokratische Rechenschaftspflichtigkeit ebenso ein wie den untrennbaren Zusammenhang zwischen der freiwilligen Übernahme geschäftlicher Risiken und der persönlichen Haftung für die Folgen, und es umfasst das Leistungsprinzip ebenso wie das Streben nach sozialer Gerechtigkeit. In vielen westlichen Ländern erfordert die Erneuerung von Freiheit und Verantwortung umfassende Reformen, um mehr soziale Sicherheit und eine gerechtere Verteilung von Einkommen und Vermögen zu erreichen, Aufstieg durch Leistung (und Abstieg wegen Underperformance), mehr demokratische Teilhabe und echte Verantwortlichkeit der Eliten in Politik, Wirtschaft und Gesellschaft. Es bedarf einer Generalüberholung, die die übliche politische Links-rechts-Einteilung durchbricht.[23] Sie muss den Finanzsektor konsequent reformieren, das blinde Vertrauen in den freien Kapitalverkehr korrigieren,[24] Steuerhinterziehung bekämpfen und eine internationale Mindestbesteuerung von Unternehmen durchsetzen. Sie muss die grobe Ungleichheit der Einkommen und Vermögen vermindern und die soziale Mobilität durch ein erstklassiges Bildungssystem fördern, das die sozial Benachteiligten fordert und befähigt, und sie braucht gesellschaftliche Erzählungen der Zusammengehörigkeit und des gemeinsamen Ziels statt der Betonung, wie fragmentiert man doch sei angesichts der Vielfalt der von den diversen Gruppen jeweils empfundenen Kränkungen.[25] Bei alledem darf westliche Selbstverbesserung nicht mit Egoismus verwechselt werden: Der Westen muss der Welt die Hand reichen, indem er Entwicklungszusammenarbeit auf Augenhöhe anbietet und konkurrierende Modelle auch durch ein angemessenes Maß an internationalem Altruismus übertrifft. Aufbauhilfe für Dritte kann im Übrigen ein mindestens so wirksamer Beitrag zur Selbstverteidigung sein wie eigene Aufrüstung – eine Erkenntnis, die 1947 dem Marshallplan der USA für Westeuropa mit zugrunde lag.[26] Um die systemischen Konkurrenten zu überstrahlen und zu überflügeln, braucht der Westen Exzellenz in allen wichtigen Bereichen von Wissenschaft, Technik und Technologie. Er muss darum massiv und strategisch in Bildung, (Grundlagen-)Forschung und Entwicklung investieren,[27] und er muss seine Errungenschaften umsichtig gegen Abschöpfung, Spionage und Investoren mit bösen Absichten verteidigen.[28] Natürlich ist eine solche Innovationskraft auch für die gesellschaftliche und wirtschaftliche Transformation hin zu grünem Wachstum notwendig, um den Klimawandel in erträglichen Grenzen zu halten.

Es gibt bei alledem keinen Grund, angesichts konkurrierender Strategien autoritärer Staaten kleinmütig zu werden oder gar zu glauben, sie wären auf lange Sicht wirtschaftlich erfolgreicher. Es lässt sich im Gegenteil eine statistisch erhebliche positive Auswirkung von Demokratie auf das Wirtschaftswachstum und die Pro-Kopf-Einkommen belegen. Diese Erkenntnisse deuten außerdem darauf hin, dass Demokratie Innovation und Wachstum gerade dadurch fördert, dass sie eher zu Reformen führt, die die Finanzkraft, Bildung und Gesundheitsfürsorge verbessern und den sozialen Frieden stärken.[29] So schließt sich der Kreis, denn gerade die demokratische Selbstbestimmung, also Selbstverantwortung, des Westens erlegt ihm die Pflicht auf, durch Reformen und sozialen Zusammenhalt sein Modell wieder zum Leuchten zu bringen, um ihm nachhaltige Prosperität und eine gute Zukunft zu sichern.

Wirtschaft und Finanzen in Einklang mit der Außen- und Sicherheitspolitik

In den vorläufigen strategischen Leitlinien zur nationalen Sicherheit von Präsident Biden hieß es: „In der Welt von heute ist wirtschaftliche Sicherheit nationale Sicherheit."[30] Nun, das war auch in der Welt von gestern so, aber die westliche Selbstgefälligkeit hatte es vergessen und muss daran erinnert werden.[31] Diese Selbstgefälligkeit war eine weitere Folge des vermeintlichen Endsiegs des westlichen Modells im Jahr 1989. Man glaubte weithin, die Zukunft würde durch eine weltweite Konvergenz der politischen Systeme gekennzeichnet sein, und das Paradigma dieser Konvergenz stifteten die Denkgewohnheiten der Wirtschaftswissenschaft[32] (in ihrer selbstverzerrten, von den Sozial- und Humanwissenschaften abgekoppelten Version).[33] Die Beziehungen zwischen den Staaten würden sich, so dachte man, in einen einzigen Binnenmarkt verwandeln, in dem die effizienteste Allokation der Produktionsfaktoren über allem stehen würde. Diese Art des Denkens wurde zur Logik der Innen- und Außenpolitik in den westlichen Demokratien, von der Privatisierung öffentlicher Aufgaben bis hin zum fast ideologischen Drang nach Globalisierung als grenzenlosem Rollfeld für Waren und Dienstleistungen, Kapital und Investitionen, Outsourcing und Wertschöpfungsketten. Aber der Westen musste wiedererlernen: Im Staatensystem herrscht immer ein gewisses Maß an Wirtschaftskrieg; nicht alle Konkurrenten halten sich an die Regeln; der verwestlichende Wandel durch Handel ist ein Mythos; und es ist unerlässlich, die wirtschaftliche Basis zu verteidigen, die es den westlichen Gesellschaften ermöglicht, zu gedeihen und ihre Freiheit, Selbstbestimmung, Werte und Interessen zu leben und zu bewahren.[34] Der Westen sollte bis auf Weiteres von seiner arroganten Neigung zum militärischen Interventionismus geheilt sein. Er sollte auch nüchtern einsehen, dass er seine Vitalität, Widerstandsfähigkeit und Attraktivität im wirtschaftlichen Bereich schützen muss. Darum steht ganz oben auf der To-do-Liste eine Renaissance der wirtschaftlichen Staatskunst. Ihre Perspektiven und Logik sollten in den Prozessen der politischen Entscheidungsfindung und der Unternehmensführung fest verankert werden. Um das Gemeinwohl und den ihm entsprechenden Kurs der Innen- und Außenpolitik zu bestimmen, reicht es nicht aus, Wirtschaftswissenschaftler oder Geschäftsleute zu fragen, ob mehr Handel das Weltsozialprodukt erhöht oder ob durch den Verzicht auf manchen Deal alle verlieren würden. Es gilt einiges mehr im Blick zu behalten. Erstens sind schon die rein ökonomischen und sozialen Ergebnisse wirtschaftlicher Zusammenarbeit, wie oben dargelegt, vielschichtig und schaffen neben Gewinnern immer auch Verlierer. Zweitens sind die wirtschaftlichen Folgen in einer pflichtgemäß vollständigen politischen Kalkulation lediglich ein Rechenposten unter vielen. Mindestens ebenso wichtig ist, um nur zwei Beispiele zu nennen, die nationale Sicherheit, die in manchen Fällen durch handelsbedingte wirtschaftliche Abhängigkeit gefährdet und in anderen durch die Inkaufnahme wirtschaftlicher Nachteile gefördert werden kann; und wichtig ist auch die gerechte Verteilung der durch den Welthandel bewirkten Gewinne und Verluste, weil sie über den sozialen Frieden entscheidet. Worauf wirtschaftliche Staatskunst zu achten hat und wie wirksam sie zur außenpolitischen Signalgebung und zur Selbstverteidigung dienen kann, davon haben hoffentlich die vorangegangenen Seiten einen Eindruck vermittelt.

Wirtschaftliche Staatskunst ist auch im Verhältnis zu Freunden nötig. Darum war es, wie dargelegt, schlechte Politik, dass Präsident Trump das Verhältnis zu Amerikas Partnern und Verbündeten fast völlig darauf reduzierte, wer von der Beziehung wirtschaftlich angeblich am meisten profitierte. Darum ist es aber auch schlechte Politik, wenn Deutschland die Folgen seiner Außenhandelsüberschüsse für andere Volkswirtschaften ignoriert und dadurch protektionistische Reflexe weckt. Eine weniger exportlastige Strategie würde zudem das Angewiesensein Deutschlands auf den Welthandel und auf bestimmte Handelspartner reduzieren und Deutschland damit tendenziell unabhängiger vom Willen anderer machen, und es würde endlich den übermäßigen politischen Einfluss der deutschen Exportindustrie vermindern.

Wer die Denkgewohnheiten und Entscheidungsprozesse in den westlichen Demokratien nachhaltig verändern will, sollte den Fragestellungen und Leitgedanken der wirtschaftlichen Staatskunst und dem Studium exemplarischer Fälle von Wirtschaftskriegführung einen festen Platz verschaffen. Dafür sind einige entsprechend ausgerichtete Lehrstühle und Institute ebenso nötig wie die Verankerung des Themas in den Lehrplänen der einschlägigen Fakultäten und in der Diplomatenausbildung. In den Aktionärsversammlungen vieler Unternehmen sollten Fragen der wirtschaftlichen Sicherheit ein fester Punkt auf der Tagesordnung sein. Vor allem sollten die Erkenntnisse der wirtschaftlichen Staatskunst die Praxis westlicher Regierungen mitgestalten. Um das zu erreichen, sind verschiedene Maßnahmen denkbar. Es könnte ein Europäischer Sicherheitsrat eingerichtet werden (mit Sitz und Stimme für Großbritannien), und jedes Land könnte einen nationalen Sicherheitsrat zur Entwicklung strategischer Leitlinien und zur Koordinierung der Außen-, Sicherheits-, Verteidigungs-, Entwicklungs- und Außenwirtschaftspolitik bilden. Die westlichen Regierungen sollten entsprechende Querschnittsreferate wenigstens in den Regierungszentralen und in den Ressorts für Äußeres, Wirtschaft, Verteidigung, Entwicklungszusammenarbeit und Inneres schaffen. Diese verschiedenen Ministerien dürfen nicht nebeneinanderher unterschiedliche Rollen spielen, wie es derzeit nicht selten der Fall ist. Was gebraucht wird, ist wirtschaftliche Staatskunst aus einem Guss.[35] Die Parlamente sollten regelmäßig Berichte über die wirtschaftliche Dimension der nationalen und internationalen Sicherheit und über die Sicherheitsdimension der Wirtschaftsbeziehungen erhalten und debattieren. Generell ist es notwendig, die Politik der westlichen Staaten ganzheitlich zu betrachten und zu überlegen, wie ihre legitimen Interessen verteidigt und (wenn möglich) mit denen anderer Akteure in Einklang gebracht werden können.[36] Dafür gibt es bereits vielversprechende Ansätze,[37] aber in vielen Staaten vor allem in Westeuropa hat bei alledem die politische Wahrnehmung noch einen ziemlich blinden Fleck.

Es muss außerdem beharrlich an der Verlängerung der politischen Aufmerksamkeitsspannen und Planungshorizonte gearbeitet werden. Die COVID-19-Pandemie hat beispielsweise Defizite in der medizinischen Grundversorgung aufgezeigt. Sie waren akut spürbar, aber ihre Ursprünge liegen Jahre zurück – in Zeiten des rein gewinnorientierten Abbaus heimischer Kapazitäten. Die Medien sollten über Fragen der wirtschaftlichen Staatskunst intensiver berichten und von den Politikern und Regierungen in der Hinsicht anspruchsvollere Begründungen verlangen. Mit der oft gehörten, unsubstantiierten bloßen Behauptung, dies und das diene dem nationalen Interesse, sollte man sie ebenso wenig davonkommen lassen wie mit der These, es gebe in einem Zeitalter der Interdependenz keine rein nationalen Interessen mehr. Im Gegenteil muss gerade in einer Zeit der Interdependenz das nationale Interesse umso genauer bestimmt und begründet werden,[38] auch um zu erkennen, wo es sich mit den Interessen anderer deckt und wo es deren Interessen widerspricht – wir leben nämlich nicht in einer Welt ausschließlich gemeinsamer Interessen. Über diese Zusammenhänge sollte auch die Öffentlichkeit besser informiert werden. Das könnte zugleich Teil einer Anstrengung sein, die Allgemeinbildung in Wirtschaftsfragen zu verbessern, die in Deutschland eher schwach entwickelt ist. Besonders wichtige Zielgruppen einer Verbesserung der wirtschaftlichen Staatskunst sind allerdings die führenden Amtsträger, Politiker und leitenden Manager. Sie haben unterschiedliche Aufgaben zu erfüllen und sind unterschiedlichen Zielen verpflichtet – die einen dem Gemeinwohl, die anderen privaten Interessen. Diese Unterschiede sind bedeutsam und berechtigt. Sie müssen in der Praxis respektiert werden. Daraus folgt: Für pensionierte Spitzenbeamte und ehemalige Minister sollten Anschlussverwendungen in der Wirtschaft oder in von ihr finanzierten Institutionen, ja selbst hoch dotierte Vortragstätigkeiten nur nach sorgfältiger Prüfung und vielleicht nur dann zulässig sein, wenn sie mit den früheren dienstlichen Aufgaben nichts zu tun haben. Wenn nämlich die Sphären von Amt und Kommerz, von Gemeinwohlverpflichtung und Erwerbssinn, nach dem Ende der Amtszeiten zusammenfließen dürfen, dann ist die Gefahr zu groß, dass sie es auch schon vorher tun.[39] Umgekehrt sollten auch nicht, wie in den USA geschehen, Ex-Banker zuerst Finanzminister sein dürfen, um die Vorschriften für ihre Branche zu „reformieren" (zu streichen), und dann, um sie vor dem selbst verschuldeten Bankrott zu retten,[40] genauso wenig wie Ex-Automanager Verkehrsminister werden sollten – so etwas muss politisch einfach tabu sein, oder sogar rechtlich verboten. Die Europäische Kommission sieht mit Blick auf Drehtüren zwischen öffentlichem Dienst und Privatwirtschaft und mit Blick auf längere Abklingzeiten für ehemalige Amtsträger in Deutschland noch immer Verbesserungsbedarf.[41] Minister und Spitzenbeamte sollten für ihre Amtsführung die absolute Gewähr bieten, verinnerlicht zu haben, was das Primat der Politik bedeutet und warum es in Artikel 14 Absatz 2 des Grundgesetzes heißt: „Eigentum verpflichtet. Sein Gebrauch soll zugleich dem Wohle der Allgemeinheit dienen." Manager sollten verstehen, dass sie zwar ihren Konzernen und Aktionären verpflichtet sind, vor allem aber ihrer Heimat Loyalität schulden – Heimat verstanden als „der Westen und seine Werte" (niemand will zu nationaler Butzenscheibenromantik zurück). Aufsichtsräte und Vorstände sollten entsprechend ausgewählt werden, und die Gesetze „könnten dahingehend geändert werden, dass die gebührende Berücksichtigung des öffentlichen Interesses für alle Vorstandsmitglieder verpflichtend ist".[42] In den meisten Fällen werden sich die Anforderungen der Staatskunst und die Bedürfnisse der Gewerbetreibenden miteinander vereinbaren lassen, vor allem wenn sie insoweit den vielberufenen Dialog auf Augenhöhe pflegen. Es kommt aber darauf an, welche Rationalität den Gesamtrahmen setzt und in Zweifelsfällen den Ausschlag gibt. Das Ökonomische hat sich ins Außen- und Sicherheitspolitische einzuordnen, denn das wirtschaftliche Denken und Handeln sind kein unpolitischer Raum und Selbstzweck, sondern ein Instrument unter vielen zur Verwirklichung des Gemeinwohls; und individuell rationale Antworten Privater auf internationale Geschäftschancen sind nicht zwingend auch gemeinwohlverträglich.[43] Das pflegte früher allen selbstverständlich zu sein, sogar Ökonomen und Geschäftsleuten,[44] vor allem aber den Politikern.[45] Seit 1989 hat sich das Verhältnis leider eher umgekehrt, und immer noch hapert es erheblich an Einsicht, auch in Deutschland.[46] Nötigenfalls sollte die Politik ihren Primat robust durchsetzen, zum Beispiel indem sie unverantwortlichen Akteuren Subventionen vorenthält und Transaktionen verbietet, die dem Gemeinwohl zu schaden drohen. Der Einwand, es seien doch viele Global Players Einzelstaaten gegenüber längst aller Rechenschaftspflicht und Beeinflussbarkeit entwachsen (und das Kapital sei ein scheues Reh), überzeugt nicht. Er ist eine Ausrede für mangelnden politischen Willen.

Westeuropa, die EU und die transatlantische Partnerschaft

Die Rückkehr der Großmachtrivalitäten und die russische Aggression gegen die Ukraine haben die Diskussion über Sicherheit, Verteidigung und westliche Zusammenarbeit geerdet.[47] Eine neue Anstrengung der freiheitlichen Demokratien ist nötig, und das wird auch weithin verstanden.[48] Westeuropa und die EU bemühen sich, für ihren Beitrag eine gemeinsame Strategie zu entwickeln. Bisher kreisten viele ihrer Überlegungen und Debatten um das Konzept der europäischen „strategischen Autonomie". Sein Inhalt ist noch nicht klar,[49] aber er beschäftigt die Thinktanks[50] und hat Eingang in die Erklärungen von EU-Institutionen gefunden.[51] Seine Ursprünge liegen im französischen Wunsch, selbst eine wichtigere Rolle in der Weltpolitik zu spielen, und in der europäischen Frustration und Sorge über die Unzuverlässigkeit der Trump-Regierung. Die derzeitige Präsidentin der Europäischen Kommission Ursula von der Leyen erklärte vor ihrem Amtsantritt, die EU müsse sicherheitspolitisch Muskeln aufbauen, die „Sprache der Macht" erlernen und eine geopolitische Kraft werden.[52] Als sich jedoch im August 2021 die USA aus dem implodierenden Afghanistan zurückzogen und weder die Abzugsentscheidung noch die Dauer der US-geschützten Evakuierungsluftbrücke mit ihren westlichen Verbündeten abstimmten, wurde das Ausmaß der militärischen und geopolitischen Schwäche Europas und seiner Abhängigkeit von den USA auf demütigende Weise deutlich.[53] Und als Australien, Großbritannien und die USA im September 2021 überraschend ihr neues Bündnis AUKUS ankündigten,[54] was für Frankreich den Verlust von milliardenschweren Aufträgen zum Bau von U-Booten für Australien bedeutete, rief Paris noch lauter nach Unabhängigkeit von den unzuverlässigen Angelsachsen. Der Kern der Debatte über die strategische Autonomie liegt also in klassischen Verteidigungs- und Sicherheitsfragen, aber das Konzept umfasst inzwischen offenbar auch Fragen der Wirtschafts- und Digitalpolitik. Hierzu zählen etwa die Aufgabe, strategische Abhängigkeiten zu ermitteln und sie durch die Diversifizierung der Produktions- und Lieferketten zu verringern, die Sicherstellung von Vorräten an strategisch wichtigen Gütern, die Förderung von Produktion und Investitionen in Europa sowie Industrieallianzen in den Bereichen Rohstoffe, medizinische Ausrüstung, Mikroprozessoren und sichere Telekommunikationsnetze, Industrieclouds und -plattformen. Außerdem werden „eine Autonomie der EU im Raumfahrtsektor [...] und eine stärker integrierte verteidigungsindustrielle Basis" angestrebt.[55] Im Jahr 2017 begann die EU, sich auf ihre unzureichende Infrastruktur für militärische Mobilität in Krisenzeiten zu konzentrieren,[56] richtete eine Ständige Strukturierte Zusammenarbeit (PESCO)[57] für die Beschaffung und Produktion von Verteidigungsgütern ein und schuf einen (2021 endgültig beschlossenen) Europäischen Verteidigungsfonds[58] für Rüstungszusammenarbeit der Mitgliedstaaten und für Forschung und Entwicklung im Bereich Verteidigung. Sehr schnell schien die EU jedoch Schwierigkeiten zu haben, diese Anstrengungen zu finanzieren.[59] Jedenfalls war die angestrebte strategische Autonomie der EU nicht dazu gedacht, in Europa von der NATO und den USA unabhängig zu werden, sondern sollte es erlauben, Bedrohungen für Westeuropa mit weniger (und vielleicht sogar ohne) Abhängigkeit vom US-Militär abwehren zu können. Von „strategischer Autonomie" zu sprechen ist daher keine besonders glückliche Wortwahl, und das Konzept verdient eine gehörige Impfung gegen *mission creep*, das heißt schleichenden Bedeutungswandel und Zuständigkeitsanmaßung. Echte Unabhängigkeit würde Aberhunderte von Milliarden Euro kosten,[60] ein kaum vorstellbarer finanzieller Aufwand; und der russische Angriffskrieg gegen die Ukraine hat gezeigt, wie entscheidend der militärische Beitrag der NATO und von Nicht-EU-Staaten wie Großbritannien und den USA für die europäische Sicherheit ist (nur weiß man nicht, wie lange das den EU-Autonomikern im Gedächtnis bleiben wird). Darüber hinaus ist die erstrebte Autonomie politisch ebenso unrealistisch wie unattraktiv. Sie ist unrealistisch, weil sich die meisten EU-Regierungen auf den Schutz der NATO und der USA stützen wollen[61] und weil das notwendige Mindestmaß an Einigkeit in der Außen- und Verteidigungspolitik fehlt, auch und gerade zwischen Frankreich und Deutschland.[62] Sie ist unattraktiv, weil sie den Keim der Versuchung in sich trägt, nach Äquidistanz zwischen Amerika und China zu streben, um sich über deren Streit erhaben fühlen zu können und vielleicht gar von beiden umwerben zu lassen. Diese Versuchung weicht der Radikalität des Systemwettbewerbs mit China aus und wird der tiefen politischen, kulturellen und historischen Verbundenheit mit den USA nicht gerecht – als der damalige französische Präsident Charles de Gaulle den Abzug der amerikanischen Streitkräfte aus Frankreich forderte, fragte ihn der damalige Außenminister Dean Rusk: „Schließt das auch die toten Amerikaner auf den Soldatenfriedhöfen ein?"[63] Ein Streben nach verteidigungspolitischer Autonomie der EU könnte den Westen schwächen, weil er dann seine Fähigkeiten getrennt statt endlich gemeinsam entwickelt. Statt auf Unabhängigkeit und Autonomie sollte die EU auf Interoperabilität (auch mit den USA), Standardisierung und die Stärkung des Militärs ihrer Mitglieder setzen. Sie kann viel Gutes erreichen, wenn sie ihre Rüstungsprojekte und Waffensysteme enger aufeinander abstimmt;[64] und EU-Länder, die zugleich Mitglieder der NATO sind, sollten dauerhaft ihr Versprechen einlösen, zwei Prozent ihres Bruttoinlandsprodukts für ihr Militär auszugeben. Die EU und ihre Mitglieder sollten in enger Abstimmung mit Großbritannien und Norwegen handeln, sie sollten AUKUS als Gegengewicht gegen aggressives Verhalten im Indopazifik eher begrüßen,[65] und der EU-europäische Beitrag zur Sicherung der Freiheit der Meere sollte deutlich erhöht werden. Je mehr der militärische Beitrag Westeuropas seiner wirtschaftlichen Stärke entspricht, desto deutlicher wird seine Stimme auf internationaler Ebene und innerhalb des westlichen Bündnisses gehört werden. Paul Kennedy hat 2017 skizziert, wie radikal anders die Welt für Russland, Amerika und alle anderen Mächte aussähe, wenn die westeuropäischen Nationen auch nur annähernd so viel Geld für ihre Verteidigung ausgäben wie die USA und dabei ein gemeinsames Budget, Beschaffungswesen und Kommando mit einheitlichen Führungsgrundsätzen einführen würden.[66] Zumindest bis zum Februar 2022 drohte die entgegengesetzte Entwicklung: Das Militär von EU-Europa fiel kräftemäßig und technologisch dermaßen zurück, dass die EU irgendwann nicht mehr zum westlichen Verteidigungsbündnis zu gehören drohte.[67]

Was den nichtmilitärischen Bereich der nationalen Sicherheit und die Erfordernisse der wirtschaftlichen Staatskunst anbelangt, so sollte die EU auch dort nicht dem unrealistischen Ziel der Autonomie oder gar Souveränität nachlaufen. Es ist kostspielig und spalterisch, unabhängige europäische Infrastrukturen aufzubauen, zum Beispiel im Weltraum und Cyberspace, anstatt sich mit anderen westlichen Demokratien auf gemeinsame Lösungen zu einigen. Das bedeutet nicht, dass EU-Europa seine innerwestlich führende Position in Bereichen wie 5G aufgeben sollte oder einfach schlucken muss, was die USA auftischen, zum Beispiel in Bezug auf Datensicherheit und den Schutz der Privatsphäre. Vielmehr sollten sich die westlichen Demokratien um mehr gemeinsame oder koordinierte Forschung, Entwicklung und Produktion bemühen. In vielen Bereichen, die mit wirtschaftlicher Staatskunst und Sicherheit zu tun haben, müssen sich beide Seiten des Atlantiks aufeinander zubewegen. Die USA sind darauf ebenso angewiesen wie Westeuropa. Die Biden-Administration und die EU haben erste Schritte in diese Richtung unternommen, indem sie sich beispielsweise auf einen Waffenstillstand in Bezug auf Flugzeugsubventionen geeinigt[68] und erfolgreich über den Datenschutz für transatlantische Datenströme verhandelt haben,[69] indem sie eine Allianz gegen Dumping im Stahl- und Aluminiumbereich schmieden[70] und an einer wertebasierten digitalen Transformation arbeiten.[71] Auch eine Zusammenarbeit westlicher Notenbanken bezüglich einer gemeinsamen digitalen Währung und eines gemeinsamen digitalen Zahlungssystems könnte sinnvoll sein. Die Tage der amerikanischen Selbstherrlichkeit und der europäischen polyphonen Zwietracht sollten jedenfalls der Vergangenheit angehören. Die EU tut gut daran, sich in Fragen der wirtschaftlichen Staatskunst zum Kollektivsubjekt (single unified actor) zu entwickeln, das seine Interessen und Ziele kohärent definiert und unisono vertritt.[72] Das erfordert zum einen die Abschaffung der Einstimmigkeitsregel in allen Fragen der wirtschaftlichen Staatskunst, zum anderen aber den Verzicht auf Alleingänge, wenn ein bestimmtes Quorum von Mitgliedstaaten anderer Ansicht ist. Die auf diesen Wegen erreichte Einigkeit würde die Schlagkraft der EU gegenüber Partnern und Konkurrenten deutlich erhöhen und die bereits ausgeprägte Fähigkeit der EU sinnvoll ergänzen, internationale Märkte durch das Setzen von Normen und Standards zu beeinflussen.[73] Die transatlantischen Partner sollten prüfen, welche Inhalte aus der gescheiterten transatlantischen Handels- und Investitionspartnerschaft doch noch gerettet werden können. Sie sollten sich auch über die Kosten und den Nutzen der Ungleichgewichte im Handel und im Zahlungsverkehr zwischen ihren Volkswirtschaften beraten, ein altes Thema[74] und eine Quelle wiederkehrender Irritationen in ihren Beziehungen. Und sie sollten gemeinsam mit anderen westlichen Demokratien ein Programm zur Reform der internationalen Wirtschaftsordnung entwickeln,[75] das für alle Länder attraktiv ist, die einen fairen Handel anstreben und sich an die Regeln halten. Bei alldem ist es wichtig, im eigenen Land Anhänger und Interessengruppen für die Unterstützung der nötigen Maßnahmen zu gewinnen. Die westliche Öffentlichkeit muss die Trade-offs zwischen Sicherheits- und Handelsinteressen und die nötige Lastenteilung in Militärbündnissen und Wirtschaftspartnerschaften verstehen.[76] Die Wählerschaft muss überzeugt werden, dass die transatlantischen Beziehungen allen zugutekommen, weil sich andernfalls immer wieder giftige, spaltende Narrative verbreiten könnten.

Reform der internationalen Wirtschaftsordnung und Durchsetzung ihrer Regeln

Die heutige Weltwirtschaftsordnung mit ihren Regeln und Institutionen (GATT, WTO, IWF, Weltbank) geht größtenteils auf Vereinbarungen von Staaten zurück, die erstens freiheitliche Demokratien, zweitens privatunternehmerisch und durch den Preismechanismus geprägte Marktwirtschaften und drittens miteinander militärisch Verbündete waren. Die Volksrepublik China ist keines der drei. Dass ihr Aufstieg zur Weltmacht die seit 1945 gewachsene Ordnung unter Stress setzen würde, war daher zu erwarten. Die westlichen Demokratien sollten versuchen, mit möglichst vielen anderen Regierungen eine gemeinsame Position zur WTO-Reform zu erarbeiten, um bessere Regeln für Themen wie den Schutz des geistigen Eigentums, den digitalen Handel, die Subventionskontrolle sowie für Staatsunternehmen und Auslandsinvestitionen zu entwickeln. Sie könnten mehr regionale Handelsabkommen abschließen, um solche Regeln und Standards untereinander anzuwenden und Klubgüter zu schaffen, die Beitrittswillige anziehen. Eine breite Koalition von Staaten und geschützte neue Räume für fairen Handel könnten China unter entsprechenden Druck setzen, sein Verhalten zu verbessern. Das käme vielen Ländern zugute, die beunruhigende Auswirkungen der chinesischen Expansion zu spüren bekommen. Die bestehenden Regeln des GATT und der WTO sind nicht perfekt, aber sie sind das Beste, was zwischen der Weltwirtschaft und einem allgemeinen Hauen und Stechen steht, wie es sich mangels ähnlicher Institutionen in der Zeit zwischen den Weltkriegen bis hinein in die Große Depression zugetragen hat. GATT und WTO sind Quellen der Erwartungssicherheit und Zuversicht, zweier wichtiger Voraussetzungen für eine gute weltwirtschaftliche Entwicklung. Die Mahnung von Charles Kindleberger in seinem Klassiker über die Große Depression bleibt so aktuell wie nur je: „Als jedes Land dazu überging, sein nationales Eigeninteresse zu schützen, da ging das Weltgemeinwohl in die Binsen und mit ihm die Eigeninteressen aller."[77] Die Europäer hätten längst viel energischer für die WTO und gegen alle eintreten sollen, die gegen deren Buchstaben und Geist verstoßen; aber auch da musste anscheinend erst Präsident Trump kommen. Breite Gemeinsamkeit in Sachen WTO-Reform wird sich möglicherweise nur aufbauen lassen, wenn die EU sowohl den USA als auch den afrikanischen Staaten Zugeständnisse bei der Öffnung des EU-Agrarmarktes macht.[78]

Das wäre, auch im Interesse einer besseren Afrikastrategie, sehr zu begrüßen. Die wettbewerbsverzerrende und kostspielige europäische Agrarpolitik ist nicht mehr zeitgemäß.

Mit dem engagierten Bekenntnis zur WTO und zu deren Reform sollten die Europäer gegenüber China und den USA einige Botschaften verknüpfen. Die chinesischen Verantwortlichen wissen selbst am besten, wie sehr sie im jetzigen Handelsregime schwarzfahren und wie enorm China selbst dann noch vom Welthandel profitieren würde, wenn es komplett regelgerecht spielte, selbst bei verschärften und erweiterten Regeln. Die Europäer sollten verdeutlichen, dass sie auf solche Regeltreue nicht länger verzichten wollen, selbst um den Preis eigener wirtschaftlicher Einbußen nicht, denn es gibt Wichtigeres als Exportinteressen und kurzfristig lukrative Deals. Wenn nötig, muss die EU China Kosten für Fehlverhalten auferlegen, das heißt Vergeltungsmaßnahmen gegen unfaire chinesische Handels- und Investitionspraktiken ergreifen (ebenso wie gegen Verhalten, das den Frieden und die Völkerrechtsordnung gefährdet, etwa im Süd- und Ostchinesischen Meer). Leise seufzend die immer noch ansehnlichen Profite im Chinageschäft einzustreichen als Ausgleich für den Schmerz und die Kränkung der Schlechtbehandlung ist der falsche Weg. Gleichzeitig ist es wichtig, den amerikanischen Politikern, Regierungen und Bürgern klarzumachen, wie zentral das GATT und die WTO für die Weltordnung sind, die Amerika selbst mit aufgebaut hat. Es geht nicht darum, diese Bollwerke aufzugeben, sondern darum, sie zu stärken. Die Politik von Präsident Trump lief auf die Feststellung hinaus, die USA seien zu schwach, um die WTO effektiver und fairer zu gestalten, aber stark genug, um viele ihrer Mitglieder unter Druck zu setzen und so von ihnen bilaterale wirtschaftliche Zugeständnisse zu erhalten. Das wirkte kläglich und rücksichtslos und untergrub das internationale Ansehen und den Einfluss der USA, also deren eigene Machtposition. Es wurde auch ihrer besonderen Ordnungsrolle nicht gerecht. Die USA haben 1945 die Verantwortung angenommen, als Supermacht anderen Schutz zu gewähren, und sich dabei oft (nicht immer) obendrein kleiner gemacht, als sie es waren. Sie haben ihre Macht nicht immer ausgespielt, wo es möglich gewesen wäre, und paradoxerweise ist ihr Einfluss dadurch noch gewachsen. Sie haben bewusst wirtschaftliche Kosten in Kauf genommen, um geopolitische Ziele zu erreichen, vor allem im Kalten Krieg.[79] Viele Nationen haben sich mit den USA alliiert oder gut gestellt, weil unter deren Flügel das Motto galt: Leben und leben lassen.

Falls sich die USA in einen räuberischen Hegemon verwandelten, würden sich viele Nationen enttäuscht abwenden. Noch schlimmer käme es, wenn die USA sich als militärischer Ordnungsfaktor zurückzögen. Dann müssten viele Nationen massiv aufrüsten (Japan und einige Golfstaaten zum Beispiel). Das würde viele bisherige Sicherheitsbalancen aus dem Gleichgewicht bringen und noch mehr Unruhe in die regionalen Ordnungen tragen, aus denen die globale Ordnung zusammengesetzt ist. Zugleich würden die USA mit einem Rückzug den US-Dollar schwächen, dessen Akzeptanz, wie erwähnt, auch auf der weltweiten militärischen Präsenz der USA beruht, und damit nach den Finanzkrisen erneut selbst die Axt an ihr exorbitantes Privileg legen. Kurz: Wenn die USA wirtschaftlich kleinlicher agieren und sich militärisch kleiner machen als bisher, dann schwindet ihre Gestaltungsmacht, und niemand weiß, wo dieser Schwund endet.[80] Die EU sollte versuchen, all das den amerikanischen Wählern zu vermitteln, vor allem aber ihren Teil der Lasten der Partnerschaft tragen und es dadurch amerikanischen Politikern erleichtern, überzeugend für starke transatlantische Bindungen zu plädieren. Denn es reicht nicht, wenn die Europäer den Vereinigten Staaten, dem einstigen Atlas der Nachkriegsordnung, zurufen, dass sie die Welt weiterhin auf ihren Schultern tragen müssen. Westeuropa muss seinem Verbündeten einen Teil der Last abnehmen, sowohl militärisch als auch durch wirtschaftliche Staatskunst.

China, Russland, Iran

Das führt zu der Frage, wie denn der Westen oder wenigstens das transatlantische Bündnis mit Blick auf Akteure wie China, Russland und Iran eine möglichst einmütige gemeinsame Haltung finden und durchhalten kann. Dafür sind einige Lehren aus dem westlichen Wirtschaftskampf gegen die Sowjetunion nützlich. Damals gab es zwischen den westlichen Regierungen oft unterschiedliche Auffassungen, gab es Falken und Tauben. Es erwies sich als schwierig und manchmal als unmöglich, das Bündnis so zu einen, dass es wie ein einziger Akteur auftrat. Das ist nicht verwunderlich, schließlich herrscht zwischen Demokratien nicht das Prinzip von Befehl und Gehorsam. Darum war es schon damals hilfreich, die Positionen der Hardliner und der Softliner möglichst kohärent auszubuchstabieren[81] und dann nach Kompromissen zu suchen. Jede

Sichtweise hatte dieselben grundlegenden Fragen zu beantworten: Welcher Art ist die Bedrohung? Wie groß ist sie? Wie wahrscheinlich ist ein Schadenseintritt? Ab welchem Grad von Wahrscheinlichkeit müssen wir handeln? Es galt auch, eine grundlegende Unterscheidung zu bedenken: Haben wir es mit einem kalkulierbaren Risiko zu tun, gegen das wir uns entsprechend mehr oder weniger versichern sollten, oder mit einer unkalkulierbaren Ungewissheit über die Zukunft, gegen die wir ohne Wenn und Aber systemisch gewappnet sein müssen?[82] Welchen Zeitdruck erzeugt die Bedrohung? Welche Maßnahmen sind geboten zum eher passiven Selbstschutz? Wie ließen sich aktiv die Kontrahenten und dritte ausländische Regierungen beeinflussen? Welche langfristigen strategischen Ziele sollten wir verfolgen? Damals standen zur Wahl eine Eindämmung der Sowjetunion, ihre Zähmung durch mehr Handel (in der Hoffnung, die russischen Konsumenten würden Gefallen an einem westlichen Lebensstil und Weltbild finden) oder eine Destabilisierung der Sowjetherrschaft bis zu ihrem erhofften Zusammenbruch. Dabei stimmten Hardliner und Softliner in einigen Grundannahmen überein. Beispielsweise gab es innerhalb der NATO einen Beschluss, wonach alle Mitgliedstaaten eine Abhängigkeit von der UdSSR vermeiden wollten, und einen informellen Konsens, die Grenze zur Abhängigkeit von russischen Lieferungen liege ungefähr bei 35 Prozent.[83] Das Finden gemeinsamer Positionen wurde im Übrigen dadurch erleichtert, dass die westlichen Volkswirtschaften wenig bis gar nicht mit der sowjetischen Wirtschaft verflochten waren[84] und die USA ihren Verbündeten technologisch sehr viel mehr bieten konnten als Moskau. Das war für die westeuropäischen Regierungen und Unternehmen ein wichtiger Anreiz zur Gemeinsamkeit.[85] Heute sieht das zumindest mit Blick auf China deutlich anders aus.

Alle westlichen Alliierten sollten auch heute versuchen, mit Blick auf Akteure wie China, Russland und Iran so grundsätzliche Fragen wie die genannten möglichst sorgfältig zu beantworten. Die USA haben das geradezu drastisch getan, auf der Grundlage vieler detaillierter Berichte an den Kongress und für den Präsidenten, von denen hier nur einige zitiert wurden. Die Westeuropäer müssten ähnlich detailliert darlegen, ob sie die amerikanischen Vorwürfe für berechtigt halten und wie sie zu den Maßnahmen stehen, die die USA bereits ergriffen haben und zusätzlich fordern. Es erschiene angesichts der Schwere der amerikanischen Vorwürfe nicht ausreichend, wenn die Westeuropäer der US-Diagnose insgeheim recht gäben und sich nur um die Therapie drücken wollten. Außerdem sollte es für den Westen eigentlich selbstverständlich sein, dass unabgestimmtes Handeln möglichst vermieden und jedenfalls nie gegeneinander gehandelt wird – gegen den ersten Grundsatz hat die Trump-Regierung mit der brüsken Abkehr vom sogenannten Atomabkommen mit Iran verstoßen,[86] gegen den zweiten verstoßen die EU-Europäer mit ihren Versuchen, die amerikanischen Iransanktionen mit Blocking-Verordnung, Finanzierungsvehikel und SWIFT-Ersatz zu unterlaufen.

Wer den genannten grundsätzlichen Fragen nachgeht, kommt natürlich schnell zu der Erkenntnis, dass Iran, Russland und China aus westlicher Sicht für sehr unterschiedliche Risiken und Ungewissheiten stehen. Das hybride iranische Regime wird beherrscht von einem expansiven religiösen Fundamentalismus und strebt danach, mit verdeckter militärischer Gewalt den Mittleren Osten nach seinem Bilde zu verwandeln. Iran benutzt im Jemen, im Irak, im Libanon und in Syrien islamistische Milizen als Stellvertreter, entwickelt ballistische Raketen großer Reichweite, greift saudi-arabische Ölfelder mit Drohnen und Hackerangriffen an und verhält sich zweideutig sowohl in Bezug auf Kernmaterialpartikel an nicht für atomare Forschungen deklarierten Standorten[87] als auch durch die Anreicherung von Uran weit über das für nichtmilitärische Zwecke nötige Maß hinaus.[88] Die Wirtschaft des Landes wurde durch die US-Sanktionen hart getroffen. Ob das Regime daran oder an seiner Frauen- und Freiheitsfeindlichkeit irgendwann scheitert, ist ungewiss, aber den wirtschaftlichen Druck mindert Irans Annäherung an Peking und Moskau (dazu zugleich). Der Westen hat bisher mit Teheran vor allem verhandelt, um zu verhindern, dass Iran im Nahen Osten noch mehr Unruhe stiftet. Die europäischen Versuche, einen interkulturellen Dialog mit Iran zu führen, haben nicht zu dessen Mäßigung geführt. Der Westen ist in Bezug auf Iran gespalten – die Europäer haben dort starke Geschäftsinteressen, während die USA und Israel seit Jahrzehnten einen unerklärten Krieg niedriger Intensität mit Iran führen.[89] Verhandlungen zur Wiederbelebung des Atomabkommens waren bisher erfolglos. Die Biden-Regierung will eine „longer and stronger" Lösung mit mehr iranischer Zurückhaltung, was Iran jedoch ablehnt.[90] 2021 wurde mit Ebrahim Raisi erneut ein Hardliner zum iranischen Präsidenten gewählt (wenn auch bei geringer Wahlbeteiligung), was auf weitere Spannungen mit dem Westen hindeutet (Irans heutiger Präsident wird mit den Worten zitiert: „Regionale und Raketenfragen sind nicht verhandelbar").[91]

Mittlerweile belasten die iranischen Drohnen- und Raketenlieferungen an Russland die Verhandlungen zusätzlich. Vermutlich haben sie sich erledigt, und vielleicht will Iran das mit seiner Hilfe für Moskau sogar zum Ausdruck bringen. Sollte Teheran nach der Atombombe greifen (obwohl die Atombombe von Ajatollah Khomeini und anderen geistlichen Führern Irans für unislamisch erklärt worden ist), werden die USA[92] und Israel alles tun, um das zu verhindern. Andererseits hat der Eifer der Vereinigten Staaten, dem Nahen Osten mit Waffengewalt Freiheit, Demokratie und Regimewechsel zu bringen, deutlich nachgelassen, was Teheran beruhigen sollte; und der Rückzug der USA aus Afghanistan verändert die Verhandlungsbedürfnisse und Positionen aller Beteiligten in der Region. Die Feststellung Präsident Reagans trifft noch immer zu, dass es „ohne das Mitwirken Irans im Nahen Osten keinen dauerhaften Frieden geben kann",[93] und man könnte hinzufügen, dass Iran auch in den muslimischen Gebieten Russlands und in Zentralasien Probleme verursachen könnte. Russland und Iran waren in Syrien pragmatische Verbündete und konkurrieren nun um die Bodenschätze und Wiederaufbauaufträge des Landes, während Russland gleichzeitig Verständnis für israelische Sicherheitsbedenken gezeigt hat. Russland hat beträchtliche kommerzielle Interessen in Iran, und dessen Beziehungen zu China sind verständnisvoll[94] und vertiefen sich,[95] während Moskau und Peking Parteien des Abkommens sind, das Iran vom Erwerb von Atomwaffen abhalten soll (obwohl Moskau später beschuldigt wurde, versucht zu haben, dessen Abschluss zu torpedieren).[96] Alles in allem könnte, was wie die perfekte Versuchsanordnung für endlosen Konflikt aussieht, genauso gut ein Labor für Zusammenarbeit sein (besonders zwischen Westeuropa, Russland und China, die alle ein Druckmittel in Bezug auf Iran und Optionen für gegenseitigen Interessenausgleich haben), um Win-win-Lösungen zu erreichen, von denen alle Beteiligten profitieren. Wichtigste Voraussetzung dafür wäre eine ideologische Abrüstung in Iran und in den USA, und der erfolgversprechendste Weg wären Fahrpläne für vertrauensbildende Maßnahmen, verbunden mit einer rigorosen Erfolgskontrolle.[97] Was für den Westen (oder Westeuropa) hingegen nicht funktionieren wird, ist, die Aggressivität Irans mit dem Feigenblatt irgendeines folgenlosen Dialogformats zu verdecken und Geschäfte zu machen, vielleicht sogar unter dem selbstgefälligen Slogan „Wandel durch Handel".

Russland und China sind für den Westen keine Probleme, die es zu lösen gilt, sondern Gegebenheiten und Grundbedingungen der Weltpolitik. In dem Dreieck sollten alle Seiten die Wahrheit beherzigen, dass die Behandlung eines anderen als Gegner ihn zum Gegner macht. Russland hat mit dem Angriff auf die Ukraine auch diese Wahrheit missachtet und damit eine Konfrontation mit offenem Ausgang begonnen, die weit schlimmer ist, als es der Kalte Krieg war. Solange Russland seine gegenwärtige Aggression fortsetzt, werden die westlichen Demokratien mit allen geeigneten Maßnahmen unterhalb der eigenen Anwendung von Waffengewalt antworten müssen. Selbst nach einem Ende des Krieges zu ukrainischen Bedingungen erscheint eine vertrauensvolle Zusammenarbeit mit dem System von Präsident Putin unmöglich. Vielmehr wird dessen kontinuierliche Schwächung durch Sanktionen geboten sein. Ob nach dem Ende seiner Herrschaft eine bessere nachfolgt, ist völlig offen. Bislang gibt es keine Anzeichen für die Möglichkeit einer solchen Läuterung, aber das schließt dramatische Umschwünge nicht aus.[98] Freilich würde selbst ein Prozess der Selbstentradikalisierung Russlands den Westen vor komplexe Managementaufgaben stellen. Der Weg vom Ende des Ukrainekrieges bis zu erneuerten normalen Beziehungen des Westens mit Russland könnte sich als ebenso lang erweisen wie der zwischen 1945 und 1989 zurückgelegte.

China würde es vorziehen, nicht in einen militärischen Konflikt verwickelt zu werden, aber seine aggressive Haltung gegenüber Taiwan, sein Bündnis mit Russland, beider gemeinsame Erklärung vor dem Ukrainekrieg und Chinas Weigerung, die russische Aggression zu verurteilen und Sanktionen dagegen zu verhängen, zwingen den Westen zu einer umfassenden Überprüfung seiner Beziehungen zu Peking.[99] China zieht es vor, wirtschaftliche Macht einzusetzen, um seine Ziele zu erreichen, vor allem durch den Aufbau oder Aufkauf von Infrastrukturen im Ausland, was auf den ersten Blick oft nicht nur friedlich, sondern auch hilfreich erscheint. Doch die Geschichte zeigt, dass auf den Bau von Infrastrukturen recht häufig Konflikte folgten – von der Transsibirischen Eisenbahn bis zur Bagdadbahn, von der von Deutschland finanzierten Transvaalbahn bis zum japanischen Eisenbahnbau in China und dem Mukden-Zwischenfall. Was die Machtverhältnisse angeht, so bergen selbst friedliche Projekte wie die Belt and Road Initiative das zu Beginn von Kapitel 1 beschriebene Problem der Latenz. Entsprechend wachsam sollte der Westen sein.

Der Westen sollte jedoch zugleich seine Bemühungen verstärken, China und die Chinesen besser zu verstehen, ebenso die Geschichte Russlands und seine Bindungen und Beziehungen zu Zentralasien. Das erfordert mehr entsprechenden Sprachunterricht an westlichen Schulen und mehr Russland- und Chinastudien[100] an westlichen Universitäten. Gleichzeitig sollten die russische und die chinesische Gemeinschaft im Westen angesprochen werden, um ihnen die westlichen Ansichten zu Fragen von bilateralem oder trilateralem Interesse nahezubringen. Eine konstruktive Zusammenarbeit eher technischer Art mit Peking und sogar mit Moskau ist in vielen Bereichen möglich und nötig, auch wenn es verdient, wiederholt zu werden, dass der größte Teil dieser Zusammenarbeit im Interesse aller liegt, also von allen Seiten gefordert ist und daher keine besonderen Zugeständnisse oder Dankbarkeit von den Beteiligten erfordert oder impliziert.

Welche Maßnahmen empfehlen sich? Der simple Selbstschutz verlangt, dass die westlichen Demokratien im internationalen Handel und bei ihren kritischen Infrastrukturen nicht von autokratischen, nichtfreundlichen Mächten abhängig sein dürfen. Das schließt den Einbau chinesischer 5G-Technologie in die westlichen Netze definitiv aus, erlaubt aber durchaus den Handel miteinander, solange er unterhalb der Abhängigkeitsschwelle bleibt – was derzeit für Deutschland mit Blick auf China leider nicht der Fall ist.[101] Als Grenzmarkierung bietet sich die im Kalten Krieg im Westen vereinbarte 35-Prozent-Marke an. Sie wäre im Verhältnis zu Russland spätestens seit 2014 wieder geboten gewesen.

Bösartiges Verhalten vonseiten Russlands und Chinas, zum Beispiel im Cyberspace, muss öffentlich beim Namen genannt und bekämpft werden, bis es aufhört. Die westlichen Demokratien müssen ihre Infrastrukturen härten (was nur in enger Zusammenarbeit von Staat und Privatsektor gelingen kann), ihre Geschäftsgeheimnisse schützen und ihre Demokratien verteidigen. Sie müssen in der Lage und bereit sein, gegen staatsnahe Aggressionen entschieden zurückzuschlagen. Die Kritik an der Missachtung von Menschenrechten sollte angemessen signalisiert werden, und der Westen darf sich natürlich nicht an Menschenrechtsverletzungen beteiligen; aber die Menschenrechtsfrage sollte nicht das gesamte Verhältnis beherrschen, weil das nur zu einer Eiszeit und in eine Sackgasse führen würde.[102]

Es wird in vielerlei Angelegenheiten von gemeinsamem Interesse Zusammenarbeit nötig sein, und es werden sich immer wieder Möglichkeiten ergeben, die Entscheidungen Russlands und Chinas durch wachsame Kooperation zu beeinflussen. Hochrangige Treffen sind nach wie vor hilfreich, um festzulegen, in welchen Bereichen innerhalb welcher

Zeitspanne nachweisliche Fortschritte erzielt werden sollen. Dann gilt eine doppelte Devise: „An ihren Früchten sollt ihr sie erkennen" – und entsprechend solltet ihr sie dann auch behandeln. Die Bereiche möglicher und nötiger Zusammenarbeit reichen vom Klimaschutz bis zur Umsetzung der UN-Nachhaltigkeitsziele, von der Terrorismusbekämpfung bis zur Abwehr von Cyberangriffen auf kritische Infrastrukturen, von der Nichtverbreitung von Massenvernichtungswaffen bis zu UN-Friedenseinsätzen, von der WTO-Reform bis zum Abbau der übermäßigen Leistungsbilanzungleichgewichte in der Welt, von der Revision der Weltfinanzordnung bis zur Stärkung der Rolle der G20-Gruppe von Industrie- und Schwellenländern in der Global Governance.[103] Der Westen sollte sich sogar bemühen, neue Felder der Zusammenarbeit zu erschließen. Afrika wäre zum Beispiel ideal für eine entwicklungspolitische Dreierpartnerschaft zwischen der Afrikanischen Union, der Volksrepublik China und der Europäischen Union. Das würde unseren Nachbarkontinent voranbringen und böte China und EU-Europa große Chancen, zu investieren und neue Absatzmärkte zu erschließen. Eine Dreierarbeits- und Lerngemeinschaft würde vermutlich auch zu Entwicklungsmodellen führen, die der Lage der afrikanischen Länder angemessener sind als westliche Patentrezepte oder die Entwicklungsdiktatur à la chinoise.

Über alledem darf die Zusammenarbeit mit Ländern wie Indien, Japan, Singapur, Indonesien, Vietnam, Malaysia, Thailand und Südkorea nicht vernachlässigt werden – sie sollen sich schließlich nicht zurückgesetzt fühlen. Das am 1. Februar 2019 in Kraft getretene Freihandelsabkommen der EU mit Japan ist ein vorzüglicher Schritt in die richtige Richtung, und ein solches Abkommen sollte auch mit Kanada und mit den lateinamerikanischen Staaten des Mercosur-Binnenmarktes (Argentinien, Brasilien, Paraguay und Uruguay) endlich geschlossen werden. Ein anderer vernünftiger Schritt wäre es, würde Deutschland zugunsten Indiens auf seine ohnehin aussichtslosen Ambitionen verzichten, einen ständigen Sitz im Weltsicherheitsrat zu erlangen. Dort ist Europa mit Großbritannien und Frankreich ausreichend vertreten. Es wäre außerdem für ein erhöhtes Gewicht der EU vernünftig, den französischen Sitz in einen der EU umzuwandeln – entweder per Änderung der Charta oder de facto, das heißt durch politische Selbstverpflichtung Frankreichs.

Der Vorschlag, den Schwerpunkt eindeutig auf möglichst viel Zusammenarbeit mit China und Russland (nach seiner Rückkehr in den Kreis der friedfertigen Nationen) zu legen, folgt aus der Antwort auf die

Frage, welche langfristigen, strategischen Ziele der Westen ihnen gegenüber verfolgen sollte. Russland muss nun zunächst und möglichst für immer beigebracht werden, dass es seine Lage durch militärische Gewaltanwendung nur verschlimmern kann. Danach mag es wieder zum Handelspartner und Rohstofflieferanten des Westens werden. Allerdings wird sich das geschwächte Russland in Zukunft wirtschaftlich wohl vor allem nach Asien orientieren, und man wird es dort vermutlich entsprechend einhegen, um den internationalen Frieden zu schützen. Es läge allerdings nicht im westlichen Interesse, sollte China in Russlands Fernem Osten landnehmerisch vordringen und darüber hinaus die gesamtrussische Infrastruktur instand halten und managen, denn das brächte Peking noch näher vor EU-Europas Tür. Russland soll sich China gegenüber behaupten können. Auch darum wird nach dem Ende des Ukrainekrieges ein gewisses Maß an westlicher Zusammenarbeit mit Russland nötig sein.

Mit Blick auf China werden derzeit sehr unterschiedliche Empfehlungen und Prognosen debattiert. Sie reichen von so etwas wie Appeasement[104] über Vorstellungen von einer Art sinoamerikanischem wirtschaftlichem Weltdirektorat[105] oder kontrolliertem strategischem Wettbewerb[106] über gewaltlose Abnutzungsstrategien[107] bis zur Warnung, es drohe mit China bald Krieg zu geben.[108] Ein militärischer Rückzug des Westens aus Regionen wie dem Indopazifik würde weltweit zu mehr Aufrüstung und Unsicherheit führen, und selbst das von manchen propagierte Decoupling, die Entkopplung der Volkswirtschaften, bedeutete nicht nur gigantische Anpassungskosten, sondern würde vermutlich die Kriegsgefahr erhöhen, weil, wie gezeigt, schwindende Zuversicht in die künftigen wirtschaftlichen Rahmenbedingungen offenbar eine wichtige Kriegsursache ist.[109] Schon der Versuch, China einzudämmen, würde feindselig wirken und erscheint nicht legitim, denn warum sollte China daran gehindert werden, durch eigene ehrliche Leistung zu wachsen und sich weiterzuentwickeln? Vernünftiger ist es, durch Zusammenarbeit das gegenseitige Verständnis zu vertiefen und die Gründe zu mehren, beim friedlichen Wettstreit zu bleiben.

Aber auf die Regeln dieses Wettstreits und auf ihre strikte Einhaltung kommt es entscheidend an. In der Hinsicht muss sich der Westen selbst einige Korsettstangen einziehen (das heißt seine unverantwortliche und nicht selten kriminelle Profitgier unter Kontrolle bringen), und er muss allen anderen Mächten gegenüber unnachgiebig auf fairen Bedingungen und fairem Verhalten bestehen. Die Europäische Kommission hat, wie erwähnt, im März 2019 ein Memorandum veröffentlicht,[110] das eine veränderte Mischung von Zusammenarbeit und systemischer Konkurrenz mit der Volksrepublik China befürwortet und die Bedeutung des Selbstschutzes in Bereichen wie Investitionskontrolle und kritische Infrastruktur betont. Das weist in die richtige Richtung. Doch darüber hinaus sollte es unter den westlichen Regierungen noch viel mehr Erfahrungsaustausch geben. Australien zum Beispiel hat gelernt, chinesischen Verhandlungstaktiken wirksam zu begegnen, indem es von vornherein ausschließt, dass sich die Volksrepublik nach und nach immer neue Scheiben von der australischen Infrastruktursalami herunterschneidet. Zusammenarbeit mit China (und perspektivisch auch wieder mit Russland) sollte es künftig nur noch geben, wo und solange Transparenz, Reziprozität und gleiches Recht für alle herrschen. Wenn also chinesische Investoren den mit Millionen Euro Steuergeld aufgewerteten Flughafen Hahn zum Schnäppchenpreis kaufen und betreiben durften (der Vorgang wäre eine eigene Fallstudie wert), dann sollte es für westliche Investoren grundsätzlich genauso selbstverständlich möglich sein, einen chinesischen Flughafen ein paar Hundert Kilometer von Peking entfernt zu kaufen und zu betreiben. Wenn hingegen andere Akteure den Grundsätzen der Transparenz, Reziprozität und Gleichberechtigung zuwiderhandeln, dann sollte der Westen ihnen entschieden entgegentreten – mit Freedom of Navigation Operations und wirksamer Spionageabwehr; mit scharfen Handelssanktionen und spiegelbildlichen Einschränkungen für den Fall der Schlechterbehandlung eigener Unternehmen; mit Hilfe für Schwächere, die wirtschaftlich oder gar militärisch unter Druck gesetzt werden; und mit eigenem wirtschaftlichem Druck gegen die kleinen Autokraten, die sich gern in den Orbit Moskaus und Pekings begeben.[111]

Kein Ende in Sicht

Ein solcher Wettstreit verlangt Konsequenz und eine gewisse Härte, aber er lohnt sich, weil er die Spannkraft erhöht, die Selbstachtung hebt und beim Gegenüber Respekt einbringt; und er nutzt sogar China, denn die dortigen Unternehmen brauchen den scharfen Wind fairen internationalen Wettbewerbs, um leistungsfähiger zu werden. Das Bekenntnis zu Grundsätzen wie dem der Transparenz verlangt auch Selbstverbesserung, denn schädliche Intransparenz gibt es auch im Westen.[112] Zugleich sollte der Westen darauf hinarbeiten, dass noch viel mehr Nationen noch viel intensiver das Spiel nach fairen Regeln mitspielen, denn nur dadurch gewinnen sie ein eigenes Interesse an dessen Fortbestand: Je inklusiver und intensiver die wirtschaftliche Zusammenarbeit und die Tätigkeit von internationalen Organisationen wie der WTO, desto größer der geopolitische Vorteil für den Westen, und desto größer seine Kraft, die Ordnung der Freiheit zu behaupten. Vielleicht führt ein solcher Wettstreit im Verhältnis zu manchen Staaten zu einem Rückgang des Handelsvolumens und der gegenseitigen Auslandsinvestitionen; aber besser ein kleineres Spielfeld, das eben ist, als ein großes, auf dem der Westen nur bergauf spielen kann. Es wird eine lange Partie werden, aber die westlichen Demokratien können sie mit großer Zuversicht angehen, wenn sie sich zusammenreißen. Selbst Chinas Bäume wachsen nicht in den Himmel, und längst balancieren viele Mächte in nah und fern den chinesischen Einfluss aus. Die Völker wollen weder unter einer Universalmonarchie leben noch in der Gesellschaft von Löwen, die für sich den Hauptanteil von allen Gütern verlangen. Das Problem von Gleichgewicht oder Hegemonie[113] bleibt bestehen; aber es ist eingehegt worden durch die Ordnung, die nach 1945 maßgeblich der Westen geschaffen hat. Sie ist hier und da deutlich und dringend reformbedürftig, aber sie bietet allen mehr Raum zur friedlichen Entfaltung als jede andere denkbare Ordnung. Der Westen sollte in ihr weiter die aktive und die – bei allen seinen „Warzen“ (Barack Obama)[114] – konstruktive Rolle spielen wie im vergangenen Dreivierteljahrhundert. Er sollte sich dem umfassenden Wettstreit der Staats-, Wirtschafts- und Gesellschaftssysteme stellen – kooperationsbereit und streitbar, selbstbewusst und selbstkritisch, ohne Angst und ohne Träumereien. Es liegt an uns.

Anhang

Anmerkungen

Alle Internetfundstellen zuletzt abgerufen im Oktober 2022.

Einführung – „Krieg, Handel und Piraterie"

1 Joe Studwell, *How Asia works*, 2. Aufl., London 2014, S. 67–69, 77, 109, 135. Zu Hamilton und List s. Kapitel 6.

2 Benn Steil, *The battle of Bretton Woods*, Princeton, 2013, S. 54–56.

3 Stefan Baron/Guangyan Yin-Baron, *Die Chinesen*, 2. Aufl., Bonn 2018, S. 358; Thomas J. Christensen, *The China challenge*, 2. Aufl., New York 2016, S. 197.

4 Bob Woodward, *Fear*, London 2018, S. 161 (deutsch: *Furcht. Trump im Weißen Haus*, Reinbek bei Hamburg 2018); Bob Woodward, *Rage*, New York, 2020, S. 35 (deutsch: *Wut*, München 2020).

5 Das Konzept der „regelbasierten Ordnung" ist jüngeren Datums, vgl. Ben Scott/Madeleine Nyst/Sam Roggeveen, *Australia's security and the rules-based order*, 2020, https://interactives.lowyinstitute.org/features/rules-based-order/. Es beschreibt aber einen alten Politikansatz und eine wichtige Entwicklungsachse in der Geschichte des Völkerrechts und der internationalen Beziehungen.

6 Susan Strange, *States and markets*, 7. Aufl., London 2015, S. 19, passim. Eine ausgezeichnete Einführung in die internationale politische Ökonomie bietet John Ravenhill (Hrsg.), *Global political economy*, 6. Aufl., Oxford 2020.

7 So können zum Beispiel die Dramen der britischen Herrschaft über Indien und des Reparationsregimes nach dem Ersten Weltkrieg großteils durch die damals herrschenden internationalen und nationalen politischen Ökonomien erklärt werden.

8 Der Satz „Eternal vigilance is the price of liberty" wird, wohl zu Unrecht, Thomas Jefferson zugeschrieben (vgl. https://www.monticello.org/research-education/thomas-jefferson-encyclopedia/eternal-vigilance-price-liberty-spurious-quotation/). Das Motto des Obersten Hauptquartiers der NATO-Streitkräfte in Europa (SHAPE) lautet „Vigilia pretium libertatis", Wachsamkeit ist der Preis der Freiheit.

9 Robert J. A. Skidelsky, *Retreat from leadership: the evolution of British economic foreign policy, 1870–1939*, in: Benjamin M. Rowland (Hrsg.), *Balance of power or hegemony: the interwar monetary system*, New York 1976, S. 147 (149–168).

10 Nils Ole Oermann/Hans-Jürgen Wolff, *Trade Wars – Past and Present*, Oxford 2022.

11 Johann Wolfgang v. Goethe, *Faust. Der Tragödie Zweiter Teil*, 5. Akt, 2. Szene, Verse 11.187–11.188.

Kapitel 1 – Wirtschaftlicher Wettbewerb, Handelskriege und ihre Ursachen in der Moderne

1 https://brookingtech.com/articles/on-sheep-wolves-and-sheepdogs/.

2 Sven Beckert hat am Beispiel der Baumwolle eine eindrucksvolle Kapitalismusgeschichte geschrieben, *King Cotton*, 3. Aufl., München 2015. Vgl. in der englischen Fassung *Empire of cotton*, 2. Aufl., London 2015, S. xii, 45–49, 65–77, 235–238, 296–297, 312–340; Wolfgang Reinhard, *Die Unterwerfung der Welt*, München 2016, S. 800.

3 Dean Acheson, *Present at the creation*, New York 1987, S. 4; Ulrich Blum, *Wirtschaftskrieg*, Halle (Saale) 2016, S. 426; Jörg Leonhard, *Die Büchse der Pandora*, München 2014, S. 34 ff.

4 Nur ein, elegantes, Beispiel: Großbritannien erwarb vor Kriegsausbruch 1914 die Aktienmehrheit der Anglo-Persian Oil Company, schloss mit ihr einen staatlich garantierten Abnahmevertrag zugunsten der auf Ölantrieb umgestellten britischen Kriegsflotte und krönte damit jahrelange Anstrengungen, das vom Chef der Admiralität John Arbuthnot Fisher als kommender Kriegsgegner angesehene Deutschland und Mächte wie die Türkei aus Persien auszuschließen und vom dortigen Öl fernzuhalten – Daniel Yergin, *Der Preis. Die Jagd nach Öl, Geld und Macht*, Frankfurt am Main 1993, S. 194–212; Dale C. Copeland, *Economic Interdependence and war*, Princeton 2015, S. 126 f.; Peter Frankopan, *Licht aus dem Osten*, 2. Aufl., Berlin 2016, S. 472–474; Keith Fisher, *A pipeline runs through it*, London 2022, S. 469–504, 539–545. In der heutigen Kriegführung gehen staatliche und privatrechtliche Akteure und Handlungsformen erneut ineinander über: Rosa Brooks, *How everything became war and the military became everything*, 2. Aufl., New York 2017, S. 258, 300, passim.

5 William H. McNeill, *The pursuit of power. Technology, armed force, and society since A.D. 1000*, Chicago 1982, S. 102; Reinhard, *Unterwerfung der Welt*, S. 19.

6 McNeill, *Pursuit of power*, S. 102.

7 Reinhard, *Unterwerfung der Welt*, S. 337, 999, passim; Ronald Findlay/Kevin H. O'Rourke, *Power and plenty*, 6. Aufl., Princeton 2007, S. 144 ff., 153–156, 230–232 zu Plünderei als Mittel der Reichsbildung mangels Anfangskapital zur Eroberung für friedlichen Handel und zur Lösung von Principal-Agent-Problemen.

8 Reinhard, *Unterwerfung der Welt*, S. 998, stellt fest, dass noch im 20. Jahrhundert Afrikaner als Zwangsarbeiter beim Eisenbahnbau eingesetzt wurden und dass etwa die 500 Kilometer lange Kongo-Ozean-Eisenbahn von Brazzaville nach Pointe-Noire, die 1921–1934 unter französischer Kolonialverwaltung gebaut wurde, das Leben von etwa 20 000 Zwangsarbeitern gekostet hat. Vgl. dazu auch J. P. Daughton, *In the forest of no joy*, New York 2021. Außerdem ist es nicht übertrieben, die Praxis der Kolonialmächte im Ersten Weltkrieg mit Formen der Sklaverei zu vergleichen: Hew Strachan, *The First World War in Africa*, Oxford 2004, S. 1–12.

9 Beckert, *King Cotton*, Kapitel 2; McNeill, *Pursuit of power*, S. 103 ff., 150 ff.; Reinhard, *Unterwerfung der Welt*, S. 233 ff., 296.

10 Zu Draper (1721–1787) James Dreaper, *Pitt's 'gallant conqueror'*, New York 2006, S. IX, 42–44, 47, 68, 70, 84, 90. Als die britische Invasionsflotte nach Manila auslief, druckte eine Londoner Zeitung einen hurrapatriotischen Text, der zur Melodie des Marinelieds *The roast beef of old England* gesungen werden sollte und die bezeichnenden Zeilen enthielt: „Let's away to Manila, the pride of Old Spain / Where with gold silk and diamonds great plenty doth reign" – „Auf nach Manila, dem Stolz des alten Spaniens, / Wo mit Gold, Seide und Diamanten großer Reichtum herrscht" (a. a. O., S. 75).

11 Charles P. Kindleberger, *World economic primacy: 1500 to 1990*, New York 1996, S. 44, zitiert den englischen Ökonomen, Händler und Politiker Sir Josiah Child (1630–1699): „All trade is a kind of warfare." („Aller Handel ist eine Art Kriegführung.") Findlay/O'Rourke, *Power and plenty*, S. 178, zitieren den niederländischen Händler Jan Pieterszoon Coen (1587–1629): „we cannot make war without trade nor trade without war." („Wir können weder ohne Handel Krieg führen noch ohne Krieg Handel treiben.") Vgl. dort auch Kapitel 5, S. 227 ff. Edmond Silberner, *La guerre dans la pensée économique du XVIe au XVIIIe siècle*, Paris 1939; und ders., *The problem of war in XIXth century economic thought*, Princeton 1946: vom kriegerischen Denken der Merkantilisten zum Wirtschaftspazifismus der Physiokraten und Frühliberalen; und: Wirtschaftsdarwinismus der Protektionisten, Kriegsgegnerschaft der Liberalen und Sozialisten (auch aus wirtschaftlichen Gründen). Generell zu den genannten volkswirtschaftlichen und wirtschaftspolitischen Denkschulen: Douglas A. Irwin, *Against the tide. An intellectual history of free trade*, Princeton 1998, S. 12–74, 207f.; David A. Baldwin, *Economic statecraft*, Princeton 1984, S. 72ff.; Gerhard Kolb, *Geschichte der Volkswirtschaftslehre*, 2. Aufl., München 2004. Speziell zu Frankreich Ulrich Menzel, *Die Ordnung der Welt*, Berlin 2015, S. 646–668; Robert Skidelsky, *Money and government*, London 2018, S. 74–93.

12 Auch Hume trat für Freihandel ein. Zu den Argumenten von Smith und Ricardo s. Kapitel 6.

13 Copeland, *Economic interdependence*, S. 76; A. C. Conybeare, *Trade wars. The theory and practice of international commercial rivalry*, New York 1987, S. 140 ff.

14 Beckert, *Empire of cotton*, S. 158–163.

15 „it is the business of the Government to open and to secure the roads for the merchant." Charles Webster, *The foreign policy of Palmerston 1830–1841*, Band 2, London 1951, S. 750 f.

[16] Wie 1842 in Nanking: Ali Laïdi, *Histoire mondiale de la guerre économique*, Paris 2016, S. 283 f.

[17] Beckert, *Empire of cotton*, Kapitel 4 und 5; Findlay/O'Rourke, *Power and plenty*, S. 330–343; Eric Williams, *Capitalism and slavery*, 2. Aufl., Richmond 1945, https://glc.yale.edu/sites/default/files/pdf/capatlism_and_slavery.pdf.

[18] Reinhard, *Unterwerfung der Welt*, S. 90 f., 192, 195, 327, 410–418, 425 f., 444–484, passim. Zu den Ausmaßen des transatlantischen Sklavenhandels s. David Eltis/David Richardson, *The transatlantic slave trade*, 2008, www.slavevoyages.org.

[19] Beckert, *Empire of cotton*, S. 90.

[20] Ebd., S. 66.

[21] Ebd., S. 262.

[22] Thomas Pakenham, *The scramble for Africa*, London 1991; Reinhard, *Unterwerfung der Welt*, S. 928–965. Richard Overy, *Blood and ruins. The great imperial war, 1931–1945,* London, 2021, S. x f., 2 f., 32–68, legt beeindruckend dar, dass der Zweite Weltkrieg der bis dato letzte imperialistische Krieg war und lange Wurzeln in der erneuten Welle des territorialen Imperialismus in den letzten Jahrzehnten des 19. Jahrhunderts hatte – „that the long Second World War was the last imperial war" (S. xi) and had „long roots" (S. 2) in the „fresh wave of territorial imperialism" (S. 3) the industrial powers embarked upon „in the last decades of the nineteenth century" (S. 2). Wie Präsident Putin zu bestreiten versuchte, dass die Ukraine ein souveräner Staat ist, ähnelte dem Vorbringen von Japan, Italien und Deutschland in den 1930er-Jahren mit Blick auf China, Äthiopien, die Tschechoslowakei und Polen (dazu Overy, a. a. O., S. 39). Es erinnerte afrikanische Beobachter zu Recht an den europäischen Kolonialismus: *Kenyan U.N. ambassador compares Ukraine's plight to colonial legacy in Africa*, NPR, 22.2.2022, https://www.npr.org/2022/02/22/1082334172/kenya-security-council-russia.

[23] William Thomas Stead, *Ought King Leopold to be hanged?* The Review of Reviews, September 1905, https://www.attackingthedevil.co.uk/reviews/leopold.php; Adam Hochschild, *Schatten über dem Kongo*, 2. Aufl., Reinbek bei Hamburg 2002; David van Reybrouck, *Kongo*, 5. Aufl., Berlin 2021, S. 77 ff.; Chambre des représentants de Belgique, DOC 55 1462/002, *Commission spéciale chargée d'examiner l'état indépendant du Congo et le passé colonial de la Belgique au Congo, au Rwanda et au Burundi, ses consequences et les suites convient d'y réserver, Rapport des experts,* 26.19.2021, https://www.dekamer.be/FLWB/PDF/55/1462/55K1462002.pdf. Zu innerafrikanischer Sklaverei und Zwangsarbeit noch im Jahre 1930 vgl. Völkerbund, *Report of the International Commission of Inquiry into the existence of slavery and forced labor in the Republic of Liberia*, US-Ausgabe, Washington 1931, S. 133–135.

[24] Benjamin J. Cohen, *The question of imperialism*, 2. Aufl., London 1974, S. 31; Daniel R. Headrick, *The tools of Empire*, New York 1981, S. 3: Der von Europa besetzte oder beherrschte Teil der Erdoberfläche wuchs von 35 Prozent um 1800 auf 67 Prozent im Jahr 1878 und 84 Prozent bis 1914.

[25] New York 1902, vor allem Kapitel VI, „The economic taproot of imperialism".

26 „There is no necessity to open up new foreign markets; the home markets are capable of indefinite expansion. Whatever is produced in England can be consumed in England, provided the ‚income', or power to demand commodities, is properly distributed.", *Imperialism*, S. 94.

27 Rudolf Hilferding, *Das Finanzkapital*, Wien 1910; Rosa Luxemburg, *Die Akkumulation des Kapitals*, Berlin 1913; Wladimir Iljitsch Lenin, *Der Imperialismus als höchstes Stadium des Kapitalismus*, Berlin 1962 (zuerst auf Russisch, 1916).

28 Cohen, *Imperialism*, S. 42–49.

29 Eine klassische Studie dieser Reformen: Karl Polanyi, *The great transformation*, New York 1944 (deutsch: *Die große Transformation*, 8. Aufl., Frankfurt am Main 1973).

30 Wir folgen hauptsächlich der Analyse von Cohen, *Imperialism*, S. 49 ff., passim. Reinhard, *Unterwerfung der Welt*, S. 869–880, 929, 938 f.; David Kenneth Fieldhouse, *Economics and empire 1830–1914*, London 1973, S. 463–476, kommt zu dem Schluss, dass wirtschaftliche Interessenvertreter die Regierungspolitiken selten direkt beeinflussten, sondern eher durch ihr Verhalten in den künftigen Kolonialgebieten Probleme schufen, die dann politische Lösungen erforderten. Weniger kritisch zu Hobson und zu der sozialistischen Argumentation Michael W. Doyle, *Ways of war and peace*, New York 1997, S. 342 ff.

31 Das war in den vom Merkantilismus geprägten Jahrhunderten anders: Damals betrachtete jede Kolonialmacht ihre Besitzungen als Rohstofflieferanten und Absatzmärkte allein für das „Mutterland", und Konkurrenten wurden notfalls mit Gewalt ausgeschlossen: „each of the powers looked upon its colonies as suppliers of raw materials and markets for manufactures of the ‚mother country' alone, with foreign interlopers to be excluded by force if necessary." Findlay/O'Rourke, *Power and plenty*, S. 228.

32 Bedrückendes Anschauungsmaterial für kapitalistische Amoral: Kenneth R. Timmermann, *Death lobby. How the West armed Iraq*, Boston 1991; Javier Blas/Jack Farchy, *The world for sale*, London 2021; Disclose, 14.3.2022, *War in Ukraine: How France delivered weapons to Russia until 2020*, https://disclose.ngo/en/article/war-in-ukraine-how-france-delivered-weapons-to-russia-until-2020. Josh Chin/Liza Lin, *Surveillance state*, New York 2022, S. 154–176.

33 Horst Gründer, *Geschichte der deutschen Kolonien*, 7. Aufl., Paderborn 2018, S. 89 ff.; Reinhard, *Unterwerfung der Welt*, S. 948.

34 Beispiele von Cohen, *Imperialism*, S. 68.

35 Fisher, *A pipeline runs through it*, S. 222 ff. (Burma) und S. 234–242 (Ägypten); Niall Ferguson, *The cash nexus*, London 2001, S. 266 (Ägypten).

36 Dazu Kapitel 2, Fn. 55.

37 Cohen, *Imperialism*, S. 68 f.; Copeland, *Economic interdependence*, S. 375 ff.; McNeill, *Pursuit of power*, S. 293 f.

38 Eine in Guatemala geplante Landreform gefährdete Interessen der United Fruit Company, welcher wiederum der US-Außenminister und der CIA-Chef verbunden waren. Wikipedia: Artikel *Operation PBSUCCESS*, https://de.wikipedia.org/wiki/Operation_PBSUCCESS; Artikel *John Foster Dulles*, https://de.wikipedia.org/wiki/John_Foster_Dulles. Zum Einfluss

des Staatsstreichs auf den Vermögenswert von United Fruit vgl. Arindrajit Dube/Ethan Kaplan/Suresh Naidu, *Coups, Corporations, and classified information*, *The Quarterly Journal of Economics* 2011, S. 1375 ff., https://www.nber.org/papers/w16952. Zu der nach dem Reinigungsmittel Ajax benannten CIA-Beihilfe zum Sturz des iranischen Ministerpräsidenten Mossadegh Wikipedia, Artikel *Operation Ajax*, https://de.wikipedia.org/wiki/Operation_Ajax. Zu beiden Operationen Tim Weiner, *CIA*, 3. Aufl., Frankfurt am Main, S. 141 ff.; S. 122 ff. S. auch John Lewis Gaddis, *We know now*, 2. Aufl., Oxford 1998, S. 177, 187.

39 Viele Beispiele in: Eugene Staley, *War and the private investor*, Chicago 1935, Kapitel 13, und S. 361 ff.

40 Wir folgen hauptsächlich Adam Tooze, *The deluge. The Great War and the remaking of global order*, 2. Aufl., London 2015, S. 36–67 (deutsch: *Sintflut. Die Neuordnung der Welt 1916–1931*, München 2017); Ron Chernow, *The house of Morgan*, 3. Aufl., New York 2009, S. 185–189, 195–200; Hew Strachan, *The First World War, Volume 1: To arms*, 2. Aufl., Oxford 2003, S. 814–992 und 941–975 (Kreditaufnahme im Ausland und die Politik Wilsons).

41 Helmuth Carol Engelbrecht/Frank Cleary Hanighen, *Merchants of death*, New York 1934, S. 140 ff.; US Congress, Senate, Special Committee on Investigation of the Munitions Industry (Hrsg.) *Report of the Special Committee on investigation of the munitions industry*, Washington 1936, S. 3–13, https://www.ruhr-uni-bochum.de/gna/Quellensammlung/09/09_nyecommitteereport_1936.html; Artikel *Merchants of death*, US Senate, https://www.senate.gov/about/powers-procedures/investigations/merchants-of-death.htm.

42 Thomas J. Knock, *To end all wars. Woodrow Wilson and the quest for a new world order*, Oxford 1992, S. 110.

43 Philip Zelikows erschütternde Studie darüber, wie es Präsident Wilson nicht gelang, den Krieg in den Jahren 1916/17 zu beenden, enthält eine Fülle von Details über die Abhängigkeit der Briten und Franzosen von amerikanischen Krediten und Nachschublieferungen: *The road less traveled*, New York 2021, S. 125–149, 170–173, 187–189, 205, 208–210, 237–240, 268. Wenig überzeugend die Einschätzung von Niall Ferguson, es habe keine großen finanziellen Probleme gegeben: *How (not) to pay for the war*, in: Roger Chickering/Stig Förster (Hrsg.), *Great War, total war*, 2. Aufl., Cambridge 2006, S. 409 (422 f.).

44 Watson, *Ring of steel*, 2. Aufl., London 2015, S. 416–449; zum „Zimmermann-Telegramm“ Christopher Andrew, *The secret world. A history of intelligence*, 2. Aufl., London 2019, S. 509, 518 f., 536–542. Zum Hintergrund des Konflikts zwischen Mexiko und den USA Jennifer D. Keene, *North America*, in: Jay Winter (Hrsg.), *Cambridge history of the First World War*, Band I, S. 511 (525–529).

45 „bargained hard for corned beef and barbed wire, locomotives and artificial limbs.“, Chernow, *House of Morgan*, S. 189.

46 Ebd., S. 185.

47 „pro-Ally by inheritance, by instinct, by opinion“, ebd., S. 186.

48 Ebd., S. 195 f.

49 „financial communities within states favor cautious national security strategies and are acutely averse to war and to policies that risk war. This general rule holds across time and place, in a wide variety of political and economic settings." Jonathan Kirshner, *Appeasing bankers. Financial caution on the road to war*, Princeton 2007, S. 1.

50 Ebd.

51 A. a. O., Kapitel 4.

52 „prefers peace not out of the goodness of its heart but", ebd., S. 211.

53 „if the preferences of the financial community were drawn from the mix, the remaining influences of capitalism and commerce" on trade wars and imperialism are even „less apparent and instead more fluid, indeterminate, and contingent." Ebd., S. 18.

54 Belege für eine solche „kapitalistische Friedfertigkeit" finden sich in einer Reihe quantitativer Studien: Christopher Gelpi/Joseph M. Grieco, *Democracy, interdependence, and the sources of the liberal peace*, Journal of Peace Research, 2008, S. 17, https://www.jstor.org/stable/27640621; dies., *Economic interdependence, the democratic state, and the liberal peace*, in: Edward D. Mansfield (Hrsg.), *Economic interdependence and international conflict*, Ann Arbor 2003, S. 44; Erik Gartzke, *The capitalist peace*, American Journal of Political Science, 2007, S. 166; Patrick McDonald, *The invisible hand of peace*, Cambridge 2009; Erik Gartzke/J. Joseph Hewitt, *International crises and the capitalist peace*, International Interactions, 2010, S. 115; John Mueller, *Capitalism, peace, and the historical movement of ideas*, International Interactions, 2010, S. 169; Copeland, *Economic interdependence*, S. 51 ff.

55 Lionel Robbins, *The economic causes of war*, 2. Aufl., London 1940, S. 98 f., 104; Cohen, *Imperialism*, S. 76–80, 229–245; Reybrouck, *Kongo*, S. 53 f.

56 Daniel R. Headrick, *The tools of Empire*, New York 1981; Niall Ferguson, *Doom*, London 2021, S. 142–157 (deutsch: *Doom*, München 2021); zur modernen Waffentechnik McNeill, *Pursuit of power*, S. 233–240, 258.

57 Barry Buzan, *People, states and fear*, 2. Aufl., New York 1991, S. 146–160, 169–177, 203 f., 230–269.

58 Thukydides, *Der Peloponnesische Krieg*, München 1991, S. 37: „Den wahrsten Grund freilich, zugleich den meistbeschwiegenen, sehe ich im Wachstum Athens, das die erschreckten Spartaner zum Krieg zwang."

59 „why do we not have trade wars all the time? Perhaps the most useful initial answer is that we do; […] that is to say, there is always some degree of trade war in the system, but it is not always at very high levels of conflict." *Trade Wars*, S. 5. Grundlegend für diese Sicht Edward N. Luttwak, *From geopolitics to geo-economics. Logic of conflict, grammar of commerce*, The National Interest, Summer 1990, S. 17. Das Gleiche gilt wohl für das Kontinuum zwischen Frieden und Schießkrieg, wie jüngst gezeigt von Brooks, *How everything became war*, S. 333–353, passim.

60 Matthew C. Klein/Michael Pettis, *Trade wars are class wars*, New Haven 2020, S. V., 6 f., 222, sowie unten, Kapitel 10, Fn. 22. Zu Hobsons Aktualität auch Skidelsky, *Money and government*, S. 288 ff.

Kapitel 2 – Die Begriffe Sanktion, Handelskrieg und Wirtschaftskrieg

1 Zu den unterschiedlichen Begriffsbildungen und Wortverwendungen bspw. Teoman M. Hagemeyer-Witzleb, *The international law of economic warfare*, Berlin/Cham 2021, S. 13–50.

2 Nach einer anderen Ansicht dominieren in der Weltwirtschaft die transnationalen Unternehmen. Für eine überzeugende Widerlegung dieser Ansicht vgl. Martin Wolf, *Why globalization works*, New Haven 2005, S. 221 ff. Dani Rodrik, *Straight talk on trade*, 2. Aufl., Princeton 2019, Kapitel 2, zeigt die zentrale Bedeutung des Nationalstaats. Colin Hay, *Globalization's impact on states*, in: Ravenhill, *Global political economy*, S. 282–310, zeigt, wie wichtig die fortgesetzte Bedeutung des Staates für die demokratische Legitimität und Rechenschaftspflicht ist.

3 Überblick: Jonathan Masters, *What are economic sanctions?*, 12.8.2019, https://www.cfr.org/backgrounder/what-are-economic-sanctions.

4 Meghan L. O'Sullivan, *Shrewd sanctions*, Washington 2003, S. 34, 307; Daniel W. Drezner, *The sanctions paradox*, Cambridge 1999, S. 4 ff.

5 Zu Fahrplänen und Anreizen Richard N. Haass/Meghan L. O'Sullivan (Hrsg.), *Honey and vinegar*, Washington 2000.

6 Die Resolution 678 des Sicherheitsrates, 29.11.1990, https://www.securitycouncilreport.org/atf/cf/%7B65BFCF9B-6D27-4E9C-8CD3-CF6E4FF96FF9%7D/Chap%20VII%20SRES%20678.pdf, bekräftigte elf frühere Resolutionen, in denen der Irak wegen der Invasion und Besetzung Kuwaits verurteilt und mit Sanktionen belegt worden war, und ermächtigte die UN-Mitgliedstaaten, alle notwendigen Mittel einzusetzen, um die Besetzung zu beenden. Die Annahme der Resolution zu erreichen erforderte einiges an Überzeugungsarbeit und Anreizen: *How U.S. won support to use Mideast forces*, New York Times, 2.12.1990, https://www.nytimes.com/1990/12/02/world/mideast-tensions-us-won-support-use-mideast-forces-iraq-resolution-us-soviet.html.

7 Gabriel Felbermayr/Aleksandra Kirilakha/Constantinos Syropoulos/Erdal Yalcin/Yoto Yotov, *The global sanctions data base*, http://www.globalsanctionsdatabase.com/; dies., *The global sanctions data base: an update that includes the years of the Trump presidency*, 15.3.2021, https://ideas.repec.org/p/ris/drxlwp/2021_010.html; Gary Clyde Hufbauer/Jeffrey J. Schott/Kimberly Ann Elliott, *Economic sanctions reconsidered*, 3. Aufl. mit CD-ROM, Washington 2009; Security Council Report, Special Research Report, *UN Sanctions*, 25.11.2013, https://www.securitycouncilreport.org/atf/cf/%7B65BFCF9B-6D27-4E9C-8CD3-CF6E4FF96FF9%7D/special_research_report_sanctions_2013.pdf; Paul Weiss, *Economic sanctions and anti-money laundering developments. 2020 Year in review*, 22.2.2021, https://www.paulweiss.com/media/3980854/economic_sanctions_and_anti_money_laundering_developments_2020.pdf. Weitere Sanktionentracker in Fn. 98. Zu UN-Sanktionen Kapitel 5, bei Fn. 9.

8 Congressional Research Service, *The Jackson-Vanik Amendment: a survey*, 1.8.2005, https://sgp.fas.org/crs/row/98-545.pdf.

9 Ein jüngeres Beispiel bietet die Abwendung von Sanktionen gegen Beteiligte an der Pipeline Nord Stream 2 durch Präsident Biden im Frühjahr 2021: *U.S.*

waives sanctions on Nord Stream 2 as Biden seeks to mend Europe ties, Reuters, 19.5.2021, https://www.reuters.com/business/energy/us-waive-sanctions-firm-ceo-behind-russias-nord-stream-2-pipeline-source-2021-05-19/; *Joe Biden verzichtet vorerst auf Sanktionen gegen Nord Stream 2*, Spiegel Online, 19.5.2021, https://www.spiegel.de/politik/deutschland/nord-stream-2-joe-biden-verzichtet-vorerst-auf-sanktionen-gegen-ostseepipeline-a-1f7b651f-27de-4137-9a28-210dfd1322d4.

10 US Department of the Treasury, *Sanctions programs and country information*, https://home.treasury.gov/policy-issues/financial-sanctions/sanctions-programs-and-country-information.

11 Joaquín Roy, *Europe: Cuba, the U.S. embargo, and the Helms-Burton law*, in: Richard N. Haass (ed.), *Transatlantic tensions*, Washington 1999, S. 29. Die Unterscheidung zwischen „exterritorialen" und „sekundären" Sanktionen ist subtil und umstritten, dazu Agathe Demarais, *Backfire*, New York 2022, Kapitel 5. Faustformel: Die USA halten ihre Sanktionen zum Beispiel gegen Iran nicht für exterritorial rechtsverbindlich, richten aber „sekundäre" Sanktionen gegen diejenigen Europäer, die sich nicht an die ersteren, angeblich nicht exterritorial geltenden, Sanktionen halten.

12 European Commission, *Overview of sanctions and related tools*, https://finance.ec.europa.eu/eu-and-world/sanctions-restrictive-measures/overview-sanctions-and-related-tools_en. Alle folgenden Zitate von dort. Die Seite ist nicht auf Deutsch verfügbar. Weltkarte der aktuellen EU-Sanktionen: https://www.sanctionsmap.eu/#/main. Zum Beschlussverfahren Europäischer Rat, *Verfahren für die Annahme und Überprüfung von EU-Sanktionen*, https://www.consilium.europa.eu/de/policies/sanctions/adoption-review-procedure/. Clara Portela, *Sanktionen der EU*, November 2007, https://www.swp-berlin.org/publications/products/aktuell/2007A63_portela_ks.pdf; Francesco Giumello, *How EU sanctions work: a new narrative*, 13.5.2013, https://www.iss.europa.eu/sites/default/files/EUISSFiles/Chaillot_129.pdf; Hagemeyer-Witzleb, *International law of economic warfare*, S. 43–46.

13 Seit Dezember 2020 verfügt die EU über ihre eigene Version des 2012 in den USA erlassenen Magnitsky Act, der die US-Regierung ermächtigte, Personen, die sie als Menschenrechtsverletzer betrachtete, zu sanktionieren, ihr Vermögen einzufrieren und ihnen die Einreise in die USA zu verbieten: https://www.govinfo.gov/content/pkg/PLAW-112publ208/pdf/PLAW-112publ208.pdf, und die EU-Norm https://eur-lex.europa.eu/legal-content/EN/TXT/HTML/?uri=OJ:L:2020:410I:FULL&from=EN. Zum US-Gesetz und der russischen Vergeltung dafür (keine Adoption russischer Kinder durch US-Staatsangehörige mehr) Angela E. Stent, *The limits of partnership*, 4. Aufl., Princeton 2015, S. 250–252.

14 Verordnung (EG) Nr. 2271/96 des Rates vom 22.11.1996 zum *Schutz vor den Auswirkungen der extraterritorialen Anwendung von einem Drittland erlassener Rechtsakte sowie von darauf beruhenden oder sich daraus ergebenden Maßnahmen*, https://eur-lex.europa.eu/legal-content/DE/TXT/PDF/?uri=CELEX:31996R2271&qid=1662980417474&from=EN.

15 Vgl. *Leitfaden – Fragen und Antworten: Annahme der aktualisierten Blocking-Verordnung*, 7.8.2018, https://eur-lex.europa.eu/legal-content/DE/TXT/?uri=uriserv:OJ.CI.2018.277.01.0004.01.DEU.

16 Delegierte Verordnung (EU) 2018/1100 der Kommission vom 6.6.2018, https://eur-lex.europa.eu/legal-content/DE/TXT/PDF/?uri=CELEX:32018R1100&from=EN. Vgl. auch Kapitel 8, bei Fn. 268 ff.

17 *Leitfaden* (oben Fn. 15), Abschnitt 1, Nr. 4.

18 Urteil des Gerichtshofs (Große Kammer) vom 21.12.2021 in der Rechtssache C-124/20, *Bank Melli Iran gegen Telekom Deutschland GmbH*, https://curia.europa.eu/juris/document/document.jsf;jsessionid=CDB549D7D92D02439C5CDF63C2632AA0?text=&docid=251507&pageIndex=0&doclang=DE&mode=lst&dir=&occ=first&part=1&cid=3008758.

19 EU-Kommission, 23.3.2021, *Stärkung der Autonomie der EU – Kommission bemüht sich um Beiträge zu einem neuen Instrument zur Bekämpfung von Zwangsmaßnahmen*, https://ec.europa.eu/commission/presscorner/detail/de/IP_21_1325. Ferner EU-Kommission, Vorschlag vom 8.12.2021 für eine *Verordnung über den Schutz der Union und ihrer Mitgliedstaaten vor wirtschaftlichem Zwang durch Drittländer*, https://eur-lex.europa.eu/resource.html?uri=cellar:9f3b1699-58d9-11ec-91ac-01aa75ed71a1.0012.02/DOC_1&format=PDF, und die diesbezügliche Mitteilung vom 8.12.2021 der EU-Kommission an das EP und den Rat, COM(2021) 774 final vom 8.12.2021, https://eur-lex.europa.eu/legal-content/DE/TXT/PDF/?uri=CELEX:52021DC0774&from=EN. Zum aktuellen Stand European Parliamentary ResearchService, *Proposed anti-coercion instrument*, https://www.europarl.europa.eu/RegData/etudes/BRIE/2022/729299/EPRS_BRI(2022)729299_EN.pdf.

20 Bspw. Patrick Weber/Konstantin Bätz, *Wie die EU ihre Abwehrkräfte stärken will: falsche Antworten auf richtige Herausforderungen*, NZZ, 18.1.2022, https://www.nzz.ch/meinung/wie-die-eu-ihre-abwehrkraefte-staerken-will-falsche-antworten-auf-richtige-herausforderungen-ld.1663484.

21 Werner Meng, *Wirtschaftssanktionen und staatliche Jurisdiktion – Grauzonen im Völkerrecht,* Zeitschrift für ausländisches öffentliches Recht und Völkerrecht, 1997, S. 269 (317), https://www.zaoerv.de/57_1997/57_1997_2_3_a_269_328.pdf; Sascha Lohmann, *Extraterritoriale US-Sanktionen*, Mai 2019, https://www.swp-berlin.org/publications/products/aktuell/2019A31_lom.pdf.

22 Wissenschaftliche Dienste Deutscher Bundestag, *US-Sanktionen gegen den Bau der Pipeline Nord Stream 2 aus völkerrechtlicher Sicht*, 8.9.2020, https://www.bundestag.de/resource/blob/794744/5613bf9f65fa52fd7c1d06ec6f52ebb3/WD-2-075-20-pdf-data.pdf; Hagemeyer-Witzleb, *International law of economic warfare*, S. 289–321, kommt zu einem ähnlichen Ergebnis, sowohl für extraterritoriale Rechtsakte als auch für Gegenmaßnahmen wie die Blocking-Verordnung.

23 Blas/Farchy, *World for sale*, S. 160, 305–314, das Zitat stammt von S. 305 („knowingly, ‚intentionally and wilfully' moved billions of dollars through the US financial system in breach of sanctions"), und darin wird wiederum zitiert: United States District Court, Southern District of New York, United States of America v. BNP Paribas S.A., Statement of facts, 30.6.2014, https://www.justice.gov/sites/default/files/opa/legacy/2014/06/30/statement-of-facts.pdf. S. auch *Attorney General Holder delivers remarks at press conference announcing significant law enforcement*, 30.6.2014, https://www.

justice.gov/opa/speech/attorney-general-holder-delivers-remarks-press-conference-announcing-significant-law. Zu ähnlichen Geschäften der Deutschen Bank Dirk Laabs, *Bad Bank*, München 2018, S. 154 ff., passim.

24 Independent Inquiry Committee, *Manipulation of the oil-for-food programme by the Iraqi regime*, 27.10.2005, instruktive Illustration auf S. 21, http://web.archive.org/web/20071113193128/http://www.iic-offp.org/documents/IIC%20Final%20Report%2027Oct2005.pdf; *Swiss firm Vitol pleads guilty in UN oil/food case*, Reuters, 20.11.2007, https://www.reuters.com/article/un-foodvitol-idUKN2058211120071120; Blas/Farchy, *World for sale*, S. 201–203.

25 *A row between Turkey and Greece over gas is raising tension in the eastern Mediterranean*, The Economist, 20.8.2020, https://www.economist.com/international/2020/08/20/a-row-between-turkey-and-greece-over-gas-is-raising-tension-in-the-eastern-mediterranean; Sinem Adar/Ilke Toygür, *Turkey, the EU and the Eastern Mediterranean crisis*, 9.12.2020, https://www.swp-berlin.org/publications/products/comments/2020C62_EasternMediterraneanCrisis.pdf; zur Rivalität zwischen der Türkei und Frankreich Ronja Kempin, *Frankreich und die Türkei – Entfremdung und strategische Rivalität*, in: dies. (Hrsg.), *Frankreichs Außen- und Sicherheitspolitik unter Präsident Macron*, März 2021, S. 44 ff., https://www.swp-berlin.org/publications/products/studien/2021S04_Macron.pdf.

26 US Department of Defense, *Report to Congress. Department of Defense arctic strategy*, Juni 2019, https://media.defense.gov/2019/Jun/06/2002141657/-1/-1/1/2019-dod-arctic-strategy.pdf; Danish Defence Intelligence Service, *Intelligence risk assessment 2019*, November 2019, S. 11 ff., https://fe-ddis.dk/globalassets/fe/dokumenter/2020/risk-assessments/-risk_assessment2019-.pdf; Agne Cepinskyte/Michael Paul, *Großmächte in der Arktis*, Juni 2020, https://www.swp-berlin.org/publications/products/aktuell/2020A50_Arktis_web.pdf; Michael Paul, *Die neue Arktisstrategie der EU*, Februar 2021, https://www.swp-berlin.org/publications/products/aktuell/2021A14_ArktisstrategieEU.pdf.

27 *U.K. and France call in the navy, sort of, in Channel Islands fishing dispute*, New York Times, 6.5.2021, https://www.nytimes.com/2021/05/06/world/europe/uk-france-jersey-fishing.html?searchResultPosition=1; *Why Britain and France can't stop fighting about fish*, Politico, 2.11.2021, https://www.politico.eu/article/uk-french-fishing-war-post-brexitrelations/.

28 Eliza Patterson, *The US-EU banana dispute*, 27.2.2001, https://www.asil.org/insights/volume/6/issue/4/us-eu-banana-dispute; BBC, *Q&A: The banana wars*, 15.12.2009, http://news.bbc.co.uk/2/hi/business/8390099.stm; *Einigung im Bananenstreit*, Frankfurter Allgemeine Zeitung, 15.12.2009, http://www.faz.net/aktuell/wirtschaft/wirtschaftspolitik/internationaler-handel-einigung-im-bananenstreit-1893176.html.

29 Christopher Meyer, *DC Confidential*, London 2005, S. 115 ff.

30 Kenneth E. Boulding, *Conflict and defense. A general theory*, New York 1962, S. 4 ff., Zitat S. 5: Alle Konflikte sind mit Wettbewerb verbunden, aber nicht jeder Wettbewerb bedeutet einen Konflikt. „Die Intensität des Wettbewerbs hängt davon ab, wie wahrscheinlich es ist, dass eine Verhaltenseinheit in den unvereinbaren Bereich vordringt. […] Ein Konflikt kann als eine

Wettbewerbssituation definiert werden, in der sich die Beteiligten der Unvereinbarkeit möglicher künftiger Positionen bewusst sind und in der jede Partei eine Position einnehmen möchte, die mit den Wünschen der anderen Partei unvereinbar ist. Unsere Definition des Konflikts enthält zwei kleine Worte, ‚bewusst' und ‚Wünsche', die beide mit philosophischem Sprengstoff beladen sind." („The intensity of competition depends on the likelihood of each behavior unit moving into the incompatible area. [...] Conflict may be defined as a situation of competition in which the parties are aware of the incompatibility of potential future positions and in which each party wishes to occupy a position that is incompatible with the wishes of the other. Our definition of conflict includes two little words, ‚aware' and ‚wishes', each of which is laden with philosophical dynamite.")

31 *Griechenland hat mehr Freunde als die Türkei und weiss das zu nutzen*, Neue Zürcher Zeitung, 10.10.2020, https://www.nzz.ch/international/griechenland-hat-mehrfreunde-als-die-tuerkei-und-weiss-das-zu-nutzen-ld.1582893.

32 Günter Seufert, *Ankara traut der EU keine Sanktionen zu*, 8.12.2020, https://www.swp-berlin.org/publications/products/aktuell/2020A95_EU_Tuerkei_Sanktionen.pdf.

33 *Egypt and Greece sign agreement on exclusive economic zone*, Reuters, 6.8.2020, https://www.reuters.com/article/us-egypt-greece-idUSKCN252216; ‚*Egypt's leadership feels markedly threatened by Turkey*', Deutsche Welle, 14.8.2020, https://www.dw.com/en/egypts-leadership-feels-markedly-threatened-by-turkey/a-54533478.

34 NATO, *Military de-confliction mechanism between Greece and Turkey established at NATO*, 1.10.2020, https://www.nato.int/cps/en/natohq/news_178523.htm?selectedLocale=en.

35 *Türkei droht Griechenland mit Krieg*, Frankfurter Allgemeine Zeitung, 30.8.2020, https://www.faz.net/aktuell/politik/ausland/streit-um-aegaeis-tuerkei-drohtgriechenland-mit-krieg-16928878.html; *How a rush for Mediterranean gas threatens to push Greece and Turkey into war*, The Guardian, 11.9.2020, https://www.theguardian.com/world/2020/sep/11/mediterranean-gas-greece-turkey-dispute-nato; *Droht eine militärische Auseinandersetzung im Mittelmeer?*, Spiegel Online, 2.6.2022, https://www.spiegel.de/ausland/gasvorkommen-in-der-aegaeis-warum-der-konflikt-zwischen-griechenland-und-der-tuerkei-eskaliert-a-1a2e4491-9a20-4b36-aa28-4b6f1fb76f72. Ägäis-Konflikt: „Die Türkei schafft Fakten", Deutsche Welle, 24.8.2022, https://www.dw.com/de/%C3%A4g%C3%A4is-konflikt-die-t%C3%BCrkei-schafft-fakten/a-62910995. Zu rechtlichen Lösungswegen Christian Schaller, *Hardly predictable and yet an equitable solution: delimitation by judicial process as an option for Greece and Turkey in the Eastern Mediterranean*, Leiden Journal of International Law 35 (2022), S. 549–568, https://www.cambridge.org/core/journals/leiden-journal-of-international-law/article/hardly-predictable-and-yet-an-equitable-solution-delimitation-by-judicial-process-as-an-option-for-greece-and-turkey-in-the-eastern-mediterranean/3A13A0BDE4D295F8231870F95D0D371C.

36 Alan S. Milward, *Geschichte der Weltwirtschaft im 20. Jahrhundert*, Band 5, *Der Zweite Weltkrieg*, München 1977, S. 309.

37 Das galt schon in den Napoleonischen Kriegen: Roger Knight, *Britain against Napoleon. The organization of victory 1793–1815*, 2. Aufl., London 2014. Es galt desto mehr in den industriell geführten beiden Weltkriegen: Richard Overy, *Die Wurzeln des* Sieges, 2. Aufl., Reinbek bei Hamburg 2005; David Edgerton, *Britain's war machine*, 2. Aufl., London 2012; Paul Kennedy, *Engineers of victory*, London 2013.

38 Paul Kennedy, *The rise and fall of British naval mastery*, 2. Aufl., London 2017, S. 309 f. Zum US-Potenzial s. auch Arthur Herman, *Freedom's forge*, 2. Aufl., New York 2013; Maury Klein, *A call to arms. Mobilizing America for World War II*, New York 2013, mit weiteren beeindruckenden Zahlenangaben (z. B. S. 515 f.).

39 Copeland, *Economic interdependence*, S. 184–246. S. M. C. Paine, *The wars for Asia, 1911–1949*, 2. Aufl., New York 2014, S. 183: 1941 hatten die USA ein zwölfmal höheres Bruttosozialprodukt als Japan, produzierten 105 Autos für jedes japanische Auto und konnten eine Million Kilowatt Strom je 5,5 Kilowatt in Japan erzeugen.

40 Herfried Münkler, *Die neuen Kriege*, Frankfurt am Main 2003, S. 10 f., 131–171; Monika Heupel, *Die Gewaltökonomien der „Neuen Kriege"*, in: Aus Politik und Zeitgeschichte 46/2009, S. 9 ff.; Tom Burgis, *The looting machine*, New York 2015, S. 30 ff., passim.

41 Fast jeder Autor verwendet eine eigene Definition. Ähnliche Einteilung wie hier bei Conybeare, *Trade wars*, S. 5; und bei Vaughan Lowe/Antonios Tzanakopoulos, Stichwort *Economic warfare*, in: Max Planck Encyclopedia of public international law, Oxford 2012.

42 Kenneth Juster, *The United States and Iraq: perils of engagement*, in: Haass/O'Sullivan, *Honey and vinegar*, S. 59 f.; Blas/Farchy, *World for sale*, S. 106–109. Grenzscharmützel um Bodenschätze sind häufig, zum Beispiel jüngst zwischen Kirgisistan und Tadschikistan: Dumitru Minzarari/Andrea Schmitz, *Escalation in the Kyrgyz-Tajik borderlands*, 7.5.2021, https://www.swp-berlin.org/en/publication/escalation-in-the-kyrgyz-tajik-borderlands.

43 Kennedy, *British naval mastery*, S. 291 ff., 410 ff., 464 ff.; Copeland, *Economic interdependence*, S. 122 ff., 412 ff. Auch die britische und französische Hilfe für das Zarenreich hatte vor 1914 in Deutschland Angst und Argwohn ausgelöst: McNeill, *Pursuit of power*, S. 300.

44 Karl Strupp, *Wörterbuch des Völkerrechts*, 3 Bände, 1. Aufl., Berlin 1929, Band 3, Stichwort *Wirtschaftskrieg*; Florian Mächtel, *Das Patentrecht im Krieg*, Tübingen 2009, S. 285 ff.

45 Schlochauer, *Wörterbuch des Völkerrechts*, Band 3, Stichwort *Wirtschaftskrieg*; Carl Schmitt, *Der Begriff des Politischen*, 1932, Nachdruck Berlin 1979, S. 89.

46 Siegfried Herzog, *Die Zukunft des deutschen technischen Ausfuhrhandels*, Stuttgart 1915; ders., *The future of German industrial exports*, New York 1918; ders., *Le plan de guerre commerciale de l'Allemagne*, Payot 1919. Das Zitat stammt aus der angloamerikanischen Version, S. xi: „plans for driving home commercial victories at the expense of the trade of other countries. Like all of Germany's plans affecting other nations, the entire conception depends upon conceit and a superselfishness."

47 Ali Laïdi, *Les états en guerre économique*, Paris 2010, S. 26 ff.; ders., *Histoire mondiale de la guerre économique*, Paris 2016, Kapitel 20, S. 333 ff. Fritz Fischer, *Griff nach der Weltmacht*, 3. Aufl., Düsseldorf 1964, zurechtgerückt von Strachan, *First World War*, Band I, S. 2 f., 55–57, Christopher Clark, *The sleepwalkers*, London 2012, S. 560 ff. (deutsch: *Die Schlafwandler*, München 2013), und Holger Afflerbach, *Auf Messers Schneide*, München 2018, S. 11 f., 39–42 und 519: „eine krasse Vereinfachung der Wirklichkeit und im Kern falsch". Watson, *Ring of steel*, S. 31, 266, ist ziemlich derselben Auffassung wie Afflerbach.

48 Wir folgen hauptsächlich Klaus Wilsberg, *„Terrible ami – aimable ennemi". Kooperation und Konflikt in den deutsch-französischen Beziehungen 1911–1914*, Bonn 1998. Raymond Poidevin, *Les relations économiques et financières entre la France et l'Allemagne de 1898 à 1914*, Paris 1998, S. 86, 168, 174, 233–238, 609–611, 809–819, sieht ebenfalls viel Zusammenarbeit, schwindendes gegenseitiges Wohlwollen nach der Agadir-Krise von 1911, ein wenig wirtschaftliches Gerangel hier und da, aber keine Spuren von deutscher „avant-guerre". Aufschlussreich auch Carl Strikwerda, *The troubled origins of European economic integration: international iron and steel and labor migration in the era of World War I*, American Historical Review, Oktober 1993, S. 1106.

49 Wilsberg, *Terrible ami*, S. 272.

50 Ebd., S. 220–228; Strikwerda, *Troubled origins*, S. 1126.

51 Wilsberg, *Terrible ami*, S. 204.

52 Ebd., S. 254 ff.

53 Alle kriegführenden Mächte entwickelten während des Konflikts wirtschaftliche Kriegsziele. Deren Ausmaß schwankte je nach eigenem militärischem Erfolg, erlittener Not und beobachtetem Verhalten des Feindes – zum Beispiel verfestigten die harten Bedingungen, die Deutschland im Frühjahr 1918 Russland und Rumänien auferlegte, die Überzeugung der US-Regierung, in Deutschland sei ein Regimewechsel nötig. Die französischen, zaristisch-russischen und britischen Wirtschaftsziele waren nicht bescheidener oder wohlwollender als die deutschen: Georges-Henri Soutou, *L'or et le sang*, Paris 1989; David Fromkin, *A peace to end all peace*, 2. Aufl., New York 2009, S. 74, 94, 137–149, 188–196; James Barr, *A line in the sand*, 2. Aufl., London 2012, S. 7–92. Zu Japans Zielen Leonhard, *Büchse der Pandora*, S. 196 f.; William G. Beasley, *Japanese imperialism 1894–1945*, Oxford 1987, S. 175–250.

54 Es gab 1914 am Ende nicht einmal eine wirkliche deutsche Absicht, in den Krieg zu ziehen, sondern insgesamt bloß schlechte Regierungsorganisation, Mangel an strategischer Kohärenz, törichte Politik und menschliches Versagen. Gesamtübersicht: Thomas G. Otte, *July crisis*, Cambridge 2014.

55 Peter Liberman, *Does conquest pay?*, Princeton 1996, nuanciert diese Feststellung: Er argumentiert, dass moderne Gesellschaften kurzfristig ausgebeutet und langfristig „bewirtschaftet" („farmed") werden können, aber ausschließlich von rücksichtslosen Unterdrückern und nur dann, wenn nicht Drittstaaten dem Aggressor Widerstand leisten. Selbst unter diesen Voraussetzungen ist aber die Ausbeutungsrate in einigen der relevanten Fälle unbekannt, oder sie lag im unteren zweistelligen Bereich des Wirtschafts-

potenzials der besetzten Gebiete. Die Gesamtbilanz der Weltkriege und ihrer Nachwirkungen sowie der japanischen Besetzung von Teilen Chinas zeigt, dass der Verlust an Blut, Finanzen und internationalem Ansehen für die Aggressoren massiv war, was als deutliche Warnung vor Nachahmung dienen sollte. Japan zum Beispiel startete seine Invasion in der Mandschurei im September 1931, um seine massiven Investitionen dort zu schützen und zu erweitern, zusätzliche Ressourcen zu gewinnen, den russischen Einfluss zurückzudrängen, Millionen japanischer Siedler zu entsenden und den politischen Widerstand Chinas ebenso wie chinesische wirtschaftliche Konkurrenz und Schutzzölle zu überwinden. Tokio eskalierte die Aggression ab 1937. Aber all das vertiefte nur Japans Abhängigkeit von Importen und ruinierte seine Friedenswirtschaft: Paine, *The wars for Asia*, S. 13–47, 129, 133, 137 f., 167 ff., 214 f., 218 ff.; Overy, *Blood and ruins*, S. 36, 41 ff., Ferguson, *Cash nexus*, S. 394 ff.

56 So der Titel der Ausgabe London 1910. Zu Vorläufern von Angell s. Leonhard, *Büchse der Pandora*, S. 70 ff. Ähnlich hat in jüngerer Zeit Thomas L. Friedman argumentiert, *The Lexus and the olive tree*, 3. Aufl., New York 2012, S. 248–275. Der britische Außenminister Sir Edward Grey rechnete im Juli 1914 damit, dass ein europäischer Krieg „die Ausgabe einer so großen Geldsumme und eine solche Beeinträchtigung des Handels mit sich brächte, dass der Krieg von einem völligen Zusammenbruch des europäischen Kreditwesens und der Industrie begleitet oder gefolgt werden würde“ (a European war „must involve the expenditure of so vast a sum of money and such an interference with trade, that a war would be accompanied or followed by a complete collapse of European credit and industry“), zitiert von Otte, *July crisis*, S. 213. Otte kommt S. 512 zu dem Schluss: „Wenn überhaupt etwas, dann hat die Gewissheit des wirtschaftlichen Ruins und der sozialen und politischen Unruhen, wenn nicht gar der Revolution, die Staatsmänner in der letzten Krise Europas gebremst“ („If anything, the certainty of economic ruin and social and political unrest, if not revolution, acted as restraints on the statesmen during Europe's final crisis“).

57 London und Paris fanden heraus, dass sie eine vollständige deutsche Erfüllung zu fürchten hatten, weil die sie viel von ihrem eigenen Wohlstand und ihren Arbeitsplätzen gekostet hätte: Bruce Kent, *The spoils of war*, 3. Aufl., Oxford 2011, S. 3, 5, 29 f., 44, 150 f., 158, 202, 263 f., 324. Sie erhöhten sogar ihre Einfuhrschranken, während sie zugleich monierten, Deutschland komme seinen Reparationsverpflichtungen unzureichend nach.

58 *The economic consequences of the peace*, Cambridge 1919, vor allem Kapitel 2 und 7. Zitat: S. 15. Tooze, *The deluge/Die Sintflut*, Kapitel 15.

59 Friedrich Berber, *Völkerrecht*, Band 2, 2. Aufl., München 1962, S. 197; Ferdinand von Willisen, *Begriff und Wesen des Wirtschaftskrieges*, Jena 1919, S. 5; Georg Brodnitz, *Das System des Wirtschaftskrieges*, Tübingen 1920, S. 1.

60 Zur immer größeren Effektivität der Seeblockade gegen Kontinentaleuropa in den Weltkriegen und zu den dafür nötigen bürokratischen Riesenapparaten eindrucksvoll Dietrich Steinicke, *Das Navicert-System*, 2 Bände, Hamburg 1966; sowie W. N. Medlicott, *The economic blockade*, 2 Bände, London 1952, 1959; Nicholas Mulder, *The economic weapon*, New Haven 2022, S. 27–54.

61 *Das Bayer-Kreuz – durch Krieg verloren*, https://www.bayer.com/de/unternehmensgeschichte/logo-geschichte; Charles C. Mann/Mark L. Plummer, *Aspirin: Wirtschaftskriege der internationalen Pharmaindustrie*, München 1993, S. 74 f., 78 f.

62 Hans-Jürgen Wolff, *Kriegserklärung und Kriegszustand nach Klassischem Völkerrecht*, Berlin 1990, S. 101–116.

63 „[...] plain and simple doctrine that if, in war, the subjects of a belligerent state may lawfully take their enemy's life, they may also, and equally lawfully, take his goods." London 1926, S. 163. S. auch Albrecht Mendelssohn-Bartholdy, *Der Kriegsbegriff des englischen Rechts*, Berlin 1915; Josef L. Kunz, *Kriegsrecht und Neutralitätsrecht*, Berlin 1935, S. 2–4.

64 So überzeugend Dietrich Steinicke, *Wirtschaftskrieg und Seekrieg. Die allgemeine völkerrechtliche Anerkennung des anglo-amerikanischen Kriegsbegriffes und ihre Rechtsfolgen*, Frankfurt am Main 1970, S. 65–70.

65 Mark Mazower, *Hitlers Imperium. Europa unter der Herrschaft des Nationalsozialismus*, München 2009; Overy, *Blood and ruins*, S. 198–217. Der kontinentaleuropäische Kriegsbegriff wurde allerdings schon im Ersten Weltkrieg auch von Deutschland und Österreich praktisch missachtet: Leonhard, *Büchse der Pandora*, S. 282–294, 399 f.

66 Uta Hohn, *The Bomber's Baedeker – target book for strategic bombing in the economic warfare against German towns 1943–45*, GeoJournal, September 1994, S. 213. Der Bomber-Baedeker sollte allerdings kein Führer für Präzisionsbombardements sein: Overy, *Blood and ruins*, S. 581 ff. Die Luftwaffe flog 1942 allseits so genannte „Baedeker-Angriffe", bei denen sie als Repressalie für Angriffe auf Lübeck und Rostock einige kulturgeschichtlich bedeutsame englische Städte bombardierte.

67 Zusammenfassung von *The United States Strategic Bombing Surveys (European War) (Pacific War)*: https://www.airuniversity.af.edu/Portals/10/AUPress/Books/B_0020_SPANGRUD_STRATEGIC_BOMBING_SURVEYS.PDF. Skeptisch zum Erfolg der Wirtschaftskriegsmaßnahmen Milward, *Geschichte der Weltwirtschaft*, 8. Kapitel. Vgl. dazu auch unten, Kapitel 3, Fn. 69 f.

68 Einzelheiten bei Wolff, *Kriegserklärung und Kriegszustand*, S. 106–129.

69 *Pompeo: Iran wird normal, oder es zerkrümelt*, Frankfurter Allgemeine Zeitung, 6.11.2018, S. 1. Zu den Wirkungen der US-Sanktionen auf die iranische Wirtschaft a. a. O., S. 5: *Wird Iran das neue Venezuela?*

70 Leonard Caruana/Hugh Rockoff, *A wolfram in sheep's clothing, U.S. economic warfare in Spain, 1940–1944*, Cambridge 2001, https://www.nber.org/papers/h0132.

71 Jonathan Kirshner, *Currency and coercion: the political economy of international monetary power*, 3. Aufl., Princeton 1997, S. 63–82; Copeland, *Economic interdependence*, S. 276 ff.; Barry Eichengreen, *Exorbitant privilege: the rise and fall of the dollar*, 2. Aufl., Oxford 2011, S. 154 ff.; Robert O. Keohane, *After hegemony*, 2. Aufl., Princeton 2005, S. 170 f. Etwas weniger überzeugt von der Wirksamkeit der US-Wirtschaftskriegführung Diane B. Kunz, *The economic diplomacy of the Suez Crisis*, Chapel Hill 1991, die aber einräumt, dass der Druck erheblich war und am stärksten auf Großbritannien wirkte. Adam Klug/Gregor W. Smith, *Suez and sterling*, 1956, Kingston (On-

tario) 1999, S. 18: „Britain was forced to abandon its political objectives in exchange for IMF credit." James M. Boughton, *Northwest of Suez: the 1956 crisis and the IMF,* IMF Staff Papers 2001, https://www.imf.org/en/Publications/WP/Issues/2016/12/30/Northwest-of-Suez-The-1956-Crisis-and-the-IMF-3899; David A. Nichols, *Eisenhower 1956*, New York 2011, S. 188, 208 f., 251–277. Auf ähnliche Weise zwang im Zweiten Weltkrieg Präsident Truman General de Gaulle, die Annexion italienischen Territoriums zu unterlassen, indem er die französische Armee vom US-Nachschub abschnitt.

72 Nichols, *Eisenhower 1956*, S. 274.

73 Trotzdem gab es im Lauf der Jahre vielfältige Konflikte, und die USA gingen in ihren Boykottmaßnahmen immer etwas weiter als die anderen Staaten: Thomas A. Wolf, *US East-West trade policy: economic warfare versus economic welfare*, Lexington 1973, S. 53 f. Philip Hanson, *Western economic statecraft in East-West relations*, London 1988. Zu den Anfängen aus deutscher Sicht instruktiv Hans Kroll, *Lebenserinnerungen eines Botschafters*, 6. Aufl., Köln 1967, S. 197 ff.

74 Michael Mastanduno, *Economic containment: Cocom and the politics of East-West trade*, Ithaca 1992.

75 Wolf, *US East-Trade Policy*, S. 55.

76 Im Nachhinein betrachtet, liegt daher eher Baldwin, *Economic statecraft*, S. 235 ff., richtig als die von ihm angeführten Autoren, die das Embargo als kostspieligen Fehlschlag bewerteten.

77 Mastanduno, *Economic containment*, S. 306.

78 Michael R. Beschloss/Strobe Talbott, *At the highest levels*, Boston 1994, S. 218, 223; Philip Zelikow/Condoleezza Rice, *Germany unified and Europe transformed*, 4. Aufl., Cambridge 1997, S. 280 f. Zum Thema *„linkage"*, das heißt Verknüpfung von handels- und machtpolitischen Themen, Mastanduno, *Economic containment*, S. 52 ff. Zu Deutschlands finanzieller Langfriststrategie der Sowjetunion gegenüber vor 1989 s. Randall E. Newnham, *Deutsche Mark diplomacy*, Pennsylvania 2002.

79 Website: https://www.wassenaar.org/.

80 Text: https://eur-lex.europa.eu/legal-content/DE/TXT/PDF/?uri=CELEX:32021R0821&from=DE.

81 https://www.gesetze-im-internet.de/awv_2013/index.html.

82 Das betont auch Conybeare, *Trade Wars*, S. 5. Studien wie die von Laïdi, *Les états en guerre économique*, können als Beweis für die ständige wirtschaftliche Reibung im System gelesen werden, aber alle diese Vorgänge sämtlich als Wirtschaftskrieg zu bezeichnen inflationiert den Begriff.

83 Zur Sprache und zu bellizistischen Metaphern Blum, *Wirtschaftskrieg*, S. 137–142.

84 Es gibt Grauzonen. Bspw. wandte sich die Kommunistische Partei Frankreichs (KPF) ab Mai 1947 gegen das sogenannte Blum-Byrnes-Abkommen vom Mai 1946, mit dem die USA im Gegenzug für US-Finanzhilfen u. a. Marktzugang für Hollywoodfilme erwirkt hatten. Die KPF handelte dabei vermutlich auf Weisung Moskaus im Kalten Krieg – Menand, *The free world*, New York 2021, S. 644 ff. Das könnte man als sowjetische Wirtschaftskriegoperation gegen die USA einordnen.

85 Vgl. Lewis Carroll, *Alice hinter den Spiegeln*, Kapitel 6.

86 Text: https://www.vox.com/2018/9/25/17901082/trump-un-2018-speech-full-text.

87 Zu möglichen Rechtfertigungsgründen siehe Kapitel 5. Iran hat gegen die Sanktionen beim Internationalen Gerichtshof in Den Haag Klage erhoben. Durch einstweilige Verfügung gab das Gericht den USA im Oktober 2018 auf, einen Teil der Sanktionen aus humanitären Gründen aufzuheben. Das stellt keine Entscheidung in der Hauptsache dar. Zum Verfahrensstand: https://www.icj-cij.org/en/case/175, zu den Haltungen der USA und des Iran: BBC, 3.10.2018, *International Court of Justice orders US to ease Iran sanctions*, https://www.bbc.com/news/world-middle-east-45729397.

88 Zum Hühnerkrieg Conybeare, *Trade wars*, S. 160 ff.; zu ähnlichen Konflikten im 19. Jahrhundert und unter dem GATT- und WTO-Regime Douglas A. Irwin, *Free trade under fire*, 2. Aufl., Princeton 2005, S. 231 ff.

89 *Russia burns Dutch flowers amid Netherlands' inquiry into Malaysia Airlines crash*, New York Times, 17.8.2015, https://www.nytimes.com/2015/08/18/world/europe/russia-burns-dutch-flowers-amid-netherlands-inquiry-into-malaysia-airlines-crash.html. Die Urheber des Abschusses wurden übrigens per Internetrecherche identifiziert: P. W. Singer/Emerson T. Brooking, *Like war*, 2. Aufl., Boston 2019, S. 71–77.

90 *Carter, reacting to trials in Soviet, will control oil-technology sales*, New York Times, 19.7.1978, S. 1. Ende 1981 verhängte Präsident Reagan ein ähnliches Embargo als Reaktion auf die Verhängung des Kriegsrechts in Polen.

91 Alan P. Dobson, *US Economic statecraft for survival 1933–1991*, London 2002, S. 189 ff.; Copeland, *Economic interdependence*, S. 304 ff.

92 So Hanson, *Western economic statecraft*, S. 14. Ein ähnlicher Fall ereignete sich 1954 zwischen der Sowjetunion und Australien: Jene brach die diplomatischen und wirtschaftlichen Beziehungen ab, weil Australien einen sowjetischen Spion und dessen Ehefrau im Lande behielt, vgl. Wikipedia, Artikel *Petrov affair*, https://en.wikipedia.org/wiki/Petrov_Affair.

93 Kirshner, *Currency and coercion*, S. 28–31, 70–73 (sogar die renommierte Wirtschaftszeitschrift *The Economist* erkannte gelegentlich nicht, dass finanzieller Zwang ausgeübt wurde), S. 81, 111–112.

94 *Putin likens sanctions to a ,declaration of war', warns they jeopardize Ukraine's statehood*, Washington Post, 5.3.2022, https://www.washingtonpost.com/world/2022/03/05/russia-ukraine-war-news-live-updates/.

95 Vgl. *Japan fügt sich dem Willen Putins*, Frankfurter Allgemeine Zeitung, 6.9.2022, S. 16 (weitere japanische Beteiligung an den von Russland dominierten Förderstätten Sachalin I und II).

96 Text: https://unric.org/de/charta/.

97 International Court of Justice, 16.3.2022, Order, *Allegations of genocide under the Convention on the prevention and punishment of the crime of genocide (Ukraine v. Russian Federation)*, para. 86, https://www.icj-cij.org/public/files/case-related/182/182-20220316-ORD-01-00-EN.pdf (binding order to ,immediately suspend the military operations that it commenced on 24 February 2022 in the territory of Ukraine' and to ,ensure that any military or irregular armed units which may be directed or supported by it [...] take no steps in furtherance of the military operations'). Der Gerichtshof ent-

schied mit 13 : 2 Richterstimmen; die zwei Richter in der Minderheit kamen aus Russland und China.

98 Online sind eine Fülle von Übersichten verfügbar, die kontinuierlich fortgeschrieben werden. US-Sanktionen: US Department of the Treasury, *Russian harmful foreign activities sanctions*, https://home.treasury.gov/policy-issues/financial-sanctions/sanctions-programs-and-country-information/russian-harmful-foreign-activities-sanctions; *Specially designated nationals and blocked persons list (SDN) Human readable lists*, https://home.treasury.gov/policy-issues/financial-sanctions/specially-designated-nationals-and-blocked-persons-list-sdn-human-readable-lists; US Department of Commerce, *Commerce export controls*, https://bis.doc.gov/index.php/policy-guidance/country-guidance/russia-belarus. EU-Sanktionen: Europäischer Rat, *EU-Sanktionen gegen Russland: ein Überblick*, https://www.consilium.europa.eu/de/policies/sanctions/restrictive-measures-against-russia-over-ukraine/sanctions-against-russia-explained/; Europäische Kommission, *Sanctions adopted following Russia's military aggression against Ukraine, https://finance.ec.europa.eu/eu-and-world/sanctions-restrictive-measures/sanctions-adopted-following-russias-military-aggression-against-ukraine_de.* Übersichten über die Sanktionen unterschiedlicher Akteure: C4ADS, *SanctionsExplorer*, https://sanctionsexplorer.org/. Chad B. Bown, *Russia's war on Ukraine: a sanctions timeline*, https://www.piie.com/blogs/realtime-economic-issues-watch/russias-war-ukraine-sanctions-timeline; Minami Funakoshi/Hugh Lawson/Kannaki Deka, *Tracking sanctions against Russia*, https://graphics.reuters.com/UKRAINE-CRISIS/SANCTIONS/byvrjenzmve/index.html; Atlantic Council: mehrere Übersichten, https://www.atlanticcouncil.org/blogs/econographics/global-sanctions-dashboard-special-russia-edition/; https://www.atlanticcouncil.org/blogs/econographics/global-sanctions-dashboard-russia-and-beyond/; https://www.atlanticcouncil.org/blogs/econographics/global-sanctions-dashboard-russia-default-and-china-secondary-sanctions/. CastellumAI, *Russia Sanctions Dashboard*, https://www.castellum.ai/russia-sanctions-dashboard?itid=lk_inline_enhanced-template; Correctiv, *Aktuelle Sanktionen gegen Russland*, https://correctiv.org/top-stories/2022/02/28/sanktionstracker-aktuelle-sanktionen-gegen-russland%e2%80%8b/; Wikipedia, *International sanctions during the 2022 Russian invasion of Ukraine*, https://en.wikipedia.org/wiki/International_sanctions_during_the_2022_Russian_invasion_of_Ukraine#Sanctions. Speziell zum Rückzug privater Firmen aus Russland (Desinvestment): Kyiv School of Economics, *SelfSanctions/LeaveRussia*, https://kse.ua/selfsanctions-kse-institute/; Yale School of Management, *Over 1,000 companies have curtailed operations in Russia – but some remain*, 13.9.2022, https://som.yale.edu/story/2022/over-1000-companies-have-curtailed-operations-russia-some-remain. Tracker zur Unterstützung der Ukraine: Kiel Institut für Weltwirtschaft, *Ukraine Support Tracker*, https://www.ifw-kiel.de/de/themendossiers/krieg-gegen-die-ukraine/ukraine-support-tracker/.

99 *Russian tech industry faces ‚brain drain' as workers flee*, New York Times, 13.4.2022, https://www.nytimes.com/2022/04/13/technology/russia-tech-workers.html.

100 *After Biden-Xi call, U.S. warns China it could face sanctions if it backs Russia in Ukraine*, Reuters, 18.3.2022, https://www.reuters.com/world/china/biden-xi-set-clash-overputins-war-ukraine-2022-03-18/; *U.S. sets red lines for China helping Russia dodge sanctions*, Reuters, 23.3.2022, https://www.reuters.com/world/us-sets-some-red-lineschina-over-support-russia-2022-03-23/.

101 Übersichten über die russischen Maßnahmen in den Bereichen Warenverkehr, Kapitalverkehrskontrollen, Patente und Zwangsverwaltung ausländischen Vermögens: Edda Wolf, *Russische Gegensanktionen*, Germany Trade and Invest, https://www.gtai.de/de/trade/specials/krieg-in-der-ukraine.

102 *G7-Staaten wollen Preisdeckel für russisches Öl durchsetzen*, Spiegel Online, 2.9.2022, https://www.spiegel.de/wirtschaft/g7-staaten-wollen-preisdeckel-fuer-russisches-oel-durchsetzen-a-16d6181d-d1ac-4a91-a973-aa5a8fbdcf13; *Price cap on Russian oil wins backing of G7 ministers*, New York Times, 2.9.2022, https://www.nytimes.com/2022/09/02/business/economy/g7-russian-oil-price-cap.html. Text der Presseerklärung: *G7 Finance Ministers' Statement on the united response to Russia's war of aggression against Ukraine*, 2.9.2022, https://www.bundesfinanzministerium.de/Content/DE/Downloads/Internationales-Finanzmarkt/G7/2022-09-02-erklaerung-der-g7-finanzminister.pdf?__blob=publicationFile&v=13.

103 *Russian oil's Achilles' heel: insurance*, Reuters, 25.5.2022, https://www.reuters.com/markets/commodities/russian-oils-achilles-heel-insurance-2022-05-25/. Zu den westlichen Möglichkeiten in diesem Bereich Emily Meierding, *Weaponizing energy interdependence*, in: Drezner/Farrell/Newman, *Uses and abuses*, S. 169; Simon J. Evenett/Marc-Andreas Muendler, *Isolating the Russian economy. The overlooked role of international shipping costs*, 26.4.2022, https://econweb.ucsd.edu/muendler/download/cbrief/cbrief2.pdf. Skeptisch: Jan Stockbruegger, *The West wants to cut off Russia's oil revenues. Who will that hurt?*, Washington Post, 21.10.2022, https://www.washingtonpost.com/politics/2022/10/21/russia-oil-embargo-price-ukraine/; Noah Browning/Dmitry Zhdannikov/Jonathan Saul, *Russia poised to largely skirt new G7 oil price cap*, Reuters, 21.10.2022, https://www.reuters.com/business/energy/russia-poised-largely-skirt-new-g7-oil-price-cap-2022-10-21/.

104 *How would a G7 price cap on Russian oil work?*, Financial Times, 2.9.2022, https://www.ft.com/content/1b570176-82ac-45fd-b9dc-96a05bacd8ae.

105 *The G7 price cap could make the energy crisis worse*, Financial Times, 7.9.2022, https://www.ft.com/content/dc591631-2213-42ae-8796-a0ab4fe033ef?desktop=true&segmentId=7c8f09b9-9b61-4fbb-9430-9208a9e233c8#myft:n%E2%80%A6.

Kapitel 3 – Handels- und Wirtschaftskriege in der Geschichte

1 William H. McNeill, *The pursuit of power*, Chicago, 1982, behandelt in den Kapiteln 2 und 3 das Zeitalter der chinesischen Vorherrschaft 1000–1500 und die Entwicklung in Europa 1000–1600; Findlay/O'Rourke, *Power and plenty*, behandeln in den Kapiteln 2 und 3 die Entwicklungen seit der ers-

ten Jahrtausendwende; Janet L. Abu-Lughod, *Before European hegemony. The world system A.D. 1250–1350*, 2. Aufl., New York 1991; zu China über einen großen Abschnitt der Song-Herrschaft (960–1204), zum Mongolenreich (1230–1350), zu Genua (1261–1350), der frühen Ming-Dynastie (1368–1435) und zu Venedig (1381–1503) Ulrich Menzel, *Die Ordnung der Welt*, Berlin 2015, S. 66–283; Wolfgang Reinhard (Hrsg.), *Empires and encounters 1350–1750*, London 2015; Victoria Tin-bor Hui, *War and state formation in ancient China and early modern Europe*, New York 2005.

2 Pieter C. Emmer, *The myth of early globalisation: the Atlantic economy, 1500–1800*, https://journals.openedition.org/nuevomundo/42173.

3 Findlay/O'Rourke, *Power and plenty*, S. 143 f.; Reinhard, *Unterwerfung der Welt*, S. 77 ff.

4 Kindleberger, *World economic primacy*, behandelt detailliert Theorien zu den Zusammenhängen zwischen Innovation, Prosperität, Wachstum, Krieg und politischer Vorherrschaft.

5 Reinhard, *Unterwerfung der Welt*, S. 118 f.

6 Findlay/O'Rourke, *Power and plenty*, S. 170.

7 Reinhard, *Unterwerfung der Welt*, S. 291 ff., 314–316, 324 f.

8 Kindleberger, *World economic primacy*, S. 76 ff.; Findlay/O'Rourke, *Power and plenty*, S. 212–220.

9 Reinhard, *Unterwerfung der Welt*, S. 148, 150, 156 ff.

10 Kindleberger, *World economic primacy*, S. 83 ff.; Findlay/O'Rourke, *Power and plenty*, S. 175 ff.; Reinhard, *Unterwerfung der Welt*, S. 179 ff.

11 Findlay/O'Rourke, *Power and plenty*, S. 179: Pfeffer gedeiht in vielen Regionen, darum konnte sein Anbau nicht monopolisiert werden. Dagegen waren nur wenige Anbaugebiete für Nelken, Muskatnuss und Muskatblüte geeignet. Entsprechend lukrativ war der Monopolhandel. Berichten zufolge wurden 14 000 der 15 000 Einwohner der Banda-Inseln getötet: *A new exhibition illuminates the history of Dutch slavery*, The Economist, 3.6.2021, https://www.economist.com/books-and-arts/2021/06/03/a-new-exhibition-illuminates-the-history-of-dutch-slavery. Zur niederländischen Expansion in Indonesien insgesamt David van Reybrouck, *Revolusi*, Berlin 2022, S. 47 ff.

12 Reinhard, *Unterwerfung der Welt*, S. 446 ff.

13 Ebd., S. 698 ff.; Stefan Rinke, *Lateinamerika und die USA*, Darmstadt 2021, S. 25–66; Daniel Immerwahr, *How to hide an empire*, 2. Aufl., New York 2020; Richard H. Immerman, *Empire for liberty*, Princeton 2010.

14 Reinhard, *Unterwerfung der Welt*, S. 896 f.

15 Ebd., S. 899.

16 Ebd., S. 684; Peter C. Perdue, *China marches West. The Qing conquest of central Eurasia*, 2. Aufl., Cambridge 2010, S. XIV–11, 133–299, 511–513; William T. Rowe, *China's last empire*, Cambridge 2009, S. 1, 11–30.

17 Serhii Plokhy, *Lost kingdom: a history of Russian nationalism from Ivan the Great to Vladimir Putin*, London 2017, S. IX, 29–70; McNeill, *Pursuit of power*, S. 153–157; Alexander Morrison, *The Russian conquest of Central Asia. A study in imperial expansion, 1814–1914*, Cambridge 2021.

18 Richard Pipes, *The formation of the Soviet Union*, 3. Aufl., Cambridge 1997, S. 1.

19 „I have no way to defend my borders but to extend them." Angela E. Stent, *The limits of partnership*, 4. Aufl., Princeton 2015, S. 286.

20 Morrison, *Russian conquest of Central Asia.*

21 Orlando Figes, *Krimkrieg: Der letzte Kreuzzug*, Berlin 2011. Großbritanniens damalige aggressive Politik veränderte die auf den Wiener Kongress zurückgehende europäische Staatenordnung und beeinflusste erheblich die preußisch-österreichische (auch handels- und zollpolitische) Rivalität; und der britische Wirtschaftskrieg gegen Russland scheiterte weitgehend an der Neutralität Preußens und der meisten Mitglieder des Zollvereins: Anselm Doering-Manteuffel, *Vom Wiener Kongreß zur Pariser Konferenz*, Göttingen 1991; Olive Anderson, *A liberal state at war. English politics and economics during the Crimean war*, London 1967, S. 260 ff.

22 Reinhard, *Unterwerfung der Welt*, S. 697; Dietrich Geyer, *Der russische Imperialismus*, Göttingen 1977, S. 71 ff., 143 f.

23 Reinhard, *Unterwerfung der Welt*, S. 1106 f.

24 Ebd., S. 1111; Jeremy A. Yellen, *The Greater East Asia Co-Prosperity Sphere*, Ithaca 2019, hebt diese ausbeuterische Dimension nicht hervor, erkennt sie aber an. Siehe auch Liberman, *Does conquest pay?*, Kapitel 6; Paine, *The wars for Asia*, S. 13–47, 129, 133, 137 f., 167 ff., 214 f., 218 ff.; Nicholas Tarling, *A sudden rampage. The Japanese occupation of Southeast Asia, 1941–1945*, London 2001, S. 125–143, 218–251; Overy, *Blood and ruins*, S. 36, 41 ff.; Reybrouck, *Revolusi*, S. 193 ff.

25 Kindleberger, *World economic primacy*, Kapitel 8 („Britain, the classic case"); Peter Wende, *Das Britische Empire*, München 2008; Conybeare, *Trade Wars*, S. 129 ff.; Kennedy, *British naval mastery*; Menzel, *Die Ordnung der Welt*; Wilhelm G. Grewe, *Epochen der Völkerrechtsgeschichte*, Baden-Baden 1984.

26 *Die Gefährten Poseidons und Gäas Gesinde*, Merkur 1999, S. 1047, Zitate S. 1048, 1050, das Bild von den „Schlickteichen" auf S. 1049.

27 John Keay, *The honourable company*, 2. Aufl., London 1993; William Dalrymple, *The anarchy*, 2. Aufl., London 2020; Reinhard, *Unterwerfung der Welt*, S. 205 ff.

28 Rogério Miguel Puga, *The British presence in Macau*, New York 2013, S. 24 f.

29 Menzel, *Die Ordnung der Welt*, S. 564.

30 Kindleberger, *World economic primacy*, S. 43 f., 93. Man kann die Tiefe dieser neidvollen Abneigung ermessen, indem man das Stichwort „Dutch" in *Green's dictionary of slang* eingibt: https://greensdictofslang.com/.

31 „The Dutch have too much trade, and the English are resolved to take it from them", zitiert nach Kennedy, *British naval mastery*, S. 48.

32 Vgl. z. B. Conybeare, *Trade* Wars, S. 132 ff. Ähnliche Maßnahmen hatte England schon 1489 gegen Frankreich ergriffen, mit denen sich die Briten lang andauernde, gelegentlich in heißen Krieg übergehende Handelskonflikte lieferten – vgl. ebd., S. 136 ff. Zur Wirksamkeit der Navigations- und Stapelakte Lawrence A. Harper, *The English Navigation Laws. A seventeenth-century experiment in social engineering*, Columbia 1939, S. 365 ff., besonders S. 375 f.; Findlay / O'Rourke, *Power and plenty*, S. 237–242.

33 Sehr gut zu der Mischung von Industriepolitik, Lobbyismus, Verhaltensmaßregeln für die Bevölkerung und Wirtschaftskrieg Harper, *Navigation laws*, S. 29 ff. Die Schifffahrts- und Fischereigesetze ab 1651 waren nicht die ersten

ihrer Art, aber der Gesetzgeber und die ausführende Verwaltung (!) lernten, und die Maßnahmen wurden immer wirksamer. Im zweiten und dritten Krieg mit den Niederlanden wurden die Acts übrigens ausgesetzt, weil das den britischen Kauffahrern am meisten half (S. 68). Zu ähnlichen Praktiken Portugals im 16. Jahrhundert Findlay/O'Rourke, *Power and plenty*, S. 151.

34 Ebd., S. 245 ff.

35 Peter Garber, *The geopolitical impact of internationalization of a large currency*, https://vimeo.com/44338726. Das Parlament hatte 1797 die Verpflichtung der Bank von England zum Umtausch von Banknoten in Gold aufgehoben, nachdem ein ziemlich irregulärer Haufen französischer Truppen eine Invasion in Pembrokeshire unternahm und dadurch eine Finanzpanik in London und einen Ansturm auf die Bank verursachte – Robert und Isabelle Tombs, *That sweet enemy*, 2. Aufl., London 2007, S. 223; Knight, *Britain against Napoleon*, S. 87. Die Konvertibilität wurde 1819/21 wiederhergestellt und im Krimkrieg trotz einigen Drucks beibehalten (Anderson, *Liberal state at war*, S. 229–247). Zum Zusammenhang von Steuern, Kredit und Kriegführung auch Ferguson, *Cash nexus*, S. 81–125, passim. Napoleon versuchte gezielt, Österreichs Papiergeldfinanzierung des Krieges zu bekämpfen: a. a. O., S. 152 f.

36 McNeill, *Pursuit of power*, S. 203 f.

37 Paul Kennedy, *The rise and fall of the great powers*, 2. Aufl., London 1988, S. 98 ff., 103 (deutsch: *Aufstieg und Fall der großen Mächte*, 7. Aufl., Frankfurt am Main 2000); John Brewer, *The sinews of power*, London 1989; Patrick Karl O'Brien, *Fiscal and financial preconditions for the rise of British naval hegemony 1485–1815*, https://www.lse.ac.uk/Economic-History/Assets/Documents/WorkingPapers/Economic-History/2005/WP9105.pdf. Zum Beispiel bestand ein wichtiger Grund für die Niederlage Frankreichs im Siebenjährigen Krieg darin, dass die französische Finanzierung des Krieges, verglichen mit der britischen, einfach katastrophal war. Das scheint eine historische Konstante gewesen zu sein: McNeill, *Pursuit of power*, S. 178–183; Ferguson, *Cash nexus*, S. 180 f., 200.

38 Ron Chernow, *Alexander Hamilton*, 2. Aufl., New York 2005, S. 156.

39 Das war in jener Zeit leider so üblich. In einem Gewürzkrieg von 1623 zum Beispiel folterten beim sogenannten Amboyna-Massaker Vertreter der VOC Vertreter der EIC per Waterboarding und spießten zur Abschreckung den Kopf eines englischen Kapitäns auf einen Pfahl. Findlay/O'Rourke, *Power and plenty*, S. 179 ff.; Reinhard, *Unterwerfung der Welt*, S. 191 ff.

40 Zu Jenkins Dreaper, *Pitt's ‚gallant conqueror'*, S. 6 f. In einigen Berichten heißt es, das Enterkommando, das Jenkins ein Ohr abschnitt, sei in Wahrheit ein französisches gewesen. Laut Robert Gaudi, *The war of Jenkins' ear*, New York 2021, hat Jenkins sein eingelegtes Ohr sogar König Georg II. präsentiert.

41 Wir folgen hauptsächlich Daniel Baugh, *The global Seven Years War*, New York 2011, und Marian Füssel, *Der Preis des Ruhms. Eine Weltgeschichte des Siebenjährigen Krieges*, München 2019. Zum Thema Handel am Ohio als Kriegsursache Baugh, *Seven Years War*, S. 47–57, 89–91.

42 Ebd., S. 330.

43 Ebd., S. 385, 443; Füssel, *Preis des Ruhms*, S. 319. Um 1760 fanden viele Briten, Guadeloupe (Zucker) könnte wertvoller sein als Kanada (bloß Pelzmützen) – Füssel, a. a. O., S. 401, 451.

44 Ebd., S. 319, 401, 451, 453; Andrew, *Secret world*, S. 290.

45 Baugh, *Seven Years War*, S. 564–566, bringt das berühmte Zitat in Perspektive. Füssel, *Preis des Ruhms*, S. 389, zitiert einen Kaufmann aus dem Harz, September 1761, mit den Worten: „Indessen, dass unser Land so misshandelt wird, jauchzen die Engländer über ihre conquêten; mit dem Verlust unsrer Würste haben Sie denen Frantzosen alles in Asia, Afrika und Amerika abgenommen."

46 Zu dem komplizierten Beziehungsgeflecht zwischen Großbritannien, dem Haus Hannover, Georg II. und seinem Sohn, dem Herzog von Cumberland: Baugh, *Seven Years War*, S. 8, 16, 154, 236, 248–253, 510, 565 f.

47 Füssel, *Preis des Ruhms*, S. 505, vermerkt, Großbritannien habe Preußen jährlich 675 000 Pfund Sterling gezahlt, einen Betrag, der ungefähr der Höhe der jährlichen preußischen Steuereinnahmen entsprochen habe.

48 David Landes, *Wohlstand und Armut der Nationen*, Berlin 1998, S. 225.

49 Shashi Tharoor, *Inglorious empire. What the British did to India*, 2. Aufl., London 2017, Kapitel 1; Jason Hickel, *How Britain stole $45 trillion from India*, Al Jazeera, 19.12.2018, https://www.aljazeera.com/indepth/opinion/britain-stole-45-trillion-india-181206124830851.html; *Die Kosten der Kolonialzeit*, Frankfurter Allgemeine Zeitung, 15.1.2019, S. 16.

50 Laïdi, *Les états en guerre économique*, S. 228 ff.; ders., *Histoire mondiale de la guerre économique*, Kapitel 16; Christopher Meyer, *Getting our way*, London 2009, Kapitel 4, 5; Julia Lovell, *The opium war*, 2. Aufl. London 2012; Stephen Platt, *Imperial twilight*, 2. Aufl., London 2019.

51 Copeland, *Economic interdependence*, S. 338 ff.; James A. Fok, *Financial cold war*, Chichester 2022, S. 135–146. Es ging also nicht um die Privatinteressen von Opiumhändlern wie William Jardine und James Matheson, sondern um das wirtschaftliche Wohl des gesamten Empires. Zugleich zeigt der Fall exemplarisch, wie zerstörerisch (in Indien) industrieller Erfolg und der Wunsch nach Handel wirken können. Noch George Orwells Vater war im Indian Civil Service als Kontrolleur des Opiumhandels mit China tätig, vgl. Menand, *The free world*, S. 39, 41. Neben England vergingen sich auch andere imperialistische Mächte an China, dazu ein guter Überblick bei George Magnus, *Red flags. Why Xi's China is in jeopardy*, New Haven 2018, S. 18 ff.

52 Kennedy, *British Naval Mastery*, S. 118, 120.

53 Copeland, *Economic interdependence*, S. 322.

54 Garber, *Geopolitical impact*, https://vimeo.com/44338726.

55 Findlay/O'Rourke, *Power and plenty*, S. 366–374; Eli F. Heckscher, *The continental system*, Oxford 1922. Auch im Krieg von 1793 hatte Frankreich britische Erzeugnisse verboten und boykottiert. Allerdings genehmigte, anscheinend unter dem Einfluss fortdauernder merkantilistischer Ansichten, Napoleon 1810 die Ausfuhr von Nahrungsmitteln nach Großbritannien, das unter einer Missernte litt, während Frankreich Nahrung im Überfluss hatte. Es wurde Getreide in einer Menge exportiert, die etwa 13 Prozent des englischen Jahresverbrauchs entsprach. Der Kaiser hoffte offensichtlich, Großbritannien in die Knie zu zwingen, indem er dessen Goldschatz

verminderte, statt zu versuchen, die Engländer auszuhungern – Findlay/O'Rourke, a. a. O., S. 367.

56 Knight, *Britain against Napoleon*, S. 394, 400–405.

57 Irwin, *Free Trade*, S. 35 f.: „The static welfare loss from this embargo was about 5 percent of U.S. GDP." Douglas A. Irwin, *Clashing over commerce. A history of US trade policy*, 2. Aufl., Chicago 2019, S. 99–116.

58 „There is proof that the colonial produce at the last Leipzig Fair was brought from Russia in seven hundred wagons […] and that 1,200 merchant vessels, under Swedish, Portuguese, and American colours, which the English escorted with twenty warships, have partly landed their cargoes in Russia." Andrew Roberts, *Napoleon the Great*, London 2014, S. 548 f., 556 f., 560 f. m. w. N., das Zitat auf S. 556. Zum hohen Stellenwert der Kontinentalsperre für den französisch-russischen Konflikt von 1812 auch Dominic Lieven, *Russland gegen Napoleon*, München 2011, S. 68, 89 f., 99 ff., 125, 210, 628.

59 „I am convinced that you will agree with Me in one Principle, that we must be Merchants while we are Soldiers; that our Trade depends upon a proper Exertion of our Maritime Strength; that Trade and Maritime Force depend upon each other; and that the Riches, which are the true Resources of this Country, depend chiefly upon its Commerce." Baugh, *Seven Years War*, S. 262.

60 Kennedy, *British naval mastery*, S. 151.

61 John Gallagher/Ronald Robinson, *The imperialism of free trade*, The Economic History Review 1953, S. 1 (11 f.); Cohen, *Imperialism*, S. 32; Kindleberger, *World economic primacy*, S. 133 f.; Findlay/O'Rourke, *Power and plenty*, S. 396–402.

62 Steinicke, *Navicert-System*, S. 42 ff., 61, 70, 55 ff., 137 f. Viele der noch im Ersten Weltkrieg umstrittenen britischen Blockadedoktrinen sind schon im Siebenjährigen Krieg entwickelt worden: Baugh, *Seven Years War*, S. 323 f.

63 Zu Fracht- und Versicherungsraten in den Weltkriegen Findlay/O'Rourke, *Power and plenty*, S. 434, 474.

64 Edgar Turlington, *Neutrality. Its history, economics and law*, Band 3, *The world war period*, New York 1936, S. 4 f., 67 ff., 151; *Robert W. Tucker, The law of war and neutrality at sea*, Washington 1957, S. 184 f.; Marion C. Siney, *The allied blockade of Germany*, Ann Arbor 1957, S. 247. Die Lektüre von Harper, *Navigation Laws*, zeigt anschaulich (etwa S. 92 ff.), wie wertvoll jahrhundertelange Erfahrung, selbst die in friedlicher Zollkontrolle zur See, für die Blockaden war.

65 Zu den deutschen Motiven für die Wiederaufnahme Afflerbach, *Auf Messers Schneide*, S. 263–275, 292–306. Zu den weiteren von Deutschland gesetzten Gründen für den amerikanischen Kriegseintritt s. o., Kapitel 1, bei Fn. 43 f.

66 Alan Kramer, *Blockade and economic warfare*, in: Winter, *Cambridge history of First World War*, Band 2, S. 460 (466–470); Afflerbach, *Auf Messers* Schneide, S. 137–182; Marc Frey, *Bullying the neutrals. The case of the Netherlands*, in: Chickering/Förster, *Great War*, S. 227–244.

67 Paul Kennedy, *The war at sea*, in: Winter, *Cambridge history of the First World* War, Band 1, S. 321 (343–345); Kramer, *Blockade*, S. 471–479; ders., *Naval blockade (of Germany)*, in: *1914–1918-online. International Encyclopedia of*

the First World War, https://encyclopedia.1914-1918-online.net/article/naval_blockade_of_germany. Die russische Kriegswirtschaft litt schwer unter der deutschen und osmanischen Blockade der Ostsee bzw. des Schwarzen Meeres: Leonhard, *Büchse der Pandora*, S. 161, 221, 539 f. Zu der Hungersnot, die offenbar durch die alliierte Blockade Syriens ausgelöst wurde und Enver Pascha dazu veranlasste, den Papst um Hilfe anzurufen (vergebens), s. Eugene Rogan, *The fall of the Ottomans*, 2. Aufl., London 2016, S. 291.

68 Wie viele Zivilisten im Ersten Weltkrieg aufgrund der Blockaden an Hunger, Krankheiten und Entkräftung starben, ist schwer zu berechnen, aber es dürften mehrere Hunderttausend gewesen sein. Schätzungen in: *Blockade of Germany* (part of the *Official history of the war*), London 1937, S. 671 ff.; Maurice Parmelee, *Blockade and sea power: the blockade, 1914–1919, and its significance for a world state*, New York 1924, S. 222 ff.; Kramer, *Blockade*, S. 461; Antoine Prost, *War losses*, in: *1914–1918*, https://encyclopedia.1914-1918-online.net/article/war_losses; Leonhard, *Büchse der Pandora*, S. 370–379, 517–520, 525 f., 734–737, 768 ff., 875 f.; Mulder, *Economic weapon*, S. 5, 57 f.; kritisch Afflerbach, *Auf Messers Schneide*, S. 162, 231, 507–511, 602 f., ohne aber die Größenordnung zu bestreiten. Auch Großbritannien erlebte Krisen in der Nahrungsmittelversorgung, wenn auch nicht so tiefgreifende. Die Ursachen waren der U-Boot-Krieg, Mangel an Arbeitskräften und eine Krise des Agrarsektors schon vor Kriegsausbruch: Simon Heffer, *Staring at God*, 2. Aufl., London 2020, S. 451–456, 524–544, 558, 648–650, 717–720. Auch die Menschen in Russland, Italien, Frankreich und sogar in der Schweiz hatten zu leiden: Leonhard, *Büchse der Pandora*, S. 723, 791. Der Bombenkrieg im Zweiten Weltkrieg kostete in Europa ungefähr 600 000 Zivilisten das Leben, und die zivilen Verluste in Asien waren gewiss mindestens gleich hoch: Richard Overy, *The bombing war*, 2. Aufl., London 2014, S. xxiii; Wikipedia, *Air raids on Japan*, https://en.wikipedia.org/wiki/Air_raids_on_Japan#Casualties_and_damage; die zivilen Verluste durch japanische Luftangriffe auf China (wie zum Beispiel die auf Chongquing, die zwischen 10 000 und 23 000 Opfer gekostet haben sollen) und auf andere Länder konnten nicht ermittelt werden.

69 David Stevenson, *With our backs against the wall*, London 2011, S. 53. Stevenson argumentiert überzeugend, dass die Deutschen sich ihre Niederlage zu einem beträchtlichen Teil selbst beibrachten, indem sie sich nicht auf die Verteidigung beschränkten, die sich als strategisch stärker als der Angriff erwiesen hatte. Kramer, *Blockade*, S. 488: „Die Alliierten gewannen den Krieg auf dem Schlachtfeld." („The Allies won the war on the battlefield.") Leonhard, *Büchse der Pandora*, S. 852 ff.; Mulder, *Economic weapon*, S. 11, 22, 56, 79–81, 181 ff., 226–258, stimmt zu, dass Deutschland nicht wegen der Blockade, sondern wegen Erschöpfung seiner militärischen Kraft auf dem Schlachtfeld unterlag. Er und Overy, *Blood and ruins*, S. 54, 568, passim, zeigen: Die Maßgeblichkeit der Blockade für den Kriegsausgang wurde sowohl von den Siegern als auch von den Besiegten gewaltig überschätzt. Das hat das Völkerrecht und die Politik in der Völkerbundzeit nachhaltig beeinflusst, und es bewog Japan, Deutschland und Italien, durch imperialistische Aggressionen nach „Blockadefestigkeit" zu streben. Watson, *Ring of steel*, S. 4 f., 392–415, 464 f., 490, zeigt, wie die Blockade die Mittelmächte

dazu brachte, die von ihnen besetzten Gebiete rücksichtslos auszubeuten, ihre Kriegsziele radikalisierte und ihre Ambitionen förderte, ein Imperium im Osten aufzubauen. Eine viel positivere Ansicht über die militärische Bedeutung der Blockade vertritt Eric W. Osborne, *Britain's economic blockade of Germany 1914–1919*, Abingdon 2013.

70 Overy, *Bombing war*, S. 609–633; ders., *Blood and ruins*, S. 566–593, vor allem S. 586 f. Gegen Japan hatten die Seeblockade, der uneingeschränkte U-Boot-Krieg und das „strategic bombing" eine viel massivere wirtschaftliche und militärische Wirkung als in Europa: ebd., S. 354 f., 588–593. Und doch kommt selbst für den pazifischen Kriegsschauplatz Paine, *The wars for Asia*, S. 195 f., 216 ff., zu dem Ergebnis, dass all das nicht ausschlaggebend für den militärischen Sieg über Japan war.

71 Kennedy, *British naval mastery*, S. 316 f.; zu Lend-Lease Robert D. Blackwill/Jennifer M. Harris, *War by other means: geoeconomics and statecraft*, 2. Aufl. der Taschenbuchausgabe, Cambridge 2017, S. 159 f., und Steil, *Battle of Bretton Woods*, S. 110; Finlo Rohrer, *What's a little debt between friends?*, BBC News Magazine, http://news.bbc.co.uk/2/hi/uk_news/magazine/4757181.stm, zum Nachkriegskredit von 1946 und zu den Schulden aus dem Ersten Weltkrieg. Großbritannien hat seine Kriegsschulden bei den USA bis 2006 (Zweiter Weltkrieg) und 2015 (Erster Weltkrieg) abgetragen.

72 Eine positive Bilanz zieht Niall Ferguson, *Empire*, 2. Aufl., London 2004, S. xx f., 365 f. Eine kritische Sicht vertreten Tharoor, *Inglorious empire*, und Kenan Malik, *The great British empire debate*, The New York Review of Books, 26.1.2018, https://www.nybooks.com/daily/2018/01/26/the-great-british-empire-debate/. Weitere wichtige Beiträge: Linda Colley, *Captives*, 2. Aufl., London 2003; Sathnam Sanghera, *Empireland*, London 2021; Samir Puri, *The great imperial hangover*, 2. Aufl., London 2021. Dass der Überseehandel indirekt die Demokratie in Großbritannien begünstigte, betonen Daron Acemoglu/James A. Robinson, *The narrow corridor*, 3. Aufl., London 2020, S. 280 (deutsch: *Warum Nationen scheitern*, 7. Aufl., Frankfurt am Main 2021).

Kapitel 4 – Ein Land erdrosseln, um seinen König umzustimmen? Wirtschaftskriege aus ethischer Sicht

1 Für die folgenden Ausführungen zur Ethik im Rekurs auf die Theorie des gerechten Krieges vgl. Nils Ole Oermann, *Wirtschaftskriege im digitalen Zeitalter – Ethische Perspektiven*, in: Theologische Literaturzeitung 144, Mai 2019, S. 419–435.

2 Nils Ole Oermann, *Wirtschaftsethik*, 2. Aufl., München 2018.

3 Als Überblick der Theorien zum „Gerechten Krieg" vgl. Daniel R. Brunstetter; Cian O'Driscoll (Hrsg.), *Just war thinkers. From Cicero to the 21st century*, Abingdon 2018. Zum vertieften Verständnis der jeweils eingenommenen Positionen vgl. Nigel Biggar, *In Defence of War*, Oxford 2013; Michael Walzer, *Just and unjust wars. A moral argument with historical illustrations*, New York 1977.

4 Vgl. etwa Marcus Tullius Cicero, *De re publica*, III 23, 34 f.
5 Martin Luther, *Weimarer Ausgabe (WA)* 19, 623–662.
6 Madeleine Albright in der CBS Sendung „Punishing Saddam“, 12.5.1996, in: https://www.youtube.com/watch?v=xYXK7uh93Uo; David Rieff, „*Were the sanctions right?*“, in: *New York Times*, 27.7.2003, https://www.nytimes.com/2003/07/27/magazine/were-sanctions-right.html.
7 „*Trump claims US is winning trade war with China*“, in: *Financial Times*, 5.8.2018, in: https://www.ft.com/content/a0fdaa32-986b-11e8-ab77-f854c65a4465.
8 Für den Zusammenhang zwischen Risiko und ethischer Verantwortung vgl. Hans Jonas, *Das Prinzip Verantwortung*, Frankfurt am Main 1979.
9 A. Claire Cutler, Critical reflections on the Westphalian assumptions of international law and organization: a crisis of legitimacy, in: *International Political Economy*, vol. 4, 2008, S. 326–345.
10 Vgl. dazu auch Marco J. Fuchs, *Die Lehre vom gerechten Krieg im Mittelalter: Thomas von Aquin*, in: Ines-Jacqueline Werkner/Klaus Ebeling (Hrsg.), *Handbuch Friedensethik*, Berlin/New York 2016, S. 239–249.
11 Jürgen Bacia/Dorothée Leidig, ‚*Kauft keine Früchte aus Südafrika*‘: *Geschichte der Anti-Apartheid-Bewegung*, Frankfurt am Main 2008.
12 Douglas Booth, *The race game: Sport and Politics in South Africa*, London/Portland, OR, 1998.
13 Christopher Clark, *The Sleepwalkers. How Europe went to war in 1914*, London 2012.

Kapitel 5 – Sanktionen, Handelskonflikte, Wirtschaftskrieg und Recht

1 Ovid, *Fasti* 3,279. Wörtlich: Daher wurden Gesetze gegeben, damit der Stärkere nicht alles vermöge.
2 Text der Haager Landkriegsordnung: https://www.fedlex.admin.ch/eli/cc/26/429_338_411/de. Das XI. Haager Abkommen von 1907 „über gewisse Beschränkungen in der Ausübung des Beuterechts im Seekriege“ regelt eher Randbereiche und wurde in den Weltkriegen massiv verletzt. Text: https://www.fedlex.admin.ch/eli/cc/26/751_509_733/de.
3 Text: https://ihl-databases.icrc.org/ihl/INTRO/560.
4 Texte: Protokoll I https://www.admin.ch/opc/de/classified-compilation/19770112/index.html; Protokoll II https://www.admin.ch/opc/de/classified-compilation/19770113/201407180000/0.518.522.pdf.
5 Zu Schranken für Wirtschaftskampfmaßnahmen im humanitären Völkerrecht und in den Menschenrechten Hagemeyer-Witzleb, *International law of economic warfare*, S. 111–114.
6 Text: https://unric.org/de/charta/.
7 Knut Ipsen, *Völkerrecht*, 7. Aufl., München 2018, S. 1139; Baldwin, *Economic statecraft*, S. 340 f.; Hagemeyer-Witzleb, *International law of economic warfare*, S. 84–96.

8 Andrew E. Wall, *Legal and ethical lessons of NATO's Kosovo campaign*, Newport 2002, S. XV f., 127 f.

9 Zum Beispiel in den Resolutionen 661 (Irak-Kuwait, http://unscr.com/en/resolutions/661) und 757 (Bosnien und Herzegowina, http://unscr.com/en/resolutions/757). Vgl. auch die Sanktionen gegen Rhodesien in den 1960er- und 1970er-Jahren, dazu Baldwin, *Economic Statecraft*, S. 189 ff.

10 Zum Beispiel in den Resolutionen 1132 (Sierra Leone http://unscr.com/en/resolutions/1132) und 1298 (Eritrea-Äthiopien, http://unscr.com/en/resolutions/1298).

11 Resolution 85 des Sicherheitsrates, http://unscr.com/en/resolutions/85.

12 His Majesty's government „have confined themselves to passing a piece of purely domestic legislation". 16.2.1916, *The British Secretary of State for Foreign Affairs (Grey) to the American Ambassador (Page)*, No. 15 404/45, 16.2.1916, https://history.state.gov/historicaldocuments/frus1916Supp/d464.

13 Dazu Ipsen, *Völkerrecht*, S. 661–671.

14 Vgl. die Resolutionen 2131 (XX), Nr. 2 (http://www.un-documents.net/a20r2131.htm) und 36/103, Nr. 2. II k (https://digitallibrary.un.org/record/27066).

15 *Case concerning military and paramilitary activities in and against Nicaragua* (Nicaragua v. United States of America), https://www.icj-cij.org/public/files/case-related/70/070-19860627-JUD-01-00-EN.pdf.

16 Skeptischer hinsichtlich eines solchen Verbots Hagemeyer-Witzleb, *International law of economic warfare*, S. 96–105.

17 Völkervertragsrecht wie Art. 19 der Charta der Organisation Amerikanischer Staaten kann zusätzliche Verbote enthalten, wirtschaftlichen Druck auszuüben, vgl. http://www.oas.org/en/sla/dil/inter_american_treaties_A-41_charter_OAS.asp.

18 So auch Gilbert Gornig, *Die völkerrechtliche Zulässigkeit eines Handelsembargos*, JuristenZeitung 1990, S. 113 (118).

19 Text: https://www.wto.org/english/docs_e/legal_e/gatt47_01_e.htm.

20 *Understanding on rules and procedures governing the settlement of disputes*, https://www.wto.org/english/tratop_e/dispu_e/dsu_e.htm.

21 WTO, *Dispute settlement activity—some figures*: „As of 31 December 2021, WTO members referred 607 disputes to the Dispute Settlement Body. Not all of these disputes required formal rulings to resolve them", https://www.wto.org/english/tratop_e/dispu_e/dispustats_e.htm#:~:text=As%20of%2031%20December%202021,formal%20rulings%20to%20resolve%20them.

22 Übersichten bei Irwin, *Free Trade*, S. 203 ff.; Anne O. Krueger, *International trade*, New York 2020, Kapitel 11, 12.

23 *Agreement on Safeguards*, https://www.wto.org/english/docs_e/legal_e/25-safeg_e.htm.

24 Zu Art. XIX grundsätzlich Peter Hilpold, *Die Neuregelung der Schutzmaßnahmen im GATT/WTO-Recht und ihr Einfluß auf „Grauzonenmaßnahmen"*, Zeitschrift für ausländisches öffentliches Recht und Völkerrecht 1995, S. 89; zu den subtilen juristischen und ökonomischen Problemen allein dieser Norm und ihrer Ausführungsbestimmungen in Zusammenschau

mit nationalen Vorschriften: Douglas A. Irwin, *Causing problems? The WTO review of causation and injury attribution in US Section 201 cases*, World Trade Review 2003, S. 297. Zur amerikanischen Praxis ders., *Free Trade*, S. 149 ff., 230. Zu „Gray areas" auch Krueger, *International trade*, Kapitel 13.

25 WTO, Doc. G/L/1237 G/SG/N/12/EU/1 (18-2985), 18.5.2018 *Immediate notification under article 12.5 of the agreement on safeguards to the Council for Trade in Goods of proposed suspension of concessions and other obligations referred to in paragraph 2 of article 8 of the agreement on safeguards*, http://trade.ec.europa.eu/doclib/docs/2018/may/tradoc_156909.pdf.

26 *Analytical Index of the GATT*, S. 603, https://www.wto.org/english/res_e/publications_e/ai17_e/gatt1994_art21_gatt47.pdf.

27 *Analytical Index of the GATT*, S. 603, s. Fn. 27. Text der Erklärung: https://www.wto.org/gatt_docs/English/SULPDF/91000208.pdf.

28 Guter Überblick in: Congressional Research Service (CRS), *Section 232 investigations: overview and issues for Congress*, 18.5.2021, https://fas.org/sgp/crs/misc/R45249.pdf.

29 CRS, *Section 232 investigations*, S. 41 ff.

30 *Russia – measures concerning traffic in transit, Report of the panel*, WT/DS512/R, 19-2105, 5.4.2019, S. 43, 50, Absätze 7.82, 7.101, https://docs.wto.org/dol2fe/Pages/SS/directdoc.aspx?filename=q:/WT/DS/512R.pdf&Open=True; „for action to fall within the scope of Article XXI(b), it must objectively be found to meet the requirements in one of the enumerated subparagraphs of that provision".

31 Fundstellen: https://www.wto.org/english/news_e/news22_e/544_552_556_564r_e.htm. Am Beispiel der Schweizer Beschwerde: WT/DS556/R, *United States – Certain measures on steel and aluminium products*, 9.12.2022, S. 79 ff., https://www.wto.org/english/tratop_e/dispu_e/556r_e.pdf. Die USA widersprachen den Entscheidungen sofort vehement. Falls sie Berufung einlegen, enden die Fälle mangels Berufungsgremium bis auf Weiteres in einem juristischen Niemandsland.

32 WTO, *Dispute settlement activity — some figures*, https://www.wto.org/english/tratop_e/dispu_e/dispustats_e.htm#:~:text=As%20of%2031%20December%202021,formal%20rulings%20to%20resolve%20them.

33 Felbermayr et al., *The global sanctions data base*, https://voxeu.org/article/global-sanctions-data-base; dies., *The global sanctions data base: an update that includes the years of the Trump presidency*, https://ideas.repec.org/p/ris/drxlwp/2021_010.html; Hufbauer/Schott/Elliott, *Economic sanctions reconsidered*, S. 20 ff., 75 ff.

34 Ausführlich Baldwin, *Economic statecraft*, S. 348 ff.

35 Text: https://www.wto.org/english/docs_e/legal_e/24-scm.pdf.

36 Text: https://www.wto.org/english/docs_e/legal_e/19-adp.pdf. Kritisch zur Antidumpingpraxis der USA Irwin, *Free Trade*, S. 131 ff.

37 Hagemeyer-Witzleb, *International law of economic warfare*, S. 114–141.

38 Etwa Donald McRae, *Measuring the effectiveness of the WTO dispute settlement system*, Asian Journal of WTO & International Health Law and Policy 2008, S. 1, https://papers.ssrn.com/sol3/papers.cfm?abstract_id=1140452; Wissenschaftlicher Dienst des Europäischen Parlaments, *Die Zuerkennung des*

Marktwirtschaftsstatus an China, November 2015, http://www.europarl.europa.eu/RegData/etudes/IDAN/2015/571325/EPRS_IDA(2015)571325_DE.pdf; Magnus, *Red flags*, S. 166 f. Dmitry Grozoubinski, *The World Trade Organization: an optimistic pre-mortem in hopes of resurrection*, 5.8.2020, https://www.lowyinstitute.org/publications/world-trade-organization-optimistic-pre-mortem-hopes-resurrection.

39 Bernard Hoekman, *Trade wars and the World Trade Organization: causes, consequences, and change*, *Asian Economic Policy Review* (2020), 15, S. 98 (104); Alexander Keck/Patrick Low, *Special and differential treatment in the WTO: why, when and how?*, WTO Staff working paper, Mai 2004, https://www.wto.org/english/res_e/reser_e/ersd200403_e.doc.

40 US Trade Representative, *Report on the Appellate Body of the World Trade Organization*, Februar 2020, https://ustr.gov/sites/default/files/Report_on_the_Appellate_Body_of_the_World_Trade_Organization.pdf; dies., *2020 Report to Congress on China's WTO compliance*, Januar 2021, https://ustr.gov/sites/default/files/files/reports/2020/2020USTRReportCongressChinaWTOCompliance.pdf. Zum Thema China auch European Parliamentary Research Service, *China's WTO accession: 15 years on – Taking, shaking or shaping WTO rules?*, Dezember 2016, https://www.europarl.europa.eu/RegData/etudes/BRIE/2016/593570/EPRS_BRI(2016)593570_EN.pdf.

41 *U.S. blocks WTO judge reappointment as dispute settlement crisis looms*, Reuters, 27.8.2018, https://www.reuters.com/article/us-usa-trade-wto/u-s-blocks-wto-judge-reappointment-as-dispute-settlement-crisis-looms-idUSKCN1LC19O; *Trump is close to shutting down the WTO's Appeals Court*, Forbes, 27.9.2018, https://www.forbes.com/sites/johnbrinkley/2018/09/27/trump-is-close-to-shutting-down-the-wtos-appeals-court/. Schon die Obama-Regierung hatte abgelehnt, der Wiederernennung von zwei Experten für die Berufungsinstanz der WTO zuzustimmen.

42 Zu den daraus folgenden Ambivalenzen Burkhard Schöbener (Hrsg.), *Völkerrecht. Lexikon zentraler Begriffe*, Heidelberg 2014, *Stichwort Freihandelszone*, S. 99 f. Vgl. auch den *World Trade Report 2011. The WTO and preferential trade agreements. From co-existence to coherence*, https://www.wto.org/english/res_e/booksp_e/anrep_e/world_trade_report11_e.pdf; kritisch zum handelspolitischen Ansatz der Trump-Regierung William Allan Reinsch, *Lighthizer tries again*, 24.8.2020, https://www.csis.org/analysis/lighthizer-tries-again.

43 *Trump threatens to pull U.S. out of WTO if it doesn't ‚shape up'*, Bloomberg, 30.8.2018, https://www.bloomberg.com/news/articles/2018-08-30/trump-says-he-will-pull-u-s-out-of-wto-if-they-don-t-shape-up; Woodward, *Rage*, S. 224 ff. Auch den Weltpostverein drohten die USA zu verlassen, weil China andernfalls weiterhin in den USA unfaire Wettbewerbsvorteile genieße: *U.S. will remain in postal treaty after emergency talks*, New York Times, 25.9.2019, https://www.nytimes.com/2019/09/25/business/universal-postal-union-withdraw.html?searchResultPosition=1.

44 *A fraying system*, The Economist, 9.10.2021, https://www.economist.com/special-report/2021/10/06/a-fraying-system.

45 *Vertrag über die Arbeitsweise der Europäischen Union*, Art. 3 Abs. 1 Buchstaben a, e; Art. 206, 207; vgl. auch Art. 215, *Kompetenz zur Verhängung*

von Embargos. Überblick über Grundlagen und Praxis der EU-Politiken: Thomas Oppermann/Claus Dieter Classen/Martin Nettesheim, *Europarecht*, 8. Aufl., München 2018, S. 661–677.

46 *16 WTO-Mitglieder vereinbaren alternative Streitschlichtung*, Spiegel Online, 27.3.2020, https://www.spiegel.de/wirtschaft/16-wto-mitglieder-vereinbaren-alternative-streitschlichtung-a-96eee7ca-5ad0-4a1c-ba30-fc3c19c5ec5d; WTO, *Multi-party interim appeal arbitration arrangement pursuant to article 25 of the DSU*, JOB/DSB/1/Add.12, 30.4.2020, https://docs.wto.org/dol2fe/Pages/FE_Search/FE_S_S009-DP.aspx?language=E&CatalogueIdList=263504; European Parliamentary Research Service, *International trade dispute settlement. WTO Appellate Body crisis and the multiparty interim appeal arrangement*, April 2021, https://www.europarl.europa.eu/RegData/etudes/BRIE/2021/690521/EPRS_BRI(2021)690521_EN.pdf.

47 *EU geht gegen Chinas Seidenstraße vor*, Handelsblatt, 21.11.2018, S. 10.

48 European Commission, *WTO modernisation – introduction to future EU proposals – concept note*, September 2018, http://trade.ec.europa.eu/doclib/docs/2018/september/tradoc_157331.pdf; European Commission, *Trade policy review – an open, sustainable and assertive trade policy*, 18.2.2020, S. 11 f., https://trade.ec.europa.eu/doclib/docs/2021/february/tradoc_159438.pdf; Europäische Kommission, *Reform der WTO*, 2021, https://trade.ec.europa.eu/doclib/docs/2021/april/tradoc_159546.1329_DE_02.pdf. Vgl. auch das *Joint Communiqué of the Ottawa Ministerial on WTO reform*, 24–25.10.2018, https://www.canada.ca/en/global-affairs/news/2018/10/joint-communique-of-the-ottawa-ministerial-on-wto-reform.html und das *Joint statement of the trilateral meeting of the trade ministers of Japan, the United States and the European Union*, 14.1.2020, https://trade.ec.europa.eu/doclib/docs/2020/january/tradoc_158567.pdf.

49 Gabriel Felbermayer sieht die Gründe dafür vor allem in der grundsätzlichen Systemkonkurrenz zwischen den demokratisch und marktwirtschaftlich verfassten westlichen Nationen und dem autokratischen Staatskapitalismus von Staaten wie China: *25 years of the WTO – causes of decay and reform proposals for the future*, Dezember 2019, https://www.ifw-kiel.de/publications/kiel-focus/2019/25-years-of-the-wto-causes-of-decay-and-reform-proposals-for-the-future-13610/.

50 Zur stark protektionistischen Bilanz 2008–2018 der G20-Staaten (Gruppe der 20 größten Volkswirtschaften, die insgesamt für mehr als 80 Prozent des weltweiten Bruttosozialprodukts, 75 Prozent des Welthandels und 60 Prozent der Weltbevölkerung stehen) vgl. Simon J. Evenett/Johannes Fritz, *Brazen unilateralism: the US-China tariff war in perspective, The 23rd global trade alert report*, November 2018, Kapitel 8–12, https://www.globaltradealert.org/reports/45. Zu möglichen Gegenentwicklungen durch unilaterale Handelserleichterungen Robert Z. Lawrence, *The unappreciated trend toward unilateral trade liberalization*, März 2021, https://www.piie.com/sites/default/files/documents/pb21-6.pdf.

51 Vgl. etwa The Economist, 24.1.2019: *Slowbalisation*, https://www.economist.com/leaders/2019/01/24/the-steam-has-gone-out-of-globalisation; *Globalisation has faltered*, https://www.economist.com/briefing/2019/01/24/globalisation-has-faltered.

52 Richard N. Haass, *Supply chains and demand*, 10.12.2020, https://www.project-syndicate.org/commentary/managing-supply-chain-risks-without-undermining-growth-by-richard-haass-2020-12.

53 Zu den treibenden Kräften für ein Decoupling der amerikanischen und europäischen Volkswirtschaften von China vgl. European Union Chamber of Commerce in China/MERICS (Mercator Institute for China Studies), *Decoupling*, 2021, https://merics.org/sites/default/files/2021-01/Decoupling_EN.pdf; Überblick zu aktuellen Friendshoring-Initiativen: Halit Harput, *What policy initiatives advance friend-shoring?*, 24.8.2022, https://www.globaltradealert.org/reports/download/96.

Kapitel 6 – Ökonomie von Handel und Wettbewerb und die Handelspolitik bis 1945

1 Adam Smith, *Der Wohlstand der Nationen*, Frankfurt am Main 2009, Viertes Buch, 2. Kapitel, Zitate auf S. 525 und 525 f.

2 Ebd., S. 539.

3 Robert Torrens, *Essays on the external corn trade*, London 1815, S. 263 f.; James Mill, *Elements of political economy*, London 1821, S. 87, 89. Zu Ricardo s. Fn. 6. Zur Bedeutung von Torrens vgl. Kolb, *Geschichte der Volkswirtschaftslehre*, S. 67; und Irwin, *Against the tide*, S. 90, 101 ff.

4 Der Schluss von den grundsätzlichen Vorteilen des Freihandels auf ebensolche Vorteilhaftigkeit auch des freien Kapitalverkehrs ist unzulässig, vgl. Jonathan Kirshner, *American power after the financial crisis*, Ithaca 2014, besonders S. 66 ff. Dani Rodrik, *The globalization paradox*, 2. Aufl., New York 2012, S. 90–111, fasst auf S. 111 zutreffend zusammen: Die finanzielle Globalisierung ist enttäuschend fehlgeschlagen („financial globalization has failed us").

5 Das vermerkt zu Recht Irwin, *Against the tide*, S. 91, und zitiert als Kontrast folgende luzide Passage von Mill: „When a country can either import a commodity or produce it at home, it compares the cost of producing at home with the cost of procuring from abroad; if the latter cost is less than the first, it imports. The cost at which a country can import from abroad depends, not upon the cost at which the foreign country produces the commodity, but upon what the commodity costs which it sends in exchange, compared with the cost which it must be at to produce the commodity in question, if it did not import it."

6 London 1817, hier zitiert nach der 3. Aufl., London 1821, S. 139 f.

7 Friedrich List, *Das Nationale System der Politischen Ökonomie*, Stuttgart 1841, S. 32.

8 Ebd. Das Wort in Klammern zum leichteren Verständnis hinzugefügt.

9 Ebd., S. 95.

10 Philadelphia 1827.

11 5.12.1791, Text: https://founders.archives.gov/documents/Hamilton/01-10-02-0001-0007; Douglas A. Irwin, *The aftermath of Hamilton's „Report on Manufactures"*, in: The Journal of Economic History 2004, S. 800; ders., *Clas-*

hing over commerce, S. 80–87. Eine weitere einflussreiche US-Studie mit ähnlichen Überzeugungen wie jenen von List war die von E. Peshine Smith, *A manual of political economy*, New York 1853. Zu List und Hamilton und zu anderen US-amerikanischen Autoren auch Baldwin, *Economic statecraft*, S. 85 ff.

12 *Collected Works,* Band III, *Principles of political economy*, Bücher III–V, Toronto 1965, S. 918 f.

13 W. Max Corden, *Trade policy and economic welfare*, 2. Aufl., Oxford 1997, S. 139 ff.; Mehdi Shafaeddin, *What did Frederick List actually say? Some clarifications on the infant industry argument*, UNCTAD/OSG/DP/149, Juli 2000, https://unctad.org/system/files/official-document/dp_149.en.pdf; Studwell, *How Asia works*, S. 67–69, 77, 109, 135; Skidelsky, *Money and government*, S. 377 ff. (The case for protection revisited).

14 *Kicking away the ladder* [der Titel nimmt auf ein List-Zitat Bezug], London 2002; *23 things they don't tell you about capitalism,* London 2010, S. 62 ff., 112 ff.; *Bad samaritans*, London 2008, S. 58 f., 82 f., 126 f., passim. Ders., *Under-explored treasure troves of development lessons: lessons from the histories of small rich European countries* (SRECs), 2009, https://www.jstor.org/stable/j.ctt46n0g6.8. Vorsichtig pro offene Märkte auch für Entwicklungsländer Irwin, *Free Trade*, S. 160 ff., der S. 186–188 auch zeigt, wie sehr Entwicklungsländer unter Handelsbarrieren und Subventionen in Industriestaaten leiden, auch wenn das nicht beabsichtigt ist.

15 *23 Things*, S. 123 f.; *Bad samaritans*, S. 182 ff. Dazu aufschlussreich und avant la lettre in Widerspruch zu Chan: Paul Collier/Jan Willem Gunning, *Why has Africa been growing so slow?*, Journal of Economic Perspectives, Volume 13, Number 3, Summer 1999, S. 3, mit dem Befund: früher schwaches Wachstum vor allem wegen unzureichender Beteiligung an der Weltwirtschaft, heute wegen „poor delivery of public services" (S. 20). Vgl. zum Ganzen auch Betz, in: Stefan Schirm (Hrsg.), *Globalisierung*, Bonn 2006, S. 191 ff.

16 „a pale shadow of what it used to be under the GATT regime", *Bad Samaritans*, S. 77.

17 „England exported necessaries and imported ‚toys', and therefore had nothing to fear", Jacob Viner, *Studies in the theory of international trade*, 3. Aufl., London 1960, S. 60.

18 *Essays on some unsettled questions of political economy,* ohne Ort 2000, S. 20 ff.

19 Beispiele für asymmetrische Handelskonflikte Groß gegen Klein bei Conybeare, *Trade wars*, S. 179 ff.

20 Irwin, *Against the tide*, S. 102 ff.; Conybeare, *Trade wars*, S. 22 ff.; Corden, *Trade policy*, S. 81.

21 John Whalley, *Trade liberalization among major world trading areas*, Cambridge/London 1985, besonders Kapitel 14, *Optimal tariffs, retaliation, and trade wars*, S. 231 ff., und die Tabelle auf S. 248 zu Gewinnen und Verlusten.

22 Benedikt Zoller-Rydzek/Gabriel Felbermayr, *Wer bezahlt Trumps Handelskrieg mit China?,* http://www.cesifo-group.de/DocDL/sd-2018-22-zoller-felbermayr-us-zoelle-2018-11-22.pdf.

23 Die Zitate auf S. 30, 31, 35. Zu anderen Ergebnissen kamen wenig später Mary Amity/Stephen J. Redding/David Weinstein: Die Last sei von den US-Verbrauchern getragen worden. *The impact of the 2018 trade war on*

U.S. prices and welfare, März 2019, https://www.nber.org/system/files/working_papers/w25672/w25672.pdf.

24 The assumption that „if you throw men out of work in one direction, you re-employ them in another. As soon as that link in the chain is broken the whole of the free trade argument breaks down." Elizabeth Johnson/Donald Moggridge (Hrsg.), *The collected writings of John Maynard Keynes*, Cambridge 2012, Band XX, S. 117; vgl. auch dies., dass., Band XXI, Cambridge 2012, S. 207f. Hinzu kommt seine Verteidigung des merkantilistischen Denkens in Kapitel 23 der *General theory of employment, interest and money.* Austin Robinson/Donald Moggridge (Hrsg.), dass., Band VII, Cambridge 2013, bspw. S. 340: „Nevertheless, as a contribution to statecraft, which is concerned with the economic system as a whole and with securing the optimum employment of the system's entire resources, the methods of the early pioneers of economic thinking in the sixteenth and seventeenth centuries may have attained to fragments of practical wisdom which the unrealistic abstractions of Ricardo first forgot and then obliterated." Zu Keynes' Ansichten bezüglich Zöllen und Goldstandard auch Steil, *Battle of Bretton Woods*, S. 82–85.

25 Irwin, *Free Trade*, S. 34.

26 Zu diesem Zweig der Globalisierungs- und Kapitalismuskritik Robert und Edward Skidelsky, *How much is enough?*, 2. Aufl., London 2013. Deutsch: *Wie viel ist genug?* München 2013.

27 Zum Spannungsverhältnis zwischen Globalisierung, Nationalstaat und demokratischer Selbstbestimmung Rodrik, *Globalization paradox*, S. 184–250; und ders., *Straight talk on trade*, S. 222–232.

28 Klein/Pettis, *Trade wars are class wars*, S. 2, berichten, dass Donald Trump 2016 bei den Vorwahlen der Republikanischen Partei 89 der am meisten von chinesischem Importwettbewerb betroffenen 100 Bezirke gewonnen hat.

29 Wir folgen hier im Wesentlichen der Argumentation von Findlay/O'Rourke, *Power and plenty*, S. 383–387, betreffend Massengüter und Heckscher-Ohlin-Effekte. Natürlich waren am schlimmsten die internationalen Verteilungskonflikte zwischen den imperialistischen Nationen und ihren Opfern und die intranationalen in Gesellschaften, in denen die einen dabei halfen, die anderen zu versklaven, wie etwa in Afrika: McNeill, *Pursuit of power*, S. 152.

30 John Stuart Mill, *The corn laws*, in: *Essays on economics and society*, Toronto 1967, S. 45 (51 f.).

31 *Globalisierungsreport 2016. Wer profitiert am stärksten von der Globalisierung?*, Gütersloh 2016, S. 6, 19, https://www.bertelsmann-stiftung.de/fileadmin/files/BSt/Publikationen/GrauePublikationen/NW_Globalisierungsreport_2016.pdf.

32 *Globalisierungsreport 2016*, S. 16 f.

33 *Die ungleiche Welt*, Berlin 2016.

34 Vgl. die eindrucksvolle Elefantenkurve in: *Die ungleiche Welt,* S. 18. Zu weiteren Aspekten der weltweiten Ungleichheit Robert Hunter Wade, *Global growth, inequality, and poverty: power and evidence in global ‚best practise' economic policy*, in: Ravenhill, *Global political economy*, S. 313–353.

35 *The spectre of monetarism.* Speech given by Mark Carney, Governor of the Bank of England, 5.12.2016, S. 5, https://thenextrecession.files.wordpress.com/2016/12/speech946.pdf.

36 Magnus, *Red flags*, S. 73; Kevin Rudd, *The avoidable war*, New York 2022, S. 114 f.: die Arbeiter und die Mittelklasse fühlten sich kapitalistisch ausgebeutet (!).

37 Lucas Chancel et al., *World inequality report*, Paris, 7.12.2021, https://wir2022.wid.world/www-site/uploads/2022/03/0098-21_WIL_RIM_RAPPORT_A4.pdf.

38 Thomas Piketty, *Das Kapital im 21. Jahrhundert*, 6. Aufl., München 2016. Wie Ungleichheit Vertrauen zerstört und dem Gemeinwohl schadet, zeigt Fareed Zakaria, *Ten lessons for a post-pandemic* world, New York 2020, S. 147–166.

39 Peter Bofinger/Gustav Horn/Kai Schmid/Till van Treeck (Hrsg.), *Thomas Piketty und die Verteilungsfrage. Analysen, Bewertungen und wirtschaftspolitische Implikationen für Deutschland*, 2015, https://www.boeckler.de/pdf/Piketty_Verteilungsfrage.pdf.

40 Zum Folgenden Corden, *Trade Policy*, S. 61 ff.

41 Zu den drastischen Verteilungswirkungen des Welthandels auf die US-Wirtschaft Rodrik, *Globalization paradox*, S. 55–66 (S. 57): „in an economy like the United States [...] a move to complete free trade would reshuffle more than $50 of income among different groups for each dollar of efficiency or ‚net' gain created!" – in einer Volkswirtschaft wie der amerikanischen würde eine völlige Freiheit des Welthandels für jeden Dollar Effizienzgewinn 50 Dollar Einkommen zwischen unterschiedlichen Bevölkerungsgruppen umverteilen. Ders., *Straight talk on trade*, S. 114–138.

42 Berlin 2005, insbes. 5. Kapitel.

43 Sinn, *Basar-Ökonomie*, S. 65–67.

44 Daron Acemoglu/David Autor/David Dorn/Gordon H. Hanson/Brendan Price, *Import competition and the great US employment sag of the 2000s*, Journal of Labor Economics 2016, S. 141, https://economics.mit.edu/files/9811. Diese Effekte kommen bei Freihandelsbefürwortern wie Irwin etwas zu kurz, vgl. *Trade under Fire*, S. 94 ff. – theoretisch stimmig, in der politischen Praxis schwer zu vermitteln.

45 Guter Überblick zum Thema mangelhafte Ausgleichsmaßnahmen für entlassene Arbeiter in den USA: Edward Alden, *How to help workers laid low by trade – and why we haven't*, PBS, 16.11.2016, https://www.pbs.org/newshour/economy/column-help-workers-laid-low-trade-havent.

46 David H. Autor/David Dorn/Gordon H. Hanson, *The China syndrome: local labor market effects of import competition in the United States*, American Economic Review 2013, S. 2121, http://dx.doi.org/10.1257/aer.103.6.2121; dies., *The China shock: learning from labor market adjustment to large changes in trade*, Januar 2016, https://www.nber.org/system/files/working_papers/w21906/w21906.pdf; David H. Autor, *Trade and labor markets: lessons from China's rise*, IZA World of Labor, Februar 2018, https://wol.iza.org/uploads/articles/431/pdfs/trade-and-labor-makets-lessons-from-chinas-rise.pdf?v=1.

47 *Globalisierungsreport 2016*, S. 30, 32.

48 Zum politökonomischen Zusammenhang von Ungleichheit und patriotisch-nationalistischer Identätspolitik Sharun Mukand/Dani Rodrik, *The political economy of ideas: on ideas versus interests in policymaking*, März 2018, https://www.nber.org/system/files/working_papers/w24467/w24467.pdf;

Anna Maria Mayda/Dani Rodrik, *Why are some people (and countries) more protectionist than others?*, September 2001, https://www.nber.org/system/files/working_papers/w8461/w8461.pdf.

49 Uwe Sunde, *Die Achillesferse der Demokratie*, FAZ, 6.3.2017, S. 16; vgl. auch Rainer Kotschy/Uwe Sunde, *Democracy, Inequality, and institutional quality: panel evidence*, https://editorialexpress.com/cgi-bin/conference/download.cgi?db_name=EEAMannheim2015&paper_id=965. Extrem ungleiche Einkommensverhältnisse begünstigen außerdem Finanzkrisen: Robert Skidelsky, *The return of the master*, 2. Aufl., London 2010, S. 69.

50 Bertelsmann Stiftung, *Mehr Unterstützung für Handel und Globalisierung durch ein Sicherheitsnetz. Internationale Studie 2018: Einstellungen zum Handel und zur Globalisierung*, Gütersloh 2018.

51 Irwin, *Clashing over commerce*, S. 1. Allgemein zu derartigen Konflikten: Michael J. Hiscox, *The domestic sources of foreign economic policies*, in: Ravenhill, *Global political economy*, S. 76–107.

52 Instruktiv Dani Rodrik, *Political economy of trade policy*, in: Gene Grossman/Kenneth Rogoff, *Handbook of international economics*, Band III, 1995, S. 1457, http://conconi.ulb.be/Rodrik.pdf. Vgl. auch Irwin, *Free trade*, S. 62 ff., 84 ff. Gute Fallstudie zu den USA: Robert A. Pastor, *Congress and the politics of U.S. foreign economic policy*, 2. Aufl., Berkeley 1982.

53 „Mehr als 140" entsprach der damaligen Mitgliederzahl. Mike Moore, *A world without walls*, 2. Aufl., Cambridge 2003, S. 144.

54 „When examined up close, trade policy is not a pretty sight." Irwin, *Free trade*, S. 71. Zur internationalen Handelspolitik vor 1945 auch Findlay/O'Rourke, *Power and plenty*, S. 395–402, 443–455.

55 Ralph Davis, *The rise of protectionism in England, 1689–1786*, The Economic History Review New Series 1966, S. 306.

56 Davis, *Rise of protectionism*, S. 313 f.

57 John Ehrman, *The British government and commercial negotiations with Europe 1783–1793*, Cambridge 1962, S. 178.

58 Copeland, *Economic interdependence*, S. 357.

59 Menzel, *Die Ordnung der Welt*, S. 713, 775 ff., 806 ff.

60 Copeland, *Economic interdependence*, S. 102 f.

61 Kennedy, *British Naval Mastery*, S. 191.

62 Pastor, *Congress*, S. 73.

63 Ebd., S. 75.

64 Tooze, *The deluge*, S. 15 f. Die amerikanische Ablehnung von Empireschutzzonen führte zu vielerlei Streitigkeiten mit den Briten, und das selbst noch im Zweiten Weltkrieg und auf der Konferenz von Bretton Woods.

65 Ebd., S. 215 ff., 343–349.

66 Einige grundlegende Abhandlungen zu dieser Epoche sind Bruce Kent, *The spoils of war. The politics, economics, and diplomacy of reparations 1918–1932*, 3. Aufl., Oxford 2011; Tooze, *The deluge*; Charles P. Kindleberger, *The world in depression 1929–1939*, Berkeley 2013; Benjamin M. Rowland (Hrsg.), *Balance of power or hegemony: the interwar monetary system*, New York 1976; Barry Eichengreen, *Golden fetters. The gold standard and the Great Depression, 1919–1939*, Oxford 1993 (seine Analyse, die die Bedeutung von [meist fehlendem] gegenseitigem Vertrauen und internationaler Zusammenarbeit be-

tont, wirkt überzeugender als Kindlebergers Erklärung); Steil, *Battle of Bretton Woods*; Kirshner, *Appeasing bankers*, Kapitel 4, das Frankreichs Politiken in der Zwischenkriegszeit analysiert und damit ein gutes *pars pro toto* bietet. Einen interessanten Vergleich zwischen der Großen Depression und der Weltfinanzkrise ab 2008 zieht Barry Eichengreen, *Hall of mirrors*, 2. Aufl., Oxford 2016. Auch er zeigt, wie sich ehemalige Verbündete in den 1920er-Jahren gegenseitig messerten (z. B. S. 46 f.) und wie die Gastgeberrolle bei Treffen der Zentralbankpräsidenten ähnlich anstrengend war, wie einen Sack Flöhe zu hüten (S. 48, „like herding cats"). Zur Finanzierung des Ersten Weltkriegs Strachan, *First World War*, Band I, S. 814–992. Nach dem Zweiten Weltkrieg vermieden die USA ähnliche Probleme, indem sie ihre Hilfen für Deutschland als „Kredite" bezeichneten und die Gewährung von Marshallplan-Hilfen für Deutschlands ehemalige Kriegsgegner erfolgreich davon abhängig machten, dass diese von Deutschland keine Schulden beizutreiben versuchten, ehe nicht die USA besagte „Kredite" zurückforderten – was sie nicht vorhatten: Benn Steil, *The Marshall Plan*, Oxford 2018, S. 358 ff.

67 Irwin, *Free trade*, S. 203. Eichengreen, *Exorbitant privilege*, S. 33, gibt sogar einen Rückgang des Welthandels um 36 Prozent an.

68 Pastor, *Congress*, S. 196.

69 Pastor, S. 83 f., 196 f. Zu Smoot-Hawley in einer volkswirtschaftlichen Gesamtschau, die die Bedeutung des Zolls relativiert, Jan-Otmar Hesse, *Im Abgrund*, Frankfurter Allgemeine Zeitung, 21.9.2018, S. 18. Eichengreen, *Hall of mirrors*, S. 120–122, hält für die schlimmste Folge von Smoot-Hawley, dass er das internationale Gemeinschaftsgefühl und die Bereitschaft zur Zusammenarbeit untergrub. Paine, *The wars for Asia*, S. 20 ff., 278 f., sieht einen Zusammenhang zwischen der Großen Depression, westlichem Protektionismus, Smoot-Hawley und der japanischen Aggression ab 1931 in der Mandschurei und darüber hinaus.

70 So wohl von Conybeare, *Trade wars*, S. 234, 239–261, der sogar den Reciprocal Trade Agreements Act von 1934 als Versuch versteht, eine hegemonial-prädatorische Zollpolitik mit subtileren Methoden fortzusetzen.

71 Kindleberger, *The world in depression*, S. 132; Conybeare, *Trade wars*, S. 245 ff.

72 League of Nations, Economic Intelligence Service, *World Economic Survey 1932–1933*, Genf 1933, S. 193. In der Weltfinanzkrise ab 2007 vermieden die G20-Staaten diesen Fehler bewusst. Sie versprachen einander, keine Zollerhöhungen oder andere Handelsbeschränkungen einzuführen, und hielten sich auch daran: Krueger, *International trade*, S. 87.

73 Pastor, *Congress*, S. 79.

74 Irwin, *Free trade*, S. 204 ff.; ders., *Clashing over commerce*, S. 423–447; Pastor, *Congress*, S. 70, 92 f.

75 Silke Trommer, *The evolution of the global trade regime*, in: Ravenhill, *Global political economy*, S. 111–139, schildert vorzüglich die Entwicklung 1900–2020 und erwähnt S. 113, dass die meisten GATT-Artikel aus Verträgen übernommen wurden, die entsprechend dem RTAA-System geschlossen worden waren („that most of the GATT articles [...] were taken from various agreements reached under the RTAA system").

Kapitel 7 – Die Wirksamkeit von Wirtschaftssanktionen, Gewinnbarkeit von Handelskriegen, Erfolgsaussichten des Wirtschaftskrieges mit Russland, Zusammenhänge zwischen Wirtschaftsbeziehungen und Kriegsursachen

1 Wir folgen der Terminologie von Meghan L. O'Sullivan, *Shrewd sanctions*, Washington 2003, S. 29 ff.

2 Übersichten: Bruce W. Jentleson, *Economic sanctions and post-cold war conflicts: challenges for theory and policy*, in: National Research Council 2000 (Hrsg.) *International conflict resolution after the Cold War*, Washington 2000, S. 123; O'Sullivan, *Shrewd sanctions*, S. 24–35; Michael Mastanduno, *Economic statecraft, interdependence, and national security: agendas for research*, in: Jean-Marc Blanchard/Edward D. Mansfield/Norrin M. Ripsman (Hrsg.), *Power and the purse*, London 2000, S. 288; Benn Steil/Robert E. Litan, *Financial statecraft*, New Haven 2006; US Government Accountability Office, *Economic sanctions*, Oktober 2019, https://www.gao.gov/assets/gao-20-145.pdf; Agathe Demarais, *Backfire*, New York 2022.

3 Kirshner, *Currency and coercion*, S. 228–235, argumentiert, dass ein Paradebeispiel der „Sanktionen bringen nie etwas"-Schule, die Völkerbundsanktionen gegen Italien 1936, Italien deshalb nicht von der Eroberung Äthiopiens abbrachten, weil Großbritannien und Frankreich gar nicht wollten, dass die Invasion fehlschlug (S. 234).

4 Hufbauer/Schott/Elliott/Oegg, *Economic sanctions reconsidered*, S. 3, 61 f., 101–105, und Anhänge A–C, S. 181 ff.; Julian Hinz, *The cost of sanctions: estimating lost trade with gravity*, November 2017, https://www.ifw-kiel.de/fileadmin/Dateiverwaltung/IfW-Publications/Julian_Hinz/the-cost-of-sanctions-estimating-lost-trade-with-gravity/kwp_2093.pdf; Gabriel Felbermayr/Constantinos Syropoulos/Erdal Yalcin/Yoto V. Yotov, *On the heterogeneous effects of sanctions on trade and welfare: evidence from the sanctions on Iran and a new database*, 16.5.2020, S. 17 ff., https://ideas.repec.org/p/ris/drxlwp/2020_004.html.

5 Siehe bspw. die von Jentleson, *Economic sanctions*, S. 171, Fn. 8 zitierten Artikel zu Hufbauer/Schott/Elliott, *Economic sanctions reconsidered.*

6 Jentleson, *Economic sanctions*, S. 149.

7 Richard Garfield, *Morbidity and mortality among Iraqi children from 1990 through 1998: assessing the impact of the Gulf War and economic sanctions*, März 1999, S. 1, 33, 35, https://reliefweb.int/sites/reliefweb.int/files/resources/A2E2603E5DC88A4685256825005F211D-garfie17.pdf; ders., *The impact of economic sanctions on health and well-being*, Relief and rehabilitation network, November 1999, S. 2, https://odihpn.org/wp-content/uploads/1999/11/networkpaper031.pdf; zu anderen Fällen als dem Irak s. Jerg Gutmann/Matthias Neuenkirch/Florian Neumann, *Sanctioned to death? The impact of economic sanctions on life expectancy and its gender gap*, Dezember 2019, https://www.cesifo.org/DocDL/cesifo1_wp8033.pdf. Zu den humanitären Kosten der Sanktionen gegen den Iran John Ghazvinian, *America and Iran*, New York 2021, S. 504, 522 f., 624; Demarais, *Backfire*, Kapitel 4.

8 O'Sullivan, *Shrewd sanctions*, S. 142–146.

9 Ebd., S. 146 ff.

10 Ebd., S. 135, 137.

11 Ebd., S. 180 (Thatcher, Libyen), 53 (Kohl, Iran). Darauf reimt sich ein Fall, bei dem es nicht um Sanktionen ging: David Cameron, *For the record*, London 2019, S. 343, erwähnt, Washington habe London davon abgehalten, Waffen an einige Golfstaaten zu verkaufen, und dabei mit dem Schutz sensibler US-Militärtechnik argumentiert – nur um denselben Interessenten anschließend selber sehr ähnliche Waffen zu liefern.

12 Drezner, in: Drezner/Farrell/Newman, *Uses and abuses*, S. 4.

13 Baldwin, *Economic statecraft*; Jentleson, *Economic sanctions*; Haass/O'Sullivan, *Honey and vinegar*; O'Sullivan, *Shrewd sanctions*; Jon Hovi/Robert Huseby/Detlef F. Sprinz, *When do (imposed) economic sanctions work?*, World Politics 57 (Juli 2005), S. 479, https://www.jstor.org/stable/40060115; Hufbauer/Schott/Elliott/Oegg, *Economic sanctions reconsidered*; Dina Esfandiary, *Assessing the European Union's sanctions policy: Iran as a case study*, Dezember 2013, https://www.sipri.org/sites/default/files/EUNPC_no-34.pdf; Congressional Research Service, *Achievements of and outlook for sanctions on Iran*, 22.4.2014, https://www.everycrsreport.com/files/20140422_R43492_619955d53c36da14f4bc24f2aff95f76a3c40df0.pdf; Mian Dai/Gabriel Felbermayr/Aleksandra Kirilakha/Constantinos Syropoulos/Erdal Yalcin/Yoto V. Yotov, *Timing the impact of sanctions on trade*, 19.2.2021, https://ideas.repec.org/p/ris/drxlwp/2021_007.html#download.

14 Hufbauer/Schott/Elliott/Oegg, *Economic sanctions reconsidered*, S. 158, beurteilten Sanktionen in 34 Prozent der von ihnen untersuchten 204 Fälle als zumindest teilweise erfolgreich. Das ist in der internationalen Politik eine ziemlich hohe Erfolgsquote, und selbst wenn sie niedriger wäre, mögen selbst erfolglose Sanktionen die beste verfügbare Option gewesen sein (im Vergleich zu Nichtstun, Wortgeklingel oder der Anwendung bewaffneter Gewalt). Außerdem gibt es noch mancherlei Verbesserungsmöglichkeiten: Sascha Lohmann/Judith Vorrath (Hrsg.), *International sanctions: improving implementation through better interface management*, August 2021, https://www.swp-berlin.org/publications/products/arbeitspapiere/WP_International_Sanctions.pdf U.S. Department of the Treasury, *The Treasury 2021 sanctions review*, Oktober 2021, https://home.treasury.gov/system/files/136/Treasury-2021-sanctions-review.pdf.

15 Pauline H. Baker, *The United States and South Africa: persuasion and coercion*, in: Haass/O'Sullivan, *Honey and vinegar*, S. 95–119.

16 O'Sullivan, *Shrewd sanctions*, S. 45 ff.; Kali Robinson, *What is the Iran nuclear deal?*, 20.7.2022, https://www.cfr.org/backgrounder/what-iran-nuclear-deal; Congressional Research Service, *Achievements of and outlook for sanctions on Iran*, 22.4.2014, https://www.everycrsreport.com/files/20140422_R43492_619955d53c36da14f4bc24f2aff95f76a3c40df0.pdf.

17 O'Sullivan, *Shrewd sanctions*, S. 173 f., 210, 292.

18 Ebd., S. 383, Fn. 84: Berichten zufolge fanden viele iranische Orientteppiche ihren Weg in die USA durch Kanada. Zum Umgehen von Sanktionen generell Demarais, *Backfire*, Kapitel 8.

19 „Je heikler das Land, desto mehr Gewinn ist drin", zitieren Blas/Farchy den Chef einer der größten Ölhandelsfirmen der Welt, *World for sale*, S. 207 („The trickier the country, the more upside there is").

20 O'Sullivan, *Shrewd sanctions*, S. 288 ff.

21 Ein Beispiel für Druck ausschließlich auf die Machthaber, wenn auch in dem Fall, um sie zur Aufgabe von Nuklearwaffen zu bewegen, war 2006 das UN-Verbot, Luxusgüter nach Nordkorea zu liefern. Hufbauer/Schott/Elliott/Oegg, *Economic sanctions reconsidered*, S. 139.

22 O'Sullivan, *Shrewd sanctions*, S. 301.

23 Stent, *Limits of partnership*, S. 27, 71, 102 f., 123, 208–210.

24 Es gibt viele Beispiele in den USA, von der Agrarlobby und Big Oil bis hin zum American Israel Public Affairs Committee, dessen Einfluss auf die US-Außenpolitik sogar eine hitzige akademische und öffentliche Debatte ausgelöst hat: John J. Mearsheimer/Stephen M. Walt, *The Israel lobby and US foreign policy*, 2. Aufl., London 2008. Zu Interessengruppen generell O'Sullivan, *Shrewd sanctions*, S. 20–23, 58, 90, 153; Hufbauer/Schott/Elliott/Oegg, *Economic sanctions reconsidered*, S. 6 f., 134–136.

25 Stent, *Limits of partnership*, S. 119–121, und Condoleezza Rice, *No higher honor*, New York 2011, S. 458, zeigen, wie ein flammendes Bekenntnis zu den Menschenrechten die USA ihre Militärbasis K2 kostete, die russisch-usbekische Freundschaft (zwischen den Machthabern) stärkte und für die Menschenrechtssituation nichts Konkretes erreichte. Ähnliche Abwägungen fielen in den 1960ern dem portugiesischen Salazar-Regime gegenüber noch anders aus, auch mit Rücksicht auf die US-Stützpunkte auf den Azoren.

26 „When a country (USA) is losing many billions of dollars on trade with virtually every country it does business with, trade wars are good, and easy to win. […] When we are down $100 billion with a certain country and they get cute, don't trade anymore — we win big. It's easy!" *Trump doubles down: ‚Trade wars are good, and easy to win'*, CNBC, 2.3.2018, https://www.cnbc.com/2018/03/02/trump-trade-wars-are-good-and-easy-to-win.html.

27 *Congress and the politics of U.S. foreign economic policy*, S. 191 ff.

28 Evenett/Fritz, *Brazen unilateralism*, Table of scenarios S. 15 f., https://www.globaltradealert.org/reports/45. Deutsche Bundesbank, *Zu den möglichen weltwirtschaftlichen Folgen des Handelskonflikts zwischen den USA und China*, Monatsbericht November 2018, S. 12–14, https://www.bundesbank.de/resource/blob/767332/d832c19855d02060ff290b1b24b33088/mL/2018-11-monatsbericht-data.pdf.

29 Evenett/Fritz, *Brazen unilateralism*, S. 12.

30 Conybeare, *Trade wars*, S. 179 ff.; Kirshner, *Currency and coercion*, S. 132–136 (Deutschlands Ausbeutung seiner osteuropäischen Handelspartner in den 1930ern).

31 Pastor, *Congress*, S. 194 f.

32 *Economic statecraft*, S. 58, 61–63, 80 ff., 120 ff., 176 f., 235 ff. Ein gutes Beispiel für politisch sinnvolle ökonomische Selbstverletzung ist das von Präsident Carter wegen der sowjetischen Afghanistaninvasion von 1979 verhängte Getreideembargo, a .a. O., S. 264, verglichen mit dem Embargo der Reagan-Administration 1982 gegen einen Pipelinebau in Polen, a. a. O., S. 280 f. Etwas anders gewichtet Hanson, *Western economic statecraft*,

S. 42 f., 54 f., der aber auch die für Moskau überraschende Deutlichkeit des Signals hervorhebt. Jentleson, *Economic sanctions*, S. 137, weist allerdings auch darauf hin, dass das Embargo die US-Farmer gegen Carter aufbrachte, was zu den wichtigsten Gründen seiner Niederlage bei den Präsidentschaftswahlen 1980 gezählt habe.

33 Chad P. Bown/Melina Kolb, *Trump's trade war timeline: an up-to-date guide*, 21.6.2022, https://www.piie.com/blogs/trade-and-investment-policy-watch/trumps-trade-war-timeline-date-guide; Congressional Research Service (CRS), *Section 232 investigations: overview and issues for Congress*, 18.5.2021, https://fas.org/sgp/crs/misc/R45249.pdf; Hagemeyer-Witzleb, *International law of economic warfare*, S. 72–82; Krueger, *International trade*, S. 109 ff., 257 ff.

34 *Trump abandons Trans-Pacific Partnership, Obama's signature trade deal*, New York Times, 23.1.2017, https://www.nytimes.com/2017/01/23/us/politics/tpp-trump-trade-nafta.html.

35 Office of the U.S. Trade Representative and Executive Office of the President, *Findings of the investigation into China's acts, policies, and practices related to technology transfer, intellectual property, and innovation under section 301 of the Trade Act of 1974*, 22.3.2018, https://ustr.gov/sites/default/files/Section%20301%20FINAL.PDF.

36 Department of the Treasury, *Summary of the Foreign Investment Risk Review Modernization Act of 2018*, https://home.treasury.gov/system/files/206/Summary-of-FIRRMA.pdf; Farhad Jalinous/Karalyn Mildorf/Keith Schomig/Ata Akiner, *CFIUS finalizes new FIRRMA regulations*, 22.1. 2020, https://www.whitecase.com/publications/alert/cfius-finalizes-new-firrma-regulations.

37 115th Congress (2017–2018), H.R.5040—*Export Control Reform Act of 2018*, https://www.congress.gov/bill/115th-congress/house-bill/5040/text; European Parliamentary Research Service, *United States: Export Control Reform Act (ECRA)*, November 2019, https://www.europarl.europa.eu/RegData/etudes/BRIE/2019/644187/EPRS_BRI(2019)644187_EN.pdf.

38 Chad P. Bown, *Anatomy of a flop: why Trump's US-China phase one trade deal fell short*, 8.2.2021, https://www.piie.com/blogs/trade-and-investment-policy-watch/anatomy-flop-why-trumps-us-china-phase-one-trade-deal-fell; ders., *US-China phase one tracker: China's purchases of US goods*, 19.7.2022, https://www.piie.com/research/piie-charts/us-china-phase-one-tracker-chinas-purchases-us-goods; ders., *China bought none of the extra $200 billion of US exports in Trump's trade deal*, 19.7.2022, https://www.piie.com/blogs/realtime-economic-issues-watch/china-bought-none-extra-200-billion-us-exports-trumps-trade.

39 Text: https://www.congress.gov/bill/116th-congress/senate-bill/945/text.

40 *Peking und Washington einigen sich auf Transparenzregeln – und verhindern De-Listing chinesischer Firmen in den USA*, Neue Zürcher Zeitung, 27.8.2022, https://www.nzz.ch/wirtschaft/peking-und-washington-einigen-sich-auf-transparenzregeln-ld.1700001. Krisis: *Five state-run Chinese giants to delist from U.S. stock exchanges*, New York Times, 12.8.2022, https://www.nytimes.com/2022/08/12/business/china-us-delisting-stock-exchange.html; Zukunft: *U.S. regulators to vet Alibaba, JD.com, other Chinese firms, audits-*

sources, Reuters, 31.8.2022, https://www.reuters.com/business/exclusive-us-regulators-vet-alibaba-other-chinese-firms-audits-sources-2022-08-30/.

41 Federal Register, Vol. 81, No. 45, 8.3.2016, Rules and Regulations, S. 12004–12006, https://www.govinfo.gov/content/pkg/FR-2016-03-08/pdf/2016-05104.pdf.

42 *U.S. restricts sales to ZTE, saying it breached sanctions*, New York Times, 7.3.2016, https://archive.nytimes.com/www.nytimes.com/2016/03/08/technology/us-restricts-sales-to-zte-saying-it-breached-sanctions.html.

43 *U.S. fines ZTE of China $1.19 billion for breaching sanctions*, New York Times, 7.3.2017, https://www.nytimes.com/2017/03/07/technology/zte-china-fine.html.

44 *US cuts off ZTE from American tech suppliers*, AnandTech, 17.4.2018, https://www.anandtech.com/show/12657/doc-zte-denial.

45 Bown/Kolb, *Trump's trade war timeline*, S. 19: „President Xi of China, and I, are working together to give massive Chinese phone company, ZTE, a way to get back into business, fast. Too many jobs in China lost. Commerce Department has been instructed to get it done!", https://www.piie.com/sites/default/files/documents/trump-trade-war-timeline.pdf.

46 *U.S. lifts ban that kept ZTE from doing business with American suppliers*, New York Times, 13.7.2018, https://www.nytimes.com/2018/07/13/business/zte-ban-trump.html („ZTE was required to pay a $1 billion penalty, put $400 million in escrow with an American bank, overhaul its leadership and allow a team of compliance monitors to be installed inside the company for 10 years.") Compliance bedeutet: Einhaltung der Regeln.

47 Department of Justice, *Chinese telecommunications conglomerate Huawei and Huawei CFO Wanzhou Meng charged with financial fraud*, 28.1.2019, https://www.justice.gov/opa/pr/chinese-telecommunications-conglomerate-huawei-and-huawei-cfo-wanzhou-meng-charged-financial. Zu Huawei Chris Miller, *Chip war*, 2. Aufl., New York 2022, S. 269 ff., 311 ff.

48 Federal Register, Vol. 84, No. 98, 21.5.2019, Rules and Regulations, S. 22961–22968, https://www.govinfo.gov/content/pkg/FR-2019-05-21/pdf/2019-10616.pdf; Federal Register, Vol. 85, No. 162, 20.8.2020, Rules and Regulations, S. 51596–51629, https://www.bis.doc.gov/index.php/documents/regulationsdocs/federal-register-notices/federal-register-2020/2593-85-fr-51596/file.

49 Federal Register, Vol. 85, No. 97, 19.3.2020, Rules and Regulations, S. 29849–29863, https://www.govinfo.gov/content/pkg/FR-2020-05-19/pdf/2020-10856.pdf, Federal Register, Vol. 85, No. 162, 20.8.2020, Rules and Regulations, S. 51596–51629, https://www.bis.doc.gov/index.php/documents/regulations-docs/federal-register-notices/federal-register-2020/2593-85-fr-51596/file. Zu diesem Schachzug Chad P. Bown, *How the United States marched the semiconductor industry into its trade war with China*, Dezember 2020, vor allem S. 25 f., https://www.piie.com/sites/default/files/documents/wp20-16.pdf. Die USA haben in dem Bereich eine weltweit außerordentlich starke Stellung, ohne ihre Technologien geht in der Chipfertigung wenig.

50 *U.S. restricts tech exports to China's biggest semiconductor manufacturer in escalation of trade tensions*, Washington Post, 26.9.2020, https://www.washing-

tonpost.com/technology/2020/09/26/us-restricts-exports-chinas-smic/; Federal Register, Vol. 85, No. 246, 22.12.2020, Rules and Regulations, S. 83416–83432, https://www.govinfo.gov/content/pkg/FR-2020-12-22/pdf/2020-28031.pdf.

51 *Will Europe sign up to Joe Biden's plan to counter China?*, Financial Times, 7.6.2021, https://www.ft.com/content/e4c7df1a-5048-4cf1-8a2d-c9a2d-721ba92. ASML hat ein Weltmonopol bei Extrem-Ultraviolett-Photolitographie-Maschinen.

52 *Obama verbietet Chinesen die Aixtron-Übernahme*, Frankfurter Allgemeine Zeitung, 2.12.2016, https://www.faz.net/aktuell/wirtschaft/unternehmen/aixtron-uebernahme-durch-chinesen-scheitert-an-obama-veto-14556565.html.

53 116th Congress, Public Law 116–149—JULY 14, 2020 134 STAT. 663, https://www.congress.gov/116/plaws/publ149/PLAW-116publ149.pdf.

54 *U.S. judge halts Trump's TikTok ban, the 2nd court to fully block the action*, NPR 7.12.2020, https://www.npr.org/2020/12/07/944039053/u-s-judge-halts-trumpstiktok-ban-the-2nd-court-to-fully-block-the-action. Zu TikTok Drezner, in: Daniel W. Drezner/Henry Farrell/Abraham L. Newman (Hrsg.), *The uses and abuses of weaponized interdependence*, Washington 2021, S. 2.

55 *U.S. judge halts Trump administration's order to remove WeChat from app stores*, Reuters, 20.9.2020, https://www.reuters.com/article/us-usa-wechat-idUSKCN26B0IY. 2016 hatte WeChats Eigentümer, die Firma Tencent, in einem Amnesty-International-Ranking zur Frage, wie gut Messaging-Apps die persönlichen Daten ihrer Nutzer schützen, 0 von 100 Punkten erreicht: Amnesty International, *How private are your favourite messaging apps?*, 21.10.2016, https://www.amnesty.org/en/latest/campaigns/2016/10/which-messaging-apps-best-protect-your-privacy/.

56 *Executive Order on protecting Americans' sensitive data from foreign adversaries*, 9.6.2021, https://www.whitehouse.gov/briefing-room/presidential-actions/2021/06/09/executive-order-on-protecting-americans-sensitive-data-from-foreign-adversaries/.

57 John Murphy, *Trump's trade policy: an assessment*, US Chamber of Commerce, 19.1.2021, https://www.uschamber.com/international/trumps-trade-policy-an-assessment.

58 Mary E. Burfisher/Frederic Lambert/Troy Matheson, *NAFTA to USMCA: what is gained?*, IMF Working Paper, März 2019, https://www.imf.org/-/media/Files/Publications/WP/2019/WPIEA2019073.ashx; *The Finance 202: USMCA isn't expected to have a big impact on the economy*, Washington Post, 11.12.2019, https://www.washingtonpost.com/news/powerpost/paloma/the-finance-202/2019/12/11/the-finance-202-usmca-isn-t-expected-to-have-a-big-impact-on-the-economy/5df027176602ff1440b4df980/.

59 Woodward, *Fear*, S. 233, 274, 334 f., und ähnlich hinsichtlich Automobilzöllen S. 276; *Gary Cohn, Trump's top economic adviser, to resign amid differences on trade policy*, Washington Post, 7.3.2018, https://www.washingtonpost.com/business/economy/gary-cohn-trumps-top-economic-adviser-resigns-amid-differences-on-trade-policy/2018/03/06/8ae89514-2191-11e8-badd-7c9f29a55815_story.html; Woodward, *Fear*, S. 161, und ders., *Rage*, S. 35:

Verteidigungsminister Mattis opponierte ebenfalls schriftlich gegen die Stahlzölle.

60 Gary Clyde Hufbauer/Eujin Jung, *Steel profits gain, but steel users pay, under Trump's protectionism*, 20.12.2018, https://www.piie.com/blogs/trade-and-investment-policy-watch/steel-profits-gain-steel-users-pay-under-trumps; *Trump's steel tariffs cost U.S. consumers $900,000 for every job created, experts say*, Washington Post, 7.5.2019, https://www.washingtonpost.com/business/2019/05/07/trumps-steel-tariffs-cost-us-consumers-every-job-created-experts-say/; Geoffrey Gertz, *Did Trump's tariffs benefit American workers and national security?*, 10.9.2020, https://www.brookings.edu/policy2020/votervital/did-trumps-tariffs-benefit-american-workers-and-national-security/; ähnliche Resultate bei Stahl, Flugzeugen, Hummern und Wein: *Wie Trumps Handelskriege Maines Hummer-Fischern schadet und Amerikas Konsumenten schröpft*, Neue Zürcher Zeitung, 30.12.2020, https://www.nzz.ch/wirtschaft/usa-wietrump-amerikas-konsumenten-schroepft-ld.1591081.

61 Chad P. Bown/Eujin Jung/and Eva (Yiwen) Zhang, *Trump's steel tariffs have hit smaller and poorer countries the hardest,* 15.11. 2018, https://www.piie.com/blogs/trade-and-investment-policy-watch/trumps-steel-tariffs-have-hit-smaller-and-poorer-countries.

62 Aaron Flaaen/Ali Hortacsu/Felix Tintelnot, *The production relocation and price effects of U.S. trade policy: the case of washing machines,* American Economic Review, 7.7.2020, S. 2103, https://www.aeaweb.org/articles/pdf/doi/10.1257/aer.20190611. Zu dieser Studie: *Trump's washing-machine tariffs cost U.S. consumers $815,000 for every job created*, Washington Post, 23.4.2019, https://www.washingtonpost.com/us-policy/2019/04/23/trumps-washing-machine-tariffs-cost-us-consumers-every-job-created/.

63 *Washing machines reveal how trade and competition are linked*, The Economist, 11.2.2021, https://www.economist.com/finance-and-economics/2021/02/11/washing-machines-reveal-how-trade-and-competition-are-linked.

64 Krueger, *International trade*, S. 92.

65 SEIA, *The adverse impact of Section 201 tariffs: lost jobs, lost deployment and lost investments*, 3.12.2019, https://www.seia.org/sites/default/files/SEIA-Tariff-Analysis-Report-2019-12-3_EMBARGOED.pdf.

66 Klein/Pettis, *Trade wars are class wars*, Kapitel 3, vor allem S. 95–100, 222–225.

67 *Joe Biden erbt ein riesiges Handelsbilanzdefizit – auch gegenüber der Schweiz*, Neue Zürcher Zeitung, 8.2.2021, https://www.nzz.ch/wirtschaft/joe-biden-erbt-einriesiges-handelsdefizit-auch-gegenueber-der-schweiz-ld.1600631.

68 Alle Defizitangaben: United States Census Bureau, *Trade in goods with world, seasonally adjusted*, abgerufen 28.11.2022, https://www.census.gov/foreign-trade/balance/c0004.html.

69 Jason Furman, *Trump is losing the trade war with China*, Wall Street Journal, 19.8.2019, https://www.wsj.com/articles/trump-is-losing-the-trade-war-with-china-11566255608; *How China won Trump's trade war and got Americans to foot the bill*, Bloomberg Businessweek, 12.1.2021, https://www.bloomberg.com/news/articles/2021-01-11/how-china-won-trump-s-good-and-easy-to-win-trade-war.

70 *The budget and economic outlook: 2020 to 2030*, S. 33, https://www.cbo.gov/system/files/2020-01/56020-CBO-Outlook.pdf.

71 *Section 232 investigations: overview and issues for Congress, Updated May 18, 2021*, S. 52, https://fas.org/sgp/crs/misc/R45249.pdf.

72 *Trump on NATO: „I said it was obsolete. It's no longer obsolete"*, Washington Post, 12.4.2017, https://www.washingtonpost.com/news/post-politics/wp/2017/04/12/trump-on-nato-i-said-it-was-obsolete-its-no-longer-obsolete/.

73 Woodward, *Fear*, S. xvii–xxiii, 106 f., 156 f. und 218: Der Präsident verstand den Wert von Allianzen und Diplomatie und den Zusammenhang zwischen militärischer, wirtschaftlicher und geheimdienstlicher Partnerschaft mit befreundeten Regierungen nicht. „The president did not understand the importance of allies overseas, the value of diplomacy or the relationship between the military, the economy and intelligence partnerships with foreign governments."

74 Ryan Hass/Abraham Denmark, *More pain than gain: how the US-China trade war hurt America*, 7.8.2020, https://www.brookings.edu/blog/order-from-chaos/2020/08/07/more-pain-than-gain-how-the-us-china-trade-war-hurt-america/.

75 Deborah Elms, *Mexico solved? Not so fast … significant damage remains*, 10.6.2019, http://asiantradecentre.org/talkingtrade/mexico-solved-not-so-fastsignificant-damage-remains.

76 „in several nations that are key US allies and partners, the share of the public with a favorable view of the USA is at its lowest point in nearly two decades of polling". Gemeint waren Australien, Deutschland, Frankreich, Großbritannien, Japan und Kanada. Richard Wike, *The Trump era has seen a decline in America's global reputation*, Pew Research Center, 19.11.2020, https://www.pewresearch.org/fact-tank/2020/11/19/the-trump-era-has-seen-a-decline-in-americas-global-reputation/.

77 Joint EU/US statement *on addressing global steel and aluminium excess capacity*, 17.5.2021, https://ec.europa.eu/commission/presscorner/detail/en/STATEMENT_21_2525: „excess capacity driven largely by third parties […] pose a serious threat to the market-oriented EU and U.S. steel and aluminium industries and the workers in those industries […] as the United States and EU Member States are allies and partners, sharing similar national security interests as democratic, market economies, they can partner to promote high standards, address shared concerns, and hold countries like China that support trade-distorting policies to account."

78 In die Richtung Multilateralisierung ging auch der *Export Control Reform Act of 2018*, https://www.congress.gov/bill/115th-congress/house-bill/5040, vgl. Chad P. Bown, *Export controls: America's other national security threat*, Duke Journal of Comparative & International Law, vol. 30 (2020), S. 284 (295).

79 Wolff, *Kriegserklärung und Kriegszustand*, S. 190, 208.

80 Zu dem Amalgam aus Großmachtgleichgewicht und kollektiver Sicherheit, Großmachtvorrechten und Großmachtverpflichtungen in der UN-Charta Inis L. Claude, Jr., *Swords into plowshares*, 4. Aufl., New York 1971, besonders S. 71 ff.; und ders., *The management of power in the changing United*

Nations, in: Saul H. Mendlowitz, Legal and political problems of world order, New York 1962, S. 161.

81 „An undesired image can involve costs for which almost no amount of the usual kinds of power can compensate and can be a handicap almost impossible to overcome.“ Robert Jervis, *The logic of images in international relations*, Princeton 1970, S. 6.

82 Stephen Sestanovich, *Maximalist*, New York 2014; Baldwin, *Economic statecraft*, S. 244 ff.; Hanson, *Western economic statecraft in East-West-relations.*

83 Grundlegend: Chris Miller, *Chip war*, 2. Aufl., New York 2022. Adam Segal, *Huawei, 5G, and weaponized interdependence*, in: Drezner/Farrell/Newman, *Uses and abuses*, S. 149.

84 Stand 2019: chinesischer Export von Überwachungstechnik in mehr als 700 Städte und mehr als 100 Länder: Chin/Lin, *Surveillance state*, S. 131 ff.

85 Die Obama-Regierung nannte das die „Offsetstrategie“. Zu ihr der damalige Verteidigungsminister Chuck Hagel, *Reagan National Defense Forum keynote* 15.11.2014, https://www.defense.gov/Newsroom/Speeches/Speech/Article/606635/. Von „Offset“ sprach man im Pentagon aber schon früher, s. Miller, *Chip war*, S. 73–78. Sein Buch dreht sich um Offsetfragen: S. 98–101, 137 f., 145–154, 283–291, 311 ff. Europa droht hingegen aufgrund technologischer Rückständigkeit sicherheits- und verteidigungspolitisch den Anschluss zu verlieren mit möglicherweise gravierenden Folgen für die NATO: Julian Lindley-French/John R. Allen/Frederick Ben Hodges, *Future war. Bedrohung und Verteidigung Europas*, 2. Aufl., München 2022, S. 297 f. China hat die Bedeutung von Offsets spätestens seit 1991 (Operation Desert Storm) verstanden: Rush Doshi, *The long game*, Oxford 2021, S. 286 ff.

86 Über die Taktik solcher Sanktionen lässt sich natürlich streiten, s. etwa Bown, *How the United States marched the semiconductor industry*, S. 30, https://www.piie.com/sites/default/files/documents/wp20-16.pdf.

87 Das Bureau of Industry and Security des US-Handelsministeriums hat gemäß dem Export Control Reform Act 2018 damit begonnen, solche Exportkontrollen zu schneidern: *Identification and review of controls for certain foundational technologies*, 27.8.2020, Federal Register, Vol. 85, No. 167, 27.8.2020, Proposed Rules, S. 52934 f., https://www.govinfo.gov/content/pkg/FR-2020-08-27/pdf/2020-18910.pdf. Das stellt auch die EU vor Herausforderungen, s. Noah Barkin, *Export controls and the US-China tech war*, 18.3.2020, https://merics.org/en/report/export-controls-and-us-china-tech-war. Zum Abschneiden Chinas von der Belieferung mit hoch entwickelten Halbleitern Sebastien Falletti, *US chip ban strikes at China's digital Achilles heel*, Asia Times, 11.2.2021, https://asiatimes.com/2021/02/us-chip-ban-strikes-at-chinas-digital-achilles-heel/. Grundlegend Miller, *Chip war*, besonders S. 295 ff.

88 Federal Register, Vol. 86, No. 67, 9.4.2021, Rules and Regulations, S. 18437–18439, https://www.govinfo.gov/content/pkg/FR-2021-04-09/pdf/2021-07400.pdf; *Biden administration slaps export controls on Chinese firms for aiding PLA weapons development*, Washington Post, 9.4.2021, https://www.washingtonpost.com/national-security/biden-administration-slaps-export-controls-on-chinese-firms-for-aiding-pla-weapons-development/2021/04/07/0c45bf0a-97f6-11eb-b28d-bfa7bb5cb2a5_story.html;

China builds advanced weapons systems using American chip technology, Washington Post, 10.4.2021, https://www.washingtonpost.com/national-security/china-hypersonic-missiles-american-technology/2021/04/07/37a6b-9be-96fd-11eb-b28d-bfa7bb5cb2a5_story.html; *Hyperschallraketen und Supercomputer: worum es bei den jüngsten US-Sanktionen gegen China geht*, Neue Zürcher Zeitung, 15.4.2021, https://www.nzz.ch/technologie/hyperschallrabidens-sanktionen-betreffen-chinas-militaerische-supercomputer-keten-und-supercomputer-worum-es-bei-den-juengsten-us-sanktionen-gegen-china-geht-ld.1612092.

89 *Biden sanctions Chinese companies as Beijing says ‚normal communication resumed'*, The Guardian, 4.6.2021, https://www.theguardian.com/us-news/2021/jun/03/biden-bans-us-investment-chinese-military-tech-surveillance; *Fact Sheet: Executive Order on addressing the threat from securities investments that finance certain companies of the People's Republic of China*, 3.6.2021, https://www.whitehouse.gov/briefing-room/statements-releases/2021/06/03/fact-sheet-executive-order-addressing-the-threat-from-securities-investments-that-finance-certain-companies-of-the-peoples-republic-of-china/.

90 *China's newly passed Anti-Foreign Sanctions Law to bring deterrent effect against Western hegemony*, Global Times, 10.6.2021, https://www.globaltimes.cn/page/202106/1225911.shtml; Rebecca Arcesati, *China fights back against Western sanctions and blacklists*, 11.6.2021, https://merics.org/en/merics-briefs/china-fights-back-against-western-sanctions-and-blacklists; Mary E. Lovely/Jeffrey J. Schott, *Can China blunt the impact of new US economic sanctions?*, Juni 2021, https://www.piie.com/sites/default/files/documents/pb21-13.pdf.

91 Text: https://www.congress.gov/bill/117th-congress/house-bill/4346/text.

92 Vgl. *Senate overwhelmingly passes bill to bolster competitiveness with China*, New York Times, 8.6.2021, https://www.nytimes.com/2021/06/08/us/politics/china-bill-passes.html; *A new era of industrial policy kicks off with signing of the Chips Act*, Washington Post, 9.8.2022, https://www.washingtonpost.com/us-policy/2022/08/09/micron-40-billion-us-subsidies/.

93 White House, *FACT SHEET: CHIPS and Science Act will lower costs, create jobs, strengthen supply chains, and counter China*, 9.8.2022, https://www.whitehouse.gov/briefing-room/statements-releases/2022/08/09/fact-sheet-chips-and-science-act-will-lower-costs-create-jobs-strengthen-supply-chains-and-counter-china/.

94 *Biden's visit shows high stakes of $20 billion Ohio chip factory*, Washington Post, 9.9.2022, https://www.washingtonpost.com/us-policy/2022/09/09/biden-intel-ohio-chip-factory/.

95 *Biden administration clamps down on China's access to chip technology*, New York Times, 7.10.2022, https://www.nytimes.com/2022/10/07/business/economy/biden-chip-technology.html?searchResultPosition=2; *Die USA verschärfen die Exportrestriktionen für Hochleistungschips nach China*, Neue Zürcher Zeitung, 8.10.2022, https://www.nzz.ch/technologie/chips-exporte-nach-china-usa-verschaerfen-restriktionen-ld.1706429?mktcid=nled&mktcval=164_2022-10-08&ki%E2%80%A6; *„Keine Chance auf Versöhnung" – Chinas Chipindustrie wird durch die neuen US-Exportverbote um*

Jahre zurückgeworfen, Neue Zürcher Zeitung, 11.10.2022, https://www.nzz.ch/technologie/keine-chance-auf-versoehnung-chinas-chip-industrie-wird-durch-die-neuen-us-exportverbote-um-jahre-zurueckgeworfen-ld.1706628; „the most sweeping set of export controls in decades“: *America curbs Chinese access to advanced computing*, The Economist, 13.10.2022, https://www.economist.com/business/2022/10/13/america-curbs-chinese-access-to-advanced-computing.

96 *American technology boosts China's hypersonic missile program*, Washington Post, 17.10.2022, https://www.washingtonpost.com/national-security/2022/10/17/china-hypersonic-missiles-american-technology/.

97 John Lee/Jan-Peter Kleinhans, *Mapping China's semiconductor ecosystem in global context*, Juni 2021, https://merics.org/sites/default/files/2021-06/China%E2%80%99s%20Semiconductor%20Ecosystem_0.pdf. China hängt derzeit noch fast völlig von westlicher Technologie ab: Miller, *Chip war*, S. 249 f., 286.

98 European Commission, *EU-US Trade and Technology Council Inaugural Joint Statement*, 29.9.2021, https://ec.europa.eu/commission/presscorner/detail/en/STATEMENT_21_4951; Tyson Barker, *TTC Lift-off: The Euro-Atlantic tech alliance takes shape*, Internationale Politik Quarterly, 30.9.2021, https://ip-quarterly.com/en/ttc-lift-euro-atlantic-tech-alliance-takes-shape; *EU und USA vertiefen ihre Partnerschaft*, Handelsblatt, 17.5.2022, S. 10.

99 *Vorschlag für eine Verordnung des Europäischen Parlaments und des Rates zur Schaffung eines Rahmens für Maßnahmen zur Stärkung des europäischen Halbleiter-Ökosystems (Chip-Gesetz)*, 8.2.2022, https://eur-lex.europa.eu/resource.html?uri=cellar:ca05000a-89d4-11ec-8c40-01aa75ed71a1.0002.02/DOC_1&format=PDF.

100 *Trump promised to bring China to heel. He didn't and the result is a pitched conflict between the world's two major powers*, Washington Post, 12.10.2020, https://www.washingtonpost.com/politics/trump-china-xi-biden/2020/10/11/9c6e3146-0270-11eb-a2db-417cddf4816a_story.html.

101 *U.S., EU agree truce in 17-year aircraft subsidy battle*, Reuters, 15.6.2021, https://www.reuters.com/business/aerospace-defense/eu-us-set-unveil-truce-17-year-aircraft-battle-2021-06-15/.

102 *U.S. agrees to drop tariffs on countries that imposed digital services taxes as a global tax overhaul moves ahead.*, New York Times, 21.10.2021, https://www.nytimes.com/2021/10/21/business/global-tax-agreement-digital-services.html; *U.S. agrees to roll back European steel and aluminum tariffs*, New York Times, 30.10.2021, https://www.nytimes.com/2021/10/30/business/economy/biden-steel-tariffs-europe.html; Chad P. Bown/Katheryn (Kadee) Russ, *Biden and Europe remove Trump's steel and aluminum tariffs, but it's not free trade*, 21.11.2021, https://www.piie.com/blogs/trade-and-investment-policy-watch/biden-and-europe-remove-trumps-steel-and-aluminum-tariffs; Gary Clyde Hufbauer, *President Biden's elusive trade policy*, East Asia Forum, 31.10.2021, https://www.eastasiaforum.org/2021/10/31/president-bidens-elusive-trade-policy/. Im Februar 2022 wurde mit Japan die Aufhebung der US-Stahlzölle vereinbart, *US and Japan agree to cut Trump-era steel tariffs*, BBC, 8.2.2022, https://www.bbc.com/news/business-60297875.

103 Siehe Kapitel 3, Fn. 67–70, und Kapitel 7, Abschnitt *Die Wirksamkeit von Wirtschaftssanktionen.*

104 Der stellvertretende Finanzminister der USA, Wally Adeyemo, erklärte, man wolle die russische Kriegsmaschine Stück für Stück auseinandernehmen: „to take apart Russia's war machine, piece by piece, by disrupting their military industrial complex and its supply chains", *US Treasury insists Russia sanctions will not fragment the global economy*, Financial Times, 19.4.2022, https://www.ft.com/content/aef95593-3ef5-413f-bc63-4186c556ba2c.

105 „We want to see Russia weakened to the degree that it can't do the kinds of things that it has done in invading Ukraine". *U.S. wants Russian military ‚weakened' from Ukraine invasion, Austin says*, Washington Post, 25.4.2022, https://www.washingtonpost.com/world/2022/04/25/russia-weakened-lloyd-austin-ukraine-visit/; *Behind Austin's call for a ‚weakened' Russia are hints of a shift*, New York Times, 25.4.2022, https://www.nytimes.com/live/2022/04/26/world/ukraine-russia-war-news#ukraine-russia-us-dynamic.

106 *Biden says he is not calling for regime change in Russia*, Reuters, 27.3.2022, https://www.reuters.com/world/europe/us-envoy-nato-no-american-policy-regime-change-russia-2022-03-27/.

107 Zu ukrainischen Kriegszielen und Friedensbedingungen vgl. bspw. die Ansprache von Präsident Wolodymyr Oleksandrowytsch Selenskyj an das G20-Gipfeltreffen am 15.11.2022, https://www.president.gov.ua/en/news/ukrayina-zavzhdi-bula-liderom-mirotvorchih-zusil-yaksho-rosi-79141.

108 Siehe zu beiden oben, Kapitel 2, Abschnitt *Der Wirtschaftskrieg des Westens mit Russland.*

109 Überblick des US-Außenministeriums vom 20.10.2022: *The impact of sanctions and export controls on the Russian Federation*, https://www.state.gov/the-impact-of-sanctions-and-export-controls-on-the-russian-federation/.

110 James Byrne/Gary Somerville/Joe Byrne/Jack Watling/Nick Reynolds/Jane Baker, *Silicon lifeline*, August 2022, S. 5, 17, 19, 57 f., https://rusi.org/explore-our-research/publications/special-resources/silicon-lifeline-western-electronics-heart-russias-war-machine; in Kooperation damit David Gauthier-Villars/Steve Stecklow/Maurice Tamman/Stephen Grey/Andrew Macaskill, *As Russian missiles struck Ukraine, Western tech still flowed*, 8.8.2022, https://www.reuters.com/investigates/special-report/ukraine-crisis-russia-missiles-chips/. Ähnliche Ergebnisse: Conflict armament research, *Component commonalities in advanced Russian weapon systems*, September 2022, https://storymaps.arcgis.com/stories/239f756e2e6b49a5bec78f5c5248bf3d. Siehe ferner *War in Ukraine: how France delivered weapons to Russia until 2020*, Disclose, 14.3.2022, https://disclose.ngo/en/article/war-in-ukraine-how-france-delivered-weapons-to-russia-until-2020; Jack Watling/Nick Reynolds, *Operation Z*, 22.4.2022, S. 10–15, 20–24, https://static.rusi.org/special-report-202204-operation-z-web.pdf.

111 Siehe unten, Kapitel 8, Abschnitt *Veränderungen in der Wirtschaftskriegführung*, bei Fn. 151.

112 Vgl. *Computer chip industry begins halting deliveries to Russia in response to U.S. sanctions*, Washington Post, 25.2.2022, https://www.washingtonpost.com/technology/2022/02/25/ukraine-russia-chips-sanctions-tsmc/.

113 Im Oktober 2022 wurde geschätzt, Russland habe bereits mehr als die Hälfte seiner Präzisionswaffen verbraucht, bei einem Waffentyp sogar 80 Prozent, und werde selbst ohne Sanktionen Jahre brauchen, sein Arsenal wieder aufzufüllen*: Putin übt Vergeltung – aber Russland hat zuwenig Raketen*, Neue Zürcher Zeitung, 11.10.2022, https://www.nzz.ch/international/ukraine-putin-uebt-vergeltung-aber-russland-hat-zu-wenig-raketen-ld.1706697?ga=1&kid=nl164_2022-10-10&m%E2%80%A6. Vgl. auch *The chips are down: Putin scrambles for high-tech parts as his arsenal goes up in smoke*, PoliticoPro, 5.9.2022, https://www.politico.eu/article/the-chips-are-down-russia-hunts-western-parts-to-run-its-war-machines/.

114 *Iran planning to send missiles, drones to Russia for Ukraine war, officials say*, Washington Post, 16.10.2022, https://www.washingtonpost.com/national-security/2022/10/16/iran-russia-missiles-ukraine/.

115 Dazu Daniel Salisbury, *Can the private sector help cut Russia's silicon lifeline?*, 19.8.2022, https://rusi.org/explore-our-research/publications/commentary/can-private-sector-help-cut-russias-silicon-lifeline.

116 *In Russia, no air bags, costly toilets and old Hollywood movies are sanctions fallout*, The Wall Street Journal, 2.6.2022, https://www.wsj.com/articles/in-russia-no-air-bags-costly-toilets-and-old-hollywood-movies-are-sanctions-fallout-11654161481?mod=article_inline.

117 *EU will Preis für russisches Öl bei 60 Dollar deckeln*, Handelsblatt, 2.12.2022, S. 11.

118 *Russia sees its oil output falling by up to 17 % in 2022 – document*, Reuters, 27.4.2022, https://www.reuters.com/business/energy/exclusive-russia-sees-its-oil-output-falling-by-up-17-2022-document-2022-04-27/. *How the world is paying for Putin's war in Ukraine*, Bloomberg, 1.6.2022, https://www.bloomberg.com/news/features/2022-06-01/has-sanctioning-russia-worked-oil-gas-sales-put-285b-in-putin-s-pocket?sref=qHIByWsS#xj4y7vzkg; *Russia's oil revenue soars despite sanctions, study finds*, New York Times, 2.6.2022, https://www.nytimes.com/2022/06/13/climate/russia-oil-gas-record-revenue.html; Fareed Zakaria, *The West's Ukraine strategy is in danger of failing*, Washington Post, 7.7.2022, https://www.washingtonpost.com/opinions/2022/07/07/west-allies-ukraine-strategy-failing/. Finnische Berechnungen ergaben, dass die Exporterlöse bis Ende Juli 2022 immerhin über den russischen Kriegskosten lagen, allerdings vor allem wegen noch sehr hoher, aber rapide fallender Käufe aus EU-Europa: Lauri Myllyvirta, *Russia's fossil fuel export volumes continued to fall in July, but revenue rose due to higher fossil gasprices*, 5.8.2022, https://energyandcleanair.org/russia-fossil-fuel-exports-july/; Centre for Research on Energy and Clean Air, *Financing Putin's war: Fossil fuel exports from Russia in the first six months of the invasion of Ukraine,* 24.8.2022, https://energyandcleanair.org/wp/wp-content/uploads/2022/09/Final-Financing-Putins-war-Fossil-fuel-exports-from-Russia-in-the-first-six-months-of-the-invasion-of-Ukraine.pdf.

119 Jeffrey A. Sonnenfeld/Steven Tian/Franek Sokolowski/Michal Wyrebkowski/Mateusz Kasprowicz, *Business retreats and sanctions are crippling the Russian economy*, Juli 2022, https://papers.ssrn.com/sol3/papers.cfm?abstract_id=4167193. *„Russland braucht den Westen mehr"*, Interview mit Yale Sonnenfeldt, Die Welt, 20.9.2022, S. 6.

120 Siehe dazu auch den Zehnpunkteplan der Internationalen Energieagentur: *A 10 point plan to reduce the European Union's reliance on Russian natural gas*, März 2022, https://www.iea.org/reports/a-10-point-plan-to-reduce-the-european-unions-reliance-on-russian-natural-gas.

121 Allerdings gibt es Ausnahmen. Japanische Firmen haben auf Wunsch ihrer Regierung die weitere Mitarbeit am Flüssiggasprojekt Sachalin II zugesagt, weil Japans Energieversorgung davon abhängt: *Japan fügt sich dem Willen Putins*, Frankfurter Allgemeine Zeitung, 6.9.2022, S. 16. Die britische Firma Shell hingegen zieht sich von dort voraussichtlich zurück.

122 Bspw. zieht sich die US-Firma Exxon Mobile anscheinend vom technisch anspruchsvollen Projekt Sachalin I zurück, wo die Erdölförderung derzeit zum Erliegen gekommen ist: *Russlands Öl-Prestigeprojekt liegt lahm*, Frankfurter Allgemeine Zeitung, 1.10.2022, S. 28.

123 Florierender Handel und Exportstärken über zehn Prozent Weltanteil: *How Russia pays for war*, New York Times, 30.10.2022, https://www.nytimes.com/interactive/2022/10/30/business/economy/russia-trade-ukraine-war.html. Abhängigkeit von Exporterlösen: Die International Energy Agency zum Beispiel hatte andere Zahlen als die Yale-Studie. Im Januar 2022 trugen demnach Öl- und Gaserlöse insgesamt 45 Prozent zum russischen Staatshaushalt bei. *Frequently asked questions on energy security*, 16.6.2022, https://www.iea.org/articles/frequently-asked-questions-on-energy-security.

124 *Russland bereitet offenbar Kürzungen der Staatsausgaben vor*, Spiegel Online, 16.9.2022, https://www.spiegel.de/wirtschaft/russland-bereitet-offenbar-kuerzungen-der-staatsausgaben-vor-a-5705f94c-6394-4631-8058-ce0dbb1abfcc.

125 *Mitten in der Energiekrise kürzen die Ölstaaten die Förderung*, Frankfurter Allgemeine Zeitung, 5.10.2022, https://www.faz.net/aktuell/finanzen/opec-plus-mitten-in-der-energiekrise-kuerzen-oelstaaten-die-foerderung-18364607.html. Das wurde in Washington als sehr unfreundlicher Akt Saudi-Arabiens bewertet und belastet die bilateralen Beziehungen.

126 *Russland wird erstmals seit 1918 zahlungsunfähig – was bedeutet das?*, Neue Zürcher Zeitung, 27.6.2022, https://www.nzz.ch/finanzen/russland-ist-erstmals-seit-1918-zahlungsunfaehig-was-bedeutet-das-ld.1690820.

127 Franziska Bremus/Pia Hüttl, *Sanktionen gegen russische Oligarchen treffen auch von ihnen geleitete Unternehmen*, DIW Wochenbericht 21 (2022), S. 299 (304), https://www.diw.de/documents/publikationen/73/diw_01.c.841866.de/22-21-1.pdf.

128 *Russian consumer inflation slows to 13.7 % yr/yr in Sept, picks up m/m*, Reuters, 7.10.2022, https://www.reuters.com/business/retail-consumer/russian-consumer-inflation-slows-137-yryr-sept-picks-up-mm-2022-10-07/; die Inflationsrate stieg von 9,2 Prozent im Januar auf 17,8 Prozent im April und sank bis August auf 14,3 Prozent, https://de.statista.com/statistik/daten/studie/203901/umfrage/monatliche-inflationsrate-in-russland/#:~:text=Die%20Inflationsrate%20in%20Russland%20betr%C3%A4gt,August%202021%20bis%20August%202022.

129 Der Internationale Währungsfonds sieht aktuell (Oktober 2022) für das laufende Jahr einen Rückgang von sechs Prozent, https://www.imf.org/en/Countries/RUS; andere Schätzungen fallen milder aus: *Russia seen holding*

rates at 7.5 % until year-end as inflation remains elevated, Reuters, 30.9.2022, https://www.reuters.com/markets/europe/russia-seen-holding-rates-75-until-year-end-inflation-remains-elevated-2022-09-30/; *Russian economy contracts sharply as war and sanctions take hold*, New York Times, 12.8.2022, https://www.nytimes.com/2022/08/12/business/russia-economy-gdp.html.

130 Es gibt online mehrere Desinvestitionstracker, bspw. den der Yale School of Management, *Over 1,000 companies have curtailed operations in Russia – but some remain*, 7.10.2022, https://som.yale.edu/story/2022/over-1000-companies-have-curtailed-operations-russia-some-remain.

131 *Russia starts stripping jetliners for parts as sanctions bite*, Reuters, 9.8.2022, https://www.reuters.com/business/aerospace-defense/exclusive-russia-starts-stripping-jetliners-parts-sanctions-bite-2022-08-08/.

132 *Russia privately warns of deep and prolonged economic damage*, Bloomberg, 5.9.2022, https://www.bloomberg.com/news/articles/2022-09-05/russia-risks-bigger-longer-sanctions-hit-internal-report-warns#xj4y7vzkg; *Düstere Prognosen für Russlands Wirtschaft*, Frankfurter Allgemeine Zeitung, 21.9.2022, S. 15.

133 *How Putin's war is driving Russia's best tech minds into exile*, Washington Post, 14.3.2022, https://www.washingtonpost.com/opinions/2022/03/14/putin-war-ukraine-driving-russia-best-tech-minds-into-exile/; *Russian tech industry faces ‚brain drain' as workers flee*, New York Times, 13.4.2022, https://www.nytimes.com/2022/04/13/technology/russia-tech-workers.html; ein Kreml-internes Papier rechnete bis 2025 mit der Abwanderung von bis zu 200 000 Fachleuten für Datenverarbeitung: *Russia privately warns*, Bloomberg, 5.9.2022, https://www.bloomberg.com/news/articles/2022-09-05/russia-risks-bigger-longer-sanctions-hit-internal-report-warns#xj4y7vzkg.

134 *Warum Russland nicht zusammenbricht*, Frankfurter Allgemeine Zeitung, 10.8.2022, S. 15; *Drehscheibe am Bosporus*, Frankfurter Rundschau, 11.8.2022, S. 12.

135 Martin Chorzempa, *Export controls against Russia are working – with the help of China*, 27.6.2022, https://www.piie.com/blogs/realtime-economic-issues-watch/export-controls-against-russia-are-working-help-china. Der Rückgang der chinesischen Exporte nach Russland dürfte auch damit zu tun haben, dass der Export der Volksrepublik zu etwa 50 Prozent von ausländischen (westlichen) multinationalen Unternehmen produziert wird, die ihren Regierungen verantwortlich sind.

136 *Are sanctions on Russia working?*, The Economist, 25.8.2022, https://www.economist.com/leaders/2022/08/25/are-sanctions-working; *Russia privately warns of deep and prolonged economic damage*, Bloomberg, 5.9.2022, https://www.bloomberg.com/news/articles/2022-09-05/russia-risks-bigger-longer-sanctions-hit-internal-report-warns#xj4y7vzkg; *Sanktionen werfen russische Wirtschaft fast ein Jahrzehnt zurück*, Spiegel Online, 16.9.2022, https://www.spiegel.de/wirtschaft/soziales/russland-sanktionen-werfen-russische-wirtschaft-fast-ein-jahrzehnt-zurueck-a-99b60467-06ec-4bda-ba30-bf473e8bd4bf; *Russian economy will not return to pre-war levels until 2030 – Scope*, Reuters, 16.9.2022, https://www.reuters.com/business/retail-consumer/russian-economy-will-not-return-pre-war-levels-until-2030-scope-2022-09-16/. In diese Richtung geht auch die Antwort der Bundesregie-

rung auf eine Kleine Anfrage im Deutschen Bundestag: *Erfolgskontrolle der Sanktionen gegen Russland*, Bundestags-Drucksache 20/4260, 1.11.2022, vorläufige Fassung, https://dserver.bundestag.de/btd/20/042/2004260.pdf. Siehe außerdem *„Wenn Sie getötet werden, ist das kein Aufstieg"*, Frankfurter Allgemeine Zeitung, 3.11.2022, S. 16; *Western sanctions catch up with Russia's wartime economy*, Washington Post, 26.11.2022, https://www.washingtonpost.com/world/2022/11/26/russia-war-economy-military-supply/.

137 „You'll come back to the '90s.", *‚Putin is a fool': intercepted calls reveal Russian army in disarray*, New York Times, 28.9.2022, https://www.nytimes.com/interactive/2022/09/28/world/europe/russian-soldiers-phone-calls-ukraine.html?campaign_id=249&emc=edit_ruwb_20220928&instance_id=73188&nl=russia-ukraine-war-briefing&regi_id=162932213&segment_id=108373&te=1&user_id=5c79bd28df261eaaa16be8569be35c35.

138 Siehe oben, Kapitel 3, Fn. 67–70.

139 *Russia holding 400 passenger jets hostage in global sanctions fight*, Washington Post, 12.7.2022, https://www.washingtonpost.com/business/2022/07/12/russia-aircraft-seizure-sri-lanka/.

140 *Wie Russland eine globale Ernährungskrise provoziert und dafür den Westen verantwortlich machen will*, Neue Zürcher Zeitung, 2.6.2022, https://www.nzz.ch/international/wie-russland-eine-globale-ernaehrungskrise-provoziert-ld.1686847; *Eine bedrohte Erfolgsgeschichte*, Frankfurter Allgemeine Zeitung, 14.9.2022, S. 2.

141 Zum Tauziehen um Ausnahmen in den EU-Sanktionen, Stand Oktober 2022: *As Europe piles sanctions on Russia, some sacred cows are spared*, New York Times, 18.10.2022, https://www.nytimes.com/2022/10/18/world/europe/eu-sanctions-russia-ukraine.html.

142 35 Prozent: Hanson, *Western economic statecraft*, S. 2, 24; 30 Prozent in Deutschland zuzeiten von Bundeskanzler Schmidt: *Wir Gas-Junkies*, Spiegel Online, 26.6.2022, https://www.spiegel.de/wirtschaft/gas-wie-sich-die-deutschen-von-russland-abhaengig-machten-eine-rekonstruktion-a-bc803b57-a2bf-42df-b2d9-e59f9059b64b.

143 Deutscher Bundestag, *Habeck: Energieversorgung im Sommer und Herbst gesichert*, 25.2.2022, https://www.bundestag.de/presse/hib/kurzmeldungen-882316.

144 Stent, *Limits of partnership*, S. 196–202. Daniel Yergin, *The quest*, 2. Aufl., New York 2012, Kapitel 2.

145 Die Mischung aus Naivität und Zynismus hätte einen parlamentarischen Untersuchungsausschuss verdient. Vgl. etwa *Wie naiv die alte Regierung Nord Stream 2 durchwinken wollte*, Spiegel Online, 12.10.2022, https://www.spiegel.de/wirtschaft/service/nord-stream-2-geheimes-gutachten-zeigt-wie-naiv-die-alte-bundesregierung-die-pipeline-durchwinken-wollte-a-0262c46b-1abe-43af-a721-2f582fd9bb89.

146 *Nord Stream 2 könnte zur Falle werden – Experten gehen davon aus, dass Russland die Ostsee-Pipeline für militärische Zwecke nutzen wird*, Neue Zürcher Zeitung, 5.7.2021, https://www.nzz.ch/meinung/nord-stream-2-russland-koennte-pipeline-militaerisch-nutzen-ld.1634007?ga=1&kid=nma_2021-7-6&mktcid=nled&mktcval=124.

147 Erklärung von Bundesminister Robert Habeck, *BMWK legt Fortschrittsbericht Energiesicherheit vor*, 25.3.2022, https://www.energiewechsel.de/KAENEF/Redaktion/DE/Meldungen/2022/2022-03-25-bmwk-legt-fortschrittsbericht-energiesicherheit-vor.html; Bundesministerium für Wirtschaft und Klimaschutz, *Fortschrittsbericht Energiesicherheit*, 25.3.2022, https://www.bmwk.de/Redaktion/DE/Downloads/Energie/0325_fortschrittsbericht_energiesicherheit.pdf?__blob=publicationFile&v=20; dass., *Dritter Fortschrittsbericht Energiesicherheit*, 22.7.2022, https://www.bmwk.de/Redaktion/DE/Downloads/Energie/20220720_dritter-fortschrittsbericht_energiesicherheit.pdf?__blob=publicationFile&v=14.

148 Manche Vorgänge rufen nach parlamentarischer Aufarbeitung. Correctiv, *Die Gazprom-Lobby*, 20.9.2022, https://correctiv.org/aktuelles/russland-ukraine-2/2022/09/20/gas-gazprom-lobby-deutschland/; *Süchtig nach ‚Russengas': Wie sich Deutschland in die Fänge von Gazprom begeben hat*, Neue Zürcher Zeitung, 30.9.2022, https://www.nzz.ch/wirtschaft/nord-stream-deutschlands-abhaengigkeit-von-russischem-gas-ld.1698568; zur deutschen Ölabhängigkeit von Russland: Patrick Wintour, *We were all wrong*, The Guardian, 2.6.2022, https://www.theguardian.com/world/2022/jun/02/germany-dependence-russian-energy-gas-oil-nord-stream, der auch hervorhebt, wie oft Deutschland jahrelang von Dritten gewarnt wurde.

149 Vgl. Lindley-French/Allen/Hodges, *Future war*, S. 136 ff., 310 ff.; Olga Oliker, *Unpacking Russia's new national security strategy*, 7.1.2016, https://www.csis.org/analysis/unpacking-russias-new-national-security-strategy.

150 *Black swans at Chartwell*, Öl auf Leinwand, 1948.

151 Gwendolyn Sasse, *Der Krieg gegen die Ukraine*, München 2022, S. 7, 97–99.

152 „Some oil and rice now – more later." Foreign Relations of the United States Diplomatic Papers 1941, *The Far East*, Band IV, https://history.state.gov/historicaldocuments/frus1941V04/D460; vgl. zu dem Fall Copeland, *Economic interdependence*, S. 184 ff., 208 f.; Paine, *The wars for Asia*, S. 119 f., 142 f., 182 f. Die USA reagierten auf Japans Aggressionen seit 1931 mit einer Aufrüstung der US Navy, mit der sogenannten Stimson-Doktrin (1932), wonach durch Aggression herbeigeführte internationale Gebietsveränderungen von den USA nicht anerkannt werden, und (als Japan 1937 den Krieg gegen China eskalierte) mit der Aufforderung von Präsident Roosevelt, die Aggressorstaaten Japan, Deutschland und Italien wirtschaftlich unter „Quarantäne" zu stellen. Als Japan im Juli 1941 den Süden Indochinas besetzte, ergriffen die USA sofort Vergeltungsmaßnahmen, indem sie japanische Vermögenswerte einfroren, China mehr Finanzhilfe gewährten und Ölexporte nach Japan untersagten, um die japanische Militärmaschine zu stoppen.

153 Siehe oben, Kapitel 1, Fn. 54.

154 *Economic interdependence and war*, Princeton 2015. Vgl. auch Conybeare, *Trade wars*, S. 195, 200 f. für weitere historische Beispiele der Konfliktursache „sinkende Erwartungen". Noch skeptischer Katherine Barbieri, *Economic interdependence: A path to peace or a source of interstate conflict?*, Journal of Peace Research 1996, S. 29. Sie kommt zu dem Befund, dass intensive wirtschaftliche Interdependenz sogar die Konfliktwahrscheinlichkeit erhöht, https://www.jstor.org/stable/425132. Überblick über Studien zur

Interdependenz: Susan M. McMillan, *Interdependence and conflict*, Mershon International Studies Review 41, (1997), S. 33, https://www.jstor.org/stable/222802; Mastanduno, *Economic statecraft*, S. 311–314.

155 Auf den „influence effect of foreign trade“ hat bereits 1945 Albert O. Hirschman in einer klassischen Studie hingewiesen, *National power and the structure of foreign trade*, 2. Aufl., Berkeley 1969.

156 „In essence, it is declining confidence in the future commercial environment, not domestic economic structure, that best explains why states so often fall into war and militarized crises“, Copeland, *Economic interdependence*, S. 69. Ähnlich argumentieren zu Kriegsursachen und speziell mit Blick auf China heute Michael Beckley/Hal Brands, *Danger zone: the coming conflict with China*, New York 2022: Im wirtschaftlichen Aufstieg werde die militärische Macht geschaffen, die man dann angesichts sich verschlechternder wirtschaftlicher Aussichten aggressiv einsetze.

157 Copeland, *Economic interdependence*, S. 6–11, 33–39, 79 ff., 92, 429 f., 434 f.

Kapitel 8 – Was prägt Wirtschaftskriege heute? Die Entwicklung seit 1989

1 „the three great world historical events of the second millennium […] are the Black Death […] the ‚discovery‘ and incorporation of the New World into that of the Old […] and the Industrial Revolution“, Findlay/O'Rourke, *Power and plenty*, S. xxi. Zum Einfluss der COVID-19-Pandemie auf die Konkurrenz zwischen den USA und China Ferguson, *Doom*, S. 345–377.

2 United Nations Department of Economic and Social Affairs, Population Division (2022). *World population prospects 2022: Summary of Results*. UN DESA/POP/2022/TR/NO. 3, https://www.un.org/development/desa/pd/sites/www.un.org.development.desa.pd/files/wpp2022_summary_of_results.pdf.

3 https://data.worldbank.org/indicator/sl.uem.totl.zs.

4 Tao Zhang, *The pursuit of inclusive growth in Africa*, https://www.imf.org/en/News/Articles/2018/07/24/sp072418-the-pursuit-of-inclusive-growth-in-africa.

5 Zu demografischen Kriegsursachen Gunnar Heinsohn, *Gesellschaftliche Kriegstheorien: Demografische Faktoren*, in: Thomas Jäger/Rasmus Beckmann (Hrsg.), *Handbuch Kriegstheorien*, Wiesbaden 2011, S. 72.

6 https://de.statista.com/statistik/daten/studie/198959/umfrage/anzahl-der-smartphonenutzer-in-deutschland-seit-2010/.

7 https://home.cern/science/computing/birth-web.

8 https://ourworldindata.org/internet; https://www.statista.com/statistics/617136/digital-population-worldwide/.

9 Carl Benedikt Frey/Michael A. Osborne, *The future of employment: how susceptible are jobs to computerisation?*, http://www.oxfordmartin.ox.ac.uk/downloads/academic/The_Future_of_Employment.pdf; Nicola Jones, *The*

learning machines, Nature, Januar 2014, http://www.nature.com/news/computer-science-the-learning-machines-1.14481; The Economist, 25.6. 2016, *Special Report on Artificial Intelligence*, http://www.economist.com/news/special-report/21700761-after-many-false-starts-artificial-intelligence-has-taken-will-it-cause-mass. Zur literarischen und künstlerischen „Kreativität" der heutigen Programme eindrucksvoll und unterhaltsam: *Der Computer holt uns ein. Maschinen führen Gespräche und erschaffen Bilder – mit dramatischen Folgen*, NZZ Folio, 6.9.2022, https://www.nzz.ch/folio/wie-lange-braucht-es-uns-noch-ld.1700707; https://openai.com/.

10 https://discover.garmin.com/en-US/autonomi/.

11 https://www.3d-grenzenlos.de/magazin/kurznachrichten/aldi-balco-3d-drucker-grossbritannien-weihnachten-2017-27322133/.

12 Z. B. https://www.stratasys.com/en/resources/videos/4d-printing-selfassembling-cube/.

13 Zu den voraussichtlichen Arbeitsmarktwirkungen der Digitalisierung in Deutschland: Institut für Arbeitsmarkt- und Berufsforschung, *Industrie 4.0 und die Folgen für Arbeitsmarkt und Wirtschaft*, 2015, http://doku.iab.de/forschungsbericht/2015/fb0815.pdf.

14 *China's ‚long-term time bomb': falling births stunt population growth*, New York Times, 12.5.2021, https://www.nytimes.com/2021/05/10/china-census-births-fall.html.

15 WTO, *World Trade Report 2018*, S. 28, https://www.wto.org/english/res_e/statis_e/wts2018_e/wts2018_e.pdf.

16 World Bank, *Global value chain development report 2017*, Washington 2017, https://www.wto.org/english/res_e/booksp_e/gvcs_report_2017.pdf; WTO, *World Trade Report 2018*, S. 28, https://www.wto.org/english/res_e/statis_e/wts2018_e/wts2018_e.pdf.

17 https://www.bertelsmann-stiftung.de/fileadmin/files/aam/pdfs/birth-of-a-smartphone.pdf und https://www.faz.net/aktuell/wirtschaft/infografik-wo-unsere-smartphones-herkommen-15940155.html; Krueger, *International trade,* S. 19. Eindrucksvoll auch Jan Schwochow/Thomas Ramge, *Wirtschaft verstehen*, Berlin 2016, S. 108 f.: Eine Levis-Jeans enthält Zutaten aus elf Ländern, von Kasachstan bis Frankreich, die 50 000 km zurücklegen, ehe sie als Hose in Deutschland auf dem Ladentisch landen. Zur Gesamtentwicklung Eric Thun, *The globalization of production*, in: Ravenhill, *Global political economy*, S. 175–196.

18 Guter Überblick über die Öffnung bei Magnus, *Red flags*, S. 40 ff.

19 http://ticdata.treasury.gov/Publish/mfh.txt, abgerufen September 2022. Japan hielt US-Staatsanleihen im Wert von 1,2 Billionen Dollar.

20 Arthur R. Kroeber, *China's economy*, 2. Aufl., Oxford 2020, S. 3, 30 f., 34; Magnus, *Red flags*, S. 68, 72 ff., 141–145, 193 f.; Rudd, *Avoidable war*, S. 85 ff.

21 Christian Geinitz, *Chinas Griff nach dem Westen*, München 2022, S. 13: Parteizellen in fast einer Million Privatunternehmen, davon 50 000 mit ausländischem Kapital. *Der Kontrollverlust*, Handelsblatt, 1.11.2022, S. 1. Auf dem 20. Parteikongress der KPCh 2022 hat ihr Generalsekretär Xi programmatisch und mit Personalentscheidungen signalisiert, dass privatwirtschaftliches Wachstum keine hohe Priorität hat. Das könnte Chinas Entwicklung deutlich bremsen.

22 *LinkedIn to shut down service in China, citing „challenging" environment*, New York Times, 14.10.2021, https://www.nytimes.com/2021/10/14/technology/linkedin-china-microsoft.html#:~:text=SEATTLE%20%E2%80%94%20LinkedIn%20said%20on%20Thursday,American%20social%20networks%20and%20China.

23 Sean O'Connor, *SOE megamergers signal new direction in China's economic policy*, 24.5.2018, https://www.uscc.gov/sites/default/files/Research/SOE%20Megamergers.pdf. Laut Bundesverband der Deutschen Industrie waren im September 2021 „99 der 100 größten börsennotierten Unternehmen in China […] mehrheitlich in Staatshand". *China in der Welthandelsorganisation*, 13.9.2021, https://bdi.eu/artikel/news/china-in-der-wto/. Insgesamt gibt es aktuell ca. 167 000 Staatsbetriebe: Geinitz, *Chinas Griff*, S. 57, vgl. dort auch 57 ff., 98 ff.

24 Grundlegend Ian Bremmer, *The end of the free market*, 2. Aufl., New York 2011; ders., *State capitalism comes of age*, Foreign Affairs magazine 2009, https://www.foreignaffairs.com/articles/united-states/2009-05-01/state-capitalism-comes-age; ders., *The rise of state capitalism*, London 2010, https://www.chathamhouse.org/sites/default/files/public/Meetings/Meeting%20Transcripts/120710bremmeretal.pdf; speziell zu China Magnus, *Red flags*, S. 65 ff.; weitere Daten bei Blackwill/Harris, *War by other means*, S. 36 f., 54 ff.

25 Das betont zu Recht Bremmer, *The end of the free market*, S. 43 f.

26 Elizabeth C. Economy, *The third revolution*, 2. Aufl., Oxford 2019, S. 102–118.

27 Vgl. zum Beispiel den Richtlinienvorschlag der Europäischen Kommission vom 23.2.2022 zur Achtung der Menschenrechte und der Umwelt in globalen Wertschöpfungsketten, https://ec.europa.eu/info/sites/default/files/1_1_183885_prop_dir_susta_en.pdf.

28 Laut einer US-Studie waren 2016 95 der 100 umsatzstärksten chinesischen Privatunternehmen von Personen gegründet worden oder kontrolliert, die ehemalige oder amtierende Mitglieder politischer Organisationen und Volksvertretungen waren (was stets auf die KPCh hinauslaufen dürfte): U.S.-China Economic and Security Commission, *Annual Report 2016*, S. 102, https://www.uscc.gov/sites/default/files/annual_reports/2016%20Annual%20Report%20to%20Congress.pdf. Siehe auch Economy, *Third revolution*, S. 211 f.; Kroeber, *China's economy*, S. 257 ff.

29 Bremmer, *The end of the free* market, S. 106 ff.; *Geschäftsrisiko Gefängnis*, Frankfurter Allgemeine Zeitung, 2.1.2019, S. 3; *The 70 richest members of China's „Congress" are worth $90 billion*, Business Insider, 27.2.2012, https://www.businessinsider.com/the-70-richest-members-of-chinas-congress-are-worth-90-billion-2012-2#:~:text=The%20net%20worth%20of%2070,branches%20of%20the%20U.S.%20government; *Chinas Elite hortet Geld in Steueroasen*, Süddeutsche Zeitung, 21.1.2014, https://www.sueddeutsche.de/politik/offshore-leaks-chinas-elite-hortet-geld-in-steueroasen-1.1868433.

30 Internationales Vertrauen in einen Staat ist zum Beispiel wichtig für die Weltgeltung seiner Währung, dazu Alan Wheatley, *The power of currencies and currencies of power*, London 2013, S. 68 ff.; sowie unten, bei Fn. 312.

31 Darum skeptisch, ob China der Middle Income Trap entkommen kann: Magnus, *Red flags*, Kapitel 7, S. 153, 197. Siehe auch Daron Acemoglu/David Y. Yang/Jie Zhou, *Power and the direction of research: evidence from China's academia,* 27.9.2022, https://conference.nber.org/conf_papers/f173785.pdf.

32 Die umfassendste Studie der transatlantischen finanziellen und politischen Krise stammt von Adam Tooze, *Crashed*, 2. Aufl., London 2019 (deutsch: *Crashed*, 2. Aufl., München 2019). Zum US-Krisenmanagement vor allem Timothy Geithner, *Stress test*, London 2014. Wertvolle Einsichten in die Ursachen und den Verlauf der Krise vermittelt auch die National Commission on the Causes of the Financial and Economic Crisis in the United States, *The financial crisis inquiry report*, New York 2011. Ebenfalls grundlegend: Michael Lewis, *The big short*, 2. Aufl., New York 2011 (deutsch: *The big short*, 9. Aufl., München 2011); Simon Johnson/James Kwak, *13 bankers*, 2. Aufl., New York 2011; Anat Admati/Martin Hellwig, *The bankers' new clothes*, Princeton 2013 (deutsch: *Des Bankers neue Kleider*, 3. Aufl., München 2014).

33 Mervyn King, *The end of alchemy*, London 2016, S. 34: „first law of financial crises: an unsustainable position can continue for far longer than you would believe possible. [...] second law [...]: when an unsustainable position ends it happens faster than you could imagine."

34 Geithner, *Stress test*, S. 9, 442.

35 Eichengreen, *Hall of mirrors*, S. 384 (dagegen, die Krise moralistisch zu behandeln), aber S. 113 (die zu Gefängnis verurteilten Börsianer von 1929 als starker Kontrast zur lauen Behandlung der Verantwortlichen 2008/09) und S. 386 (eine weltweite Depression wurde abgewendet, aber gerade deshalb wurde zu wenig getan, um die Welt der Finanzinstitutionen zu einem sichereren Ort zu machen). Vgl. auch Gautam Mukunda, *The social and political costs of the financial crisis, 10 years later*, Harvard Business Review, 25.9.2018, https://hbr.org/2018/09/the-social-and-political-costs-of-the-financial-crisis-10-years-later. Das Versagen der westlichen Rechtsstaaten begann im Grunde lange vor der Finanzkrise, als man wieder und wieder Banken und Banker gegen hohe Geldzahlungen ohne Schuldeingeständnis und Strafe davonkommen ließ, Laabs, *Bad Bank*, S. 272 f., 521, passim.

36 Martin Wolf, *Why globalization works*, New Haven 2005, Kapitel 3: *Markets, democracy and peace*, der hier frei übersetzte Gedankengang auf S. 25. Vgl. auch C. B. Macpherson, *The political theory of possessive individualism*, 2. Aufl., Oxford 2011.

37 Woodward, *Fear*, S. 275: keine US-Produktion von neun wichtigen Antibiotika, einschließlich Penicillin. *Biden orders sweeping review of U.S. supply chain weak spots*, Washington Post, 24.2.2021, https://www.washingtonpost.com/business/2021/02/24/biden-supply-chain/. Daraus folgte der Bericht: The White House, *Building resilient supply chains, revitalizing American manufacturing, and fostering broad-based growth*, Juni 2021, https://www.whitehouse.gov/wp-content/uploads/2021/06/100-day-supply-chain-review-report.pdf.

38 Arthur A. Stein, *The hegemon's dilemma*, International Organization 1984, S. 355; Menzel, *Die Ordnung der Welt*, S. 61 f., 811 f.; das Dilemma wurde in

den USA schon mit Blick auf Nachkriegsjapan angeführt: William R. Nester, *American power, the new world order and the Japanese challenge*, London 1993, S. 39.

39 Sestanovich, *Maximalist*, S, 263 f.

40 Stent, *Limits of partnership*, S. 37–41; Strobe Talbott, *The Russia hand*, New York 2002, S. 93, 441; Tim Weiner, *The folly and the glory*, New York 2020, S. 155 ff.; Sasse, *Krieg gegen die* Ukraine, S. 20, 95 f. Die jüngste und umfassendste Untersuchung zur NATO-Osterweiterung ist die von M. E. Sarotte, *Not one inch*, New Haven 2021, besonders S. 55 ff. Im Ergebnis wurden westlicherseits keine verbindlichen Zusagen gemacht, und es stimmte im Gegenteil Präsident Gorbatschow (sehr zum Ärger einiger seiner Berater) schon früh der Geltung der sogenannten Helsinki-Prinzipien zu, wonach alle Länder über ihre Bündniszugehörigkeiten selbst und frei bestimmen. Dieses Recht wurde auch in der Charta von Paris (1990) und in der NATO-Russland-Grundakte (1997) verankert. Und mit Blick auf Russlands derzeitigen Angriffskrieg: Selbst wenn die Ukraine hoch und heilig versprochen hätte, der NATO nicht beizutreten, nur um es dann doch zu tun, rechtfertigte das nicht den russischen Verstoß gegen Art. 2 (4) der UN-Charta.

41 Stent, *Limits of partnership*, S. 10 ff.

42 „Chinese leaders are discovering that economic freedom is the only source of national wealth. In time, they will find that social and political freedom is the only source of national greatness." *National Security Strategy 2002*, S. 2, https://georgewbush-whitehouse.archives.gov/nsc/nss/2002/nssintro.html.

43 Sestanovich, *Maximalist*, S. 263. Die USA hätten allerdings schon seit spätestens 1989 erkennen können, dass die chinesische Führung nicht vorhatte, ihr Land verwestlichen zu lassen, das zeigt detailliert James Mann, *About face*, New York 1999. Siehe auch Michael Pillsbury, *The hundred-year marathon*, 2. Aufl., New York 2016, S. 8 ff.

44 Sestanovich, *Maximalist*, S. 268; Stent, *Limits of partnership*, S. 41–45; Talbott, *Russia hand*, Kapitel 12, 13, S. 298 ff. Russland war verbittert über die Bombardierung von Belgrad und verbat sich unter Hinweis auf die NATO-Intervention in Jugoslawien jegliche Kritik an seinen eigenen Kriegen in Tschetschenien.

45 Grundlegend Knud Krakau, *Missionsbewußtsein und Völkerrechtsdoktrin in der Außenpolitik der Vereinigten Staaten von Amerika*, Frankfurt am Main 1967. Zum Irakkrieg von 2003 als Signal „from Damascus to Teheran" für die Verbreitung von Freiheit und Demokratie George W. Bush, *Remarks at the 20th anniversary of the National Endowment for Democracy*, November 2003: „The establishment of a free Iraq at the heart of the Middle East will be a watershed event in the global democratic revolution", https://www.ned.org/remarks-by-president-george-w-bush-at-the-20th-anniversary/. Kritisch zu arrogantem Interventionismus und zu absurd komplexen Versuchen, funktionierende staatliche Strukturen nach westlichem Muster aufzubauen: Stephen M. Walt, *The hell of good intentions*, New York 2018 (zum „state-building" besonders S. 81 f.).

46 Philip H. Gordon, *Losing the long game. The false promise of regime change in the Middle East*, New York 2020.

47 Andrew J. Bacevich, *America's war for the greater Middle East*, 2. Aufl., New York 2017, S. 247 f., 253 ff.; George W. Bush, *Decision points*, 2. Aufl., London 2011, S. 258; Sestanovich, *Maximalist*, S. 277 ff. Das Buch von Bacevich gibt einen guten Eindruck von der Mischung, die die „freedom agenda" antrieb: „Siegesseuche" („victory disease"), neoliberaler Utopianismus und sein militärisches Gegenstück, die „Revolution in Military Affairs" (RMA). Robert Draper, *To start a war*, 2. Aufl., New York 2021, zeichnet die Genese des Irakkrieges nach und die dort nach dem Sieg über Saddam Hussein begangenen verheerenden politischen Fehler: S. 73–92, 118–120, 162–163, 312–313.

48 4.6.2009, https://obamawhitehouse.archives.gov/the-press-office/remarks-president-cairo-university-6-04-09.

49 Instruktiv der Wikipedia-Artikel zu Resolution 1973 des Sicherheitsrates, https://de.wikipedia.org/wiki/Resolution_1973_des_UN-Sicherheitsrates. Zum Hintergrund der chinesischen Position Christensen, *China challenge*, S. 267 f.; zu den russischen Interessen Stent, *Limits of partnership*, S. 248.

50 Vgl. den hellsichtigen Aufsatz von Reinhard Merkel, *Die Militärintervention gegen Gaddafi ist illegitim*, Frankfurter Allgemeine Zeitung, 22.3.2011, https://www.faz.net/aktuell/feuilleton/voelkerrecht-contra-buergerkrieg-die-militaerintervention-gegen-gaddafi-ist-illegitim-1613317.html. Für die interventionistische Gegenposition Christian Tomuschat, *Wenn Gaddafi mit blutiger Rache droht*, Frankfurter Allgemeine Zeitung, 23.3.2011, https://www.faz.net/aktuell/politik/ausland/naher-osten/militaerintervention-in-libyen-wenn-gaddafi-mit-blutiger-rache-droht-1610025.html. Scharfe Kritik am hochmütigen und weltfremden „Versagen des Westens" seit 1990 übt Carlo Masala, *Weltunordnung*, München 2016.

51 Gordon, *Losing the long game*, S. 170–202; Frederic Wehrey, *The burning shores*, 2. Aufl., New York 2019.

52 Für den Gesamtvorgang und die Sicht Obamas auf die Nahostkonflikte und auf die europäischen Verbündeten aufschlussreich: Jeffrey Goldberg, *The Obama Doctrine*, The Atlantic, April 2016, https://www.theatlantic.com/magazine/archive/2016/04/the-obama-doctrine/471525/. Gordon, *Losing the long game*, S. 203–242.

53 Zu den geopolitischen Folgen Blackwill/Willis, *War by other means*, S. 204 ff.; Walter Russell Mead, *How American fracking changes the world*, Wall Street Journal 28.11.2018, S. A15.

54 Grundlegend Angela E. Stent, *The limits of partnership. U.S.-Russian Relations in the twenty-first century*, 4. Aufl., Oxford 2015; Alexander Cooley, *Great games, local rules*, 2. Aufl., Oxford 2014, zeigt, wie auch zentralasiatische Regierungen die sogenannten Farbenrevolutionen brüsk ablehnten, sich gegen westliche Nichtregierungsorganisationen und angebliche Doppelmoral des Westens wendeten und das russische Modell der „souveränen Demokratie" bevorzugten. Kenneth Lieberthal/Wang Jisi, *Addressing U.S.-China Strategic Distrust*, Washington 2012.

55 Stent, *Limits of partnership*, S. xi, 47 f., 83, 97–103, 110, 160 f. 247.

56 Wortlaut der Rede am 25.9.2001: https://www.bundestag.de/parlament/geschichte/gastredner/putin/putin_wort-244966.

57 Wortlaut der Rede: http://www.ag-friedensforschung.de/themen/Sicherheitskonferenz/2007-putin-dt.html; http://en.kremlin.ru/events/president/transcripts/24034.

58 Stent, *Limits of partnership*, S. 161.

59 Michael O'Hanlon, *The art of war in an age of peace*, New Haven 2021, S. 74, spricht zu Recht von dem Bukarester Paket perverser Incentives („package of perverse incentives" (unseres Erachtens hauptsächlich für Georgien und Russland), und er plädierte dafür, die Bukarester Zusagen zu überdenken und eine westliche Strategie zu entwickeln, die Stärke mit der Bereitschaft zu Kompromissen mit Russland verbindet, S. 48 f., 73–82. Diese Aufgabe wird sich nach dem Ende des Putin-Regimes erneut stellen.

60 Stent, *Limits of partnership*, S. 103–110, 163–176; Rice, *No higher honor*, S. 672–691; Tooze, *Crashed*, S. 134–138.

61 *Independent International Fact-Finding Mission on the Conflict in Georgia*, Volume I, S. 23 ff., http://www.mpil.de/files/pdf4/IIFFMCG_Volume_I2.pdf; Samuel Charap/Edward Geist/Bryan Frederick/John J. Drennan/Nathan Chandler/Jennifer Kavanagh, *Russia's military interventions*, Santa Monica 2021, S. 75–98, https://www.rand.org/content/dam/rand/pubs/research_reports/RRA400/RRA444-3/RAND_RRA444-3.pdf.

62 Ron Asmus, *A little war that shook the world*, New York 2010. Bezeichnenderweise hoffte Strobe Talbott sogar im Vorwort zu diesem Buch noch, Russland werde irgendwann doch die „integration into the political West" suchen, a. a. O., S. 10.

63 Sasse, *Krieg gegen die Ukraine*, S. 50 ff.

64 Stent, *Limits of partnership*, S. 285–296; Catherine Belton, *Putin's people*, 2. Aufl., London 2021, S. 268 ff., 330 ff., 383 ff. (Deutsch: *Putins Netz*, 5. Aufl., Hamburg 2022); Sasse, *Krieg gegen die Ukraine*, S. 23, 69–72, 82–92, 121.

65 Gustav Gressel, *Russia's quiet military revolution, and what it means for Europe*, London 2015; Bettina Renz/Hanna Smith, *Russia and hybrid warfare – going beyond the label*, Helsinki 2016, https://helda.helsinki.fi//bitstream/handle/10138/175291/renz_smith_russia_and_hybrid_warfare.pdf?sequence=1. Gute Literaturliste in Appendix E von Congressional Research Service, *Renewed great power competition: implications for defense — issues for Congress*, 4.3.2021, S. 45 ff., https://crsreports.congress.gov/product/pdf/R/R43838/73. Brooks, *How everything became war*, S. 333 f.

66 Resolution 68/262, https://www.un.org/depts/german/gv-68/band3/ar68262.pdf.

67 Thomas J. Wright, *All measures short of war*, New Haven 2017, S. 49.

68 Grundlegend Philip N. Howard/Bharath Ganesh/Dimitra Liotsiou/John Kelly/Camille François, *The IRA, Social Media and Political Polarization in the United States, 2012–2018*, Oxford 2018; ferner Renee DiResta et al., *The tactics & tropes of the Internet Research Agency*, Washington 2018; Hillary Rodham Clinton, *What happened*, London 2017, S. 325 ff., 406 f. Ein hübsches Beispiel auch bei Wright, *All measures*, S. xiv: Russische Trolle riefen per Facebook für denselben Tag im Mai 2017 zu pro- und zu anti-islamischen Demonstrationen in Houston auf. Weitere Beispiele ebd., S. 150. *Russia spent millions on secret global political campaign, U.S. intelligence finds*,

Washington Post, 13.9.2022, https://www.washingtonpost.com/national-security/2022/09/13/united-states-russia-political-campaign/. Zu russischen Interventionen über das Internet s. unten, ab Fn. 216.

69 Nachweise pro und contra bei Wright, *All measures*, S. 26 f.; Magnus, *Red flags*, S. 189 f., 202.

70 Graham Allison, *Destined for war*, 3. Aufl., Melbourne 2017, S. 113 ff.; Jeffrey Bader, *How Xi Jinping sees the world … and why*, Washington, Februar 2016, https://www.brookings.edu/wp-content/uploads/2016/07/xi_jinping_worldview_bader-1.pdf; Mikko Huotari/Jan Gaspers/Thomas Eder/Helena Legarda/Sabine Mokry, *China's emergence as a global security actor*, Berlin 2017, S. 21, 27, vgl. auch die semantische Analyse sicherheitspolitischer Schriften, S. 24, https://merics.org/en/report/chinas-emergence-global-security-actor. Zur chinesischen wirtschaftlichen Staatskunst in Asien ausführlich auch Blackwill/Harris, *War by other means*, S. 93 ff.; James Reilly, *China's economic statecraft: turning wealth into power*, Sydney 2013, https://www.files.ethz.ch/isn/175042/reilly_chinas_economic_statecraft_web.pdf. Zu Xis bedeutsamer, zentralisierend wirkender „Führende kleine Gruppen"-Reform Kroeber, *China's economy*, S. 45.

71 Zum Beispiel beansprucht China den 83 743 Quadratkilometer großen indischen Bundesstaat Arunachal Pradesh. Zu aktuellen diesbezüglichen Spannungen Sarosh Bana, *Bully at the border: the looming Chinese threat to India*, 2.11.2021, https://rusi.org/explore-our-research/publications/commentary/bully-border-looming-chinese-threat-india; Kevin Rudd, *The avoidable war*, New York 2022, S. 185 f.; Gray Sergeant, *Geopolitics in the Himalayas: towards a British strategy*, November 2022, https://www.geostrategy.org.uk/app/uploads/2022/11/GPPP03-09112022.pdf.

72 Bill Hayton, *The South China Sea*, New Haven 2014; Michael Paul, *Eine „Große Sandmauer" im Südchinesischen Meer?*, Mai 2016, https://www.swp-berlin.org/fileadmin/contents/products/studien/2016S09_pau.pdf; Economy, *Third revolution*, S. 200 ff.

73 Optisch eindrucksvoller Bericht: Derek Watkins, *What China has been building in the South China Sea*, New York Times, 29.2.2016, https://www.nytimes.com/interactive/2015/07/30/world/asia/what-china-has-been-building-in-the-south-china-sea-2016.html. Vgl. auch den „Island-Tracker" https://amti.csis.org/island-tracker/. Nicht wenige Beobachter stellen eine Verbindung her zwischen Weltfinanzkrise 2009 und aggressiverem chinesischen Verhalten, vgl. *Naked aggression*, Economist, 12.3.2009, https://www.economist.com/asia/2009/03/12/naked-aggression.

74 Permanent Court of Arbitration, Arbitral Tribunal, *The South China Sea Arbitration*, 12.7.2016, https://pcacases.com/web/sendAttach/2086.

75 Die Anzahl und der Umfang der chinesischen Luftoperationen nehmen in jüngerer Zeit zu: Adam Leong Kok Wey, *Airborne assault to occupy South China Sea features?*, 15.7.2021, https://rusi.org/explore-our-research/publications/commentary/airborne-assault-occupy-south-china-sea-features.

76 Spiegel Online, *Japans Luftwaffe fliegt in Chinas neue Militärzone*, 28.11.2013, http://www.spiegel.de/politik/ausland/japans-luftwaffe-fliegt-in-chinas-neue-luftverteidigungszone-a-936084.html.

77 Das Pentagon berichtet darüber jährlich dem Kongress, und nicht allein China ist Adressat solcher Operationen. Vgl. Department of Defense, *Report to Congress, Annual Freedom of Navigation Report, Fiscal Year 2021*, 1.4.2022, https://policy.defense.gov/Portals/11/Documents/FON%20 Program%20Report_FY2021.pdf. Das Süd- und das Ostchinesische Meer werden auch im Jahresbericht des Verteidigungsministeriums bezüglich *Military and security developments involving the People's Republic of China* behandelt, Washington, November 2021, S. 97 ff., https://media.defense.gov/2021/Nov/03/2002885874/-1/-1/0/2021-CMPR-FINAL.PDF.

78 *Gefährlicher Zwischenfall mit amerikanischem Kriegsschiff*, Frankfurter Allgemeine Zeitung, 2.10.2018, https://www.faz.net/aktuell/politik/ausland/gefaehrliches-schiffsmanoever-im-suedchinesischen-meer-15817383.html; *Near-collision of US warship and ‚aggressive' Chinese destroyer in South China Sea captured in photos*, ABC News, 4.10.2018, https://www.abc.net.au/news/2018-10-03/southchina-sea-encounter-between-us-warship-and-chinese-vessel/10333096?nw=0.

79 Congressional Research Service, *China naval modernization: implications for U.S. Navy capabilities – background and issues for Congress*, Washington, 8.3.2022, https://fas.org/sgp/crs/row/RL33153.pdf; Steven Lee Myers, *With ships and missiles, China is ready to challenge U.S. Navy in Pacific*, New York Times, 29.8.2018, https://www.nytimes.com/2018/08/29/world/asia/china-navy-aircraft-carrier-pacific.html. Die chinesische Kriegsmarine wird seit einigen Jahren der Volksbefreiungsarmee gegenüber bevorzugt, um Chinas möglichen militärischen Operationsradius zu erweitern.

80 Seit Jahren Variationen des folgenden Textes: „We remain seriously concerned about the situation in and around the East and South China Seas. We underscore the importance of peace and stability across the Taiwan Strait, and encourage the peaceful resolution of cross-Strait issues. We reiterate our strong opposition to any unilateral actions that could escalate tensions and undermine regional stability and the international rules-based order and express serious concerns about reports of militarization, coercion, and intimidation in the region. We emphasize the universal and unified character of the United Nations Convention on the Law of the Sea (UNCLOS) and reaffirm UNCLOS's important role in setting out the legal framework that governs all activities in the ocean and the seas. We consider the 12 July 2016 award rendered by the Arbitral Tribunal under UNCLOS as a significant milestone and a useful basis for peacefully resolving disputes in the South China Sea." *G7 Foreign and Development Ministers' Meeting: Communiqué*, London, 5.5.2021, Nr. 25, https://www.gov.uk/government/publications/g7-foreign-and-development-ministers-meeting-may-2021-communique/g7-foreign-and-development-ministers-meeting-communique-london-5-may-2021.

81 Vgl. Rede von Präsident Obama vor dem australischen Parlament, 17.11.2011, https://obamawhitehouse.archives.gov/the-press-office/2011/11/17/remarks-president-obama-australian-parliament; Hillary Rodham Clinton, *America's pacific century*, in: Foreign Policy, Oktober 2011, https://foreignpolicy.com/2011/10/11/americas-pacific-century/. Zu den Anfängen dieser Neuorientierung Nina Silove, *The Pivot before the pivot*, International

Security 2016, S. 45, https://openresearch-repository.anu.edu.au/bitstream/1885/152707/2/01_Silove_The_Pivot_before_the_Pivot_US_2016.pdf und Sestanovich, *Maximalist*, S. 312 f.

82 Guter Überblick: Michael Green et al., *Asia-Pacific rebalance 2025. Capabilities, presence, and partnerships*, Washington 2016.

83 Michael Paul, *Die USA, China und die Freiheit der See*, März 2016, S. 3 f., https://www.swp-berlin.org/fileadmin/contents/products/aktuell/2016A14_pau.pdf; ders., *Kriegsgefahr im Pazifik? Die maritime Bedeutung der sino-amerikanischen Rivalität*, Baden-Baden 2017.

84 Grundlegend Huotari/Gaspers/Eder/Legarda/Mokry, *China's emergence as a global security actor*, Berlin 2017, https://merics.org/en/report/chinas-emergence-global-security-actor.

85 Huotari et al., *China's emergence*, S. 69 ff.

86 Economy, *Third revolution*, S. 191 ff.; Alice Ekman (ed.), *China's Belt & Road and the world: competing forms of globalization*, April 2019, https://www.ifri.org/sites/default/files/atoms/files/ekman_china_belt_road_world_2019.pdf; Geinitz, *Chinas Griff*, S. 252 ff., 282 ff.; Kevin Rudd, *The avoidable war*, New York 2022, S. 221–236; weniger beeindruckt Yuan Jiang, *The continuing mystery of the belt and road*, The Diplomat, 6.3.2021, https://thediplomat.com/2021/03/the-continuing-mystery-of-the-belt-and-road/; Weltbank, *Belt and Road Initiative*, 29.3.2018, https://www.worldbank.org/en/topic/regional-integration/brief/belt-and-road-initiative#ataglance; Doshi, *Long game*, S. 235–250; *Chinas neue Seidenstraßen*, Aus Politik und Zeitgeschichte 43–45/2022, 24.10.2022, https://www.bpb.de/system/files/dokument_pdf/APuZ_2022-43-45_online_Chinas_neue_Seidenstrassen.pdf.

87 Guter Überblick zu BRI bei Magnus, *Red flags*, S. 173 ff.; Hannelore Crolly, *Auf der „Neuen Seidenstraße" in die finanzielle Abhängigkeit von China*, Welt Online 1.12.2018, https://www.welt.de/wirtschaft/article184780806/Neue-Seidenstrasse-China-treibt-Laender-in-die-Schuldenfalle.html; vgl. auch die Gegenüberstellung von chinesischer Kreditvergabe und Euler-Hermes-Risikobewertung bei Huotari et al., *China's emergence*, S. 73. Wie Montenegro seine Schulden für das Autobahnprojekt bezahlt, ist auch nach einer Umschuldung 2021 noch offen: *EU in Zwickmühle: Montenegro kann China-Kredit für „Straße ins Nirgendwo" nicht zurückzahlen*, Merkur.de, 15.7.2021, https://www.merkur.de/politik/china-montenegro-eu-autobahn-seidenstrasse-kredit-geld-zwickmuehle-dilemma-westbalkan-zr-90858110.html.

88 Maria Abi-Habib, *How China got Sri Lanka to cough up a port*, 25.6.2018, https://www.nytimes.com/2018/06/25/world/asia/china-sri-lanka-port.html.

89 Zu dem Format Geinitz, *Chinas Griff*, S. 298 ff.; Erik Brattberg/Philippe Le Corre/Paul Stronski/Thomas de Waal, *China's influence in Southeastern, Central, and Eastern Europe*, Oktober 2021, https://carnegieendowment.org/2021/10/13/china-s-influence-in-southeastern-central-and-eastern-europe-vulnerabilities-and-resilience-in-four-countries-pub-85415; Ivana Karásková, *How China lost Central and Eastern Europe*, 22.4.2022, https://merics.org/en/short-analysis/how-china-lost-central-and-eastern-europe;

China verliert an Einfluss in Mittel- und Osteuropa – die Plattform 17+1 schrumpft, Neue Zürcher Zeitung, 13.8.2022, https://www.nzz.ch/international/171-china-verliert-einfluss-in-mittel-und-osteuropa-ld.1697753; *Osteuropa zeigt China zunehmend die kalte Schulter*, Frankfurter Allgemeine Zeitung, 23.8.2022, S. 16. Zu ähnlichen Runden für andere Weltregionen Doshi, *Long game*, S. 283.

90 *Italy joins China's new Silk Road project*, BBC, 23.3.2019, https://www.bbc.com/news/world-europe-47679760, dort auch der Hinweis auf kritische Twitter-Kommentierung des Vorgangs durch den US National Security Council.

91 Huotari et al., *China's emergence*, S. 75 ff. Vladimir Shopov, *Decade of patience: how China became a power in the Western Balkans*, 2.2.2021, https://ecfr.eu/wp-content/uploads/Decade-of-patience-How-China-became-a-power-in-the-Western-Balkans.pdf; Majda Ruge and Vladimir Shopov, *The EU's Montenegro dilemma*, 3.5.2021, https://ecfr.eu/article/the-eus-montenegro-dilemma/.

92 Huotari et al., *China's emergence*, S. 74.

93 Emanuele Scimia, *China's Belt and Road a dilemma for Germany*, Asia Times, 1.6.2018, http://www.atimes.com/chinas-belt-and-road-a-dilemma-for-germany/; sehr kritisch Michael Ivanovitch, *Germany's problem with China goes well beyond trade issues*, CNBC 16.4.2018, https://www.cnbc.com/2018/04/16/chinas-growing-economic-presence-in-eu-causing-concern--commentary.html.

94 Thorsten Benner/Jan Gaspers/Mareike Ohlberg/Lucrezia Poggetti/Kristin Shi-Kupfer, *Authoritarian advance. Responding to China's growing political influence in Europe*, Berlin, 2.2.2018, https://merics.org/de/studie/authoritarian-advance-responding-chinas-growing-political-influence-europe. Vgl. auch Jamil Anderlini/Jamie Smyth, *West grows wary of China's influence game*, Financial Times, 19.12.2017, https://www.ft.com/content/d3ac306a-e188-11e7-8f9f-de1c2175f5ce; Clive Hamilton, *Silent invasion*, Melbourne 2018; Clive Hamilton/Mareike Ohlberg, *Hidden hand: how the Chinese Communist Party is reshaping the world*, 2. Aufl., London 2021 (deutsch: *Die lautlose Eroberung*, München 2022).

95 Eindrucksvolle Beispiele bei Blackwill/Harris, *War by other means*, S. 140; Juan C. Zarate, *Treasury's war*, New York 2013.

96 Henry Farrell/Abraham L. Newman, *Weaponized interdependence*, International Security 44 Nr. 1, Summer 2019, S. 42, https://direct.mit.edu/isec/article-pdf/44/1/42/1844046/isec_a_00351.pdf. Der Aufsatz führte zu einer Sammlung von Studien: Daniel W. Drezner/Henry Farrell/Abraham L. Newman (Hrsg.), *The uses and abuses of weaponized interdependence*, Washington 2021.

97 Beispiele sind die unverblümte Rede zur wirtschaftlichen Staatskunst („*Economic statecraft*") von Außenministerin Rodham Clinton am 14.10.2011 beim Economic Club of New York, https://2009-2017.state.gov/secretary/20092013clinton/rm/2011/10/175552.htm, und ihre Rede am 17.11.2012 an der Singapore Management University, https://2009-2017.state.gov/secretary/20092013clinton/rm/2012/11/200664.htm; ferner Überlegungen wie die von Robert B. Zoellick, *The currency of power: economics & se-*

curity in U.S. foreign policy, 2016, https://www.fpri.org/wp-content/uploads/2016/01/zoellick_-_dinner_transcript.pdf, und Bücher wie das von Blackwill/Harris, *War by other means*. Ironischerweise schloss Dobson seine Studie *US economic statecraft for survival* über die Bedeutung von Wirtschaftskampfmaßnahmen für den außenpolitischen Erfolg der USA 2002 noch mit dem Satz: „But, for the moment at least, Americans have been liberated from the need to develop and deploy such strategies." Wie die Zeit vergeht!

98 Weg war diese „Ratio Status" nie: Luttwak, *From geopolitics to geoeconomics*, The National Interest, Summer 1990, S. 17. Auch in dem Zusammenhang fruchtbringend Julian Nida-Rümelin, *Über Grenzen denken*, Hamburg 2017, etwa S. 164 f.: „Ohne Grenzen gibt es keine individuelle, kollektive, staatliche Selbstbestimmung und keine individuelle, kollektive oder staatliche Verantwortung. Ohne Grenzen werden die Lebensformen amorph, sie haben dann keine erkennbare Gestalt mehr, wir wissen dann nicht, wer welcher Akteur ist, wer für was verantwortlich ist, welche Normen und Werte die jeweiligen Praktiken repräsentieren."

99 https://www.wassenaar.org/.

100 Hagemeyer-Witzleb, *International law of economic warfare*, S. 147–257.

101 BDI, *USA nehmen Investitionen aus dem Ausland stärker unter die Lupe*, 17.12.2018, https://bdi.eu/artikel/news/cfius-reform-usa-erweitern-staatliche-kontrolle-von-auslandsinvestitionen/. US Treasury Department, *Foreign Investment Risk Review Modernization Act of 2018* (FIRRMA), https://home.treasury.gov/system/files/206/Summary-of-FIRRMA.pdf. Zu dem 1975 gegründeten Committee on Foreign Investment in the United States (CFIUS) Hagemeyer-Witzleb, *International law of economic warfare*, S. 171–187; Sarah Bauerle Danzman, *Investment screening in the shadow of weaponized interdependence*, in: Drezner/Farrell/Newman, *Uses and abuses*, S. 257. CFIUS legt jährlich über seine Tätigkeit dem Kongress einen Bericht vor, zuletzt im August 2022 für das Kalenderjahr 2021, https://home.treasury.gov/system/files/206/CFIUS-Public-AnnualReporttoCongressCY2021.pdf.

102 UK Department for Business, Energy & Industrial Strategy, Competition and Markets Authority, *New merger and takeover rules come into force*, 11.6.2018, https://www.gov.uk/government/news/new-merger-and-takeover-rules-come-into-force.

103 Verordnung (EU) 2019/452 vom 19.3.2019 zur Schaffung eines Rahmens für die Überprüfung ausländischer Direktinvestitionen in der Union, https://eur-lex.europa.eu/legal-content/DE/TXT/PDF/?uri=CELEX:32019R0452; European Commission, *Guidance to the member states concerning foreign direct investment and free movement of capital from third countries, and the protection of Europe's strategic assets, ahead of the application of Regulation (EU) 2019/452 (FDI Screening Regulation)*, 25.3.2020, https://trade.ec.europa.eu/doclib/docs/2020/march/tradoc_158676.pdf; Übersicht zu den Regeln in den EU-Mitgliedstaaten: European Commission, *List of screening mechanisms notified by member states*, 10.5.2022, https://trade.ec.europa.eu/doclib/docs/2019/june/tradoc_157946.pdf.

104 Einschlägig sind das Außenwirtschaftsgesetz und die Außenwirtschaftsverordnung, beide zuletzt geändert im Oktober 2020. Übersicht: Bundes-

ministerium für Wirtschaft und Klimaschutz, *Investitionsprüfung*, https://www.bmwk.de/Redaktion/DE/Artikel/Aussenwirtschaft/investitionspruefung.html. Geinitz, *Chinas Griff*, S. 320 ff.

105 Präsident Maaßen, zitiert nach *Aufkaufen und ausschlachten*, Zeit Online, 8.5.2018, https://www.zeit.de/wirtschaft/2018-05/chinesische-investitionen-deutschland-unternehmen-handelsstreit.

106 Im Jahr 2017 verabschiedete China ein Nachrichtendienstgesetz, dem zufolge alle chinesischen Organisationen sowie die Bürgerinnen und Bürger Chinas mit dem nationalen Nachrichtendienst zusammenarbeiten und Stillschweigen darüber bewahren müssen. Vgl. https://www.chinalawtranslate.com/en/national-intelligence-law-of-the-p-r-c-2017/; Entschließung des EP, *Sicherheitsbedrohungen im Zusammenhang mit der zunehmenden technologischen Präsenz Chinas in der EU,* 12.3.2019, https://www.europarl.europa.eu/doceo/document/TA-8-2019-0156_DE.pdf; ferner: *Huawei admit Chinese law obliges companies to work with government, under conditions*, Euractiv, 16.4.2019, https://www.euractiv.com/section/cybersecurity/news/huawei-admit-chinese-law-obliges-companies-to-work-with-government/.

107 Wie vorteilhaft es ist, fremde Technologie einfach zu kaufen, statt mühsam selber zu entwickeln, beschreibt in Zusammenhang mit CoCom einprägsam Hanson, *Western economic statecraft*, S. 8–12. Zu den Grenzen von Spionage, Reverse-Engineering und bloßem Kopieren Miller, *Chip war*, S. 41–44, 142–144, 322 f.: Der Kopierende hinkt der technischen Entwicklung immerfort hinterher.

108 Eine faszinierende Geschichte der Spionage und Geheimdienste bietet Andrew, *Secret world.*

109 Fred Kaplan, *Dark territory*, New York 2016, S. 157. Kaplan bringt viele Beispiele aus der Cyberdimension bewaffneter Konflikte. Zur Cyberverteidigung der NATO s. deren Website: https://www.nato.int/cps/en/natohq/topics_78170.htm.

110 Eine nützliche Übersicht zu Cyberstrategien und zu Cyberfragen betreffenden Definitionen bietet CIPedia© mit der Website https://websites.fraunhofer.de/CIPedia/index.php/CIPedia%C2%A9_Main_Page und der Linksammlung https://websites.fraunhofer.de/CIPedia/index.php/National_Cyber_Security_Strategy.

111 Lindley-French/Allen/Hodges, *Future war*, S. 56, 65, 75, 86, 256, 293 ff., 319 ff.

112 *Significant cyber incidents*, https://www.csis.org/programs/strategic-technologies-program/significant-cyber-incidents.

113 *Cyberattack forces a shutdown of a top U.S. pipeline*, New York Times, 8.5.2021, https://www.nytimes.com/2021/05/08/us/cyberattack-colonial-pipeline.html; *US passes emergency waiver over fuel-pipeline cyber-attack*, BBC, 10.5.2021, https://www.bbc.com/news/business-57050690; *F.B.I. identifies group behind pipeline hack*, New York Times, 10.5.2021, https://www.nytimes.com/2021/05/10/us/politics/pipeline-hackdarkside.html. Ein anderer Angriff aus jüngerer Zeit galt Infrastruktur und Geschäftsgeheimnissen und ging anscheinend von China aus, denn es ging vornehmlich um Daten, die China helfen würden, Ziele seines 14. Fünfjahresplans zu erfüllen. Viele Opfer des Angriffs zählten zu Industrien, denen China strategi-

sche Bedeutung beimisst. *Chinese APT groups continue to pound away on Pulse secure VPNs*, DarkReading, 28.5.2021, https://www.darkreading.com/attacks-breaches/chinese-apt-groups-continue-to-pound-away-on-pulse-secure-vpns/d/d-id/1341174#:~:text=Chinese%20APT%20Groups%20Continue%20to%20Pound%20Away%20on%20Pulse%20Secure,Secure%20devices%20since%20April%202020; *Critical entities targeted in suspected Chinese cyber spying*, AP, 15.6.2021, https://apnews.com/article/government-and-politics-hackingtechnology-business-7350235e07d46ba5afc1238b553ea4b9. Zum Gesamtbild: Lawrence Livermore National Laboratory, *Dragonstone Strategy — state of cybersecurity in the oil & natural gas sector*, 5.2.2020, https://www.osti.gov/servlets/purl/1602649.

114 Zu staatlichen Bedrohungen s. *Microsoft digital defense report*, September 2020, S. 41 ff., https://query.prod.cms.rt.microsoft.com/cms/api/am/binary/RWxPuf; dass., Oktober 2021, S. 48 ff., https://query.prod.cms.rt.microsoft.com/cms/api/am/binary/RWMFIi. Eine Rangfolge staatlicher Cybermacht bietet Harvard Kennedy School Belfer Center, *National Cyber Power Index 2020*, September 2020, https://www.belfercenter.org/sites/default/files/2020-09/NCPI_2020.pdf.

115 Nicole Perlroth, *This is how they tell me the world ends*, London 2021, bietet die derzeit beste Darstellung dieses Tanzes, aufgeführt von Staaten und privaten Akteuren auf einem dunklen bis schwarzen Markt. Instruktiv auch die Bibliographie am Fuß ihrer Website https://thisishowtheytellmetheworldends.com/.

116 Kaplan, *Dark territory*, S. 61.

117 *Emerging role for the C.I.A.: economic spy*, New York Times, 15.12.1995, https://www.nytimes.com/1995/10/15/world/emerging-role-for-the-cia-economic-spy.html.

118 „nearly every piece of commercial hardware and software on the market", Perlroth, *This is how*, S. 7 (Zitat), 87–116. Eine viel frühere Erfolgsgeschichte war der Verkauf von Chiffriermaschinen der Crypto AG, die hauptsächlich in der Schweiz gefertigt wurden, aber von amerikanischen und westdeutschen Diensten manipuliert worden waren, an rund 130 Regierungen in aller Welt: *The intelligence coup of the century*, Washington Post, 11.2.2020, https://www.washingtonpost.com/graphics/2020/world/national-security/cia-crypto-encryption-machines-espionage/; *Ein Spionagethriller holt Deutschland ein*, Süddeutsche Zeitung, 12.2.2020, https://www.sueddeutsche.de/digital/crypto-spionage-bnd-cia-1.4794872.

119 Beispiele von Perlroth, *This is how*, S. 46, 166.

120 „designed for primarily non-military targets: governments, organisations, and businesses in virtually every country. The ECHELON system works by indiscriminately intercepting very large quantities of communications and then siphoning out what is valuable using artificial intelligence aids like Memex", Steve Wright, *An appraisal of technologies for political control*, 6.1.1998, EP (Hrsg.) S. 19, https://www.europarl.europa.eu/pdf/jadis/2013_12/8.PE4_AP_PV!LIBE.1994_LIBE-19980126005OEN.pdf.

121 Peggy Becker/Dick Holdsworth, *Development of surveillance technology and risk of abuse of economic information*, Oktober 1999, https://www.euro-

parl.europa.eu/RegData/etudes/etudes/join/1999/168184/DG-4-JOIN_ET(1999)168184_EN.pdf.

122 Der frühere Direktor der CIA (Central Intelligence Agency, ein US-Geheimdienst) R. James Woolsey schrieb einen ziemlich undiplomatischen Artikel darüber, warum auch Verbündete ausspioniert werden: *Why we spy on our allies,* The Wall Street Journal, 17.3.2000, https://www.wsj.com/articles/SB953268243116572 69.

123 Gerhard Schmid, *Report on the existence of a global system for the interception of private and commercial communications (ECHELON interception system),* S. 135, https://info.publicintelligence.net/ECHELONreport.pdf.

124 European Parliament Research Service, *The ECHELON affair*, November 2014, https://www.europarl.europa.eu/EPRS/EPRS_STUDY_538877_AffaireEchelon-EN.pdf.

125 Kaplan, *Dark territory*, S. 72.

126 „to get the ungettable" ist so etwas wie ein Motto der NSA. Ebd., S. 135.

127 Perlroth, *This is how*, S. 87–116.

128 Kaplan, *Dark territory*, S. 181 ff.; David E. Sanger: *The perfect weapon*, London, 2018, S. 19.

129 *N.S.A. breached Chinese servers seen as security threat*, New York Times, 22.3.2014, https://www.nytimes.com/2014/03/23/world/asia/nsa-breached-chinese-servers-seen-as-spy-peril.html; Sanger, *Perfect weapon*, S. 69 ff.; Perlroth, *This is how*, S. 113 f. Zu Huawei als Teil eines „digitalen Dreiecks" von Industrie, Militär und staatlicher Forschung und Subventionierung Evan S. Medeiros/Roger Cliff/Keith Crane/James Mulvenon, *A new direction for China's defense industry*, Santa Monica 2005, S. 205 ff., https://www.rand.org/content/dam/rand/pubs/monographs/2005/RAND_MG334.pdf.

130 „theft of the most sensitive data imaginable for 21.5 million Americans who had ever sought a security clearance", Perlroth, *This is how*, S. 276, s. auch S. 230; Sanger, *Perfect weapon*, S. 111–117. Andrew, *Secret world*, S. 754.

131 „If we had the opportunity to do that, I don't think we'd hesitate for a minute", *China is ‚leading suspect' in OPM hacks, says Intelligence Chief James Clapper*, NBC News, 25.6.2015, https://www.nbcnews.com/tech/security/clapper-china-leading-suspectopm-hack-n381881.

132 *NSA Prism program taps into user data of Apple, Google and others*, The Guardian, 7.6.2013, https://www.theguardian.com/world/2013/jun/06/us-tech-giants-nsa-data; *NSA slides explain the PRISM data-collection program*, Washington Post, 7.6.2013, https://www.washingtonpost.com/wp-srv/special/politics/prism-collection-documents/.

133 European Parliament, *PRISM: EU citizens' data must be properly protected against US surveillance*, 20.6.2013, https://www.europarl.europa.eu/news/en/press-room/20130617IPR12352/prism-eu-citizens-data-must-be-properly-protected-against-ussurveillance. Die Konflikte zwischen der EU und den USA über Überwachung und Datenschutz wurden durch das sogenannte Schrems-II-Urteil des Europäischen Gerichtshofes von 2020 verdeutlicht (https://curia.europa.eu/juris/document/document.jsf;jsessionid=C53FFEF6BBC4795EDC51D8F20BC6B146?text=&docid=228677&pageIndex=0&doclang=DE&mode=lst&dir=&occ=first&part=1&cid=423190, dazu European Parliamentary Research Service,

The CJEU judgment in the Schrems II case, https://www.europarl.europa.eu/RegData/etudes/ATAG/2020/652073/EPRS_ATA(2020)652073_EN.pdf), das zu Verhandlungen und im März 2022 zur Grundsatzeinigung führte, s. *Gemeinsame Erklärung der Europäischen Kommission und der Vereinigten Staaten zum Transatlantischen Datenschutzrahmen*, 25.3.2022, https://ec.europa.eu/commission/presscorner/detail/de/ip_22_2087; *Fact-Sheet* https://ec.europa.eu/commission/presscorner/detail/en/FS_22_2100. Der Rahmen soll sowohl den Schutz der privaten Daten als auch den Schutz der nationalen Sicherheit ermöglichen.

134 *Merkels Handy steht seit 2002 auf US-Abhörliste*, Spiegel Online, 26.10.2013, https://www.spiegel.de/politik/deutschland/nsa-ueberwachung-merkel-steht-seit-2002-auf-us-abhoerliste-a-930193.html.

135 *Der geheime Werkzeugkasten der NSA*, Spiegel Online, 30.12.2013, https://www.spiegel.de/netzwelt/netzpolitik/neue-dokumente-der-geheime-werkzeugkasten-der-nsa-a-941153.html.

136 Sanger, *Perfect weapon*, S. 76; *Spying known at top levels, officials say*, New York Times, 29.10.2013, https://www.nytimes.com/2013/10/30/world/officials-say-white-house-knew-of-spying.html.

137 *BND schnüffelte auch im Weißen Haus*, Spiegel Online, 22.6.2017, https://www.spiegel.de/politik/ausland/bundesnachrichtendienst-schnueffelte-im-weissen-haus-a-1153306.html.

138 *Denmark helped US spy on Angela Merkel and European allies – report*, The Guardian, 31.5.2021, https://www.theguardian.com/world/2021/may/31/denmark-helped-us-spy-on-angela-merkel-and-european-allies-report.

139 *Snowden's back: spying scandal clouds ties between EU and US ahead of Biden visit*, Politico, 3.6.2021, S. 9.

140 *Private Israeli spyware used to hack cellphones of journalists, activists worldwide*, Washington Post, 18.7.2021, https://www.washingtonpost.com/investigations/interactive/2021/nso-spyware-pegasus-cellphones/?itid=lk_inline_manual_16; *On the list: Ten prime ministers, three presidents and a king*, Washington Post, 20.7.2021, https://www.washingtonpost.com/world/2021/07/20/heads-of-state-pegasus-spyware/; Perlroth, *This is how*, Kapitel 13.

141 US Department of Commerce, Press Release, 3.11.2021, *Commerce adds NSO Group and other foreign companies to Entity List for malicious cyber activities*, https://www.commerce.gov/news/press-releases/2021/11/commerce-adds-nso-group-and-other-foreign-companies-entity-list; *Biden administration blacklists NSO Group over Pegasus spyware*, Washington Post, 3.11.2021, https://www.washingtonpost.com/technology/2021/11/03/pegasus-nso-entity-list-spyware/.

142 Apple, *Apple verklagt NSO Group, um den Missbrauch durch staatlich geförderte Spionagesoftware einzuschränken*, 23.11.2021, https://www.apple.com/de/newsroom/2021/11/apple-sues-nso-group-to-curb-the-abuse-of-state-sponsored-spyware/.

143 *A lawsuit from Apple piles pain on NSO Group*, The Economist, 27.11.2021, https://www.economist.com/middle-east-and-africa/2021/11/25/a-lawsuit-from-apple-piles-pain-on-nso-group.

144 Annegret Bendiek/Martin Schallbruch, *Europas dritter Weg im Cyberraum*, November 2019, https://www.swp-berlin.org/publications/products/aktu-

ell/2019A60_bdk_Schallbruch_WEB.pdf. Die EU bereitet derzeit ein Gesetz zur Cyberwiderstandsfähigkeit vor, die Kommission führte Mitte März 2022 eine entsprechende Anhörung durch.

145 *Ein Hackerangriff, der um die Welt geht,* Spektrum, 15.1.2021, https://www.spektrum.de/news/solarwinds-ein-hackerangriff-der-um-die-welt-geht/1819187; *Massiver Cyberangriff gefährdet deutsche Behörden*, Frankfurter Allgemeine Zeitung, 7.1.2021, https://www.faz.net/aktuell/wirtschaft/digitec/solarwinds-hack-massiver-cyberangriff-gefaehrdet-deutsche-behoerden-17134477.html; *What you need to know about the biggest hack of the US government in years*, The Guardian, 15.12.2020, https://www.theguardian.com/technology/2020/dec/15/orion-hack-solar-winds-explained-us-treasury-commerce-department; Brad Smith, *A moment of reckoning: the need for a strong and global cybersecurity response*, https://blogs.microsoft.com/on-the-issues/2020/12/17/cyberattacks-cybersecurity-solarwindsfireeye/; *White House announces senior official is leading inquiry into SolarWinds hacking*, New York Times, 10.2.2021, https://www.nytimes.com/2021/02/10/us/politics/biden-russia-solarwinds-hacking.html?searchResultPosition=13; *U.S. imposes stiff sanctions on Russia, blaming it for major hacking operation*, New York Times, 15.4.2015, https://www.nytimes.com/2021/04/15/world/europe/us-russia-sanctions.html?searchResultPosition=5.

146 Andrew, *Secret world*, S. 118 ff.

147 Sarah Rose, *For all the tea in China*, 2. Aufl., New York 2011.

148 Kindleberger, *World economic primacy*, S. 110.

149 Chernow, *Hamilton*, S. 371 f., 386.

150 Beckert, *Empire of cotton*, S. 49, 53. Weitere Beispiele: Laïdi, *Les états en guerre économique*; ders., *Histoire mondiale de la guerre économique*; Mara Hvistendahl, *The oldest game*, Foreign Policy, 27.4.2019, https://foreignpolicy.com/2019/04/27/the-oldest-gameindustrial-espionage-timeline/.

151 „that probably 70 per cent of all current Warsaw Pact weapons systems were based in varying degree on Western […] technology“, Andrew, *Secret world*, S. 691–693, Zitat auf S. 692 f. Dazu haben, wie zu lesen ist, außer Sowjetspionen allerdings auch Firmen wie Siemens und ThyssenKrupp kräftig beigetragen: Belton, *Putin's people*, S. 54 f.

152 „We do not give intelligence we collect to U.S. companies to enhance their international competitiveness or increase their bottom line. Many countries cannot say the same“, *N.S.A. breached Chinese servers seen as security threat*, New York Times, 22.3.2014, https://www.nytimes.com/2014/03/23/world/asia/nsa-breached-chinese-servers-seen-as-spy-peril.html; Sanger, *Perfect weapon*, S. 70, 120; Perlroth, *This is how*, S. 111, 201.

153 William C. Hannas/James Mulvenon/Anna B. Puglisi, *Chinese industrial espionage*, London 2013; US-China Economic and Security Review Commission, *How Chinese companies facilitate technology transfer from the United States*, 6.3.2019, https://www.uscc.gov/sites/default/files/Research/How%20Chinese%20Companies%20Facilitate%20Tech%20Transfer%20from%20the%20US.pdf; es lohnt sich auch, die Website des US Department of Justice nach einschlägigen Fällen zu durchsuchen, zum Beispiel indem man in die Suchmaske „Chinese espionage“ eingibt: https://search.justice.gov/search?query=chinese+espionage&op=Search&affiliate=justice.

154 Sanger, *Perfect weapon*, S. 260 ff.

155 Alex Joske, *Picking flowers, making honey*, 30.10.2018, https://www.aspi.org.au/report/picking-flowers-making-honey.

156 U.S. Office of the National Counterintelligence Executive, *Foreign spies stealing US economic secrets in cyber space: report to Congress on foreign economic collection and industrial espionage, 2009–2011,* Oktober 2011, https://www.hsdl.org/?abstract&did=720057; Mandiant, *APT1. Exposing one of China's espionage units*, 2013, https://www.fireeye.com/content/dam/fireeye-www/services/pdfs/mandiant-apt1-report.pdf; Office of the US Trade Representative/Executive Office of the President, *Findings of the investigation into China's acts, policies, and practices related to technology transfer, intellectual property, and innovation under section 301 of the Trade Act of 1974*, 22.3.2018, S. 153 ff., https://ustr.gov/sites/default/files/Section%20301%20FINAL.PDF; US National Counterintelligence and security center, *Foreign economic espionage in cyberspace*, 2018, https://www.dni.gov/files/NCSC/documents/news/20180724-economic-espionage-pub.pdf; Annegret Bendiek/Matthias Schulze, *Attribution als Herausforderung für EU-Cybersanktionen*, Oktober 2021, https://www.swp-berlin.org/publications/products/studien/2021S17_AttributionCyberangriffe.pdf.

157 Blackwill/Harris, *War by other means*, S. 59 ff.; P. W. Singer/Allan Friedman, *Cybersecurity and cyberwar*, Oxford 2014, S. 91 f., 138 f.

158 European Commission and PricewaterhouseCoopers, *The scale and impact of industrial espionage and theft of trade secrets through cyber*, Dezember 2018, https://ec.europa.eu/docsroom/documents/34841/attachments/1/translations/en/renditions/native; European Union Intellectual Property Office, *2020 Status Report on IPR infringement*, Juni 2020, https://euipo.europa.eu/tunnel-web/secure/webdav/guest/document_library/observatory/documents/reports/2020_Status_Report_on_IPR_infringement/2020_Status_Report_on_IPR_infringement_en.pdf.

159 „China's violations of American intellectual property rights were so egregious that to overlook them […] would undermine the credibility of American trade law", while at the same time US officials were „deeply wary" of disrupting the relationship with such „a big trading partner", *Warning to China on trade*, New York Times, 30.4.1994, https://www.nytimes.com/1994/04/30/business/warning-to-china-on-trade.html.

160 Susan Rice, *Tough love*, New York 2019, S. 436 ff.

161 „that neither country's government will conduct or knowingly support cyber-enabled theft of intellectual property, including trade secrets or other confidential business information, with the intent of providing competitive advantages to companies or commercial sectors", The White House, Office of the Press Secretary, *Fact sheet: President Xi Jinping's state visit to the United States,* 25.9.2015, https://obamawhitehouse.archives.gov/the-press-office/2015/09/25/fact-sheet-president-xi-jinpings-state-visit-united-states.

162 Lorand Laskai/Adam Segal, *A new old threat*, 6.12.2018, https://www.cfr.org/report/threat-chinese-espionage.

163 Ebd.; Perlroth, *This is how*, S. 282, 352.

164 Ebd., S. 282.

165 „hacked for their own profit but also for the Chinese Ministry of State Security", *U.S. accuses China of sponsoring criminal hackers targeting coronavirus vaccine research*, Washington Post, 21.7.2020, https://www.washingtonpost.com/national-security/us-china-covid-19-vaccine-research/2020/07/21/8b6ca0c0-cb58-11ea-91f1-28aca4d833a0_story.html.

166 „greatest transfer of wealth in history", Perlroth, *This is how*, S. XIX.

167 „an ecosystem of criminal contract hackers who carry out both statesponsored activities and cybercrime for their own financial gain", Zitat von Secretary of State Antony J. Blinken, Press Statement, *Responding to the PRC's destabilizing and irresponsible behavior in cyberspace*, 19.7.2021, https://www.state.gov/responding-to-the-prcs-destabilizing-and-irresponsible-behavior-in-cyberspace/; *Statement by the North Atlantic Council in solidarity with those affected by recent malicious cyber activities including the Microsoft Exchange server compromise*, 19.7.2021, https://www.nato.int/cps/en/natohq/news_185863.htm. Die EU wies die Verantwortung nicht direkt der chinesischen Regierung zu, sondern forderte sie lediglich auf, nicht zuzulassen, dass ihr Hoheitsgebiet für bösartige Cyberaktivitäten genutzt wird: *China: Declaration by the High Representative on behalf of the European Union urging Chinese authorities to take action against malicious cyber activities undertaken from its territory*, 19.7.2021, https://www.consilium.europa.eu/en/press/press-releases/2021/07/19/declaration-by-the-high-representative-on-behalf-of-the-eu-urging-china-to-take-action-against-malicious-cyber-activities-undertaken-from-its-territory/. China stritt alle Anschuldigungen ab: *Foreign Ministry Spokesperson Zhao Lijian's Regular Press Conference on July 20, 2021*, https://www.fmprc.gov.cn/mfa_eng/xwfw_665399/s2510_665401/2511_665403/202107/t20210720_9170789.html; *U.S. accuses China of hacking Microsoft*, New York Times, 19.7.2021, https://www.nytimes.com/2021/07/19/us/politics/microsoft-hacking-china-biden.html?searchResultPosition=1; *Microsoft Exchange hack caused by China, US and allies say*, AP News, 19.7.2021, https://apnews.com/article/microsoft-exchange-hack-bidenchina-d533f5361cbc3374fdea58d3fb059f35.

168 *The IP Commission Report*, Mai 2013, S. 2 f., https://www.nbr.org/wp-content/uploads/pdfs/publications/IP_Commission_Report.pdf.

169 *Update to the IP Commission Report*, Februar 2017, S. 1, 4, https://www.nbr.org/wp-content/uploads/pdfs/publications/IP_Commission_Report_Update.pdf. Zur Lage in Europa European Union Agency for Cybersecurity (ENISA), *ENISA-Bericht zur Bedrohungslage 2021*, Oktober 2021, https://www.enisa.europa.eu/publications/etl-2021/enisa-threat-landscape-2021-2022-final_de.pdf.

170 *The cost of cybercrime*, S. 2, https://assets.publishing.service.gov.uk/government/uploads/system/uploads/attachment_data/file/60943/the-cost-of-cyber-crime-full-report.pdf.

171 „commercial cyber espionage puts up to € 60 bn in economic growth and up to 289,000 jobs at stake in the EU", Hosuk Lee-Makiyama, *Stealing thunder*, S. 4, https://ecipe.org/wp-content/uploads/2018/02/ECIPE_Occasional0218_HLM_V7.pdf. Auf die Studie bezogen sich auch die Europäische Kommission und PricewaterhouseCoopers, *The scale and impact*, S. 8.

172 Bitkom, *Spionage, Sabotage und Datendiebstahl – Wirtschaftsschutz in der vernetzten Welt*, 2020, S. 23, 28, https://www.bitkom.org/sites/default/files/2020-02/200211_bitkom_studie_wirtschaftsschutz_2020_final.pdf.

173 *203 Milliarden Euro Schaden pro Jahr durch Angriffe auf deutsche Unternehmen*, bitkom, 31.8.2022, https://www.bitkom-research.de/de/pressemitteilung/203-milliarden-euro-schaden-pro-jahr-durch-angriffe-auf-deutsche-unternehmen.

174 EU Council Decision (CFSP) 2020/1127, 30.7.2020, https://eur-lex.europa.eu/legalcontent/EN/TXT/PDF/?uri=CELEX:32020D1127&from=EN.

175 Thomas C. Reed, *At the abyss*, New York 2004, S. 266–269. Sein Bericht ist umstritten, Reed beruft sich jedoch auf eine Überprüfung seines Manuskripts durch die Central Intelligence Agency.

176 Kaplan, *Dark territory*, S. 203.

177 https://www.youtube.com/watch?v=LM8kLaJ2NDU. Zu diesem sogenannten Aurora-Generator-Test Kaplan, *Dark territory*, S. 166–168.

178 Perlroth, *This is how*, S. 126 (s. auch S. 16, 117 f.). Zu Olympic Games und Stuxnet David E. Sanger, *Confront and conceal: Obama's secret wars and surprising use of American power*, New York 2012, S. 188 ff.; Kaplan, *Dark territory*, S. 203 ff.; David Crist, *The twilight war: the secret history of America's thirty-year conflict with Iran*, New York 2012, S. 551.

179 Kaplan, *Dark territory*, S. 213. Zu Duqu und Flame ebd., S. 205 f.; Perlroth, *This is how*, S. 224.

180 Ebd., S. 128 ff., 224.

181 Kaplan, *Dark territory*, S. 213.

182 Perlroth, *This is how*, S. 267 ff.; Sanger, *Perfect weapon*, S. 51 ff.

183 Ebd., S. 48 ff.; Perlroth, *This is how*, S. 272 ff.

184 Kaplan, *Dark territory*, S. 39 ff.

185 *Critical foundations. Protecting America's infrastructures*, Oktober 1997, https://fas.org/sgp/library/pccip.pdf.

186 „strategic vulnerabilities in cyberspace", *Cyberspace policy review*, S. iii, passim, https://fas.org/irp/eprint/cyber-review.pdf. Instruktive Zeitleiste zur Entwicklung von Technologien und Politiken auf S. C–13.

187 *Presidential policy directive PPD 20*, https://fas.org/irp/offdocs/ppd/ppd-20.pdf.

188 „to institutionalize cyber-attacks as an integral tool of American diplomacy and war", Kaplan, *Dark territory*, S. 217.

189 Sanger, *Perfect weapon*, S. 39, 43–46.

190 Kaplan, *Dark territory*, S. 265–267; Perlroth, *This is how*, S. 275 ff.

191 A. a. O., S. 320 ff.

192 A. a. O., S. 333–345.

193 „non-nuclear strategic attack", Office of the Secretary of Defence, *Nuclear posture review*, S. 3, https://media.defense.gov/2018/Feb/02/2001872877/-1/-1/1/EXECUTIVE-SUMMARY.PDF.

194 Sanger, *Perfect weapon*, S. xii, 164 f.; Perlroth, *This is how*, S. 283–293, 364 f., 379–382.

195 Perlroth, *This is how*, S. 381. 2022 verkündeten die USA Anklageerhebungen gegen russische Regierungsmitarbeiter, die beschuldigt werden, sich zwischen 2012 und 2018 in den Energiesektor gehackt und dabei Compu-

ter in 135 Ländern ins Visier genommen zu haben: *U.S. charges 4 Russian government workers with hacking energy sector*, Washington Post, 23.3.2022, https://www.washingtonpost.com/national-security/2022/03/24/russia-energy-hacking-indictment/.

196 *National Cyber Strategy of the United States of America*, Washington, September 2018, https://trumpwhitehouse.archives.gov/wp-content/uploads/2018/09/National-Cyber-Strategy.pdf; zum Dual Use ziviler und militärischer Cyberinstrumente George Perkovich/Ariel E. Levite (Hrsg.), *Understanding cyber conflict*, Washington 2017.

197 *IDF says it thwarted a Hamas cyberattack during weekend battle*, The Times of Israel, 5.5.2019, https://www.timesofisrael.com/idf-says-it-thwarted-a-hamas-cyber-attack-during-weekend-battle/.

198 *Trump approved cyber-strikes against Iran's missile systems,* Washington Post, 22.6.2019, https://www.washingtonpost.com/world/national-security/with-trumps-approval-pentagon-launched-cyber-strikes-against-iran/2019/06/22/250d3740-950d-11e9-b570-6416efdc0803_story.html.

199 *Israel hack of Iran port is latest salvo in exchange of cyberattacks*, New York Times, 19.5.2020, https://www.nytimes.com/2020/05/19/world/middleeast/israel-iran-cyberattacks.html; *Israel and Iran broaden cyberwar to attack civilian targets*, New York Times, 27.11.2021, https://www.nytimes.com/2021/11/27/world/middleeast/iran-israel-cyber-hack.html.

200 „had the ability to burn down the system", Perlroth, *This is how*, S. 357.

201 *Executive Order on improving the nation's cybersecurity*, 12.5.2021, https://www.whitehouse.gov/briefing-room/presidential-actions/2021/05/12/executive-order-on-improving-the-nations-cybersecurity/; The White House, *Fact sheet: President signs Executive Order charting new course to improve the nation's cybersecurity and protect federal government networks*, 12.5.2021, https://www.whitehouse.gov/briefing-room/statements-releases/2021/05/12/fact-sheet-president-signs-executive-order-charting-new-course-to-improve-the-nations-cybersecurity-and-protect-federal-government-networks/; dass., *Fact sheet: Biden administration announces further actions to protect U.S. critical infrastructure*, 28.7.2021, https://www.whitehouse.gov/briefing-room/statements-releases/2021/07/28/fact-sheet-biden-administration-announces-further-actions-to-protect-u-s-critical-infrastructure/.

202 „I think it's more than likely we're going to end up, if we end up in a war – a real shooting war with a major power – it's going to be as a consequence of a cyber breach of great consequence and it's increasing exponentially, the capabilities", *Biden: If U.S. has ‚real shooting war' it could be result of cyber attacks*, Reuters, 28.7.2021, https://www.reuters.com/world/biden-warns-cyber-attacks-could-lead-a-real-shooting-war-2021-07-27/.

203 *Wieso nehmen iranische Cyberkrieger Albanien ins Visier, und warum reagiert Tirana darauf so scharf?*, Neue Zürcher Zeitung, 8.9.2022, https://www.nzz.ch/international/nach-cyber-angriff-albanien-bricht-beziehungen-zu-iran-ab-ld.1701735?mktcid=nled&mktcval=102&kid=nl102_2%E2%80%A6; *Iran's cyberwar goes global*, The Economist, 14.9.2022, https://www.economist.com/middle-east-and-africa/2022/09/14/irans-cyberwar-goes-global.

204 Matthias Schulze/Josephine Kerscher/Paul Bochtler, *Cyber escalation. The conflict dyad USA/Iran as a test case*, Dezember 2020, https://www.swp-ber-

lin.org/publications/products/arbeitspapiere/WP_Schulze_December20_Cyber_Escalation_Research_01.pdf.

205 Brad Smith, *The need for a Digital Geneva Convention*, 14.2.2017, https://blogs.microsoft.com/on-the-issues/2017/02/14/need-digital-geneva-convention/.

206 Sanger, *Perfect weapon*, S. 306.

207 UN General Assembly, Open-ended working group on developments in the field of information and telecommunications in the context of international security, *Final Substantive Report*, 10.3.2021, https://front.un-arm.org/wp-content/uploads/2021/03/Final-report-A-AC.290-2021-CRP.2.pdf; *Chair's summary*, 10.3.2021, https://front.un-arm.org/wp-content/uploads/2021/03/Chairs-Summary-A-AC.290-2021-CRP.3-technical-reissue.pdf; https://front.un-arm.org/wp-content/uploads/2021/06/final-report-2019-2021-gge-1-advance-copy.pdf.

208 Kaplan, *Dark territory*, S. 162–165.

209 Ebd., S. 268–272; Sanger, *Perfect weapon*, S. 134 ff.; Perlroth, *This is how*, S. 276 f.

210 Kaplan, *Dark territory*, S. 270 f.; Sanger, *Perfect weapon*, S. 143 f.

211 Ebd., S. 1–4, 166 f.; Perlroth, *This is how*, S. XVIIIf., 296 f.

212 *Why the Baltic states are reconfiguring their electric grids*, The Economist, 13.8.2020, https://www.economist.com/europe/2020/08/13/why-the-baltic-states-are-reconfiguring-their-electric-grids.

213 Zu NotPetya Perlroth, *This is how*, S. 339 ff. Zum Thema Cyberattacken vor und nach der Invasion vom Februar 2022: *U.S. and Britain help Ukraine prepare for potential Russian cyberassault*, New York Times, 20.12.2021, https://www.nytimes.com/2021/12/20/us/politics/russia-ukraine-cyberattacks.html?searchResultPosition=4; *The cyber fight in Ukraine is getting more serious*, Washington Post, 16.2.2022, https://www.washingtonpost.com/politics/2022/02/16/cyber-fight-ukraine-is-getting-more-serious/; *Why you haven't heard about the secret cyberwar in Ukraine*, New York Times, 18.3.2022, https://www.nytimes.com/2022/03/18/opinion/cyberwar-ukraine-russia.html; *How Ukraine's internet is still working despite Russian bombs and cyberattacks*, Washington Post, 29.3.2022, https://www.washingtonpost.com/technology/2022/03/29/ukraine-internet-faq/; *West warns of Russian cyberattacks on critical infrastructure*, Reuters, 20.4.2022, https://www.reuters.com/world/europe/west-warns-russiancyberattacks-critical-infrastructure-2022-04-20/; *EU blames Russia for satellite hack ahead of Ukraine invasion*, euractiv, 10.5.2022, https://www.euractiv.com/section/cybersecurity/news/eu-blames-russia-for-satellite-hack-ahead-of-ukraine-invasion/; Microsoft, *Special report: Ukraine*, 27.4.2022, https://query.prod.cms.rt.microsoft.com/cms/api/am/binary/RE4Vwwd; *Defending Ukraine: early lessons from the cyber war*, 22.6.2022, https://query.prod.cms.rt.microsoft.com/cms/api/am/binary/RE50KOK; *Many Russian cyberattacks failed in first months of Ukraine war, study says*, New York Times, 22.6.2022, https://www.nytimes.com/2022/06/22/us/politics/russia-ukraine-cyberattacks.html. Instruktiv zur militärischen Bedeutung des Starlink-Systems: *How Elon Musk's satellites have saved Ukraine and changed warfare*, The Economist, 5.1.2023, https://

www.economist.com/briefing/2023/01/05/how-elon-musks-satellites-have-saved-ukraine-and-changed-warfare.

214 Perlroth, *This is how*, S. XXII, 342 (Schaden), 339–345; Andy Greenberg, *The untold story of NotPetya, the most devastating cyberattack in history*, 22.8.2018, https://www.wired.com/story/notpetya-cyberattack-ukraine-russia-code-crashed-the-world/.

215 Sanger, *Perfect weapon*, S. 18.

216 Ebd., S. 154 f.; Perlroth, *This is how*, S. XVII.

217 Singer/Brooking, *Like war*, S. 203–212.

218 Sanger, *Perfect weapon*, S. 184.

219 Philip N. Howard et al., *The IRA, social media and political polarization in the United States, 2012–2018*, Oxford, 2019, https://digitalcommons.unl.edu/cgi/viewcontent.cgi?article=1004&context=senatedocs; Renee DiResta et al., *The tactics & tropes of the Internet Research Agency*, Washington 2018, https://digitalcommons.unl.edu/cgi/viewcontent.cgi?article=1003&context=senatedocs; Hillary Rodham Clinton, *What happened*, London 2017, S. 325 f., 406 f. Ein fast schon amüsantes Beispiel bei Wright, *All measures short of war*, S. xiv: Russische Trolle riefen für denselben Tag im Mai 2017 in Houston zu pro- und antiislamischen Demonstrationen auf. Zum tiefen historischen Hintergrund all solcher Destabilisierungsmanöver in den Beziehungen zwischen Washington und Moskau s. Weiner, *The folly and the glory*, S. 53 f., 129, 139, 195, 295, 232 ff.

220 Special Counsel Robert S. Mueller, III, *Report on the investigation into Russian interference in the 2016 presidential election*, März 2019, https://www.justice.gov/archives/sco/file/1373816/download; US Senate, Select Committee on Intelligence, *Russian active measures campaigns and interference in the 2016 U.S. election*, 10.11.2020, https://www.intelligence.senate.gov/publications/report-select-committee-intelligenceunited-states-senate-russian-active-measures; Sanger, *Perfect weapon*, S. 171–239; Perlroth, *This is how*, S. 310–319, 369 („probed voter registration systems in all fifty states in 2016").

221 Sanger, *Perfect weapon*, S. 171 ff., 206 f. A. A. Baron, *Ami go home!*, Berlin 2021, S. 114 f.

222 „if you do anything further, we will punish Russia in ways you have not experienced before", Rice, *Tough love*, S. 445 (Zitat), 441–449. *What is Russia up to, and is it time to draw the line?*, New York Times, 29.9.2016, mit gut gewähltem Foto, https://www.nytimes.com/2016/09/30/world/europe/for-veterans-of-the-cold-war-a-hostile-russia-feels-familiar.html.

223 Sanger, *Perfect weapon*, S. 216–226; Perlroth, *This is how*, S. 317 ff.

224 Sanger, *Perfect weapon*, S. 226.

225 *U.S. begins first cyberoperation against Russia aimed at protecting elections*, New York Times, 23.10.2018, https://www.nytimes.com/2018/10/23/us/politics/russian-hacking-usa-cyber-command.html. Woodward, *Rage*, S. 116 f., zu russischer Malware für das Verfälschen von Wahlergebnissen.

226 Perlroth, *This is how*, S. 372–378, S. 376: *TrickBot's* Betreiber rächten sich mit Erpressungsangriffen gegen amerikanische Krankenhäuser.

227 Zur Größe und Komplexität der Aufgabe, Desinformationen zu bekämpfen, vgl. Europäische Kommission, *Geförderte Projekte zur Bekämpfung von*

Desinformation, https://ec.europa.eu/info/live-work-travel-eu/coronavirus-response/fighting-disinformation/funded-projects-fight-against-disinformation_de.

228 Stent, *Limits of partnership*, S. 22–24.

229 „attempted interference in Allied elections and democratic processes; political and economic pressure and intimidation; widespread disinformation campaigns; malicious cyber activities; and turning a blind eye to cyber criminals operating from its territory, including those who target and disrupt critical infrastructure in NATO countries […] a decision as to when a cyber-attack would lead to the invocation of Article 5 would be taken by the North Atlantic Council on a case-by-case basis […] Our response need not be restricted to the cyber domain“, NATO Summit Communiqué, Nr. 12, 32, 14.6.2021, https://www.nato.int/cps/en/natohq/news_185000.htm.

230 „‚we have significant cyber capabilities‘ and would respond ‚in a cyber way‘“, *Biden and Putin express desire for better relations at summit shaped by disputes*, New York Times, 16.6.2021, https://www.nytimes.com/2021/06/16/world/europe/biden-putin-geneva-meeting.html.

231 *Biden warns US will hit back if Russia continues with cyber strikes*, The Guardian, 16.6. 2021, https://www.theguardian.com/us-news/2021/jun/16/biden-to-meet-putin-at-highly-anticipated-summit-in-geneva.

232 „I'll never forget visiting GCHQ and seeing a world map on the wall that showed realtime red lines of attack striking out from Russia and China and into the UK“, *For the record*, S. 427.

233 Sanger, *Perfect weapon*, S. 85, 93–99; Perlroth, *This is how*, S. 239–246.

234 Kaplan, *Dark territory*, S. 237–264; Geoffrey R. Stone, *What I told the NSA*, Huffpost, 31.3.2014, https://www.huffpost.com/entry/what-i-told-the-nsa_b_5065447. Zur Wichtigkeit von Rechtsfragen für die Arbeit der CIA John Rizzo, *Company man*, New York 2014.

235 Wikipedia, Artikel *The Clean Network*, https://en.wikipedia.org/wiki/The_Clean_Network.

236 Robert S. Knake, *Weaponizing digital trade*, September 2020, https://cdn.cfr.org/sites/default/files/report_pdf/weaponizing-digital-trade_csr_combined_final.pdf.

237 *Google Facebook ditch plans to dock giant data cable in Hong Kong*, BBC, 31.8.2020, https://www.bbc.com/news/technology-53972238; *Facebook undersea cable to boost South East Asia internet*, BBC, 29.3.2021, https://www.bbc.com/news/technology-56565348.

238 *Chinas ‚splinternet‘ will create a state-controlled alternative cyberspace*, The Guardian, 3.6.2021, https://www.theguardian.com/global-development/2021/jun/03/chinas-splinternet-blockchain-state-control-of-cyberspace. Russland werden ähnliche Pläne nachgesagt: Sabra Ayres, *Russia wants to unplug its internet from the rest of the world. Is that even possible?*, Los Angeles Times, 4.3.2019, https://www.latimes.com/world/europe/la-fg-russia-internet-20190304-story.html.

239 Rudd, *Avoidable war*, S. 274 f.

240 Vgl. Bundespräsidialamt, *Ergebnispräsentation des internationalen Forschungsprojekts „Ethik der Digitalisierung – von Prinzipien zu Praktiken“*, 7.2.2022, https://www.bundespraesident.de/SharedDocs/Reden/DE/Frank-Walter-

Steinmeier/Reden/2022/02/220207-Ethik-der-Digitalisierung-Abschluss.html.

241 White House, *A declaration for the future of the internet*, 28.4.2022, https://www.whitehouse.gov/wp-content/uploads/2022/04/Declaration-for-the-Future-for-the-Internet_Launch-Event-Signing-Version_FINAL.pdf; White House, *Fact sheet: United States and 60 global partners launch declaration for the future of the internet*, 28.4.2022, https://www.whitehouse.gov/briefing-room/statements-releases/2022/04/28/fact-sheet-united-states-and-60-global-partners-launch-declaration-for-the-future-of-the-internet/; Luca Bertuzzi, *Westliche Länder wollen sich zu Grundsätzen für die Zukunft des Internets verpflichten*, 22.4.2022, https://www.euractiv.de/section/innovation/news/westliche-laender-wollen-sich-zu-grundsaetzen-fuer-die-zukunft-des-internets-verpflichten/.

242 Andreas Fuchs/Nils-Hendrik Klann, *Paying a visit: The Dalai Lama effect on international trade*, Journal of International Economics, September 2013, S. 164, https://www.sciencedirect.com/science/article/abs/pii/S0022199613000482#. Deutschland machte 2007 mit dieser Politik Bekanntschaft – Geinitz, *Chinas Griff*, S. 207.

243 Blackwill/Harris, *War by other means*, S. 40 f. Ähnliche Beispiele bei Mann, *About face*, S. 232, 249 f., 265 ff., passim.

244 Blackwill/Harris, *War by other means*, S. 4, 39, 71; Gordon, *Losing the long game*, S. 163, berichtet, dass Präsident Obama entschied, den erzwungenen Rücktritt nicht als Staatsstreich einzuordnen, weil das seine Regierung nach amerikanischem Recht dazu verpflichtet hätte, alle Finanzhilfen für Ägypten zu stoppen.

245 Viele Beispiele bei Blackwill/Harris, *War by other means*, und Wright, *All measures short of war*; Allison, *Destined for war*, S. 21 f.; und im oben zitierten Schrifttum zu Sanktionen und ihrer Wirksamkeit.

246 Vladimer Papava, *Economic component of the Russian-Georgian conflict*, Geo-Economics 1/2012, S. B/W 61, https://papers.ssrn.com/sol3/papers.cfm?abstract_id=2182507.

247 Sasse, *Krieg gegen die* Ukraine, S. 91 f.; Paul Taylor, *Analysis: Russia's phantom pain to hurt Ukraine in EU pact*, Reuters, 11.11.2013, https://www.reuters.com/article/us-eu-ukraine-russia-analysis-idUSBRE9AA0HL20131111; Susan Stewart, *Asowsches Meer: Neues Eskalationspotenzial zwischen Russland und der Ukraine*, 22.8.2018, https://www.swp-berlin.org/en/publication/asowsches-meer-neues-eskalationspotenzial-zwischen-russland-und-der-ukraine.

248 Für die EU s. Europäischer Rat, *Zeitleiste – restriktive Maßnahmen der EU gegen Russland aufgrund der Krise in der Ukraine*, beginnend am 3.3.2014, https://www.consilium.europa.eu/de/policies/sanctions/restrictive-measures-against-russia-over-ukraine/history-restrictive-measures-against-russia-over-ukraine/. Für die USA 2014–2017 s. U.S. Department of the Treasury, *Ukraine-/Russia-related Sanctions*, https://home.treasury.gov/policy-issues/financial-sanctions/sanctions-programs-and-country-information/ukraine-russia-related-sanctions.

249 *Waving cash, Putin sows E.U. divisions in an effort to break sanctions*, New York Times, 6.4.2015, https://www.nytimes.com/2015/04/07/world/europe/using-cash-and-charm-putin-targets-europes-weakest-links.html.

250 Delegierte Verordnung (EU) 2016/1969 vom 12.9.2016 der Kommission, https://eur-lex.europa.eu/legal-content/DE/TXT/PDF/?uri=CELEX:32016R1969&from=DE.

251 Ende 2018 schätzten Experten, dass die europäischen Sanktionen Russland bis dahin 300 Milliarden Euro gekostet hatten, vgl. *EU verlängert Wirtschaftssanktionen gegen Russland*, Frankfurter Allgemeine Zeitung, 13.12.2018, https://www.faz.net/aktuell/wirtschaft/eu-verlaengert-wirtschaftssanktionen-gegen-russland-15940813.html. Zu den wirtschaftlichen Kosten für die EU und Russland: Vauhini Vara, *Hurt Putin, hurt Yourself?*, The New Yorker, 19.8.2014, https://www.newyorker.com/business/currency/hurt-putin-hurt; *EU projects impact of sanctions on Russian economy*, Wall Street Journal, 29.10.2014, https://www.wsj.com/articles/eu-projects-impact-of-sanctions-on-russian-economy-1414583901; *Russland-Krise kostet Europa bis zu 100 Milliarden Euro*, Die Welt, 19.6.2015, https://www.welt.de/wirtschaft/article142742046/Russland-Krise-kostet-Europa-bis-zu-100-Milliarden-Euro.html; Europäisches Parlament, *Russia's and the EU's sanctions: economic and trade effects, compliance and the way forward*, Oktober 2017, http://www.europarl.europa.eu/RegData/etudes/STUD/2017/603847/EXPO_STU(2017)603847_EN.pdf.

252 Mateusz Morawiecki, *Die EU ist quasi eine Oligarchie*, Die Welt, 11.8.2022, S. 7. Zu den fundamentalen Fehleinschätzungen in der deutschen Russlandpolitik Thomas Urban, *Verstellter Blick*, 2. Aufl., Berlin 2022, insbes. S. 96–118, 122–130; Stefan Meister/Wilfried Jilge, *Nach der Ostpolitik*, 6.12.2022, https://dgap.org/de/forschung/publikationen/nach-der-ostpolitik.

253 David Crist, *The twilight war. The secret history of America's thirty-year conflict with Iran*, New York 2012.

254 Zur „Supernote" (S. 219 ff.) und zum Thema *financial warfare* grundlegend: Juan C. Zarate, *Treasury's war*, New York 2013. Thomas Oatley, *Weaponizing international financial interdependence*, in: Drezner/Farrell/Newman *Uses and abuses*, S. 115. Weitere gute Beispiele bei Ron Suskind, *The one percent doctrine*, 2. Aufl., New York 2007, S. 11–13, 109, 207 ff., 279 ff. Zum Finanzkrieg gegen den Terror instruktiv auch John B. Taylor, *Global financial warriors*, 2. Aufl., London 2008, Kapitel 1.

255 Kirshner, *Currency and coercion*, S. 4, 100–102. Weitere Beispiele bei Steil/Litan, *Financial statecraft*, S. 149.

256 Financial Crimes Enforcement Network (FinCEN), Treasury, *Financial Crimes Enforcement Network; Repeal of Special Measure Involving Banco Delta Asia (BDA)* 10.8.2020, https://www.federalregister.gov/documents/2020/08/10/2020-17143/financial-crimes-enforcement-network-repeal-of-special-measure-involving-banco-delta-asia-bda.

257 *The Lazarus heist: how North Korea almost pulled off a billion-dollar hack*, BBC, 21.6.2021, https://www.bbc.com/news/stories-57520169; Geoff White, *The Lazarus heist*, London 2022.

258 Zarate, *Treasury's war*, S. 169 ff.

259 https://www.federalregister.gov/documents/2001/09/25/01-24205/blocking-property-and-prohibiting-transactions-with-persons-who-commit-threaten-to-commit-or-support.

[260] https://www.congress.gov/bill/107th-congress/house-bill/3162/text/enr.

[261] Allein wegen illegaler Irangeschäfte wurden 2004–2019 rund 12,8 Milliarden Dollar an Bußgeldzahlungen verhängt/vereinbart, vgl. Congressional Research Service, *Iran sanctions*, 2.2.2022, S. 26 f., https://crsreports.congress.gov/product/pdf/RS/RS20871/316.

[262] Vgl. die eindrucksvolle Liste der FATF-Mitglieder, Assoziierten und Beobachter: http://www.fatf-gafi.org/about/membersandobservers/#d.en.3147.

[263] https://www.congress.gov/111/plaws/publ195/PLAW-111publ195.pdf.

[264] Zarate, *Treasury's war*, S. 338 f.

[265] *Russian banker warns west over SWIFT*, Financial Times, 23.1.2015, https://www.ft.com/content/7020c50c-a30a-11e4-9c06-00144feab7de.

[266] Einen Eindruck davon gibt die Mitteilung des Financial Crime Enforcement Network (FinCEN), *Advisory on the Iranian regime's illicit and malign activities and attempts to exploit the financial system*, 11.10.2018, https://www.fincen.gov/sites/default/files/advisory/2018-10-12/Iran%20Advisory%20FINAL%20508.pdf.

[267] Giri Rajendran, *Financial blockade: reserve currencies as instruments of coercion*, in: Wheatley, *The power of currencies*, S. 87 ff., der auch gut das Zusammenspiel von Finanz-, Versicherungs- und Ölimportsanktionen herausarbeitet. Zu den Sanktionen der Präsidentschaften Obama und Trump John Ghazvinian, *America and Iran*, S. 496–534.

[268] *Executive Order reimposing certain sanctions with respect to Iran*, 6.8.2018, https://trumpwhitehouse.archives.gov/presidential-actions/executive-order-reimposing-certain-sanctions-respect-iran/.

[269] OFAC, *U.S. government fully re-imposes sanctions on the Iranian regime as part of unprecedented U.S. economic pressure campaign*, 5.11.2018, https://home.treasury.gov/news/press-releases/sm541.

[270] Europäische Kommission, *Aktualisierte Blocking-Verordnung zur Unterstützung des Atomabkommens mit Iran tritt in Kraft*, 6.8.2018, https://ec.europa.eu/commission/presscorner/detail/de/IP_18_4805; Delegierte Verordnung (EU) 2018/1100 der Kommission vom 6.6.2018, https://eur-lex.europa.eu/legal-content/DE/TXT/PDF/?uri=CELEX:32018R1100&from=DE. Siehe auch oben, Kapitel 2, bei Fn. 16.

[271] *Waschmaschinen gegen Öl*, Frankfurter Allgemeine Zeitung, 1.2.2018, S. 2.

[272] *Exclusive: Under U.S. pressure, EIB balks at EU plan to work in Iran*, Reuters, 5.6.2018, https://www.reuters.com/article/us-iran-nuclear-europe-exclusive/exclusive-under-us-pressure-eib-balks-at-eu-plan-to-work-in-iran-idUSKCN1J11J3.

[273] Ellie Geranmayeh/Esfandyar Batmanghelidj, *Bankless task: can Europe stay connected to Iran?*, 10.10.2018, https://www.ecfr.eu/article/commentary_bankless_task_can_europe_stay_connected_to_iran. Europäische Experten denken weiter darüber nach, wie sie die Zahlungskanäle resilienter gegen ausländische Sanktionen machen können: Jonathan Hackenbroich et al., *Defending Europe's economic sovereignty: new ways to resist economic coercion*, 20.10.2020, S. 34 ff., https://ecfr.eu/wp-content/uploads/defending_europe_economic_sovereignty_new_ways_to_resist_economic_coercion.pdf.

[274] Es gab schon früher ähnliche Auseinandersetzungen, und einige davon betrafen den Iran: Robert D. Blackwill/Michael Stürmer (Hrsg.), *Allies divi-*

ded, Cambridge 1997; Richard N. Haass (Hrsg.), *Transatlantic tensions*, Washington 1999; Stent, *Limits of partnership*, S. 194 ff. Und was europäische Illusionen über interkulturellen Dialog und handfeste kommerzielle Interessen Europas im Irangeschäft anbelangt: Johannes Reissner, *Europe and Iran: critical dialogue*, in: Haass/O'Sullivan, *Honey and vinegar*, S. 33–50; O'Sullivan, *Shrewd sanctions*, S. 376; Congressional Research Service, *Doing business with Iran: EU-Iran trade and investment relations*, 25.10.2017, https://digital.library.unt.edu/ark:/67531/metadc1043231/m2/1/high_res_d/IN10809_2017Oct25.pdf.

275 Sestanovich, *Minimalist*, S. 319, 377; und Goldberg, *The Obama Doctrine*, The Atlantic, April 2016, https://www.theatlantic.com/magazine/archive/2016/04/the-obama-doctrine/471525/.

276 Deshalb hat die EU Anfang 2019 erstmals selbst wieder Sanktionen gegen den Iran verhängt, vgl. *Europe's baby steps on Iran*, Wall Street Journal, 11.1.2019, S. A14.

277 Mike Pompeo, *After the deal: a new Iran strategy*, 21.5.2018, https://2017-2021.state.gov/after-the-deal-a-new-iran-strategy/index.html; siehe auch Huotari et al., *China's Emergence*, S. 75 ff., https://merics.org/sites/default/files/202004/China%27s%20Emergence%20as%20a%20Global%20Security%20Actor.pdf.

278 *Merkel: Atomabkommen beste Grundlage für Gespräche*, FAZ, 17.5.2018, https://www.faz.net/aktuell/politik/ausland/merkel-atomabkommen-ist-nicht-vollkommen-15594482.html.

279 Eine Sammlung vorzüglicher Fallstudien bietet Jonathan Kirshner (Hrsg.), *Monetary orders. Ambiguous economics, ubiquitous politics*, Ithaca 2003. Zu monetärer Abhängigkeit und ihrem Gebrauch Kirshner, *Currency and coercion*, S. 12–17, 39–40, 115–169, 267–269.

280 Kirshner, *Currency and coercion*, S. 91–95. Er zeigt auch eindrucksvoll, wie Frankreich dank einem unter dem Goldstandard unterbewerteten Franc und überbewerteten Pfund Sterling ständig Großbritannien wegen diverser Fragen des Reparationsregimes und zur Einflussgewinnung in Mittel- und Osteuropa unter finanziellen Druck setzte, S. 175–192.

281 „that the dollar permanently supplanted the pound as the global trade, financing, and reserve currency", Steil, *Battle of Bretton Woods*, S. 50.

282 „to press the British relentlessly for financial and trade concessions that would eliminate Britain as an economic and political rival in the post-war landscape", Steil, *Battle of Bretton Woods*, S. 108 (Zitat), 99–124, 261, 276 f.; Irwin, *Clashing over commerce*, S. 455–459, 471–484. Zur gesamten Entwicklung des internationalen Währungs- und Finanzsystems seit dem 19. Jahrhundert: Barry Eichengreen, *Globalizing capital*, 3. Aufl., Princeton 2019; Eric Helleiner/Melsen Babe, *The evolution of the international monetary and financial system*, in: Ravenhill, *Global political economy*, S. 199–221.

283 Eichengreen, *Globalizing capital*, S. 87.

284 Mark Blyth, *The political power of financial ideas*, in: Kirshner, *Monetary orders*, S. 239–259.

285 Jeffrey E. Garten, *Three days at Camp David*, New York 2021. Das internationale Echo und die Denkart und Ausdrucksweise einiger US-Verantwort-

lichen klangen ebenfalls nach Wirtschaftskriegführung, a. a. O., S. 22–24, 77, 154, 165, 231, 248–250, 274.

286 Ebd., S. 21–56, stellt vorzüglich dar, wie sich die Krise aufbaute und welche Folgerungen Präsident Nixon daraus zog.

287 Ebd., S. 271–296.

288 Ebd., S. 320, begründet überzeugend, dass floatende Wechselkurse den US-Interessen viel besser dienten. Fok, *Financial cold war*, S. 47–51, 65–69, zeigt, wie das Floaten zu mehr Volatilität und einem Schub bei Finanzderivaten führte. Auch manche Vorgänge auf dem Weg zur europäischen Wirtschafts- und Währungsunion ließen sich als Währungskriege erzählen, vgl. Hans Tietmeyer, *Herausforderung Euro*, Baden-Baden 2005, zum Beispiel S. 84 ff.

289 Otmar Emminger, *The dollar's borrowed strength*, New York 1985.

290 Robert Gilpin, *The political economy of international relations*, Princeton, 1987, S. 89–90, 136–168, 311–351.

291 Rodrik, *Globalization paradox*, S. 89–134, gibt einen exzellenten Überblick über den Niedergang vom Bretton-Woods-Konsens zur freien und ungebremsten Kapitalmobilität. Belton, *Putin's people*, S. 417, weist darauf hin, wie sehr die Deregulierung es außerdem ehemaligen KGB-Leuten erleichterte, den Westen finanziell zu unterwandern – natürlich auch dank der Gier der westlichen „Eliten“, von der große Teile ihres Buches handeln.

292 William W. Grimes, *Internationalization of the Yen and the new politics of monetary insulation*, in: Kirshner, *Monetary orders*, S. 172 ff.; Kirshner, ebd., S. 272–279; Eswar S. Prasad, *The dollar trap*, Princeton 2014, S. 211–212; Klein/Pettis, *Trade wars*, S. 197–200. Steil/Litan, *Financial statecraft*, S. 81–97, zeigen die sicherheitspolitischen Kosten der Finanzkrisen und den US-Verlust an Renommee auf.

293 Der IWF wurde sogar von US-Beamten als „Rammbock“ für US-Interessen angesehen, siehe die Zitate bei Kirshner, *Monetary orders*, S. 278.

294 Eichengreen, *Hall of mirrors*, S. 98, weist zu Recht darauf hin, dass nicht eine (vor allem asiatische) „Ersparnisschwemme“ am meisten zur Entstehung der Krise beigetragen hat, sondern miserabel regulierte Finanzinstitute, die „einen immensen Strom europäischer Gelder in US-amerikanische, hypothekarisch gesicherte Wertpapiere und deren Derivate lenkten, dem ein gleich großer und ausgleichender Strom von Bankkrediten aus den Vereinigten Staaten nach Europa entsprach“ („an immense flow of European funds into US mortgagebacked securities and their derivatives, matched by an equal and offsetting flow of bank lending from the United States to Europe“). Siehe auch Tooze, *Crashed*, S. 72–90, 219; Klein/Pettis, *Trade wars*, S. 62 f.

295 Die grundlegende Untersuchung zu diesem Phänomen ist die von Prasad, *The dollar trap*.

296 „From September to December 2008, U.S. securities markets had net capital inflows […] of half a trillion dollars […] The inflows largely went into government debt securities iussued by the U.S. Treasury […] The dollar, which should by all rights have plunged in value, instead rose sharply against virtually every other currency“, Prasad, *Dollar trap*, S. 5.

297 Jeffrey Cheng/David Wessel/Joshua Younger, *How did COVID-19 disrupt the market for U.S. Treasury debt?*, 1.5.2020, https://www.brookings.edu/blog/up-front/2020/05/01/how-did-covid-19-disrupt-the-market-for-u-s-treasury-debt/; Financial Stability Board, *Holistic review of the March market turmoil*, 17.11.2020, https://www.fsb.org/wp-content/uploads/P171120-2.pdf; Adam Tooze, *Shutdown. How COVID shook the world's economy*, Dublin 2021, S. 111–130.

298 Die beste Darstellung des amerikanischen Krisenmanagements ist von Geithner, *Stress test*. Sehr lehrreich auch Eichengreen, *Hall of mirrors*.

299 *Brazil says world in a ‚currency war'*, Reuters, 28.9.2010, https://www.reuters.com/article/uk-brazil-currency-idUKLNE68R00720100928. Die entgegengesetzte Auffassung vertritt Eichengreen, *Globalizing capital*, S. 236–238. S. ferner Prasad, *Dollar trap*, S. 125 f., 153, 192–194. Kritisch zum QE Skidelsky, *Money and government*, S. 248–287. Zum Thema „Ansteckung" in Finanz- und Währungskrisen generell Rajat Acharyya/Saibal Kar, *International trade and economic development*, Oxford 2014, S. 288–305.

300 Prasad, *Dollar trap*, S. 192–196; der IWF gab nun zu, dass Kapitalverkehrskontrollen nützlich sein konnten: *The Liberalization and management of capital flows: an institutional view*, 14.11.2012, https://www.imf.org/external/np/pp/eng/2012/111412.pdf; s. auch IMF Policy Paper, *Toward an integrated policy framework*, 8.10. 2020, https://www.imf.org/en/Publications/Policy-Papers/Issues/2020/10/08/Toward-an-Integrated-Policy-Framework-49813. Tooze, *Shutdown*, S. 155–173, 302, zeigt, wie der neue Werkzeugkasten den Schwellenländern dabei half, die COVID-19-Krise zu überstehen.

301 Tooze, *Crashed*, S. 475–492, zum Kurs der Rupie S. 492.

302 James Rickards, *Currency wars*, 2. Aufl., New York 2012, S. 98 ff.

303 Zum Thema Währungsmanipulation Kirshner, *Currency and coercion*, S. 8–12, 31–38, 45–114, 220–244, 265–267.

304 Hagemeyer-Witzleb, *International law of economic warfare*, S. 269–277.

305 Prasad, *Dollar trap*, S. 158–170. Zum IWF-Statut und zu dessen ziemlich zahnlosen Art. IV, Abschnitt 1 (iii) siehe Hagemeyer-Witzleb, *International law of economic warfare*, S. 277–280.

306 U.S. Department of the Treasury, *Macroeconomic and foreign exchange policies of major trading partners of the United States*, Juni 2022, https://home.treasury.gov/system/files/136/FINAL_Spring_2022_FXR.pdf. Geprüft werden drei Kriterien: erheblicher bilateraler Überschuss im Handel mit den Vereinigten Staaten, erheblicher Leistungsbilanzüberschuss im Verhältnis zu den USA, einseitige Interventionen in den Wechselkurs (a. a. O., S. 53 f.). Auf der Überwachungsliste stehen derzeit China, Deutschland, Indien, Italien, Japan, Südkorea, Malaysia, Mexiko, Singapur, Taiwan, Thailand und Vietnam (S. 59). China erfülle derzeit eines der drei Kriterien, Deutschland seit Längerem zwei (S. 59).

307 Zum Beispiel: *U.S. Treasury labels Vietnam, Switzerland as currency manipulators*, Washington Post, 16.12.2020, https://www.washingtonpost.com/business/2020/12/16/treasury-currency-switzerland-vietnam/.

308 *U.S. designates China as currency manipulator for first time in decades*, Reuters, 6.8.2019, https://www.reuters.com/article/us-usa-trade-china-curren-

cy-idUSKCN1UV2BK; *Trump pressured Mnuchin to label China ‚currency manipulator', a move he had previously resisted*, Washington Post, 15.8.2019, https://www.washingtonpost.com/business/economy/trump-pressured-mnuchin-to-label-china-currency-manipulator-a-move-he-had-previously-resisted/2019/08/15/b487bb2e-bf84-11e9-a5c6-1e74f7ec4a93_story.html; Woodward, *Fear*, S. 223; *New IMF report doesn't back Trump's currency manipulation charge against China*, Politico, 8.9.2019, https://www.politico.com/story/2019/08/09/imf-report-trump-currency-manipulation-1653096. Zur Frage der angeblichen chinesischen Manipulationen Kroeber, *China's economy*, S. 181–185 („Wechselkurs straff gemanaged, aber kaum manipuliert"/ „exchange rate tightly managed, but hardly manipulated"). Tim Geithner drängte China zur Aufwertung, warnte aber humorvoll Senator Chuck Schumer vor einem „Schumer-Hawley"-Gesetz gegen chinesische Währungsmanipulationen – Geithner, *Stress test*, S. 274. Bergsten, *United States vs. China*, S. 9, 30, 144, 150, sieht sogar chinesische Manipulation von 2003 bis 2013. Vgl. auch ders./Joseph E. Gagnon, *Currency conflict and trade policy: a new strategy for the United States*, Washington 2017.

309 Prasad, *Dollar trap*, S. 99 f., zeigt am Beispiel Chinas, dass Währungsmanipulationen auch für die Urheber hohe Kosten haben können.

310 Zhou Xiaochuan, *Reform the international monetary system*, 23.3.2009, https://www.bis.org/review/r090402c.pdf. Die chinesische Fassung scheint den USA gegenüber sehr viel kritischer gewesen zu sein: Magnus, *Red flags*, S. 99, 212. Zur Bewertung des Vorschlags instruktiv Eichengreen, *Exorbitant privilege*, S. 137 ff.; ferner *Report of the Commission of Experts of the President of the United Nations General Assembly on reforms of the international monetary and financial system*, 21.9.2009, S. 109 ff., https://www.un.org/en/ga/econcrisissummit/docs/FinalReport_CoE.pdf; Martin Wolf, *The shifts and the shocks*, London, 2014, S. 285 f., 346 f.; Wheatley, *The power of currencies*, S. 56 ff.

311 Steil, *Battle of Bretton Woods*, S. 143 ff.; Tommaso Padoa-Schioppa, *The ghost of Bancor: the economic crisis and global monetary disorder*, 25.2.2010, http://institutdelors.eu/wp-content/uploads/2018/01/speech-tps-louvainlaneuve-25.02.2010.pdf.

312 Wir folgen der Argumentation von Prasad, *Dollar trap*, S. 14 ff., 22, 107–111, 302.

313 Eichengreen, *Hall of mirrors*, S. 382, ist sogar der Ansicht, das größte Versäumnis, aus den 1920er- und 1930er-Jahren zu lernen, sei gewiss die Entscheidung gewesen, den Euro einzuführen und dadurch sehr unterschiedliche Länder an eine einzige Währungspolitik zu binden („single greatest failure to learn appropriate lessons" from the 1920s and 1930s „was surely the decision to adopt the euro", thus „tying a diverse set of countries to a single monetary policy").

314 http://ticdata.treasury.gov/Publish/mfh.txt, abgerufen September 2022. Japan hielt US-Staatsanleihen im Wert von 1,2 Billionen Dollar.

315 Prasad, *Dollar trap*, S. 287 f., 292.

316 Zu solchen Gedankenexperimenten Wright, *All measures short of war*, S. 144 ff.; Blackwill/Harris, *War by other means*, S. 84, 141 f., 179; Daniel W. Drezner, *Bad debts*, International Security, 2009, Ausgabe 2, S. 7;

Eichengreen, *Exorbitant privilege*, S. 153 ff.; Jamie McGeever, *As trade war escalates, China's U.S. Treasury holdings back in focus*, Reuters, 18.9.2018, https://www.reuters.com/article/usa-trade-chinabonds-idUSL8N1W45A2; Center for Strategic and International Studies, *Is it a risk for America that China holds over $1 trillion in U.S. debt?*, Januar 2019 https://chinapower.csis.org/us-debt/.

317 Das „Market-Making" und die Käufe von Staatsanleihen durch die Fed während der COVID-19-Krise im Jahr 2021 können als Testlauf für so eine Krise angesehen werden.

318 Prasad, *Dollar trap*, S. 287 f.

319 Rickards, *Currency wars*, S. 3–16.

320 „attempting to use US Treasury securities as a coercive tool would have limited effect and likely would do more harm to China than to the United States. As the threat is not credible and the effect would be limited even if carried out, it does not offer China deterrence options, whether in the diplomatic, military, or economic realms, and this would remain true both in peacetime and in scenarios of crisis or war. Moreover, in times of military crisis or war, the threshold for what might deter the United States also rises." *Assessment of the national security risks posed to the United States as a result of the U.S. federal debt owed to China as a creditor of the U.S. government*, Juli 2012, S. 4, https://www.hsdl.org/?view&did=723112.

321 Hank Paulson, *On the brink*, London 2010, S. 140 ff., 161. Tooze, *Crashed*, S. 137, berichtet, dass Russland im Lauf des Jahres 2008 seine Fannie-Mae- und Freddie-Mac-Bonds in Höhe von 100 Milliarden Dollar verkauft hat.

322 Das zeigen Prasad, *Dollar trap*, und Eichengreen, *Exorbitant privilege*, Kapitel 6 and S. 179 ff. Siehe auch Bank for International Settlements, *Triennial central bank survey, foreign exchange turnover in April 2019*: „The US dollar retained its dominant currency status, being on one side of 88 % of all trades", https://www.bis.org/statistics/rpfx19_fx.htm. Aber die Bemerkungen von Kirshner zur relativen Schwäche des Dollar sind unverändert relevant, siehe *American power after the financial crisis*, Kapitel 7. Fok, *Financial cold war*, betont die Überdehnung des Dollar im Weltfinanzsystem und die daraus folgenden globalen Ungleichgewichte und Gefahren für das chinesisch-amerikanische Verhältnis; aber die von ihm beschriebenen Möglichkeiten umzusteuern (S. 343 ff.) haben wenig Aussicht auf Verwirklichung.

Kapitel 9 – Die chinesische Herausforderung und der uneinige Westen

1 *Die neue ökonomische Politik und die Aufgaben der Ausschüsse für politisch-kulturelle Aufklärung*, in: Lenin, *Werke*, Band 33, Berlin 1977, S. 40 (46).

2 Andrew, *Secret world*, S. 67 f. Die chinesische Fassung war auf Seide gestickt, die englische Übersetzung auf Seide gedruckt.

3 Zitiert nach Sestanovich, *Maximalist*, S. 312: „For years, we used to trounce them, so if they threw a few elbows around in the lane it didn't matter, we

could ignore it. Now the game was much closer, and they were continuing to throw elbows around, but the referee wasn't calling any fouls."

4 United States Trade Representative, *2017 Report to Congress on China's WTO compliance*, Januar 2018, https://ustr.gov/sites/default/files/files/Press/Reports/China%202017%20WTO%20Report.pdf.

5 White House Office of Trade and Manufacturing Policy, *How China's economic aggression threatens the technologies and intellectual property of the United States and the world*, Washington 19.6.2018, https://trumpwhitehouse.archives.gov/wp-content/uploads/2018/06/FINAL-China-Technology-Report-6.18.18-PDF.pdf. Vgl. auch die Jahresberichte der U.S.-China Economic and Security Review Commission an den Kongress, zuletzt November 2021, https://www.uscc.gov/sites/default/files/2021-11/2021_Annual_Report_to_Congress.pdf.

6 *Assessing and strengthening the manufacturing and defense industrial base and supply chain resiliency of the United States, Report to President Donald J. Trump by the Interagency Task Force in Fulfillment of Executive Order 13806*, Washington 2018, https://media.defense.gov/2018/Oct/05/2002048904/-1/-1/1/assessing-and-strengthening-the-manufacturingand%20defense-industrial-base-and-supply-chain-resiliency.pdf Siehe auch Text bei und in Fn. 18.

7 Edward Luce, *The new era of US-China decoupling*, Financial Times, 20.12.2018, https://www.ft.com/content/019b1856-03c0-11e9-99df-6183d3002ee1.

8 BDI, *Grundsatzpapier China. Partner und systemischer Wettbewerber – Wie gehen wir mit Chinas staatlich gelenkter Volkswirtschaft um?*, Berlin 2019, S. 2, 22.

9 *National Security Strategy of the United States of America*, Dezember 2017, https://trumpwhitehouse.archives.gov/wp-content/uploads/2017/12/NSS-Final-12-18-2017-0905.pdf.

10 *Summary of the 2018 National Defense Strategy*, Washington 2018, https://dod.defense.gov/Portals/1/Documents/pubs/2018-National-Defense-Strategy-Summary.pdf.

11 „The central challenge to U.S. prosperity and security is the reemergence of long-term, strategic competition by what the National Security Strategy classifies as revisionist powers. It is increasingly clear that China and Russia want to shape a world consistent with their authoritarian model – gaining veto authority over other nations' economic, diplomatic, and security decisions." *Summary of the 2018 National Defense Strategy*, S. 2. Die Nationale Sicherheitsstrategie der Biden-Regierung beschreibt die Volksrepublik China als den einzigen Konkurrenten (competitor) der USA, der die Absicht und zunehmend auch die Mittel habe, die internationale Ordnung so zu verändern, dass sie Chinas autoritärem Modell und seinen Interessen und Werten entspreche, statt allen Ländern unabhängig von ihrer Größe und Kraft die Freiheit zu lassen, ihre Interessen selbstbestimmt zu verfolgen. *National Security Strategy*, 12.10.2022, S. 9, 23, https://www.whitehouse.gov/wp-content/uploads/2022/10/Biden-Harris-Administrations-National-Security-Strategy-10.2022.pdf. Die neue Nationale Verteidigungsstrategie ist auf den strategischen Wettbewerb mit China als Hauptherausforderer fokussiert: *National Defense Strategy*, 27.10.2022, S. III, 2, 4, 7, https://media.

defense.gov/2022/Oct/27/2003103845/-1/-1/1/2022-NATIONAL-DEFENSE-STRATEGY-NPR-MDR.PDF.

12 Rodrik, *Globalization paradox*, S. 244–247, argumentiert, nichtdemokratische Länder sollten in der Weltwirtschaftsordnung nicht auf die gleichen Rechte und Privilegien zählen dürfen wie Demokratien, weil nicht davon ausgegangen werden könne, dass die Art und Weise, wie sie konkurrieren, die Präferenzen ihrer Bürger widerspiegelt. In *Straight talk on trade*, 2. Aufl., Princeton 2019, S. 14, argumentiert er, dass demokratiefördernde internationale Abkommen ganz anders aussehen würden als die globalisierungsfördernden Abkommen, die unser Zeitalter geprägt haben.

13 Zum letztgenannten Thema lesenswert der Bericht einer Organisation des US-Verteidigungsministeriums über chinesische Investitionen in den USA in besonders verteidigungsrelevanten Bereichen wie künstliche Intelligenz, Deep Learning, Robotik, autonome Systeme etc.: Defense Innovation Unit Experimental (DIUx), Michael Brown/Pavneet Singh, *China's technology transfer strategy: how Chinese investments in emerging technology enable a strategic competitor to access the crown jewels of U.S. innovation*, https://admin.govexec.com/media/diux_chinatechnologytransferstudy_jan_2018_(1).pdf. Beteiligt seien auch bekannte chinesische Unternehmen wie Baidu, Tencent, Alibaba und JD.com. Zum Hintergrund des Berichts Sanger, *Perfect weapon*, S. 260–263.

14 *Remarks on the administration's policy towards China*, https://www.hudson.org/events/1610-vice-president-mike-pence-s-remarks-on-the-administration-s-policy-towards-china102018. Eine etwas weicher formulierte Rede folgte 2019: *Remarks by Vice President Pence at the Frederic V. Malek memorial lecture*, 24.10.2019, https://trumpwhitehouse.archives.gov/briefings-statements/remarks-vice-president-pence-frederic-v-malek-memorial-lecture/.

15 Gary Clyde Hufbauer, *The unfolding of a new Cold War*, EastAsiaForum, 18.11.2018, http://www.eastasiaforum.org/2018/11/18/the-unfolding-of-a-new-cold-war/.

16 Das zeichnete sich früh ab: David Dollar, *What does Biden's first 100 days tell us about his approach to China*, 26.4. 2021, https://www.brookings.edu/blog/fixgov/2021/04/26/what-does-bidens-first-100-days-tell-us-about-his-approach-to-china/; *The Economist* fand sogar, Präsident Biden nehme eine härtere Haltung zu China ein als sein Amtsvorgänger: *Joe Biden is determined that China should not displace America*, 17.7.2021, https://www.economist.com/briefing/2021/07/17/joe-biden-is-determined-that-china-should-not-displace-america.

17 The President „underscored his fundamental concerns about Beijing's coercive and unfair economic practices, crackdown in Hong Kong, human rights abuses in Xinjiang, and increasingly assertive actions in the region, including toward Taiwan.", The White House, *Readout of President Joseph R. Biden, Jr. call with President Xi Jinping of China*, 10.2.2021, https://www.whitehouse.gov/briefing-room/statements-releases/2021/02/10/readout-of-president-joseph-r-biden-jr-call-with-president-xi-jinping-of-china/.

18 Der daraufhin erstellte Bericht bewertete die Anfälligkeit der Lieferketten für eine erste Reihe von vier Schlüsselprodukten (Halbleiterherstellung,

Batterien mit großer Kapazität, kritische Mineralien und Materialien sowie Arzneimittel und fortschrittliche pharmazeutische Inhaltsstoffe). Der Bericht rief dazu auf, die Widerstandsfähigkeit der Lieferketten durch wirtschaftspolitische Maßnahmen zu stärken, einschließlich der Rückverlagerung und des Wiederaufbaus der Industrie- und Forschungsbasis der USA sowie der Zusammenarbeit mit Verbündeten und Partnern. The White House, *Building resilient supply chains, revitalizing American manufacturing, and fostering broad-based growth*, Juni 2021, https://www.whitehouse.gov/wp-content/uploads/2021/06/100-day-supply-chain-review-report.pdf. Zum historischen Kontext erhellend Robert Kuttner, *Bringing the supply chain back home*, New York Review of Books, 18.11.2021, https://www.nybooks.com/articles/2021/11/18/bringing-the-supply-chain-back-home/.

19 Quadrilateraler Sicherheitsdialog von Australien, Indien, Japan, USA, vgl. dazu Rudd, *Avoidable war*, S. 203–219.

20 *U.S.-Japan Joint Leaders' Statement: ‚U.S.-Japan global partnership for a new era'*, 16.4.2021, https://www.mofa.go.jp/files/100177718.pdf; The White House, *Fact Sheet: U.S.-Japan Competitiveness and Resilience (CoRe) Partnership*, https://www.whitehouse.gov/briefing-room/statements-releases/2021/04/16/fact-sheet-u-s-japan-competitiveness-and-resilience-core-partnership/.

21 *G7 leaders offer united front as summit ends, but cracks are clear*, New York Times, 13.6.2021, https://www.nytimes.com/2021/06/13/us/politics/g7-summit-ends.html. Dieser Gegensatz prägt nun auch die National Security Strategy, 12.10.2022, https://www.whitehouse.gov/wp-content/uploads/2022/10/Biden-Harris-Administrations-National-Security-Strategy-10.2022.pdf.

22 The White House, *Fact sheet: President Biden and G7 leaders launch Build Back Better World (B3W) Partnership*, 12.6.2021, https://www.whitehouse.gov/briefing-room/statements-releases/2021/06/12/fact-sheet-president-biden-and-g7-leaders-launch-build-back-better-world-b3w-partnership/.

23 *The Administration's approach to the People's Republic of China*, 26.5.2022, https://www.state.gov/the-administrations-approach-to-the-peoples-republic-of-china/. Die Rede wies in der Diagnose viele Gemeinsamkeiten mit der oben zitierten von Vizepräsident Pence auf. Der Dreiklang „invest, align, compete" prägt nun auch die National Security Strategy, 12.10.2022, S. 24, https://www.whitehouse.gov/wp-content/uploads/2022/10/Biden-Harris-Administrations-National-Security-Strategy-10.2022.pdf.

24 *Carbis Bay G7 Summit Communique*, 13.6. 2021, https://assets.publishing.service.gov.uk/government/uploads/system/uploads/attachment_data/file/1001128/Carbis_Bay_G7_Summit_Communique__PDF__430KB__25_pages_.pdf.

25 Trotzdem sandten der G7-Gipfel und seine Gästeliste (Australien, Indien, Südkorea und Südafrika), die auch ein Treffen des Quad (Australien, Indien, Japan, USA) erlaubte, ein deutliches Signal an China, wie das Beobachter auch erwartet hatten: Heribert Dieter, *First summit of the anti-China coalition*, Juni 2021, https://www.swp-berlin.org/publications/products/comments/2021C36_G7_Summit_Cornwall.pdf.

26 *China lashes out after G7 leaders and Nato criticise ‚assertive behaviour‘*, Financial Times, 22.6.2021, S. 4.

27 Zu dem noch uneinheitlich verwendeten Begriff vgl. Felix Heiduk/Gudrun Wacker, *Vom Asien-Pazifik zum Indo-Pazifik*, Mai 2020, https://www.swp-berlin.org/publications/products/studien/2020S09_indopazifik.pdf.

28 Élysée, *Propos liminaires du Président de la Republique à l'occasion de la conférence de presse à l'issue du G7 au Royaume-Uni*, https://www.elysee.fr/front/pdf/elysee-module-17860-fr.pdf.

29 „all consider the US their most important ally and they all depend on its military protection, but they also want to do as much business with China as possible“, Mario Esteban/Miguel Otero-Iglesias (Hrsg.), *Europe in the face of US-China rivalry*, Januar 2020, S. 15, https://merics.org/sites/default/files/2020-04/200123_ETNC_Report.pdf.

30 Oliver Noyan, *EU countries keep different approaches to Huawei on 5G roll-out*, 20.5.2021, https://www.euractiv.com/section/digital/news/eu-countries-keep-different-approaches-to-huawei-on-5g-rollout/; Warzaw Institute, *Eastern Europe, Huawei and 5G*, 9.8.2021, https://warsawinstitute.org/eastern-europe-huawei-5g/; Europäischer Rechnungshof, *5G-Einführung in der EU. Verzögerungen beim Auf- und Ausbau der Netze und ungelöste Sicherheitsprobleme*, 24.1.2022, https://www.eca.europa.eu/Lists/ECADocuments/SR22_03/SR_Security-5G-networks_DE.pdf.

31 Europäische Kommission, *Mitgliedstaaten veröffentlichen Bericht über EU-weit koordinierte Risikobewertung von 5G-Netzen*, 9.10.2019, https://ec.europa.eu/commission/presscorner/detail/de/ip_19_6049; dies., *Sichere 5G-Netze. Fragen und Antworten zum EU-Instrumentarium*, 29.1.2020, https://ec.europa.eu/commission/presscorner/detail/de/qanda_20_127. Für Deutschland berichtet Norbert Röttgen, die Bundesregierung habe die Prüfung von Anbietern auf rein technische Fragen reduzieren wollen, der Deutsche Bundestag habe jedoch gegen den „Widerstand der Bundesregierung“ (!) „genuin sicherheitspolitische Anforderungen“ durchgesetzt. *Nie wieder hilflos*, München 2022, S. 52.

32 JOIN(2019) 5 final, 12.3.2019, https://eur-lex.europa.eu/legal-content/DE/TXT/PDF/?uri=CELEX:52019JC0005&from=de. Die daraus zitierten Passagen: S. 1 f.

33 *Biden team raises doubts over Sino-EU deal*, Financial Times, 22.12.2020, S. 2.

34 Europäische Kommission, *EU und China erzielen Grundsatzeinigung über Investitionen*, 30.12.2020, https://ec.europa.eu/commission/presscorner/detail/de/ip_20_2541.

35 *Factsheet zum Umfassenden Investitionsabkommen*, https://ec.europa.eu/commission/presscorner/api/files/attachment/867777/201229%20China%20investment%20factsheet%20-%20DE.pdf.pdf.

36 *Die China-Illusion*, Welt am Sonntag, 9.5.2021, S. 3.

37 *Der Pakt mit China lässt noch viele Fragen offen*, Neue Zürcher Zeitung, 7.1.2021, https://www.nzz.ch/international/eu-pakt-mit-china-laesst-fragen-offen-ld.1595098. Selbst der Bundesverband der Deutschen Industrie war eher unzufrieden mit CAI – Geinitz, *Chinas Griff*, S. 338–341.

38 Official Journal of the European Union, 22.3.2021, https://eur-lex.europa.eu/legal-content/EN/TXT/PDF/?uri=OJ:L:2021:099I:FULL&from=EN. Die EU-Sanktionen waren die ersten gegen China seit 1989 (blutige Unterdrückung Oppositioneller in Peking), und ihnen gingen europäische Initiativen auf verschiedenen diplomatischen Ebenen und Foren zur Verbesserung der Lage der Uiguren voraus. Über die Missstände in Xinjiang, seine wirtschaftliche Bedeutung und mögliche westliche Reaktionen Cullen S. Hendrix/Marcus Noland, *Assessing potential economic policy responses to genocide in Xinjiang*, Juni 2021, https://www.piie.com/sites/default/files/documents/pb21-14.pdf.

39 Jon Lunn/John Curtis/Matthew Ward, *The UK-China relationship*, 14.9.2020, https://commonslibrary.parliament.uk/research-briefings/cbp-9004/; Home Secretary Priti Patel, *Statement to the House of Commons regarding Hong Kong: British National (Overseas) visa and suspension of extradition treaty*, 22.7.2020, https://hansard.parliament.uk/commons/2020-07-22/debates/20072232000013/HongKongBritishNational(Overseas)VisaAndSuspensionOfExtraditionTreaty: Die britische Regierung bot bis zu drei Millionen Einwohnern Hongkongs mit dem Status eines Überseeischen britischen Staatsbürgers (British National Overseas) die Umsiedlung und die Möglichkeit der Einbürgerung an.

40 Im Januar 2019 erhoben die US-Justizbehörden Anklagen gegen Huawei u. a. wegen Industriespionage und Verstoßes gegen US-Sanktionen gegen den Iran: *FBI Director Christopher Wray's remarks regarding indictments of Huawei and Wanzhou Meng*, 28.1.2019, https://www.fbi.gov/news/pressrel/press-releases/fbi-director-christopher-wrays-remarks-regarding-indictments-of-huawei-and-wanzhou-meng; https://www.justice.gov/opa/pr/chinese-telecommunications-device-manufacturer-and-its-us-affiliate-indicted-theft-trade; https://www.justice.gov/opa/pr/chinese-telecommunications-conglomerate-huawei-and-huawei-cfo-wanzhou-meng-charged-financial; https://www.justice.gov/opa/press-release/file/1125021/download. Zur angeblichen Vorgeschichte des Feldzugs gegen Huawei: *How the 'Five Eyes' cooked up the campaign to kill Huawei*, The Sydney Morning Herald, 13.12.2018, https://www.smh.com.au/business/companies/how-the-five-eyes-cooked-up-the-campaign-to-kill-huawei-20181213-p50m24.html.

41 *Canadians alarmed by trial of businessman accused of spying in China*, New York Times, 19.3.2021, https://www.nytimes.com/2021/03/19/world/asia/canada-michael-spavor-trial-china.html; *Trudeau says China invented charges for Canadian detainees after Meng's arrest*, CBC, 21.3.2021, https://www.cbc.ca/news/politics/trudeau-china-trumped-charges-1.5934917; *Canada's ‚two Michaels' back home after more than 1,000 days imprisoned in China as Huawei's Meng cuts deal with U.S.*, Washington Post, 25.9.2021, https://www.washingtonpost.com/world/2021/09/24/canada-two-michaels-china-huawei/.

42 Roland Paris, *Canadian views on China — from ambivalence to distrust*, Juli 2020, S. 4, 9, https://www.chathamhouse.org/2020/07/canadian-views-china.

43 „a significant danger to Canada's prosperity and sovereignty", Zitat von Canadian Security Intelligence Service Director David Vigneault, *Chi-*

na poses serious strategic threat to Canada, says Canadian spy agency head, Reuters, 9.2.2021, https://www.reuters.com/article/us-china-canada-idUSKBN2A92VH.

44 „severely harm China's sovereignty and interests and maliciously spread lies and disinformation", zitiert nach *China hits back at EU with sanctions on 10 people, four entities over Xinjiang*, Reuters, 22.3.2021, https://www.reuters.com/article/us-eu-china-sanctionsministry-idUSKBN2BE1WB; *Who are those on China's sanctions list against EU, and why these sanctions are justified?*, Global Times, 23.3.2021, https://www.globaltimes.cn/page/202103/1219259.shtml.

45 *EU Parliament ‚freezes' China trade deal over sanctions*, The Guardian, 20.5.2021, https://www.theguardian.com/world/2021/may/20/eu-parliament-freezes-china-trade-deal-over-sanctions.

46 EP, 8.7.2021, https://www.europarl.europa.eu/doceo/document/TA-9-2021-0356_DE.html.

47 „China's growing influence and international policies can present challenges that we need to address together as an Alliance […] China's stated ambitions and assertive behaviour present systemic challenges to the rules-based international order and to areas relevant to Alliance security", „opaque" military modernization and „military-civil fusion strategy", Beijing „to engage meaningfully in dialogue, confidence-building, and transparency measures", *Brussels Summit Communiqué*, 14.6.2021, Nr. 3, 55, 56, https://www.nato.int/cps/en/natohq/news_185000.htm?selectedLocale=en.

48 Gute Analyse: Grzegorz Stec, *Technocratic mitigation — the European way of managing the China challenge*, 6.7.2021, https://rusi.org/explore-our-research/publications/commentary/technocratic-mitigation-european-way-managing-china-challenge.

49 Etwa Pillsbury, *Hundred-year marathon*, der in China die Falken für maßgeblich hält und eine ebenso kriegerische wie geduldige Strategie annimmt, die gedanklich bis auf die Zeit der streitenden Reiche und der Frühlings- und Herbstannalen zurückgehe.

50 Etwa Stefan Baron, *Ami go home!*, Berlin 2021.

51 Hier seien aus jüngster Zeit nur fünf genannt: Rush Doshi, *The long game*, New York 2021 (Überblick zur Strategiedebatte S. 6 ff.); C. Fred Bergsten, *The United States vs. China*, Medford 2022; Kevin Rudd, *The avoidable war*, New York 2022; Christian Geinitz, *Chinas Griff nach dem Westen*, München 2022; Chris Miller, *Chip war*, New York 2022.

52 „In February 2017, at one of the rarely publicized meetings of China's new ‚National Security Commission' (国家安全委员会), Chinese President Xi Jinping addressed the top echelon of China's (security) elites with verve: China should not only actively shape the international order but also international security policy. It should increase international cooperation and ‚guide' (引导) the international community in these efforts. Calling for a ‚global vision of national security policy' (全球思维谋篇布局) and stressing the need to take the strategic initiative (战略主动), he vowed to build up the necessary capacities to implement this comprehensive global vision, especially in areas such as technology, equipment, personnel, and law. These statements need to be taken seriously." Huotari et al., *China's emergence*,

S. 21, https://merics.org/en/report/chinas-emergence-global-security-actor. Viele entsprechende Zitate bei Benner et al., *Authoritarian advance*, S. 6, passim; Miller, *Chip war*, S. 248. Zum Thema Führen und Anleiten auch Doshi, *Long game*, S. 281 ff.; Chin/Lin, *Surveillance state*, S. 9.

53 Pillsbury, *Hundred-year marathon*, S. 96 f., 99 ff.; Doshi, *Long game*, S. 49–58, passim, argumentiert, dass die KPCh ab 1989 die USA, den vormaligen Verbündeten gegen die UdSSR, als tödliche Bedrohung wahrzunehmen begann und sich bisher durch nichts davon hat abbringen lassen, S. 308–310.

54 Ein instruktives Doppelporträt der chinesischen und US-amerikanischen Gesellschaften aus Sicht führender KPCh-Intellektueller bietet N. S. Lyons, *The triumph and terror of Wang Huning*, Palladium, 11.10.2021, https://www.palladiummag.com/2021/10/11/the-triumph-and-terror-of-wang-huning/.

55 Text: http://www.chinafile.com/document-9-chinafile-translation. Zu Dokument Nr. 9: *China takes aim at Western ideas*, New York Times, 19.8.2013, https://www.nytimes.com/2013/08/20/world/asia/chinas-new-leadership-takes-hard-line-in-secret-memo.html; Economy, *Third revolution*, S. 37 ff.; Kai Strittmatter, *Die Neuerfindung der Diktatur*, 2. Aufl., München 2018, S. 20–25, 134. Zur Sicht der KPCh auf die USA als Feind: Rudd, *Avoidable war*, S. 34, 55 f., 59 ff.

56 Dazu beeindruckend Zheng Wang, *Never forget national humiliation. Historical memory in Chinese politics and foreign relations*, New York 2014. Präsident Xi hielt 2012 eine seiner ersten Grundsatzreden vor Museumsexponaten aus dem ersten Opiumkrieg, Chin/Lin, *Surveillance state*, S. 88.

57 Liza Tobin, *Transforming global governance: a strategic challenge for Washington and its allies*, Texas National Security Review, 2, 1 (November 2018): 155, https://tnsr.org/2018/11/xis-vision-for-transforming-global-governance-a-strategic-challenge-for-washington-and-its-allies/.

58 Peter Martin, *China's civilian army. The making of wolf warrior diplomacy*, Oxford 2021. Europa hat in jüngster Zeit eine Menge Wolfskrieger-Diplomatie erfahren, weil Europäer Chinas Politik in Hongkong kritisierten und nach dem Ursprung von COVID-19 fragten: Ties Dams/Xiaoxue Martin/Vera Kranenburg, *China's soft power in Europe. Falling on hard times*, April 2021, https://ceias.eu/wp-content/uploads/2021/04/ETNC-2021-Chinas-Soft-Power-in-Europe-Falling-on-Hard-Times-1.pdf. Markante Beispiele solcher Diplomatie auch im Vorwort zur deutschen Paperbackausgabe von Hamilton/Ohlberg, *Lautlose Eroberung*.

59 „152 cases of coercive diplomacy affecting 27 countries as well as the European Union", with „a sharp escalation in these tactics since 2018", for „securing territorial claims, deploying Huawei's 5G technology, suppressing minorities in Xinjiang, blocking the reception of the Dalai Lama and obscuring the handling of the COVID-19 pandemic", Fergus Hanson/Emilia Currey/Tracy Beattie, *The Chinese Communist Party's coercive diplomacy*, August 2020, https://s3-ap-southeast-2.amazonaws.com/ad-aspi/2020-08/The%20CCPs%20coercive%20diplomacy_0.pdf?VersionId=4M_JTUAd05Bjek_hvHt1NKKdCLts4kbY, Zitate auf S. 3. Gegen Australien verhängte China inoffizielle Handelsembargos bezüglich Hummer, Wein, Gerste, Kohle, Zucker und Holz.

60 *‚If you make China the enemy, China will be the enemy': Beijing's fresh threat to Australia*, The Sydney Morning Herald, 18.11.2020, https://www.smh.com.au/world/asia/if-you-make-china-the-enemy-china-will-be-the-enemy-beijing-s-fresh-threat-toaustralia-20201118-p56fqs.html. Ein chinesischer Offizieller erklärte später sogar noch, die Liste sei nicht erschöpfend: *European Union condemns China over ‚irresponsible' tweet about Australian military*, The Guardian, 4.12.2020, https://www.theguardian.com/australia-news/2020/dec/04/european-union-condemns-china-over-irresponsible-tweet-about-australian-military.

61 „21 demands that Imperial Japan made during World War I to the government of the Republic of China in 1915 [...] to enhance Tokyo's control of Manchuria", Kuni Miyake, *Dear Canberra, you are not alone*, the japan times, 22.12.2020, https://www.japantimes.co.jp/opinion/2020/12/22/commentary/japan-commentary/canberra-covid-19-health-medicine-china-australia/.

62 Doshi, *Long game*, S. 277 f.

63 Samuel P. Huntington, *The clash of civilizations and the remaking of world order*, 2. Aufl., London 1998, S. 225 ff.; Allison, *Destined for war*, S. 136–146; Doshi, *Long game*, S. 4, 302.

64 *Joint statement of the Russian Federation and the People's Republic of China on the international relations entering a new era and the global sustainable development*, Beijing, 4.2.2022, http://en.kremlin.ru/supplement/5770.

65 „[f]riendship between the two States has no limits"; „trend [...] towards redistribution of power in the world"; „intend to strongly uphold the outcomes of the Second World War", „stand against attempts by external forces to undermine security and stability in their common adjacent regions", „oppose colour revolutions [and] further enlargement of NATO"; „strong mutual support for the protection of their core interests, state sovereignty and territorial integrity"; „human rights should be seen through the prism of the real situation in every particular country, and [...] be protected in accordance with the specific situation in each country and the needs of its population".

66 Vgl. oben, bei Fn. 21.

67 Mark Leonard, *What does China think?*, London 2008, berichtet S. 106 ff., in der Volksrepublik sei 2001 das Buch *Unrestricted Warfare* von Qiao Liang und Wang Xiangsui, Peking 1999, ein Bestseller gewesen. Es behandele Strategien der nichtmilitärischen Kriegführung, denn es gebe kein Monopol der Soldaten auf den Krieg. Das Buch behandle vor allem Wirtschaftskrieg ohne bewaffneten Konflikt, Handels- und Finanzkrieg, den Einsatz von Ressourcenknappheit, Schmuggel und Drogenhandel als Waffe und die Kriegführung in Netzwerken wie dem Internet. Zu dem Buch auch Brooks, *How everything became war*, S. 10, 371, Fn. 5; Fundstelle zur online verfügbaren englischen Übersetzung: Wikipedia, Artikel *Unrestricted Warfare*, https://en.wikipedia.org/wiki/Unrestricted_Warfare.

68 *Trump droht Türkei mit „wirtschaftlicher Zerstörung"*, Spiegel Online, 14.1.2019, http://www.spiegel.de/politik/ausland/bei-angriff-auf-kurden-donald-trump-droht-tuerkei-mit-wirtschaftlicher-zerstoerung-a-1247873.html.

69 Devin Thorne/Ben Spevack, *Harbored ambitions*, S. 15, Washington 2017, https://static1.squarespace.com/static/566ef8b4d8af107232d5358a/t/5ad5e20ef950b777a94b55c3/1523966489456/Harbored+Ambitions.pdf; Frankopan, *The new silk roads*, S. 211 ff., 231 f., 243 ff.

70 Daran erinnert immer wieder Doshi, *Long game*.

71 Susan Strange, *The persistent myth of lost hegemony*, International Organization 1987, S. 551 (565 ff.), http://www.jstor.org/stable/2706758; dies., *States and markets*, S. 29 ff. Doshi, *Long game*, ist überzeugt, China strebe seit 1989 die regionale, dann globale Verdrängung des Hegemonen USA und eine eigene Hegemonie an, gestützt auf die Fähigkeit zu zwingen („coercive capability"), einvernehmliche Anreize („consensual inducements") und Anerkennung der eigenen Führung als legitim („to rightfully command"). Es verfolge dieses Ziel durch Abstumpfen der US-geführten Ordnung, seit 2008 (Weltfinanzkrise) begleitet und gefolgt vom Aufbau einer neuen Ordnung, und in der wachsenden Überzeugung, der Westen sei im Niedergang (Brexit, Trump-Präsidentschaft, Sturm aufs Kapitol, westliches Missmanagement der COVID-19-Pandemie).

72 *China Focus: ‚Be ready to win wars', China's Xi orders reshaped PLA*, XINHUANET, 1.8.2017, http://www.xinhuanet.com//english/2017-08/01/c_136491455.htm; US Department of Defense, *Military and security developments involving the People's Republic of China 2020*, Annual Report to Congress, https://media.defense.gov/2020/Sep/01/2002488689/-1/-1/1/2020-dod-china-military-power-report-final.pdf; dass., Report 2021, https://media.defense.gov/2021/Nov/03/2002885874/-1/-1/0/2021-cmpr-final.pdf; Rudd, *Avoidable war*, S. 151–177; eine weitere nützliche Quelle zu Chinas Militärmacht ist die Website des Center for Strategic and International Studies, ein amerikanischer Thinktank: https://chinapower.csis.org/category/military/. Zu China und Europas Verteidigung Lindley-French/Allen/Hodges, *Future war*, S. 194 ff.

73 Instruktive Landkarte zu den Themen Angriffe auf chinesische Staatsangehörige/Evakuierungen, 2004–2015, bei Jonas Parello-Plesner/Mathieu Duchâtel, *China's strong arm. Protecting citizens and assets abroad*, London 2015, S. 28 f.

74 Sabine Mokry, *Is the Belt and Road Initiative globalizing China's national security policy?*, The Diplomat 17.10.2016, https://thediplomat.com/2016/10/is-the-belt-and-road-initiative-globalizing-chinas-national-security-policy/; David Brewster, *The forces needed to protect the Belt and Road*, 29.11.2018, https://www.realcleardefense.com/articles/2018/11/29/the_forces_needed_to_protect_the_belt_and_road_113989.html; Nadège Rolland (Hrsg.), *Securing the belt and road initiative*, Washington 2019, https://www.nbr.org/wp-content/uploads/pdfs/publications/sr80_securing_the_belt_and_road_sep2019.pdf. Nach einer Schätzung von 2015 befanden sich damals etwa ein Sechstel aller im Ausland tätigen chinesischen Arbeitskräfte und gut ein Fünftel der ausländischen Direktinvestitionen Chinas in Ländern, die die Weltbank in das unterste Quartil ihres Instabilitätsindex eingestuft hatte – Murray Scott Tanner/Peter W. Mackenzie, *China's emerging national security interests and their impact on the People's Liberation Army*, Arlington 2015, S. 32, https://www.usmcu.edu/Outreach/Marine-Corps-University-

Press/Books-by-topic/MCUP-Titles-A-Z/Chinas-Emerging-National-Security-Interests/.

75 Deborah Brautigam, *The dragon's gift*, 2. Aufl., Oxford 2011; Howard W. French, *China's second continent. How a million migrants are building a new empire in Africa*, 2. Aufl., New York 2015; Parello-Plesner/Duchâtel, *China's strong arm*, S. 27.

76 Ebd., S. 20, 26 f.

77 Carlos Mureithi, *Trade between Africa and China reached an all-time high in 2021*, 12.3.2022, https://qz.com/africa/2123474/china-africa-trade-reached-an-all-time-high-in-2021/#:~:text=China.

78 Parello-Plesner/Duchâtel, *China's strong arm*, S. 14, 39.

79 Zahlen der UN, Mai 2022, https://peacekeeping.un.org/en/troop-and-police-contributors.

80 Zu ihr Cooley, *Great games*, S. 74–96; Doshi, *Long game*, S. 126–133.

81 Gaspers et al., *China's emergence as a global security actor*, S. 18, 25 f., 36 ff., 42, 49, 53 f., 56 ff., 71, 95. Doshi, *Long game*, S. 183–207.

82 US-China Economic and Security Review Commission, *The Chinese military's role in overseas humanitarian assistance and disaster relief: contributions and concerns*, 11.7.2019, https://www.uscc.gov/research/chinese-militarys-role-overseas-humanitarian-assistance-and-disaster-relief-contributions.

83 Parello-Plesner/Duchâtel, *China's strong arm*, S. 9; Gaspers et al., *China's emergence as a global security actor*, S. 15: darunter Briten, Italiener und Deutsche.

84 Parello-Plesner / Duchâtel, *China's strong arm*, S. 38.

85 Ebd., S. 37–41.

86 Kirshner, *American power after the financial crisis*, S. 143 f.

87 Ebd., S. 54.

88 Gute Überblicke: Irene Yuan Sun/Kartik Jayaram/Omid Kassiri, *Dance of the lions and dragons*, McKinsey & Company, 2017, https://www.mckinsey.com/~/media/mckinsey/featured%20insights/Middle%20East%20and%20Africa/The%20closest%20look%20yet%20at%20Chinese%20economic%20engagement%20in%20Africa/Dance-of-the-lions-and-dragons.ashx; Volker Seitz, *Für China ist Afrika ein Zukunfts-Kontinent*, 1.10.2018, https://www.achgut.com/artikel/fuer_china_ist_afrika_ein_zukunftskontinent; vgl. auch die Daten der China Africa Research Initiative der Johns-Hopkins-Universität, http://www.sais-cari.org/data/.

89 https://en.wikipedia.org/wiki/Stadium_diplomacy.

90 Sun et al., *Dance of the lions and dragons* , S. 10 f.

91 Seitz, *Für China ist Afrika ein Zukunfts-Kontinent*.

92 Sun et al., *Dance of the lions and dragons*, S. 17, 20. Mit seinen Auslandsinvestitionen stärkt China zugleich den Renminbi, vgl. zum Zusammenhang Eichengreen, *Exorbitant privilege*, S. 49.

93 Cooley, *Great games*, S. 85–96.

94 Paul J. Kohlenberg/Nadine Godehardt, *Chinas globale Konnektivitätspolitik*, Berlin, März 2018, https://www.swp-berlin.org/fileadmin/contents/products/aktuell/2018A18_khb_gdh.pdf; Nadine Godehardt, *Chinas geopolitischer Code*, in: Aus Politik und Zeitgeschichte 43–45 (2022), S. 11, https://www.bpb.de/system/files/dokument_pdf/APuZ_2022-43-45_on-

line_Chinas_neue_Seidenstrassen.pdf; Jonathan Holslag, *Im Wettstreit um Konnektivität*, in: Aus Politik und Zeitgeschichte 43–45 (2022), S. 18, https://www.bpb.de/system/files/dokument_pdf/APuZ_2022-43-45_online_Chinas_neue_Seidenstrassen.pdf.

95 Kohlenberg/Godehardt, *Konnektivitätspolitik*, S. 2. Christensen, *China challenge*, S. 299 f., hält es für unklug, mit Peking nach gemeinsamen Bezeichnungen zu suchen, da China dazu neigt, sie radikal anders zu interpretieren und zu verwenden.

96 Kohlenberg/Godehardt, *Konnektivitätspolitik*, S. 2 f.

97 Thorne/Spevack, *Harbored ambitions*, S. 5, 65 f. Zu möglichen Plänen Chinas, sein Netz von Marinebasen zu vergrößern, s. US Secretary of Defense, *Military and security developments involving the People's Republic of China*, Report to Congress, Washington, November 2021, S. 125–132, https://media.defense.gov/2021/Nov/03/2002885874/-1/-1/0/2021-CMPR-FINAL.PDF. Zum neuesten Hafenprojekt in Lateinamerika: *Ein Mega-Hafen für Südamerika. China macht Ernst mit seinem Zugriff auf die Rohstoffe der Region*, Neue Zürcher Zeitung, 2.10.2022, https://www.nzz.ch/international/neuer-mega-hafen-in-peru-china-will-rohstoffe-erschliessen-ld.1702585.

98 Jamie Smyth, *Australia moves to block a $ 10bn power grid sale to Chinese*, Financial Times, 11.8.2016, https://www.ft.com/content/918980ce-5f8f-11e6-ae3f-77baadeb1c93.

99 *Stromnetzbetreiber 50Hertz: Einstieg der Chinesen abgewehrt*, Spiegel Online, 27.7.2018, http://www.spiegel.de/wirtschaft/unternehmen/netzwerkbetreiber-kfw-sticht-chinesischen-investor-aus-a-1220437.html.

100 Lindley-French/Allen/Hodges, *Future war*, S. 280 ff.

101 *Hört, hört*, Süddeutsche Zeitung, 14.12.2018, S. 3.

102 Zuletzt Kanada, vgl. *Canada to ban China's Huawei and ZTE from its 5G networks*, BBC, 20.5.2022, https://www.bbc.com/news/business-61517729. Zu Huawei auch Lindley-French/Allen/Hodges, *Future war*, S. 282 f.

103 Wright, *All measures short of war*, S. 151 f. Zur noch immer unklaren Haltung vieler EU-Mitgliedstaaten mit Blick auf Huawei siehe oben, Fn. 30.

104 Zu der Episode Geinitz, *Chinas Griff*, S. 93–97; mittlerweile: *Flughafen Hahn an SWIFT CONJOY verkauft*, SWR Aktuell, 30.6.2022, https://www.swr.de/swraktuell/rheinland-pfalz/trier/flughafen-hahn-kaeufer-bekanntgegeben-rlp-100.html.

105 Christoph Jehle, *Sind chinesische Investitionen in die europäische Infrastruktur eine Gefahr?*, Telepolis 22.2.2018, https://www.heise.de/tp/features/Sind-chinesische-Investitionen-in-die-europaeische-Infrastruktur-eine-Gefahr-3974942.html.

106 *Aufkaufen und ausschlachten*, Zeit Online, 8.5.2018, https://www.zeit.de/wirtschaft/2018-05/chinesische-investitionen-deutschland-unternehmen-handelsstreit. Grundlegend zum Thema Geinitz, *Chinas Griff*. Dort S. 212 ff. differenziert zur Frage, ob es den Firmen nach der Übernahme besser oder schlechter geht, in Anlehnung an Clemens Fuest/Felix Hugger/Samina Sultan/Jing Xing, *Chinese acquisitions abroad: are they different?*, April 2019, http://nzz-files-prod.s3-website-eu-west-1.amazonaws.com/2019/6/17/7508e926-1671-4d9e-818c-12a3d1d49fea.pdf. Einen Tracker für chinesische Investitionen weltweit führt die Heritage Founda-

tion, ein Thinktank in den USA: https://www.aei.org/china-global-investment-tracker/.

107 *Siemens wollte Kuka kaufen: Woran der Deal scheiterte*, Augsburger Allgemeine, 21.12.2018, https://www.augsburger-allgemeine.de/wirtschaft/Siemens-wollte-Kuka-kaufen-Woran-der-Deal-scheiterte-id52996426.html.

108 Dazu ausführlich Geinitz, *Chinas Griff*, S. 230–251.

109 Jost Wübbeke/Mirjam Meissner/Max J. Zenglein/Jaqueline Ives/Björn Conrad, *Made in China 2025*, Berlin 2016, S. 7 f.; Cora Jungbluth, *Is China systematically buying up key technologies? Chinese M&A transactions in Germany in the context of „Made in China 2025"*, Gütersloh 2018. Dass China sich wesentlich nach Maßgabe von Made in China 2025 in westliche Industrien einkauft, ist eine der zentralen Thesen von Geinitz, *Chinas Griff*. Zum Technologietransfer und zu Aufkäufen in der Chipindustrie Miller, *Chip war*, S. 255–268.

110 Zu Made in China 2025 (MiC) instruktiv Scheuer, *Der Masterplan*, S. 25 ff.; Geinitz, *Chinas Griff*, S. 30 ff.; Kroeber, *China's economy*, S. 77 ff., 284 f.; skeptisch Magnus, *Red flags*, S. 145 ff. Welche disruptiven (und Chinas Nachbarn entreichernden) Effekte ein Erfolg von MiC allein schon im Bereich des Handels mit Computerchips hätte, zeigt Miller, *Chip war*, S. 250–254.

111 Die Vorteile des Zukaufens von fremder Technologie legt in Zusammenhang mit CoCom anschaulich Hanson dar, *Western economic statecraft*, S. 8–12.

112 Geinitz, *Chinas Griff*, S. 278 ff.

113 Nis Grünberg/Vincent Brussee, *China's 14th Five-Year Plan – strengthening the domestic base to become a superpower*, 9.4.2021, https://merics.org/de/kurzanalyse/chinas-14th-five-year-plan-strengthening-domestic-base-become-superpower; Alexander Brown/Jacob Gunter/Max J. Zenglein, *Course correction: China's shifting approach to economic globalization*, 19.10.2021, https://merics.org/en/report/course-correction-chinas-shifting-approach-economic-globalization. Kritisch gegenüber Chinas Versuch eines „weitgehenden Alleingangs" („to largely go it alone": European Union Chamber of Commerce in China, *European Business in China Position Paper 2021/2022*, Beijing 2021, S. 1, 4, 15 f., https://www.europeanchamber.com.cn/documents/download/start/en/pdf/964.

114 Thomas Kohlmann, *Was steckt hinter Pekings Politik der zwei Kreisläufe?*, 29.10.2020, https://www.dw.com/de/peking-stellt-weichen-f%C3%BCr-politik-der-zwei-kreisl%C3%A4ufe/a-54930330. Geinitz, *Chinas Griff*, S. 66 ff.

115 S. o., Fn. 23: „Beijing wants to put itself at the center of global innovation and manufacturing, increase other countries' technological dependence, and then use that dependence to imposeits foreign policy preferences. […] Beijing, despite its rhetoric, is pursuing asymmetric decoupling, seeking tomake China less dependent on the world and the world more dependent on China." Denselben Vorwurf erhebt nun die National Security Strategy: China „seeks to make the world more dependent on the PRC while reducing its own dependence on the world", 12.10.2022, S. 23, https://www.whitehouse.gov/wp-content/uploads/2022/10/Biden-Harris-Administrations-Natio-

nal-Security-Strategy-10.2022.pdf. In die Richtung auch Rudd, *Avoidable war*, S. 111 ff., 120 f.

116 Thilo Hanemann/Mikko Huotari, *EU-China FDI: Working towards reciprocity in investment relations*, Berlin 2018.

117 *Chinas Volkskongress verspricht Öffnung per Gesetz*, Die Welt 15.3.2019, https://www.welt.de/newsticker/dpa_nt/infoline_nt/wirtschaft_nt/article190342991/Chinas-Volkskongress-verspricht-Oeffnung-per-Gesetz.html; Rudd, *Avoidable war*, S. 126.

118 Vgl. zum revisionistischen Potenzial des Baus neuer Netze und Institutionen Stacie E. Goddard, *The road to revisionism*, in: Drezner/Farrell/Newman, *Uses and abuses*, S. 84; Thomas P. Cavanna, *Coercion unbound? China's Belt and Road Initiative*, ebd., S. 221.

119 „These roads cannot be those of a new hegemony, which would transform those that they cross into vassals,' Macron said." *China's new ‚Silk Road' cannot be one-way, France's Macron says*, Reuters, 8.1.2018, https://www.reuters.com/article/us-china-france/chinas-new-silk-road-cannot-be-one-way-frances-macron-says-idUSKBN1EX0FU.

120 Dazu Kirshner, *American power after the financial crisis*, S. 77 ff. Kirshner führt Chinas neues Denken hinsichtlich Finanzen und Währung zum Teil auf eine Entfremdung von dem US-Modell zurück, das zur Weltfinanzkrise führte, und bescheinigt China dabei auch defensive Motive, siehe vor allem S. 107 f. Zu Japan s. William W. Grimes, *Internationalization of the Yen and the new politics of monetary insulation*, in: Kirshner, *Monetary orders*, S. 172 ff.

121 Wright, *All measures short of war*, S. 144; Doshi, *Long game*, S. 250–258.

122 Scheuer, *Der Masterplan*, S. 25 ff.

123 „Novel funding and currency mechanisms have developed a significant attraction in Asia, Africa, and Latin America within a short period of time. […] Already today, China's international currency and financial initiatives are contributing to striking changes in global financial and monetary order. In this realm, competition from China-centred parallel mechanisms is already palpable and weakens the once dominant position of Western currencies and Western-led international organizations." Sebastian Heilmann/Moritz Rudolf/Mikko Huotari/Johannes Buckow, *China's shadow foreign policy: parallel structures challenge the established international order*, Berlin 2014, S. 1, 9, https://merics.org/en/report/chinas-shadow-foreign-policy.

124 Doshi, *Long game*, S. 159 ff., passim.

125 Differenziert John Hurley/Scott Morris/Gailyn Portelance, *Examining the debt implications of the Belt and Road Initiative from a policy perspective*, März 2018, https://www.cgdev.org/sites/default/files/examining-debt-implications-belt-and-road-initiative-policy-perspective.pdf; Frankopan, *The new silk roads*, S. 216, 229 ff.; Kroeber, *China's economy*, S. 305, mit weiteren Nachweisen. Eine neue Studie kommt zu dem Ergebnis, dass chinesische Kreditverträge das Vorhandensein und die Höhe der Schulden nicht offenlegen, auf Bevorzugung gegenüber anderen Gläubigern abzielen und es „den Kreditgebern potentiell ermöglichen, die Innen- und Außenpolitik der Schuldner zu beeinflussen" – „potentially allow the lenders to influence debtors' domestic and foreign policies". Anna Gelpern/Sebastian Horn/

Scott Morris/Brad Parks/Christoph Trebesch, *How China lends. A rare look into 100 debt contracts with foreign governments,* Zitat S. 2, https://www.cgdev.org/sites/default/files/how-china-lends-rare-look-100-debt-contracts-foreign-governments.pdf.

126 Zu einer solchen möglichen „Debt Trap" und Bankenkrise Magnus, *Red flags*, S. 75 ff. Wünschen sollte sich eine harte Landung Chinas niemand, denn sie hätte schwere Verwerfungen in der Weltwirtschaft zur Folge, vgl. z. B. Robert Gilhooly/Jen Han/Simon Lloyd/Niamh Reynolds/David Young, *From the Middle Kingdom to the United Kingdom: spillovers from China*, Bank of England, Quarterly Bulletin 2018 Q2, https://www.bankofengland.co.uk/-/media/boe/files/quarterly-bulletin/2018/from-the-middle-kingdom-to-the-united-kingdom-spillovers-from-china.

127 Von einem exorbitanten Privileg sprach einst Giscard d'Estaing als damaliger französischer Außenminister, vgl. Eichengreen, *Exorbitant privilege*, S. 4.

128 Bob Woodward, *CIA led way with cash handouts*, Washington Post, 18.11.2002, http://www.washingtonpost.com/wp-dyn/articles/A3105-2002Nov17.html. Weitere Beispiele bei Eichengreen, *Exorbitant privilege*, S. 1 f.

129 Baron/Baron, *Die Chinesen*, S. 109 ff., passim.

130 Ruth Kirchner, *Bildung in China. Pauken in alten Denkstrukturen*, Deutschlandfunk Kultur, 31.5.2011, https://www.deutschlandfunkkultur.de/bildung-in-china.979.de.html?dram:article_id=152762. Leider sind viele Kinder im ländlichen China fehlernährt und ohne Lesebrillen und erfahren wenig Bildung und Erziehung. Denis Normile, *One in three Chinese children faces an education apocalypse*, Science, 21.9.2017, mit anrührendem Kurzfilm über die Arbeit des Entwicklungsökonomen Dr. Scott Rozelle in China, https://www.sciencemag.org/news/2017/09/one-three-chinese-children-faces-education-apocalypse-ambitious-experiment-hopes-save / https://www.youtube.com/watch?v=pOf7WWzkxvU&t=38s. Scott Rozelle/Natalie Hell, *Invisible China*, Chicago 2020.

131 https://www.oecd.org/pisa/; *Teens from China's wealthiest regions rank top of the class in global education survey*, CNN, 3.12.2019, https://edition.cnn.com/2019/12/03/asia/pisa-rankings-2019-intl-hnk/index.html.

132 https://www.oecd.org/science/inno/researchanddevelopmentstatisticsrds.htm.

133 *The great experiment – can China become a scientific superpower?* The Economist, 12.1.2019, https://www.economist.com/science-and-technology/2019/01/12/can-china-become-a-scientific-superpower. Das World Economic Forum ordnete 2019 China hinsichtlich der Innovationskraft auf Rang 24 weltweit ein, *The global competitiveness report 2019*, Cologny/Genf 2019, S. 154, http://www3.weforum.org/docs/WEF_TheGlobalCompetitivenessReport2019.pdf; Kroeber, *China's economy*, S. 91 ff.

134 Dazu Magnus, *Red flags*, S. 152 f.; Economy, *Third revolution*, S. 121–137; Kroeber, *China's economy*, S. 45, 292, 311–315.

135 Geinitz, *Chinas Griff*, S. 23 ff.; Baron, *Ami go home!*, S. 137 ff.; Bergsten, *United States vs. China*, S. 108 f., 166 f.; Deutsches Patent- und Markenamt, *Jahresbericht 2021*, https://www.dpma.de/docs/dpma/veroeffentlichungen/jahresberichte/dpma_jb2021_nichtbarrierefrei.pdf.

136 *China's AI ambitions revealed by most cited research papers*, Financial Times, 6.11.2017, https://www.ft.com/content/daf53474-c21c-11e7-a1d2-6786f39ef675.

137 Yuki Okoshi, *China's research papers lead the world in cutting-edge tech*, Nikkei Asian Review, 6.1.2019, https://asia.nikkei.com/business/china-tech/china-s-research-papers-lead-theworld-in-cutting-edge-tech.

138 *China rises to first place in most cited papers*, Science, 17.8.2022, https://www.science.org/content/article/china-rises-first-place-most-cited-papers. Auch im Bereich von Forschung und Entwicklung nimmt der Wettstreit zwischen China und dem Westen an Schärfe zu: *China and the West are in a race to foster innovation*, The Economist, 13.10.2022, https://www.economist.com/briefing/2022/10/13/china-and-the-west-are-in-a-race-to-foster-innovation.

139 „to increase China's soft power, give a good Chinese narrative, and better communicate China's message to the world", Economy, *Third revolution*, S. 219.

140 Clive Hamilton, *Silent invasion*, Melbourne 2018; Clive Hamilton/Mareike Ohlberg, *Die lautlose Eroberung*, 2. Aufl., München 2022; Dams/Martin/Kranenburg, *China's soft power in Europe*, https://www.clingendael.org/publication/chinas-soft-power-europe-falling-hard-times.

141 Megha Rajagopalan, *This is what a 21st-century police state really looks like*, BuzzFeed News, 17.10.2017, https://www.buzzfeednews.com/article/meghara/the-police-state-of-the-future-is-already-here.

142 Perlroth, *This is how*, S. 107–109, 193 f., 204; Wikipedia, Artikel *Operation Aurora*, https://en.wikipedia.org/wiki/Operation_Aurora.

143 Ein Beispiel von Rodrik, *Straight talk on trade*, S. 109: Während des sogenannten Arabischen Frühlings erzielten chinesische Internetnutzer mit der Eingabe von Suchworten wie „Ägypten" oder „Kairo" nur das Resultat, es sei nichts zu finden. Gute Übersicht mit vielen weiterführenden Links: *Der frühere Staats- und Parteichef Hu Jintao wurde abgeführt, aber das weiss in China kaum jemand: wie Xi das Internet zensieren lässt*, Neue Zürcher Zeitung, 25.10.2022, https://www.nzz.ch/technologie/wie-china-unter-xi-das-internet-kontrolliert-ld.1708411.

144 Scheuer, *Der Masterplan*, S. 39 ff., 79 ff., 147 ff.; Christina Larsen, *China's massive investment in artificial intelligence has an insidious downside*, Science, 8.2.2018, https://www.sciencemag.org/news/2018/02/china-s-massive-investment-artificial-intelligence-has-insidious-downside; Strittmatter, *Neuerfindung der Diktatur*, S. 77, 155–194, 207–215; Economy; *Third revolution*, S. 55–82. Westliche Firmen haben an dem Überwachungssystem kräftig mitgebaut und mitverdient: Chin/Lin, *Surveillance* state, S. 154 ff. Zum chinesischen „despotischen Leviathan" und seiner Pfadabhängigkeit Daron Acemoglu/James A. Robinson, *The narrow corridor*, 3. Aufl., London 2020, vor allem Kapitel 7 und S. 233–236.

145 Florian Thünken/Björn Alpermann, *Technologie gegen den Werteverfall?*, Forschung und Lehre, 2.6.2018, https://www.forschung-und-lehre.de/technologie-gegen-den-werteverfall-669/; *Viele empfinden die Daten-Überwachung als praktisch*, Interview mit Genia Kostka, Cicero, 4.7.2018, https://www.cicero.de/wirtschaft/sozialkreditsysteme-china-ueberwachung-staat-ver-

trauen-markt-unternehmen-kredite. Zu Stadtmanagement und Dienstleistungen: Chin/Lin, Surveillance state, S. 164 ff.

146 Thünken/Alpermann, *Technologie gegen den Werteverfall?*, Kostka, *Viele empfinden die Daten-Überwachung als praktisch*; differenzierend auch Chin/Lin, *Surveillance state*, S. 218 ff.

147 Benner et al., *Authoritarian advance.*

148 Ähnlich Doshi, *Long game*, S. 276–296.

149 Die KPCh hat die Kommando- und Kontrollfähigkeiten, die der deutschen Regierung vor 1914 fehlten (s. Kapitel 2 zur angeblichen deutschen „avant guerre").

150 „When we were the Sick Man of Asia, / We were called the Yellow Peril. / When we are billed as the next Superpower, / We are called The Threat. / When we closed our doors, / You launched the Opium War to open our markets. / When we embraced free trade, / You blamed us for stealing your jobs. / When we tried communism, / You hated us for being communist. / When we embraced capitalism, / You hated us for being capitalist." Zitiert nach: *„What do you really want from us?"*, Washington Post, 18.5.2008, http://www.washingtonpost.com/wp-dyn/content/article/2008/05/16/AR2008051603460.html; zur Bedeutung für die heutige chinesische Weltsicht Wang, *Never forget*, S. 221 f.

151 Rede am 17.2.2018, https://www.auswaertiges-amt.de/de/newsroom/rede-muenchner-sicherheitskonferenz/1599848. In dem Zusammenhang lesenswert: Sigmar Gabriel, *Zeitenwende in der Weltpolitik*, Freiburg im Breisgau 2018.

Kapitel 10 – Was tun?

1 *Remarks by President Biden at the 2021 virtual Munich Security Conference*, 19.2.2021, https://www.whitehouse.gov/briefing-room/speeches-remarks/2021/02/19/remarks-by-president-biden-at-the-2021-virtual-munich-security-conference/; US Department of State, *U.S. Relations with China, Bilateral relations fact sheet*, 12.5.2021, https://www.state.gov/u-s-relations-with-china/.

2 „For most Chinese, human rights mean a roof over the head, literacy for all, food in the belly, expectation of reasonable health care in case of sickness, bright future for the children, and optimism for the old. From an external perspective, in the Western world, racial discrimination, black ops, violence, gun crime, illegal and immoral wars, and battles between police and civilians never seem far away. It is more sad than ironic that the refugee crisis in Europe, characterized by scores of corpses of drowned children washed up on Mediterranean shores, is partly the result of military action by Western powers in the name of humanitarianism. Human rights abuses by developed powers go almost unnoticed by sanctimonious observers who seem to only pay attention to abuses in developing countries." Li Laifang, *Human rights in China, a lesson to be learned*, Xinhua, 19.10.2017, http://www.xinhuanet.com/english/2017-10/19/c_136691659.htm.

3 David Gress, *From Plato to NATO*, New York 1998; Heinrich August Winkler, *Werte und Mächte*, München 2019; Daron Acemoglu/James A. Robinson, *The narrow corridor*, 3. Aufl., London 2020 (deutsch: *Gleichgewicht der Macht*, Frankfurt am Main 2019).

4 Zu unterschiedlichen Beschreibungen von Multilateralismus s. John Gerard Ruggie, *Multilateralism: the anatomy of an institution*, in: International Organisation, 46, 3 (1992), S. 561, https://scholar.harvard.edu/files/john-ruggie/files/multilateralism.pdf; Christian Echle/Patrick Rueppel/Megha Sarmah/Yeo Lay Hwee (Hrsg.), *Multilateralism in a changing world order*, Singapur 2018, http://library.kas.de/GetObject.ashx?GUID=66c7b3c8-e779-e811-b68a-005056b96343&IDUSER=NotAllowed; Norwegisches Außenministerium, Report to the Storting (white paper): *Norway's role and interests in multilateral cooperation*, Juni 2019, https://www.regjeringen.no/contentassets/5673dadc917448148b491635289ac690/en-gb/pdfs/stm201820190027000engpdfs.pdf; Will Moreland, *The purpose of multilateralism*, September 2019, https://www.brookings.edu/wp-content/uploads/2019/09/FP_20190923_purpose_of_multilateralism_moreland.pdf; Heinrich-Böll-Stiftung, *Multilateralism 2.0*, März 2020, https://www.boell.de/sites/default/files/2020-03/E-Paper_Multilateralism_2.0.pdf; Hanns W. Maull, *Multilateralismus*, Februar 2020, https://www.swp-berlin.org/publications/products/aktuell/2020A11_Maull.pdf; Alliance for multilateralism, https://multilateralism.org/; Bruce Jones/Susana Malcorra, *Competing for order. Confronting the long crisis of multilateralism*, Oktober 2020, https://www.brookings.edu/research/competing-for-order-confronting-the-long-crisis-ofmultilateralism/.

5 Instruktiv Doshi, *Long game*, S. 101–133, 181 f., 208–234 und speziell zu Chinas „Multilateralismus" S. 108–110. Jüngstes Beispiel für die Übernahme von Institutionen: *China verhindert Menschenrechtsdebatte*, Frankfurter Allgemeine Zeitung, 7.10.2022, S. 1 (China und eine knappe Mehrheit anderer Staaten verhinderten im UN-Menschenrechtsrat die Erörterung eines Berichts über die Menschenrechtslage in Xinjiang. Der chinesische UN-Botschafter bezeichnete den Bericht als „null und nichtig", weil er ohne Mandat und Zustimmung Chinas entstanden sei).

6 *China verhängt Sanktionen gegen Pelosi*, Spiegel Online, 5.8.2022, https://www.spiegel.de/ausland/nancy-pelosi-china-verhaengt-sanktionen-gegen-us-politikerin-a-9d48373f-1ba8-425c-ae3c-aea66fbeff68.

7 Christensen, *China challenge*, S. 59, 196; Stent, *Limits of partnership*, S. 83, 161.

8 Ivan Krastev/Stephen Holmes, *The light that failed*, 2. Aufl., London 2020, S. 89–92, 112–116, 125–134, 193–203 (deutsch: *Das Licht, das erlosch*, 2. Aufl., Berlin 2021).

9 Zu China Economy, *Third revolution*, S. 221 f.; Kroeber, *China's economy*, S. 327. Russlands derzeitiges Regime ist zu speziell, um es zu exportieren – vgl. zu ihm Belton, *Putin's people*. Vermutlich haben Krastev/Holmes, *The light that failed*, S. 196, 202 f., recht mit der Annahme, China sei nicht daran interessiert, irgendein Modell zu exportieren, weil das Chinas Interessen nicht sehr dienen würde. Außerdem finden die Chinesen vermutlich (und vermutlich zu Recht), dass nur sie selbst ihr einzigartiges Modell von

Staat, Kultur und Zivilisation mit Leben erfüllen können. Allerdings exportiert China die Überwachungs- und Zensurtechnik für illiberale Regimes: Doshi, *Long game*, S. 285, 290; Chin/Lin, *Surveillance state*, S. 137, 151, 153, passim. Die manichäische iranische Theokratie ist ein völlig andersgearteter Fall. Zu ihrem Charakter vgl. Crist, *Twilight war*. Zur materiellen Gier auch der geistlichen Führer: *Unter Kleptokraten*, Frankfurter Allgemeine Zeitung, 5.10.2022, S. 9.

10 Lawrence Freedman, *Strategy*, 2. Aufl., Oxford/New York 2013, S. xi, 140, 541, 604, 610 ff.

11 Lawrence Lessig, *Republic, lost*, New York, 2011; der Kurzfilm *Republic, lost* auf Vimeo ist sehenswert: https://vimeo.com/30212221. Peter Mair, *Ruling the void: the hollowing of Western democracy*, London 2013; Jesse Norman, *Adam Smith*, 2. Aufl., London 2019, S. 233.

12 Sarah:Repucci/Amy Slipowitz, *Democracy under lockdown*, Oktober 2020, https//freedomhouse.org/sites/default/files/2020-10/COVID-19_Special_Report_Final_.pdf; *As democracies backslide, repression transcends borders*, Washington Post, 4.2.2021, https://www.washingtonpost.com/world/2021/02/04/democracies-backslide-myanmar-india-united-states/; *Global democracy has a very bad year*, The Economist, 2.2.2021, https://www.economist.com/graphic-detail/2021/02/02/global-democracy-has-a-very-bad-year; *A new low for global democracy*, The Economist, 9.2.2022, https://www.economist.com/graphic-detail/2022/02/09/a-new-low-for-global-democracy; Susi Dennison/Jana Puglierin, *Crisis of confidence: how Europeans see their place in the world*, 9.6.2021, https://ecfr.eu/wp-content/uploads/Crisis-of-confidence-How-Europeans-see-their-place-in-the-world.pdf; Economist Intelligence Unit, *Democracy Index 2021. The China challenge*, London 2022, https://www.eiu.com/n/campaigns/democracy-index-2021/.

13 „toxic combination of political lobbying, anti-competitive regulation, egregious executive pay, escalating inequality, and loss of public trust", Norman, *Adam Smith*, S. 234.

14 Ebd., S. 234–249; Acemoglu/Robinson, *Narrow corridor*, S. 472–488; Fok, *Financial cold* war, S. 284 ff., 305 f., 318–328, passim. Ein deutsches Beispiel für gemeinwohlschädliches Beratungsgeschäft anlässlich der Kuka-Übernahme bringt Geinitz, *Chinas Griff*, S. 237 ff.

15 Das ist eines der beiden großen Themen des Buches von Catherine Belton: *Putins Netz – Wie sich der KGB Russland zurückholte und dann den Westen ins Auge fasste* [richtiger sollte die Übersetzung lauten: und dann gegen den Westen antrat], 5. Aufl., Hamburg 2022.

16 Eine eindrucksvolle Einzelfallstudie zur Deutschen Bank bietet Dirk Laabs, *Bad Bank*, München 2018.

17 Eichengreen, *Hall of mirrors*, S. 385 f., Fn. 3, vermisst eine systematische Analyse der Zusammenhänge zwischen Ungleichheit und Finanzkrise und ist davon überzeugt, dass nach ihr zu wenig getan wurde, um die Welt zu einem sichereren Finanzplatz zu machen (S. 386). Norman, *Adam Smith*, S. 235 f., argumentiert, dass die immer komplexeren Bankvorschriften die Lage sogar noch verschlechtert haben. Kirshner, *American power after the financial crisis*, S. 3–13, 37 ff., sieht die Deregulierung und das Primat des

Finanzwesens als eine von den USA auferlegte neue Weltordnung, die im Gegensatz zu Bretton-Woods-Prinzipien steht, und nimmt nach der Weltfinanzkrise eine weitgehend schädliche Kontinuität wahr statt einer Rückkehr zu den alten Grundsätzen. Dabei folgt er ein Stück weit Robert Skidelsky, *The return of the master*, 2. Aufl., London 2010, S. 114 f., passim (deutsch: *Die Rückkehr des Meisters*, München 2010). Robert Skidelsky, *Money and government*, London 2018, sieht die westlichen Regierungen seit 20 bis 30 Jahren nurmehr als Büttel der teilweise kriminellen Finanzindustrie und hält die Reformversprechen nach der Finanzkrise für unerfüllt, S. 6 f., 307 ff.

18 IMF, *Global Financial Stability Report*, April 2014, S. 101 ff.: *How big is the implicit subsidy for banks considered too important to fail?*, https://www.imf.org/en/Publications/GFSR/Issues/2016/12/31/Moving-from-Liquidity-to-Growth-Driven-Markets; Jean-Louis Arcand/Enrico Berkes/Ugo Panizza, *Too much finance?*, IMF Working Paper, Juni 2021, https://www.imf.org/external/pubs/ft/wp/2012/wp12161.pdf.

19 Klein/Pettis, *Trade wars*, S. 2, berichten, Donald Trump habe 2016 bei den Vorwahlen der Republikanischen Partei 89 der 100 Wahlkreise gewonnen, die am meisten von der Konkurrenz chinesischer Importe betroffen waren. David Autor/David Dorn/Gordon Hanson/Kaveh Majlesi, *Importing political polarization? The electoral consequences of rising trade exposure*, *American Economic Review*, 2020, 110 (10), S. 3, 139, https://www.aeaweb.org/articles/pdf/doi/10.1257/aer.20170011.

20 Siehe die vom IWF präsentierten Forschungsarbeiten, https://www.imf.org/en/Topics/Inequality.

21 Paul Tucker, *Unelected power: the quest for legitimacy in central banking and the regulatory state*, Princeton 2018.

22 Klein/Pettis, *Trade wars are class wars*, S. 2, 224, argumentieren, dass Handelskriege wie der Trump'sche weniger das Ergebnis von Konflikten zwischen Nationen sind als vielmehr das Ergebnis eines weltweiten Konflikts zwischen unterschiedlichen Klassen innerhalb der Nationen. In dem Konflikt seien die Reichen der Welt in der Lage gewesen, auf Kosten der Arbeiter und Rentner zu profitieren, weil die Interessen US-amerikanischer Finanzleute sich mit den Interessen chinesischer und deutscher Industrieller ergänzten und das Komplementärverhältnis zugleich mit den Interessen der Reichsten in aller Welt, sogar denen in den ärmsten Ländern, übereinstimmte. Das ist eine einleuchtende Argumentation. Sie wird durch Untersuchungen wie die von Mann, *About face*, geschichtlich gestützt. Ähnlich hinsichtlich der Kaperung von Handelspolitiken durch Partikularinteressen Rodrik, *Straight talk on trade*, S. 176–179, 206–209.

23 Luzide Anleitungen zur Verbesserung finden sich in reicher Zahl: Anthony B. Atkinson, *Inequality: what can be done?*, Cambridge 2015; Jean Tirole, *Economics for the common good*, Princeton 2017; Michael J. Glennon, *National security and double government*, 2. Aufl., Oxford 2016, S. 12, 105–109, 242 ff.; Paul Collier, *The future of capitalism*, London 2018 (deutsch: *Sozialer Kapitalismus!*, 2. Aufl., München 2021); Dani Rodrik, *Straight talk on trade*, 2. Aufl., Princeton 2019; David Sloan Wilson, *This view of life*, New York 2019, S. 77 f., 110–119, 227 f.; Zakaria, *Ten lessons*, S. 56–96; Fiona Hill, *There is nothing for you here*, Boston 2021, S. 305–361.

24 Rodrik, *Straight talk on trade*, S. 213–218.

25 Vgl. Collier, *Future of capitalism*, S. 21. Auf die große Bedeutung einer „verbindenden Idee" („binding idea") für den Erfolg eines Staates in der wettbewerbsgeprägten Staatenordnung weist auch Buzan hin, *People, states and fear*, S. 63–66, 69–82.

26 Steil, *Marshall Plan*, S. 92, 210 f., 230 f., passim.

27 Ein gutes Beispiel für einen solchen Ruf nicht zu den Waffen, sondern in die Hörsäle, Laboratorien und Fabriken bieten Michael Brown/Eric Chewning/Pavneet Singh, *Preparing the United States for the superpower marathon with China*, https://www.brookings.edu/wp-content/uploads/2020/04/FP_20200427_superpower_marathon_brown_chewning_singh.pdf.

28 Andrew Imbrie/Ryan Fedasiuk, *Untangling the web: why the U.S. needs allies to defend against Chinese technology transfer*, April 2020, https://www.brookings.edu/wp-content/uploads/2020/04/FP_20200427_chinese_technology_transfer_imbrie_fedasiuk.pdf.

29 Vgl. Daron Acemoglu/Suresh Naidu/Pascual Restrepo/James A. Robinson, *Democracy does cause growth*, in: Journal of Political Economy, 2019, 127, 1, S. 47 (96), https://www.journals.uchicago.edu/doi/abs/10.1086/700936?mobileUi=0&#:~:text=Our%20baseline%20results%20show%20that,using%20regional%20waves%20of%20democratization. Skeptischer Ferguson, *Cash nexus*, S. 358 ff.

30 „in today's world, economic security is national security." *Interim National Security Strategic Guidance,* März 2021, S. 15, https://www.whitehouse.gov/wp-content/uploads/2021/03/NSC-1v2.pdf. Die Nationale Sicherheitsstrategie trägt dem nun umfassend Rechnung: keine Trennungslinie zwischen Außen- und Innenpolitik, Stärkung und Schutz der Wirtschaftskraft und Technologieführerschaft, neue Handelspartnerschaften mit Demokratien als Fortentwicklung der Globalisierung, alliierte technisch-industrielle Basis, verstärkte Exportkontrollen und neue Kontrollen auch für US-Auslandsinvestitionen – National Security Strategy, 12.10.2022, S. 11 f., 23 f., 33, passim, https://www.whitehouse.gov/wp-content/uploads/2022/10/Biden-Harris-Administrations-National-Security-Strategy-10.2022.pdf.

31 Im Westen war das Nachdenken über die eigene Sicherheit und ihre Dimensionen lange chronisch unterentwickelt, s. Buzan, *People, states and fear*, S. 7. Schon vor dem russischen Angriffskrieg vom Februar 2022 nahm aber die Beschäftigung mit wirtschaftlicher Staatskunst merklich zu: O'Hanlon, *The art of war*, S. 26–34, passim. Seit Februar 2022 herrscht vor allem in Westeuropa Katerstimmung.

32 Luttwak hatte vor dieser Illusion gewarnt: *From geopolitics to geo-economics*, The National Interest, Summer 1990, S. 17.

33 Tirole, *Economics for the common good*, S. 122, 164; Skidelsky, *Return of the master*, Kapitel 2: Das „intellektuelle Versagen der Wirtschaftswissenschaften" zeige sich in den Theorien der „rationalen Erwartungen", „der realen Konjunkturzyklen", „des effizienten Marktes", in ihrer Mathematisierung, in der mangelnden Unterscheidung zwischen Risiko und Ungewissheit und in der Vernachlässigung des Zwecks zugunsten der Mittel – „intellectual failure of the economics profession" shows in „rational expectations", „real business cycle theory", „efficient market theory", mathematization, a lack

of distinction between risk and uncertainty, and neglecting the ends for the means.

34 Gilpin, *Political economy of international relations*, S. 32, 404, nennt diese Verteidigung einen gutartigen Merkantilismus („benign mercantilism") im Gegensatz zum bösartigen („malevolent mercantilism"), der nach imperialistischer Expansion, nationaler Selbstverherrlichung und Triumphen über andere Nationen strebe.

35 Natürlich wird dieses Ideal nie vollkommen erreicht werden, aber es gilt, danach zu streben. Zu den damit verbundenen Problemen Buzan, *People, states and fear*, S. 328–362.

36 Buzan, a .a. O., S. 368–382.

37 *Global Britain in a competitive age. The integrated review of security, defence, development and foreign policy*, März 2021, https://www.gov.uk/government/publications/global-britain-in-a-competitive-age-the-integrated-review-of-security-defence-development-and-foreign-policy; Schweizerische Eidgenossenschaft, *Außenpolitische Strategie 2020–2023*, https://www.eda.admin.ch/eda/de/home/aussenpolitik/strategien/aussenpolitischestrategie.html; dies., *China-Strategie 2021–2024*, März 2021, https://www.eda.admin.ch/dam/eda/de/documents/publications/SchweizerischeAussenpolitik/Strategie_China_210319_DE.pdf.

38 Zu den Kriterien für die Bestimmung und Rechtfertigung des nationalen Interesses vgl., *mutatis mutandis*, Christian Blum, *Die Bestimmung des Gemeinwohls*, Berlin 2015. Eine klassische Studie ist die von Joseph Frankel, *National interest*, London 1970; und einen parteiübergreifenden Versuch in den USA veröffentlichte im Juli 2000 The commission on America's national interests, *America's national interests*, https://www.belfercenter.org/sites/default/files/files/publication/amernatinter.pdf. Irwin, *Clashing over commerce*, zeigt in seiner Einleitung (S. 1–27), wie schwierig die Bestimmung des nationalen Interesses selbst allein für den Bereich der Handelspolitik ist, und doch muss die Aufgabe angegangen werden. Das Konzept der Sicherheit mit all seiner Komplexität zählt zum Kern des nationalen Interesses – Buzan, *People, states and fear.*

39 Kirshner, *American power after the financial crisis*, S. 11, sah im US-Finanzbereich nicht nur emsig schwirrende Drehtüren, sondern eine Art Doppelhelix am Werk, die beiden Bereichen dasselbe ideologische Erbgut von der Effizienz unregulierter Finanzmärkte aufprägte. Eindrucksvoll auch die Lobbyinggeldbeträge, S. 102. In Deutschland schrieb die Finanzindustrie an den Gesetzen zur Deregulierung ihres Sektors mit, Laabs, *Bad Bank*, S. 163–174, 189, und dem Vernehmen nach hat mancher Bundesminister der Finanzen a. D. sich hübsche Sümmchen mit Vorträgen in Bankenkreisen verdient. Ähnliche Zustände können sich zwischen Landwirtschaftsministerien und Agrarlobbys, Umweltministerien und Windkraftindustrie, Verkehrsressorts und Autobauern und zwischen diplomatischem Dienst und Exportwirtschaft entwickeln. Das sollte im Interesse des Gemeinwohls vermieden werden.

40 Kirshner, *American power after the financial crisis*, S. 52 f.; Skidelsky, *The return of the master*, S. 18; Geithner, *Stress test*, S. 16.

41 Commission staff working document, *Rule of Law Report, Country chapter on the rule of law situation in Germany*, 13.7.2022, S. 2, 13 f., https://ec.europa.eu/info/sites/default/files/16_1_193990_coun_chap_germany_en.pdf.

42 „law could be changed to make due consideration of the public interest mandatory for all board members", Collier, *Future of capitalism*, S. 92.

43 „individually rational private responses to global opportunities are not inevitably socially beneficial", Collier, *Future of capitalism*, S. 20. Zum Steuerungsproblem Bruce W. Jentleson, *Weaponized interdependence, the dynamics of twenty-first century power, and U.S. grand strategy*, in: Drezner/Farrell/Newman, *Uses and abuses*, S. 240–243.

44 Baldwin, *Economic statecraft*, S. 80–83. Zum grundlegenden Verständnis s. Buzan, *People, states and fear*, S. 146–160, 169–177, 203 f., 230–269.

45 Einprägsame Beispiele bei Mann, *About face*: 1983 beschwerten sich Unternehmer bei Reagans Außenminister George P. Shultz, die Regierungspolitik schade ihren Geschäften in China. Shultz erklärte ihnen wütend, sie seien nicht für die US-Außenpolitik verantwortlich. Wenn ihnen der Regierungskurs nicht passe, könnten sie ja das Land verlassen (S. 302 f., 371). 1989 besuchte der Chef von Reebok den Senator von Maine, George Mitchell, und beschwerte sich, dessen Forderung nach Sanktionen gegen China wegen dortiger Menschenrechtsverletzungen bedrohe Reeboks dortige Schuhproduktion. Mitchell bewunderte die in Österreich handgenähten Lederschuhe seines Besuchers und wies ihn dann darauf hin, dass es zu der Zeit in Maine 20 000 arbeitslose Schuhfabrikarbeiter gebe, die Reebok gern einstellen dürfe (S. 198 f.). Ab 1992 begann der erfolgreiche Ansturm von US-Unternehmen auf das Chinageschäft (und auf die eigene Politik, es möglichst grenzenlos zu erlauben), S. 284–303, 309, 368. Doshi, *Long game*, S. 134–156, sieht damals eine chinesische Strategie am Werk, mithilfe der US-Business-Interessen höchst bedrohliche US-Wirtschaftssanktionen wegen chinesischer Menschenrechtsverletzungen dauerhaft abzuwenden.

46 Anders ist nicht zu erklären, dass deutsche Manager 2014 im russischen Angriff auf die Ukraine bloß „kurzfristige Turbulenzen" erkennen konnten und in Moskau für sich gut Wetter zu machen versuchten; oder dass 2022 die Angestellten deutscher Autokonzerne sich gegen den Wirtschaftsminister stellten und einer sogar keck erklärte, sie strebten „eine partnerschaftliche Beziehung zwischen Deutschland und China an". Im Grunde ist eine solche Aussage das Äquivalent von „wir streben Konflikte zwischen Deutschland und China an". *Siemens-Chef verteidigt Geschäfte mit Russland*, Spiegel Online, 27.3.2014, https://www.spiegel.de/wirtschaft/unternehmen/siemens-joe-kaeser-verteidigt-geschaefte-mit-putin-und-russland-a-961005.html; *BMW steht voll zu China*, Frankfurter Allgemeine Zeitung, 27.9.2022, S. 22. Vgl. auch *Autoindustrie lässt Habeck auflaufen*, Frankfurter Allgemeine Zeitung, 20.9.2022, S. 22. Vielleicht tut sich zwischen Politik und Automobilbauern ein dauerhafter Riss auf: Gregor Sebastian, *The bumpy road ahead in China for Germany's carmakers*, Oktober 2022, https://www.merics.org/sites/default/files/2022-10/MERICS_China_Monitor_No79-Automotive-RD-in-China_EN_0.pdf.

47 Congressional Research Service, *Renewed great power competition: implications for defense – issues for Congress*, 4.3.2021, https://crsreports.congress.gov/product/pdf/R/R43838/73, mit nützlichen Anhängen zur Analyse der Veränderung und mit Literaturangaben zu den Themen Großmachtkonkurrenz, Strategie, Geopolitik, Lieferkettensicherheit und hybride Kriegführung seitens Russland und China. Auch in Europa hat der Erkenntnisprozess begonnen, s. Mikko Huotari/Anja Manuel/Boris Ruge (Hrsg.), *Mind the gap: priorities for transatlantic China policy*, Juli 2021, https://merics.org/sites/default/files/2021-07/MindTheGap_PrioritiesForATransatlanticChinaPolicy.pdf; *How the West marshaled a stunning show of unity against Russia*, New York Times, 5.3.2022, https://www.nytimes.com/2022/03/05/world/europe/russia-ukraine-invasion-sanctions.html.

48 G. John Ikenberry, *The next liberal order*, Foreign Affairs, Juli/August 2020, https://www.foreignaffairs.com/articles/united-states/2020-06-09/next-liberal-order; Matthew Kroenig/Jeffrey Cimmino, *Global strategy 2021: an allied strategy for China*, Washington 2020, https://www.atlanticcouncil.org/wp-content/uploads/2020/12/Global-Strategy-2021-An-Allied-Strategy-for-China.pdf.

49 Paola Tamma, *Europe wants ‚strategic autonomy' – it just has to decide what that means*, Politico, 15.10.2020, https://www.politico.eu/article/europe-trade-wants-strategic-autonomy-decide-what-means/.

50 European Parliamentary Research Service, *The EU strategic autonomy debate*, 30.3.2021, https://www.europarl.europa.eu/RegData/etudes/BRIE/2021/690532/EPRS_BRI(2021)690532_EN.pdf; Barbara Lippert/Nicolai von Ondarza/Volker Perthes (Hrsg.), *Strategische Autonomie Europas*, Berlin 2019, https://www.swp-berlin.org/fileadmin/contents/products/studien/2019S02_lpt_orz_prt.pdf. Guter Überblick zum damaligen Stand der Debatte: Dick Zandee/Bob Deen/Kimberley Kruijver/Adája Stoetman, *European strategic autonomy in security and defence*, Dezember 2020, https://www.clingendael.org/sites/default/files/2020-12/Report_European_Strategic_Autonomy_December_2020.pdf; Nicolai von Ondarza/Marco Overhaus, *Strategische Souveränität neu denken*, 11.4.2022, https://www.swp-berlin.org/publications/products/aktuell/2022A29_strategische_souveraenitaet.pdf.

51 Bspw. *Gemeinsame Vision, gemeinsames Handeln – ein stärkeres Europa: eine globale Strategie für die Außen- und Sicherheitspolitik der Europäischen Union*, 9.11.2017, S. 5, 9, 15, 29, https://op.europa.eu/de/publication-detail/-/publication/3eaae2cf-9ac5-11e6-868c-01aa75ed71a1.

52 *EU needs to learn the ‚language of power', incoming chief says*, Reuters, 8.11.2019, https://www.reuters.com/article/us-eu-commission-von-der-leyen-idUSKBN1XI2BI.

53 Ishaan Tharoor, *Afghanistan's crisis underscores the U.S.'s shifting place in the world*, Washington Post, 20.8.2021, https://www.washingtonpost.com/world/2021/08/20/afghanistan-us-shifting-role/?itid=ap_ishaantharoor; ders., *As U.S. leaves Afghanistan, Europe sours on Biden*, Washington Post, 31.8.2021, https://www.washingtonpost.com/world/2021/08/31/europe-america-shift-afghanistan/.

54 *U.S. will share nuclear submarine technology with Australia as part of new alliance, a direct challenge to China*, Washington Post, 16.9.2021, https://www.

washingtonpost.com/politics/2021/09/15/us-will-share-nuclear-submarine-technology-with-australia-part-new-alliance-direct-challenge-china/.

55 Außerordentliche Tagung des Europäischen Rates, Schlussfolgerungen, 1./2.10.2020, Nr. II 2., 5. (Zitat), https://www.consilium.europa.eu/media/45919/021020-euco-final-conclusions-de.pdf.

56 European Parliamentary Research Service, *Military mobility*, Februar 2020, https://www.europarl.europa.eu/RegData/etudes/BRIE/2020/646188/EPRS_BRI(2020)646188_EN.pdf.

57 Website: https://pesco.europa.eu/. Ulrike Esther Franke/Manuel Lafont Rapnouil/Susi Dennison, *The New European Security Initiative*, London 2017, https://www.ecfr.eu/page/-/NESI_2.pdf.

58 European Commission, European Defence Fund, https://defence-industry-space.ec.europa.eu/eu-defence-industry/european-defence-fund-edf_en.

59 *European defense and ‚strategic autonomy' are also coronavirus victims*, New York Times, 23.6.2020, https://www.nytimes.com/2020/05/23/world/europe/defense-autonomy-europe-coronavirus.html. Kritisch zu PESCO als übliches EU-Wortgeklingel, Merkantilismus und Ausdruck des Wegstrebens mancher EU-Regierungen von der NATO Lindley-French/Allen/Hodges, *Future war*, S. 69 f., 72, 127 f., 152, 167, 260 ff. Der Ukrainekrieg hat allerdings der Nachrüstung und Koordinierung neuen Schub gegeben: *Brüssels Pläne: Wie die europäischen Länder gemeinsam zur Militärmacht werden sollen*, Neue Zürcher Zeitung, 18.5.2022, https://www.nzz.ch/wirtschaft/bruessels-plaene-wie-die-europaeischen-laender-gemeinsam-zur-militaermacht-werden-sollen-ld.1684614?mktcid%E2%80%A6. Bisher gibt es aber viel zu wenig Zusammenarbeit sowie unnötige Zersplitterung und Typenvielfalt: *Zu wenig gemeinsame Rüstungsprojekte in Europa*, Frankfurter Allgemeine Zeitung, 16.11.2022, S. 2.

60 Vgl. die beiden Szenarios bei Douglas Barrie/Ben Barry/Lucie Béraud-Sudreau/Henry Boyd/Nick Childs/Bastian Giegerich, *Defending Europe: scenario-based capability requirements for NATO's European members*, April 2019, https://www.iiss.org/blogs/research-paper/2019/05/defending-europe.

61 Vgl. die Länderberichte in: Esteban/Otero-Iglesias, *Europe in the face of US-China rivalry*, Januar 2020, https://merics.org/sites/default/files/2020-04/200123_ETNC_Report.pdf. Lindley-French/Allen/Hodges, *Future war*, zeigen eindrucksvoll, dass derzeit EU-Europa, auf sich gestellt, nicht verteidigungsfähig ist (S. 254: 80 Prozent der für die Verteidigung einsetzbaren Kräfte werden von außerhalb der EU finanziert) und dass viele europäische Regierungen, vorneweg die deutsche, bis Februar 2022 die Augen vor den Gefahren verschlossen haben.

62 Ronja Kempin (Hrsg.), *Frankreichs Außen- und Sicherheitspolitik unter Präsident Macron*, 31.3.2021, https://www.swp-berlin.org/publikation/frankreichs-aussen-und-sicherheitspolitik-unter-praesident-macron; zu den anspruchsvollen Voraussetzungen einer wirklichen Fähigkeit EU-Europas zur Selbstverteidigung Eckhard Lübkemeier, *Europa schaffen mit eigenen Waffen?*, 29.9.2020, https://www.swp-berlin.org/publikation/europa-schaffen-mit-eigenen-waffen.

63 „Does that include the dead Americans in military cemeteries as well?", *France tells U.S., ‚I oppose, therefore I am'*, New York Times, 30.1.1994,

https://www.nytimes.com/1994/01/30/weekinreview/france-tells-us-i-oppose-therefore-i-am.html.

64 European Parliament, *MEPs approve first EU programme dedicated to the defence industry*, 21.2.2018, mit interessantem Vergleich EU/USA hinsichtlich Finanzkraft, Struktur der Militärausgaben und Typenvielfalt. https://www.europarl.europa.eu/news/en/press-room/20180219IPR98120/meps-approve-first-eu-programme-dedicated-to-the-defence-industry.

65 *AUKUS reshapes the strategic landscape of the Indo-Pacific*, The Economist, 25.9.2021, https://www.economist.com/briefing/2021/09/25/aukus-reshapes-the-strategic-landscape-of-the-indo-pacific; Sidharth Kaushal, *What does the AUKUS deal provide its participants in strategic terms?*, 21.9. 2021, https://www.rusi.org/explore-our-research/publications/commentary/what-does-aukus-deal-provide-its-participants-strategic-terms.

66 Kennedy, *British naval mastery*, S. xxvi–xxix.

67 Das zeigen eindrucksvoll Lindley-French/Allen/Hodges, *Future war*.

68 *U.S., EU agree truce in 17-year aircraft subsidy battle*, Reuters, 15.6.2021, https://www.reuters.com/business/aerospace-defense/eu-us-set-unveil-truce-17-year-aircraft-battle-2021-06-15/.

69 *Gemeinsame Erklärung der Europäischen Kommission und der Vereinigten Staaten zum Transatlantischen Datenschutzrahmen*, 25.3.2022, https://ec.europa.eu/commission/presscorner/detail/de/ip_22_2087; Fact-Sheet https://ec.europa.eu/commission/presscorner/detail/en/FS_22_2100.

70 *Joint EU/US statement on addressing global steel and aluminium excess capacity*, 17.5.2021, https://ec.europa.eu/commission/presscorner/detail/en/STATEMENT_21_2525.

71 Europan Commission, *EU-US launch Trade and Technology Council to lead valuesbased global digital transformation*, 15.6.2021, https://ec.europa.eu/commission/presscorner/api/files/document/print/en/ip_21_2990/IP_21_2990_EN.pdf.

72 Nils Ole Oermann/Hans-Jürgen Wolff, *Europäische Selbstwerdung und Selbstbehauptung durch wirtschaftliche Staatskunst*, ifo Schnelldienst 22/2019, 21.11.2019, S. 12, https://www.ifo.de/DocDL/sd-2019-22-2019-11-21_1.pdf.

73 Anu Bradford, *The Brussels effect*, Oxford 2020.

74 Vgl. Richard N. Cooper, *The economics of interdependence*, New York 1968, S. 260–273.

75 Ansätze z. B. im *Joint Communiqué of the Ottawa Ministerial on WTO reform*, 24–25.10.2018, https://www.canada.ca/en/global-affairs/news/2018/10/joint-communique-of-the-ottawa-ministerial-on-wto-reform.html; und im *Joint statement of the trilateral meeting of the trade ministers of Japan, the United States and the European Union*, 14.1.2020, https://trade.ec.europa.eu/doclib/docs/2020/january/tradoc_158567.pdf.

76 Man vergleiche, wie sorgfältig der Marshallplan propagiert, beworben und in eine Massenbewegung verwandelt wurde: Steil, *Marshall Plan*, S. 198 ff.

77 „When every country turned to protect its national private interest, the world public interest went down the drain, and with it the private interests of all.“ Kindleberger, *The world in depression*, S. 292.

78 Zum Verhältnis USA/EU Frankfurter Allgemeine Zeitung, 19.1.2019, S. 18: *EU treibt Handelsgespräche mit Amerika voran. Brüssel will Industriezölle abschaffen/Amerikaner wollen Erleichterungen für Agrarprodukte.*

79 Gaddis, *We now know*, S. 196 f.

80 Viel spricht in dem Fall für die Prognose von Robert Kagan: *The jungle grows back*, New York 2018: An die Stelle der von Amerika gestützten Weltordnung träte das Gesetz des Dschungels, in dem die Großen die Klein(er)en fressen.

81 Baldwin, *Economic statecraft*, S. 236 f.; Hanson, *Western economic statecraft*, S. 31, 53.

82 Da geht es um Fragen, die in den Wirtschaftswissenschaften und vor allem mit Blick auf die Finanzmärkte Alfred Marshall, John Maynard Keynes, Joseph Schumpeter, Frank Knight und Hyman Minsky durchbuchstabiert haben. Zu Unsicherheit, Bedrohungen und Verletzbarkeiten, einschließlich der wirtschaftlichen, Buzan, *People, states and fear*, S. 112–145.

83 Hanson, *Western economic statecraft*, S. 2, 24.

84 Ebd., S. 19 ff.

85 Ebd., S. 33, 73.

86 Frankopan, *The new silk roads*, S. 185 ff., weist auf viele missliche Nebenfolgen der US-Abkehr vom Iranabkommen hin: Moskau und Peking profitierten politisch (China leide aber vielleicht ökonomisch, ebd., S. 246 f.), Indien werde belastet, die Türkei dem Westen weiter enfremdet.

87 International Atomic Energy Agency, *Director General's introductory statement to the board of governors*, 7.6.2021, https://www.iaea.org/iaea-director-generals-introductory-statement-to-the-board-of-governors-7-june-2021.

88 *IAEA chief sounds alarm over Iran's nuclear programme*, Financial Times, 26.5.2021, https://www.ft.com/content/ad04cf8f-1740-4022-9119-114b6bd66c4b. Iran behauptet, die höhere Anreicherung sei für Schiffsantriebe nötig (ein rechtliches Schlupfloch für höhere Anreicherung).

89 Die Geschichte dieser Kriege ist lang und wendungsreich. Es mag verpasste Gelegenheiten für Détente gegeben haben, und es gab Phasen der Zusammenarbeit, zum Beispiel als Iran 1991 seinen Luftraum für US-Bomber auf dem Weg in den Irak öffnete, und anfangs im Kampf gegen die Taliban. Vgl. Crist, *The twilight war*; Bacevich, *America's war for the greater Middle East*; und die nuancierte, milde proiranische Studie *America and Iran* von John Ghazvinian, New York 2021.

90 *U.S. and Iran want to restore the nuclear deal. They disagree deeply on what that means*, New York Times, 9.5.2021, https://www.nytimes.com/2021/05/09/world/middleeast/biden-iran-nuclear.html.

91 „Regional issues and missiles are not negotiable", *Iran's incoming president vows tough line on missiles and militias*, New York Times, 21.6.2021, https://www.nytimes.com/2021/06/21/world/middleeast/iran-raisi-biden-missiles.html.

92 Wie Präsident Obama hat auch Präsident Biden erklärt, Iran werde in seiner Amtszeit niemals eine Atomwaffe erlangen (Politico, 28.6.2021, https://www.politico.com/news/2021/06/28/biden-iran-nuclear-weapon-496801) und die USA würden dafür nötigenfalls „all elements of its national power"

einsetzen, Kali Robinson, *What is the Iran nuclear deal?*, 20.7.2022, https://www.cfr.org/backgrounder/what-iran-nuclear-deal#chapter-title-0-11.

93 „without Iran's concurrence, there can be no enduring peace in the Middle East", zitiert bei Ghazvinian, *America and Iran*, S. 368.

94 Zum Beispiel verteidigte Iran Chinas Behandlung muslimischer Minderheiten und das Vorgehen in Hongkong.

95 Alam Saleh/Zakiyeh Yazdanshenas, *Iran's pact with China is bad news for the West*, Foreign Policy, 9.8.2020, https://foreignpolicy.com/2020/08/09/iranspact-with-china-is-bad-news-for-the-west/; *Iran rückt mit Russland und China zusammen*, tagesschau, 15.9.2022, https://www.tagesschau.de/ausland/asien/iran-russland-china-soz-101.html.

96 *Iran's foreign minister, in leaked tape, says Revolutionary Guards set policies*, New York Times, 25.4.2021, https://www.nytimes.com/2021/04/25/world/middleeast/iran-suleimani-zarif.html.

97 Für einen neuen Mix in der westlichen Iran-Strategie – Aufhebung der meisten Sanktionen im Austausch gegen eine unbefristete Verlängerung der 2015 vereinbarten Einschränkung der iranischen Atomnutzung plus iranischer Verzicht auf die Entwicklung von Langstreckenraketen – O'Hanlon, *The art of war*, S. 150–155.

98 Ein interessanter Überblick über die Tiefe der nötigen Wandlung Russlands: Wladislaw L. Inosemzew, *Russland sollte ein überschaubarer und verlässlicher Staat werden. Ein Fünfpunkteplan für die Ära nach Putin*, Neue Zürcher Zeitung, 21.11.2022, https://www.nzz.ch/meinung/russland-ein-fuenf-punkte-plan-fuer-die-aera-nach-putin-ld.1711156.

99 Die beginnende Neubewertung zeichnet sich beispielsweise im neuen strategischen Konzept der NATO ab, das Russland als bedeutendste und direkteste Bedrohung der Alliierten beschreibt (Nr. 8) und China als Herausforderer der alliierten Interessen, Sicherheit und Werte sieht, dessen sich vertiefende strategische Partnerschaft mit Russland die bestehende regelbasierte Ordnung unterminiere (Nr. 13), NATO, *Strategic concept 2022*, Juni 2022, https://www.nato.int/nato_static_fl2014/assets/pdf/2022/6/pdf/290622-strategic-concept.pdf; NATO, *Fact sheet: NATO Strategic Concept 2022*, Juni 2022, https://www.nato.int/nato_static_fl2014/assets/pdf/2022/6/pdf/220629-factsheet-strategic-concept-en.pdf; Claudia Major/Göran Swistek, *Die Nato nach dem Gipfel von Madrid*, Juli 2022, https://www.swp-berlin.org/publikation/die-nato-nach-dem-gipfel-von-madrid.

100 Derzeit geht der Trend in die falsche Richtung: *As China's power waxes, the West's study of it is waning*, The Economist, 28.11.2020, https://www.economist.com/china/2020/11/26/as-chinas-power-waxes-the-wests-study-of-it-is-waning.

101 Andreas Baur/Lisandra Flach, *Deutsch-chinesische Handelsbeziehungen: Wie abhängig ist Deutschland vom Reich der Mitte?*, ifo-Schnelldienst, 13.4.2022; *Wie abhängig ist die deutsche Wirtschaft von China – und wie gefährlich ist das?*, Neue Zürcher Zeitung, 11.5.2022; Clemens Fuest/Lisandra Flach/Florian Dorn/Lisa Scheckenhofer, *Geopolitische Herausforderungen und ihre Folgen für das deutsche Wirtschaftsmodell*, August 2022, https://www.ifo.de/DocDL/Studie_Geopolitische_Herausforderungen_Folgen_deutsches_Wirtschaftsmodell.pdf; Jürgen Matthes, *China-Abhängigkeit der deutschen*

Wirtschaft. Mit Volldampf in die falsche Richtung, https://www.iwkoeln.de/fileadmin/user_upload/Studien/Kurzberichte/PDF/2022/IW-Kurzbericht_2022-Abh%C3%A4ngigkeit-China-deutsche-Wirtschaft.pdf; *Gefahr erkannt, aber nicht gebannt. In der China-Politik ist die deutsche Regierung gespalten*, Neue Zürcher Zeitung, 7.10.2022.

102 Wer Verhandlungen und Zusammenarbeit scheut, braucht nur „moralisch hochstehende, juristisch begründete und propagandistisch gut auswertbare Thesen zu formulieren" und Forderungen zu stellen – Waldemar Besson, *Die Außenpolitik der Bundesrepublik*, Stuttgart 1970, S. 117 f.

103 Zur Notwendigkeit von Reformen Robert Zoellick, *The international monetary system*, in: Wheatley, *The power of currencies*, S. 133. Zur geopolitischen Bedeutung von Reformen Skidelsky, *Return of the master*, S. 191.

104 Samuel Charap/Jeremy Shapiro, *How to avoid a new Cold War*, Current History 2014, S. 265, https://www.brookings.edu/articles/how-to-avoid-a-new-cold-war/; Lyle J. Goldstein, *Meeting China halfway*, Washington 2015.

105 Bergsten, *United States vs. China.*

106 Rudd, *Avoidable war*, S. 357–395.

107 Doshi, *Long game*, S. 297 ff. (303 ff. zu weiteren Strategien).

108 Graham Allison, *Destined for war. Can America and China escape Thukydides's trap?*, Boston 2017; Kevin Rudd, *The avoidable war*, New York 2022.

109 Vgl. Kapitel 7, Abschnitt *Die Zusammenhänge zwischen Wirtschaftsbeziehungen und Kriegsursachen.*

110 JOIN(2019) 5 final, *EU-China – Strategische Perspektiven*, 12.3.2019, https://eur-lex.europa.eu/legal-content/DE/TXT/PDF/?uri=CELEX:52019JC0005&from=de.

111 Robert Kagan, *League of dictators? Why China and Russia will continue to support autocracies*, Washington Post, 30.6.2006, http://www.washingtonpost.com/wp-dyn/content/article/2006/04/28/AR2006042801987_pf.html.

112 Man denke an Steueroasen und Schwarzgeldparadiese im Westen oder an das undurchsichtige deutsche „Transparenzregister" über Unternehmenseigner (dazu *Das Register und der Minister*, Süddeutsche Zeitung, 6.2.2019, S. 18).

113 Ludwig Dehio, *Gleichgewicht oder Hegemonie*, Zürich 1996.

114 „,Die Vereinigten Staaten haben sich trotz all ihrer Mängel [wörtlich: Warzen] eindeutig als eine Kraft des Guten in der Welt erwiesen', sagte er. ,Wenn man uns mit früheren Großmächten vergleicht, handeln wir weniger aus reinem Eigennutz und sind daran interessiert, Normen zu schaffen, die allen zugutekommen. Wenn es möglich ist, zu erträglichen Kosten Gutes zu tun und Leben zu retten, werden wir es tun.'" – „,For all of our warts, the United States has clearly been a force for good in the world, ' he said. ,If you compare us to previous superpowers, we act less on the basis of naked self-interest, and have been interested in establishing norms that benefit everyone. If it is possible to do good at a bearable cost, to save lives, we will do it.'" Goldberg, *The Obama Doctrine*, The Atlantic, April 2016, https://www.theatlantic.com/magazine/archive/2016/04/the-obama-doctrine/471525/.

Über die Autoren

© Andrea Oermann

Nils Ole Oermann, Univ.-Prof. Dr. Dr., geb. 1973, lehrt Ethik an der Leuphana Universität Lüneburg und an der Oxford University. Seit 2010 ist er zudem als Gastprofessor in St. Gallen tätig. Er gilt laut *Handelsblatt* als einer der „profiliertesten deutschen Wirtschaftsethiker". 2009–2017 war er beratend für den Bundesminister der Finanzen tätig.

© privat

Hans-Jürgen Wolff, Dr. iur., geb. 1958, war von 1989 bis 1991 im Bundesministerium des Innern für verfassungsrechtliche Fragen zuständig, anschließend bis 1995 im Bundeskanzleramt für europäische Wirtschafts- und Währungspolitik. Von 1995 bis 2010 arbeitete er im Bundespräsidialamt, zuletzt als Chef des Bundespräsidialamts. Heute ist er als Berater in Berlin tätig.